本书是教育部人文社会科学重点研究基地重大项目"国际政教研究"（项目批准号：12JJD730004）结项成果

本书受到"中央高校建设世界一流大学（学科）和特色发展引导专项"资助

中西政教关系史
比较研究

ZHONGXI ZHENGJIAO GUANXISHI

BIJIAO YANJIU

张 践 /著

人民出版社

责任编辑：段海宝　张双子　刘志江
封面设计：王欢欢
责任校对：吴容华

图书在版编目（CIP）数据

中西政教关系史比较研究 / 张践 著 . — 北京：人民出版社，2021.11
ISBN 978 - 7 - 01 - 023812 - 8

I. ①中…　II. ①张…　III. ①宗教 – 关系 – 政治 – 历史 – 对比研究 – 中国、
　西方国家　IV. ① B929.1 ② D59

中国版本图书馆 CIP 数据核字（2021）第 198862 号

中西政教关系史比较研究

ZHONGXI ZHENGJIAO GUANXI SHI BIJIAO YANJIU

张 践 著

人民出版社 出版发行

（100706　北京市东城区隆福寺街 99 号）

北京新华印刷有限公司印刷　新华书店经销

2021 年 11 月第 1 版　2021 年 11 月北京第 1 次印刷
开本：710 毫米 ×1000 毫米 1/16　印张：33.25
字数：490 千字

ISBN 978 - 7 - 01 - 023812 - 8　定价：130.00 元

邮购地址 100706　北京市东城区隆福寺街 99 号
人民东方图书销售中心　电话（010）65250042　65289539

序

牟钟鉴

我多年的学术伙伴张践教授于 2012 年出版了一百三十多万字的巨作《中国古代政教关系史》上下卷。我在序中对此书有较高评价,认为是独创,对于今日继承优秀传统,吸取历史教训,推进中国特色社会主义宗教理论,更好地引导宗教与社会主义社会相适应,意义很大;同时提出期盼,相信他还会把中国近现代政教关系史写出来。如今我看到了他的新作《中西政教关系史比较研究》书稿,其中不仅有中国近现代政教关系的内容,而且通过中西比较的大时空,把中西政教关系发展全过程,结合中西文明史,分阶段作了对比,指出其间的异同,从中凸显中国政教关系的历史道路和当代特色,体现中国主体、世界眼光,令我感佩。

近代以来,中国落后,人们难免有文化自卑心理。如何在参与全球现代化事业、学习外国先进经验的同时,树立文化自信,走出中国特色的现代化道路,关系到中华民族伟大复兴的宏业。真正的文化自信,必须达到文化自觉。费孝通先生倡导文化自觉十六字箴言:"各美其美,美人之美,美美与共,天下大同。"其中用了六个"美"字,有深意在焉。这是告诉人们对所有文化包括本民族与他民族的文化,都必须取其精华,把各自美的质素综合在一起,为构建人类命运共同体做贡献。言外之意,是不要忘记弃其糟粕,避免劣劣与共。要真正做到这一点,必须下大功夫进行文化比较研究,才能真正达到文化自觉的程度。张践教授的作品正是文化自觉的真功夫。他已具有中国宗教史的丰厚积累,难能可贵的是他又能对西方宗教通史有系统而明晰的认知，才能作中西比较而写出这部大书。这样的书是政教关系跨文化比较研究领域中的第一部专书。

该书有几个创新性优点和特点。

第一，中西政教关系史的比较是全过程和分阶段的，这就需要对西方文明史和宗教史的主脉有全方位的把握。该书分六阶段比较，其中上古时期和轴心时期讲中西国家形成的不同进路和政教关系出现的较大差异。在比较欧洲中世纪和中国中古时代时，作者指出中国中古时代与欧洲中世纪不同甚多，时间跨度也比前者长得多。近现代的中西政教关系是在中国君主专制达到顶峰而后瓦解和西方宗教改革与启蒙运动的不同大背景下形成的。作者指出，在所有阶段上中西政教关系都是同中有异，异中有同。人类社会发展史可以分出若干大的阶段，作中西政教关系比较必须有阶段对应性，这样才能有历史动态感，呈现出比较的意义。

第二，作者不是仅就政教关系比较两者差异，而是把这种比较放在中西文明的社会、经济、文化发展的大背景下来观察的，说明社会结构不同、政治制度不同、文化基因不同，所以政教关系自然不同，这是从全局来把握局部的科学方法，惟其如此，政教关系才能说得明白。例如，中国长期是农业和家族社会，是统一帝国，而文化上是儒教人文主义主导、多元宗教辅助；西方是从希腊城邦到罗马帝国到中世纪教权强大再到民族国家纷纷出现，文化上是"两希"（希腊哲学理性与希伯来一神宗教信仰）文明的合流与冲突。在这种背景下，中国政教关系形成政主教辅的生态，西方政教关系从冲突为主到近代政教分离并有多种类型。作者指出，西方的政教分离只限于政权与教会的分离，实际上是很不彻底的，"分离的是各自的运行原则，而不是彼此作用领域的空间"，如美元上印有"我们信仰上帝"的字眼，美国总统要按着《圣经》宣誓，基督教是美国政治的基石，英国则保留国教形态。

第三，作者从多层面分析了中西当代政教关系的差异性。从文化结构的差异性说，西方基督教徒占人口大半，政治权力机构的合法性论证和公民道德教化，皆依赖于基督教；而中国正式宗教徒是少数，宗教不能染指政治权力和政治意识形态，道德教化主要靠儒家，各种宗教为之辅翼。从政治制度的不同说，西方形成多党制、票选制度、任职限期、权力制衡、三权分立等所谓"民主制度"，但它在发展中国家推行，多以失败而告终；中国经过几十年艰苦探索，终于找到中国共产党领导的多党合作制度、人民代表大会制度、政治协商制度、统一战线等中国特色社会主义制度。从思维方式差异上说，西方"在古代基督教排他性信仰中形成的一种'二元对立'思维模式，却是很难根本改变的"。中国"在古代儒学与其他宗教的关系，是由儒学的世界观和方法论决定的，即'和而不同'"；当代则有"无神论与宗教徒之间'政治上团结合作，信仰上相互尊重'的统一战线"。从价值观念的差异说，美国的价值观如亨廷顿所说是"自由主义、个人主义、民主主义、平等主义"，"形成了美国价值观念中个人高于群体、自由重于秩序、权利先于义务、对立高于统一的特点"；而"在中国人的价值观念中，父母、家庭、亲情、国家则是高于个人的，而这些关系的和谐首先需要社会的发展，所以人民的经济发展是首位的人权"。

第四，作者异中求同，进而阐述中西当代政教关系的共同性，以便把握世界各种宗教发展的大趋势。作者列举四点："政教合作成为中西方共同的实际状态"，"重视宗教文化的巨大精神价值"，"发挥宗教的积极作用"，"促进教派宗教向公民宗教、人文宗教转化"。当然，同中存异。作者指出，西方的政教分离只意味着宗教不干涉国家行政，两者并非互不关心，而是在内外政治与文化领域有广泛的合作；中国的政教合作主要表现在政府积极引导宗教与社会主义社会相适应上。西方的个人主义、自由、民主等价值属于"次级价值"，皆来源于基督教的"上帝主权和以神为本"的"终极价值"；中国的社会主义核心价值立足于中华优秀传统文化，如习近平总书记指出的"讲仁爱，重民本，守诚信，崇正义，尚和合，求大同"，主要来源于儒学，并为各宗教所认同。西方发挥宗教积极作用表现于政治、伦理、慈善、教育等方面；中国是引导宗教发掘发挥教理、教义、教规中有益于社会道德建设的因素，教育广大教众奉公守法，兴办社会公益慈善事业。西方传统宗教实现了现代转型，逐渐脱离教派色彩，向公民宗教的方向转化，同时基督教保守主义势力抬头，需要警惕；中国宗教很早就向伦理化方向发展，人文宗教的色彩日益浓厚，这对于政教关系、宗教关系的和谐与社会的文明建设是大为有益的。

该书由于主题重要，时空跨度又很大，论述中难免有这样那样的不足，而且是一家之言，需要在今后学术争鸣中不断深化，一些结论性的观点有待在未来社会实践中接受检验。但我认为，该书乃是系统研究中西政教关系史的开山之作，它向读者提供了中西政教关系史对应发展的基本脉络，并且在每一阶段上都有理论的分析评论。它的出版意味着政教关系研究已进入一个新阶段和新高度，这是宗教学界值得庆贺的一件大事。

目 录

前　言

政教关系问题在宗教学理论中，似乎是一个早已解决的问题。世界各国政治与宗教的关系好像只有两种状态：政教合一与政教分离。而对错与否也似乎已经定论：政教合一不好，政教分离好。然而当我们用这一简单明确的理论分析古今中外各种类型的政教关系，或指导实际宗教管理实践时，马上会遇到很多的说不清楚，无论解释现实还是历史，无论说明中国还是说明西方。

先从眼前的当代中国说起，根据国务院新闻办公室 2018 年 4 月 3 日发布的《中国保障宗教信仰自由的政策和实践》白皮书，中国的宗教界人士有20000 多人，在各级人民代表大会和政治协商会议担任代表、委员。是否能够据此判断中国存在宗教干政、政教合一现象呢？再如 2017 年 8 月 26 日，国务院发布了《宗教事务条例》，有些人质疑政府是在干涉宗教自由，因为在他们的理解中，政教分离就是政府不应再管宗教事务，"最好的管理就是什么都不管"。用这种简单的政教理论解释历史同样说不通，中国古代的历史是政教合一还是政教分离呢？如果说也是政教合一，那谁是那个与政治合一的宗教呢？佛教、道教显然没有这样的地位，儒教是不是宗教则在学界存在很大争议，也难以取得共识。如果说中国古代就实行了政教分离制度，那又如何解释古代帝王垄断祭祀"天地"、"祖先"、"社稷"神坛的权力，有些朝代也会封敕一些高僧、高道担任国师的现象呢？

"政教分离"是西方近代提出的一个醒目口号，被认为是实现现代化的一个先决条件。但是用这个标准去看待西方国家的现实，似乎也存在着大量令人不解的谜局。美国的国歌唱道："祖国自有天相，胜利和平在望；建国家，保家乡，感谢上帝的力量。我们一定得胜，正义属于我方，我们信赖上帝，此语永矢不忘。"国歌是一个现代民族国家的精神图腾，对人民有不可替代的政治鼓舞作用，怎么解释其中的宗教元素呢？人民日常生活中每日不可或缺的货币，每一张美元的背后都有一句："In God We Trust"，翻译成中文就是"我们信仰上帝"，时时刻刻提醒人们这是一块信仰宗教的大地。四年一度的美国大选，总统宣誓仪式是这幕大戏的压轴之作，历届总统无一例外都是按着《圣经》宣誓效忠国家和人民，上帝是人民和总统之间的见证人。为什么世俗化的美国，总统不是按着宪法宣誓就职呢？或者是否可以按着《古兰经》或者《佛经》宣誓就职呢？再看欧洲的情况，似乎宗教在政治领域的作用更为突出。在欧洲，英国、丹麦、希腊、芬兰等国家存在着国教会，英国女王直接担任国教会的首领，就是全国的宗教领袖。一些国家在宪法中宣布基督教是"主要宗教"，置于其他宗教之上。欧洲很多国家，如德国、比利时、荷兰、希腊等，规定无论公立学校还是私立学校，都需要开设宗教道德课，教师由教会指派，工资由政府提供，这些国家教师地位视同公务员。

难道最先提出"政教分离"理论的欧美国家，仍然实行政教合一制度吗？显然也不是这样，西方国家从根本的宪法制度上，对政教关系作了明确的规定。美国宪法第一修正案明确规定："国会不得制定关于下列事项的法律：确立国教或禁止信教自由。"这被认为是在政治与宗教之间建立了一道坚不可摧的高墙。即使在设立"国教"的欧洲国家，宪法也都会同时规定公民有宗教自由，可以信仰任何一种宗教，或者无神论，不会再出现中世纪那种排斥异端、宗教迫害的现象了。

上述复杂社会现象实际上是给我们提出了一个问题，就是如何理解"政教分离"。不仅如此，更重要的是进一步解释应当在什么地方分离？而且分离之后宗教与政治应当如何相处？第一个问题实际上在笔者前一本书《中国古代政教关系史》中已经作了解答。笔者将政治分成了三个层次：政治权力、政治意识形态和政治文化，如果宗教与政治权力、政治意识形态合一，就是历史上备受谴责的"神权政治"和"国教统治"，属于必须改革的政教合一类型。

如果宗教仅仅与政治文化结合，则只能发挥促进政治和谐的积极作用，或相反的消极作用，但都不能对社会的发展产生决定性的影响，不但不能禁止，而且应当引导。中国汉代以后的君主集权社会和西方当代社会，宗教仍然发挥政治作用，但是只能影响政治文化层面，对政治产生辅助作用。那么作用于政治文化的宗教与政治权力处于一种什么状态呢？当年还没有涉及这样的问题，经过本书对中西当代政教关系的比较研究，笔者提出了"独立发展基础上的政教合作"的观念，认为基本符合中西当代社会的现实，也符合宗教发展的一般规律。基督教不仅作为当代西方政治制度的思想基础，而且也是社会理论道德体系背后的文化支撑，无论传统的天主教还是后出的基督新教，都在努力发挥自己的作用。在中国共产党领导下的中国社会，宗教界成为爱国统一战线的组成部分，发挥团结信众、凝聚共识，促进社会和谐、民族团结和国家统一的积极政治作用。无论是西方的政治家、思想家，还是中国共产党历代领导人，都多次发表与宗教"政治上团结合作"的论述。

研究中西政教关系的历史，还有一个非常引人瞩目的现象，就是"宗教"在中国和世界上其他许多国家发挥的作用存在着重要的差异。描述这种现象的巨大反差是容易的，但是真正说明这种现象出现的原因则是困难的。近代以来，无数学者从政治、历史、哲学、民族、宗教等领域入手，不同程度地触碰到了这个问题，也出现了一些专门的著作和论文，但是比较好地探讨问题产生的原因，得出令人信服的结论的成果少而又少。笔者原本是研究中国宗教史的学者，比较宗教史并非笔者的特长。甚至可以说，西学恰恰是笔者所短，因此对中外的比较一直不敢着手。但是，随着对中国政教关系史研究的深入，笔者开始感到中外的比较是一个绕不开的根本性问题。当我们说中国宗教、政教关系某某特点的时候，一定是要相对于外国的宗教、政教关系而言，没有一种深入的比较研究，中国宗教、政教关系的研究也就无法再深入了。特别是国家宗教局局长王作安先生为拙作《中国古代政教关系史》所写的"序言"中，鼓励学界展开对于中国特色政教关系理论进行研究。进行中西方政教关系的比较，本身就是政教关系的理论研究。因此笔者在完成了《中国古代政教关系史》的著作之后，便把主要精力转到中西比较的方面，希望能够在这方面有一些抛砖引玉的成果。

世界之大，宗教形态之多，泛泛地比较中国与世界各国政教关系的异同既无必要，也无可能，笔者把比较的视野主要放在中西政教关系的比较上面。"中"自然是说中国，而"西"则主要指西欧、美国的情况。为什么把比较的对象主要放在西欧和美国？主要原因有两条。其一，近代社会开始以来，中国一直处于落后挨打的局面，中国的有识之士把目光转向那些先进的国家，希望借助他们的经验而自强。尽管这一百多年的时间里也有学日本、学苏联的短期经历，但总体而言在中国人的心目中，发达国家的代表还是欧美。因此，在反思中国（不仅是宗教）的各种短长之际，所设定的"模特儿"总是西欧、北美。其二，尽管东欧国家同样信仰基督教，但是自东罗马帝国建立开始，基督教在社会上的地位已经与西欧的情况不可同日而语。尽管其细节也有很多可研究之处，但是与中国政教关系的差异不是最大的。更何况东欧国家在中国人的心目中，也不是主要学习的榜样。所以，本书所谓的中西政教关系比较研究，主要是指中国与西欧、美国的比较。

中华文明是世界上最古老的原生性文明之一，根据最新的中华文明探源工程的研究，中华文明的产生至少有五千年以上的时间。不仅如此，中华文明还是世界上唯一留存下来的古老文明，直至今日仍然表现出巨大的优越性。西方文明则是一种次生文明，是古希腊文明与古希伯来文明结合的产物。中西两大文明不论从产生的地理环境、历史阶段、人文环境等方面来看，都存在巨大差异，政教关系上的差异正是这些文化差异的体现。因此我们的研究从中西方文明曙光初现的早期国家开始，经过轴心时代的比较，后轴心时代的分析，中世纪的研究，近代的对照、当代的辨析，最终得出中西方政教关系同中有异、异中有同的结论。其相似之点可以作为文明进化的学习参照标准，其差异之点则是建立中国特色政教理论的依据。在世界文明发展的大道上，没有唯一正确的标准，只有和而不同、并行不悖。西方的古谚说"条条大路通罗马"，中国古语说"天下一致而百虑，同归而殊途"。我们相信人类文明可以交流互鉴，可以在文化的交往中和平发展、合作共赢。

政教关系史的研究不仅涉及狭义的政教关系，而且也涉及广义的政教关系。从广义政教关系的角度看待中西方自古迄今政教关系的异同，其意义也就不仅在于政治管理宗教或宗教影响政治，而是在更大的视野中研究中西方文化与社会的走势问题。西方社会由部落联盟发展出古希腊、罗马的奴隶主民主制度，从"两希文明"的交汇产生以后大多数国民信仰的基督宗教，再发展到中世纪的政教冲突，分庭抗礼，并从这种权力的制衡体系中诞生了宗教改革、资本主义民主革命。所以西方当代社会以"三权分立"、"代议制民主"、"票选制度"为特点的资本主义民主制度，也是西方整个历史文化体系的结晶，其中也包括政教关系制度。没有西方那种大多数人信教的文化基础，没有古希腊、罗马的贵族民主制习惯，没有"教皇革命"所引发的政教对峙，简单照搬西方当代的社会制度只能出现"东施效颦"、"邯郸学步"的笑话。相反，中国有着五千多年悠久且未中断的辉煌历史，有着"讲仁爱、重民本、守诚信、崇正义、尚和合、求大同"的中华优秀传统文化。只要我们立足于中华文化本位，将马克思主义理论与中国的实际相结合，实现马克思主义的中国化，我们中国特色社会主义一定可以在人类历史上走出一条适合我们国情的文明大道。研究中西政教关系的历史，从根本上讲，可以提升我们的道路自信、理论自信、制度自信、文化自信。

习近平总书记在 2016 年全国宗教工作会议上的讲话中指出："做好新形势下宗教工作，就要坚持用马克思主义立场、观点、方法认识和对待宗教，遵循宗教和宗教工作规律，深入研究和妥善处理宗教领域各种问题，结合我国宗教发展变化和宗教工作实际，不断丰富和发展中国特色社会主义宗教理论，用以更好指导我国宗教工作实践。"① 习近平总书记的讲话既是本书研究的指导思想，也是笔者进行这番艰苦工作的精神动力。希望这些年的努力能够作为中国特色政教关系理论，为学术的大厦添砖加瓦，为实际宗教管理工作提供借鉴。希望笔者浅薄的见解能够得到各位领导、专家的指教，得到各位从事宗教管理工作的干部的批评。真诚感谢人民出版社的领导、策划编辑、责任编辑为拙作付出的大量艰苦努力！感谢中央统战部有关专家对本书

---

① 《习近平关于社会主义政治建设论述摘编》，中央文献出版社 2017 年版，第 169 页。

的审读并提出许多改进意见！感谢中央文献研究室的高长武、毛胜同志对本书出版工作的帮助，并提出了宝贵的改进建议。没有你们的辛苦劳动，浅见也就无法面世，成功与荣誉有你们的一半。

第一章 中西政教关系的起源：部落联盟与酋邦

在拙作《中国古代政教关系史》"绪论"中，已经对政治与宗教的多层次关系进行了深入的剖析。综其要旨：政教关系可以分成广义和狭义两种类型。广义的政教关系包括宗教对政治权力、政治意识形态和政治文化三个层面的影响，而狭义的政教关系，则主要指宗教与政治权力的互动。在这三个层次的关系中，都包含着这样一种"较量"，即由世俗政治主导，还是由宗教主导。在中国和欧洲几千年的历史发展过程中，无数的宗教领袖和政治领袖进行过无数次的斗争，斗争的动机都是在国家的发展中获得主导权力，为自己争得更多的利益。仅仅从政治史、宗教史的角度去描述这些领袖们头脑中的动力是容易的，但是真正科学的研究应当指出："在这些动机背后隐藏着的又是什么样的动力？在行动者的头脑中以这些动机的形式出现的历史原因又是什么？"① 这样的研究才是符合历史唯物主义的，本书的着力点也就在于千方百计地揭示形成中西政教关系史差异的历史原因。

中西政教关系的差异，从源头上说，是由于中西两地完全在不同历史时期，通过不同类型的早期国家产生的，应当说属于不同的文明类型。本书就是试图通过上述两方面的差异，来说明中西政教关系在本质上的不同。

① 《马克思恩格斯文集》第 4 卷，人民出版社 2009 年版，第 303 页。

第一节　中西早期国家形成的不同路径

"早期国家理论"是 20 世纪 60 年代之后由西方历史学家提出的概念，并逐渐传入我国，引起了人类学、历史学、考古学等学科的关注。一般认为："早期国家是指最早的、真正原始类型的国家，是原始社会解体后的直接继承者。"早期国家的特征主要是：一个中央集权化的按等级组织起来的政治制度，其中中央权威控制了社会强制性武力的绝大部分。当然，西方学者口中的中央集权，与中国历史上秦汉之后的中央集权有着天壤之别，主要是指社会上开始出现比较集中的政治权力机构，成为整个社会的控制中心。谢维扬先生认为：世界早期国家大致可分成两种类型：第一种是少数国家——主要指希腊、罗马从"氏族模式"演化而来；第二种则是大多数国家从"酋邦模式"进入早期国家，中国则属于后者。① 关于早期国家的时限，史学界也存在各种争议，本书从说明中西政教关系差异的角度，把希腊、罗马国家定型前的"王政"时期和中国夏代之前的"五帝"时期，视为从部落联盟或酋邦进入早期国家的过渡时期。

一、西方文化人类学家摩尔根国家起源理论

历史唯物主义学说重视文明发源的地理环境，但是并不把地理环境看成决定性的因素，而更看重社会的因素。那么，是什么社会的因素影响了中西社会的文化进程？马克思指出："总之，为任何当时的独特的国家形式，发现最隐蔽的秘密，发现隐藏着的基础。不过，这并不妨碍相同的经济基础——按主要条件来说相同——可以由于无数不同的经验的情况，自然条件，种族关系，各种从外部发生作用的历史影响等等，而在现象上显示出无穷无尽的变异和色彩差异，这些变异和差异只有通过对这些经验上已存在

---

① 参见谢维扬：《中国早期国家》，浙江人民出版社 1995 年版，第 171—223 页。

的情况进行分析才可以理解。"①也就是说，在生产方式差不多的条件下，自然、种族、文化等次要条件反而可以在极大程度上影响一个国家所具有的"形式"。

在 20 世纪 80 年代之前，中国学术界基本都是用摩尔根在《古代社会》一书中揭示的氏族——部落——部落联盟——国家的模式，来说明世界上各种不同国家的起源。摩尔根的《古代社会》写于 1871—1877 年，1877 年在美国出版。马克思的《人类学笔记》对于这本当时最新的人类文化学研究成果给予了极高的肯定，恩格斯的《家庭、私有制和国家的起源》，基本建立在摩尔根对美洲原始部落文化深入观察的基础上。例如恩格斯指出："原始时代希腊人和罗马人的氏族、胞族和部落的全部社会组织，跟美洲印第安人的组织极其相似；氏族，直到野蛮人进入文明时代为止，甚至再往后一点，是一切野蛮人所共有的制度（就现有资料而言）。摩尔根证明了这一切以后，便一下子说明了希腊、罗马上古史中最困难的地方，同时，出乎意料地给我们阐明了原始时代——国家产生以前社会制度的基本特征。"②唯一不同之处，就是无产阶级的革命导师，在论述国家产生根源时，更突出了阶级分化的社会意义。

马克思主义在 20 世纪初大量传入我国，并在新中国建立后成为理所当然的主导意识形态。于是，摩尔根所提出的国家起源模式，就成为世界唯一的国家起源形式，即使在当时的社会条件下中国的历史学家发现中国的情况与美洲、欧洲的差异，也都自觉或不自觉地向其靠拢或忽略掉了。例如老一辈马克思主义历史学家吕思勉先生，就曾对选举和世袭下了一个定义。他说："选举是和世袭对立的。按世袭之法，倘一个位置出缺，便有一个合法继承的人，不容加以选择。选举之法则不然，他是毫无限制，可以任由选举权者，选举最适应的人去担任的。"③吕先生心目中的禅让制，是一种理想的

① 《马克思恩格斯文集》第 7 卷，人民出版社 2009 年版，第 894—895 页。
② 《马克思恩格斯文集》第 4 卷，人民出版社 2009 年版，第 98 页。
③ 吕思勉：《中国通史》，华东师范大学出版社 1992 年版，转引自许祖祥：《从禅让制到世袭制》，《华中科技大学学报》（社会科学版）2001 年第 2 期。

原始民主制度，而且是通过"选举"产生的。这实际与古籍中记载的"禅让"有很大差距。《史记·五帝本纪》记载："尧曰：'嗟！四岳：朕在位七十载，汝能庸命，践朕位？'岳应曰：'鄙德忝帝位。'尧曰：'悉举贵戚及疏远隐匿者。'众皆言于尧曰：'有矜在民间，曰虞舜。'尧曰：'然，朕闻之。其何如？'岳曰：'盲者子。父顽，母嚚，弟傲，能和以孝，烝烝治，不至奸。'尧曰：'吾其试哉。'于是尧妻之二女，观其德于二女。舜饬下二女于妫汭，如妇礼。尧善之，乃使舜慎和五典，五典能从。乃遍入百官，百官时序。宾于四门，四门穆穆，诸侯远方宾客皆敬。尧使舜入山林川泽，暴风雷雨，舜行不迷。尧以为圣，召舜曰：'女谋事至而言可绩，三年矣。女登帝位。'"注释说尧16岁践天子位，70年后已经是86岁的老年，他向地方首长"四岳"询问是否可接任天子之位。四岳认为自己的才德不足以忝居天子之位，因而推荐了虞舜。尽管史籍记载的禅让推举过程包含了充分协商民主的意义，如吕先生所言没有一个预定的合法继承人，但与西方文化源头古希腊的民主选举，毕竟有着原则差异。

摩尔根在调查美洲土人部落时发现，部落的领袖是在氏族中选举产生的，世袭的首领十分罕见。"虽说这个职位是在氏族内传袭的，它却是从本氏族男性成员中选举出来的。"①领袖的选举在氏族的范围内举行，这是理所当然的。因此"凡是本氏族的男性成员都具有同等的被选中的资格"②。那时候人们之间只有能力的大小，并没有身份高低的差异，人人都有当选的可能性。"在墨西哥以北的各部落中，首领和酋长的职位普遍都由选举产生。"③它是"不世袭的，因为这种职位是用以酬劳个人功勋的，本人一死，职位亦随之而废"④。

在摩尔根的笔下，原始社会部落联盟领袖的民主选举是自下而上的，由下层选民自由推举被选举人，而东方式的协商民主则是自上而下的，是由前

① 〔美〕摩尔根：《古代社会》上册，商务印书馆1977年版，第70页。
② 〔美〕摩尔根：《古代社会》上册，商务印书馆1977年版，第71页。
③ 〔美〕摩尔根：《古代社会》上册，商务印书馆1977年版，第111页。
④ 〔美〕摩尔根：《古代社会》上册，商务印书馆1977年版，第71页。

最高领袖提名，征求各方意见，再加上一段时间的考察，并最终还是由最高领袖决定是否把权力交由下一任领导人。所谓"禅"，即"在祖宗前大力举荐"，所谓"让"则是前代领导人将权力让给后代，决定权仍在他的手中。这里无论是被咨询的"四岳"、"百官"、"诸侯"还是参与考察的民众，都没有最终的权力。因此中国三代以上的原始社会，显然不能说存在着摩尔根所看到美洲原始民主制度。

二、西方人类学家的"酋邦"理论

之后大约百年的时间，西方的文化人类学在不断发展。"酋邦"概念，最早由美国人类学家提出。K.奥博格于1955年将中美洲低地部落社会称为酋邦；1962年，E.R.塞维斯在《原始社会结构》[①]一书中认为，酋邦是"具有一种永久性协调机制的再分配社会"，并于1975年《国家与文明的起源》中正式提出了原始群——部落——酋邦——国家这个社会演变模式。照塞维斯的说法，酋邦有如下（四个）特点："酋邦拥有集中的管理（centralized direction），具有贵族特质的世袭的等级地位安排，但是没有正式的、合法的暴力镇压工具。组织似乎普遍是神权性质的，对权威的服从似乎是一种宗教会众对祭司——首领的服从。"[②] 这些人类学家，提出了一个与摩尔根不同的人类国家起源的模式，差异在于人类是经过部落联盟还是酋邦进入国家形态。相比较两种模式，关键在于部落联盟说认为部落联盟的酋长和军事领袖都是民主选举产生的，而且受到部落、部落联盟议事会议的约束，而酋邦的首领则是由贵族世袭产生的，拥有最高的权力，但还没有形成暴力机器，不同于后世的国家。

关于部落联盟的社会运作方式，恩格斯大量引用摩尔根的著作，在《家庭、私有制和国家的起源》一书中有详细的描述。"在有些部落中间，有一

---

① 或译作《原始社会组织》。

② 转引自林石：《中心聚落、酋邦与中国的前国家形态》，《宁德师专学报》（哲社版）2010年第1期。

个最高的首领，但他的权力很小。他是酋长之一，当需要紧急行动时，他应当在议事会召集会议作出最后决定之前采取临时的措施。"①"联盟的机关是联盟议事会，由50个地位和威信平等的酋长组成；这个议事会对联盟的一切事务作最后的决定。"②"联盟没有一长制首长，即没有主掌执行权的首脑。"③《荷马史诗》作为希腊史前时代的口碑记述，记载着当时的政治决策过程。"荷马对政治决策有过几次详尽的描述。最长且最能说明问题的是《伊利亚特》的第2卷。由于夜间一梦，阿伽门农命令，'声音洪亮的传令官召集长发的阿凯亚人开会……但首先他召集了那些心高志大的长老们的会议'。除演说人外，议事会议其他人坐着。他透露了自己从特洛伊撤军的计划以试探军队，其他长老在大会上高声反对这个计划。涅斯托尔发言赞同，议事会接着把它交给了人民大会。会议由九个传令官掌握。当人民坐下后，阿伽门农拿着他的权杖，站着向人民演说。他的建议非常受人民的欢迎，所以他们立即冲向船只……在这里以及其他的论述中，可以清楚地看到政治的基本程序。事情一般首先在长老会议中讨论，然后交给人民的集会。在这两个场合都存在辩论，也可能出现分歧。但人们只能期待长老发言。人民大会的角色，其听取议事会议决定的功能与批准的功能一样重要。另一方面，遇到重大问题必须召集人民大会。公共舆论的重要性及其权力得到了承认。"④

相反，在西方人类学家描述的酋邦社会，酋长则掌握着至高无上的权力。哈维兰在《当代人类学》中指出："与群队与世系群的头人不同，（酋邦的）酋长一般是实权人物，他的权力在一切事务中，在任何时候都足以把他的共同体团结在一起。"⑤ 酋邦社会已经开始出现社会分化现象，"酋长对他的臣

① 《马克思恩格斯文集》第4卷，人民出版社2009年版，第107页。

② 《马克思恩格斯文集》第4卷，人民出版社2009年版，第109页。

③ 《马克思恩格斯文集》第4卷，人民出版社2009年版，第109页。

④ [英] 奥斯温·默里：《早期希腊》，晏绍祥译，上海人民出版社2008年版，第50—51页。

⑤ [美] 威廉·A.哈维兰：《当代人类学》，王铭铭等译，上海人民出版社1987年版，第476页。

民有生死之权，他也可以抢走他们的财富"①。酋长不仅掌握了凌驾于其他社会成员之上的特殊权利，而且他们也通过权力的世袭将这些权力传之子孙。"特罗布里恩德岛人的酋长和西瓦伊人的穆米不同，他们继承职位(指世袭)，而且只有在打败仗时才会失去职位。……酋长职位是在最伟大、最富有的亚氏族(指家族)中世袭。"② 也就是说，酋邦长老的权力是不受约束的，而且具有世袭的性质，除非战争的失败丧失权力。

把酋邦理论最早引入中国的是著名的华裔美国历史学家张光直，1983年他在论文集《中国青铜时代》中，介绍了塞维斯等人的酋邦理论。此后大陆民族学、人类学家童恩正在 1989 年出版了《文化人类学》一书，也主张人类是由酋邦的途径进入文明社会。稍后，华东师范大学历史系教授谢维扬，陆续出版了论文《中国国家形成过程中的酋邦》和专著《中国早期国家》，不仅向国人介绍了西方的酋邦理论，而且用酋邦理论分析了中国从三皇五帝到夏商周三代，是如何从酋邦进入早期国家的。他得出结论说："部落联盟理论对于中国早期国家进程并不适用，而摩尔根本人也从未认为部落联盟制度是各民族中普遍存在的现象。"③ 此后，酋邦和早期国家理论在我国人类学、历史学、考古学领域引起了广泛的争议。有人坚持传统的部落联盟理论，认为这是人类进入文明社会的唯一道路；有人认为酋邦才是唯一道路；有人则认为人类进入文明的路径是多样的，至少存在酋邦、部落联盟二分模式。④ 由于摩尔根、塞维斯等人类学家当年只是进行对于原始部落的田野考察，并没有对其理论的应用范围进行限制，所以由他们的人类学理论所引发的历史学争论至今仍在进行。

其中，当代中国学者王震中的《中国古代国家的起源与王权的形成》，

---

① ［美］威廉·A.哈维兰：《当代人类学》，王铭铭等译，上海人民出版社 1987 年版，第477 页。

② ［美］威廉·A.哈维兰：《当代人类学》，王铭铭等译，上海人民出版社 1987 年版，第43 页。

③ 谢维扬：《中国早期国家》，浙江人民出版社 1995 年版，第 16 页。

④ 参见林石：《中心聚落、酋邦与中国的前国家形态》，《宁德师专学报》(哲社版) 2010年第 1 期。

成为具有重大影响的著作。他在肯定"酋邦"理论的合理性的同时，也指出了其不足。仅仅从翻译上讲，"邦"即含有国家的意义，"酋邦"既有酋长又有国家有些不伦不类。① 他认为中国古代国家的起源经历了"聚落三形态演进"——大体平等的农耕聚落、含有不平等的中心聚落、都邑邦国。在都邑邦国阶段，形成了军权、政权、神权合一的政治权力体系，形成了中国的早期国家，基本相当于传说中的"五帝"时代。此后国家形态的发展又经历了邦国——王国——帝国的发展阶段。五帝时代属于古邦国，夏王朝的建立形成了王国，秦王朝的建立则形成了统一的中央集权的大帝国。② 王震中不仅提了这样的理论构想，而且运用大量出土遗址的考古资料证明了这两个三阶段进化论。比较当代古代史学者关于中国古代国家起源的理论，笔者认为王震中的"邦国"理论可能最适合中国古代早期国家的性质。

笔者作为一名哲学学者，对于人类学并没有深入研究，但是通过对其他学科引用人类学成果的情况及其引起的争议，也感到了一些问题。首先，对于人类学家的研究成果的准确性，我们需要进行辨识。尽管他们对于研究对象进行了科学、严谨的量化分析，但是很难说他们不把自己的价值观念带入研究的过程。例如摩尔根对美洲易洛魁部落的观察，他说："它的全体成员都是自由人，都有相互保卫自由的义务；在个人权利方面平等，不论酋长或军事领袖都不能要求任何优先权；他们是由血亲纽带结合起来的同胞。自由、平等、博爱，虽然从来没有明确表达出来，却是氏族的根本原则，而氏族又是整个社会制度的单位，是有组织的印第安人社会的基础。这就可以说明，为什么印第安人具有那种受到普遍承认的强烈的独立感和自尊心。"③ 谁都知道，自由、平等、博爱是西方近代启蒙运动时期提出的革命口号，反映了资产阶级的核心价值观念。原始人在生产力极其低下、生存竞争极为残酷

---

① 参见王震中：《中国古代国家的起源与王权的形成》，中国社会科学出版社 2013 年版，第 42 页。

② 参见王震中：《中国古代国家的起源与王权的形成》，中国社会科学出版社 2013 年版，第 52—66 页。

③ 《马克思恩格斯文集》第 4 卷，人民出版社 2009 年版，第 102—103 页。

的时代，究竟能够享受多少"独立感和自尊心"是很可疑的。也难怪在中国君主专制制度时代写出第一部纪传体历史著作的司马迁，在本纪第一的"五帝本纪"中，把原始时代的黄帝、颛顼、帝喾、尧、舜都写成了唯我独尊的君王。其次，对于人类学研究成果的应用范围问题，也应当引起高度的警觉，不能有任何的随意性。当然，人类学研究的本意是通过近代尚处未开化社会土著的观察，来反思我们已经走过的道路。但是两者之间到底有多少可比性？原始人的生活经验有多少普适性？这应当是一个严肃的问题。

不过笔者也认为，至少恩格斯应用摩尔根的理论分析古希腊、罗马的文明进程是严肃的，而中国当代学者提出中国不适应部落联盟理论也是有充足依据的。我们赞同谢维扬、王震中教授的意见，人类进入早期国家的路径，至少存在着部落联盟和酋邦（邦国）两种可能，而作为东西方文化主流的中国和古希腊，则可以成为这种两条道路的典型代表。

第二节　西方与中国因进入文明时代路径不同而形成不同的政治生态

一、从部落联盟起源的希腊、罗马"王政"时代

作为西方文化源头的希腊、罗马古代社会，有着明显的从部落联盟演化而来的痕迹。古老的《荷马史诗》，记录了希腊文明社会之前的传说时代。在《荷马史诗》中，国王是社会的主宰者，因为宙斯授予国王权杖和裁断的规则："阿特柔斯的光荣的儿子、人民的国王阿伽门农，你是大军的统帅，宙斯把权杖和习惯法赐给你，使你能够为你的人民出谋划策。"对于社会上存在的各种争讼，国王具有裁判权，但是国王并不是唯一的裁判者。史诗中有一段提到长老会议作为的仲裁人决断的经过："公民在广场集会，那里发生了争端，一方向大家诉说，要求全部赔偿，另一方希望把争议交由仲裁人裁断。他们支持者大声呐喊各拥护一方，传令官努力使喧哗的人们保持

安静。长老们围坐在光滑的石凳上，手握嗓音洪亮的传令官递给的权杖，双方向他们诉说，他们依次做出决断。场子中央摆放着两特兰特黄金，奖给裁决最公正的人。"① 显然，部落中的长老对于争讼也有裁判权，但是他们也不是仅仅依靠自己的智力进行决断，最终的判决还是取决于参与观看判决的公民。《荷马史诗》记载，人民用欢呼声表达他们对长老判决的支持，哪一位长老获得的欢呼声多就可以得到黄金的奖赏，也就意味着判决的最终结果。

这一记载很像人类学家对美洲易洛魁部落原始氏族部落的观察，"有管理公共事务的部落议事会。它是由各个氏族的酋长和军事领袖组成的——这些人是氏族的真正代表，因为他们是随时都可以罢免的；议事会公开开会，四周围着其余的部落成员，这些成员有权加入讨论和发表自己的意见；决议则由议事会作出。按照通例，每个出席的人都可以随意发表意见，妇女也可以通过她们所选出的演说人陈述自己的意见。在易洛魁人中间，最后的决定需要一致通过"②。罗马的情况与希腊非常相似，也实行一种奴隶主民主制度。"只有身为氏族成员，并且通过自己的氏族而为库里亚成员和部落成员的人，才能属于罗马人民。罗马人民最初的制度是这样的：公共事务首先由元老院处理，而元老院，正像尼布尔最先正确地看到的那样，是由 300 个氏族的酋长组成的；……库里亚大会通过或否决一切法律，选举包括勒克斯（所谓王）在内的一切高级公职人员，宣战（但由元老院媾和），并以最高法院资格，在一切事关判处罗马公民死刑的场合，根据当事人的上诉作最后的决定。"③ 罗马的元老院、氏族议事会议是社会的最高权力机关，可以决定一切重大事情。

从记载希腊和罗马古代历史的史诗和传说看，在文明之初它们都有一段"王政"时期，被称为"古风"时代。以雅典为例，最初也有一段王权统治的时期，雅典传说提到雅典王政时代有十七个王，帕罗斯大理石上还记载了

---

① 转引自崔丽娜：《古典时期雅典的投票选举制度》，首都师范大学出版社 2007 年版，第 16—17 页。

② 《马克思恩格斯文集》第 4 卷，人民出版社 2009 年版，第 106—107 页。

③ 《马克思恩格斯文集》第 4 卷，人民出版社 2009 年版，第 144 页。

这十七位国王的名字。古希腊著名哲学家亚里士多德在《雅典政制》一书中指出："雅典人起初曾有一个王者。当伊嗡来和他们一起居住之时，他们才第一次被称为爱奥尼亚人。……雅典人尊敬祖先阿波罗，因为他们的军事执政官伊嗡是阿波罗和克绪托斯之女克勒乌萨的儿子。"[①] 公元前700年左右，王权销声匿迹，国家权力由贵族执掌，他们通过战神山议事会完成对政权的集体控制。最初由三个执政官分别掌管城邦的宗教、军事和行政事务，似乎也存在着公民大会，成员或许是自备盔甲的重装步兵。亚里士多德比较详细记载了雅典最早的民主制度实行的来龙去脉。他说："国家高级官吏都以门第和财富为准；而且他们最初是终身制，后来方改为十年一任。最高和最早的官职是王者执政官、军事执政官和执政官。其中以王者执政官为最古，因为它是祖上流传下来的。第二个设置的官职是军事执政官，这是因为有些王者在战争中表现怯懦无能才增加的。这三个职务中最后一个设置是执政官，此职建置的年代，大多数学者认为在墨冬时期。"[②]"此后经过一段不长的时期，到了阿里斯忒克穆斯担任执政官时，德拉科制定了法典，其制度如下：凡能自备武装的人有公民权利，有些人进行选举，九执政官和一些司库官由财产不少于十明那且无负累的人中选出，其余低级官吏由能够自备武装的人中选出，司令官和骑兵司令则由财产不少于一百明那、又无负累，且年有十岁以上婚生合法儿子的人担任。"[③]

罗马的历史进程与希腊近似，也是从最早的"王政"进入共和国时代。根据罗马古典传说，罗马从公元前753年建城到公元前509年推翻王政改行共和制止共244年，经历了7个国王。但是从第一王罗慕路斯（公元前753—前717）开始，他就建立城市，召开人民会议，在全体公民中指定了

---

① ［古希腊］亚里士多德：《雅典政制》，日知、力野译，上海人民出版社2011年版，第14页。

② ［古希腊］亚里士多德：《雅典政制》，日知、力野译，上海人民出版社2011年版，第18页。

③ ［古希腊］亚里士多德：《雅典政制》，日知、力野译，上海人民出版社2011年版，第20页。

100人为长老，组织了一个参议机构，称之为"元老院"。被指定的元老，或称"父老"，都是公民中各较大氏族或家族的首脑。因此"王政"发展的结果，就是王权逐渐被废除，由元老院选举执政官的民主制度逐渐形成。罗马为什么会在"王政"时期就设立由贵族担任元老的元老院？这是由于罗马共和时代学者记载远古时代把自己身边的政治现实代替了古代的情况，还是和罗马国家的形成有关系？恐怕两种原因都有，因为罗马的形成也与建立在原始氏族社会部落联盟的基础有关。根据古代传说，当时罗马社会组织仍分成3个部落（库里布斯）、30个库里亚（胞族）和300个氏族。最基本的政治管理机构是：国王，握有军政、司法和宗教大权，身兼军事统帅、最高法官和最高祭司，是由库里亚大会选出，经元老院批准而任命的终身职位。元老院：由主要氏族的首脑人物组成的一种议会，协助国王处理国事。库里亚大会，也是罗马的民众大会。一切被接受为罗马公民的人都被编入库里亚。在库里亚大会，选举国王、宣战、讲和，通过法律，决定死刑及其他重大刑事案的判决。因此罗马王政时期的国王绝对不是中国"三皇五帝"时代的"王"，他并没有掌握国家的全权，而只是部落联盟的军事领袖。所以恩格斯得出结论："像英雄时代的希腊人一样，罗马人在所谓王政时代也生活在一种以氏族、胞族和部落为基础，并从它们当中发展起来的军事民主制下。"①

　　希腊和罗马的民主制度是近代现西方政治制度的源头之一，为人类留下了很多重要的文化遗产，票选制度和权力制衡是其中的精华。恩格斯指出：梭伦规定，国家的官职应先由各部落分别投票预选候选人，然后就在这些人中抽签选举。以九执政官而言，每一部落先行预选十人，然后就这些人中抽签选举；因此现在部落还残存一种制度，每一部落抽签选举十人，然后就这些人中在进行抽签选举。梭伦规定按财产等级抽签选举官，这一点在至今仍在实行的司库官法律中可以得到证明。从古希腊人开始，就有了一人一票、自下而上的选举制度。这样一种制度化、程序化的体制，有助于限制个人的专权。

---

① 《马克思恩格斯文集》第4卷，人民出版社2009年版，第145页。

而票选制度之所以能够推行，还在于其背后的权力制衡。根据传说，在罗马第一王罗慕路斯时期，就与萨宾人展开了一场残酷的战争。战争伊始，萨宾人占领了卡皮托利山。以后战争拖延很久不分胜负，双方均有伤亡，都处于困境，共拖了近三年。这时，当初被抢的妇女都已在罗马生儿育女成立家庭，她们不愿意看到自己双方的亲人继续战斗，便出头说服双方讲和。最后和谈成功，两国合并，罗慕路斯和第提斯并立为王，国名罗马，而公民采用萨宾奎里斯城名，叫"魁里特"。萨宾人都编入罗马的特里布斯和库里特亚之中，参加各地的祭祀典礼。① 这场战争是否是嫁到罗马的萨宾妇女的功劳可以商榷，但是两个部落的战争经过谈判结束并合并为一个统一国家，成为部落联盟的典型特点。罗慕路斯去世，萨宾人努玛·庞皮里乌斯被推举为罗马国王，罗马王政时代的第二王。到了第七王傲慢的塔克文时代，由于他的统治荒淫无道，罗马人民决定废黜"王政"。不久，元老院召集会议，宣布推翻塔克文，推举普斯利乌斯·卢克里契乌斯为摄政官，暂主持政务。罗马人从此终止一个人当权的王政，改为从贵族中选出两人为执政官。多元利益的角逐导致的权力制衡，这才是西方民主制度得以实现的背后原因。而这一点，也对中西政教关系的差异造成了最大的影响。

希腊古代的民主制度有一个突出特征，就是很多措施都是经过了变法运动，以法律的形式加以保证的。这一点不论对于日后西方民主制度的发展，还是对于政教关系都产生了深远的影响。古希腊在历史上经历了多次变法，其中最早的当属德拉科宪法。亚里士多德《雅典政制》记载："议事会议员由公民集团中抽签选举，凡四百零一人，这种议事会成员和其他官吏的抽签均以年在三十岁以上的公民为限；止到每一人都轮到，且从头开始抽签为止，任何人不得连任官职。"② 其后的梭伦改革，基本是这种"财富民主制"的继承。"梭伦把公民按照他们的地产和收入分为四个阶级；500、300 及150 袋谷物（1 袋约等于 41 公升），为前三个阶级的最低限度的收入额；只

---

①　参见李雅书、杨共乐：《古代罗马史》，北京师范大学出版社 2010 年版，第 21 页。

②　[古希腊] 亚里士多德：《雅典政制》，日知、力野译，上海人民出版社 2011 年版，第20—21 页。

有较少地产或完全没有地产的人，则属于第四阶级。一切公职只有三个上等阶级的人才能担任；最高的公职只有第一阶级的人才能担任；第四阶级只有在人民大会上发言和投票的权利，但是，一切官吏都是在这里选出的，一切官吏都要在这里报告自己的工作；一切法律都是在这里制定的；而第四阶级在这里占多数。贵族的特权，部分地以财富特权的形式得到更新；但人民却保留有决定的权力。"① 对于这一点，梭伦自己从不隐瞒，"而且梭伦自己在诗中也这样说：'我所给与人民的适可而止，他们的荣誉不减损，也不加多；即使那些有势有财的人，也一样，我不使他们遭受不当的损失；我拿着一只大盾，保护双方，不让任何一方不公正地占据优势。'他又说应当怎样对待群众：'这样，人民就会好好追随领袖，自由不可太多，强迫也不应过分；富贵如属于没有教养的人们，餍足就要滋生不逊。'……'我制定法律，无贵无贱，一视同仁，直道而行，人人各得其所。'"② 从梭伦的诗篇中我们可以看到雅典民主制度权力制衡、相互制约的特点，绝非一些国人所理想化的人民决定一切。尽管这一点从阶级的观点看，对于广大奴隶仍然是不公平的，可是如果我们考虑到从生产力低下的原始社会向奴隶社会的过渡是人类的重大发展，对于其积极意义还是要给予高度的评价。

二、从"三皇五帝"进化而来的古邦国

中国最早的古史传说起源于"三皇五帝"。③ 关于"三皇"，有燧人、伏羲、神农说，也有伏羲、神农、女娲说，而以前者较为常用。现代学者一般认为，"三皇"不是具体的历史人物，而应当是人类进步的历史阶段。燧人

---

① 《马克思恩格斯文集》第 4 卷，人民出版社 2009 年版，第 132—133 页。

② [古希腊] 亚里士多德：《雅典政制》，日知、力野译，上海人民出版社 2011 年版，第 28—29 页。

③ 关于三皇五帝的传说，可以得到近代以来中国考古界进行的旧石器时代、新石器时代考古资料的支撑，说明古代典籍中记载的历史发展过程基本是可信的。参见王震中：《中国古代国家的起源与王权的形成》，中国社会科学出版社 2013 年版。

氏代表着人类开始使用火，表明文明的一个重要进程。伏羲氏是传说中的"人文始祖"，制定了人类的婚姻制度，使人类脱离了群婚状态。他通过观察宇宙万物"画八卦"，成为人类文化出现的开端。神农氏亲尝百草，发现用草药治病；他发明刀耕火种，创造了两种翻土农具，教民垦荒种植粮食作物，说明人类此时已经进入了农耕阶段。从考古学的资料看，以上的描述都是人类在旧石器时代所经历的发展过程，可能是对中国先民在旧石器时代生活的追忆。当代中国学者一般把"三皇"（燧人、伏羲、神农）不是看成三位政治领袖，而是将其看成中国历史发展的三个阶段，即人类进入了火器时代、氏族时代、农耕时代，因此"三皇"的时限不一定和人的自然生命相等值，很可能代表一个相当长的进化阶段。

"五帝"是黄帝、颛顼、帝喾、尧和舜，基本相当于中国文明时代开启前的新石器时代。根据《史记·五帝本纪》记载："轩辕之时，神农氏世衰。诸侯相侵伐，暴虐百姓，而神农氏弗能征。于是轩辕乃习用干戈，以征不享，诸侯咸来宾从。"这说明在新石器时代，各个原始氏族之间已经出现了战争。尽管当时不一定存在阶级的分化，但是出现财产的贫富不均，各氏族之间因此进行争夺战争则是没有疑问的。神农氏作为旧石器时代的代表，显然没有处理各氏族之间利益争夺矛盾的方法和经验，所以"三皇"让位于"五帝"，中国开始进入文明曙光初露的"邦国"时代。在酋邦理论传入我国之前，史学界一般都是用"部落联盟"理论解释"五帝"时代的社会结构，把黄帝、炎帝、蚩尤、太昊、少昊等等传说人物，都说成是不同部落的领袖，通过战争与合作形成了华夏部落联盟。但是，通过与希腊、罗马早期国家的比较我们不难发现，中国古史中的"五帝"与希腊、罗马的"王政"，还是有很大的差异，所以我们把"五帝"时代视为中国的邦国时代。主要表现在如下几点：

首先，通过上文的分析可知，西方的希腊、罗马人的部落联盟中，都存在着人民大会、贵族议会、元老院等决策机构，对"王"具有监督、制衡作用，而在中国的"五帝"身边，看不到类似的机构。较早的史学理论，把四岳、共工、鲧、皋陶、契、后稷、夔、龙、倕、益、彭祖等视为不同部落的首领，把他们的协商看成是部落联盟的票选决策。但是我们则认为，要注意典籍中的记载，不能把征求意见当成议会投票。例如帝尧在任用臣下时征求意见，"尧曰：'谁可顺此事？'放齐曰：'嗣子丹朱开明。'尧曰：'吁！顽凶，不用。'尧又曰：'谁可者？'讙兜曰：'共工旁聚布功，可用。'尧曰：'共工善言，其用僻，似恭漫天，不可。'尧又曰：'嗟，四岳，汤汤洪水滔天，浩浩怀山襄陵，下民其忧，有能使治者？'皆曰鲧可。尧曰：'鲧负命毁族，不可。'岳曰：'异哉，试不可用而已。'尧于是听岳用鲧。九岁，功用不成。"（《史记·五帝本纪》）帝尧在征求谁可以接班嗣位时，放齐提议由尧的儿子丹朱接班，但是尧认为丹朱凶顽，不可用。又问谁可用。讙兜提出了共工，但是尧认为共工只是能说，干事不靠谱，还是认为不能用。后来帝尧又提出现在洪水滔滔，谁可以去治理洪水呢？代表四方的酋长"四岳"都认为鲧可以用。可是尧认为鲧性情暴戾，有违抗族命的情况，认为不可用。四岳建议说不妨试用一下，帝尧采纳了他们的意见，任命鲧为治水官员，但是九年无功。从这一段的协商可以看出，帝尧才是所有决策的最后拍板之人，其他臣下只有建议的权利，没有决策的权力，更没有一个在发生意见分歧时的最高决策机关。帝尧可以否定他们的意见，没有让自己的儿子丹朱及共工嗣位；也可以接受他们的意见，让鲧试试治水。但是，不管帝尧是否采纳他们的意见，最高领导权仍然在帝尧一人手中。当然我们也不能因此就以西方的部落联盟制度为样本，说中国从古代开始就没有民主。西方的民主制度有西方的历史特点，即表现为自下而上的表决；而中国的民主则表现为自上而下的协商。用现在政治学的术语讲，西方的民主从一开始就出现了自下而上的"票选"民主的形式，中国的民主则是一种自上而下的协商民主；西方的民主倾向于程序性民主，中国的民主则是一种实质性民主。中国尽管没有走古希腊、古罗马"王政"时期"元老会议"、"公民大会"的表决形式，但是仍然可以达到充分协商、收集、表达民意的目的。

其次，部落联盟的首领大多只有执行权，没有决断权，但是中国五帝时代的领袖们，则是社会的最高领袖，可以决定邦国里的一切事务。例如对于官员的任命，他们是说一不二的。颛顼任命重为"南正"以司天，任命黎为"火正"以司地，尧"乃命羲和，敬顺昊天，数法日月星辰，敬授民时"。传说帝尧时"禹、皋陶、契、后稷、伯夷、夔、龙、倕、益、彭祖自尧时而皆举用，未有分职"(《史记·五帝本纪》)。于是，舜任命禹为司空，契为司徒、鲧治洪水，后稷播时五谷，皋陶治理周边民族，任命倕、益为共工，任命伯夷为"秩宗"，任命夔为"典乐"等。五帝不仅有对官员的任命权，也有免职甚至处罚的权力。如《尚书·舜典》记载，舜曾经："流共工于幽州，放驩兜于崇山，窜三苗于三危，殛鲧于羽山。"《国语·鲁语》记载："昔禹致群神于会稽之山，防风氏后至，禹杀而戮之。"大禹在会稽山召开各酋邦首领大会，防风氏迟到，大禹便将他处死了。以上这些史料都可以说明，古邦国时代的"五帝"掌握着社会的绝对权力，没有人可以和他们对抗。

再次，部落联盟的行政首脑、军事首脑都是经过部落议事会议选举产生的，但是在邦国社会中，各种领袖职务都是前代指定的。司马迁的《史记·五帝本纪》系统梳理了五帝的血缘关系，黄帝是其始祖，他的妻子嫘祖，生了两个儿子，大儿子叫玄嚣，二儿子叫昌意。黄帝去世后，先是昌意的儿子颛顼即位，颛顼是黄帝的孙子。颛顼去世后，他的儿子没有即位，而是将天子之位传给了玄嚣的儿子帝喾。帝喾生了两个儿子，一个叫挚，一个叫放勋。先是挚继承王位，但是治理不善，后由他的弟弟放勋即位，就是帝尧。表面上帝尧没有把王位传给自己的儿子丹朱而传给了舜，但是"虞舜者，名曰重华。重华父曰瞽叟，瞽叟父曰桥牛，桥牛父曰句望，句望父曰敬康，敬康父曰穷蝉，穷蝉父曰帝颛顼，颛顼父曰昌意"(《史记·五帝本纪》)。所以舜也可以说是尧的远亲，都属于黄帝的血缘宗亲。同时，尧又将自己的两个女儿娥皇和女英嫁给了舜，使两大集团成为姻亲。在夏王朝之前，没有形成"家天下"，所以政治职务的继承虽不是血缘紧密的"父死子继"或"兄终弟及"，但也是在同一个血缘集团的指定、推荐。所以司马迁总结说："自黄帝至舜、禹，皆同姓而异其国号，以章明德。"(《史记·五帝本纪》)这种血缘的世袭关系与中国古代社会没有斩断血缘氏族的纽带进入文明社会有着密切的关系。强烈的宗法意识，很难容得下部落联盟选举制度。

最后，中国古代的古邦国时代，社会的发展中"征服"远远超过了"联合"。换言之，酋邦组织是通过战争打出来的，而不是相互妥协谈出来的。作为华夏民族起源的炎黄集团，就是征服的结果。《史记·五帝本纪》记载："轩辕之时，神农氏世衰。诸侯相侵伐，暴虐百姓……炎帝欲侵陵诸侯，诸侯咸归轩辕。轩辕乃修德振兵，治五气，艺五种，抚万民，度四方，教熊罴貔貅䝙虎，以与炎帝战于阪泉之野。三战，然后得其志。"显然华夏民族的第一次联合，是黄帝对炎帝征服的结果。紧接着，炎黄二帝又联合起来，打败了驰骋中原的另一个大的酋邦领袖蚩尤。"而蚩尤最为暴，莫能伐……蚩尤作乱，不用帝命。于是黄帝乃征师诸侯，与蚩尤战于涿鹿之野，遂禽杀蚩尤。"（《史记·五帝本纪》）蚩尤究竟是被杀还是被放逐到了南方的山区，不同典籍有不同的记载，但这并不影响一个事实，即炎黄联盟通过战争取得中原的控制权，从而奠定了华夏民族在中原的生存空间。此后"天下有不顺者，黄帝从而征之，平者去之，披山通道，未尝宁居。东至于海，登丸山，及岱宗。西至于空相，登鸡头南至于江，登熊、湘。北逐荤粥，合符釜山，而邑于涿鹿之阿"（《史记·五帝本纪》）。新石器时代后期的战争，促进了邦国内部权力的集中。正如王震中指出："中心聚落和酋邦的特点之一就在于管理、宗教祭祀、军事指挥诸功能的集中性，所以从中心聚落形态开始，也即从酋邦开始，权力的分级与集中处于一个统一体之中。"①

不过我们也要看到，"五帝"时代毕竟不同于后来的夏王朝，还是实行了"传贤不传子"的"禅让"制度。历史证明，在没有财产私有制度之前，诸部落之间已经存在激烈的战争，一个氏族集团选择最有能力的人担任部落首领，可以保证自己集团利益的最大化。所以孔子说："大道之行也，与三代之英，丘未之逮也，而有志焉。大道之行也，天下为公，选贤与能，讲信修睦。故人不独亲其亲，不独子其子，使老有所终，壮有所用，幼有所长，矜寡孤独废疾者，皆有所养，男有分，女有归。货恶其弃于地也，不必藏于己；力恶其不出于身也，不必为己。是故谋闭而不兴，盗窃乱贼而不作，故

---

① 王震中：《中国古代国家的起源与王权的形成》，中国社会科学出版社 2013 年版，第285 页。

外户而不闭，是谓大同。"（《礼记·礼运》）比起后来的"小康"之世以及孔子生活的"据乱"之世，大同世界是儒家终极的社会理想，是儒家一切仁爱、民本、正义、和平思想的历史依据。中国古代国家起源的古邦国与西方国家起源的部落联盟，都是从原始社会向阶级国家过渡的早期国家形式，两者的分别在于政治运行的机制不同，不是文明高低的分野。

第三节　中西早期国家宗教和政教关系

一、希腊古代宗教的一般特点

希腊古典社会为世界留下了丰富的神话遗产，这些生动活泼的神话内容，就具有充足的宗教思想，记载了希腊古代宗教的渊博知识。根据西方历史学家研究，希腊宗教也是从原始宗教发展而来。那时的希腊人认为树木、泉水、岩石、山峰及鸟兽都具有神秘的力量，称之为"精灵"。他们认为，每个精灵，无论好坏，都需要人赠送礼物，尤其是食物，才能博得其好感，不使他们发怒。希腊人宰杀绵羊让血流到地上以取悦大地的精灵；焚烧羊腿使其香味飘到空中以取悦天空的精灵。后来这些精灵变成了男神与女神，随之兴起了新的宗教崇拜。《荷马史诗》中记载的希腊宗教，仍然保持着原生态宗教的一般特点。

第一，希腊宗教具有多神性的特点，希腊宗教最基本的内容是崇拜居住在奥林匹斯山的 12 位神灵。它们分别是众神之父宙斯、天后赫拉、太阳神阿波罗、智慧之神雅典娜、农神萨图努斯、战神阿瑞斯、火神赫菲斯托斯、女猎神阿尔忒弥斯、海神波塞冬、众神之使者赫尔墨斯、爱与美神阿芙洛狄忒、酒神狄奥尼索斯。除公认的 12 位神灵，各地还有自己崇拜的保护神、小神灵以及英雄人物。其中一些英雄传说为大多数古代希腊人熟识，所以具有普遍的意义，如：赫拉克勒斯、提修斯、阿斯克列皮奥斯、狄奥斯库里兄弟。不过在《荷马史诗》中，希腊宗教已经发展到了"主神教"的阶段，神灵的世界分出了上下等级，宙斯成为众神之王，统领着宇宙中的大小神灵。这很可能是公元前 11 世纪至公元前 8 世纪希腊社会开始形成阶级分化，出现"王政"统治的神学倒影。

第二，希腊宗教具有共通性的特点。作为希腊人，最重要的特点就是具有共同的宗教信仰。从荷马时代开始，希腊人就竭力想象创造一种适合各民族需要的宗教，也竭力想塑造一位供全希腊人供奉的万能的神。宙斯为各地各部落所接受，然而各地的人们又总是将他与原来的地方神祇混同起来，从而造就了关于宙斯的种种离奇传说。西方各种研究古希腊历史的著作，都把具有共同宗教视为希腊社会统一性的重要标志。不过由于古希腊社会城邦制的特点，各个城邦之间具有一定的政治隔阂，所以希腊的宗教也具有地方性的特点，希腊远古宗教祭拜的神灵地方色彩很重，各地供奉的神祇差异很大。

第三，希腊宗教具有祖先崇拜的特点。《荷马史诗》中的宙斯与凡妇所生的子女虽然不是神，但比普通人强得多。他们大多是部族、部落的创立者，具有部分神性。宙斯这位天神的形象也因反映当时的社会关系而日益增添人的成分。他在希腊各地的崇拜者把他与人性或人生的每一部分相联系。希腊人称他为"国王"、"人主"，他是各部族的祖先，他护卫着城邦和财产，维护着城邦的法律和公正，以至于"无所不知，无所不能"。如恩格斯所说："共同的宗教祭祀和祭司为祀奉一定的神所拥有的特权。这种神被假想为氏族的男始祖，并用独特的名称做这种地位的标志。"①

第四，希腊宗教具有原生性宗教的特点。如美国历史学家伊迪丝·汉密尔顿所说："希腊宗教不是由传教士或预言家创造的，也不是圣贤或其他一批人努力的结果。（这批人具有优异的神圣本质，他们与普通的生活方式相隔遥远）希腊的宗教是由诗人、艺术家和神学家们发展起来的。这些人都听任思想与想象力自由飞翔。在希腊，他们都是讲究实际的人。希腊人没有权威的圣书，没有教义、信条，没有十诫的规定，没有固定的教条。他们根本

① 《马克思恩格斯文集》第 4 卷，人民出版社 2009 年版，第 114—115 页。

不知道什么是正统教义，也没有神学上拟定的关于'永恒'和'无限'的定义。他们从来不去理解它，规定它的含义，只是直接地间接地提到它而已。"① 所谓原生型宗教是与创世型宗教相比较而言，创世型宗教一般有具体的创教人，有独立的经典和信条，有职业的宗教团体，有固定、规范的宗教生活等。原生型宗教则是由民众口耳相传而来，在民间自发传播，宗教与社会生活融为一体，在社会进程中发挥重大作用。

第五，原生型宗教具有人神交换性的特点。原始人信仰宗教，最直接的原因就是对于各种自然、社会现象不理解，因而他们设想在这些巨大、恐怖的现象背后有一些神灵主宰着人的生活和命运。因此，他们虔诚地举行各种祭祀仪式，向神灵献上丰厚的祭品，试图用物质的财富换取神灵的保佑。英国著名希腊宗教史专家简·艾伦·赫丽生引用苏格拉底的话说："'祭祀是把祭品献给众神，祈祷是向他们提出要求，因此神圣就是请求与付出的一种艺术。'……就这样，苏格拉底得出结论。"与创生性宗教基督教相比，"这里甚至没有触及我们现代人所说的宗教的任何一个更深层次的问题，没有原罪、忏悔，也用不着为了赎罪而献祭，没有净化礼，也用不着害怕审判的到来，更不用憧憬将来得到神的彻底赐福"。②

希腊早期国家的历史资料遗留并不多，因此关于"王政"时期的政治事件记载稍多，关于宗教活动记载则很少了。仅仅可以从神话中知道，"希腊宗教重要习惯的大多数产生于黑暗时代的后期。在荷马史诗中，已经提到神庙。在一个场合，那里还有供奉崇拜的雕像；用于杀牲祭祀的祭坛很常见；在某些圣地中有专门的祭司。在早期希腊，由贵族本人担任祭司（通常世袭），因此典型的做法是大多数公共宗教仪式由贵族举行，而无须专业祭司等级介入。牺牲也是举行宴会的场合，在那里（其理由显然让赫西俄德

---

① ［美］伊迪丝·汉密尔顿：《希腊方式——通向西方文明的源流》，徐其平译，浙江人民出版社1988年版，第247页。

② ［英］简·艾伦·赫丽生：《希腊宗教研究导论》，谢世坚译，广西师范大学出版社2006年版。

忧心），诸神获得牺牲的内脏，信众可获得食用的部分"①。在古希腊，贵族、国王主宰了宗教祭祀活动。宗教并无独立神职人员，只能在社会组织中发挥辅助政治的作用。

二、中国早期国家宗教的一般特点

中国早期国家流行的古代宗教，与希腊的古代宗教非常相似，也都属于原生性宗教，具有原生性宗教的一般特点。

第一，信仰观念的自然性。中国古代宗教源远流长，其中许多观念一直可以上溯到原始社会的先民中。在人类的童年时期，由于对自然界认识和改造能力都十分低下，人在自然的面前就显得非常渺小，逐渐产生出对自然物和自然力的敬畏感、依赖感和神秘感，于是自然崇拜发生了。人们把自然界的日月山川、风雨雷电、飞禽走兽当成了神灵加以膜拜，祈求各路神仙给自己好运道。进入阶级社会以后，随着地上王权的不断增加，天神在自然之神中的地位越来越突出，逐渐从自然神中的一员变成了百神之长，成为至上神。

第二，宗教内容的宗法性。祖先崇拜是原始宗教中又一基本观念。人类自身繁衍的艰难、祖先创业的困苦，就成为祖先崇拜产生的基础。从原始人类遗址中出土的丰臀巨乳的裸体女神，到古典文献中的英雄史诗，反映了祖先崇拜发展的历程。这一点是中国古代宗教与世界其他国家古代宗教的共同点，而建立完善的宗庙祭祀系统，则是中国的特殊点。中国古代国家（夏商周三代）从氏族制度中脱胎而来，非但没有抛弃血缘组织的外衣，而且还把血缘网络改造成了社会的组织机构。为了保证血缘宗法关系的稳定和明确，逐渐形成了严格明细的祖宗祭祀制度，并将其和天神崇拜相结合。

第三，多神宗教的融合性。图腾崇拜是原始宗教发展过程中必然经历的一个阶段，是自然崇拜和祖先崇拜的结合物。当人们尚处于自然异己力量的

①　[英] 奥斯温·默里：《早期希腊》，晏绍祥译，上海人民出版社 2008 年版，第 59 页。

压抑下，对周围与之密切相关的动植物充满了恐惧、依赖之情时。他们很自然地将某种动植物当成自己氏族的保护神，甚至说成是自己的祖先。图腾崇拜盛行于母系氏族时代，所以在仰韶文化遗址的发掘中，出土的彩陶上有鹿、鸟、鱼、蛙、龟等图形，在红山文化胡头沟出土了玉龟、玉鸟、玉鸮。原始人将它们带进墓地，至少说明这是他们的崇拜对象。在古代传说中也有许多半人半兽的英雄，如华夏始祖伏羲和女娲，就是人身蛇尾。黄帝与炎帝大战，就曾统率过由虎、罴、貔、貅、熊、豹组成的大军，可能说的是与以这些动物为图腾的氏族结成了同盟。随着华夏民族的壮大与发展，逐渐出现了两种想象的动物成为整个民族图腾，这就是龙和凤。在自然界本不存在龙和凤，关于人们观念中龙、凤的起源，专家们进行了长时期的考证，最后得出比较一致的见解，即龙和凤虽然在现实生活中也有其近似的原型，但它们毕竟是经过了人类思维加工的产物，可能是在民族融合的过程中，将许多不同氏族的图腾合并的产物。例如龙是鹿角、蛇身、鱼鳞、鹰爪、猪嘴、马鬃，是以这些动物为图腾的氏族在融合过程中，综合描绘的结果。而凤则是鸡、燕、孔雀合并的结果，与龙的出现有相似的经历。在华夏民族统一体比较稳固以后，龙、凤形象就成为最高统治者的象征。以龙、凤这两种虚拟的动物为民族的象征，从一个侧面也反映了华夏民族形成中的特点，即她本身就是通过众多民族逐渐融合形成的。

第四，宗教功能的政治性。宗教本来属于人类的一种文化产品，其基本属性是文化的，政治性仅仅是宗教的一种功能。不过在不同的社会发展阶段中，宗教功能的政治性表现程度不同。在实行政教分离政策后，宗教的政治作用越来越低，文化功能越来越强。但是，在实行政教合一的中世纪，宗教的政治功能就非常显眼。而在原始宗教几乎等同于原始文化的远古时代，政治功能的作用就表现得更为突出。例如在属于龙山文化的良渚文化遗址中，就出现了一个反山大墓，不仅陵墓体积巨大，而且墓主人陪葬品极多。其中一件玉钺极为引人瞩目，在当时新石器时代的后期，玉石仍然极为珍贵，将其磨成锋利的玉钺，不仅杀伤威力巨大，而且极为难得，故成为王权的象征，所以玉钺也成为重要的宗教祭祀用品。到了私有制进一步发展的"五帝"时代，宗教的政治辅助功能更强。《韩非子·十过》："昔者黄帝合鬼神于西泰山之上，驾象车而六蛟龙，毕方并辖，蚩尤居前，风伯进扫，雨师洒道，虎狼在前，鬼神在后，腾蛇伏地，凤凰覆上，大合鬼神，作为《清角》。"在韩非的笔下，黄帝一副帝王的尊严，乘帝辇、驭蛟龙、臣仆开道、军士护卫。然而凭借历史的记忆，韩非所使用的文字，仍把宗教的内容表现得淋漓尽致。到了颛顼帝的时代，"帝颛顼高阳者，黄帝之孙而昌意之子也。静渊以有谋，疏通而知事；养材以任地，载时以象天，依鬼神以制义，治气以教化，絜诚以祭祀。北至于幽陵，南至于交阯，西至于流沙，东至于蟠木。动静之物，大小之神，日月所照，莫不砥属"（《史记·五帝本纪》）。虞舜时代，"于是帝尧老，命舜摄行天子之政，以观天命。舜乃在璇玑玉衡，以齐七政。遂类于上帝，禋于六宗，望于山川，辩于群神……"（《史记·五帝本纪》）

通过上述对比可知，作为西方政教关系源头的希腊，在早期国家时期的宗教与中国五帝时代的宗教，都属于原生型宗教，性质极其接近，功能也差不多，日后形成中西政教关系重大差异的元素，主要来自西方文化的另一源头——希伯来文化。

三、"绝地天通"改革对于中国政教关系的重大影响

在中国从早期国家的邦国时代向成熟国家进化的过程中，有一个事件影响巨大，这就是古书上记载的"绝地天通"。《尚书·吕刑》记载："若古有训，蚩尤惟始作乱，延及于平民……皇帝哀矜庶戮之不辜，报虐以威，遏绝苗民，无世在下。乃命重、黎，绝地天通，罔有降格。"由于《尚书》成书较早，其中有些文字古奥，意义不明。如谁是"皇帝"？是泛指的上帝还是五帝之首的黄帝？如果没有重、黎"绝地天通"，人将与神如何沟通？这些问题不仅今人难以理解，其实在战国时期就已经很成问题了。据《国语·楚语下》记载，楚昭王问他的大夫观射父，什么是"绝地天通"？他甚至天真地问：如果没有重、黎"使天地不通"，"民将能登天乎"？观射父回答说："及少昊之衰也，九黎乱德，民神杂糅，不可方物。夫人作享，家为巫史，无有

要质。民匮于祀，而不知其福。烝享无度，民神同位。民渎齐盟，无有严威。神狎民则，不蠲其为。嘉生不降，无物以享。祸灾荐臻，莫尽其气。颛顼受之，乃命南正重司天以属神，命火正黎司地以属民，使复旧常，无相侵渎，是谓绝地天通。""绝地天通"事件对于中国政教关系史，其影响主要有以下几点。

第一，通过"绝地天通"的宗教改革，政府控制了神权，剥夺了普通群众与神沟通的权利。观射父所说"九黎乱德"以后"民神杂糅，不可方物。夫人作享，家为巫史"的状态，倒是原始社会的常态。在人类没有进入阶级社会以前，巫师并不是某些人的专利。只要在精神上有"领神"的能力，就有可能成为巫师。这一点可以从当代宗教学者对萨满教的研究中得到充分的说明。[1] 但是经过了"绝地天通"，由于特权阶层保护自身特殊利益的需要，部落的首领剥夺了人民通神的权利，实际也就剥夺了人民掌握神权，控制公共权力的能力，从而使自身逐渐凌驾于社会之上，从社会的公仆变成了社会的主人。原始社会的"自然宗教"就逐渐变成了阶级社会的"人为宗教"。

第二，通过"绝地天通"的宗教改革，部落首领逐渐与巫师分离，巫、觋等职业巫师成了帝王的臣仆。在原始社会，作为社会唯一知识分子的巫师，实际控制着社会的发展进程，因此人类学家在对古老非洲、美洲的田野调查中，经常发现从巫师转化为国王的先例。[2] 但是通过"绝地天通"改革，政治职务与宗教职务分离，南正重、火正黎是颛顼帝的臣子，颛顼"乃命南正重司天以属神，命火正黎司地以属民"，分别主管宗教与政治事务。职业巫师的地位因此下降了。殷墟出土的甲骨文记载的"暴巫"、"焚巫"，就是对巫师魔法失灵的一种惩罚。这种古老的祈雨方法，源自原始社会，先民们

---

[1] 孟慧英指出："萨满领神，根据笔者在民间调查中核证，有泛指和狭指两说……所谓狭指是专门指称萨满候选人刚刚被神灵选中的特殊时期和状态，由于被神灵侵染，被选中者常常表现为身体或精神方面的疾病，主要是神经错乱。"(《尘封的偶像》，北京出版社 2000 年版，第 48 页。)

[2] 参见 [英] J. G. 弗雷泽：《金枝》，徐育新等译，中国民间文艺出版社 1987 年版，第254 页。

依据一种简单的逻辑，既然巫师有通神的能力，是上帝的仆人，那么让他们在烈日下受折磨，就会引起上帝的怜悯，降下甘霖。在原始社会王经常就是巫，他们也会因祈雨失灵而受罚；但是到了文明史时代，主持"暴巫"仪式的是圣王，被"暴巫"仪式折磨的则是那些可怜的巫师了。如："今日炆从雨。"（《续》4.18.1）"其炆高，又雨。"（《粹》657）"于甲炆凡——于癸炆凡。"（《邺三》48.3）"炆"是一个象形文字，象征一个巫师在火上被焚烧，"高"、"凡"则是巫师的名字。各种宗教活动的实际主持人是国王，而不是操作宗教仪式的巫师。巫师要对自己的宗教活动结果负责，甚至付出生命的代价。

第三，通过"绝地天通"的宗教改革，政治权力凌驾于宗教文化之上，宗教必须服从政治。《礼记·祭义》说："昔者，圣人建阴阳天地之情，立以为易。易抱龟南面，天子卷冕北面，虽有明知之心，必进断其志焉，示不敢专，以尊天也。"《礼记》一书出于战国末期儒家学者之手，当时社会战乱不止，儒家为了"救世"建立了一种理想的社会模型，即没有私有财产、没有剥削压迫、没有战争和犯罪的"大同"世界。传说中三代以上的三皇五帝之世，就是这种理想世界。理想世界的标准之一，就是王权不再独尊，受到社会贤达，包括宗教巫师的限制。这里所说巫师"抱龟南面"而立，"天子卷冕北面"而对，颠倒了现实世界的君臣关系，突出了原始社会巫师们的崇高地位。《礼记》的内容虽然有理想化的成分，包含了儒家"屈君以申天"的希望，但却是以原始社会的传说为依据的，说明当时宗教巫师尚有很大权力。一旦帝王与巫师的关系变成了派遣与服从，王者事事"不敢专"的情况就不复存在了。《国语·鲁语》记载："昔禹致群神于会稽之山，防风氏后至，禹杀而戮之。"从防风氏的名称看，他应当是一位风神，或者是一位与风有关的大巫师。根据《封山记》、《述异记》、《会稽记》等文献记载，防风氏在东南地区受到民众的普遍崇敬，防风庙在吴越地区广泛存在，可见他是东南地区的一位宗族领袖。但禹却可以借口他大会迟到而杀死他，可见政治权力的巨大。至此，宗教已经失去了对政治的制约能力，只能变成政治权力的臣仆。

第四，"绝地天通"不仅推动了宗教自身形态的变革，也有助于人类社会的进化。从社会经济发展的角度看，在"绝地天通"以前，"夫人作享，家为巫史，无有要质。民匮于祀，而不知其福。烝享无度，民神同位"。人人具有"通神"的权力，那么很多人就会把大量的时间放到对神灵祭祀上，即所谓的"烝享无度"。这如同吸毒一样，就会把人的精神引导到一种虚幻的美妙境界，在"精神手淫"中虚度时光，浪费了大量活劳动资源。不仅如此，频繁的祭祀活动还会导致大量物质财富的浪费，致使"民匮于祀"，人民生活匮乏。限制民众祭祀神灵的权利，无疑有助于社会生产力的提高。在原始社会几百万年中，人类的进化是非常缓慢的，而进入文明社会五千年，人类则实现了突飞猛进的发展。所以通过"绝地天通"的形式实现体力劳动与脑力劳动的分工，将社会公共权力集中到少数贵族手中，其进步意义要远远大于社会公平损失的负面价值。

第五，通过"绝地天通"的宗教改革，原始宗教变成了人为宗教，从民众自发的文化，变成了社会的意识形态。在观射父的笔下，"绝地天通"后是一幅人神各安其位，宗教仪式规范，天降祥瑞保佑，百姓福乐安康的理想画卷。在其中，宗教专属成为这一片祥和景象的关键因素，他说："古者民神不杂。民之精爽不携贰者，而又能齐肃衷正，其智能上下比义……"宗教的专属就会造成人民思想的统一，对统治者推崇的神灵精信不贰、齐肃衷正，自然在政治上就会出现"上下比义"的情况，自觉地统一行动，这是进入文明社会必不可少的环境。《尚书·洪范》将治国纲领概括为九条，其中"五、皇极：皇建其有极，敛时五福，用敷锡厥庶民"。这个建"皇极"就是统一思想。没有统一的思想，就不能管理众多的人民。在当时条件下，统一思想主要是统一宗教观念，"会其有极，归其有极。曰皇极之敷言，是彝是训，于帝其训。凡厥庶民，极之敷言，是训是行，以近天子之光。曰天子作民父母，以为天下王"（《尚书·洪范》）。中国能够在青铜时代进入文明社会，是通过统一宗教观念以建立国家意识形态这一关键的步骤。这也许就是中国从都邑邦国进入早期国家的路径，在政教关系上表现出的特色吧。

第二章　中西方政教关系的基因：轴心时代

在人类历史发展的漫漫长河中，并不是每一个时间点都具有同样的意义，也不是芸芸众生都具有同等价值。当我们回首展望人类走过的五千年文明历史，便会发现在广袤的地球上有一些分散的地域，如尼罗河流域的埃及，两河流域的美索不达米亚——巴比伦，长江、黄河之间的中国，恒河之滨的印度，从公元前 5000 年到公元前 3000 年发生了人类最早的古代文明。不过在此后的岁月长河中，四大文明古国的命运却是不一样的，埃及和巴比伦文明已经消亡了，而印度和中国的文明则与西方文明一并走进了现代社会。文明发展的秘密就在于一些关键的时段，古老文明需要与时俱进，进行根本性的突破，脱胎换骨成为具有恒久活力的人类文明。这个时间点就是德国哲学家雅斯贝斯在 20 世纪 40 年代末期提出的"轴心时代"理论。印度文明、中华文明和后起的希腊文明，在公元前 800 年至公元前 200 年间，诞生了一大批文化贤哲，实现了思想上的突破，从而使这些文明成为至今仍然具有勃勃生机的文明体。这些地区的政治、经济、文化、哲学等一切都受到了轴心期文明的决定性影响，当然也包括我们所讨论的政教关系问题。因此我们比较中西方政教关系的差异，必须非常重视轴心时代所形成的文明基因。

第一节　前轴心时代中西方文明属于不同类型

在研究轴心文明之前，我们首先需要简要回顾一下世界一些主要文明地区的前轴心时代的古老文明。雅斯贝斯在提出"轴心时代"理论的名著《历史的起源与目标》中指出："三个最早的文明几乎同时地在地球上三个区域产生了：首先是从公元前 4000 年开始的苏美尔—巴比伦、埃及和爱琴海世界；其次是公元前 3000 年以前雅利安印度河文化，它与苏美尔人有些联系，它的首批发掘物即将重见天日；再者是公元前 2000 年（甚至可能更早）的古代中国，我们只能从其后代的追忆和寥寥无几的有形的遗迹中捕捉这古老世界的微光。"① 古希腊第一位哲学家泰勒斯认为：水是万物的本原。的确，世界上一切生命体的存在，都离不开水的滋养。不过在人类文明发展的早期，浩瀚无边的大海并不能直接养育文明。苦咸的海水既不能饮用，也不能灌溉，所以世界的古老文明只能发源于可以被先民们利用的河流两岸。世界公认的"四大文明古国"，都是依托河流发展起来的。这些古老文明的产生，对于轴心时期的文明突破影响是巨大的，不过影响方式又有不同。如上文我们提到，一种方式是直接影响本地区轴心文明的发展，如中国和印度，形成了延续性的文明历史；另一种方式则是通过文明流通的方式，影响了其他地区继发的次生文明，如古埃及和古巴比伦对于希腊。出于比较中西政教关系的需要，我们主要研究中国和希腊轴心时代与前轴心时代的关系。

一、原生性文明与次生性文明

在人类文明发展史上，世界各种文明的类型可以分成原生性文明和次生性文明。原生性文明一般是指，本地土生土长、连续发展的文明形态；而次生性文明则是指，接受了外来文明重大影响，发生断裂或突变的文明形态。从这样的角度看待中国与希腊的文明，那么无疑中国属于典型的原生性文明，希腊则是次生性文明。

---

① ［德］卡尔·雅斯贝斯：《历史的起源与目标》，魏楚雄、俞新天译，华夏出版社 1989 年版，第 55 页。

（一）中国前轴心时代丰厚的文化资源

与世界上各古老文化相比，中华文化产生和延续有一个得天独厚的优越环境。同埃及文化囿于尼罗河流域，巴比伦文化囿于两河流域，周边则是不适合人类生存的沙漠相异，中华文化滋生地不是依托一个江河流域，而是拥有黄河流域和长江流域两个大的区段广袤的平原地区。因此中华文明比埃及文明、巴比伦文明有更优越的自然环境，有更为广大的发展空间。在远古时代，中国境内就有分布广泛的人类活动。从考古发掘看，从旧石器时代的元谋人遗址、蓝田人遗址、北京人遗址、山顶洞人遗址等，到新石器时代的良渚遗址、仰韶遗址、河姆渡遗址、龙山遗址、红山遗址等，充分说明了中国先民在这片丰腴的土地上茁壮成长。特别是长江、黄河之间广袤的平原地区，有利于建立集中统一的国家政权。

大约在公元前3000年至公元前2000年之间，中国已经进入了早期国家——"三皇五帝"时代。中国最早的古代国家出现在公元前21世纪的夏王朝，传说舜把政权禅让给了禹，禹也准备把江山禅让给另一位贤能之人益。不过当时的人民认为益不够贤良，反而投靠了大禹的儿子启，于是中国政治开始实现了从"公天下"到"家天下"的转变。中国史学界一般认为，从夏王朝建立开始，中国社会正式进入了私有制社会，阶级和国家政权出现。不过由于夏王朝的文字记载没有发现，出土文物也不够丰富，所以关于夏王朝的社会生活一直处于西周之后的传说阶段。

关于商代的社会发展水平，目前发掘的考古资料证明，在盘庚迁殷以前，商都曾多次迁移，估计当时尚处于一种游牧与农业相结合的生产方式状态之中。而盘庚迁殷（今河南安阳）以后，271年的时间内殷都没有再出现迁徙，说明已经进入了比较稳定的农业社会。自1898年开始，大约15万片甲骨卜辞出土，这些绝无掺假和造伪，也不会包含后人错误记忆和解读的第一手史料，将殷人的世界真实地展现在我们的面前。今天我们阅读殷墟出土的甲骨卜辞后最深刻、突出的印象，就是殷人对上帝信仰的虔诚。十几万片甲骨卜辞，主要记载着殷王向上帝贞问的各种事由。不论是自然气象、年成收获、战争胜负、建邑迁都，从殷王的语气中我们可以深切地感到，他们对上帝的决定能力是坚信不疑的。对于中国殷代这样一个上古国家来说，国家政治组织几乎完全建立在宗法血缘组织之上。在这样一种文化背景下，祖先崇拜特别发达是必然的。陈梦家在谈到殷代的各种崇拜时说："祖先崇拜的隆重，祖先崇拜与天神崇拜的逐渐接近、混合，已为殷以后的中国宗教树立了规范，即祖先崇拜压倒了天神崇拜。"[①]

公元前 1046 年，中国历史上发生了一次重大的历史事件，武王伐纣，以周代殷。在中国历史上王朝的更替非常频繁，但是 20 世纪初期，中国著名学者王国维似乎就已经感到中西文化的差异，提出了一个惊世骇俗的论断："中国政治与文化之变革，莫剧于殷周之际。"[②] 尽管王国维对此进行了精辟、深刻的论证，但是一个世纪以来，学者们还是多有疑问，难道殷周之变剧于春秋战国吗？中国当代学者邹昌林先生给出的解释让人信服，他指出："由于各民族在前轴心时代的基础不同，因此，各民族在轴心时代的文化亦有着重大的差别。……由于在欧洲，没有一个前轴心时代，而中东地区的古代文明，在民族冲突中，大多成了死文化，因此，前轴心时代的影响微小而不重要。但是，这一经验，却不能取代一切民族的实际。……中国更是如此，虽然轴心时代诸子百家非常活跃，儒、道、墨、法、阴阳各家学说影响深远，但前轴心时代，即三代的礼乐文化却没有消失。……在一定程度上，也还经常向前轴心时代回复。"[③] 在巴勒斯坦的先知运动中，突出了"上帝"概念，认为他创造世界；在印度，佛陀通过对传统婆罗门教的否定，创立了以业报和转世为中心的佛教哲学；在古希腊，通过苏格拉底、柏拉图、亚里士多德等哲学家的思考，实现了人类的一种理性否定性的突破。相反，中国先秦诸子的文化创新，则是一种以延续为主的突破。对前轴心时代文明实行"断裂性"发展或"连续性"发展，就成为中西方文明差异的重要原因。

西周文化对于中国轴心时代的重大影响，主要在于周公对古代宗教的伦

---

① 陈梦家：《殷虚卜辞综述》，中华书局 1988 年版，第 561—562 页。

② 王国维：《殷周制度论》，《王国维文集》第四卷，中国文史出版社 1997 年版，第 42 页。

③ 邹昌林：《中国古代国家宗教研究》，学习出版社 2004 年版，第 33 页。

理性变革。从殷墟出土的卜辞看，殷人眼中的上帝是一个喜怒无常、狂躁暴戾的君主，他对于人间的支配是没有原则性的，所以人们只能匍匐在上帝的脚下，通过丰厚的祭品换取上帝的保佑。在大量的甲骨卜辞中，没有任何具有道德属性的字眼，例如殷王的谥号，都是用干支表示的祭日，不像周王的谥号具有文、武、成、康等具有道德评价性质。周公看到殷人自称"天命不僭"，但是因为殷纣王暴虐百姓，屠戮群臣，结果被周武王推翻了，说明上帝不会永远保佑某一家一姓的王朝。那么天是根据什么原则对地上的君王采取"佑"或"不佑"的行为呢？周公提出了一个重要的标准——"以德配天"，只有那些具有道德的君主和王朝，才能得到上天的保佑。那么什么是"德"？周公又具体提出了"德裕乃身"、"敬德保民"、"明德慎罚"、"无逸"、"勤政"等。① 这说明在周公的时代，中国古代宗教已经开始实现了宗教伦理化，即在宗教中植入了人文主义的因素。这些思想对于轴心时代儒家政治思想的发展，产生了重要的定位作用。西周时期出现的占卜书《周易》成为儒家、道家哲学思想共同的思想资源。记载商末周初政治事件、文告、演讲的《尚书》，成为中国历史上最主要的政治学著作。西周时期成型的文学经典《诗经》成为先秦诸子共同引用的文化典籍，也决定了中国文学的发展方向。而这一切，都与没有自身坚实的前轴心时代的古希腊不同。

（二）古希腊汇聚多元文明的再创造

古代希腊的地理范围以希腊半岛为中心，包括东面的爱琴海和西面爱奥尼亚海的群岛和岛屿，以及今土耳其西南沿海，意大利南部及西西里东部沿岸地区。地小山多、海岸曲折、岛屿密布为其地理环境特色。作为古希腊文明中心地区的希腊半岛，其中部和南部以港湾众多、海峡连绵著称，为希腊文明提供了面向海洋的自然条件。就希腊陆地而言，则是山多土薄的贫瘠地区。无数的山脉和丘陵将希腊分割成一小块一小块的地区，陆路交通的极为不便和地域的分割，是造成希腊难以统一、城邦小国林立局面的重要因素。

---

① 参见牟钟鉴、张践：《中国宗教通史》上卷第二章，中国社会科学出版社 2007 年版。

就地理上看，希腊世界与尼罗河流域的埃及和两河流域的美索不达米亚的文明中心地理距离很近，易于接受两大文明的积极影响。可以说，在古希腊文明的产生和发展的过程中，地理环境是不可或缺的因素。

古希腊的地理环境，决定其难以进行大面积的农业生产，山坡上适于栽种葡萄、橄榄等果树，山中蕴藏着大量的银矿、优质陶土和为希腊建筑所需要的大理石，这有利于雅典人发展手工业和商业。同时，由于雅典所处的阿提卡半岛是中希腊和爱琴海世界联系的前缘地带，希腊绵延曲折的海岸线为希腊提供了众多的天然良港，因而为航海业和商业的发展提供了有利条件。为解决粮食危机，雅典需要大量输入谷物等粮食作物和其他原料，同时将自身的手工业品输往各地，有力地促进了雅典商品经济的发展。但陆路由于为山脉所隔，在难以联系其他城邦的情况下，希腊不能建立统一的全国政权。城邦经济的发达，为古希腊民主制度的建立提供了独一无二的环境，因为议会民主、票选制度在当时通信和交通都很不发达的时代，只能出现在古希腊这样既繁荣发达，又与世相对隔绝的小城邦。

作为希腊的文化先驱，古埃及和古美索不达米亚文明都有发达的宗教文化。英国历史学家韦尔斯指出："当我们把注意力转向开始在埃及和美索不达米亚的这些新的人类聚积地时，就会发现，在所有这些城市里最惹人注目的事物之一，是一所或一群庙宇。在某些情况下，在这些地方的庙宇旁边是一座王宫，并且庙宇往往高于宫殿。……文明的萌芽和庙宇的出现，在历史上是同时发生的。这两者是一回事。城市的萌芽是历史上的庙宇阶段。城市共同体是围绕着在播种季节杀人祭祀的祭坛而出现的。"[1] 这些宗教文化传入希腊，当然会对其宗教文化与政教关系的形成，产生重大的影响。

同时，希腊当地土著的宗教文化，也会对希腊文化的综合形成产生重大影响。根据世界史的研究，希腊半岛上原来居住的是米诺斯人，米诺斯文化当时处于新石器时代和青铜时代的过渡期，并留下了一些神像和铭文。根据

---

① ［英］赫·乔·韦尔斯：《世界史纲》，吴文藻、谢冰心、费孝通等译，人民出版社1982年版，第219页。

当代学者的破译,其铭文即在当地人崇拜的神灵包括阿尔忒弥斯、波塞冬、宙斯、赫拉、赫尔墨斯等。① 显然,古希腊神话中的神灵,大多数名字已经出现了。不过在后来希腊人的入侵战争中,米诺斯文明中断了,其与希腊文化的关系也缺乏详细的记载。所以韦尔斯说:"希腊人,正如《伊利亚特》所表达的那样,既不是对文明一无所知的新石器时代质朴的游牧民,也不是已经开化的人们。因为他们刚刚接触到文明,并且把它看做进行战争和劫掠的机会,所以是处于兴奋状态的游牧民。"② 对于希腊半岛来说,"希腊人并没有产生自己的文明,他们破坏了一个文明,在它的废墟上重新集合成另一个文明"③。在韦尔斯眼中,希腊人并不是凭空创造了一个新的文明,他们破坏了古老的米诺斯文明,但在吸收古埃及、古巴比伦文明的基础上合成一种新的文明。这正是继发性文明的重要特点。

对于希腊这个综合创新型的文明形态,欧洲的思想家将其称为"世界第五大文明",是西方文明的摇篮。就以宗教信仰的对象而言,希腊宗教就是一种民族宗教融合的典型。英国历史学家赫·乔·韦尔斯所著《世界史纲》指出:"如前所述,希腊人本来的神,即英雄时代的希腊人的神,是受人尊崇的人物,人们对神既不十分恐惧,也不十分敬畏;但是,潜伏在战胜者的自由人的诸神下面还有被征服的民族的其他诸神。暗地里信奉这些神的是奴隶和妇女。……但是希腊,和公元前 1000 年中的大部分东方世界一样,非常爱好祈求神谕或占卜者。"④ 其后,由希腊族的马其顿人建立的亚历山大帝国,由于将领土面积扩大到了地中海对岸的西亚和北非,所以也将这些地区原有的宗教神灵统统囊括进了亚历山大城。韦尔斯又说:"俄赛利斯,这个为埃及民众所喜爱的神已同孟菲斯庙中的圣牛阿皮斯合而为

---

① 转引自吕大吉:《西方宗教学说史》,中国社会科学出版社 1994 年版,第 3 页。

② [英] 赫·乔·韦尔斯:《世界史纲》,吴文藻、谢冰心、费孝通等译,人民出版社 1982 年版,第 299—300 页。

③ [英] 赫·乔·韦尔斯:《世界史纲》,吴文藻、谢冰心、费孝通等译,人民出版社 1982 年版,第 307 页。

④ [英] 赫·乔·韦尔斯:《世界史纲》,吴文藻、谢冰心、费孝通等译,人民出版社 1982 年版,第 309 页。

一，同阿蒙也多少有些分不清。在塞腊皮斯这个名称下，他成为希腊的亚历山大城的大神。他就是丘比特—塞腊皮斯。埃及的母牛女神哈梭，或埃西斯，现在也以人形出现，作为俄赛利斯的妻子，她嫁给俄赛利斯生的婴儿，名叫荷鲁斯，荷鲁斯长大以后又变成了俄赛利斯。"[①]地中海沿岸发达的埃及文明、巴比伦文明丰富发达的宗教文化，滋养了希腊的宗教，使其具有了深刻的宗教文化背景，对轴心时代希腊的哲人进行轴心期突破时，产生了极大的导向作用。

二、希腊和中国前轴心期的国家宗教

在宗教学的研究视域中，宗教与神话的关系是一个重要的、迷人的研究领域。神话与宗教相比，有很多的相似与差异。从相似的方面说，宗教和神话的都是信仰神的，都相信神具有人类所不具备的超人间、超自然能力，可以对人类的行为进行奖赏和惩罚等。但是，两者之间又有差异，总体而言，神话是靠民间传颂流行的，而宗教则由专业的宗教职业人员解释、传播，宗教比神话的规范性更强，特别是后期成熟的宗教还都有成文经典。进入阶级社会之后，宗教一般都被统治阶级垄断，而神话仍可能在民间继续流行。在远古时代，一般讲宗教与神话是共同流行的，神话成为宗教的隐喻式表达，或者成为宗教华丽的外衣。中国古代的夏商周三代与古希腊都有发达的古代宗教，但是古希腊的宗教包裹着华丽的神话外衣，而中国古代的宗教则在进入轴心时代之前，就在周公制礼作乐的过程中被人文化、伦理化了。宗教的"外衣"神话，自然也会被转化成"古史"的形态。

（一）古希腊的国家宗教与神话

在古希腊文明、古犹太文明、古印度文明、古中华文明等几个早期国家

---

① ［英］赫·乔·韦尔斯：《世界史纲》，吴文藻、谢冰心、费孝通等译，人民出版社1982年版，第415页。

性质的社会中，人类虽已迈入了财富私有的门槛，但仍保留了氏族组织的外壳，从而也保留了神权政治的组织形式。国王既是最高的宗族领袖，也是最大的祭司。在古希腊文中，"家族"原意为"环圣火者"，如西方学者古郎士所说："乃若干崇拜同一圣火而祭祀同一祖先的人所组成的团体。"① 主祭火者就是家长，并由此衍生出家族内部的权力分配结构。当古希腊城邦形成之后，家族的保护神开始升格为城邦的保护神。"古典时代希腊宗教崇拜活动的内容和对象，主要是与城邦国家相联系的保护神崇拜。由于城邦国家是在氏族基础上发展起来的，城邦保护神崇拜实际上也是以氏族部落的社会性崇拜为基础的。……家族—氏族宗教崇拜活动的主体乃是祖先的亡灵，希腊人笃信亡灵不死，亡灵在冥世之生活究竟如何，视其家属如何奉行安葬其遗体的仪规。……希腊人笃信亡灵每逢祭祀之时将自冥府来献祭之地尽情享用燔焚牺牲之烟气和洒在地上的酒浆。"② 从当代专家的描述看，古希腊的祖灵信仰、祖先祭祀活动，与中国古代宗教的祭祖仪式十分相似。近代以来希腊半岛上的考古发掘，也支持了古代希腊宗教祭祀礼仪的传说。不仅如此，与中国十分相似，希腊的古代宗教也成为国家宗教。"这种崇拜对象和崇拜活动具有官方法定的性质，全体居民均须崇奉祭祀，不许亵渎，其感性象征物为'火坛'。"③

不过与中国最大不同之处在于，古希腊的宗教与神话一起流传，形成了古代宗教丰富的内容。古希腊有游吟诗人巡游传唱的传统，荷马和赫西俄德就是其中的杰出代表。当然，古希腊的游吟诗人不仅有荷马和赫西俄德，他们是一个庞大的群体，在他们世世代代反复的传唱过程中，也在不知不觉地增加和丰富了古代宗教的内容。最后这些古代神话在著名的《荷马史诗》和《诸神谱系》中凝聚成型，变成了古希腊人民的神仙谱系和英雄史诗。《荷马史诗》叙说了以宙斯为首的奥林匹斯诸神的神话故事，以及那些神仙的后

---

① [法] 古郎士：《希腊罗马古代社会研究》，李玄伯译，上海文艺出版社 1990 年版，第 6 页。

② 吕大吉：《西方宗教学说史》，中国社会科学出版社 1994 年版，第 5 页。

③ 吕大吉：《西方宗教学说史》，中国社会科学出版社 1994 年版，第 6 页。

代——半人半神的英雄的业绩。随着这些神话故事的流传，古代宗教中的各种保护神就成为希腊民族的文化基因，深深植根于希腊的文化土壤中，产生了不能改易的作用。

（二）中国古代的国家宗教

根据经典文献和考古遗迹的发掘，中国的夏商周三代，同样流行着发达的国家宗教。从最早的文字甲骨文的记载中，我们看到了商朝的国家宗教。至上神"上帝"或称为"帝"，是宇宙间一切事物的主宰，决定着万物的生存与人世的兴衰。但是，中国的上帝与西方基督教的上帝不同，他不是唯一神，而是一个由上帝统率的神灵群体。如陈梦家先生指出："卜辞中的上帝或帝，常常发号施令，与王一样。上帝或帝不但施令于人间，并且他自有朝廷，有使、臣之类供奔走者。"[1] 商代宗教中的上帝，统率着天神、地示、人鬼三大类神祇，数量繁多，各司其职，形成了一个与地上王国相对应的彼岸世界。武王伐纣，以周代商，虽然至上神的名称和形象略有更改[2]，但是多神信仰的特色并没有变化。反映周代祭祀制度的《周礼》、《仪礼》、《礼记》三书，将祭祀天地、日月、山川、岳镇、海渎、城隍、祖先等的仪式规范得更为清晰。

中国古代不仅有发达的天神崇拜，还有发达的祖先崇拜。比较宗教学的创始人麦克斯·缪勒指出："我不想多谈图兰北支和中国人都崇拜祖先的情况，因为崇拜祖先是世界各地自然崇拜的普遍现象。但在中国和亚洲北部祖先崇拜特别突出，这是令人感兴趣的。"[3] 中国人重视祖先崇拜的特点，在甲骨卜辞就已经明显地表现出来。根据陈梦家的研究："卜辞并无明显的祭祀

---

① 陈梦家：《殷虚卜辞综述》，中华书局 1988 年版，第 572 页。

② 从西周开始，"上帝"的名称虽然继续使用，但是周人更多的是将至上神称为"天"，而且天神的人格性减少了，自然性增多了，更为理性化和伦理化。参见牟钟鉴、张践：《中国宗教通史》（上），社会科学文献出版社 2000 年版，第 113—122 页。

③ ［英］麦克斯·缪勒：《宗教学导论》，陈观胜、李培茉译，上海人民出版社 1989 年版，第 157 页。

上帝的纪录。"① 殷人虽然虔信上帝对世人的主宰作用，但是他们都是通过自己的祖先神灵向上帝转达自己的祈愿。他们相信只有商王死后"宾于帝"，灵魂回归帝廷随侍上帝。时王只能通过祭祖把自己的意志转达给上帝。所以商代祭祀祖先的规模庞大，次数频多。

商人的祖先祭祀非常发达，不过商人祭祖虽然规模宏大，次数频繁，但规则却相对简单。周祭、选祭的对象往往变化不定，未成定制。这显然是当时社会宗法制度尚未成熟的反映。周代建立以嫡长继承和五世而斩为基础的宗法淘汰原则。周人祭祀祖先的礼仪可分成凶礼和吉礼两大类。凶礼主要指丧葬礼，表现近祖崇拜。对象为新丧亲人。一般是祖辈与父辈，整个仪式在服丧期间举行。周代丧礼是从商代继承而来，但进行了重大的改革。周人重人，杀殉逐步减少而代之以俑，随葬品也大为减少，而更重视丧礼的仪式性和情感性，把丧礼变成了一种"慎终追远，民德归厚矣"（《论语·学而》）的宗教教育活动。吉礼则是除丧之后祭祖仪式，表现远祖崇拜。如果说凶礼是"慎终"的话，那么吉礼就是"追远"，缅怀祖先的开创之功。周代不仅建立了完善的祭祖制度，而且通过《仪礼》、《周礼》、《礼记》等经典，将这些仪式规定下来了，对轴心时代的中国文化的发展产生了重大作用。

中国与希腊有相似的天神崇拜、祖先崇拜，但是却没有希腊那样发达的神话传说。根据当代学者研究，中国创世神话属于受到世界其他国家宗教的影响后出现的，如"盘古开天"、"女娲补天"、《山海经》中的神仙妖怪等，都是魏晋之后的作品。而先秦时期的神话则是非常罕见、散见的，如《楚辞》中虽提到东君、云中君、湘君、湘夫人等，但语焉不详，还有很多是疑问句，对于以中原为中心的中国传统文化，没有产生太大影响。② 那么中国古代为什么没有神话？先民们口耳相传的古代神话故事上哪里去了呢？这就是下面我们要探讨的问题。

---

① 陈梦家：《殷虚卜辞综述》，中华书局 1988 年版，第 577 页。

② 参见朱大可：《破碎的中国上古神系》，《文艺理论研究》2013 年第 1 期。

三、古希腊的创世神话与中国的圣贤经典

（一）古希腊神话中的神灵创世说

英国历史学家凯伦·阿姆斯特朗的著作《轴心时代——人类伟大宗教传统的开端》，是当代学者研究轴心时代的杰出著作，关于荷马在对古希腊神话的贡献，她指出："没有人像荷马那样对希腊宗教的形成产生如此重大的影响，他使口头流传的叙事传说在公元前 8 世纪形成著述。……《伊利亚特》和《奥德赛》被称作希腊的'圣经'，因为它们所反映的理念和价值观念为新的希腊文明留下了永远的印记。"[1] 荷马是古希腊千千万万游吟诗人之一，在全世界范围内，这样的游吟诗人更是数不胜数。但是，大多数游吟诗人的史诗都是口耳相传，世代吟诵，并没有将其形成文字。这样的英雄史诗虽然可以在民间广为流传，但是没有经过文字整理就很难定型，也很难成为日后文明时代研究、探索的依据，其对民族文化的影响就降低了。希腊人民有幸，诞生了荷马这样优秀的民间文学大师，经过他的整理和加工，希腊的神话不仅固定下来，而且成为日后轴心时代哲学启蒙的母体和土壤，所以阿姆斯特朗将其称为"希腊的圣经"。近代以来的西方历史学家对荷马史诗《伊利亚特》和《奥德赛》进行了实地考证，说明这两部史诗用神话艺术的方式，曲折地记载了希腊先民征服克里特半岛的历史。两部史诗不仅具有极高的历史价值，同时在其中详细讲述了在两场战争中人与神的关系，对于古代希腊的宗教的形成，具有极大的促进作用。

古希腊另一位神话大师是赫西俄德（或称赫西阿德，古希腊语：Ἡσίοδος，英语：Hesiod）是一位古希腊诗人，原籍小亚细亚，出生于希腊比奥西亚境内的阿斯克拉村。从小靠自耕为生，他可能生活在公元前 8 世纪。从公元前 5 世纪开始文学史家就开始争论赫西俄德和荷马谁生活得更早

---

[1] ［英］凯伦·阿姆斯特朗：《轴心时代——人类伟大宗教传统的开端》，孙艳燕、白彦兵译，海南出版社 2010 年版，第 115 页。

的问题，今天大多数史学家认为赫西俄德更早。他以长诗《工作与时日》、《神谱》闻名于后世，被称为"希腊训谕诗之父"。《神谱》描写的是宇宙和神的诞生，讲述从地神盖亚诞生一直到奥林匹斯诸神统治世界这段时间的历史。这一段诸神谱系，可以看成是古希腊先民对宇宙创生过程的认识，并对后来的古希腊哲学，甚至整个欧洲文明的发展产生了重大影响，当然也包括我们研究的西方政教关系。

赫西俄德《神谱》记载：希腊的第一代神灵有四位大神，即混沌神卡俄斯，地母神盖亚、地狱之神塔尔塔罗斯、老爱神艾洛斯。卡俄斯与盖亚结合，生下了天空之神乌拉诺斯，天空之神后来成为世界的主宰，盖亚又与她的儿子乌拉诺斯结合，生下了十二个泰坦神及三个独眼巨人和三个百臂巨人……。第一代主宰之神乌拉诺斯后来被自己的儿子克洛诺斯阉割了，从他被阉割的血液中诞生了三个复仇女神。克洛诺斯没有像自己的父亲乌拉诺斯那样与自己的母亲盖亚结合，而是与自己的妹妹瑞亚结合，也生了六男六女，宙斯就是他们最小的儿子。《神谱》关于第一代希腊诸神的记载，无疑反映了原始氏族社会之前的群婚时代，人与动物一样没有任何婚姻禁忌，父母与子女，兄弟姐妹之间都可以婚配。而儿子阉割父亲的神话，则成为弗洛伊德精神分析学的重要素材，成为宗教图腾禁忌的原始起源。①

第二代主宰神克洛诺斯推翻了自己的父亲，由于担心自己的儿子会再一次推翻自己，所以瑞亚每生一个孩子都被他吞噬掉。当宙斯出生时，瑞亚得到了祖母盖亚的帮助，用尿布包裹了一块石头给克洛诺斯吞掉，自己却偷偷跑到克里特岛的一个山洞里，生下了宙斯。宙斯长大以后，联合受到父神压制的其余天神，终于推翻了父神统治，并解救出了那些已经被克洛诺斯吞噬的兄弟姐妹。宙斯便成为第三代主神。到了宙斯的时代，说明人类开始摆脱群婚，有了明确的兄弟姐妹关系。

第三代主神宙斯与他的兄弟姐妹：谷神德墨忒尔、天后赫拉、冥王哈

---

① 参见［奥］西格蒙德·弗洛伊德：《论宗教》，王献华、张敦福译，国际文化出版公司2001年版，第1—19页。

德斯、海神波塞冬、爱与美神阿芙洛狄忒，以及他与赫拉结合生下的智慧
女神雅典娜、太阳神阿波罗、月神阿尔忒弥斯、战神阿瑞斯、火神赫菲斯
托斯、众神之使者赫尔墨斯等，形成新的神界十二天神。在新的天神之中，
已经明显出现了社会分工，成为后代希腊创世神话的主轴。宙斯是最高天
神，是所有神祇的领袖，全知全能，永生不朽。宙斯有两方面的神性：一
是作为天气和气候神，体现自然力与人关系的——雷电神。二是作为氏族
社会、奴隶社会的统治者的保护神，体现人与社会关系的——命运神。天
后赫拉，主要的职能是保护婚姻的女神。据说，她原是宙斯的姐姐，应该
说，这种婚姻关系，还属于母系氏族血亲关系的残余。赫拉好用权势，嫉
妒而残酷，不宽容宙斯所爱的任何女性，对宙斯的私生子女也一概怀有强
烈的仇恨。这样一种关系成为西方一夫一妻制度的思想原型。谷神德墨忒
尔显然是农业之神，掌管物质的生产。波塞冬是海洋之神，因为希腊人的
经济生活高度依赖航海和海外贸易，所以对海神敬畏、崇拜有加。宙斯的
弟弟冥王哈德斯，掌管着人们死后的世界。宙斯的妹妹阿芙洛狄忒是爱与
美女神，掌管着人间的婚姻与艺术。雅典娜不仅是智慧女神，也是雅典城
邦的保护神。战神阿瑞斯不仅掌管战争的胜负，还是伊奥尼亚地区的保护
神，而且也是狩猎之神。阿波罗是太阳神，开始也是伊奥尼亚地区的保护
神，后则上升为整个希腊的守护神，他是希腊精神的具体体现。一切使希
腊人与其他民族相区别，特别是使之与周围的野蛮民族相区别的东西——
各种各样的美，无论是艺术、音乐、诗歌，还是年轻、明智、节制——统
统汇聚在阿波罗身上。在思想方面，阿波罗的理性精神代表着节制与平衡。
阿波罗的孪生妹妹是月神阿尔忒弥斯，同时又是狩猎女神、处女的保护神。
赫尔墨斯是工匠之神，也是最能干的神，最具平民性的神。赫尔墨斯还是
神使，宙斯的使者。他又是亡灵的接引神，同时，他还是市场神、商业神、
财神，经常拿着个钱袋。狄奥尼索斯是酒神，是宙斯与凡间女子塞墨勒的
儿子，他所代表的宗教精神与阿波罗相对立，狂欢、陶醉、迷狂是其特性，
尼采最早将阿波罗精神和狄奥尼索斯精神视作希腊精神的两极，即象征理
性的日神精神与象征生命冲动的酒神精神。对酒神的祭祀，后来发展为古

希腊戏剧。在希腊诸神中还有一位重要神祇普罗米修斯，他是十二泰坦之一的伊阿珀托斯之子。最有智慧的神之一，被称为"先知"，是人类的创造者和保护者。他将天神独享的火种偷偷给了人类，让人类过上了文明的生活。因触怒宙斯被锁在高加索山上，其肝脏每日被鹰啄食，然后又长好，周而复始，后被赫拉克勒斯救出……

古希腊丰富的神话世界，明确告诉人们一个世界的创生过程。从混沌初开到诸神的诞生，从神灵的婚姻到神灵的分工，显然他们将人类社会生活的所有创造都归因于神的主宰，这都是原始宗教对各种人们尚不认识的自然、社会现象的一种自然崇拜精神。不过这番宗教情怀经过神话故事的包装，便具有了更多人情人性的因素，具有长期流传的功能。希腊神话中的神与世界上的人一样，具有喜怒哀乐等情绪，具有贪财好色的毛病。如那个最高的主神宙斯，就经常背着妻子赫拉到人间来偷情，在人间留下很多半人半神的英雄。而天后赫拉也有人间女子常见的毛病，嫉妒、多疑、报复、残忍。如果她发现了哪个人间女子敢于和宙斯偷情，一定会对她进行残酷的惩罚。人间发生了战争，天神们也会出于自己的利益来拉偏手，帮助某些人，打击某些人。他们对人类的行为不分善恶是非，只要是自己的保护对象就竭力帮助，而对对方则残酷打击。例如著名的特洛伊战争的起因，就是由于天后赫拉、智慧女神雅典娜、爱与美神阿芙洛狄忒，为了争抢国王手中一个写有"给最美的女人"的苹果而发生的。正如阿姆斯特朗所说："可是在荷马笔下的神灵却没有怜悯之情。希伯来先知正开始探究上帝的悲悯，而荷马描述的奥林匹斯诸神对人类的痛苦却漠不关心。……诸神只是旁观者，观望着男男女女荒诞古怪的行为，就像一群贵族在竞技会上观看一场赛跑。"① 显然，当时的希腊诸神还没有伦理属性，只是人们头脑中对各种无法把握的自然现象、人间现象的一种无可奈何情绪的颠倒反应。

希腊神话对于轴心时代的重大影响，还有一个重要的方面，就是诸神创

---

① 〔英〕凯伦·阿姆斯特朗：《轴心时代——人类伟大宗教传统的开端》，孙艳燕、白彦兵译，海南出版社 2010 年版，第 119 页。

世纪的故事，包含了一种人类对于自然、人自身本原问题的苦苦追求。"赫西俄德的《诸神谱系》还提出了一些后来吸引希腊哲学家的问题：宇宙的本原是什么？秩序怎样压倒了混沌？多是怎样衍生一的？无实体的事物如何与明晰的事物相关联？"① 这一点对于希腊文化的发展极为重要，古希腊第一位哲学家泰勒斯就留下了一个哲学命题："水是万物的本原"。这个哲学问题的提出，引导希腊哲学不断对自然进行探索，从而助推了希腊科学、逻辑学的发展。而对于本原问题的关注经过几百年反复的论证，则又不断将人们的精神世界引向了对于最终主宰的神思，对于基督教在欧洲的成长起到了奠基作用，并最终影响了欧洲的政教关系。

（二）中国的圣贤开辟说

在世界史的范围内，原始人类的成长一般都伴有神话故事的传颂。就是在中国的范围内，在很多少数民族中，也有大量这样的游吟诗人。经他们口耳相传，《格萨尔王》《江格尔》《玛纳斯》等英雄史诗，成为藏族、蒙古族、维吾尔族人民宝贵的精神文化遗产。在春秋战国时代，反映荆楚地域文化的楚国，其文学家和思想家，也记录了一些当地的神仙故事。如《楚辞》中的东皇太一、云中君、湘君、湘夫人、大司命、少司命、河伯、山鬼等。在庄子的文章中，也保留了大量的神仙形象，如"肌肤若冰雪，绰约若处子"（《庄子·逍遥游》）的姑射仙子；"豨韦氏得之，以挈天地；伏戏氏得之，以袭气母；维斗得之，终古不忒；……冯夷得之，以游大川；肩吾得之，以处大山；黄帝得之，以登云天……"（《庄子·大宗师》）；等等。但是，在文化遗存最丰厚的中原地区，反倒是难以寻找神话的痕迹。如当代中国学者所说："这跟其它文明的神话大相径庭。无论苏美尔/阿卡德神话、埃及神话、印伊神话、希腊/罗马神话，都有显著的体系性，具备完善的神谱（如九柱神和十二柱神等），所有神祇的神格与造型清晰可辨，主神与次神之间层级分明，

---

① ［英］凯伦·阿姆斯特朗：《轴心时代——人类伟大宗教传统的开端》，孙艳燕、白彦兵译，海南出版社 2010 年版，第 152 页。

事迹（故事）保持完整的戏剧性结构，并跟历史叙事迥然有异。更重要的是，几乎所有神话都有初始原典（泥板、印章和雕塑）作为实体证据，而不只是后世的文献追述。它们把中国神话逐出了世界神话的顶层花园。"①

那么，中原地区大量的古代神话到哪里去了呢？其实我们只要稍稍翻看中国古代文献就可以发现，反映上古时代创世纪的神话，被中国贤哲们"圣贤化"了，将其他民族的"神灵创世说"变成中国的"圣贤开辟说"。如果找一个典型实例进行比较，那么古人类关于大洪水的记忆是最为典型的。根据现代地理学家的研究，在七万年前至一万年前的更新世晚期，曾发生过小冰河期，而在小冰河期结束后，世界各地普遍出现了洪水泛滥的现象。根据《基督真光》网站 2011 年 7 月 5 日转载《福音时报》的一篇文章《世界各地有关大洪水的传说》：在世界各个古老文明的国度，都存在大洪水的传说。如美索不达米亚的苏美尔的《吉尔伽美什史诗》、巴比伦的《巴比伦与迦勒底史》、古埃及的《亡灵书》、古印度的《吠陀经》、古玛雅人的《波波武经》、日本的《古事记》等，都有关于大洪水的传说。虽然具体情节略有差异，但大同小异的是洪水的起源都是人类得罪了天神，天神降下大洪水惩罚人类。不过天神怜悯某些特殊的人，提前通知他们打造船只，带着家人和财物躲过了洪水的劫难。这与希腊神话和基督教《圣经》的记载基本一致。

其中，希腊神话很具有代表性。古希腊神话中记载：宙斯决定用一场大洪水来毁灭人类，以此作为对人类不敬诸神及其邪恶多端的惩罚。于是普罗米修斯预先警告了自己的儿子丢卡利翁："因为人类的罪恶到达了极点，所以要用大洪水来毁灭大地。"于是，丢卡利翁制造了一口大木箱，并装入所有必需品，然后带着妻子皮拉钻进去以躲避洪水。"洪水来了，西萨里地区的山脉崩裂，极目所见尽是一片汪洋。"丢卡利翁夫妇在木箱中漂流了九天九夜，终于抵达希腊南部的帕纳索斯山（Parnassus），洪水过后，夫妻俩爬出箱子向诸神献祭。宙斯询问他们有何愿望，丢卡利翁请求恢复人类生机，于是宙斯便命丢卡利翁扔地上的石头。于是，丢卡利翁抛出的石头化为男

---

① 朱大可：《破碎的中国上古神系》，《文艺理论研究》2013 年第 1 期。

子，妻子皮拉扔出的则变为女子……。

但是，在中国的古籍中是这样记载大洪水的，《诗经·商颂·长发》载："洪水茫茫，禹敷下土方。"《尚书·洪范》载：周武王战胜商纣王之后，为了更好地治理国家，向商朝的遗老箕子请教。箕子告诉周武王九条治国的根本方略，其中一条就是"五行"。在说明"五行"对于治理国家的重要性的时候，箕子讲了大禹治水的故事。箕子说："我闻在昔，鲧陻洪水，汩陈其五行。帝乃震怒，不畀洪范九畴，彝伦攸斁。鲧则殛死，禹乃嗣兴。天乃锡禹洪范九畴，彝伦攸叙。"箕子说古时候舜帝派大禹的父亲鲧去治理洪水，但鲧不了解自然运行的根本规则"五行"，他是用堵的方法治理洪水，结果水越积越多，最终冲垮了堤坝，造成了更大的损失，上帝也没有把治国的根本方略"洪范九畴"交给他，鲧也在流放中死去。后来舜帝派大禹去治水，上天告诉他"洪范九畴"，他按照自然的规则去治理洪水，结果取得了胜利。《尚书·益稷》记载了大禹治水的具体方法："予决九川，距四海，浚畎浍距川"，也就是挖了九条大渠，把洪水引到了大海里。用疏浚的方法治水，符合水的本性，所以大禹才能取得胜利。

将大禹治水的故事与世界其他地区大洪水的故事相比较，我们可以发现以下不同。第一，其他民族面临洪水主要是躲，而中国先民则是发挥自己的主观能动性，运用自然规律治理了洪水。这里虽然还有神的指导，但人的作用是决定性的。《孟子·滕文公上》载，"禹疏九河……八年于外，三过其门而不入"。《史记·夏本纪》载，"禹……居外十三年，过家门不敢入"。以大禹为代表的中国先民，其艰苦奋斗的创业精神，是战胜洪水的根本保证。

第二，中国把其他民族战胜洪水的主人翁从神仙换成了圣贤，这也是中国古代中原地区神话"消失"的根本原因。其实中国也有自己的圣贤"创世神话"，就像大禹治水的故事一样，更符合人类社会发展的本来面貌，宗教色彩更少。

在中国古籍中，圣贤开辟的故事不胜枚举。例如，发明钻木取火的"燧人氏"；发现并教会人们打鱼捕猎、结绳计数、八卦占卜的"伏羲氏"；发明了农业种植和医药的"神农氏"；发现刀耕火种的"烈山氏"；教会人们盖房子的"有巢氏";教民做衣服、使用车,确立中华民族生存基业的"轩辕氏";还有养蚕织布的嫘祖、造字的仓颉、造酒的杜康、发明医药的扁鹊、木匠的祖师鲁班……甚至希腊神话中的"诸神之战",也变成了中国古史上的圣王之战,如黄帝、炎帝伐蚩尤,颛顼伐共工,舜伐三苗等。总之,中国的先哲将创世的功劳记在了自己祖先的名下,淡化了神仙的创始色彩。

(三)圣贤开辟说的原因及影响

中国在与希腊、希伯来等地大致相同的时间,能够把神灵创世说改造成圣贤开辟说,原因大致有这样几项:

第一,中国有着发达的前轴心时代文明,所以希腊、希伯来在轴心时代完成的思想启蒙,部分内容中国已经在前轴心时代就已经开始产生了,比如文明发展最重要的标志——宗教伦理化。如上文所述,中国商朝的宗教与希腊神话、希伯来关于上帝耶和华的记载差不多,人们头脑中的神灵是没有多少善恶是非观念的。神经常对人间的事务喜怒无常,奖惩没有一定的原则,随时可以发怒发威。人唯有匍匐在上帝的面前,奉献丰厚的祭品祈求上帝的佑护。[1] 这恰恰是人类当时生产力低下,对自然和社会事务认识有限的一种表现。但是,在武王伐纣,周公进行宗教改革之后,中国的古代宗教发生了重大变化,其中最重要的内容是为宗教增添了道德伦理的性质。天神对人的奖惩不再是无原则的、随意的,而是根据地上时王是否具有道德而定。周公在《尚书·召诰》中说:"我不可不监于有夏,亦不可不监于有殷。我不敢知曰,有夏服天命,惟有历年;我不敢知曰,不其延,惟不敬厥德,乃早坠厥命。我不敢知曰,有殷受天命,惟有历年;我不敢知曰,不其延,惟不敬厥德,乃早坠厥命。"从夏到商,从商到周,天命的转移有规律可循,这个规律就叫作"以德配天"。在这种"以德配天"的政治伦理中,虽然没有否定天神的权威,"君权神授"仍然是政治合法性的根本。但是君主个人的道

---

① 参见张践:《中国古代政教关系史》上卷,中国社会科学出版社2012年版,第147—149页。

德水准问题突出了，人的因素增加，神的作用下降。在这样一种天人合一的氛围中，圣贤的作用大大提高，甚至有可能取代神的作用。侯外庐在20世纪50年代所著的《中国思想通史》一书中指出："'天'在周人的思想中，是对'帝'的一种变革，然而这种变革并不是祖先神'帝'的否定，而是'帝'的改良。"①

第二，天神形象的淡化，特别是周代将殷人的至上神从"上帝"改成了"天"。商朝的至上神被称为"帝"或"上帝"，完全是地上商王在天空的投影。他有人的形象，具有人的情感，喜怒无常，威力无边。周朝继承的商朝的宗教，但是也在悄然进行着伦理化、人文化的改造。在西周的金文和经典的文献中，周人是将"上帝"与"天"并用的。不过越往后来，"天"使用得越多，"上帝"用得越少，更多时候"天"变成了自然和人间的最大主宰。②古代的人们仰望天空，可以说天是最大的天体，包容日月星辰、风雨雷电等所有天象。但是天又是最不具象的天体，日月星辰、风雨雷电都是很具体的，远古的人们可以想象其背后有一种天神支配着这种自然现象。可是茫茫的天空无边无际、无色无味，显然更加抽象，却也离人的形象差距更大。宗教学的常识是：不是神创造了人，而是人制造了神。当他们制造的神离自己的形象越远，在一定程度上说明这个神的神秘性越弱，自然性、伦理性越强。从周公宗教改革开始，中国古代传统宗教的社会作用就开始下降了。人们将社会运行的主体看成是人，从而也就越来越突出了那些人间的领袖——圣贤。我们说中国古代神话创世说被圣贤创世说替代，应当主要指西周之后，在殷墟出土的甲骨卜辞中，尚且看不出这样的痕迹。

第三，中国祖先崇拜特别发达，这是世界其他民族不能比的。关于祖先崇拜的发达，历史学家们归因为中华文明属于第一代原生性文明。如果说希腊的文明历史开启于公元前8世纪的《荷马史诗》，那么中国文明历史至少开启于公元前21世纪的夏王朝，整整早了13个世纪。在这样一种全社会浓

---

① 侯外庐主编：《中国思想通史》，人民出版社1957年版，第80页。

② 参见张践：《中国古代政教关系史》上卷，中国社会科学出版社2012年版，第185—188页。

郁的祖先崇拜氛围中，将远古神话中的神灵创世说改造成圣贤开辟说就成为顺理成章的事了。《礼记·祭法》云："夫圣王之制祭祀也：法施于民则祀之，以死勤事则祀之，以劳定国则祀之，能御大灾则祀之，能捍大患则祀之……非此族也，不在祀典。"在三代的祭祀制度中，祭祖并不仅仅是对自己血缘出处的追忆，更重要的是对本氏族具有创世意义的英雄的一种崇敬。

第四，原始社会末期的"绝地天通"改革，在一定程度上促进了神灵创世说向圣贤开辟说的转化。由于"绝地天通"事件，民间"天"与"地"交通断绝，那些以传唱神灵创世故事为生的游吟诗人当然也会受到政府的限制，从此也就在中原大地上绝迹了。自此之后，官方任命的卜、祝、宗、史等职业宗教官员完全掌握了宗教活动、宗教经典，在帝王的支配下，他们很自然地将一切社会文明的功绩都记在了本朝的先祖头上，这也就是中国圣贤开辟说的直接来源。

神灵创世说变成了圣贤开辟说，对于轴心时代，以及此后两千年君主专制社会政教关系的影响主要有三个方面：

第一，在中国的古代经典中，人类的历史都是祖先、圣贤创造的，因此人们淡化了对于本氏族之外各种神秘现象的关注，而更关注现有圣贤的教诲和帝王的品德问题。到了轴心时代，孔夫子"未知生，焉知死"，"未能事人，焉能事鬼"（《论语·先进》）就是典型代表。当时中国的士大夫把精力主要放在了社会的事务上，致力于人们的品德修养方面，对于自然、彼岸的关注大大降低。因而，导致中国文化道德伦理、工艺技术发达、宗教意识淡化、科学理论不足的特点。

第二，圣贤开辟说极大地加强了君主的地位，使得关注神灵的各种宗教被主流意识形态边缘化了。既然历史是由圣贤创造的，当然圣贤就成为中国文化追求的终极价值。按照周公的"以德配天"伦理，那么当今天子只要没有被推翻，就理所当然是德才兼备的圣贤。所以，圣贤崇拜很容易就转化为帝王崇拜，极大地提升了君主的权威。相反，对于神灵世界关注的淡化，也就降低了职业宗教人员的社会地位，他们在社会政治事务中只能承担司仪、助手的角色，从来也不可能替代君主在国家宗教中的主导地位。

第三，圣贤开辟说淡化了中国人对世界本原问题的关注。既然创世者就是圣贤，而圣贤又都是我们的祖先，那么世界的本原就在我们的身上，就在我们的身边。因此，中国以儒学为主体的主流意识形态具有"六合之外，圣人存而不论"（《庄子·齐物论》）的传统，因为圣贤的事迹、圣贤的品德、圣贤创始的原因都在他们留下的典籍中，在他们治理国家的实践中。把这些现实世界中的伦常问题搞清楚了，也就没有什么问题了。至于那些玄远的自然问题、彼岸问题，社会精英阶层不抱太大兴趣，不投入太多精力。这一点不仅造成了中国古代自然科学不够发达，也造成了以彼岸为终极目标的宗教在中国很难进入主流意识形态。

第二节　轴心时代的中西方社会

当人类历史发展到公元前 1000 年左右的时间，世界各地区的人们由于生产力的发展，氏族社会开始分化，人间出现了日益严重的矛盾和冲突。英国历史学家凯伦·阿姆斯特朗大视野地考察了印度、希伯来、希腊的情况。她指出："轴心时代尚未开始。所有这些宗教传统都带有一种深切的忧虑不安的色彩。当人们在大草原上被劫掠牲畜者的暴力所改变之前，雅利安宗教一向是平静而温和的。然后空前的侵略行为造成的震撼迫使琐罗亚斯德发展出一种两极分化的、竞争性的视域。在以色列和印度，生活在全新而充满敌意的地区而产生的不安全感，以及维持一个社会所经历的艰辛促使人们将暴力和富于侵略性的意象带到宗教仪式中。但是，人们不能永无止境地生活在这样的紧张状态之下。宗教仪式教会他们观察任何深不可测事物，并且认识到，他们是可能勇敢面对似乎是不可能的事并生存下来的。公元前 9 世纪，希腊人——第四个轴心民族正开始摆脱黑暗时代。"[1] 也

---

① ［英］凯伦·阿姆斯特朗：《轴心时代——人类伟大宗教传统的开端》，孙艳燕、白彦兵译，海南出版社 2010 年版，第 48—49 页。

就是说，在几大文明的发源地，传统的宗教已经解释不了日益严重冲突的社会现象，人类需要一种思想的突破，这个突破就被后人称为"轴心时代"。

一、轴心时代理论及其分析

（一）雅斯贝斯的轴心时代理论

1949 年，德国哲学家、神学家卡尔·西奥多·雅斯贝斯出版了《历史的起源与目标》一书，提出了著名的"轴心时代"理论。在通过对世界几大文明古国的对比之后，雅斯贝斯发现："看来要在公元前 500 年左右的时期内和在公元前 800 年至公元前 200 年的精神过程中，找到这个历史轴心。正是在那里，我们同最深刻的历史分界线相遇，我们今天所了解的人开始出现。我们可以把它简称为'轴心期'（Axial Period）。"① 广义地讲，从公元前 800 年到公元前 200 年，狭义地讲，就是公元前 500 年，这短短时间内世界范围内发生了一系列重大事件，产生了一大批影响后来几千年人类历史发展进程的思想家，因此他将这个时代称为"轴心时代"。这个时代如果从中国历史看，正好是春秋战国时期。公元前 770 年平王东迁，西周结束，东周开始，中国开始进入列国纷争、诸侯争霸的时代，直到公元前 221 年秦始皇统一中国，中华大地再一次进入大一统时代。春秋战国在中国历史上并不仅仅因战乱而著名，关键在于那个时代诞生了一大批影响中国几千年的思想家，决定了中国文化的走向。雅斯贝斯将轴心时代的起止年限划到公元前 800 年至公元前 200 年，显然是出于他对中国历史的熟悉和重视。根据当代中国学者的研究，雅斯贝斯十分熟悉中国的历史和现实，对中国文化充满了信心。早在 20 世纪 30 年代，雅氏就有意识地开始关注和阅读中国，他与妻子在晚上会根据当时的心境选择性地阅读中国的小说、诗歌和哲学著作，其中包括

---

① ［德］卡尔·雅斯贝斯：《历史的起源与目标》，魏楚雄、俞新天译，华夏出版社 1989 年版，第 7—8 页。

《道德经》、《易经》、《红楼梦》、《水浒传》、《毛泽东诗词》，1938 年 10 月 20 日，雅氏在给妹妹的信中说："我每天都在研究逻辑学，一到上午或下午就大量阅读中国。"①

他接着论证说："最不平常的事件集中在这一时期。在中国，孔子和老子非常活跃，中国所有的哲学流派，包括墨子、庄子、列子和诸子百家，都出现了。像中国一样，印度出现了《奥义书》和佛陀（Buddha），探究了一直到怀疑主义、唯物主义、诡辩派和虚无主义的全部范围的哲学可能性。伊朗的琐罗亚斯德传授一种挑战性的观点，认为人世生活就是一场善与恶的斗争。在巴勒斯坦，从以利亚（Elijah）经由以赛亚（Isaiah）和耶利米（Jeremiah）到以赛亚第二（Deutero-Isaiah），先知们纷纷涌现。希腊贤哲如云，其中有荷马，哲学家巴门尼德、赫拉克利特和柏拉图，许多悲剧作者，以及修昔底德和阿基米德。在这数世纪内，这些名字所包含的一切，几乎同时在中国、印度和西方这三个互不知晓的地区发展起来。"②雅斯贝斯所列举的名字，是人类历史上闪烁最灿烂光芒的思想明星，这是任何学习历史的人都知道的常识，并不新鲜。但难能可贵的是，雅斯贝斯发现了这些思想伟人之间的联系，即他们都生活在大致相近的 500 年中，但却分布在当时看来距离遥远、互不相关的三个独立地区，就显得有点新颖和神秘。

更为神奇之处还在于："直至今日，人类一直靠轴心期所产生、思考和创造的一切而生存。每一次新的飞跃都回顾这一时期，并被它重燃火焰。自那以后，情况就是这样。轴心期潜力的苏醒和对轴心期潜力的回忆，或曰复兴，总是提供了精神动力。对这一开端的复归是中国、印度和西方不断发生的事情。"③"轴心"的概念取自于车，车轮滚滚，但是其转动始终离不开轴心的规定。人类的历史也是这样，无论后世经过了怎样的发展，人们总是在

① 杨水远：《雅斯贝尔斯文本中的中国图像》，《怀化学院学报》2013 年第 12 期。
② ［德］卡尔·雅斯贝斯：《历史的起源与目标》，魏楚雄、俞新天译，华夏出版社 1989 年版，第 8 页。
③ ［德］卡尔·雅斯贝斯：《历史的起源与目标》，魏楚雄、俞新天译，华夏出版社 1989 年版，第 14 页。

重复思考、论证着轴心时代先哲们发现、思考的问题，并用轴心时代思想家们提供的精神动力，解决每一个新时代面临的新问题。比如西方中世纪末期，面临基督教政教合一统治的黑暗时代，15世纪之后的启蒙思想家们展开了一项影响深远的运动——文艺复兴。为什么不叫文艺解放而叫文艺复兴？就是因为那个时代锁定的目标古希腊、古罗马时期的人性解放，人本主义精神。而当代中国在现代化进程中也面临着社会价值崩溃、道德状态每况愈下的局面，人们也只能到古圣先贤那里去吸收营养，出现了持续的，自下而上的"国学复兴"局面。

雅斯贝斯对轴心时代思想的性质进行了探讨，他指出："这个时代的新特点是，世界上所有三个地区的人类全都开始意识到整体的存在、自身和自身的限度。人类体验到世界的恐怖和自身的软弱。他探询根本性的问题。面对空无，他力求解放和拯救。通过在意识上认识自己的限度，他为自己树立了最高目标。他在自我的深奥和超然存在的光辉中感受绝对。"① 也就是说，在轴心时代人们认识到了个人的局限性与社会整体的存在，开始寻找自我的定位，探索人生的价值和目标。雅斯贝斯所说："在自我的深奥和超然存在的光辉中感受绝对"，就是指在轴心时代，东西方文明几乎同时建构了自己文化体系的终极价值，并以此指引社会的发展。更为重要的是，轴心时代贤哲们得出的结论，即使到今天仍然是适用的，"这个时代产生了直至今天仍是我们思考范围的基本范畴，创立了人类仍赖以存活的世界宗教之源端。无论在何种意义上，人类都已迈出了走向普遍性的步伐"②。孔子、释迦牟尼、琐罗亚斯德、以赛亚、柏拉图等思想家，他们已经将人的思想上升到普遍性的高度，为此后的人们处理自己与社会的关系找到了可通之途。轴心时代贤哲对于政教关系的理解，同样也成为中西方社会的指南。

---

① ［德］卡尔·雅斯贝斯：《历史的起源与目标》，魏楚雄、俞新天译，华夏出版社1989年版，第8页。

② ［德］卡尔·雅斯贝斯：《历史的起源与目标》，魏楚雄、俞新天译，华夏出版社1989年版，第9页。

（二）轴心时代的历史唯物主义分析

雅斯贝斯的轴心时代理论提出后，引起了中外很多历史学家、哲学家、宗教学家们的关注，人们惊异于他的惊人概括能力，发现了世界史上一个重要的文化现象。但是，在广泛引用轴心时代理论解释世界历史的同时，对于轴心时代的成因却缺乏比较有影响力的研究成果。我们毕竟是学者而不是神学家，不能用神的意志、命运安排之类的神秘主义的思想范式来说明这一非常奇妙的现象。因此，说明轴心时代现象的成因，就成为运用这一理论合理的关键所在。

其实在雅斯贝斯提出这一理论的时候，他也做了一些有益的探索。他指出："我们发现，与这个新的精神世界相一致，上述三个地区表现出类似的社会学情景。那里有大量的小国和城邦，有国家对国家，城邦对城邦的斗争，然而这首先要有惊人的繁荣和财富、力量的发展。"① 城邦的出现，生产力的发展是这个时代的重要标志，但是从近代考古发掘的成果看，城市的出现要远远早于轴心时代。以中国的情况为例，河南淮阳平粮台古城遗址及其他龙山文化晚期城址，则是中国最早的城市遗迹，那时当然不会出现轴心时代。至于生产力发展水平，轴心时代之后的秦汉帝国和地中海沿岸的罗马帝国，要远远超过轴心时代，但是为什么没有成为轴心时代？至于这三个地区的相互关系，雅斯贝斯引用马克斯·韦伯之子的话说："为什么会有这种同时性？对这个问题的回答，只有阿尔弗雷德·韦伯提出了迄今为止最精深的、在方法论上可论证的假设。他证明道，中亚国家的铁骑战车实际上的确突入到中国、印度和西方，并把马匹引入了古代文明，在三个地区导致了类似的结果。"② 马匹和车辆的应用当然是这个时代重要的生产力和技术成果的标志，但是也许这些成果对地中海沿岸地区曾经产生了重大作用，而对于中

---

① ［德］卡尔·雅斯贝斯：《历史的起源与目标》，魏楚雄、俞新天译，华夏出版社 1989 年版，第 11 页。

② ［德］卡尔·雅斯贝斯：《历史的起源与目标》，魏楚雄、俞新天译，华夏出版社 1989 年版，第 24 页。

国、印度和希腊这样遥远的地理范围，恐怕也只能是杯水车薪了。

马克思主义认为："法的关系正像国家的形式一样，既不能从它们本身来理解，也不能从所谓人类精神的一般发展来理解，相反，它们根源于物质的生活关系，这种物质的生活关系的总和。"① 这就是历史唯物主义的观点：社会文化、人的精神生活的发展，是由社会背后的物质力量，由社会生产力和生产关系决定的。生产力和生产关系是构成人类生存与发展的最基本的社会矛盾，而生产力是其中最活跃的因素，生产力的发展水平决定生产关系的演变。生产力由劳动对象、劳动资料和劳动者三要素构成，劳动者是其中最活跃的决定因素，而劳动资料则是一个时代生产力发展水平的指示器。如马克思所说："各种经济时代的区别，不在于生产什么，而在于怎样生产，用什么劳动资料生产。劳动资料不仅是人类劳动力发展的测量器，而且是劳动借以进行的社会关系的指示器。"② 生产工具是劳动资料中的主要内容，使用打制石器的是旧石器时代，使用磨制石器的是新石器时代，使用青铜工具的是奴隶制时代，使用铁质工具的是封建时代，使用机器的是资本主义时代。看一看一个时代使用的工具，就可以判断其社会生产发展水平，借以推断其文明发展水平。所以，马克思主义将生产工具看成是社会生产力的指示器。

历史唯物主义的方法给了我们分析轴心时代成因的指导思想，那么我们看看在公元前800年至公元前200年之间，在中国、希腊、希伯来三个地区，在生产工具方面发生了什么样的变化。笔者认为，从生产工具发展水平上看，世界各国的轴心时代文明均属于铁器文明时代。以坚硬的铁器作为主要生产工具，使人类的生产能力迅速提高。个体家庭可以脱离氏族或宗族而独立生存，从而建立以独立家庭、私有制和地缘国家为主要标志的人类文明体系。如果我们作一个比喻，那么轴心时代就如同人的青春期，是一个人身体和思想的成熟时期。人类的文明发展也是这样，在轴心时代所形成的社会体

---

① 《马克思恩格斯选集》第 2 卷，人民出版社 2012 年版，第 2 页。

② 《马克思恩格斯选集》第 2 卷，人民出版社 2012 年版，第 172 页。

制和文化类型，可以说至今没有发生根本性的改变。那个时期的圣贤所面对的人类社会问题，也没有发生根本性质的变化。但是，当时人类文明发展水平尚低，人生面临的问题也比较简单，容易发现人生的真谛。所以孔子、老子、佛陀、犹太先知、苏格拉底、柏拉图、亚里士多德等先哲面对人类困惑进行的思考，至今仍然对我们的生活具有启迪意义。因此，才会发生雅斯贝斯所注意到的现象，即人类文明发展的每一个关键时期，人们总是到轴心时代的文明经典中去寻找解决的方案和前进的力量。

但是东方与西方，由于原生性文明与次生性文明的差异，所面临的问题相同，东西方先哲们解决问题的方法却不尽相同。希伯来人开始轴心时代的基础是：遭受游牧民族冲击使传统文明的残余已不足以为新的文明提供发展的价值依据和文化资源。所以，当他们一开始面对人类因私有制、财富差异、奴役、压迫、侵犯、掠夺等一系列罪恶时，他们只能以"神谕"的形式另立新宗。如公元前11世纪，希伯来人在大卫王时也曾建立过强大的王朝，但在大卫的儿子所罗门王死后王朝就分裂了，国力衰弱，先后亡于亚述和新巴比伦。"公元前8世纪至公元前5世纪，此时，希伯来民族正处在多难之秋。面对内患内忧，一批被称为'先知'的仁人志士挺身而出，凭照人们对神灵向背，权衡国家的兴亡得失，以宣讲'神谕'的形式表达自己对社会问题的见解。"[①] 正是在犹太人沦为"巴比伦之囚"的200多年中，以赛亚、西番雅、耶利米、以赛亚二世、以西结等先知们，创造出了以"摩西五经"为基石的成熟的犹太教。

与西方轴心时代古希腊相对应的是中国的春秋战国，从文明发展的物质层面看，两者都是在这一时期进入了铁器时代，并且也都因生产力的急剧发展引起了社会结构、文化体系的激烈变革。但是，从中西方精神文明发展的水平看，由于中国拥有前轴心时期丰硕的文化成果，因此中国的文化没有发生断裂性突破。不似古希腊哲学与古希腊神话的关系，两者表现出明显的差异，古希腊哲学是以批判传统宗教为动力发展的。

---

① 朱维之主编：《希伯来文化》，浙江人民出版社1988年版，第21页。

二、轴心时代的中国社会

夏商周三代是中国的青铜时代，根据近代以来考古学的发掘证明，尽管当时的青铜制造工艺已经相当发达了，但是由于青铜资源的稀缺以及青铜本身质地较软，所以当时的青铜主要是铸造"兵器"和"礼器"。至于用于农业生产的工具，主要以木、石、骨、蚌器为主。到了春秋时期，人们"美金以铸剑戟，试诸狗马；恶金以铸锄、夷、斤、斸，试诸壤土"（《国语·齐语》）。所谓美金就是青铜，用于制造刀剑等兵器；所谓恶金就是铸铁，用于铸造犁铧、锄头，用于农业生产。当代考古工作者在江苏、湖南、江西、河南、山西、陕西等地发掘了一定数量的春秋中后期的遗址，发现一批铁制农具。到了战国时期，铁制农具的使用就更加普及了。除了农具的改良，春秋时代的人们还发现，原来仅仅作为宗庙祭祀用的黄牛还可以派上别的用场，"宗庙之牺，为畎亩之勤"（《国语·晋语》）。铁器与牛耕的使用，比起人力用木器、石器的耕作，使生产力发生了巨大的变化，从而从根本上改变了古代社会的面貌。

铁制工具的发明和应用，对于当时社会的震撼力，不啻近代以来蒸汽机、发电机、原子能、计算机的应用。在青铜时代，个人的生产能力是十分低下的，因此个体的家庭不能离开整个氏族部落独立生存，人们都过着聚族而居的生活。宗法血缘是人类社会最早的组织原则，如恩格斯所说："劳动越不发展，劳动产品的数量，从而社会的财富越受限制，社会制度就越在较大程度上受血族关系的支配。"[1]宗法制兼备了政治统治权力和血亲道德制约的双重功能。一方面，宗族内部的等级系列和国家的行政系列合而为一，族权与君权结合，同族亲友辈分上的天然差别转化成了政治上支配与服从的关系；另一方面，不同辈分、不同阶层、不同阶级的人们又都出于共同的血缘，使大家可以在共同的祖先神灵面前团结起来。因此这个时代，阶级的差异与矛盾被血缘关系掩盖了，个人与社会整体对立不可能发生，"自身与自

---

① 《马克思恩格斯文集》第 4 卷，人民出版社 2009 年版，第 16 页。

身的限度"（雅斯贝斯语）之类的问题更是无从谈起。

铁制工具的使用表面看来与政治制度无关，却使夏商周三代的宗法封建体制逐渐趋于瓦解，这充分说明社会巨变的根源，来自生产工具的变化。在青铜时代，人们在宗法封国的井田里劳作，《诗经·周颂·载芟》描述了当时人们劳作的场景："载芟载柞，其耕泽泽；千耦其耘，徂隰徂畛。"井田的中央属于天子的公田，周围则是农夫的私田。农夫首先要到公田里尽"助"的义务，然后才能在私田里为自己生产。当时的人们为天子、诸侯、大夫服劳役看成是自己作为子弟、晚辈、族人应尽的义务。《诗经·小雅·大田》："有渰萋萋，兴雨祈祈。雨我公田，遂及我私。彼有不获稚，此有不敛穧。彼有遗秉，此有滞穗。"宗法血缘关系使人们将社会视为一个整体，公田受损，如同私田遭灾。但是，在铁器使用以后，情况开始发生变化。如恩格斯所言："铁使更大面积的田野耕作，广阔的森林地区的开垦，成为可能；它给手工业工人提供了一种其坚硬和锐利非石头或当时所知道的其他金属所能抵挡的工具。"① 春秋时期的情况正是这样，社会制度的变革首先从荒地的开垦开始。农夫们利用先进的生产工具，很快就可以完成公田里的劳役，原有的私田也不够种了，他们开始开垦井田附近的荒山、森林。这些被开垦的荒地完全属于劳动者所有，故而极大地提高了他们的生产积极性，如《吕氏春秋·审分览》载："公作则迟，分地则速。"随着个体生产、生存能力的提高，一部分氏族成员"出于野"，"入于邑"，开始摆脱了"量地以制邑，度地以居民"（《礼记·王制》）的公社生活，成为脱离宗法氏族组织的自由民。

社会生产方式和生活方式的变革，必然要引起经济、政治管理方式的变革。首先在经济方面，一些开明的政治家针对"公田不治"的状况，取消了原有"公田"、"私田"的区分，实行"履田而税"的政策，即将原有的"贡"、"助"制度，变成了"税"、"赋"制度。齐国的"相地而衰征"（《国语·周语》），晋国的"作爰田"（《左传·僖公十五年》），鲁国的"初税亩"（《左传·宣公十五年》），等等。国家对私田征税，实质上是承认了私田的合法性，从而根

---

① 《马克思恩格斯文集》第4卷，人民出版社2009年版，第182页。

本上动摇的宗法分封制度的基础——井田制。相应地，面对日益增多的脱离了宗族体制的自由民，原有的宗法政治制度开始瓦解，向地域政治管理制度过渡。三代政治管理是以宗法分封为基础的，每一个诸侯国就是一个宗族集团。国人对于卿大夫，卿大夫对于诸侯，诸侯对于天子，都既是血缘关系，又是政治关系。但是，对于那些脱离了原有宗族周游列国的"士"、"氓"而言，宗法管理已经无效，只能进行属地管理。商鞅是秦国改革的设计师，根据《史记·秦本纪》和《商鞅列传》，其变法的主要内容包括：(1) 实行父子分居制度，促进个体家庭的形成。这条政策的推行，使大家族迅速地瓦解。(2) "开阡陌封疆"，废除井田制度，实行彻底的土地私有制度。井田制是宗族政治的经济基础，井田制的废除使原来束缚在井田内的劳动者得到了解放。(3) 重农抑商，奖励耕战与军功，促使一些社会下层的"贤者"有机会上升到统治阶层中来，改变了原有的社会等级秩序。(4) 废除"世卿世禄"制度，限制宗室贵族的政治、经济特权，消除社会对人的身份等级限制，促使社会从宗法社会向公民社会转化。(5) 否定分封制度，建立以郡县制为基础的国家行政体制，加强君主专制制度，突出了皇权的地位。变法的结果，除皇室以外族权与政权脱离，改变了西周封建制度下宗统与君统相一致的状况。商鞅变法从政治、法律上肯定了从春秋时期开始的社会变革，有力地推动了中国社会从分封建国制向中央集权的郡县制过渡。

所以，春秋战国时代，郡县制开始出现，逐步代替了原有的分封制。秦国经过商鞅变法，政治体制的改革最为彻底，《史记·商君列传》载："于是以鞅为大良造。……而集小都乡邑聚为县，置令、丞，凡三十一县。"郡县的官员不再实行世袭制，而是由皇帝直接任命，定期轮换，防止了地方的割据的分裂，中国政治制度发生了一次根本性的转变，从早期国家的宗法分封制变成了成熟国家的君主专制制度。

三、轴心时代的希腊社会

在古希腊神话故事中，游吟诗人们将人类的历史分成了黄金时代、白银时代、青铜时代、英雄时代和黑铁时代。第一个时代是黄金时代。那是时间之神克洛诺斯统治的世界，这一时代的人像神一样无忧无虑地生活，无须劳动。他们永远不会衰老，手脚永远强壮，没有疾病，幸福的一生在吃吃喝喝中度过。第二个时代是白银时代。这一时代的人已不像黄金时代的人那么幸福了，他们在家待上一百年还不明事理，一旦长大成人，立即离开母亲。成年后的人寿命已经很短了，因为他们不够聪明，所以生活中会遇到很多不幸和痛苦。第三个时代是青铜时代，这个时代的人的特点是强大而可怕，他们是宙斯用矛杆创造出来的。青铜时代的人很骄横，喜爱充满痛苦、呻吟的战争，人们互相残杀，生命很快消失，进入哈迪斯的冥国，永远告别光明。第四个时代是英雄时代，这一时代的人靠大地养活，拥有高尚和公正的人品，是与神祇相仿的半神英雄。他们先后都死于凶残的战争，有一些死在争夺俄狄浦斯王的继承权，倒毙在那有七座城门的忒拜城下，有的则战死在著名的特洛伊战争中。第五个时代是黑铁时代，这一时代的人在大地上一直延续到今天。人们白天黑夜不断地遭受忧愁和沉重劳作的折磨。众神也给人类带来痛苦和烦恼，他们也在作恶中掺杂了行善，但是作恶更多，到处都是痛苦。这一代的人不敬父母，朋友互不忠诚，主人不热情待客，兄弟不相亲相爱。这一代人道德堕落，不遵守自己的誓言，不崇尚正义和善良，互相仇杀，到处充满暴力。

古希腊关于黑铁时代的神话传说，可以得到历史学考证和考古学发掘的佐证，希腊黑铁时代（约公元前 1100 年至公元前 800 年）指的是希腊历史中，从多利安人入侵及迈锡尼文明灭亡的公元前 11 世纪直到公元前 9 世纪最早的希腊城邦之崛起。公元前 8 世纪，《荷马史诗》和最早的希腊字母作品的出现，记载了传说中的这个时代。迈锡尼文明的没落在时间上对应于数个近东大帝国的衰落，最著名的是赫梯（Hittite，位于安纳托利亚）和埃及。其原因可能为某个装备有铁制兵器的海族的入侵。当多利安人南下希腊的时候，他们也装备有先进的铁制兵器，可以轻易地将已经衰弱的迈锡尼人赶走。这些事件之后的时期都被称为"希腊黑暗时代"。

俄罗斯历史学家 B.N. 库济辛在《古希腊史》中指出："迈锡尼时代铁对

于希腊人来说是贵金属，主要用来制作类似戒指、手镯等装饰品。……晚些时候，即在公元前 10—公元前 9 世纪，出现了早期铁制的劳动工具，如雅典广场的一个墓葬中发现了斧头和凿子，一个陶瓷技工的墓葬中发现的凿子和锛，梯林斯发现的铁镰及其他物品等。荷马非常熟悉铁制农具和其他工具的普遍使用情况。……在当时的条件下，新的金属在生产中普遍被使用意味着真正的技术革命。"① 铁制工具的使用在希腊引起的变化与中国的春秋时代相似，直接导致传统社会组织的瓦解。库济辛接着说："在克里特和迈锡尼时期，线形文字的普及首先是中央集权君主制国家为了严格清查和监督它控制下的所有物力和人力资源而要求的。迈锡尼宫廷档案里工作的书吏，准确地记录了进入宫廷国库的由被统治居民交纳的赋税、奴隶和自由民承担的繁重赋役以及国家的各种支出。公元前 13 世纪末到前 12 世纪初，迈锡尼的宫殿和城堡被毁灭了，与此同时。它周围的大多数阿卡亚国家也崩溃了，独立的公社摆脱了先前来自宫廷的财政负担，并走上政治经济完全独立的发展道路。"② 这种"王纲解纽"、"礼崩乐坏"的局面，自然在人们心头引起了极大的不满和恐惧。英国历史学家阿姆斯特朗说："地中海东部地区灾难性的崩溃无可奈何地将希腊与这两种文明（米诺斯文明和迈锡尼文明——笔者注）隔离开来。希腊堕入了没有教育和相对野蛮的状态；不存在中央权力机构，地方首领统治各个地区。各个社会群体相互割裂，于同处危急中的近东国家不再有联系。那里再也没有雄伟的造像艺术，工匠技术也走向衰落。诗人们使某些古老的传说流传下来。他们追忆迈锡尼文明时期，并将其视作伟大武士的英雄时代。"③

《荷马史诗》讲到了黑暗时期的希腊王权，正如恩格斯所指出："希腊

---

① 〔俄〕B.N.库济辛:《古希腊史》,甄修钰、张克勤等译,内蒙古大学出版社 2013 年版,第 76—77 页。

② 〔俄〕B.N.库济辛:《古希腊史》,甄修钰、张克勤等译,内蒙古大学出版社 2013 年版,第 82—83 页。

③ 〔英〕凯伦·阿姆斯特朗:《轴心时代——人类伟大宗教传统的开端》,孙艳燕、白彦兵译,海南出版社 2010 年版,第 55 页。

著作家用来表示荷马所说的王权的巴赛勒亚［basileia］一词（因为这一权力的主要特征是军事的统率），在同时存在议事会和人民大会的情况下，其意不过是军事民主制而已。"① 我们在第一章已经分析过，古希腊的早期国家由部落联盟发展而来，因此其最高统治权始终受到贵族民主制度的约束。为了解决黑铁时代家庭独立，个人与社会的矛盾尖锐化的现实，古希腊进行了一系列改革，制定了适应文明时代的新法律。其中著名代表人物有提秀斯、格拉古、梭伦和克利斯提尼。恩格斯在谈到这些改革时说："克利斯提尼的新制度撇开了以氏族和胞族为基础的四个旧部落。代替它们的是一种全新的组织，这种组织是以曾经用诺克拉里试验过的只依居住地区来划分公民的办法为基础的。有决定意义的已不是血族团体的族籍，而只是常住地区了"②。古希腊国家的诞生，根本特色就是用国家的地缘组织替代了氏族的血缘组织。在氏族时代，人们都生活在一个大的血缘团体里，没有感到个人与社会的矛盾。恩格斯又说："在氏族制度之下，家庭从来不是，也不可能是一个组织单位，因为夫与妻必然属于两个不同的氏族。"③但是一旦氏族组织瓦解，个人、个体家庭与社会的关系就成为思想家关注的对象。古希腊思想家所面对的社会紊乱局面，恰恰就是这样发生的。

梭伦改革是古希腊最重要的改革，为希腊民主制度的建立，经济富强发展开辟了道路。英国历史学家阿姆斯特朗指出了梭伦改革的主要特点："梭伦的欧诺弥亚原则不仅对希腊政治思想具有决定的影响，而且也有助于塑造在其希腊的科学和哲学。它基于均衡的思想。社会上任何一部分人都不应凌驾于他人之上。城邦必须像甲兵方阵那样运作，在方阵中所有武士一起行动。一定要解除农民的重负，使他们可以遏制压迫他们的贵族的权威。于是，梭伦免除了农民的债务。类似原始部落时代的公民大会必须能够制衡元

---

① 《马克思恩格斯文集》第 4 卷，人民出版社 2009 年版，第 123—124 页。

② 《马克思恩格斯文集》第 4 卷，人民出版社 2009 年版，第 134 页。

③ 《马克思恩格斯文集》第 4 卷，人民出版社 2009 年版，第 116 页。

老院。他还创建了四百人议事会，用以监督城邦所有人的官方机构。"① 权力制衡成为古希腊政治的最大特色，执政官的权力，军事首脑的权力都要受到由贵族控制的议会的限制。当然，古希腊的民主是有限制的，只有占人口少数的贵族、自由民有投票的权利。广大的奴隶阶级、外乡人、妇女则没有民主权利。但是，将权力放到一定的制度限制下，希腊毕竟为人类开辟了一条防止专制、独裁的道路，这也是古希腊成为西方文明之源的重要原因。正如黑格尔所说："一提到古希腊的名字，在有教养的欧洲人心中，尤其在我们的国人的心中，自然会引起一种家园之感。"②

有中国学者将梭伦改革与商鞅变法相比较，认为梭伦改革的方法是谋求贵族与平民利益的平衡，最终将变革的结果引向了社会契约，他指出："梭伦立法并没有把立法权配置于单一的贵族或单一的平民，而是以订立'社会契约'之法律的方式分配给了雅典公民全体，'立法要征得大家的同意，统治要征得大家同意'，即被治理者同意才是梭伦立法的合法性基础。"③ 从今天西方正统论的立场看，梭伦变法自然成为文明开启的曙光，相反，商鞅变法的精神则是将立法权完全归于君主一人。《商君书》也有记载，'夫民之不治者，君道卑也；法之不明者，君民乱也'。一切治乱，全系于君主一身。因此'处君位而令不行则危……君尊则令行'（《商君书·外内》）。……只要拥有了绝对权威，君主的至高地位与立法者地位才能得到真正的奠定。"④ 郭沫若先生指出："秦、汉以后的中国政治舞台是由商鞅开幕的。"⑤ 商鞅变法奠定了秦王朝君主专制制度的雏形，开启了中国两千年的君主专制统治。但

---

① [英]凯伦·阿姆斯特朗：《轴心时代——人类伟大宗教传统的开端》，孙艳燕、白彦兵译，海南出版社 2010 年版，第 196 页。

② [德]黑格尔：《哲学史讲演录》第 1 卷，贺麟、王太庆译，商务印书馆 1981 年版，第 152 页。

③ 翟小功、王飞：《商鞅变法与梭伦立法之比较——以立法权归属为视角》，《安阳师范学院学报》2013 年第 1 期。

④ 翟小功、王飞：《商鞅变法与梭伦立法之比较——以立法权归属为视角》，《安阳师范学院学报》2013 年第 1 期。

⑤ 郭沫若：《十批判书·先秦法家的批判三·商鞅》。

是，如果我们离开西方中心论的立场也就会发现，商鞅变法很好地解决了春秋时代由于封建割据造成的政治动乱与战争，在中国当时的地理、社会环境中无疑也是最先进政治制度的设计。从政教关系的角度着眼，也可以说轴心时代经商鞅提出、由秦始皇确立的中央集权的君主专制制度，起到了关键作用。从此，以君主为代表的国家政治权力牢牢树立起来，其他任何社会集团、组织、人物都无法动摇。

四、轴心时代的希伯来社会

对于西方文明产生决定性影响的文化因素，除了希腊，还有希伯来，所以近代以后的思想家，都把西方文明视为"两希合流"的产物。当代历史学者认为，希伯来文明和希腊文明一样，也是一种由多元文明组合而成的次生文明。希伯来人原来是闪族的一支。闪族起源于阿拉伯沙漠的南部，起初是逐水草而居的游牧民。他们曾三次大规模地向漠北迁移，进入有名的新月沃地。就在这三次大北征中，吸收了这个人类文明摇篮的各种文化，酿成了有自己特色的希伯来文化。第一次北征（约在公元前3000年光景），从阿拉伯南部迁移到美索不达米亚，和苏美尔人接触，产生了古巴比伦文化。第二次北征（约在公元前2000年光景），从吾珥沿着幼发拉底河北上，到了哈兰地方，一部分人再从哈兰向西又向南，到了迦南地方，新月沃地的西端；在游牧民看来，这是流奶滴露的福地。在一次特大的灾荒中，雅各一家逃到埃及去，并在尼罗河三角洲附近的歌珊地区定居下来，达三四百年之久（公元前17世纪到前13世纪），生齿日繁，人畜两旺，引起埃及人的嫉妒和疑惧，便设法奴役、迫害他们。在摩西兄弟的领导下，他们逃出埃及，回归迦南。这就是第三次北征（公元前13世纪中叶）。

在世界文明的轴心时代，犹太人也经历一番由盛而衰的过程。希伯来人的王国成立（约在公元前1028年）后，进入奴隶制兴盛的时代，文化方面也进入大发展的阶段。大卫和所罗门在位时期（公元前1000—公元前933年），是希伯来文化的黄金时期。其时，国势空前强盛，经济繁荣，大兴土木，筑起了圣殿、宫宇，美轮美奂，成立了庞大的乐队，产生了大量的抒情诗、哲理诗、辉煌的史记。自从王国分裂（公元前933年）后，南朝犹大和北朝以色列，愚蠢地自相残杀，国势日衰，在四周强邻虎视眈眈之下，终于发生了亡国之危。英国历史学家韦尔斯指出："犹太人除了少数残余的平民以外，曾于公元前587年被迦勒底人尼布甲尼撒二世从他们的本国放逐到了巴比伦尼亚。后来，他们在居鲁士的保护下，回到了故城耶路撒冷，并在那里重建了神庙。我们在前面曾经指出，居鲁士就是在公元前539年推翻巴比伦最后一个迦勒底统治者那波尼得的波斯征服者。犹太人被囚禁于巴比伦尼亚约五十年，许多史学权威认为在此期间他们在种族和思想上同巴比伦人有相当大的混杂。"① 这一次"巴比伦之囚"是犹太人历史上又一次巨大的苦难，但也又一次成为文明融合的机会。

关于犹太人宗教产生的历史，从《圣经》中可以追溯到公元前1500多年的摩西时代。传说摩西是犹太人的民族英雄，带领族人走出埃及，越过西奈半岛，到达了"流着奶河、蜜河"的巴勒斯坦定居。在出埃及的艰苦旅程中，摩西单独到西乃山上拜谒了上帝，代表犹太民族与上帝立约，从而得到了上帝的指引和保佑。摩西向犹太人传达了上帝为他们制定的"十诫"，其中第一条就是："除了我以外，你不可有别的神。"（《圣经·出埃及记》第20章3）犹太民族的一神教信仰由此产生。犹太教对于犹太民族的凝聚作用，以及对于后来基督教和伊斯兰教的产生，都发挥了关键性的作用。不过即使在记录犹太人宗教的经典《圣经》中，犹太人的一神信教仰也不是从一开始就很坚定，所罗门王也有向外邦妻子信奉的神灵献祭的行为。公元前6世纪初，犹太人被掳到巴比伦，成为犹太民族史上著名的"巴比伦之囚"时期。然而也恰恰在这一时期，他们广泛地接触到东方民族的宗教信仰、风俗习惯。其中，埃及人对唯一大神——太阳神阿顿的信仰，有学者认为这也是犹太人一神教的原型之一。

---

① [英]赫·乔·韦尔斯：《世界史纲》，吴文藻、谢冰心、费孝通等译，人民出版社1982年版，第269页。

关于希伯来人古代的制度，中国学者根据国外研究成果做了如下综述："在社会政治结构上，早期希伯来人相继经历了如下四个阶段的演进：（1）从约公元前20世纪亚伯拉罕代领其部落抵迦南，到约前16世纪希伯来人为避免灾荒而寓居埃及歌珊，为宗族长制主导下的氏族部落时期。（2）从约前15世纪摩西率领民众出埃及，到前11世纪撒母耳所在的士师时代，是以军事民主制为特征的部落联盟阶段。（3）从约前1025年扫罗成为希伯来人首位君王，到前586年犹太王国为新巴比伦帝国灭亡，为专制君主执政的奴隶制王国。（4）从前586年大批犹太人沦为'巴比伦之囚'，到前135年犹太人进入大离散时代，是由祭司管理的犹太社团自治阶段。"① 从犹太人政治制度的变迁中我们可以看出：第一，犹太人的历史有很长的部落联盟体制，君主专制时代并不长。即使在犹太王朝时代，君主的权力也受到部落势力的抑制。"希伯来人的君主政体是建立在部落制解体的基础上，但这两者之间有一个交替过程，统一的君主制王国建立后，希伯来人早期部落制度的传统势力并没有完全消除，在地方上仍保留相当的影响……因此无论是扫罗、大卫统治时期，还是作为统一王国的黄金时代的'所罗门时代'，均有地方部落势力反叛中央政权的事例。"② 第二，希伯来人的君主专制时代，也是其历史上经济最发达、文化最繁荣的"黄金时代"。但也是在这个时代，希伯来社会发生了严重的两极分化，阶级矛盾变得十分尖锐。富豪们对普通民众进行肆无忌惮地盘剥，"以房接房，以地连地"的现象不胜枚举。例如，《列王纪上》第21章记述的以色列王哈亚夫妇谋夺拿伯葡萄园的事件，"即使不是典型的，（至少）也不是一个仅有的例子"③。这样的现象导致了社会的不和谐，人们预感到灾难即将发生。例如，先知耶利米就是犹大国灭国前，最黑暗时的一位先知，也被称作"流泪的先知"。《列王纪上》记载：耶和华吩咐耶利米不要结婚，不要生儿育女，因为神的审判就快临到犹太，要将下一代完全

① 潘光、陈超南、余建华：《犹太文明》，中国社会科学出版社1999年版，第53—54页。
② 潘光、陈超南、余建华：《犹太文明》，中国社会科学出版社1999年版，第61页。
③ 布赖特：《以色列史》，转引自潘光、陈超南、余建华：《犹太文明》，中国社会科学出版社1999年版，第63页。

扫灭。这些末世的观念，正好是当时社会政治黑暗、矛盾尖锐、人民生活无望的一种反映。

以色列王朝时期，犹太人也开始进入了轴心时代。新式工具的使用，与周边民族频繁的战争，导致希伯来社会也发生了其他轴心时代民族面临的同样的社会问题。英国历史学家阿姆斯特朗指出："和任何农业国家一样，以色列的财富由上层阶级享有，贫富悬殊越来越显著，令人痛心。在乡村地区，农民的劳作为国王的文化和政治规划提供了资金积累，而它们却被重税盘剥，并被强制劳动。城镇里的工匠境遇也不会更好。这种体制上的不公既是宗教问题也是经济问题。在中东地区，一个对贫苦大众滥用职权、不施恩泽的国王既触犯了诸神之谕，从而使其统治的合法性受到质疑。因此，先知们以耶和华的名义发动起义和攻击政府便不是什么惊人之举了。"① 由此开启了希伯来社会轴心时代思想的启蒙。

第三节　轴心时代中西方的思想启蒙

一、雅斯贝斯对轴心时代思想启蒙的论述

雅斯贝斯不仅发现了轴心时代对于人类历史的特殊意义，而且他也对轴心时代思想的性质及其价值进行了深刻的分析，他指出："这个时代的新特点是，世界上所有三个地区的人类全都开始意识到整体的存在、自身和自身的限度。人类体验到世界的恐怖和自身的软弱。他探询根本性的问题。面对空无，他力求解放和拯救。通过在意识上认识自己的限度，他为自己树立了最高目标。他在自我的深奥和超然存在的光辉中感受绝对。"② 也就

---

① ［英］凯伦·阿姆斯特朗：《轴心时代——人类伟大宗教传统的开端》，孙艳燕、白彦兵译，海南出版社 2010 年版，第 95—96 页。

② ［德］卡尔·雅斯贝斯：《历史的起源与目标》，魏楚雄、俞新天译，华夏出版社 1989 年版，第 8 页。

是说，在轴心时代人们认识到了个人与社会整体的关系，开始寻找自我的定位，探索人生的价值和目标。在进入轴心时代之前，中国虽然已经进入阶级社会一千多年时间，但是人类生活没有脱离宗族群体，聚族而居，宗法即是血缘关系，也是社会等级制度，人们浑然不觉个体与社会整体的差异。希腊社会在前轴心时代，仍然处于原始氏族公社制度中，更没有关于人与社会的关系问题。一旦铁制工具造成的个人生产能力提高，个体家庭可以脱离社会群体独立存在，人的自我意识出现，与社会、与他人的关系就成为各种矛盾的焦点，由于个人利益的争夺而导致社会原有秩序的紊乱。因此轴心时代的任务，就是寻找个人与社会交往的方法，探索个人在社会中的合理定位，寻找个人的精神解脱路径。一句话，就是寻找精神的终极价值。轴心时代在中国、印度、希伯来、希腊发生的文化现象，是人们一次重要的思想启蒙。

关于轴心时代思想启蒙的特点，雅斯贝斯说："神话时代及其宁静和明白无误，都一去不返。像先知们关于上帝的思想一样，希腊、印度和中国哲学家的重要见识并不是神话，而是理性和理性地阐明的经验向神话发起一场斗争（理性反对神话），斗争进一步发展为普天归一的上帝之超然存在，反对不存在的恶魔，最后发生了反对诸神不真实形象的伦理的反抗。宗教伦理化了，神性的威严因此而增强。另一方面，神话成为语言的材料，用以表达与原意极不相同的含义：它转变为寓言。在此转变过程中，神话得到改造，并在新的深度上被理解。"① 在前轴心时代，上述地区都笼罩在传统宗教的阴影下，并包裹上神话的外衣到处传颂，宗教是社会上主要甚至是唯一的意识形态。但是当轴心时代发生，宗教对于世界原有的解释说不通了，人们开始用自己的脑子而不是用神话、占卜、巫术、祈请、法事来寻求关于人生的价值。所以在大多数地区，轴心时代的出现都是以反宗教和神话的形式发生的。中国的先秦诸子，大多对传统宗教持怀疑甚至否定

---

①　[德] 卡尔·雅斯贝斯：《历史的起源与目标》，魏楚雄、俞新天译，华夏出版社1989年版，第9页。

态度；印度的佛教、耆那教、怀疑论是在反对传统婆罗门的形式下出现的；希腊的哲人则以否定传统神话的样态出现在人类的思想舞台上；唯一的例外是希伯来，特殊的地理、文人、社会环境，使希伯来先知在发展传统宗教的形式下进行了思想启蒙。轴心时代对传统宗教批判的结果，推动了宗教的伦理化进程。传统的善恶不分、喜怒无常的神被后来全知全能、全真全善的神所取代，神的威严更加增强了，或者在新的解读和深度上被理解。

关于轴心时代思想启蒙的性质，雅斯贝斯指出："哲学家首次出现了。人敢于依靠个人自身。中国的隐士和云游哲人，印度的苦行者，希腊的哲学家和以色列的先知，尽管其信仰、思想内容和内在气质迥然不同，但都统统属于哲学家之列。人证明自己有能力，从精神上将自己和整个宇宙进行对比。他在自身内部发现了将他提高到自身和世界之上的本原。"[1]轴心时代的思想家，本质上属于哲学家而不是宗教家，即使后来被佛教奉为佛祖的释迦牟尼，本质上也是一位哲学家，佛教的原本意义，也是通过哲学的思辨获得思想的"觉悟"（"佛"的本意就是"觉"）。

德国古典哲学的大师黑格尔，将哲学定义为对思想本身的反思。人只有具有了对自身思想进行反思的能力，才可以说他有哲学思辨的能力。而轴心时代的到来，也是人类进化发展的一个重要阶段，标志人类具有了反思的能力。雅斯贝斯说："这一切皆由反思产生。意识再次意识到自身，思想成为它自己的对象。人们试图通过交流思想、理智和感受而说服别人，与此同时就产生了精神冲突。"[2]深刻地反思与自由的争辩，就是中国先秦诸子百家争鸣、印度 96 种外道无情争论、希伯来先知纷纷涌现、古希腊贤哲如云的时代。在哲学家的争论中，人类文明取得了根本性的突破。

---

① ［德］卡尔·雅斯贝斯：《历史的起源与目标》，魏楚雄、俞新天译，华夏出版社 1989 年版，第 10 页。

② ［德］卡尔·雅斯贝斯：《历史的起源与目标》，魏楚雄、俞新天译，华夏出版社 1989 年版，第 9 页。

二、中国哲学思想的启蒙

（一）先秦时期宗教思想的动摇

公元前 770 年周平王东迁，标志着西周的结束、东周的开始。实行了将近 300 年的西周封建制度走到了尽头，诸侯们众叛亲离，王室成为名义上的"天下共主"，失去了对全国政治的主导能力。诸侯争霸，战乱不已，中国进入了分裂的春秋时代。从文化层面上看，春秋时代最大的变化就是曾经在夏商周三代作为社会唯一意识形态的古代宗教瓦解了。古代宗教的瓦解不仅表现在制度层面上的"礼崩乐坏"，组织层面上的巫觋社会地位下降和学术下移，更重要的则是对古代宗教观念的怀疑。

中国古代宗教信仰的核心是天神崇拜，但现实与宗教理论的矛盾使人们越来越感到天神可疑。古代宗教宣扬天地为民父母，"降福穰穰"，养育万民，可现在为什么"天降丧乱，饥馑荐臻"（《诗经·云汉》）。天神本应耳聪目明，无所不知，大公无私，扬善惩恶，可现在为什么要"舍彼有罪，既伏其辜；若此无罪，沦胥以铺"（《诗经·雨无正》），专门降罪无辜呢？天子本为天之嫡长子，统领万邦，可现在天下混乱，诸侯侵夺，"昊天不平，我王不宁"（《诗经·节南山》），为什么天并不佑王呢？由怀疑天神进而怀疑祖神，"群公先正，则不我助，父母先祖，胡宁忍予"（《诗经·云汉》），祖先之灵为什么要看着子孙受难而不拯救呢？由怀疑转而诅咒，"昊天不佣，降此鞠讻；昊天不惠，降此大戾"（《诗经·节南山》）。老天真是不公平啊，降大灾来害人民；老天真是不恩惠，对人民如此怪戾。"疾威上帝，其命多辟"（《诗经·荡》），上帝虽然很威武，力量强大，但你的命令多是错误的。"浩浩昊天，不骏其德"（《诗经·雨无正》），这就如同说老天爷你真缺德，从而根本否定了天神的道德属性。由诅咒又转而思考，"如何昊天，辟言不信？如彼行迈，则靡所臻"（《诗经·雨无正》）。为什么老天不听良言，专行暴虐呢？你这样行动迟缓又能有什么作为呢？"民今方殆，视天梦梦"（《诗经·正月》），人民正在受难，老天昏昏如睡梦，天神的主宰能力何在？思考中生出了一种对天命神权的否定，并导致无神论思想的发生。

如果说《诗经》用一种艺术的语言，反映了民间百姓的情绪，那么《左传》、《国语》等著作，则记录了一些开明的政治家和思想家对春秋时代政教混乱进行的理性思考了。依照西周的政教传统，祭天、祭祖、祭神是为了获得民众的福祉。周景王二十一年，将铸大钱以增国库，并打出了维持宗庙祭祀的幌子。单穆公坚决反对，并说了一番道理："夫有和平之声，则有蕃殖之财。于是乎道之以中德，咏之以中音，德音不愆，以合神人，神是以宁，民是以听。若夫匮财用，罢民力，以逞淫心，听之不和，比之不度，无益于教，而离民怒神，非臣之所闻也。"（《国语·周语下》）按照单穆公的思想，宗庙礼乐是为了"以合神人"，如果以财政匮乏为由加重人民的负担，实逞一己之淫心，只能造成"民离神怒"的结果，使国家失去政治的合法性。到了春秋晚期，无神论的思想倾向更加明显，如齐国的宰相晏婴就是一个突出的人物。齐景公有疾，命令祝史为其向上帝祈祷，但是景公的病反而越来越重。齐景公听了大臣的谗言，准备杀掉主持祭祀的巫师。宰相晏婴说"'君以祝为有益乎？'公曰：'然。''若以为有益，则诅亦有损也。君疏辅而远拂，忠臣拥塞，谏言不出。臣闻之，近臣嘿，远臣喑，众口铄金。今自聊摄以东，姑尤以西者，此其人民众矣，百姓之咎怨诽谤，诅君于上帝者多矣。一国诅，两人祝，虽善祝者不能胜也。且夫祝直言情，则谤吾君也；隐匿过，则欺上帝也。上帝神，则不可欺；上帝不神，祝亦无益。愿君察之也。不然，刑无罪，夏商所以灭也。'"（《晏子春秋·内谏上》）。从晏子的这段话看，他并不相信鬼神的存在。他对齐王说：您相信祝祷有益，但是诅咒也会有损。"一国诅，两人祝"，"虽善祝者不能胜也"。况且，向上帝祈祷应当直言实情，如果隐瞒君主的过失，则是欺骗上帝。上帝如果神明，则不可欺；上帝如果没有神明，那么祈祷也没有用。晏子通过严谨的逻辑推导，实际否定了上帝的存在。

周惠王十五年，史官史嚣曰："虢其亡乎！吾闻之国将兴，听于民；将亡，听于神。神聪明正直而壹者也，依人而行。虢多凉德，其何土之能得。"（《左传·庄公三十二年》）他已经明确看到，国家的兴衰在于民而不在于神。

随国的大夫季梁则更进一步，直接指出"夫民，神之主也，是以圣王先成民而后致力于神"（《左传·桓公六年》）。季梁虽然还肯定神的存在，但是他已经认识到，民是神之主，换言之，是人造了神，而不是神造了人。上述这些春秋思想家等关于神人关系的思考，直接启迪了先秦诸子关于政教关系的思考。

（二）儒家的宗教思想与政治思想

"儒"本是从专为统治者主持宗教仪式的巫觋中转化出来的，这一职业使孔子比较熟悉周礼，了解古代宗教。孔子生活的时代诸侯混战，民不聊生。孔子对社会抱有强烈的忧患意识和高度的历史责任感，他希望国家安定，人民富庶。他的宗教观和政治思想一样，都服务于"治国平天下"这个最高理想。

在天人关系上，孔子承认主宰之神"天"的存在，可是孔子把宗教问题哲理化了，他说："天何言哉？四时行焉，百物生焉，天何言哉？"（《论语·阳货》）孔子把商周以来那个活灵活现的上帝变成了一条看不见、摸不着的自然规则——天命。同时孔子又对"天"的作用加以限制，其主宰作用仅限于生死寿夭、富贫贵贱和事业成败的范围内，而在修身、为政上面，自我努力则起决定作用，即使在事业上，也要先尽人事而后听天命。

与高度理性化的天命观相联系，在形神关系上，孔子怀疑鬼神的存在。"季路问事鬼神，子曰：'未能事人，焉能事鬼'。曰：'敢问死？'曰：'未知生，焉知死'。"（《论语·先进》）孔子对人死后的世界给予了不可知的回答："子不语怪、力、乱、神。"（《论语·述而》）

不论孔子对古代宗教观念、宗教信仰持什么态度，他对各种祭祀活动却是积极参加，大力提倡的，他主要从一种政治实用的角度来看待宗教。在政治上，孔子主张恢复西周宗法制度，从维护宗法血缘制度的考虑出发，孔子从不公开否认鬼神的存在。因而尽管他对鬼神心存疑虑，但对祭祖的宗教仪式的重要性却是毫不怀疑的。"所重：民、食、丧、祭"（《论语·尧曰》），除了吃饭，丧祭便是最大的事情。他把宗教祭祀活动当成是宣扬孝道、团结宗族的极好机会。从巩固宗法等级的角度考虑，孔子认为不仅要搞宗教祭祀活动，而且必须严格遵守其中的礼仪规范。他认为社会如此混乱就是因为一部分人违反周礼，犯上作乱引起的。所以他把严格执行古代宗教中的一切礼节当作培养人民等级观念的重要事情。

孔子一方面怀疑鬼神的存在，另一方面又主张搞宗教祭祀活动，因而难免陷入"执无鬼而学祭礼"（《墨子·公孟》）的尴尬处境。为了摆脱这种两难局面，孔子建立了"务民之义，敬鬼神而远之"（《论语·雍也》）的宗教观。教人们以虔诚的心去从事宗教活动，但不必刨根问底地思考鬼神是否存在的问题。"祭如在，祭神如神在。子曰：'吾不与祭，如不祭'。"（《论语·八佾》）孔子强调宗教活动参与者的主观感受和心理满足，并不去探究祭祀对象的真假有无。人信神有神便有，不信神有神便无，极大地突出了宗教活动中的主体作用，鬼神的主宰地位让位给了人。孔子"敬而远之"的态度从根本上改变了中国文化的发展方向。

首先，对鬼神"敬"的态度，使儒家大多数成员并未走上反对传统宗教的道路，而是促使传统宗教向礼仪化、世俗化的方向转化。春秋战国时期"礼崩乐坏"，疑天、怨天思潮遍及各地，骂天辱神者也大有人在，但传统宗教并没有彻底消亡，而是转型发展，这是和儒家子弟收集整理、坚持弘扬分不开的。不过经过孔门弟子整理的"三礼"，已经充满了儒家的人文主义精神，人道胜于天道。所以，后世许多人不再把它看成是宗教，而把它视为纯粹的礼俗。

其次，对鬼神"远之"的立场，使儒学本身与传统宗教相区别。宗教立足于情感，而哲学立足于理智。儒家虽然也讲天，但消除了人们对天的亲近感、依赖感，这些情感恰恰是宗教赖以存在的基础。孔子从政教关系的角度要求执政的"务民"者与鬼神保持一定距离，用一种冷静、理智的态度思考宗教的社会作用，以便合理地利用它们。这在一定意义上也是古代的一种政教分离原则。

再次，孔子对鬼神存而不论的怀疑主义态度，使无神论也成为儒家的一种传统。大多数学者的无神论立场虽不坚定，但是能够抵制各种迷信、巫术活动，使国家意识形态在理性化的方向上发展，佛教、道教、伊斯兰教和基督教都无法取得"国教"的身份，从而确保了儒学的"独尊"地位。少数思想家的无神论立场比较彻底，激烈抨击各种有神论的观点，在社会上也未受到严重迫害，形成了中国人与世界上众多全民信教民族的重大心理差异。

最后，对鬼神、来世"存而不论"的方式，把人们的注意力引向了现实的社会和人生。无论何种宗教，其本质都是相信并向往彼岸世界的，而孔子强调"未知生，焉知死？"不以彼岸为终极关怀。他建立了以"仁"为核心的哲学体系，"约礼入仁"，把宗法礼教的依据，从对天神、祖神的迷信，转向了对人际亲情的反思。孔子对"仁"的论述很多，但是最核心的意义，就是他自称"一以贯之"的"忠恕之道"。朱熹在注释《中庸》时说："尽己之心为忠，推己及人为恕"。"忠恕之道"表面上看就是将心比心、以己推人的心理换位思考，但是其本质则是对自我与他人、与社会关系的一种反思。这种反思把人类的哲学思维水平提升到了哲学层面，产生了"己所不欲，勿施于人"的道德伦理"黄金规则"。在"忠恕之道"的统领下，儒家教育人在为家、国、天下尽义务的过程中来超越生死，实现生命的价值。"立德、立功、立言"的三不朽精神构成了儒家的生命价值观，实现了终极价值的"内在超越"。

将社会治理的依据从天国搬到人间之后，孔子说："为政以德，譬如北辰，居其所而众星共之。"（《论语·为政》）执政者本人的道德品质，是政治合法性的主要依据，有德之人，自然如北斗居于天枢，众星围绕。孔子反对单纯地实行法治，他说："道之以政，齐之以刑，民免而无耻；道之以德，齐之以礼，有耻且格。"（《论语·为政》）如仅仅以政治的手段引导，以刑法约束，百姓即使不犯罪，可他们并没有道德羞耻之心。如果以道德引导百姓，用礼乐加以约束，那么人民不仅不会犯罪，而且具有道德的自觉。所以孔子的"德治"与"礼治"是互为表里，相得益彰的，并且"德治"首先是对执政者的道德约束。"季康子问政于孔子，孔子对曰：'政者，正也，子帅以正，孰敢不正？'"（《论语·颜渊》）在孔子看来，如果执政者都能够遵守道德和礼乐，那么百姓自然会遵守，社会上的混乱就会结束。

中国前轴心时代的夏商周三代，属于以宗法血缘网络组织社会的宗法宗族社会。① 春秋战国时代虽然聚族而居的宗法宗族组织瓦解了，个体家庭出现。但是，多数家庭仍然生活在农村公社中，各个家庭之间保持着密切的联系，宗族组织虽不再充当国家政治组织的角色，但作为一种民间自治组织仍然广泛存在。维持这样宗法社会的伦理原则就是"孝"。孔子开创的儒家学说高度重视孝道，同时将其引申到整个社会。孔子说："弟子入则孝，出则弟，谨而信，泛爱众而亲仁。行有余力，则以学文。"（《论语·学而》）"出则事公卿，入则事父兄。"（《论语·子罕》）他把以孝为核心的家族伦理与其他社会伦理结合了起来。把在家爱戴父兄之心用于社会就是"仁者爱人"，将在家尊长敬兄之情用于官场就是"克己复礼"，这就是所谓的"移孝作忠"。在孔子的思想体系内，"亲亲"与"尊尊"的原则是并行不悖的。

孔子的得意弟子曾参充分发挥孔子的这个思想，试图协调宗法家族伦理和中央集权社会的矛盾。他说："事父可以事君，事兄可以事师长；使子犹使臣也，使弟犹使承嗣也。"（《大戴礼记·曾子立事》）在封建社会，父就是家庭里的君主，君主则是一国的家长，其管理子弟和臣下的原则是一致的。"是故未有君而忠臣可知者，孝子之谓也；未有长而顺下可知者，弟弟之谓也。"（《大戴礼记·曾子立孝》）在家庭内部推行孝悌之道，就可以为国家培养忠臣顺民。将作为家庭伦理的孝道应用于国家政治领域，很容易就变成为君主专制制度论证的工具。因此，中国秦汉之后形成中央集权的君主专制制度，儒家重视忠孝的观念，也自然演变成了"三纲"学说。

先秦儒学的"大一统"思想，也对中国后世政治的发展产生了关键性的影响。孔子认为春秋时期的动乱，就是由于周天子权威下降造成的。他说："天下有道，则礼乐征伐自天子出；天下无道，则礼乐征伐自诸侯出。"（《论语·季氏》）因此他心目中的和谐世界，是政治上统一的世界。孔子在他整理鲁国历史的《春秋》一书中，寄托了他对于和谐社会的全部理想。孔子说："元年春，王正月"（《春秋·襄公元年》），《春秋公羊传疏》解释说："何言

---

① 参见张践：《宗教·政治·民族》，中国社会科学出版社 2005 年版，第9—12页。

乎王正月？大一统也。"孔子希望强调周天子颁布月令的权力，强化王权对国家政治的主宰能力。到了战国时代，国家走向统一的社会呼声更高。梁襄王问孟子："天下恶乎定？"孟子回答："定于一"，梁襄王再问："孰能一之？"孟子回答："不嗜杀人者能一之。"（《孟子·梁惠王上》）战国后期的大儒荀子不仅提出"令行于诸夏之国谓之王"，"天下为一"（《荀子·正论》）的战略构想，而且提出了"法后王，一制度，隆礼义而杀诗书；其言行已有大法矣"（《荀子·儒效》）的具体主张，成为汉代"罢黜百家，独尊儒术"的先声。

对于儒家政治学本身的丰富内容本书不进行深入的分析，我们重点阐述其政教关系理论。从政治与宗教相互关系的角度看，梁启超先生指出："儒家此种政治，自然是希望有圣君贤相在上，方能实行，故吾侪可以名之曰'人治主义'。"①从今天民主政治的立场看，这种"人治主义"自然是落后的，因为传统的君主政体无法保证担任君、相之人一定是有德之人。但是，如果与三代建立在神权政治基础上的"神治主义"相比，春秋时代的"人治主义"则是一个进步，使中国帝制时代的政治始终是在以人为本的理性主义轨道上运行，没有因为宗教信仰的差异而导致政治的冲突，更没有宗教的战争。如中国当代著名学者范文澜先生所说："孔子首创儒学。儒学最根本的政治思想是德治（王道）。能行德治的人才能受天命为天子。天与民同心，天命是民心的反映。"②

（三）墨子的宗教思想和政治思想

墨子和儒家孔子所处文化环境完全相同，但"孔子墨子俱道尧舜，而取舍不同"（《韩非子·显学》），形成对立的学派，宗教观上的情况也是如此。孔子崇拜周公，因为周公制礼作乐明确人们的身份等级。恢复周礼符合孔子所代表的贵族统治集团的利益，但却不符合墨子所代表的小生产者的利益，因而墨子虽也尊尧、舜、禹、汤、文、武为圣人，却从不提周公。在宗教观

---

① 梁启超：《先秦政治思想史》，上海商务印书馆1923年版，第130页。

② 范文澜：《儒家谈德治》，《中国通史》第二册，人民出版社1978年版，第155页。

上墨子打出了"背周道而用夏政"的旗帜，主张用原始宗教、鬼神巫术来代替周代等级森严的宗法宗教。墨子的宗教观以"明鬼"为旗帜，以"兼爱"为其实质。

墨子也是从治理国家、恢复社会秩序的角度来看待宗教的。他说："国家淫辟无礼，则语之尊天事鬼"（《墨子·鲁问》），用重振宗教的办法来治理国家。他认为当时的社会所以会混乱到如此程度，就是因为人们不信鬼神所致。墨子认为宣扬有鬼论可以使人民相信鬼神是天的使者，具有赏善惩恶的无限威力，即使是"深溪博林，幽涧无人之所"，鬼神亦无所不在，监视人们的言行，使人不敢为非作歹。因此统治者只要大力宣扬"明鬼"的主张，用宗教教育人民，便可以"兴天下之利，除天下之害"，实现国家安定、人民团结的理想。

鬼神的意志和力量不过是它的创造者的意志和力量的颠倒、夸张的反映形式，墨家与儒家所代表的阶级利益是相互对立的，因而它们宗教观所反映的实质内容也是根本对立的。墨子把许多小生产者的社会要求都说成了"天志"，希望统治者采纳、推行。墨子将他一切社会政治主张都抹上了宗教的色彩，用他自己的话讲："子墨子置立天志以为仪法，若轮人之有规，匠人之有矩也"（《墨子·天志下》），直言不讳地承认宗教是他手中的工具。墨子的宗教观是传播"兼相爱"、"交相利"的工具，反映了广大下层人民的利益，与古代宗教所反映的等级宗法精神是南辕北辙的。所以，墨家虽然是古代宗教的积极鼓吹者，实质上也是在对古代宗教的瓦解起促进作用。

墨子政治学说的核心观念"兼爱"，是"天志"的最集中表现。既然当时的社会混乱是起自"不相爱"，那么解决的办法就是"兼以易别"，以兼爱代替分别。墨子说："然则奚以为治法而可？故曰莫若法天。天之行广而无私，其施厚而不德，其明久而不衰，故圣王法之。既以天为法，动作有为必度于天，天之所欲则为之，天所不欲则止。然而天何欲何恶者也？天必欲人之相爱相利，而不欲人之相恶相贼也。奚以知天之欲人之相爱相利，而不欲人之相恶相贼也？以其兼而爱之，兼而利之也。奚以知天兼而爱之，兼而利之也，以其兼而有之，兼而食之也。"（《墨子·法仪》）墨子认为要恢复天下的秩序，就必须"法天"，圣人的言行都是效法天的。那么天喜欢什么，反对什么呢？墨子认为天意喜欢人们相爱、相利，反对人们相恶、相贼。那么又怎么知道天是主张兼爱的呢？因为天对世间的万物兼而爱之，兼而利之，兼而食之，是公正无私的。所以墨子得出一个结论："顺天意者，兼相爱，交相利，必得赏。反天意者，别相恶，交相贼，必得罚。"（《墨子·天志上》）墨子反复地论证，尧、舜、禹、汤、文、武等圣人，都是服从天意的，以兼爱之心行政于天下，故得天之赏，国家强盛，人民富足，社会安定。而夏桀、商纣等暴君，都是违反天意的，以相恶之心行政于天下，故遭到天罚，灾害频繁，人民困苦，战乱发生。从某种意义上讲，墨子的"天志"说，也是对周公"以德配天"思想的继承与发挥，尽管墨子因反对周礼的森严等级而绝口不提周公。

墨子提倡反映下层民众利益的"尚贤"说，他把尚贤也说成是天的意志。"故古圣王以审以尚贤使能为政，而取法于天。虽天亦不辨贫富、贵贱、远迩、亲疏、贤者举而尚之，不肖者抑而废之。"（《墨子·尚贤中》）墨子反对上层统治者对人民群众的残酷剥夺，反对诸侯之间的兼并战争，他把这也说成是天意。"天之意不欲大国之攻小国也，大家之乱小家也，强之暴寡，诈之谋愚，贵之傲贱，此天之所不欲也。"（《墨子·天志中》）"兼爱"说中极端平均主义，不利于巩固上层统治者的特殊利益，所以墨家在秦汉大一统王朝建立以后被"罢黜"也就在情理之中了。

另外，墨家的组织形式，也不符合中国专制社会的要求。当代学者谭家健曾说："墨家学派并不是一个松散的学术派别，而是一个具有相当严密的组织纪律的政治团体。"[①]墨家学派的活动方式俨然是一个具有宗教色彩的准军事集团。中国专制社会的一项重要原则，就是不允许在宗法家族和国家机器以外，还有其他社会组织存在，这叫"无偏无党，王道荡荡"。反对非法组织活动，是墨家中绝的更为根本的原因。

---

①　谭家健：《墨子研究》，贵州教育出版社 1995 年版，第 16 页。

（四）道家的宗教思想和政治思想

先秦道家的代表人物是老子和庄子。他们的宗教观有一个共同倾向，即抬高自然的、形而上学的哲学本体"道"，压低社会化的、人格化的神"天"或"上帝"。中原的宗法性宗教主要旨趣都集中在人文问题上，只关心社会伦常，"六合之外，圣人存而不论"，缺少探索自然奥秘的兴趣。江汉流域的荆楚地区文化开发较晚，是在中原文化扩张的影响下急速进入文明时代的。面对中原文明所带来的一系列消极结果，他们怀念昔日与自然同一的混沌生活。因而，他们对以周礼为代表的等级伦理持批判态度。在思想上偏重于探讨世界万物的起源、构成、人与自然的关系。他们对自然的事物歌颂备至，而对现实的人伦日用、政治生活采取轻蔑态度，宣传人类返归自然。所以他们把自然的规则"道"称为宇宙的主宰。道从道路之道引申而来，是一种"视而不见"、"听而不闻"的自然规则。老子把规则从具体事物中抽象出来，变成一个超绝时空的本原。老子说："有物混成，先天地生，寂兮廖兮，独立而不改，周行而不殆。可以为天下母，吾不知其名，字之曰道。"（《老子》五章）道至高无上，自本自根，不仅宇宙万物，就是"天"、"帝"也是它的派生物。"道冲而用之或不盈，渊兮似万物之宗……吾不知谁之子，象帝之先。"（《老子》四章）庄子也说："夫道有情有信，无为无形……神鬼神帝，生天生地。"（《庄子·大宗师》）由于道是天地神鬼的派生者，是道赋于它们神性，所以掌握了最高规则道也就是认识了鬼神的本质，"能无卜筮而知吉凶"（《庄子·庚桑楚》）。进而道家反对社会上流行的各种宗教迷信活动。老子说："以道莅天下其鬼不神，非其鬼不神，其神不伤人。"（《老子》六十章）庄子则用寓言故事的形式讽刺了社会上流行的占卜、算命等巫术活动。道家抬高自然、压低鬼神的思想给后世许多无神论者以启发。

道家试图用哲学理论否定古代宗教，超越古代宗教，但他们体系中还是借用了古代宗教中天、命、鬼、神等观念，他们宣扬清静无为，有强烈的避世倾向，其"静观"、"玄览"、"抱一"的修养方法颇接近宗教的内修方式，其"谷神不死"、"长生久视之道"等说法包含着神仙思想。由于有这些宗教的因素，汉代以后，老庄的道家被发展成了道教。道家与道教有着原则的区别，但又有千丝万缕的联系。

老庄代表的楚文化与孔孟代表的周文化有着完全不同的旨趣，这一点在政治思想上体现得极为明显，他们对以周礼为代表的等级伦理采取批判的态度。如老子所说："大道废，有仁义；智慧出，有大伪；六亲不和，有孝慈；国家昏乱，有忠臣。"（《老子》十八章）"故失道而后德，失德而后仁，失仁而后义，失义而后礼。夫礼者，忠信之薄，而乱之首。"（《老子》三十八章）在儒家看来，西周的礼乐文明就是人类社会生活的最佳状态，而道家则认为，世界的混乱就是由于礼乐而起。因为在礼乐的背后，人被分成了若干等级。有了差异就难免有竞争，有竞争就会导致许多的苦难。

"道"虽然不可闻见，不可言说，但是人们从万物演化的过程中可以观察到，"道"的本质就是自然、无为，这也是"道法自然"的含义。道虽然是万物的本源、主宰，但是它对万物却是："生而不有，为而不恃，长而不宰"（《老子》五十一章），道对天地万物实行的是"无为而治"。可"无为"并不是无所作为，而是一种高级的治理，"天之道不争而善胜，不言而善应，不召而自来，繟然而善谋"（《老子》七十三章）。所以天道实际上是"无为而无不为"，表面看来什么也没有做，但是天地间一切事物又都是按照道的规则在行动、变化，无不在道的治理之中。将"道"的原则应用于人类社会，国家的管理者应当向"道"学习。老子说："道常无为而无不为。侯王若能守之，万物将自化。化而欲作，吾将镇之以无名之朴。镇之以无名之朴，夫亦将无欲。无欲以静，天下将自定。"（《老子》三十七章）如果君王谨守自然无为之道，万物将自然服从治理，天下自然安定无事。

道家"自然无为"的政治思想虽然对儒家维护宗法等级制度的礼乐教化体系持批判态度，但是在中国后来两千多年的君主集权社会里，道家的无为政治却成为儒家的有为政治的一种必不可少的补充。每当社会处于因人事问题造成的各种严重危机时，统治者就会采用无为政治的手段，缓和社会矛盾，恢复社会经济。可以说，儒道互补是中国政治学的主旋律。

（五）法家的宗教思想和政治思想

受欧洲人本主义思想的影响，雅斯贝斯在论证轴心时代的思想家时，故意漏掉了当时产生重大影响，并对秦汉王朝建立具有关键作用的法家。在先秦诸子中，只有法家是旗帜鲜明地反对宗教的。他们不仅否定宗教信仰，而且反对一切宗教活动。法家所以能够采取如此坚决的无神论立场，是由于他们在当时激烈的社会变革中是激进派，坚决主张打破宗法血缘制度。这一点是儒家无神论者不可比拟的。法家由管仲开其源，中经商鞅、慎到、申不害的发展，由韩非集其大成。法家主张以法治国，"以吏为师，以法为教"，"法后王"，把全体人民的思想都集中到君主个人意志上来。因而除了政令和法律以外，他们排斥一切意识形态，宗教也不例外。法家的宗教鬼神观包括以下内容。

第一，否定天神权威，把天看成自然界。管仲说："天不变其常，地不易其则，春秋冬夏不更其节，古今一也。"（《管子·形势》）显然在他眼中天只是按一定规则运行的自然界，并不神秘。商鞅说："天地设而民生"（《商君书·开塞》），天地是人类生存的自然环境。韩非则说："天有大命，人有大命"（《韩非子·扬权》），天有天的规律，人有人的规律，两者互不相干。"非天时，虽十尧不能冬生一穗"（《韩非子·功名》），不论什么圣贤也不能违背自然规则。韩非主张发挥人的主观能动性，认识自然规则——天道，并用以改造自然。他说："循天则用力寡而功立。"（《韩非子·用人》）总之，法家所理解的天与古代宗教之天是根本不同的。

第二，法家坚决否定鬼神迷信。韩非是一个无神论者，他幽默地说：画鬼容易画马难。因为他相信鬼并不存在，画成什么样子都无可对证。韩非还运用当时社会已有的医学和生理学知识，分析了鬼神思想产生的原因。墨子说世界上许多人说见过鬼的形象，听过鬼的声音。韩非指出："人处疾则贵医，有祸则畏鬼"（《韩非子·解老》），鬼神不过是人在重病时头脑里出现的一种幻象而已。韩非还探讨了鬼神观念产生的社会根源，"内无痤疽瘅痔之害，而外无刑罚法诛之祸，其轻恬鬼也甚"（《韩非子·解老》）。阶级的压迫，社会的动荡不安也是鬼神观念产生的温床。"上不与民相害，而人不与鬼相伤。"（《韩非子·解老》）消除了统治的腐败，神对人的压迫便也可以清除了。相反，如果统治者不能正确认识自然与社会运行的规律，内则骄奢淫逸，外则装神弄鬼，国家必然危亡。"用时日，事鬼神，信卜筮而好祭祀者，可亡也。"（《韩非子·亡征》）

第三，反对各种宗教巫术活动。战国末年，神仙方术之学盛行，许多方术之士以献长生不死药或教长生不死术来骗取君主钱财。韩非机智幽默地批驳了他们的谎言。据说有人要教燕王"不死之术"，燕王十分高兴，马上派使者去学。可是使者未到，术士自己却先死了，其骗术暴露无遗。韩非写道："不能自使其无死，安能使王长生哉？"（《韩非子·外储说左上》）韩非还反对占卜龟筮之术，自古以来人们便相信这是了解神意的好方法，韩非却不信这一套。他以燕赵两国的一次战争为例。战前，两国的巫师都算出大吉，结果却是赵胜燕负，这怎么能解释得通呢？所以韩非总结说："故曰：龟策鬼神，不足举胜。"（《韩非子·饰邪》）

第四，战国时期，一批具有法家思想倾向的政治家，以实际行动沉重打击宗教势力，这是理论家们"批判的武器"能力所不及的，魏国的西门豹便是其中的杰出代表。西门豹为邺令期间，召集当地长老，"问之民所疾苦。长老曰：'苦为河伯娶妇，以故贫'"（《史记·滑稽列传》）。可见宗教迷信活动已经成为影响当地人民生活安定、富裕的重要障碍。河伯娶妇当天，西门豹亲自前来参观，他借口新娘长得不漂亮，要求另选。并派巫师弟子、巫师、当地长老及当地官员到河里去给河伯送信，让河伯不要着急。西门豹这一招吓坏了当地的长老、官员，他们连忙下跪求饶，并保证不敢再用"河伯娶妇"的办法聚敛钱财、伤害百姓了。西门豹惩治了迷信势力以后，又发动了人民修了 12 条大渠，防涝排灌，人民大得其益。战国末，随着法家思想影响的扩大，统治者对包括宗教在内的旧思想、旧风俗进行了一次大扫荡。法家思想在促使旧事物衰亡、新事物产生方面具有不可磨灭的贡献。不过法家对宗教等传统文化的批判过于简单，主要是借助行政力量强行禁止。但是，宗法制度并没有消失，在社会生活的各个方面仍然发挥着重要作用，所以古代宗教也不会消亡，它改变形态以适应新的环境。

春秋战国政治思想的特点是从"神治"逐渐走向"人治"，但是"人治"亦有多种，"法治"即是其中之一。如慎到说："法非自天下，非从地出，发于人间，合乎人心而已。"（《慎子逸文》）慎到的这个观点，给法家的政教关系思想一个明确的定位。法家政治思想的核心"法"，不是天上掉下来的，不是地下长出来的，而是发自人间，彻底否定了神为人立法的可能性。正如美国汉学家 Derk . Bodde 指出：在中国从没有任何人曾经暗示过，任何成文法，哪怕是最好的成文法是由神创造的。① 其后的法家代表人物，基本都坚持了这一思想路线，以"法治"替代"神治"。

"以法治国"是法家政治学的基础，也是法家思想的精华所在。商鞅说："国之所以治者三：一曰法，二曰信，三曰权。法者，君臣之所共操也；信者，君臣之所共立也；权者，君之所独制也。"（《商君书·修权》）国家要想得到治理，根本在于法治，君臣共同遵守。而要君臣共同守法，又必须守信用。权力则必须由君主所独掌，法律必须由君主制定。商鞅主张尊君，主张君主独揽行政大权与最高立法权。"权势者，人主之所独守也，故人主失守则危"（《管子·七臣七主》），这些思想都被历代统治者所接受并践行于政，造成了中国君主专制主义中"王权至上"的传统。

总之，回顾轴心时代最著名的思想家的政教思想，可以说他们基本都是从人间的立场上，找到解决轴心时代个人与社会、国家与家庭关系的基本方法。虽然他们的思想当时都有所偏失，但在其后的秦汉帝国社会"大一统"的条件下，这些充满哲学智慧的思考汇聚融合，就成为中国两千年君主集权社会的意识形态。

---

① 转引自蒋重跃：《韩非对传统观念文化的批判——兼论其政治实用主义本质》，《辽宁大学学报》（哲学社会科学版）2000 年第 2 期。

三、古希腊思想家的启蒙

（一）古希腊的反宗教思想

上文我们已经讲到，古希腊在轴心时代来临时，也曾面临着传统社会价值崩溃、人际关系紊乱的动荡局面。为了解决当时的迫切问题，哲学家开始了理论的思考。当时思考的直接对象，就是在神话外衣包裹下的古代宗教。如同中国的《诗经》一样，古希腊的戏剧以文学的形式，对古代神话提出了怀疑性质询。与中国不同的是，中国在周公宗教改革的时候就对天神的形象进行了抽象化处理，增加了伦理的内容，实现了宗教的理论化。而古希腊神话中的奥林匹斯诸神善恶不分、贪财好色、争风吃醋的行为，首先成为被怀疑的对象。

欧里庇得斯（公元前480—公元前406）是希腊著名的文学家、戏剧家，他对神灵在道德上的堕落进行了尖刻的批判。在他的悲剧中，着意渲染了诸神的不道德行为，并通戏剧中的人物对他们进行了谴责。例如荷马史诗《伊利亚特》中，太阳神阿波罗是特洛伊城的保护神，他不仅不支持希腊人，还杀死了希腊最大的英雄阿喀琉斯。不仅如此，阿波罗还不忘旧仇，杀死了阿喀琉斯的儿子。欧里庇得斯指出：阿波罗对旧仇念念不忘，简直就是一个恶人，怎么还能成为智慧之神呢？他在《伊嗡》一剧中揭露阿波罗无耻诱奸了克利攸莎，生了伊嗡，却将其母子抛弃，给克利攸莎造成了极大的痛苦。索福克里斯为神的行为辩护，说神的行为尽管不合理，但是不能说这是卑鄙的行为。欧里庇得斯则针锋相对地说，如果神的行为卑鄙，他就不是神。针对传统宗教中诸神的各种道德丑行，他甚至发出："据说天上有神，没有！没有！"[1] 的呐喊。使有神论的思想严重动摇。欧里庇得斯在戏剧《赫拉克勒斯》中描写：宙斯的儿子赫拉克勒斯被女神赫拉害得精神不正常，并在这种神授的狂乱中杀害了妻子儿女。怎会有人接受如此的神

---

[1] 转引自吕大吉：《西方宗教学说史》，中国社会科学出版社1994年版，第24页。

灵?"谁会向这样一位神灵祈祷?"在戏剧的末尾,赫拉克勒斯询问雅典国王忒修斯。"这些传说只不过是诗人们胡乱编造的故事罢了。"不过,欧里庇得斯并没有完全放弃神灵。通过无情地质疑古老传说,他开始引申出一种新的神学。他主张:"每个人的心智都是一个神灵。"[1] 这说明欧里庇得斯并非彻底的无神论者,他的心中还在期盼着一种符合道德、更具有人性化的新宗教。

艺术家的文学描述,引起了哲学家的理性思考,希腊的哲人将思维的对象锁定在了宗教,很多人提出了否定宗教存在的无神论观念。哲学家克塞诺芬尼(约生活在公元前6—公元前5世纪)提出了"神灵拟人说",他指出:"埃塞俄比亚人说他们的神灵皮肤是黑的,鼻子是扁的,色雷斯人说他们的神灵是蓝眼睛、红头发的。"[2] 这明确地告诉人们,不是神创造了人,而是人创造了神。正因为如此,所以荷马、赫西俄德笔下的神话中诸天神的种种道德丑行,正是人间各种不道德行为的折射与缩影。"荷马和赫西阿德把人间认为是无耻丑行的一切都加在神灵的身上,偷盗、奸淫、彼此欺诈。"[3] 诸神道德上的丑行,就在于信奉者众多并进行相互竞争,所以他向往出现一种道德高尚的、唯一的神。"有一个唯一的神,是神灵和人类中间最伟大的;他无论在形体和思想上都不像凡人。""神是全视、全知、全听的"。[4] 这种宗教伦理化的要求是思想启蒙时代的必然,而要求至善神灵唯一化、全能化则为后来基督教占领西方的社会意识形态铺垫了土壤。

古希腊伟大的唯物主义哲学家德谟克利特(公元前460—公元前370)提出,法律造神说和恐惧造神说。柏拉图曾经引用他的话说:"神的存在是

---

[1] [英] 凯伦·阿姆斯特朗:《轴心时代——人类伟大宗教传统的开端》,孙艳燕、白彦兵译,海南出版社2010年版,第267页。

[2] 北京大学哲学系外国哲学史教研室编译:《古希腊罗马哲学》,三联书店1957年版,第46页。

[3] 北京大学哲学系外国哲学史教研室编译:《古希腊罗马哲学》,三联书店1957年版,第46页。

[4] 北京大学哲学系外国哲学史教研室编译:《古希腊罗马哲学》,三联书店1957年版,第42页。

一种狡猾的臆造，实际上神是不存在的……支配青年人的是这样一些渎神的思想，神是不存在的，法律使人承认神。"① 这种对于宗教起源的探索，已经和近代宗教学家的研究相近似了。德谟克利特看到了宗教产生的社会基础是人的需要，并用人的力量创造了神。他还认为恐惧创造了神。"他认为人们看到雷鸣、电闪、彗星的接近，日蚀和月蚀等天象时，感到恐惧，因此认为这些现象根源是神。"② 这样的分析，思路与近代宗教心理学是近似的，说明古希腊哲学的思想，已经开始超越宗教迷信的藩篱。

古希腊智者克里底亚(约生活于公元前 5 世纪末）提出了"神道设教说"，认为宗教起源于教化民众的需要。在已经亡佚的讽刺剧《西西弗斯》中他说："古代贤明的立法者虚构出神灵充当监视者，来考察人们的善行和恶行，使任何人慑服于神的惩罚而不敢犯罪"③。克里底亚的思想，与墨子的"天志说"、儒家的"神道设教"何其相似，难怪雅斯贝斯将古希腊与中国的先秦时代相提并论，视为人类精神启蒙的时期。

另一位智者犹希麦加（公元前 340—公元前 260）则提出了"人死封神说"。他在航海中考察了印度洋上的潘查岛，"在岛上，他发现了一座宙斯庙，庙中一根柱子上刻有诸神的故事，从这些铭文看，古代诸神实际上是当时的人，因为他们有非常杰出的表现和显赫的地位，或是帝王，或是民族英雄，从而受到人们的感谢、尊敬和崇拜"④。这种人死封神说很像中国的祖先崇拜，将古代的氏族始祖、英雄当成神灵来崇拜。因此他推想，希腊主神宙斯是克里特岛上的一个征服者，爱与美的女神阿芙洛狄忒是第一名妓或妓院的创始人。

总之，这些对于古代宗教怀疑、批判、分析、推测，都为动摇古代宗教的权威，激发当代的思考创造了条件，从而推动了古希腊哲学的繁荣。

---

① 转引自吕大吉：《西方宗教学说史》，中国社会科学出版社 1994 年版，第 32 页。

② 吕大吉：《西方宗教学说史》，中国社会科学出版社 1994 年版，第 34 页。

③ 吕大吉：《西方宗教学说史》，中国社会科学出版社 1994 年版，第 36 页。

④ 吕大吉：《西方宗教学说史》，中国社会科学出版社 1994 年版，第 40 页。

（二）古希腊哲学对世界本原问题的探索

在神话时代，神是对自然、社会一切现象的终极解释，正如亚里士多德在《形而上学》中所指出："神原被认为是万物的原因，也被认为是世间第一原理。"① 当对宗教的崇拜受到了怀疑，古希腊的哲人开始不是从信仰的角度，而是从自然、人间的角度思考世界的本质、宇宙的起源，哲学思想开始出现根本性的转折。

在西方哲学史上，古希腊泰勒斯（约公元前 624—公元前 546）被公认为第一位哲学家，关键就在于它提出了"水是万物的本原或始基"。这个观念在今天看来也许是幼稚的，没有科学的依据，但是放在当时的历史条件下，提出这样一个貌似简单的命题却显现出无与伦比的勇气。亚里士多德引证西蒙尼德斯的话说："'自然的秘密只许神知道'，人类应安分于人间的知识，不宜上窥天机。"② 泰勒斯敢于打破禁忌，不仅探索了原来有神垄断的领域，而且用物质的原因解释了物质的运动，其思想启蒙意义是不可低估的。

泰勒斯之后，古希腊一系列的哲学都在围绕着"本原"问题展开了哲学的思考。阿拉克西曼德认为宇宙的本原是"无限者"，阿那克西美尼认为是"气"，赫拉克利特认为是"火"，克塞诺芬尼认为是"土"，阿拉克萨哥拉认为是"种子"，恩培多克勒认为是"四元素"（火、水、土、气），德谟克利特和伊壁鸠鲁认为是"原子"。尽管各派哲学家的观点不尽相同，但是他们都认为"本原"是物质性的，世界上的万事万物都是物质本原冷却与热化、凝聚与扩散、结合与分离的变化而已。在这里，神被从自然驱逐出去，成为可有可无的东西，对社会的作用大大降低了。

希腊哲学的进一步发展，哲人们开始将目光转向了人自身。普罗泰戈拉提出："人是万物的尺度"，实际提出了人在认识世界过程中的主体地位问题，提高了人的地位。他认为人既是万物存在的尺度，也是万物不存在的尺

---

① ［古希腊］亚里士多德：《形而上学》，吴寿彭译，商务印书馆 1959 年版，第 6 页。

② ［古希腊］亚里士多德：《形而上学》，吴寿彭译，商务印书馆 1959 年版，第 6 页。

度。这种"人本主义"的思想进一步降低了神的地位。在《论神》一文中他说："至于神，我既不知道他们是否存在，也不知道他们像什么东西。有许多东西是我们认识不了的，问题是晦涩的，人生是短暂的。"[①] 这种认识论上的相对主义，有点类似于中国庄子的思想，既动摇了古代的宗教信仰，又刺激人们对人生问题的深入思考。

曾经使哲学家亚里士多德着迷的伟大的古希腊悲剧家索福克勒斯的《俄狄浦斯王》，有这样一个寓言故事：斯芬克斯是一个长着狮子躯干、女人头面的有翼怪兽。坐在忒拜城附近的悬崖上，向过路人出一个谜语："什么东西早晨用四条腿走路，中午用两条腿走路，晚上用三条腿走路？"如果路人猜错，就会被害死。俄狄浦斯猜中了谜底是人，斯芬克斯因羞愧跳崖而死。这个寓言告诉我们，认识人自身是最难的事情。古希腊自三哲开始，把哲学思考的重点转向了人。经过了早期希腊哲学家们的积累，古希腊哲学终于在雅典的繁盛时期结出了硕果，诞生了影响全世界的三位哲学伟人——苏格拉底、柏拉图和亚里士多德。

（三）苏格拉底的哲学思想和宗教思想

苏格拉底（公元前469—公元前399），古希腊著名的思想家、哲学家、教育家。他和他的学生柏拉图，以及柏拉图的学生亚里士多德被并称为"古希腊三贤"，更被后人广泛地认为是西方哲学的奠基者。在苏格拉底以前，希腊的哲学主要研究宇宙的本原是什么，世界是由什么构成的等问题，后人称之为"自然哲学"。苏格拉底认为，哲学家的定义应该是热爱智慧的人，而不是有智慧的人，后人称苏格拉底的哲学为"伦理哲学"。他为哲学研究开创了一个新的领域，使哲学"从天上回到了人间"，在哲学史上具有伟大的意义。

雅典太阳神德尔菲庙门上有一句格言："认识你自己"，苏格拉底将其作

---

① 北京大学哲学系外国哲学史教研室编译：《古希腊罗马哲学》，三联书店1957年版，第46页。

为自己哲学的指南。那么他认为应当如何认识自己呢？他指出："首先并且主要地要注意到心灵的最大程度的改善。"① 认识自己就是认识自己的心灵，认识心灵中的善，他把这当成了哲学的最主要任务。苏格拉底年轻的时候，也热心于自然哲学，但是后来他发现，在宇宙运动的背后，有一种支配的力量，并使万物成为最好的，这种支配的力量就是"善"。因此，苏格拉底将"善"作为自己哲学的研究中心。他提出"美德即知识"的命题，认为道德作为知识，具有绝对性、永恒性。人不知善，自然不会为善，因此他特别重视道德教育。人只有认识了道德含义，也即真正懂得了道德，就可以作出符合道德的行为。苏格拉底的思想，反映了希腊哲学对于伦理问题的觉醒，人们已经不满足于古希腊神话中天神对于人的、没有道德标准的统治，而是要寻求与人之间相互交往的真实的、符合道德的原则。

进而，苏格拉底"潜心于伦理道德问题，并且首先力求给这些东西寻找普遍的定义"②。柏拉图的《美诺篇》记载了他与学生美诺的一段对话。"美诺：'勇敢、节制、智慧和豪爽都是美德，别的还有许多。'……苏：'别惊讶，但是我们将设法接近这种概念，要是我能够的话，因为你知道一切事物都有一个共同的概念。'"③ 显然，苏格拉底已经在探求人类道德背后的终极概念，柏拉图如此引证，就是为了引出自己的"理念论"。但是苏格拉底本人没有得出解题的结论，他将自己的教学方法称为"助产术"，就是引导学生自己思考，自己得出结论。

苏格拉底不是无神论者，他在一些场合把这种终极的原因看成是"神"。据色诺芬尼《回忆录》说："神有这样的权力，有这样的本性，能一下看见一切，听到一切，无处不在，并且同时照顾到一切事物。"④ 显然当时宗教的

---

① ［古希腊］柏拉图：《申辩》，转引自北京大学哲学系外国哲学史教研室编译：《古希腊罗马哲学》，三联书店 1957 年版，第 149 页。

② ［古希腊］亚里士多德：《形而上学》，吴寿彭译，商务印书馆 1959 年版，第 17 页。

③ 北京大学哲学系外国哲学史教研室编译：《古希腊罗马哲学》，三联书店 1957 年版，第 156 页。

④ 北京大学哲学系外国哲学史教研室编译：《古希腊罗马哲学》，三联书店 1957 年版，第 171 页。

影响力还很大，当人们没有办法完全使用自己的思考得出结论的时候，习惯性的思维方式就把各种难以说清的原因归结为神力所为。

苏格拉底还十分关注灵魂问题，他认为灵魂与肉体是分离的。灵魂在人出生以前就存在，在人死后仍然不灭。灵魂是人类能够思考，并激发他们去寻求"善"的原因。因此，对灵魂的培养是人类最重要的任务。"灵魂因错误的行为而受到损害，但收益于正确而公义的行动。'无论遭受什么样的挑衅，我们都不应对任何人以牙还牙'，苏格拉底临终时说道。以友善作为回应是诱人的，反报复永远是非正义的，因此，容忍十分必要。希腊传统将复仇看成一种神圣的诫命，但苏格拉底明显背离了这一传统。他强调，这是通往幸福的唯一道路，因为对任何人克制自己的行为——对朋友和敌人一视同仁——会使灵魂受益。"① 这些思想，实际上为后来西方世界接受基督教的"宽容敌人"的思想提供了土壤。

就是这样，苏格拉底的哲学思考在一些保守人士看来仍然是离经叛道的，苏格拉底被雅典法庭以侮辱雅典神和腐蚀雅典青年思想之罪名判处死刑。尽管苏格拉底曾获得逃亡的机会，但他仍选择饮下毒酒而死，他认为自己生活在雅典，自己与国家之间的契约关系是神圣的。我既然享受了雅典法律带给我的好处，就决不能做破坏国家法律的事情。他认为逃亡只会进一步破坏雅典法律的权威，同时也是因为担心他逃亡后雅典将再没有好的导师可以教育人们了。苏格拉底对于契约的遵守，对于法律的敬重，也成为希腊留给西方最重要的精神遗产。

（四）柏拉图的哲学思想和宗教思想

柏拉图（约公元前 427—公元前 347），古希腊伟大的哲学家，也是全部西方哲学乃至整个西方文化最伟大的哲学家和思想家之一。他的老师是苏格拉底，他的学生是亚里士多德，他们都是人类哲学思想巨擘。柏拉图在希腊

---

① ［英］凯伦·阿姆斯特朗：《轴心时代——人类伟大宗教传统的开端》，孙艳燕、白彦兵译，海南出版社 2010 年版，第 274 页。

哲学史上，建立一个庞大的哲学体系，包含自然哲学、伦理学、政治学、美学等丰富的内容，而他哲学的基础就是他创立的"理念论"。他的主要著作是《理想国》。

关于"理念"他指出："当我们给许多个别事物加上同一个名称，我就假定有一个理念。"① 柏拉图的理念，就是各种事物背后的共同性。当我们求索万物的本原的时候，实际上我们就是在不断进行着抽象，发现同类事物的共同性。可是，柏拉图从唯心主义的立场出发，认为这种事物背后的"共同性"存在于事物之外，是事物的本原。例如人们说到"桌子"，就是指无数具体的桌子背后一种叫作"桌子"的理念。一名木匠只有按照"桌子"的理念操作，才能作出中规中矩的桌子的实物。对于具体的桌子，理念"桌子"具有"超感性"、"不变性"、"永恒性"、"客观性"、"真实性"、"完善性"、"目的性"等属性。柏拉图的思想很像中国的老子，老子将万物运行的规律"道"从事物中抽象出来，并将其作为万物之外的独立存在，万物的本原。"一个东西之所以是美的，乃是因为美本身出现于它之上或者成为它所'分有'"②。是理念决定了万物的性质，而不是万物决定理念，理念先于具体事物而存在。哲学家的任务，就在于发现理念。

从唯心主义的"理念论"出发，柏拉图在宇宙生成论上反对早期希腊各种唯物主义的观点。他说："难道这样的人不是把火、水、土、气看成一切事物的根源吗？他们把这些东西叫作自然，认为灵魂是由这些东西来形成的……他们的不敬神是很严重的。他们不仅是作出了一种要不得的和错误的论证，而且他们还把别人的心灵引导到错误的道路上去，这就是我对他们的意见。"③ 柏拉图不仅反对以物质的元素作为宇宙的本原，而且认为如果没有

---

① ［古希腊］柏拉图：《理想国》，转引自北京大学哲学系外国哲学史教研室编译：《古希腊罗马哲学》，三联书店 1957 年版，第 179 页。

② ［古希腊］柏拉图：《斐多篇》，转引自北京大学哲学系外国哲学史教研室编译：《古希腊罗马哲学》，三联书店 1957 年版，第 177 页。

③ ［古希腊］柏拉图：《蒂迈欧篇》，转引自北京大学哲学系外国哲学史教研室编译：《古希腊罗马哲学》，三联书店 1957 年版，第 211 页。

超越性的因素存在，人们就会丧失道德，走上错误的道路。因此"不敬神"是要不得的，这很像是"神道设教"的观念。

在传统宗教仍然占据社会意识形态的形势下，柏拉图虽然也经常应用传统宗教的言论，但由于他对古代神话中宗教思想的不满，而运用人类自身的思维能力，寻找宇宙生成、发展、变化的更高的本原。在《蒂迈欧篇》中，柏拉图提出：世界被一位神奇的工匠创造出来，这位工匠不朽而且全善，但并非全能，它并不能自由选择则如何塑造宇宙，而是必须按照模型进行创造。柏拉图笔下的这位工匠，就是按照他所说的"理念论"创造宇宙的神灵。英国历史学家阿姆斯特朗评价说："柏拉图的目的不是宗教性的。他只是希望构思一种理性的宇宙模式，能够根据经验加以研究。奥林匹斯山诸神的专横干涉不复存在。宇宙被理解成一个容易被人理解的计划所支配，人们只要合乎逻辑地专心于此，就能够把握他。"[1] 柏拉图的著作中仍然保留了很多传统宗教的语汇，但是他的思想已经远远超越了传统宗教，成为启蒙时代的一面旗帜。柏拉图的思想实际上是用理性替代宗教，他要创立一种哲学家的宗教。不过哲学家的宗教毕竟过于抽象、复杂，一般民众是没有办法接受的，那些没有受过很多教育的民众，只能接受一些形象生动、直接具体的宗教，并从中获得生活的意义和原则。阿姆斯特朗继续说："柏拉图创造了一种新的宇宙性的宗教，它取代了古老的奥林匹斯诸神的幻影，成为接受了启蒙的哲学家的信仰。柏拉图的所有学生都接受了它，尽管他们对此有不同的诠释。这种信仰将与一神论的观点相结合，到公元 12 世纪之前一直是西欧基本的宇宙哲学。"[2] 这种富含着哲学思辨的新宗教，也成为基督教传播的思想土壤。不过柏拉图所信宗教并不是基督教，而是一种哲学家理性的信仰，这一点与中世纪基督教神学家对柏拉图的利用是不同的。

从维护雅典奴隶主民主制度的立场出发，柏拉图对古代宗教持一种"神

---

① ［英］凯伦·阿姆斯特朗：《轴心时代——人类伟大宗教传统的开端》，孙艳燕、白彦兵译，海南出版社 2010 年版，第 336 页。

② ［英］凯伦·阿姆斯特朗：《轴心时代——人类伟大宗教传统的开端》，孙艳燕、白彦兵译，海南出版社 2010 年版，第 337 页。

道设教"的实用立场。阿姆斯特朗指出："奥林匹斯诸神或许失去了地位，但是柏拉图强调，祭拜他们对于城邦来说是重要的。在他的最后一部作品《法篇》中，柏拉图描述了另外一个城邦，古老的崇拜仪式在其中仍然十分重要。他否认在理性和传统希腊虔诚之间存在着任何冲突。没有令人信服的证据能够说明奥林匹斯魔力的存在，但是否认古老的神话是非理性的、愚蠢的。"① 从理性的角度，柏拉图也对传统神话中的诸神不满意，但是他仍然主张要坚持对奥林匹斯诸神的祭祀，认为这是维持稳定社会制度的必要。这一点很像孔子。孔子尽管怀疑鬼神的存在，但是出于"复礼"的需要，仍然坚持周礼中吉、凶、军、宾、嘉诸礼的践行。更有甚者，《法篇》中有一个有害的指导方向使得柏拉图与轴心时代渐行渐远。他想象中的城邦是一个神权统治的国家。城邦的首要责任是向人民谆谆教诲'正确地思考诸神，并据此良好地生活，或者正好相反'"②。因此他主张要严惩那些无神论者，"以至于必须成立一个'午夜法庭'以监督人民的神学主张。人们必须有三条信念：诸神是存在的；诸神关心我们人类；诸神不会被献祭和祈祷所安抚"③。柏拉图心目中的神是希腊诸神，不是基督教的上帝，但是他的这些主张，实际对中世纪的一神崇拜、异端排斥、宗教法庭产生了不良的启示作用。

关于社会政治的理想形式，柏拉图在《理想国》一书中，以斯巴达为原型，设计了一种理想的社会制度。与研究其他问题一样，柏拉图仍然是从理念出发的。"我们在建立我们的国家的时候，曾经规定下一条普遍的原则。我想这条原则或者第一类的原则，就是正义。"④ 正义也就是人们建

---

① ［英］凯伦·阿姆斯特朗：《轴心时代——人类伟大宗教传统的开端》，孙艳燕、白彦兵译，海南出版社2010年版，第337页。

② ［英］凯伦·阿姆斯特朗：《轴心时代——人类伟大宗教传统的开端》，孙艳燕、白彦兵译，海南出版社2010年版，第338页。

③ ［英］凯伦·阿姆斯特朗：《轴心时代——人类伟大宗教传统的开端》，孙艳燕、白彦兵译，海南出版社2010年版，第338页。

④ ［古希腊］柏拉图：《理想国》，转引自北京大学哲学系外国哲学史教研室编译：《古希腊罗马哲学》，三联书店1957年版，第229页。

设国家的"理念"，只有实现了正义，国家才能得到和谐，各阶层的人民才能各得其所。进而他提出了"四德"的概念。"正义能给那些属于国家的法治的其他美德——节制、勇敢、智慧——以及那些被统摄在这一普遍的观点之下的德性以存在和继续存在的力量。"①柏拉图同样强调道德教育在国家治理中的重要作用，甚至超过了法律。他承认希腊的法治社会是好的，但是在他的老师被法律错误地杀死之后，他认为"法治是第二的好"，最好的统治应当是人的智慧的统治。那么最高的智慧——哲学，就应当处于社会治理的最高端。他说："除非哲学家们当上了王，或者是那些现今号称君主的人像真正的哲学家一样研究哲学，集权力和智慧于一身，让现在的那些只搞政治不研究哲学或者只研究哲学不搞政治的庸才统统靠边站，否则国家是永无宁日，人类是永不宁日。"②柏拉图认为，只有让那些具有知识、道德、智慧的人来统治国家，这样国家才是一个理想国。柏拉图甚至设想，在他的理想国中，没有私有制度，没有家庭婚姻，人们完全是由理想而结合起来。这样一些超前的理想，对于欧洲后来的共产主义者有极大的启发。

（五）亚里士多德的哲学思想和宗教思想

亚里士多德（公元前384—公元前322），古希腊人，世界古代史上伟大的哲学家、科学家和教育家之一，堪称希腊哲学的集大成者。亚里士多德是一位百科全书式的学者，对于哲学、伦理学、政治学、逻辑学、物理学、气象学、动物学等学科领域，都有开拓性的研究。不过亚里士多德主要成就还在哲学方面。他将哲学定义为"形而上学"，又称为"后物理学"，即研究具体有形事物背后关于"宇宙实体"的学问。

亚里士多德18岁来到雅典，在学园里师从柏拉图长达20年之久。在这段时间里，他是柏拉图忠实的追随者，接受他的"理念论"。然而随着时间

---

① 转引自黑格尔：《哲学史讲演录》第2卷，三联书店1975年版，第255页。

② ［古希腊］柏拉图：《理想国》，转引自北京大学哲学系外国哲学史教研室编译：《西方哲学原著选读》上卷，商务印书馆1981年版，第118页。

的流逝他逐步认识到，理念并没有独立的实体，诸如美丽、勇气、圆形、白色等特性都只是存在于固有这些特性的事物之中。这时亚里士多德说了那段名言："吾爱吾师，吾更爱真理"。他认为理性并没有独立的实体，因此不能独立存在。而关于物质的"实体"亚里士多德将其分作"形式"和"质料"，任何具体事物都是由这两个部分组成。"所谓生成，乃是将形式摆进一个特定的质料中去，结果就成为一个具体的东西。"① 两者相比，形式更具有决定意义，是第一性的。"如果认为形式先于质料更加确切，同理，形式也将先于两者组合的事物。"②

从形式先于质料的观念出发，亚里士多德研究了物质与运动的关系。他认为，任何运动都包括一个绝对消极被动的纯粹质料、潜能，一个绝对积极能动的纯粹形式、现实。这种不包含任何质料、潜能的形式，就是万物运动的"第一原因"。在一般运动的链条上，一个事物的运动都是被另一个事物推动的，而推动者本身又是被其他事物推动的。亚里士多德认为："既然动与被动之事物为间在事物，这就必须有某些致动而不被动的永恒的事物，这永恒的事物为本体亦为现实。"③ 按照他的逻辑，只要是被动的事物，就不是最终的、永恒的实体。哲学研究的任务，就是要寻找那个最终的、永恒的不动实体。"必须断定，必然有一个永恒的不动的实体。"④ 在当时的社会文化氛围中，亚里士多德在神那里找到了这个"第一实体"。他说："我们说神是一个至善而永生的实体，所以生命与无尽延续并永恒的时空全属神，这就是神。"⑤ 亚里士多德心目中的神，当然不是基督教的上帝，但是他的这个关于"第一实体"严谨周密的理论论证，却成为基督教在其后的罗马帝国传播的思想土壤。另外，亚里士多德的哲学理论在12世纪被重新发现之后，也成为中世纪神学家托马斯·阿奎那论证上帝存在

① 转引自冒从虎等：《欧洲哲学通史》，南开大学出版社1986年版，第140页。
② 冒从虎等：《欧洲哲学通史》，南开大学出版社1986年版，第141页。
③ [古希腊] 亚里士多德：《形而上学》，吴寿彭译，商务印书馆1959年版，第246页。
④ 转引自冒从虎等：《欧洲哲学通史》，南开大学出版社1986年版，第143页。
⑤ 冒从虎等：《欧洲哲学通史》，南开大学出版社1986年版，第144页。

的哲学武器。

在政治学方面，亚里士多德写了名著《政治学》，奠定了西方政治思想的基础。在那本著作中，亚里士多德极力为奴隶主民主制度辩护，论证奴隶就应当成为被压迫的对象，表现了明显的时代局限性。但另一方面，在亚里士多德的思想中，又包括了维护雅典民主和法制的思想，对于欧洲乃至人类的发展，具有极为重要的启蒙意义。他这样定义政治学："世上一切学问（知识）和技术，其终极（目的）各有一善，政治学本来是一切学术中最重要的学术，其终极（目的）正是为大家所重视的善德，也就是人间的至善。政治学上善就是'正义'，正义以公共利益为归依。按照一般的认识，正义是某些事物的'平等'观念。"① 在这段话中，亚里士多德将西方政治思想重视"善德"，以"正义"为指导，以"公共利益为归依"的思想表达得清清楚楚，对后来西方近代启蒙运动产生了积极的促进作用。

同时，亚里士多德也论证了人治与法治的关系问题。他认为法治优于人治，因为人都是有感情的，其中也就包括了兽性的因素。而法律是没有感情的，不会偏私。他说："凡是不凭感情因素治事的统治者总是比感情用事的人们较为优良。法律恰正是全没有感情的；人类的本性（灵魂）便是难免谁都会有感情……那么，就的确应该让最好的（才德最高的）人为立法施令的统治者了，但是这样的一人为治的城邦中，一切政务还得以整部法律为依据。"② 法治高于人治，依法行政是西方政治思想对人类的重要贡献，对于全世界文明的发展产生了极为重要的作用。而对于他的倡导者，我们也应当给予高度的肯定。

（六）希腊化时代哲学、宗教思想的发展

"希腊化时代"一般指马其顿国王亚历山大征服后的北非、西亚、中亚和希腊世界，包括先后建立的马其顿、塞琉西和托勒密三个王朝，时间为公

---

① ［古希腊］亚里士多德：《政治学》，吴寿彭译，商务印书馆 1981 年版，第 81 页。
② ［古希腊］亚里士多德：《政治学》，吴寿彭译，商务印书馆 1981 年版，第 167—168 页。

元前 334 年至公元前 30 年。

古希腊国家的本质是城邦政治，其优越性是城邦内部的贵族和自由民可以充分发挥政治的民主，但是缺点是城邦之间的矛盾和冲突长期得不到解决。其中最严重的是伯罗奔尼撒战争。在伯罗奔尼撒战争中，以雅典为首的提洛同盟与以斯巴达为首的伯罗奔尼撒联盟之间展开了生死决战。这场战争从公元前 431 年一直持续到公元前 404 年，期间双方曾几度停战，最终以斯巴达获得胜利告终。这场战争结束了雅典的民主时代，另外，斯巴达国家也被严重削弱，强烈地改变了希腊的国家，最后导致北方的马其顿人入侵。公元前 338 年，亚里士多德的学生亚历山大继承了马其顿的王位，率大军征服了整个希腊半岛，随后又用武力征服了地中海沿岸诸国及波斯帝国，成为历史上第一个世界性的大帝国。马其顿王国占领地中海沿岸地区达 3 个世纪之久，公元前 30 年罗马帝国占领最后一个希腊化王国——埃及的托勒密王朝后宣告结束。

在希腊化时期，古典希腊的人文精神受到了很大打击，以城邦为核心的宗教与道德都开始走向衰落。古希腊时期各种深刻的哲学思想被视为空虚无用，各种怀疑论思潮甚嚣尘上。人们感到了命运的无常，急需一种哲学或者宗教填补精神的空白。但是这一时期思想上也不是一无是处，古希腊的学风余韵还在，特别在占领埃及、叙利亚等东方国家后，实现了东方思想与古希腊哲学相融合，也产生出了新的哲学流派。著名宗教学家吕大吉先生这样评价这一时期的思想特点："希腊化时期东西方文化交流的特点是：希腊人的哲学传到了东方，东方人则把宗教献给了希腊。哲学的深奥性，使它只能成为少数知识阶层的奢侈品，而宗教的神秘性，则拨动了社会大众的心弦，激发了他们的共鸣。"[①] 这一时期是对于日后西方政教关系影响最大的三种潮流：一个是以伊壁鸠鲁为代表的无神论思潮，一个是以安提斯泰尼为代表的"犬儒主义"，还有一个则是以芝诺为代表的斯多葛学派。

伊壁鸠鲁（公元前 341—公元前 270）是希腊化时期著名唯物主义者和

---

① 吕大吉:《西方宗教学说史》，中国社会科学出版社 1994 年版，第 42 页。

无神论思想家，他继承了古希腊德谟克利特的原子论唯物主义思想，把原子看成宇宙万物的本原。他用原子的运动揭示自然界的一切变化，将天体的旋转和运动、日食和月食、日月星辰的升起和降落看成是自然现象，与神的干涉无关。诸神生活在遥远的太空，绝不会为人间无谓的小事操心。他说："我们如果注意到这些，我们就会正确地找到我们心理上不安与恐惧之所以发生的原因，并且，由于学习了天象及其他一切经常发生的事情的真正原因，我们就会摆脱一切使其余人发生极端恐惧的东西。"[1] 为了解除人们对死亡的恐惧，伊壁鸠鲁坚决反对灵魂不死说，他认为人是自然的产物，身体是由原子构成的，灵魂也是由原子构成，不过是一种更为精细的原子而已。关于死亡，伊壁鸠鲁说了一段名言："所有一切恶中最可怕的——死——对于我们来说是无足轻重的，因为当我们存在时，死亡对于我们没有来，而当我们死亡时，我们已经不存在了。"[2] 所以他认为，人只有靠智慧的力量，才能够战胜死亡的恐惧。伊壁鸠鲁的观点，受到后世很多哲学家的赏识，年轻的马克思在柏林大学时做的博士论文就是《德谟克利特的自然哲学和伊壁鸠鲁的自然哲学的差别》。马克思称赞伊壁鸠鲁："是古代真正的启蒙者，他公开攻击古代宗教，如果说罗马人有过无神论，那么这种无神论就是由伊壁鸠鲁奠定的。"[3] 但是，历史也告诉我们，用哲学的智慧战胜死亡的恐怖，只能是少数具有高超智慧的哲学家们的事情，就如同在中国，能够体会"立德、立功、立言""三不朽"的，只能是极少数知识分子，大多数的贵族和平民，仍然还是要到宗教中去寻找摆脱死亡恐惧的方法。这也在一定意义上提醒我们，用哲学替代宗教是很难实现的。

与伊壁鸠鲁昂扬向上的无神论思想相对立，"犬儒主义"反映了下层民众在不断战争和混乱的政治局面中的悲观情绪。"犬儒学派"这个名字的由

---

① ［古希腊］伊壁鸠鲁：《致赫罗多德的信》，《古希腊罗马哲学》，三联书店1957年版，第364页。

② ［古希腊］伊壁鸠鲁：《致赫罗多德的信》，《古希腊罗马哲学》，三联书店1957年版，第366页。

③ 《马克思恩格斯全集》第3卷，人民出版社1960年版，第147页。

来有两种解释，或说该学派创始人安提斯泰尼（公元前445—公元前365）曾经在一个称为"快犬"的运动场演讲，或说该学派的人生活简朴，像狗一样的存在，被当时其他学派的人称为"犬"。犬儒学派是对世界的不信任和对任何事物都抱消极态度的学派，他进行露天讲演，所用的方式是没有受过教育的人也都能理解的。一切精致的哲学，他都认为毫无价值；凡是一个人所能知道的，普通的人也都能知道。他信仰"返于自然"，并把这种信仰贯彻得非常彻底。他主张不要政府，不要私有财产，不要婚姻，不要确定的宗教。他的弟子们（如果他本人不曾）谴责奴隶制。他并不是一个严格的苦行主义者，但是他鄙弃奢侈与一切人为的对感官快乐的追求。他说"我宁可疯狂，也不愿意欢乐"。这与伊壁鸠鲁所反映的学园中的哲学家追求快乐的思想大相径庭。伊壁鸠鲁是"幸福论"哲学的主要倡导者，他认为幸福就是快乐，不仅包括身体的快乐，也包括精神的快乐。同时他也倡导人过一种有德行的生活，因为德行必然是快乐的。安提斯泰尼学生的思想和行为更为极端，据说他决心像一条狗一样地生活下去，他拒绝接受一切的习俗——无论是宗教的、风尚的、服装的、居室的、饮食的，或者礼貌的。据说他住在一个桶里，但是吉尔柏特·穆莱向我们保证说这是个错误：因为那是一个大瓮，是原始时代用以埋葬死人的那种瓮。他像一个印度托钵僧那样以行乞为生。他宣扬友爱，不仅仅是全人类之间的友爱，而且还有人与动物之间的友爱。总之，犬儒学派的主要观念是：人要摆脱世俗的利益而追求唯一值得拥有的善。犬儒学者相信，真正的幸福并不是建立在稍纵即逝的外部环境的优势。每个人都可以获得幸福，而且一旦拥有，就绝对不会再失去。人勿须担心自己的健康，也不必担心别人的痛苦。犬儒学派对之后的斯多葛学派产生了深远的影响。同时，这个忍受现实生活中的屈辱，绝不反抗现实世界的不平，通过禁欲主义的生活获取心灵平衡的方法，也为基督教的禁欲主义、苦行主义提供了思想土壤。

斯多葛学派，或称斯多亚学派、斯多阿学派，是塞浦路斯岛人芝诺（约公元前336—约公元前264）于公元前300年左右在雅典创立的学派；因在雅典集会广场的廊苑（英文 stoic，来自希腊文 stoa，stoa 原指门廊，后专指斯多葛学派）聚众讲学而得名。是希腊化时代一个影响极大的思想派别。在世界本原问题上，斯多葛学派认为：世界是由火、土、水、气四元素组成，它们相互组合变化出纷繁复杂的世界。万物消散后又回到"火"，不过芝诺的"火"不是赫拉克利特的"火"，他把"火"称为"普纽玛"，认为这种"普纽玛"可以离开事物而存在，居住在世界某个特别神圣的地方。他又把"普纽玛"称为"有着匠心的智慧火气"，"最圆满的理性"，这样，这种万物的本原，就越来越像宗教中的灵魂、神。他认为："这一拥有智慧的、神圣的力量渗透于万物之中，他无所不在。人类唯有依照理性的逻辑生活，才能获得幸福，而逻各斯在自然秩序中得到展现。自由存在于对于神的意志的服从之中；由于神已预先确定一切，因此反抗命运是没有任何助益的，正确的态度是顺从。斯多亚学派哲学家应当轻松愉快地度过一生，对外界环境的漠然处之。他们必须培养一种内心的平和，避免所有引起忧虑的事情，凭良心尽自己的本分，行为节制，远离一切极端的事物。其目的是与神圣的逻各斯那不可动摇的进程保持协调一致，而不要去与之作对。"① 这种宿命论的思想，反映了广大下层民众面对命运的无奈，他们唯有无可奈何地接受命运的安排。同时"犬儒主义"也对芝诺产生了重大影响，斯多葛学派宣传禁欲主义。与伊壁鸠鲁重视生命、健康、安全、快乐相反，他们认为有德行的生活应当摒弃一切享受、爱好、快乐、激情，对人世间一切被视为美好的事情都应当持一种漠然的、无动于衷的态度。"一切有道德人都应当是严肃的，因为他们从来不谈论愉快的事情，也不听别人谈论愉快的事情。"② 这样一些思想与基督教的宗教禁欲主义十分契合，也成为后来罗马国教的组成内容之一。

---

① ［英］凯伦·阿姆斯特朗：《轴心时代——人类伟大宗教传统的开端》，孙艳燕、白彦兵译，海南出版社2010年版，第371页。

② 转引自北京大学哲学系外国哲学史教研室编译：《古希腊罗马哲学》，三联书店1957年版，第378页。

四、希伯来先知的启蒙运动

希伯来的轴心时代，形成于公元前8世纪至公元前5世纪的先知运动中。在这个时期，标志希伯来文明的经典《旧约圣经》开始形成。阿姆斯特朗这样概括希伯来的轴心时代："《圣经》的创作是轴心时代的一项成果，是持续了几个世纪的漫长精神历程。最早的《圣经》文本创作于公元前8世纪，《圣经》正典完成于公元前5世纪或4世纪期间的某个时候。在以色列的轴心时代中，历史学家、诗人、编年史作者、先知、祭司和法学家都曾深切地思考其历史。"① 这些先知的著作被编辑为先知书，收录在《圣经》之中。目前所见《圣经》收录了先知书十六卷，他们是四大先知书：《以赛亚书》、《耶利米书》、《以西结书》、《但以理书》和十二小先知书：《何西阿书》、《约珥书》、《阿摩司书》、《俄巴底亚书》、《约拿书》、《弥迦书》、《那鸿书》、《哈巴谷书》、《西番雅书》、《哈该书》、《撒迦利亚书》、《玛拉基书》。这些先知书的分量占了《旧约》的四分之一，成为希伯来轴心时代的重要记载。希伯来的轴心时代也是与重大的历史事件相联系的，这就是犹大古国的灭亡，希伯来民族被新巴比伦王国掳往巴比伦，大批民众、工匠、祭司和王室成员成为奴隶，这些人被称为"巴比伦之囚"。

古希伯来民族长期存在耶和华信仰，但是缺乏经典，信仰的内容与礼仪也不统一，很难说已经形成了犹太教。而经典的形成，宗教礼仪的规范，标志着作为犹太民族精神信仰核心的犹太宗教正式形成。在犹大古国第十六任国王约西亚时期，在耶路撒冷圣殿大兴土木时，大祭司希勒家里有了重大发现，他们声称在"耶和华圣殿里找到了律法书"，据说这就是耶和华在西奈山上授予摩西的真正律法书。这些律法书即形成了《申命记》的最早版本，希伯来民族的信仰开始有了正式的经典。在《申命记》中，犹太宗教开始有了道德伦理的内容。"以色列人公正、友善地对待彼此也是一

① ［英］凯伦·阿姆斯特朗：《轴心时代——人类伟大宗教传统的开端》，孙艳燕、白彦兵译，海南出版社2010年版，第39页。

个必不可少的原因。他们唯有将一部分收入送给孤儿和孀妇，或者为穷人留出一些收获的葡萄、橄榄和小麦，才能拥有土地，事业成功。他们必须谨记曾经在埃及所遭受的压迫，并效法耶和华亲自施与的宽宏。'你不可忍着心，攥着手，不帮补你的穷乏兄弟'，摩西嘱咐百姓，'总要向他松开手——是的，照他所缺乏的借给他，补给他的不足'。以色列人必须保护被丈夫遗弃的妻子的继承权，保护在城里寄居的外族人的权利，给服侍已满六年的奴婢以自由。《申命记》的作者热情洋溢地强调正义、公平和同情的重要性，比阿摩司和何西阿的教义更进一步。"① 这种道德伦理内容的增加，说明犹太民族开始产生精神的自觉，他们信仰神是为了人间更有秩序、更有道德的生活，犹太宗教也开始走上了伦理化的道路。在《申命记》中，先知们要求犹太人坚守对耶和华的一神信仰。《申命记》的作者是大胆而富有创造性的思想家，但是他们的神学思想却十分尖锐。"你们要将所赶出的国民侍奉神的各地方都毁坏"，摩西命令百姓，"你们要拆毁他们的祭坛，打碎他们的柱像，砍下他们的木偶，用火焚烧他们雕刻的木偶并将其从那些地方除灭"。不过这种一神信仰在"巴比伦之囚"前，并没有得到严格的执行。

《申命记》也涉及了部分政教关系思想。尽管《申命记》的作者为了得到约西亚王的支持，称颂他是"当代摩西"，是一位比大卫王更伟大的国王。但是"作者在各城都委派了审判官，并在耶路撒冷设立了一个最高法庭，办理存有疑问的案件。最终，《申命记》的作者剥夺了国王传统上拥有的权力。国王不再是一个神圣的人物。《申命记》的作者令人惊异地背离了近东的习俗，彻底限制了君主的特权。国王的唯一职责就是背诵成文律法，'谨守遵行这些律法书上的一切言语和这些律法，免得他向兄弟心高气傲，偏左偏右，离了这诫命。这样，他和他的子孙，便可在以色列中、在国位上年长日久。'国王不再是神的儿子、耶和华的特殊使者，或圣众中的一员。他没有特权，

---

① ［英］凯伦·阿姆斯特朗：《轴心时代——人类伟大宗教传统的开端》，孙艳燕、白彦兵译，海南出版社 2010 年版，第 171—172 页。

而是要向祂的百姓一样，服从律法"①。这里包含两个问题：第一，宗教组织设立了法庭，可以处理一些民事官司，这说明在希伯来民族中宗教组织的重大作用。第二，宗教组织剥夺了国王的神圣外衣，将其降下成了宗教律法的执行者。

在约西亚王去世后，犹大古国开始衰落，而相邻的巴比伦则在国王尼布甲尼撒的领导下开始崛起。在巴比伦与埃及争夺迦南地区霸权的过程中，犹大古国在夹缝中求生存，左右为难。巴比伦王国对犹大古国发动了三次大规模的战争，并在公元前597年彻底征服了他们。犹大国王约雅斤投降巴比伦，与大约8000名臣民一起被掳到巴比伦。从公元前597年亡国到公元前538年波斯国王居鲁士灭巴比伦后，被囚掳的犹太人才获准返回家园。这次共有42000多名犹太人返回耶路撒冷。居鲁士还把新巴比伦王国国王尼布甲尼撒二世从耶路撒冷耶和华圣殿里掳夺来，放在巴比伦神庙中的5400件金银器皿中交给犹太人的首领带回，并让他们恢复耶路撒冷圣殿。在被囚的半个多世纪及返回家园的过程中，希伯来先知们发挥了凝聚民族的重要作用。经过他们的发挥和解释，犹太《圣经》得到了进一步的完善，成为一部全民族虔诚信奉的经典。与中国和希腊在批评宗教的思潮中开启轴心时代不同，希伯来人是在苦难中坚持奉行宗教，完成了轴心时代的思想升华。

耶利米是被流放之前的先知，他的卓越之处是在灾难发生之前就已经预见到了灾难的发生。在被征服之前，犹太民族在以色列和犹大两个古国已经在内部争斗中消耗了大量精力。社会的腐败、贫富的分化更是无情地撕裂了社会，大大降低了希伯来民族对外的抵抗能力。他大胆预言，人们如果不改变其行为，耶和华将会毁灭耶路撒冷圣殿。一些保守的统治者认为耶利米在惑乱人心，主张将其处死，但是他最终还是得以豁免。"巴比伦之囚"事件发生后，耶利米预言：他们不会很快回到家乡，耶和华正要毁灭圣殿。犹太人至少当70年俘虏，因此应当安顿下来，建造房屋，娶妻生子，正常生活。

---

① ［英］凯伦·阿姆斯特朗：《轴心时代——人类伟大宗教传统的开端》，孙艳燕、白彦兵译，海南出版社2010年版，第170页。

更为重要的是，人们不应当心存怨恨，而是"为那城祷告耶和华，因为那城平安，你们也随着得到平安"（《耶利米书》29:4—20）。这样一种坚守信仰，把社会的苦难视为耶和华对世人罪恶的惩罚，期待来世的思想，成为后来基督教的重要特点之一。

生活在"巴比伦之囚"期间的先知们，以自己坚持正义、嫉恶如仇和大无畏精神，在希伯来民族中树立了正面的楷模。他们不断代表耶和华发布各种"神谕"，鼓励民众凝聚民族意志，争取返回家乡的权利。在这种为民族的危亡而担忧、为王国的苦痛而哀哭、为民众的惊醒而呐喊、为民族的复兴而呼号的斗争中，先知们塑造了犹太民族不屈不挠的精神风范。如果概括犹太先知在轴心时代的精神觉醒的主要内容，大致可以包括这样几个方面。

第一，坚定的宗教信仰。先知们把眼前的苦难看成是耶和华对犹太人崇拜偶像、亵渎安息日、骄傲、奢侈、放纵、强暴、欺诈、淫欲、贪婪等罪行的惩罚，需要通过承受现实社会的苦难来赎罪。同时，先知们又告诉民众要对耶和华的佑护抱有信心。在古代耶和华曾经对欺辱犹太民族的埃及、亚述、巴比伦、叙利亚等国家实行过无情的打击。《圣经》中那些对其他民族无情杀戮的言辞，很难成为弱小的希伯来人征服其他民族的战斗号角，实际上不过是极度的苦难中安定人心的"画饼充饥"。先知们不断向民众散布各种"令人欣喜"的信息，说一个新的耶路撒冷"新天地"就要出现。在那里"再也听不到哭泣和哀号的声音，也看不到数日夭折的婴孩"（《以赛亚书》65:17—20）。这片新天地将由耶和华委派的"弥赛亚"统治，他也是大卫王的苗裔，由一个童女所生，名为"以马内利"。（《以赛亚书》7:14）可以说，这种弥赛亚降生拯救的预言，是支撑犹太民族不断战胜各种苦难的最大精神动力。而"童女所生"的神话，则成为后来耶稣基督创立基督教的思想原型。

第二，希伯来先知借上帝之口，对社会上的各种丑恶行为进行无情的揭露与批判。弥迦严厉谴责以色列的统治者"厌恶公平，在一切事上屈枉正直"，甚至"从人身上剥皮，从骨头上剔肉，吃我民的肉"，再"打折他们的骨头"（《弥迦书》3:2，3，9）。阿摩司揭露高利贷商人"卖出用小升斗，收银用大戥子，用诡诈的天平欺哄人。""他们为了银子买了义人，为一双鞋买了穷人，他们见了穷人头上所蒙的灰尘也都垂涎。"（《阿摩司书》8:5，6）何西阿指责当时的社会风气败坏，"这地上无诚实，无善良"，"起假誓、不践前言。凶杀、偷盗、奸淫、行强暴、杀人流血不断"（《何西阿书》4:1，2）。对于各种社会不公的指责，使得宗教的虔诚变得更加重要，只有信仰耶和华的人，才能树立正确的道德。他们企盼："惟愿公平如大水滚滚，使公义如江河滔滔。"（《阿摩司书》5:24）与早期《圣经》充满了对于自然灾害的恐惧和神灵无情的惩罚相比，在先知书上，充满了道德的箴言，说明希伯来民族在宗教中实现了精神的突破。先知们以宗教神秘的"异象"预言了这种道德升华，耶和华应许道："我要他们有合一的心，也要将心灵放在他们里面，又从他们肉体中除掉石心，赐给他们肉心，使他们顺从我的律例。"（《以西结书》11:18—20）这使人们将有与神一样的圣洁心灵，不再是灾难之前道德堕落的人。

第三，民族精神的大力弘扬。在整个民族被囚禁期间，民族的意识无疑被极大提升。先知们呼唤全体民众停止分裂，警惕强敌，坚定信念，为复兴故国而不懈奋斗。他们代耶和华发布预言，说欺辱犹太民族的埃及、巴比伦、亚述、叙利亚等强国一定会灭亡，他们用战争檄文鼓励民众的信仰："看那，他们必急速奔来。……他们的箭锋利无比，弓也上了弦。马蹄坚如顽石，车轮好似旋风。他们的吼声像母狮子，咆哮像少壮狮子；他们要咆哮扑食，坦然叼去，无人能救回。"（《以赛亚书》5:26，28）"气息进入骸骨，骸骨便活了，并且站立起来，成为极大的军队。"（《以西结书》37:10—11）总有一天，当流亡者彻底悔悟之时，耶和华将带领他们回家。正是在先知们的鼓舞下，希伯来民族在被囚的过程中没有丧失信心，终于等到了回归家园的日子。不过在当时敌强我弱的形势下，先知们也不是盲目鼓动强力反抗，而是教导民族要忍辱负重，等待弥赛亚的降临。先知说："人打我的背，我任他打；人拔我腮颊的胡须，我由他拔。人辱我吐我，我并不掩面。"（《以赛亚书》50:6）这里已经包含了宽容敌人的仁爱之心，也是后来基督教的主要思想观念。

第四，对宗教仪式的整饬。在"巴比伦之囚"期间，以西结在对"耶和华的所在"进行冥想的过程中，花费了很多时间，对献祭、圣服，以及圣殿的尺寸和比例进行了详细的阐述。宗教本质上是一种精神信仰，但是为了维系信徒的统一，宗教还需要一套完整的修习仪轨来保证行动的整齐划一，这样在团契中就可以得更多宗教感受，见证信仰。从现存的《圣经》看，犹太教就是在"巴比伦之囚"期间及其回国的一段时间内，完成了宗教体制的建设。阿姆斯特朗指出："在巴比伦之囚期间，普通百姓受到鼓励，采纳祭司们的洁净条例，这意味着普通犹太人必须接受专家对他们进行错综复杂的礼仪律法方面的指导。以拉斯就是这些专家之中的一位。"[①] 经过先知们的培训，犹太人的宗教信仰焕然一新。另一个大问题是坚守一神信仰，反对偶像崇拜。在"巴比伦之囚"期间，犹太人与其他民族广泛接触，很多人都娶了外邦的妻子。"集会在神殿前的宽阔处进行，百姓们颤抖着站在降临城市的倾盆大雨中。以拉斯命令他们离开外邦的妻子。妇女和儿童于是被驱逐出歌兰的群体而加入乡民的行列。以色列的成员如今被限定为曾经被流放到巴比伦的人的后代，以及那些愿意服从律法，即耶路撒冷官方法规的人。"[②] 那些外邦的妻子们，或者与犹太人离异，或者放弃原有的多神信仰，接受犹太人一神崇拜的教义。根据当代学者的研究，犹太教的一神信仰，直到从巴比伦返回之后才得以真正实现。犹太教经典、礼仪、律法、信仰的完善，也是轴心时代的重要成果之一。

　　轴心时代先知们的卓越活动，使犹太教正式形成。在轴心时代之前，犹太教信仰还处于民间自发的阶段，只是一种官方控制的民族国家宗教。但是到了轴心时代，犹太教有了自己的成文经典——《圣经》，有了以先知为主体的职业宗教人员队伍，有了以耶路撒冷圣殿为核心的宗教活动场所，成为一种具有完整意义的宗教。犹太教是一种民族宗教，具有全民信仰的形式，特别在犹太人沦为亡国奴的年代里，宗教组织就是他们民族得以维系

---

　　① ［英］凯伦·阿姆斯特朗：《轴心时代——人类伟大宗教传统的开端》，孙艳燕、白彦兵译，海南出版社 2010 年版，第 260 页。

　　② ［英］凯伦·阿姆斯特朗：《轴心时代——人类伟大宗教传统的开端》，孙艳燕、白彦兵译，海南出版社 2010 年版，第 261 页。

的唯一保障。如犹太学者布拉恩所说："他们情愿舍弃一切东西，他们的财产，他们的家族，他们的田地，甚至他们的生命——但是不情愿舍弃他们的上帝。"① 犹太人曾经被埃及人、巴比伦人、希腊人、罗马人征服，被迫流落他乡，漂泊海外。许多国家的政府制定了歧视犹太人的政策，使他们长期处于二等公民的地位。这时使他们能够顽强生存下来的精神力量，就是他们祖先留下来的犹太教。上帝一定会在他们最困难的时候来解救他们，"弥赛亚"必将降临的意识，鼓励犹太人自强不息。所以他们一直疏远那些歧视他们的政府，亲近那些给他们精神力量的教会组织。如犹太学者塞西尔·罗斯所说："在整个历史上，由于来自非犹太人的厌恶和排挤，犹太人的宗教团结和社会凝聚得到加强……他们的祖先在巴勒斯坦或美索不达米亚所形成的传统中的每一个细节和每一个方面都被小心翼翼地保留下来；拉比们随口说出的每一句话都被认为是绝对的至理名言；每一个小小的习俗，不管旧式的还是新型的，都变得神圣不可侵犯，成为宗教生活整体的一个不可分割的部分。"② 正是由于犹太教在犹太民族发展史上重要作用，所以犹太教组织、犹太教神职人员在全民族中具有极高的社会威望，使犹太教成为一种强组织型宗教。不过，由于犹太教仅限于本民族内部传播，并且处于被政府压制的地位，所以对其他民族的影响并不大。

第四节　中西方轴心时代文化基因的比较研究

轴心时代是人类文明进程中的关键节点，经过轴心时代洗礼的古老文明得以焕发生机，产生更高的文明。但是，由于中国、希腊、希伯来地理、文化环境的差异，三地的轴心文明所产生的文明果实有相似之处，也有差异之处，从而导致其后中西方政教关系的巨大差异，正所谓"差之毫厘，谬以

---

① ［美］布拉恩：《犹太民族史》，商务印书馆1939年版，第132页。
② ［英］塞西尔·罗斯：《简明犹太民族史》，黄福武等译，山东大学出版社2004年版，第254—256页。

千里"。

一、中国、希腊、希伯来三地思想启蒙的共同性

雅斯贝斯提出轴心时代的概念，就是由于人类的历史上，不同地区几乎先后在差不多的具有思想启蒙意义的经典思想，共同性肯定是存在的。

（一）三地共同出现了人类伦理意识的觉醒

我们分析轴心时代的社会物质基础时指出：产生轴心时代现象的客观原因，是由于铁制生产工具的出现，个人生产能力大幅度提高，个体家庭可以离开血缘氏族或宗法宗族独立生存，社会出现了明显的阶级对立。在这样的社会内，个人与他人、与社会的矛盾凸显，用雅斯贝斯的话说："这个时代的新特点是，世界上所有三个地区的人类全都开始意识到整体的存在、自身和自身的限度。"社会急需要能够解决这些矛盾的思想学说，因而才有大批具有跨时代意义的思想巨人诞生。这一时代的思想家的伟大之处，就在于他们能够超越个人狭小视野的藩篱而上升到普遍性的高度，"在自我的深奥和超然存在的光辉中感受绝对"，东西方文明几乎同时建构了自己文化体系的终极价值，并以此指引社会的发展。人类的精神发展至今仍然受惠于轴心时代伟大的思想启蒙，此后两千年的政教关系的进展，也为其所规范。

中国出现了孔子、老子、墨子、庄子、列子和诸子百家，他们"究天人之际，通古今之变，成一家之言"（《史记·报任少卿书》）。孔子提出"己所不欲，勿施于人"的"忠恕之道"，成为自我与他人、个人与社会、国家与国家、人类与自然之间沟通互惠的桥梁，成为人类交往道德的"金箴"。老庄道家提出"道法自然"的思想，认为人应当向自然学习，放弃无限的私欲，和谐相处。墨子认为，当时社会的混乱就是由于"别相恶"、"交相贼"，而应当代之以"兼相爱"、"交相利"。法家主张以法治国，"以吏为师，以法为教"，"法后王"，把全体人民的思想都集中到圣王的意志上来。这样一些道德伦理体系的建立，超越了古代宗教仅仅用天神、祖灵束缚民众的狭隘限

制,使中国的文化在人世间实现了对终极价值的追求。

在古希腊,思想家们通过对宇宙本原的不懈探求,找到"人是万物的尺度"。苏格拉底认为人需要认识自己,即研究人类的伦理问题,如什么是正义,什么是非正义;什么是勇敢,什么是怯懦;什么是诚实,什么是虚伪;什么是智慧,知识是怎样得来的;什么是国家,具有什么品质的人才能治理好国家。柏拉图则提出,在宇宙万物通行的背后,有一种至高无上的"理念"在左右着世界,理念具有"永恒性"、"客观性"、"真实性"、"完善性"、"目的性"等属性,人类应当按照"理念"建立"理想国"。亚里士多德则在努力探索有形事物背后的"形而上学",探索构成万物的"质料因"和"形式因"。他认为"政治学本来是一切学术中最重要的学术……也就是人间的至善。政治学上善就是'正义',正义以公共利益为归依"。这些伟大哲学家的思想超越了古希腊神话中善恶不分的欲望角逐,用一些一般性的哲学概念为人类提供了终极的精神皈依。

希伯来先知则在公元前8世纪至公元前5世纪的先知运动中完成了犹太教的建构,使古老民族的传说变成了具有《旧约圣经》、礼仪、职业教职人员的完整意义宗教。经过"巴比伦之囚"时期先知们的整理,《圣经》与此前犹太民族古老传说相比,残暴性降低,伦理性增强,可以说在宗教体系内部实现了人文化转型。例如,何西阿指责当时的社会风气败坏,"这地上无诚实,无善良","起假誓、不践前言。凶杀、偷盗、奸淫、行强暴、杀人流血不断"。他们企盼:"惟愿公平如大水滚滚,使公义如江河滔滔。"再如善待奴婢、周济穷人、和睦友邻,"你不可忍着心、攥着手,不帮补你的穷乏兄弟"等,将道德的教化变成了宗教的重心。

轴心时代之所以在人类发展的整个历史中特别重要,就是由于在轴心时代产生的社会伦理思想,对于此后的两千年都具有指导意义。尽管今天的人类社会已经有了与当时不可同日而语的进展,但是私有制度、个体家庭、贫富悬殊等一系列社会的基本矛盾并没有彻底改观,因此直至今日人们在遇到社会复杂问题时,仍然还会回到轴心时代向那个时期的"圣人"请教。

（二）对传统宗教进行了大幅度改造

前文我们已经分析过，中国和古希腊都存在古代的国家宗教，而犹大古国的宗教就是后来的犹太教。在轴心时代开启之前，因生产力的发展对原有社会结构的破坏，社会上出现了古代宗教动摇的现象，因此三地的圣哲需要对传统的宗教进行根本性改造。

中国进入春秋时代，出现了社会整体性的"礼崩乐坏"，井田因私田的出现而被破坏，王权下移，天子号令不出京畿，疑天、怨天思潮流行，卜、祝、宗、史等流落民间，古代宗教遭到了严重的破坏。春秋战国时期的诸子百家有些对传统宗教采取了彻底否定的态度，如法家，但是大多数对古代宗教则是在创新解释的过程中改造利用。墨家"置天志以为法仪"，将"天"变成了手中的工具。道家则将抽象的"道"说成是宇宙的本原，"象帝之先"、"神鬼神帝"，降低了宗教的地位。孔子抽象地肯定"天"的决定作用，却对"鬼神""存而不论"，实则抽掉了宗教的神学基础。儒家在隆重进行各种祭祀礼仪时，对祭祀的对象、参加者的心理、活动的效果都进行了人文化的解释，使其主要变成一种政治礼仪符号。而对于政治的运行原则，儒家政治学完全建立在理性主义的"德治主义"基础上，将各种超验因素排除在实际运作之外。

古希腊大多数哲人与中国相似，他们开始思考人神关系的背景，也是当时人们对希腊传统神话的质疑。古希腊宗教包裹着华丽的神话外衣，产生于前轴心时代的神话没有经过人文伦理的包装，成为现实社会一切正反因素的简单折射或投影。因此，在古希腊神灵的身上，人性所具有的贪婪、嫉妒、自私、残暴统统具有。在轴心时代开始之后，古代神话成为动摇宗教统治地位的突破口。但是，大多数思想家并没有完全否定神的存在，而是在注重探讨本原问题的哲思中，对于各种人类尚不足以认识的规律都委之于神意。例如苏格拉底，将各种美德背后的终极原因归结为"神的权力"。柏拉图虽然努力在探寻万物运行背后的"理念"，但是他仍然认为不敬神是严重的错误，奥林匹斯诸神是希腊城邦的保护神，应当受到祭拜。亚里士多德认为，万物都是运动的,在运动的事物背后有一个不动的"实体",在当时的科学和文化语境中,这种实体只能是神。古希腊哲人对古代宗教神话的改造,是希望建构一种符合理念的新宗教。尽管这种新宗教在他们的手中尚未完成,但是已经为希伯来宗教的进入预留了思想的空间。

希伯来轴心时代对传统宗教的改造与中国、希腊不同,他们不是在冲击古代宗教的浪潮中进行宗教的改造,而是在虔诚信仰宗教的情怀中对古代宗教进行了提升。巴勒斯坦地处几大民族交汇的地理要冲,地中海方便的航行条件使这一地区无法依托天然屏障进行自卫,弱小的犹太民族就数次成为其周边强大近邻的奴役对象。无论被埃及、巴比伦还是罗马掳为奴隶,犹太人唯一的精神依靠就是他们祖传的宗教。坚信雅赫维是世间唯一真神,犹太人是上帝唯一特选子民,弥赛亚一定会来拯救他们的顽强信仰使他们历经苦难而没有被同化。在轴心时代的文化自觉中,犹太先知们将伦理精神注入到传统的经典中,同时也对分散的宗教礼仪进行了规范,对不够彻底的一神信仰进行了整肃,使犹太教成为唯一可以适应后轴心时代的古老宗教。世界上其他地区前轴心时代产生的宗教,大多因无法适应新的时代而消亡了。

(三)无神论思潮产生但未成为主流

总体而言,轴心时代是一个理性主义时代,不管是在古代宗教体系之外产生的突破,还是在传统宗教体系之内形成的发展,都是以人文主义、伦理精神、哲学思辨为主要特征的。特别是在中国和古希腊,伴随着对古代宗教质疑、批判的思潮,还产生了一种否定宗教存在的无神论思想。

在中国,随着地上王权的动摇,天上的神权也出现了动摇。春秋时期,"昊天不平,我王不宁","群公先正,则不我助"的质疑,变成了"疾威上帝,其命多辟"的诅咒,最后又形成了"国将兴,听于民;将亡,听于神"的理性思考。甚至一些思考者提出了"夫民,神之主也"的观念,虽然没有彻底否定神,也已经产生了以民为本的人本主义观念。到了战国时期,无神论思想家观念更加明确。儒学大师荀子说:"天行有常,不为尧存,不为桀亡",天与人相分,各有各的规律。法家的韩非说"用时日,事鬼神,信卜筮而好祭祀者，可亡也"，迷信宗教就是亡国之道。法家不仅从理论上批判宗教，还用行政手段打击宗教活动，如西门豹严惩制造"河伯娶妇"的巫师、长老、官员。

在古希腊，轴心时代对于古代宗教的讨伐同样是尖锐、深刻的。戏剧家欧里庇得斯用艺术的语言痛斥了古代宗教诸神的贪婪和残暴，认为他们不配成为人们敬仰的神灵。哲学家克塞诺芬尼用不同民族的神有不同的样子的事实说明，不是神造了人，而是人造了神。唯物主义哲学家德谟克利特指出"神的存在是一种狡猾的臆造"，在一定程度上解释了宗教起源的社会性原因。希腊化时期的哲学家伊壁鸠鲁，细致分析了宗教产生的认识论原因在于对生命和社会原因的焦虑。

应当说无论是中国还是古希腊，其轴心时代产生的无神论思想都是机智而深刻的，对于巩固那一时期的理性主义思潮具有积极的作用。但是我们也要指出，无神论思想在当时并不占思想界的主导地位，根本原因在于宗教存在的社会、心理、认识原因还很深厚，宗教仍然可以在社会上发挥重大的作用。所以在中国，孔子"敬鬼神而远之"的"远神论"，老子"以道莅天下，其鬼不神"的"理神论"，墨家"子墨子置立天之，以为仪法"的"工具论"则是主流。出于阶级利益的考量，统治者不论自己是否相信宗教，但都相信宗教有"圣人以神道设教，而天下服矣"的社会价值。特别是在儒家取得主导意识形态地位之后，"敬而远之"的宗教观形成了中国特有的宗教宽容心态，"神道设教"的思想方法使各种宗教成为政治和谐、国家统一服务的重要武装。同时，对宗教"远之"的立场使国家政治始终保持在世俗主义的轨道上运行，无神论思想不仅不会受到迫害，在一些宗教出现狂热的时候，还会产生积极的降温作用。

在古希腊轴心时代的先哲中，真正对后世产生巨大影响的是苏格拉底、柏拉图和亚里士多德三哲，他们的思想并没有对传统宗教采取彻底否定的态度。当对自然和伦理的本原探讨遇到思维的极限时，宗教就被派上用场。苏格拉底承认神有"看见一切，听到一切，无处不在"的能力，可以解决人类在任何领域中不能解决的问题。亚里士多德认为，神是万物运动背后的终极动力——"第一动因"。在这样的论述中我们可以明显看到，当人的理性思维遇到边际的时候，历史的惯性使人们自然退回到宗教中寻找答案。至于对宗教的社会功效，古希腊思想家与中国思想家一样重视。苏格拉底让人们重视对灵魂的思考，从而激发他们去探寻"善"；柏拉图反对无神论思想家用物质作为世界的本原，认为如果用这些物质的因素解释人们灵魂的构成，会将人们引导到错误的道路上去。显然，为了维持社会的稳定，必须保持对于传统宗教的信仰和仪式的虔诚，因为古希腊神话中的神灵是城邦的保护神。为了维持贵族民主制度的地位，它甚至设计自己的"理想国"实行神权统治，建立"午夜法庭"。柏拉图的政教思想虽然没有在他的时代变成现实，但是却为后来两希文明的交汇，基督教取得"国教"地位奠定了基础。

总体而言，中国和古希腊轴心时代文明的启蒙，理性主义得到了充分的发展。古代宗教受到了极大改造，退出了意识形态的主导地位，却为迎接其他宗教的进入留出了足够空间。

二、中国、希腊、希伯来三地思想启蒙的差异性

中国、希腊、希伯来虽然在相近的时间段内进入了轴心时代，但是由于原有文化传统的差异，三地产生的文明启蒙成果又必然存在诸多不同，并对后来展开的中世纪产生重要的影响。

（一）传统宗教转型后的形态不同

上文提到中国、希腊、希伯来三地在轴心时代到来之际，都对古代的传统宗教进行了大幅度的改造，但是改造后的结果却完全不同。在中国和希腊，由于人文主义思潮的觉醒，人们的兴趣在轴心时代主要转到了世俗的哲学、伦理方面。在中国，儒家"敬而远之"政教原则使人们的兴趣主要集中在世俗伦常。尽管孔子、老子的经典中也有天、命、鬼、神之类的术语，但是出现次数有限，而且不被用来作为论证的主要依据。而传统的宗教则主要成为国家的政治符号，或是民众的礼俗。例如在中国，祭天、

祭社稷等大型宗教祭祀活动被王朝垄断，被视为权力"君权神授"的象征，严禁群臣和百姓染指。而民众日常进行祭祖活动，则被解释成子孙对于祖先表示感激之情，往往被视为一种社会习俗。在古希腊，奥林匹斯诸神也是被视为城邦的保护神，主要由政府操办，减少了普通民众的精神皈依色彩。本土宗教对于民众精神的控制力下降，也将为日后外来宗教的进入留出了文化的空间。

而希伯来古代宗教，则是在坚定信仰的前提下完成了伦理性的转型，经过"巴比伦之囚"时期先知们的发展，古老的犹太民族信仰成为一种既具有道德理论蕴涵，又具有周密组织形式的成熟宗教，因而也具有了跨文明传播的能力。在犹太人被罗马再次变成奴隶流落欧洲各地，在中世纪受到各种迫害的时候，犹太教对于他们的凝聚力不仅没有降低，反而大大加强了。对于上帝特选子民的坚信，使他们虔诚相信救世主必将到来。所有的犹太人紧密团结在宗教组织的周围，对拉比们的教导言听计从，使犹太教成为一个超级坚固的宗教。

（二）文化启蒙的指向不同

中国、希腊和希伯来在轴心时代都发生了文化的启蒙，但是启蒙的方向则有所差异。中国轴心时代的思想家主要精神旨趣似乎都集中在社会、人伦方面，而对于超验的形而上领域似乎缺乏兴趣，无论它是宗教的还是哲学的。特别是后来成为意识形态主导因素的儒家，"未知生，焉知死"、"六合之外，圣人存而不论"，因此对于人世伦常的研究特别发达，但是对于那些好像没有实际作用的形而上问题，则没有多少人用心研究。例如专门研究事物与概念，一般与特殊关系的名家被批为"而好治怪说，玩琦辞，甚察而不惠，辩而无用，多事而寡功，不可以为治纲纪"（《荀子·非十二子》）。道家"人法地，地法天，天法道，道法自然"的观念，则在后世被普遍解读为"道"就是"自然而然"。因此中国哲学认为，世界本来就是这个样子，只要探讨在其中的生存智慧就可以了，没有必要探讨其产生的本原。这样一种世界观，自然就将中国的政治引向了世俗主义的轨道，不必因为某种宗教超验的神迹而对其过度重视。

相反，古希腊的哲学首先就是从"水是万物的本原"这样一种命题开始的，因此其后不管是"地水火风"说，还是"人是万物的尺度"，不论"理念论"还是万物运行背后的"第一推动力"，古希腊的哲人苦苦地在思索着世界背后的"本原"。当人类的智慧碰到了极限无法取得一致见解的时候，希伯来的"上帝创世说"就自然成为大家都可以接受的共识。

（三）政治文化的取向不同

不论文明启蒙采用世俗的形式还是宗教的形式，但是对于政治权力机构和执政者都会有一个基本的态度，也就是所谓的"政治文化"。中华文明属于原生性文明，在轴心时代之前有发达的前轴心时代。在殷周之际，周公就对古代宗教进行了人文化的改造，为其增添了大量道德伦理的内容，将殷人那个喜怒无常、残暴凶狠的上帝变成了主持人间公正道义的至上神。在这样一个过程中，也逐渐实现了古代神话的圣贤化，并在中国浓郁的祖先崇拜氛围中进一步将创造人类文明的圣贤视为自己的祖先。在这样的文化背景下，中国的创世神话中，自然不会有古希腊那样自私、贪婪、嫉妒、残暴的奥林匹斯诸神。在春秋战国儒家的政治语境中，崇尚古代大公无私的圣贤本是为了批判现实社会中的君王，但是在"皇天无亲，惟德是辅"的伦理中，也使当权者可以将自己装扮成道德高尚的圣王。在如此厚重的前轴心时代伦理文化的影响下，春秋战国百家争鸣，各种思想家要想实现自己的理想设计，前提都必须是争得君主的支持。因此在先秦诸家的政治学说中，对于政治权力的肯定就远远超出了质疑。这为后世出现的君主专制制度，都有思想奠基作用。

在希腊，柏拉图将"理念"视为万物的本原，而治理国家则应当以"理想国"中提出的原则为指导。在他看来，真正能够掌握这些哲学理念的应当是"哲学王"。或者是由哲学家当王，或者是执政者都研究哲学。这样一种观念反映了对现实政治的不信任心态。在古希伯来，国王曾被赋予神圣性，犹太国王都是摩西、亚伯拉罕的子孙。可是到了轴心时代，活跃的先知们对于国王不再抱有崇尚的心理，他们不是在把国王看成一个神圣的人物，而是要求国王背诵律法，成为一名律法的执行者。希腊和希伯来两种文化的合流，对于执政者不信任的政治文化，对于中世纪政教相互牵制，近代民主社会对政治权力的制衡，都有启蒙的意义。

第三章　中西政教关系结构的定型：秦汉帝国与罗马帝国

后轴心时代指公元前 2 世纪之后中国的秦汉帝国和西方的古罗马帝国。秦汉帝国继承了春秋战国时代诸子百家争鸣的文化成果，建立了强大统一的中央集权大帝国。作为中华民族主体的汉族，就在这个时代形成，中华文化的特质也在这个时代固定下来。而西方文化则从古希腊文明通过希腊化时代走向了古罗马文明，罗马共和国和罗马帝国则在充分吸收古希腊文明的基础上，通过制度和法律将其固定下来，成为西方国家后来一切文化走向的标杆。在政教关系上也是如此，中国秦汉时代由于儒教的形成，而确定了此后两千年国家与宗教关系的范式。西方国家则在古罗马帝国形成了影响深远的基督教，并产生了基督教此后两千年与国家复杂的政教关系。可以说，中西政教关系异同的基因，在这个时代开始定型。

第一节　秦汉时代的政治与宗教

一、秦汉之际的思想转型

秦王朝从商鞅变法开始，就一直用法家思想治国。公元前 221 年，秦始皇"奋六世之余烈，振长策而御宇内"（《新书·过秦论》），完成了统一中国的大业。从一定意义上说，秦始皇统一中国，是秦孝公采用商鞅变法政策的胜利，也是商鞅变法精神在全国的普及。从客观效果的角度看，秦国的以法治国适应了战国时代诸侯争霸的时代要求，形成了强大的国力，完成了统一全国的伟业。

法家治国的基本思路是，利用人逐利的本性进行胁迫和诱导，通过"奖励耕战"的具体措施达到"富国强兵"的目的。《韩非子·八经》说："凡治天下，必因人情。人情者，有好恶，故赏罚可用；赏罚可用则禁令可立而治道具矣。"人有趋利避害之情，故人主可以利用赏罚"二柄"以立威势。只要"势行教严"，臣民虽反感但不敢违背，不满而不敢非议，所以严厉管教是教民向善的最好办法。秦王朝建立之后，有儒学博士建议秦始皇恢复西周的封建制，其初衷是为了缓和社会上的尖锐矛盾，有利于王朝的长治久安。但是，宰相李斯认为儒家所主张的封建制不利于国家的统一，坚持秦朝立国的郡县制原则上符合历史发展的规律，是正确的主张。他进而主张："'臣请诸有文学《诗》、《书》百家语者，蠲除去之。令到满三十日弗去，黥为城旦。所不去者，医药卜筮种树之书。若有欲学者，以吏为师。'始皇可其议，收去《诗》《书》百家之语以愚百姓，使天下无以古非今。明法度，定律令，皆以始皇起。"（《史记·李斯列传》）"以法为教"、"以吏为师"的教化方法，表面看来实现了全国思想上的统一，人民在严刑峻法面前噤若寒蝉，缄口不言。但是须知，法律制裁与道德教化在社会上发挥的作用是不一样的，法律对于罪犯只能"禁之于后"，但是却不能"预之于前"。以法律代替教化，实际上是不要教化。没有精神内核的"以法为教"使秦王朝丧失了政治的合法性依据，这是其致命的缺失。①

汉高祖刘邦从反抗秦王朝暴政的农民起义中起家，又经过几年的楚汉战争，终于建立了汉王朝。汉王朝继承了秦王朝的基本政治制度——中央集权的郡县制，另一方面也在治国方法上采取了一些调整。汉初自惠帝至武帝之间约70年时间，黄老思想一直是占主导地位的统治思想。据《史记·曹相国世家》记载，惠帝时，宰相曹参曾请教道家学者盖公如何治国："盖公为言：治道贵清静而民自定，推此类具言之。参于是避正堂，舍盖公焉。其治要用黄老术，故相齐九年，齐国安集，大称贤相。"关于黄老之术的性质，

---

① 参见张践：《中国古代政教关系史》，中国社会科学出版社2012年版，第345—349页。

其实质是一种道家与法家相结合的"黄老刑名之术"。在中国政治思想史上，道家的"无为而治"和法家的"严刑峻法"貌似统治手段的两个极端，但是从思想发展的过程看，其内部又有本质的关联性。战国时期的法家学者，基本都是用道家的"天道自然"思想来否定西周以来的礼乐文化，为自己的变法主张进行论证，韩非的《解老》和《喻老》就是典型。

当代学者金春峰曾经指出："黄老思想，正如帛书所表明，本身就是一种法家思想。它对政治、人生、社会、社会秩序，不诉诸道德说教和宗法情谊；不乞求理性的自觉，而完全求助于漠然无情的暴力和物质手段得奖罚，认为唯有法律、法令、吏治、强力，才是巩固统治，建立社会秩序的可靠手段。"① 从某种意义上可以说，汉初的政治家吸收了秦王暴政亡国的教训，减轻了对民众的压迫，但是他们仍然没有认识到通过教化，进行政治合法性建设对于巩固政权的重要性。

汉王朝建立，自高祖皇帝始，时时以秦朝前车之鉴为训，不断调整自己的治国政策。从秦至汉，最根本的转折就表现为以法立国经过黄老无为而治，最终实现了以儒立国。汉初几位著名儒生起到了重要的推动作用，"教化"就是其中讨论的重点问题。汉初儒生陆贾认为："秦非不欲治也，然失之者，乃举措太众、刑罚太极故也。"（《新语·无为》）贾谊也认为，秦朝的覆亡在于："繁刑严诛，吏治刻深，赏罚不当，赋敛无度。"（《新书·过秦中》）秦王朝法网不可谓不严，官吏不可谓不强，但是短短十几年就亡国了，关键的原因在于他们不知道，"治以道德为上，行以仁义为本"（《新语·本行》）。那么王国如何行德政呢？其根本方法就是推行教化。陆贾认为："故曾、闵之孝，夷、齐之廉，此宁畏法教而为之者哉？故尧、舜之民，可比屋而封，桀、纣之民，可比屋而诛，何者？化使其然也。"（《新语·无为》）再严苛的"法教"也不能使人产生孝悌之心、廉洁之行，因为道德是靠教化培养出来的，不是靠法律惩罚出来的。所以教化是推行仁政必不可少的措施，甚至是根本性的措施。

---

① 金春峰：《汉代思想史》，中国社会科学出版社 1987 年版，第 53 页。

二、独尊儒术与儒教的形成

董仲舒是汉初著名的儒家学者，他主张变法、更化，用积极有为的儒家思想替代消极无为的黄老之术。在这样一场国家意识形态转换的过程中，董仲舒特别重视教化问题，将教化当成推行仁政的根本手段。董仲舒提出："教，政之本也，狱，政之末也，其事异域，其用一也，不可不以相顺，故君子重之也。"（《春秋繁露》卷三）这段话，可以看作董仲舒教化论的总纲，他一下就把"教"对于"政"的关系提到了"本"的高度。礼乐教化是执政的根本，刑狱惩罚则是政治的末节，政治合法性的建设要高于暴力的镇压。可以说董仲舒的这个观点，是孔子"为政以德"思想的继承与发扬。

董仲舒在回答汉武帝策问的第一策中，便明确地阐述了教化的意义及推行教化的具体方法。他说："古之王者明于此，是故南面而治天下，莫不以教化为大务。立大学以教于国，设庠序以化于邑，渐民以仁，摩民以谊，节民以礼，故其刑罚甚轻而禁不犯者，教化行而习俗美也。圣王之继乱世也，扫除其迹而悉去之，复修教化而崇起之。教化已明，习俗已成，子孙循之，行五六百岁尚未败也。"（《汉书·董仲舒传》）董仲舒为汉武帝进行分析，他身居天子之高位，控制着行政的资源，且有爱民、好士之心，但是为什么社会上没有出现祥和的氛围呢？关键就在于教化未行。在董仲舒看来，以儒家思想教化民众，就如同建立了一道扬善防恶的堤坝，自然就会引导社会和谐发展。与秦王朝的严刑峻法相比，"明教化"才是江山永固的百年大计。"兴教化"的具体措施就是"立大学以教于国，设庠序以化于邑"，形成遍布全国的儒学教育网络。通过潜移默化的感染，使之变成民众的习俗。

"兴教化"光有学校教育是不够的，还必须恢复文、武、周公建立的，但在春秋战国以后破败不堪的礼乐祭祀体系。董仲舒又说："明主贤君，必于其信，是故肃慎三本，郊祀致敬，共事祖祢，举显孝悌，表异孝行，所以奉天本也；秉耒躬耕，采桑亲蚕，垦草殖谷，开辟以足衣食，所以奉地本也；立辟雍庠序，修孝悌敬让，明以教化，感以礼乐，所以奉人本也；三者皆奉，则民如子弟……"（《春秋繁露·立元神》）明君建国，必须严肃地对待三种"为政之本"。其一是郊祀、宗庙的祭祀礼仪，这是奉天之本；其二是躬耕籍田，鼓励农桑，这是奉地之本；其三是设立学校，教化孝悌之义，这是奉人之本，此三本建立，就会国泰民安，国君就可以高枕无忧矣。教化为什么必须是"本于三"而不是"本于一"呢？由于当时社会生产力还不很发达，可以到学校读书的人很少，所以学校教化只能对少数士大夫阶层发挥作用。而对于占人口数量绝对多数的农民来讲，那些形象、生动的礼乐仪式，可以发挥圣贤书本不能发挥的作用。关于传统礼乐在教化中的作用，董仲舒认为："故君子未尝不食新，新天赐至，必先荐之，乃敢食之，尊天敬宗庙之心也，尊天，美义也，敬宗庙，大礼也，圣人之所谨也，不多而欲洁清，不贪数而欲恭敬。君子之祭也，躬亲之，致其中心之诚，尽敬洁之道，以接至尊，故鬼享之，享之如此，乃可谓之能祭。"（《春秋繁露·祭义》）祭祀是通过洁净、虔诚的祭祀礼义，来表达君子的"心中至诚"。这种"至诚"的情感，才是治国安邦的根本。可以说，董仲舒的祭祀理论，并没有超出传统儒家"神道设教"的范围。

与先秦时期的原始儒学相比，汉代的儒学已经不再是所谓的"纯儒"，而是融合了阴阳、道、法、名、墨诸家的"杂儒"。从历史主义的观点看，恰恰是汉儒的和而不同，兼收并蓄，才使得儒家能够真正成为国家意识形态、民族的共同伦理、时代精神的精华。阴阳五行思想是中国古老的辩证法学说，在《周易》、《尚书》等经典中有很多论述。到了战国末期，齐国学者邹衍将阴阳五行的原理与王国政治结合起来，提出了"五德终始说"开始受到列国诸侯的重视，阴阳家开始成为诸子中重要的一家，对秦汉时期的思想都产生了重大的影响。在董仲舒看来，阴阳的关系不仅是相辅相成的，而且存在着主导与服从的关系。阴阳之道的内在秩序规则为阳制约阴，阴配合阳："凡物必有合。……阴者阳之合，妻者夫之合，子者父之合，臣者君之合。物莫无合，而合各有阴阳。阳兼于阴，阴兼于阳；夫兼于妻，妻兼于夫；父兼于子，子兼于父；君兼于臣，臣兼于君。君臣、父子、夫妇之义，皆取诸阴阳之道。"（《春秋繁露·基义》）由阴阳的主从关系，董仲舒认为君臣、父子、夫妇三者的主从关系，是中国帝制社会三条最重要的政治原则。

董仲舒把这三种人伦关系称之为"纲"，视为"天"的规定："仁义制度之数，尽取之天"，"王道之三纲，可求于天"。（《春秋繁露·基义》）最终将"三纲"的概念正式固定下来的官方文件，是东汉章帝时代统一六经异同的《白虎通义》。《白虎通义·三纲六纪》："三纲者，何谓也？谓君臣、父子、夫妇也。……故君为臣纲、父为子纲、夫为妻纲。"在某种意义上说，东汉的白虎观会议与罗马帝国的尼西亚会议相近似，以国家权力的形式统一了学术的争论，将儒教的"三纲"和基督教的"三位一体"在意识形态层面确定了下来。

为了"兴教化"，董仲舒提出了一项最具根本性的措施，即"教统于一"。他在回答汉武帝"天人三策"的奏章结尾处指出："《春秋》大一统者，天地之常经，古今之通谊也。今师异道，人异论，百家殊方，指意不同，是以上亡以持一统；法制数变，下不知所守。臣愚以为诸不在六艺之科孔子之术者，皆绝其道，勿使并进。邪辟之说灭息，然后统纪可一而法度可明，民知所从矣。"（《汉书·董仲舒传》）要想使儒家学说在汉代变成国家的教化之道，就必须使其他各家学说"皆绝其道，勿使并进"。儒学是否获得"一统"地位，是区分儒学作为社会意识还是作为社会意识形态的根本标志。一个社会可能存在着多种社会意识，但是作为为社会经济基础服务的社会意识形态，只能有一种。在君主专制社会里，这一特点更是突出。只有维持了意识形态的垄断权力，才能"上有所持"，"下知所守"，保证政治权力的稳定。董仲舒的这一建议，对于汉武帝最终决策"罢黜百家，独尊儒术"具有极为重要的影响。

由于汉武帝采纳了董仲舒的建议，"罢黜百家，独尊儒术"，不仅标志着中国思想史上百家争鸣时代的结束，而且也标志着儒学从春秋时代百家中的一家，变成了汉代以后"独尊"于一的儒教。儒学在春秋时期，诞生于孔子的教育实践中，所以儒学从来都是与教育联系在一起的。但是，由于孔孟等儒学大师都是坚持私人办学的身份，所以尽管儒学在当时是社会上的显学，但也只是众多学派之一。儒家大师的教学活动，只是教育而不是教化。"教化"一词，由"教"与"化"两个概念构成。"教"即教授知识，"化"则是习俗的熏陶、感化。教育可以民办，春秋战国时期诸子百家都收徒传道，各成一家之说。但是要想成为社会习俗，则非要政治权力的推行不可。如陆贾说："故上之化下，犹风之靡草也。……故孔子曰：'移风易俗。'"（《新语·无为》）教育变成了教化，就具有了一种"上之化下"、"风之靡草"的含义，具有一定的强制性。对于老师教授的知识，学生可以吸收，也可以拒绝。但是对于国家的教化，百姓只有服从。少数抗拒教化的人，在社会上会被视为异类，遭到舆论的压力和讨伐。如同"木秀于林，风必摧之"，所以教化才能发挥"风之靡草"的作用。以笔者的观点看，儒学与儒教的差异，就在于这种传播方法的不同。思想通过教育的方法延续，而教化则通过灌输的方法进行。教化不仅仅是知识的传播问题，更重要的是统一民众思想，树立社会目标，确立是非标准的社会导向。所以说教化具有极大的强制性、唯一性，只有在政治意识形态上"罢黜百家"之后，才会有"儒教"出现。

近代以来，由于中国落后挨打的被动局面，国人在总结历史经验时总是指责董仲舒的儒法混合与汉武帝的"独尊儒术"，认为因此造成了中国思想的禁锢和僵化。但是，这样的看法显然是一种割裂历史的浅薄之见，即使西方具有历史主义的客观眼光的学者也不会得出这样的简单结论。例如："根据《中国科学技术史》的作者李约瑟（英国人）的考证，现代世界赖以建立的300项基础性发明或发现中有175项来自中国，更为重要的是这些发明和发现几乎没有一项在西方被独立发明或发现过。把李约瑟所说的中国人领先世界的175项基础性发明或发现按时间顺序进行排列，就会发现这些发明发现有一半左右出现在汉朝，然后随着时间推移而逐渐变少，直到明朝（公元1584年）朱元璋的九世孙朱载堉完成了最后一项重大发现——音乐十二平均律后，中国持续两千多年的发明潮终于停止了。"[1] 也就是说，越是在文明社会的早期，中国那种中央集权的大一统帝国，越是适应地域广大的农业社会，无论对于政治的稳定、经济的繁荣还是科技的发达来说都是如此。那些"小国寡民"式的城邦民主制度，无法在广大地理范围内凝聚广大的人民，

---

① 周建标：《中西文明分水岭的文化学解释》，《重庆交通大学学报》（社会科学版）2012年第3期。

产生重大的生产力突破。

三、汉代帝王对儒教内部的不同意见进行裁决

儒教被定于一尊之后，并非儒生成为治理国家的"哲学王"，历代统治阶级都会使用自己手中的现实权力，对儒教中的不同理解进行管理、规范和调整，就如同日后管理其他宗教一样。在独尊儒术以后，汉代政府基本都是按照儒家的政治理想进行教育、选拔人才，所以儒生逐渐在政府中占有越来越大的比重，对于社会政治问题有了很大的发言权。但是这并不意味着，统治者对儒生的建议言听计从，那实际上等于被剥夺了在国家事务上的最高统治权。在儒家治国思想的影响下，汉代一些君主确实产生了一种被剥夺的感觉。如汉成帝欲封太后之弟傅商为侯，尚书郑崇以为"坏乱制度，逆天人心"，坚持反对，傅太后于是既愤慨又大惑不解地说："何有为天子乃反为一臣所专制邪！"（《汉书·郑崇传》）因此，无论对儒教中的理论学说，还是宗教仪轨，汉代帝王不断在进行着规范和调整。汉宣帝时代的"石渠阁会议"和汉章帝时代的"白虎观会议"，就是对政治学术理论集中调整的大事件，这两次会议主题都是对儒家经学的规范。"石渠阁会议"由汉宣帝亲自主持，谈论《公羊春秋》与《穀梁春秋》之异同三十余处，最后决定增设《穀梁春秋》博士，说明古文经学的地位开始提高。[①]"白虎观会议"由汉章帝亲自主持，试图统一今古文经学的矛盾。当时儒学已经被确定为国家的意识形态，但今文经学家与古文经学家的严重歧异已经影响到思想的统一。今文经学重视阐述圣人的"微言大义"，经常离题万里地自由发挥。而古文经学则重视训诂考据，对儒家经书一句话可以考证出几千乃至万言。两种治学方法使学者对经文原意的理解越差越多，如不统一，则儒家思想将失去国家意识形态的地位。会议最后形成了《白虎通义》一书，将儒教的理论用国家认可的方式法典化、仪规化。全书对当时经学上有争议的四十三个问题，分门别类地进行

---

① 参见范文澜：《中国通史》第一编，人民出版社 1964 年版，第 215 页。

了权威性解释，希望一劳永逸地解决儒家思想上的纠纷。特别是白虎观会议对中国帝制社会的基本结构及其运行原则进行了规定："三纲者何谓也？谓君臣、父子、夫妇也。六纪者，谓诸父、兄弟、族人、诸舅、师长、朋友也。"（《白虎通义·三纲六纪》）"三纲六纪"可以视为中国古代宗法社会运行的根本法典。参加白虎观会议的既有今文经学家，也有古文经学家，他们在学术上的争议不可能因一次会议而消除，但关键是"帝亲称制临决"，所以使这次会议的成果《白虎通义》具有皇帝钦定的性质，作为国家法典颁布全国。这说明汉代的"儒教"已经不是先秦时代的"儒学"，不再是一种自由的学术，而是一种为帝王服务的官方哲学。

儒教中的宗教理论，特别是"灾异谴告"说政治影响重大，更是统治者严密注视的领域。董仲舒是汉代"儒学阴阳化"的代表人物，他向汉武帝大谈"白鱼入于王舟，有火复于王屋，流为乌"等祥瑞之兆，自然会讨得皇帝的欢喜，但是在谈灾异时，就要看是否符合皇帝的需要了。《汉书·董仲舒传》载："仲舒治国，以《春秋》灾异之变推阴阳所以错行……先是，辽东高庙、长陵高园殿灾，仲舒居家推说其意，屮（古同"草"）稿未上，主父偃候仲舒，私见，嫉之，窃其书而奏焉。上召视诸儒，仲舒弟子吕步舒不知其师书，以为大愚。于是下仲舒吏，当死，诏赦之。仲舒遂不敢复言灾异。"由于董仲舒的倡导，汉儒以阴阳灾异推断国势之风甚盛。当时汉武帝正在发动对匈奴的连年战争。这场战争从历史的角度看意义深远，但是身处战争中的人们却要为此付出深重的代价。国家连年加税加赋，征发兵役，使人们感到生活较之文景之世有所降低，故社会上流言横行，借阴阳灾异劝汉武帝改变国策的也不少。汉武帝巧妙地借助主父偃的嫉妒和吕步舒的误会，使董仲舒等擅长阴阳五行学说的儒生们缄口不言，又不会影响儒教作为国家意识形态的权威。有些儒生没有董仲舒那样崇高的威望，但又往往想借阴阳灾异说得到帝王的重视。当他们所言与统治者的利益相悖时，其命运就危险了。《汉书·五行志中》载："昭帝时，上林苑中大柳树断仆地，一朝起立，生枝叶，有虫食其叶，成文字，曰'公孙病已立'。又昌邑王国社有枯树复生枝叶。"儒生眭孟根据阴阳灾异说推断："石柳皆阴类，下民之象，而泰山者岱宗之岳，王者易姓告代之处。今大石自立，僵柳复起，非人力所为，此当有从匹夫为天子者。"汉武帝在晚年曾经废黜并逼死太子，但太子有一褓褓中的婴儿流落民间。睦孟借口一些自然界的怪异现象要求汉昭帝逊位，这无异于与虎谋皮。当时昭帝尚幼，但是大将军霍光秉政，已经形成了一个既得利益集团，他们当然不会因出现一些"怪异"的现象（很可能还是人为的）而轻易放弃已经到手的权力，结果睦孟因此掉了脑袋。

四、儒教决定了中国政教关系的基本走势

很长一段时期以来，学者们在进行中西政教关系比较研究时，总是惊异于中西方的"巨大差异"。在西方，存在着具有重大影响的基督教，它不仅是一切世俗政权的精神庇护者，而且罗马教廷势力强大，经常达到与世俗王权相抗衡的程度。而在中国，一切宗教都必须恭顺地匍匐在王权的脚下，没有任何宗教势力可以与封建帝王相抗衡。从而似乎可以得出一个结论：中国从春秋战国开始，就进入了政教分离的世俗国家状态，中国人在两千年前就完成了从宗教神权束缚下的思想启蒙。然而，如果我们认真研究中国古代文献就会发现事情绝非如此简单，秦汉以后历史文书中大量记载的"奉天承运"、"天子感生"、"天人感应"、"灾异谴告"、"纬书图谶"等现象说明，显然中国古代的政权也是依赖某种超验的神意来支撑的，中国帝制时代的政治也不完全是世俗政治。出现这种问题的原因，是因为忽视了对中国历史上影响巨大的儒教进行研究。

关于儒教是否为宗教的问题，从利玛窦入华传教以后，就一直是一个争论的问题，而近年来随着我国学术界不断解放思想以及对宗教性质认识的不断深入，儒教问题再度成为学者关注的焦点。在儒教是否为宗教的争论中，不同的意见大致可以分成四类：第一，肯定儒教是宗教。即认为儒教是一种有教主、有教徒、有经典、有彼岸世界，在中国历史上发挥了与西方的基督教一样作用的宗教。第二，完全否定儒教是宗教。自近代以来，持这种见解的学者在大陆学术界是主流。从梁启超开其源，到梁漱溟的"以伦理代宗

教"，冯友兰的"以哲学代宗教"，蔡元培的"以美育代宗教"，强调儒教的实质是一种世俗的学问，宗教文化在中国始终不是社会的主流。第三，承认儒学具有宗教性。当代新儒家在与西化派的文化争论中，在与西方文化的对比中，逐渐承认儒家文化也有超越性的一面，如牟宗三、唐君毅等。第四，认为儒学不是宗教，但中国传统社会中始终存在着一种国家权力认同的正宗大教——宗法性传统宗教。此说是大陆学者牟钟鉴先生与笔者在《中国宗教通史》中提出的①，其后也得到了一些学者的赞同。

儒教的超验性问题，集中反映在儒家学者对"天人关系"的论述上。司马迁将"究天人之际，通古今之变"当成中国哲学的基本问题，这个"天人之际"主要部分不是今人所理解的人与自然的关系问题，而是人与上帝、人与天神、人与超验世界的关系问题。孔子说："获罪于天，无所祷也。"（《论语·八佾》）"畏天命、畏大人，畏圣人之言。"（《论语·季氏》）孟子说："天降下民，作之君，作之师，惟曰其助上帝宠之。"（《孟子·梁惠王下》）尽管孔孟对"天"还进行了大量理性化、人文化的解释，尽管儒学的主旨并不在彼岸世界方面，但难道就可以因此而否认儒家"天"的超验意义吗？儒门后学，董仲舒自不必谈，就是二程、朱熹、王阳明，他们对"天"的理解也明显地包含着超验性。

在承认儒教中存在超验因素的情况下，就有一个如何处理这些超验因素的问题。从历史的角度看，儒教是一个整体，其中入世的"学"和出世的"教"是合为一体的，当时也没有一种强加于我们的观念要我们用哲学和宗教这两个观念去对其进行区分。然而，今日的中国学术界已经进入了全球化系统，是世界文化中的一个重要组成部分。在这样一个全球化的背景下发展传统文化，弘扬传统文化，都需要有一种世界上能够被普遍接受的话语系统。尽管我们可以对西方人规定的现行话语系统说三道四，但只要离开了这个话语系统，我们自己也会发现我们将处于"失语"状态。我们除了继续争论儒教是宗教还是哲学，也想不出其他的办法进行交流。

---

① 参见牟钟鉴、张践：《中国宗教通史》，社会科学文献出版社 2000 年版。

　　出于笔者研究政教关系的立场，个人认为还是将儒教分成儒学和宗法性传统宗教两个部分更为有助于问题的深入展开。从广义的角度看政教关系问题，其本质就是一个政治与宗教的关系问题。牟钟鉴指出：在中国宗教史上，存在着官方信仰、学者信仰与民间信仰相脱节的现象。[①] 张立文指出：中国儒教存在着道、政、俗三层次的分梳。[②] 也就是说，在中国古代社会里，中国士大夫的精神生活是依靠儒学的"道统"来解决的。然而在民间的百姓中，很少有人能够搞懂理学家那套身心性命之学，解脱之途只能是依赖对"天神"和"祖先"的崇拜，甚至到佛道等其他宗教中去寻求解脱。至于政治的层面，统治者论证政权合理性的依据，主要不在于"理先气后"或"理后气先"的争论，而在于谁主持"奉天承运"的"祭天"仪式。西方一些著名学者早就注意到这种脱节或分梳的情况，如黑格尔就曾说过："中国人有一个国家宗教，这就是皇帝的宗教，士大夫的宗教。这个宗教尊敬天为最高的力量，特别与以隆重的仪式庆祝一年的季节的典礼相联系。……与这种自然的宗教相结合，就是从孔子那里发挥出来的道德教训。"[③] 显然，在黑格尔的心目中，孔子所开创的儒学和自古就流行下来的宗教是两个东西。当然，孔子和其他儒家学者研究的主要兴趣在此岸的世界，他们研究了大量的政治伦理是中国政治的指导思想，而且也确实在中国政治史上发挥了主导作用。但如果泛泛地将儒教称为"人文的宗教"，很容易将此岸世界与彼岸世界相混淆。相反，将儒教分成儒学和宗法性传统宗教两部分，更有助于说明儒教的超验部分如何深刻地影响着中国古代政治。

　　人类文明的历史至今仍然在阶级社会中发展，因此，政治权力的运行主要表现为政治统治。一个政权的合法性，不仅需要武装的、经济的力量来保卫，更需要社会文化心理的条件来证明。如果一个政权始终与对立利益集团的成员处于强烈对抗的状态，即使暴力工具再强大，也很难长久维持。在

---

　　① 参见牟钟鉴、张践：《中国宗教通史》，社会科学文献出版社 2000 年版。

　　② 参见张立文：《20 世纪中国儒教的展开》，《宝鸡文理学院学报》（社会科学版）2001年第 4 期。

　　③ ［德］黑格尔：《哲学史讲演录》第一卷，三联书店 1956 年版，第 125 页。

千百年的历史实践中，宗教就是论证政权合法性的一种最重要的工具。中国自从进入了文明社会，君主就处于至高无上的地位。那么，他的地位是从哪里来的呢？他为什么应当统治天下大多数人民呢？君权神授论自始至终都是政治合理性最基本的论据。中国是一个多民族、多宗教的国家。同时，占中国人口大多数的汉族广大民众中又存在着多神信仰。但是，在论证政权的合理性方面，宗法性传统宗教中信仰的至上神——"上帝"或曰"天"，始终占着主要的地位。而其他宗教的各位主神，则只能在部分时间、地点或场合起到政治合理化的论证作用。

春秋战国时期，传统宗教的地位受到了很大的冲击，孔子虽然对天神尽量作了人文化、理性化的解释，但他从来没有怀疑过主宰之天的存在，没有否定过君权神授论。他说："巍巍乎，唯天为大，唯尧则之。"（《论语·泰伯》）"道之将行也与？命也；道之将废也与？命也。"（《论语·宪问》）儒家的亚圣孟子则更为直接地肯定了君权神授论。《孟子·万章上》载："万章曰：'尧以天下与舜，有诸？'孟子曰：'否。天子不能以天下与人。''然则舜有天下也，孰与之？'曰：'天与之。'"（《孟子·万章上》）后代的儒家，基本继承了孔孟的传统，用天命神权理论为王权进行辩护。其中，董仲舒生活在传统宗教整顿、复兴的西汉王朝，他对君权神授论进行了最为透彻的论证。他说："天者，百神之君也，王者之所最尊也。"（《春秋繁露·郊语》）"受命之君，天意之所予也，故号为天子者，宜视天如父，事天以孝道也。"（《春秋繁露·深察名号》）

两汉以后，历代王朝无一例外地采纳了宗法性伦理传统的君权神授理论，作为自己政权合理性的主要根据。一个新王朝的兴起，总是首先找儒生确定自己的王朝禀赋何运，应主何德，应用何色。然后定名号，立郊社，祭祀天神，从而取得天下的认可。皇帝诏书的开头都写着："奉天承运皇帝诏曰……"，以天神的名义将自己阶级、阶层、集团的意志诏告天下。所以，历代王朝都将南郊祭天，明堂祭上帝，泰山封禅当成最重要的宗教大典。

过去，在论证东汉以后道教生成，佛教在中国大量传播的原因时，经常提到的一个理由是：儒家偏重于世俗政治、伦理的研究，但是在超验的领域却处于缺失状态，所以佛教正好填补了这一空白。其实，道教、佛教填补的仅仅是个人精神生活方面的缺失。在国家政治哲学方面，中国从来不缺少神权方面的依据，宗法性传统宗教始终处于不可动摇的稳固地位，因而其他宗教也就根本不能成为国教。中国古代的正史，历朝历代都有《礼典》规定国家祭天、祭祖、祭社稷等大型宗教典礼，这些宗教活动从来是不许佛教、道教等宗教染指的，只能按照儒教中宗法性传统宗教规定的祭祀礼仪进行，哪怕是在崇佛、崇道最厉害的帝王手中。

政教关系问题从狭义的角度讲，则是国家政权与具体宗教组织的关系。在中国历史上，尽管宗法性传统宗教是载入国家祀典的正宗大教，但由于孔子等儒家创始人的改造，其观念变成了一种具有宗法伦理性质的文化信仰，其活动成为政治仪式活动，其人员与儒家学者一身而二任，因此不同于具有出世观念、独立教团的典型宗教。古代中国政府与宗教组织的关系，主要是与佛教、道教、基督教、伊斯兰教等宗教的关系。古代中国实行科举制度，政府的各级官员都是通过学习儒家经典成长起来的，孔子开创的儒学思想成为他们执政的指导方针，包括在宗教管理方面。孔子提出的："未知生，焉知死"，"祭如在，祭神如神在"，"务民之义，敬鬼神而远之"，"神道设教"等观念，成为历代政府管理宗教的指导思想。①

五、儒教背景下佛道教的发展

秦汉时期中国政教关系的关键性变化，还在于具有西方宗教那样包括信仰、仪式、组织等形式的宗教开始发生，最典型的就是佛教和道教。

汉代佛教传入、道教生成的内在根源在于儒教本身的某些精神缺失，而佛教、道教的定型与发展则是在儒教观念的笼罩下完成的。儒教在中国根深蒂固的历史传统和帝王立于"一尊"的特殊地位，使佛教和道教只能在辅助教化的轨道上发展，并不断按照统治者教化的需要改造自身，成为具有典型

---

① 参见张践：《中国古代政教关系史》，中国社会科学出版社 2012 年版。

中国特色的宗教。从另一个角度说，汉代从教化论的角度对佛教、道教的理解，也就规定了中国政教关系的基本走向。

佛教是一种产生于印度的世界性的宗教，创始人释迦牟尼本是古印度东北部一个小国迦毗罗卫国的王子，因感到众生生、老、病、死的苦难不得解脱，遂出家修道，寻求解脱之途。经过长时间的苦苦摸索，释迦牟尼终于在菩提树下证得"圣果"。他反观人类的"十二因缘"，发现了人类的"五蕴"之苦，并为人类指出了摆脱轮回之苦，求得"涅槃"正果的"八正道"。"佛"（Buddha）的本意就是解脱，谁求得了精神上的解脱谁就是成佛了，所以从原始意义上讲，佛教是一种追求解脱之道。① 根据专家的研究，佛教大约是在两汉之际由西域的僧人和使节传入我国，首先在民间传播，以后逐渐影响到社会上层。中国人最早将佛教称为"佛道"，认为是一种黄老方术那样"白日飞升"、"长生不老"的"道"，同时也是周孔之道那样"居家可以事亲，宰国可以治民，独立可以治身"（《牟子理惑论》，《弘明集》卷一）的"道"。

当佛教逐渐在社会上扩大传播，并引起社会上层注意后，在当时政教关系上浓重的"教化"氛围的影响下，佛教徒使用教化的概念向统治者解释自身存在的社会价值，世人开始从教化的观点理解佛教。如三国时期西域僧人康僧会所译《六度集经》说佛祖："以五戒、六度、八斋、十善，教化兆民，灾孽都息，国丰众安，大化流行，皆奉三尊。德盛福归，众病消灭，颜影炜炜，逾彼桃华。"他把佛祖传播教义的过程，解释成了教化民众的过程。只要接受了佛教五戒、六度、八斋、十善的教化，就可以获得"灾孽都息，国丰众安"的社会功效。吴月支优婆塞支谦译《梵摩渝经》说："即寻世尊处内禅定。周旋教化拯济众生。"（《大藏经》01 册）如此解释佛教的功能，颇

---

① 按照美国传统辞典（双解），佛教 Buddism 的解释是：The doctrine，attributed to Buddha，that suffering is inseparable from existence but that inward extinction of the self and of worldly desire culminates in a state of spiritual enlightenment beyond both suffering and existence。

佛教：佛教教义，认为生存与痛苦是不可分割的，但在超越这两者的精神开悟状态下，可以将我执和世俗的欲望彻底消除。

有些儒家"内圣外王"的影子。晋人宗炳作《明佛论》说："教化之发，各指所应……至若冉季、子游、子夏、子思、孟轲、林宗、康成、盖公、严平、班嗣、杨王之流，或分尽于礼教，或自毕于任逸，而无欣于佛法。"(《弘明集》卷二) 他向怀疑佛教理论与儒教、道教社会教化功能相互矛盾的观点的人指出，在治理乱世的功能上，儒家的"礼教"、道家的"任逸"，都"无欣"于佛法。佛教也有佛教的特殊作用。在以后所出的经典中，用"教化"说明佛教的越来越多，说明在中国的社会文化环境中，人们更看重的是佛教"教化众生"的社会功能。

晋代人开始大量使用"佛教"的称谓代替"佛道"，成为其正式名称。官方的正史《晋书》最早出现"佛教"的字眼，说何充"崇信佛教"(《晋书》卷七十六)。从这一名称的变化看，"佛道"突出的是"觉悟 (Buddha) 之途"，而"佛教"突出的是"教化之功"。如孙绰在《喻道论》中所说："佛者梵语，晋训'觉'也。'觉'之为义，'悟物'之谓，犹孟轲以圣人为先觉，其旨一也。应世轨物，盖亦随时，周孔救极弊，佛教明其本耳，共为首尾，其致不殊，即如外圣有深浅之迹，尧舜世夷。"(《弘明集》卷三) 觉悟之途讲的是佛教的内在属性，教化之功讲的则是佛教的社会功能。从名称的翻译开始，佛教就进入了中国化的进程，中国人开始赋予它更多的社会的职责与功能，使其必须在辅助教化的轨道上发展。

道教是中国土生土长的宗教，道教的产生既是汉末社会矛盾尖锐、自然经济崩溃、政治腐败的产物，也是汉代以来文化领域浓郁的民间宗教氛围的产物。东汉时期出现的《太平经》、《老子想尔注》都是早期的道教经典，对道教的诞生有催化作用。这两部书都多次提到教化的思想，《太平经》卷一说："君圣师明，教化不死，积炼成圣，故号种民。种民，圣贤长生之类也。长生大主号太平真正太一妙气、皇天上清金阙后圣九玄帝君，姓李，是高上太之胄，玉皇虚无之胤。"老子李耳是道教的始祖，《太平经》认为他是由于"教化不死，积炼成圣"，圣君明师教化百姓，还可以积累长生功德，这也是道教长生理论中的政治文化本色。《老子想尔注》说："上圣之君，师道至行以教化。天下如治，太平符瑞，皆感人功所积，致之者道君也。"作者认为，最好的君主称为"道君",他们以"道"教化天下,使天下大治,符瑞呈现,乃民心感动天意所致。

经过长时间的准备,终于在汉末形成了以张角、张梁、张宝为代表的太平道和以张陵、张脩、张鲁为代表的五斗米道。道教在公开发动起义以前,也是以教化世人的形式隐蔽传教。《三国志·吴书·孙坚》载:"中平元年,黄巾贼帅张角起于魏郡,托有神灵。遣八使以善道教化天下,而潜相连结,自称黄天泰平。三月甲子,三十六万,一旦俱发,天下响应。"道教号称可以用符水治病,用老子的无为之道教民,可以减少社会的矛盾。教化论的旗号麻痹了一些统治者,使道教积蓄了巨大的能量,一旦发动起义,就给予东汉王朝以致命的打击。在太平道被镇压,五斗米道被收编以后,道教开始了从民间宗教向官方宗教的转化,当时的道教徒们,更是利用教化论为自己存在的合理性进行证明。此后出现的道教经典大谈教化论。《云笈七签·卷二十八·治部》载:"第一云台山治,在巴西郡阆州苍溪县东二十里,上山十八里方得,山足去成都一千三百七十里。张天师将弟子三百七十人住治上教化,二年白日升天。"张天师是由于教化而飞升。正由于道教的大师们努力宣扬道教具有"以道化民"之功,逐渐得到了统治者的认可,成为中国正宗大教之一。正是在重视教化的大背景下,儒、佛、道三家的关系变成了"三教"的关系。从儒、佛、道三教的命名,就已经内在地规定了三教的发展方向,即只能在辅佐皇权教化的轨道上发展。佛道二教如此,儒教也不例外。

第二节 罗马帝国"两希文明"的合流

在希腊化时期,马其顿王国将希腊文明带到了地中海沿岸国家,其中也包括罗马。正如一位美国学者所说:"在赢得对迦太基战争的胜利的一代人中,每一个受过教育的罗马人都能说希腊语并且至少熟悉基本的希腊历史。亲希腊成为罗马精英文化的主要特征。罗马人对希腊文化如饥似渴,他们也有钱购买。希腊导师成群涌来罗马，利用这个新市场。"① 因此，可以说古罗马文明基本是希腊文明的延续。不过由于民族、地域、时代的差异，罗马文化也有自己的特色。

一、罗马共和国和罗马帝国的政治制度

罗马的历史一般可以分为三个时期：王政时代（约公元前 8—公元前 6世纪）；共和时代（约公元前 509—公元前 27 年）；帝国时代（公元前 27—公元 476 年）。

第一章我们已经对王政时期的古罗马国家进行了分析，从本质上讲他们属于刚刚从原始进入文明社会的早期国家。由于古代部落联盟的深刻影响，所以在"王政时期"，古罗马的"七王"其实只是部落联盟的首领而已，并没有中国古代"三皇五帝"的生杀予夺之权，由贵族组成的元老院对王权有很大的制约作用。第七王塔克文二世是个骄纵跋扈、独断专行的暴君。公元前 509 年，一批有权势的贵族驱逐了塔克文二世，把"王政"改为共和政体。

罗马共和国时代，正好是希腊轴心文明的高峰时期，希腊城邦民主制度的曙光也影响了罗马。共和时代从公元前 509 年到公元前 27 年，在这个时期，国王由两名选举产生的称为"执政官"（拉丁文叫作 consul）的官员所取代，两个执政官互相牵制，元老院的地位由于控制了公共资财并有权否决公民大会的所有措施而提高了。在特别紧急的非常时刻，可以任命一位任期不超过 6 个月的独裁官（dictator）。共和国早期的历史就是一部战争史，是一部从防守走向扩张的战争史。刚开始的时候，罗马人处于守势，早年还遭到过高卢人的袭击。此后，罗马人一直向意大利半岛南端发展，并开始染指希腊人的殖民地。公元前 282 年，罗马人开始进攻他林敦，取得了"皮洛士式胜利"。以后罗马人又进行了三次历史上十分著名的布匿战争。布匿战争是罗马人与迦太基人进行的战争（罗马人称迦太基为"布匿"）。在不断征服

---

① ［美］托马斯·F. 梅登：《信任帝国》，孙铪等译，学林出版社 2009 年版，第 104 页。

其他民族的过程中，奴隶制开始建立和发展。在共和时期，经过几百年的征战，罗马从台伯河上的一个城邦国家逐渐发展为一个庞大的帝国。不断地对外扩张和对内压迫，造成了共和国内部矛盾的激增，于是在公元前73年，爆发了著名的斯巴达克斯奴隶起义。斯巴达克斯起义横扫了大半个意大利，对罗马贵族统治造成了极为沉重的打击。在镇压奴隶起义的过程中，统帅罗马大军的将军苏拉、克拉苏、庞培等人取得了越来越大的权力。最后，他们终于推翻了共和国的民主体制，建立了罗马帝国。"苏拉对罗马的占领是罗马史上一件大事，是新的军队战胜公民政府的一次尝试。这一事件表明：新的罗马军队不但是罗马国家的支柱、保卫者，而且还是罗马国家的主人。罗马以后出现的军事独裁正是这种新式军队发展的必然结果。"[1]

"第一次公民战争结束后，苏拉便以征服者的姿态步入罗马，开始对马略派进行全面报复。他所实行的最著名的而又最残忍的办法就是'公敌宣告'。头一批被列为公敌的大约有40名元老和1600名骑士。后来又有增加。据统计，至公敌宣告运动结束时，共计有90名元老、15名与执政官地位相等的高级官吏和2600名骑士死于非命。至于其他受害者就根本无法计算了。"[2] 对于元老院的残酷打击极大地提高了军事贵族集团的势力，罗马开始走向帝国时代。公元前27年到公元476年罗马处于帝国时期。在罗马由共和向帝制转变的过程中，中间有一种过渡形态。这就是前后两次"三头政治"。前三头同盟：庞培（Pompey）、克拉苏（Crassus）、恺撒（Caesar），两头并立，恺撒独裁。后三头同盟：安东尼（Antony）、雷比达（Lepidus）、屋大维（Octavius）。公元前27年，元老院授予屋大维"奥古斯都"和"大元帅"的尊号。他直接控制行省的总督，规定税收标准，严密控制军队。通过中央集权制度的建设，屋大维建立了有效的行政管理体系，确保了200多年的稳定。

罗马帝国的出现说明，由于罗马对外统治的不断扩大，奴隶和奴隶主之

---

[1] 李雅书、杨共乐：《古代罗马史》，北京师范大学出版社2010年版，第147页。

[2] 李雅书、杨共乐：《古代罗马史》，北京师范大学出版社2010年版，第152页。

间，意大利人和行省居民之间，行省与行省之间，公民与公民之间的斗争也日趋激烈。原有的适应小城邦的民主制度已经不适用了。在遥远的古代，生产力很不发达，以自然生产方式为主的小农经济把人们分隔在广袤的土地上，再加上通信技术落后，广大人民没有文化，以票选为主要形式的民主制度便难以为继了，这种状态一直持续到欧洲近代市场经济发达、大城市出现、市民阶级觉醒之后。

罗马帝国时罗马人的对外扩张能力得到极大的加强，欧洲大陆以及整个地中海地区，都被置于罗马帝国的统治下，出现了一种将此地众多民族统统融化的迹象。正如恩格斯所说："罗马的世界统治的刨子，刨削地中海盆地的所有地区已经有数百年之久。凡在希腊语没有进行抵抗的地方，一切民族语言都不得不让位于被败坏的拉丁语；一切民族差别都消失了，高卢人、伊比利亚人、利古里亚人、诺里克人都不复存在，他们都变成罗马人了。"[1] 这样，世界各国的珍宝都被掠夺到了罗马，强壮的奴隶被抓来服苦役，罗马因此创造了极为发达的世界文明。英国著名历史学家爱德华·吉本在其名著《罗马帝国衰亡史》一书中曾这样写道："如果让一个人说出，在世界历史上的什么时代人类过着最为幸福、繁荣的生活，他定会毫不犹豫地说，那是从图密善去世到康茂德即位的那段时间。那时广袤的罗马帝国按照仁政和明智的原则完全处于专制权力的统治之下，接连四代在为人和权威方面很自然地普遍受到尊重的罗马元首坚决而温和地控制所有的军队。涅尔瓦、图拉真、哈德良和两位安东尼都喜欢自由生活的景象，并愿意把自己看成是负责任的执法者，因而一直保持着文官政府的形式。如果他们那一时代的罗马人能够安享一种合乎理性的自由生活，这几位君王是完全可以享有恢复共和制的荣誉的。"[2]

在罗马共和国时代，基本坚持了贵族民主制度。共和国的最高执政官成为"保民官"，并且由两人担任，防止独裁现象发生。一切公职人员都能否

---

[1]　《马克思恩格斯文集》第 4 卷，人民出版社 2009 年版，第 166—167 页。

[2]　转引自李雅书、杨共乐：《古代罗马史》，北京师范大学出版社 2010 年版，第 239 页。

决其同僚的行动。但为了避免过多利用这一权力而对公共利益发生影响，当两个执政官都在城内时，按月轮流执政，都在城外时则按日轮流。罗马共和国的最高权力在元老院手中，一切公职人员的行为是否合法，都由元老院集体讨论决定。不过正如中国学者指出："从公元前 246 年到公元前 201 年的 64 年中间得到执政官的新人不过 10 名，公元前 266 年到前 173 年间，执政官总是在十几家显贵中传来传去，新人想上到执政官的名单非常难。元老院是共和国的中枢，豪门贵族垄断了高官，从而就控制了元老院，也就能利用元老院来控制罗马的政策。"① 这说明当时的罗马共和国还不是人民共和国，权力完全垄断在贵族奴隶主手中。即使到了罗马帝国时代，元老院仍然具有很大的权力，罗马帝国最有影响的皇帝之一恺撒，就是被元老院的贵族布鲁图与卡西乌斯派人暗杀的。一定程度的权力制衡依然存在。

罗马对于西方政治的重大影响不仅表现在议会对执政官的选举，还表现在国家通过法律对社会的治理。如当代中国学者指出："古罗马帝国对古希腊文明作了选择性继承，制定了相对完备的法律体系。从公元 2—6 世纪，罗马法律经历了一个不断补充和完善的过程。公元 534 年由东罗马帝国国王查士丁尼主持编撰完成并颁布施行的《民法大全》，对西方文明的影响被认为仅次于《圣经》，其基本思想和原则已融入西方乃至世界各国的法律中。该法典的诸多条款对公正、平等、自由等契约精神给予了充分的肯定。"②

二、古罗马的多神国家宗教

在接受基督之前，罗马国家保持着传统的古代宗教。从希腊化时期开始，西方宗教就走上了与东方宗教相互融合的过程。由希腊族的马其顿人建立的亚历山大帝国，由于将领土面积扩大到了地中海对岸的西亚和北非，所以也将这些地区原有的宗教神灵统统囊括进了亚历山大城。韦尔斯又说：

① 李雅书、杨共乐：《古代罗马史》，北京师范大学出版社 2010 年版，第 112—113 页。
② 周建标：《中西文明分水岭的文化学解释》，《重庆交通大学学报》（社会科学版）2012 年第 3 期。

"俄赛利斯，这个为埃及民众所喜爱的神已同孟菲斯庙中的圣牛阿皮斯合而为一，同阿蒙也多少有些分不清。在塞腊皮斯这个名称下，他成为希腊的亚历山大城的大神。他就是丘比特——塞腊皮斯。埃及的母牛女神哈梭，或埃西斯，现在也以人形出现，作为俄赛利斯的妻子，她嫁给俄赛利斯生的婴儿，名叫荷鲁斯，荷鲁斯长大以后又变成了俄赛利斯。"① 到了古罗马帝国，更是将地中海沿岸的民族诸神熔于一炉，不过将宙斯变成朱比特，将赫拉称为朱诺，太阳神仍称为阿波罗，将月亮女神雅典娜称为密涅瓦，将海神波塞冬称为涅普顿，将爱神丘比特称为爱罗斯，将爱与美神阿芙洛狄忒称为维纳斯，明显地带有希腊宗教的痕迹。

继承了古希腊主要文化遗产的古罗马，希望通过统合各个被征服民族的宗教，达到对其精神统治的目的。韦尔斯在《世界史纲》中写道："在征服任何一座城市时，一个具有重大政治意义的行动是将该城的神像移到征服者的庙中作为一个从属的神。这是比一个国王臣服另一个国王更为重要得多的事情。"② 把被征服民族的神移到罗马城中，把他们变成从属的神，在罗马人看来就是最高的胜利。日后成为罗马国教的基督教，就是当年被征服的犹太民族的宗教，是被罗马人从巴勒斯坦掠夺来的。不过在罗马帝国的盛世，多种宗教的并存，并没有替代传统罗马宗教的至高无上的地位。罗马帝国的皇帝仍然是罗马宗教的大祭司。

罗马人相信，神灵的臣服就意味着民族的臣服。结果根据当代民族学家考证："罗马帝国的建立和发展，对于欧洲的民族关系与分布具有广泛而深远的影响。在意大利半岛，罗马人原属于半岛中部的'拉丁人'的30个胞族之一，人数不多。……至公元前3世纪初统一意大利半岛以后，对于被征服地区所有获得罗马公民权的自由民，全都可以算是'罗马人'。于是，半岛上原属不同族系、操不同语言的民族，如埃特鲁斯坎人、利古里亚人、威

---

① ［英］赫·乔·韦尔斯：《世界史纲》，吴文藻、谢冰心、费孝通等译，人民出版社1982年版，第415页。

② ［英］赫·乔·韦尔斯：《世界史纲》，吴文藻、谢冰心、费孝通等译，人民出版社1982年版，第232页。

尼蒂人、萨宾人、翁布里亚人、特姆尼特人等等，随着时间的推移，亦逐渐被同化为讲拉丁语的罗马人。"① 在罗马帝国崩溃以前，欧洲大陆以及整个地中海地区，都被置于罗马帝国的统治下，出现了一种将此地众多民族统统融化的迹象。

但是，古罗马的国家宗教也有其明显的不足，就是这种宗教主要是国家宗教，而不是人民的宗教，他们只关心为国家的统治祝福，但是没有关于民众精神信仰的慰藉。正如德国学者毕尔麦尔所指出："古代的主要民族（指希腊人和罗马人）在世俗文化方面达到了惊人的高度，古希腊的文人首先是诗人，思想家，艺术家；与此不同，罗马人主要是组织者，立法者和统治者；但在宗教和道德方面，他们的破产是显而易见的。早期的多神论的民间宗教和国家崇拜曾在它们盛行时期充满了人们的心，带给了一些人对神力的敬畏，也曾敦促了人们追求美德，但在晚期瓦解了，广泛地失去了信用。"② 在古希腊的轴心时代，世俗化的哲学、艺术、科学都得到了充分的发展，古代宗教则仅仅是作为文化背景受到人们的敬重。与中国先秦古代宗教一样，这种宗教只是被改造成一种国家宗教的仪式，以祭祀"天神"、"祖神"等形式为王朝祈福，但是却没有关于神灵本质内涵的研讨。统治者也主要关心这种国家宗教仪式的威严，并没有考虑人民精神上的需求。美国学者研究这一时期文化时指出："罗马国教中，神对个体没有什么要求，也不承诺给个人回报。"③"经证实，一些人对希腊人和罗马人的国教不尽满意。对于那些渴望救赎的意识，以及那些与神有更个人化密契的人们来说，他们经常会在秘密宗教中寻找一些东西。"④ 如同汉代产生的儒教，主要关注的是国家的稳定和家族的和谐，对于人生的精神关怀则显得不够充足。这样一些缺陷在王朝

---

① 李毅夫等：《世界民族通览》，中央民族大学出版社 2000 年版，第 125 页。

② [德] 毕尔麦尔等编著：《古代教会史》，雷立柏译，宗教文化出版社 2009 年版，第 14 页。

③ [美] 杰弗斯：《古希腊—罗马文明：历史和背景》，谢芬芬译，华东师范大学出版社 2013 年版，第 99 页。

④ [美] 杰弗斯：《古希腊—罗马文明：历史和背景》，谢芬芬译，华东师范大学出版社 2013 年版，第 96 页。

的盛世尚不明显，可一旦到了王朝的末世则突出暴露出来。这时候人民就需要自己去寻找精神的皈依，民间存在的各种神秘宗教就是其必然归宿。在东汉末年繁盛的民间宗教土壤上产生了道教和接受了佛教，而在罗马帝国民间神秘宗教的土壤上则产生了基督教。如果说佛教和道教是填补了儒教留下的个人精神空白，那么基督教在刚刚诞生的时候，则是填补了罗马多神的国教所留下的精神空白。

三、犹太教的传承与苦难

犹太人相信自己是上帝的唯一选民，可以得到上帝的特殊恩典。但是，中亚地区四通八达的地理环境，使这一地区民族之间的冲突不断。犹太人仅仅在大卫王和所罗门王统治时期有过短暂的辉煌，其他时期，他们始终处于内部争斗和与其他民族的激烈冲突中，而且数次被其他民族征服。苦难的生活使犹太人更加坚定了他们的信仰，他们相信迟早有一天，上帝会派弥赛亚来拯救他们，使他们进入人间的天国。在"巴比伦之囚"的苦难日子里，犹太人相信只有坚定、纯洁的信仰，才能使他们得救，所以这一时期宗教先知空前活跃，犹太教在此时期诞生。的确在先知的带领下，犹太人又恢复了巴勒斯坦的家园，使民族得以繁衍生息。

公元前 1 世纪，巴勒斯坦被罗马帝国征服，犹太人又沦为罗马人的奴隶。犹太人的宗教受到了轻蔑，罗马皇帝卡利古拉在公元 37 年，要求把他的雕像竖立在各个民族的庙堂上，遭到了犹太人的拒绝，被认为是对罗马帝国的统治权的冒犯。[①] 为了反抗宗教迫害，犹太人发动了一系列寡不敌众的起义。在沦为罗马帝国奴隶时期，犹太教中的正统派始终抱着"特选子民"的优越感不放，仍然将一切外邦人都视为自己的"仇敌"，拒绝把"神的恩惠"普赐给其他民族的人们。保守的拉比们坚守着一条其他民族的人们很难接受

---

①　参见［英］塞西尔·罗斯：《简明犹太民族史》，黄福武、王丽丽等译，山东大学出版社 2004 年版，第 114 页。

的宗教仪式——割礼，以此来显示犹太人与上帝的特殊关系。《圣经》记载：
"神又对亚伯拉罕说：'你和你的后裔必世世代代遵守我的约。你们所有的男人都要受割礼，这就是我与你，并与你的后裔所立的约……这是我与你们立约的证据。'"（《创世纪》第 17 章 9—12）犹太男人割下的阳皮，就是他们与上帝立约的证据，尽管现代人可以从医学与生理的角度找到很多好处，但是在医学落后的古代，这种立约仪式还是充满了风险的，所以割礼才能显示犹太对上帝的虔诚。但是这样的仪式，又是其他民族所难以接受的，成为外族人加入犹太教的一堵墙。同时，这样一堵墙也让其他民族的人对犹太人格外加以警惕、防范甚至是迫害。特别是犹太教对于犹太人强大的凝聚作用，也特别引起了罗马帝国的警惕。

当反抗罗马统治无效的情况下，犹太教逐渐向伦理宗教转化。阿姆斯特朗指出："巴勒斯坦最进步的犹太人是法利赛派信徒，他们发展出轴心时代一些最具包容性和先进性的灵性气质。他们认为，整个以色列受到召唤，成为一个神圣祭司的国度，而人们在最卑贱的家中也能像在圣殿里那样体验神。神存在于日常生活最微小的细节当中，犹太人无需复杂精美的宗教仪式也能接近神。他们可以通过仁爱的行为，而非动物的献祭来赎罪。博爱是律法中最重要的诫命。……法利赛人的领袖是拉比约翰兰·本·撒该，即希勒的学生。他认识到，犹太人不可能战胜罗马帝国。他反对战争，因为对宗教的维护比国家独立更为重要。……'金规则'、同情和仁爱是这种信犹太教的中心原则，到圣殿被毁时，一些法利赛人已经明白，他们并不需要一个敬拜神的圣殿……仁爱是未来的关键。"[1]

罗马帝国时代犹太哲学家斐洛（约公元前 20—公元 50），则进行了将希腊哲学与犹太宗教结合的尝试。他创造一种"喻意解经法"，用古希腊哲学的"逻各斯"，解释犹太教的经典。他认为："智慧作为上帝的主要品德，和至善、仁慈、公正一起构成了上帝全智全能的形象，而逻各斯作为一种'神

---

[1] [英]凯伦·阿姆斯特朗：《轴心时代——人类伟大宗教传统的开端》，孙艳燕、白彦兵译，海南出版社 2010 年版，第 399 页。

圣的智慧'具有全智全能品性，与上帝的意志同一，它是上帝的理性、上帝的外象，具有创造世界的作用。"① 可以说，斐洛的思想为两希文明的合流进行了哲学上的论证。不过斐洛本人并没有成为新文化的创造者。他出生于一个犹太贵族家庭，是一个虔诚的犹太教徒。斐洛曾经在公元 40 年率领一个代表团赴罗马，劝阻罗马皇帝卡利古拉不要在耶路撒冷圣殿竖立皇帝雕像，得到犹太民众的拥戴。所以斐洛本人仍然属于犹太教的正统派，他的思想反而被后来兴起的基督教所利用。恩格斯曾经指出："公元 40 年还以高龄活着的亚历山里亚的大犹太人斐洛，是基督教的真正父亲，而罗马的斯多葛派塞涅卡可以说是基督教的叔父。在斐洛名下流传到现在的许多著作，实际上是讽喻体的唯理论的犹太传说和希腊哲学即斯多葛派哲学的混合物。这种西方观点和东方观点的调和，已经包含着基督教全部的本质观念。"②

罗马帝国古代的多神信仰和契约式的法制社会关系，给犹太教在帝国境内合法生存提供了主要条件。美国学者杰弗斯指出："总的来说，罗马人是容易接受外来诸神的。从公元前 3 世纪起，许多罗马人开始接受新兴宗教。部分原因是因为当时与迦太基人的战况非常不利于罗马人，许多人觉得有必要寻求外来神明的保佑。"③ 上文指出，罗马帝国每征服一个民族，就把当地民族的神移入自己的神庙，变成自己国家的保护神之一，不仅允许被征服民族保持其原有的信仰，而且也有罗马公民开始对其感兴趣，从中寻找自己的精神慰藉。罗马帝国的宗教宽容政策不仅是犹太教得以生存的前提，也是基督教产生的前提。早期皈依基督教的犹太和罗马人，被看成了犹太教的一个支系，得到了官方的默许。早期的基督教在组织形式上，也与犹太教没有太多原则的差异。政府把他们看成是犹太教，允许他们建会堂，进行宗教活动，没有对其干涉，因而使得弱小的基督教得以逐渐壮大。

---

① 潘光、陈超南、余建华：《犹太文明》，中国社会科学出版社 1999 年版，第 59 页。

② ［德］恩格斯：《布鲁诺·鲍威尔和早期基督教》，《马克思恩格斯全集》第 19 卷，人民出版社 1963 年版，第 328—329 页。

③ ［美］杰弗斯：《古希腊—罗马文明：历史和背景》，谢芬芬译，华东师范大学出版社 2013 年版，第 98 页。

四、基督教的形成并走向官方宗教

当犹太人遭到了罗马帝国征服者的严厉镇压，受到处处排斥的时候，犹太人内部也开始分化了。一部分人主张面对现实，可以向对犹太教教义有兴趣的其他民族成员传教，并对罗马的统治者妥协。拿撒勒人耶稣，就是犹太教中的开明派，他认为："在天国里没有选民，也没有宠幸者。上帝是全人类的慈父，如同阳光的普照，不可能有偏施恩宠。一切人都是兄弟——不论是罪人或上帝所爱的儿女——在圣父眼里都是一样的。……耶稣教导说，凡是上帝接纳到天国的人，上帝都一律看待，毫无区别，因为他的爱是不分高低的。"[1] 耶稣坚持了上帝是唯一真神的犹太教基本观念，但是主张天国没有特选子民，只要信仰上帝，就可以得到上帝的救赎。这样，就使得原来仅限于犹太民族的宗教，变成了可以为众多民族接受的世界性宗教——基督教。[2]

在基督教形成的初期，由于被视为犹太人宗教的一支，曾经受到罗马政权的宽容对待。不过罗马统治者也没有放松对基督教的警惕。上文提到，由于罗马宗教国家宗教性质，所以对个人的精神缺乏必要的关照，人们在精神上仍然感到空虚，因此就会到各种神秘宗教中去寻找慰藉。在太平盛世，罗马统治者不会感到神秘宗教对他们的威胁，毕竟罗马是一种多神信仰的国家，而且罗马法律也不许政府随意剥夺民众的信仰权利。然而到了共和国后期，随着罗马统治范围的扩大，国内的阶级矛盾和民族矛盾开始尖锐起来。"一些罗马人怀疑这些秘密聚会和宗教誓愿的背后潜伏着政治阴谋，威胁着

---

[1] ［英］赫·乔·韦尔斯：《世界史纲》，吴文藻、谢冰心、费孝通等译，人民出版社1982年版，第573页。

[2] 这里所说的基督教，泛指所有基督宗教。基督教在发展过程中发生了分化，公元11世纪发生了东西方教会的分裂，基督教分成了罗马公教和东正教。15世纪罗马公教再次分裂，分成了传统的天主教和基督新教。在我国把以罗马教皇为教宗的传统宗教称为天主教，将改革后产生的新教称为基督教。

公共秩序和传统道德，甚至有卖国之嫌。"① 特别是到了帝国时期，一些统治者把一些社会危机看成神灵对人们不忠诚的惩罚。于是，奥古斯都加强了国内的宗教建设，在他治下修建了 82 座新的神殿。同时他们也把历代的罗马皇帝当成了神，将皇帝的雕像搬进了神殿，要求罗马的公众对皇帝进行膜拜。对于其他被征服民族，皇帝信仰并没有造成太大的问题，人们膜拜罗马皇帝的同时，也可以敬拜自己民族的传统神灵。但是，这样的宗教活动则造成犹太教和基督教信徒的困境，因为其戒律中第一条就是"除我之外，你不可有别神"。研究基督教的美国学者杰弗斯指出："在大部分地区，皇帝崇拜是自愿参加的，基督徒能够避开而不去参与。只有当皇帝崇拜作为一个忠诚的考验，这才会成为普通基督徒的问题。比如，小普林尼在公元 2 世纪早期担任庇推尼省长一职时，就要求那些被指控的基督徒参加敬拜皇帝的仪式，来表达他们对皇帝的忠诚以及对自身基督教信仰的否认。"② 拒绝向罗马最高统治者表达敬意，被看成是怀有敌意的象征。另外，基督教的一些宗教仪轨也与罗马传统宗教有差异，经常在被误解中加深。"基督徒们面对了三方面的控诉：不参与皇帝崇拜和无神像的信仰被视为'无神论'，因此被视为一切邪恶的来源。他们在圣餐和弥撒后的聚餐遭受恐怖的丑化，因为它被视为'杀吃婴儿的宴席'，又被误解为进行淫乱的机会。"③ 这样的怀疑理由，很像中国近代对于基督教的种种误解，"圣餐"、"孤儿院"、"礼拜聚会"、"洗礼"等基督教特有的宗教礼仪，常常成为外人误解的对象。

因此，基督教会开始受到罗马当局的迫害。罗马当局最早迫害基督徒的记载出现在公元 1 世纪，"第一个发动了名副其实的基督宗教迫害运动的皇帝是名誉极坏的尼禄。根据塔西佗的说法，对基督徒的逮捕与 64 年罗马大

---

① ［美］杰弗斯：《古希腊—罗马文明：历史和背景》，谢芬芬译，华东师范大学出版社 2013 年版，第 79 页。

② ［美］杰弗斯：《古希腊—罗马文明：历史和背景》，谢芬芬译，华东师范大学出版社 2013 年版，第 103 页。

③ ［德］毕尔麦尔等编著：《古代教会史》，雷立柏译，宗教文化出版社 2009 年版，第 43 页。

火灾有关系；当时民众认为，皇帝自己是火灾的原因。为了不让人们继续怀疑他，并为了向民愤提供一个替罪羊，皇帝利用了一些诽谤者（可能是犹太人？）并逮捕了'一大群'基督徒[①]。"尼禄纵火案"成为臭名昭著的宗教迫害的代名词，罗织罪名、栽赃陷害，尼禄皇帝无所不用其极。大量被捕的基督徒受到迫害，有些被送进了斗兽场，让他们在与野兽的搏斗中悲惨地死去。据说这是由于基督徒反对罗马盛行的角斗游戏。不过公元 250 年之前，罗马当局对基督教的迫害多属于局部的、偶然的性质，所以吉本认为："除了……尼禄曾对帝国首都的基督徒突然进行过一次短暂的迫害之外，我们没有发现罗马政府改变宽容政策的任何迹象。"[②] 其后虽有图密善（81—96 年在位）皇帝驱逐罗马城的基督徒，图拉真（98—117 年在位）皇帝强迫一些基督徒改变信仰，但都不算太严重。真正严重的迫害出现在公元 2 世纪末和 3 世纪初。公元 250 年，德修斯规定了一个忏悔日，在这一天所有人都要向罗马诸神奉献牺牲，违者严惩，结果导致罗马、图鲁斯、耶路撒冷、安提阿主教的惨死。戴克里先等皇帝也如法炮制，特别是从公元 303 年开始最后一次，也是最严重的一次宗教迫害，这次迫害持续了 8 年之久，被严酷处死者达 1500 人。[③]

但是，残酷的镇压并没有让基督徒放弃他们的信仰，反而使他们更加紧密地团结在教会的周围。为了防止迫害的进一步升级，他们将宗教活动转入了地下。基督教开始发展的时候，信徒大多是各民族的奴隶和罗马的贫苦人民。因为基督教的基本信仰，是在上帝面前人人平等。保罗在《加拉太书》章 28 节的宣告为时代树立了一项独一无二的标准："并不分犹太人、希腊人、自主的、为奴的、或男或女，因为你们在基督耶稣里都成为一了。"这种主张男人和女人、穷人和富人、奴隶和主人平等的思想，当然会受到广大

---

① ［德］毕尔麦尔等编著：《古代教会史》，雷立柏译，宗教文化出版社 2009 年版，第 46—47 页。

② ［英］爱德华·吉本：《罗马帝国衰亡史》上册，黄宜思、黄雨石译，商务印书馆 1997 年版，第 317—318 页。

③ 参见陈钦庄：《基督教简史》，人民出版社 2004 年版，第 94 页。

下层民的欢迎，也自然会引起作为奴隶主统治阶级代理人罗马政府的警觉。"基督教……在其产生时也是被压迫者的运动。它最初是奴隶和被解放的奴隶、穷人和无产者、被罗马征服或驱散的人们的宗教。"① 然而经过一段时间的发展，统治者也发现，基督教所说的平等并非现实生活中立即可以实现的平等，而是在彼岸世界、在末日审判中的平等。基督教思想家也利用《圣经》中的一些思想资源，向统治者说明自己本无意与当局对抗。如《圣经》强调，上帝的爱是宽容的，不仅要爱爱你的人们，也要爱那些仇恨你的人。耶稣说："要爱你们的仇敌，为那些逼迫你们的祷告。"（《马太福音》第 5 章 44）他甚至也曾为处死自己的人祷告说："父啊，赦免他们，因为他们所做的，他们并不晓得。"（《路加福音》第 23 章 34）所谓"仇敌"、"逼迫你们"的人，就是罗马帝国的统治者。耶稣甚至直接为统治者辩护，他说："在上有权柄的，人人当顺服他，因为没有权柄不是出于神的。凡掌权的都是神所命。……你们纳粮也是这个缘故，因为他们是神的差役，常常特管这事。"（《罗马书》第 13 章 1、6）这种适应性的变化，就为基督教从受压迫奴隶的宗教向为统治者服务的国教转向创造了条件。公元 2 世纪中期，基督教理论家查士丁强调，"基督教能促使帝国升平。除了不肯崇拜偶像之外，在一切事件上都是帝国忠顺的子民"。而拉丁教会第一个神学家特尔图良一方面奉行"分离主义"态度，即远离罗马这样一个邪恶的帝国，另一方面则谦恭地表示，"我们基督徒赤城举手，为所有的皇帝祈求长寿，祈求帝国安定，军队勇猛，元老院忠诚，老百姓讲道德，全世界的安宁"②。这有点像东晋高僧慧远写的《沙门不敬王者论》，一方面要求保持佛教特殊的礼节，另一方面也表达了佛教"协契皇极，在宥生民"的"辅政"功效，并得到了执政者的认同。

到公元 311 年罗马皇帝伽勒里乌斯临死之前发布了《宽容敕令》，标志着基督教在罗马帝国范围内获得了合法地位。公元 313 年，西罗马帝国的皇

① [德]恩格斯：《论早期基督教的历史》，《马克思恩格斯全集》第 22 卷，人民出版社 1965 年版，第 525 页。

② 参见陈钦庄：《基督教简史》，人民出版社 2004 年版，第 88 页。

帝君士坦丁发布了《米兰敕令》，结束了对基督徒的迫害。不过当时，罗马帝国的皇帝仍然是罗马宗教的大祭司，基督教只是国内诸种合法宗教中的一种。以后随着基督教的传播和发展，基督教的观念影响越来越大，罗马贵族纷纷皈依基督教，包括罗马皇帝。公元375年，皇帝革拉先宣布，自己不再担任罗马神庙的"最高祭司"，并禁止民众向传统神庙献祭。这说明，罗马帝国的统治者已经接受基督教的一神教观念，开始排斥其他宗教。公元380年，皇帝狄奥多西一世下令，除基督教外，禁止各种宗教活动，基督教正式成为罗马帝国的"国教"。过去犹太教的排他性，只表现为对外乡人入教的限制，而一旦基督教与政治权力结盟，成为罗马帝国的国教，那么其排他性就表现为对其他宗教的禁止与限制。中国学者指出："查士丁尼登上皇位以后，基督教的国教地位已经确立。但为了使基督教成为君主政治的驯服工具，帝国就需要有一个统一的宗教，因此必须打击和消灭所有的异端教派，这就需要通过法律把基督教的国教地位及其利益固定与合法化。"① 在罗马帝国其后的历史以及整个欧洲中世纪，宗教迫害一直是基督教的伴生物，对异端的宗教审判和对异教的军事讨伐始终不断。这一点与中国汉代"罢黜百家，独尊儒术"不太一样。中国的"罢黜"和"独尊"，主要是指在国家意识形态上，以儒教为正宗，国家只设立儒学博士，只在儒生中选拔官吏。但是在民间，道家、法家、墨家、阴阳家的著作照样流传，佛教、道教也可以成为国家认可的宗教。政府不会因信仰去审判、迫害他们，更没有宗教战争。

基督教把爱当成全部教义的纲领，认为："神爱世人，甚至将他的独子赐给他们，叫一切信他的不致灭亡，反得永生。"（《约翰福音》第3章16）所以他也把爱作为对教徒的基本要求。他说："你要尽心、尽性、尽意爱主你的神。这是诫命中的第一，且是最大的。其次也相仿，就是要爱人如己。这两条诫命，是律法和先知一切道理的总纲。"（《马太福音》第22章37—40）爱神和爱一切世人，是基督教的根本要求。正如英国历史学家所说："耶稣并没有创建一种新宗教的意图，他具有浓厚的犹太人特征。'福音书'

---

① 毛欣欣：《为万民立法：罗马人的贡献》，长春出版社2010年版，第110页。

中的许多警句都与法利赛人的教义相类似。像希勒尔一样，耶稣也讲授某种形式的'金规则'。像拉比们一样，他认为，'尽心、尽性地爱神'与'爱人如己'这两条是律法中最大的戒律。"① 为此基督教提出了"爱人如己"的道德信条："应爱人如己。"（《旧约·肋未记》19：18）"我给你们一条新的命令，你们应当彼此相爱；如同我爱了你们，你们也应该照样彼此相爱。"（《若望福音》13：34）人应当如何爱自己的邻人呢？《圣经》中提出了一个"道德黄金律"，其消极的方面表述为："你厌恶的事，不可对别人做。"（《多俾亚传》4：15）其积极的方面表述为："凡是你们愿意人给你们做的，你们也要照样给人做。"（《玛窦福音》7：12）② 从"道德黄金律"出发，《圣经》详细列举了人应当如何对待他人，特别是强调：爱邻人不仅应当包括爱自己身边的以色列人，还应当爱任何国家和民族的人。正因为基督教有一种超越民族、国家的"爱"，所以它也才有了跨民族、跨国家传播的能力。可以说，基督教不仅仅是犹太教的扩大或翻版，它充分吸收了古希腊、古罗马文明的成果，并与希伯来文明相融合，可以看成是西方世界轴心文明的丰硕成果。

五、罗马帝国对基督教的整饬

一旦罗马帝国的统治者将基督教定为国教，那么就一定要对其内容进行控制和调整，使其尽量符合自己统治的需要，其中一个最为棘手的问题就是宗教内部不同的神学争论。将持有不同信仰的人视为异教徒，这样一种思维习惯一旦形成，很自然地，将原本信奉同一宗教但是具有不同观点的人或派系，也称为异教徒。在基督教内部，"异端"首先是围绕着所谓"圣父、圣子、圣灵"的"三位一体"问题产生的。按照《圣经·新约》故事，是圣父耶和华使未婚的处女玛利亚受孕，生下了圣子耶稣。所以，耶稣也

---

① ［英］凯伦·阿姆斯特朗：《轴心时代——人类伟大宗教传统的开端》，孙艳燕、白彦兵译，海南出版社2010年版，第402页。

② 《若望福音》属天主教《新约》，在基督教《新约》中称《约翰福音》。《多俾亚传》是天主教《旧约》的篇章，基督教没有。《玛窦福音》在基督教被称为《马太福音》。

体现了圣父耶和华的圣神，即圣灵。这本来是宗教造神运动中宗教家自我神化的一种手法，在其他民族的宗教中也不罕见，可是基督教正统派一定要故弄玄虚，认为圣父并不是圣子的爸爸，而是一个真神的三个格位，三者虽各有特定的位分，却完全同具一个主体，而不是三个神，又非只是一个神。对于这种与常识相矛盾的神学理论，罗马教廷认为不能靠理性来理解，只能用信仰去接受。当罗马帝国将基督教立为国教，并随着帝国统治范围的扩大而推广到其他民族中的时候，具有不同文化源头的各民族成员，对于这种玄奥的"三位一体"理论，就开始出现了差异化的理解。公元318年，利比亚教区主教阿利乌斯对"三位一体"提出了自己的见解。他认为基督既然是"受造者"，那他就不能又是造物主。从人类的常识出发，他不能既是父亲，又是儿子，所以圣子应当低于圣父。他从自己对"三位一体"的认识推导出，上帝是唯一真神，所以不能说基督也是神，他不能与上帝同体、同性，而只是一个最完善的"首生的"受造物。阿利乌斯的见解受到正统派的围攻，被定为"异端"，革除教职。但是，阿利乌斯派的信徒并没有放弃自己的信仰，仍然不时与正统派争论。

面对基督教内部的教义争论，已经皈依基督教的君士坦丁大帝深深感到了对于统治的妨碍。当宗教作为一种精神现象，仅仅是人民的精神慰藉时，统治者可以不去干涉宗教内部的纷争，就像罗马帝国内部存在了几百年的神秘宗教，并没有引起太多的关注。但是，一旦某一种宗教成为统治者的御用宗教，成为国家的政治哲学，那么其中的争议就有可能引起政治的不稳定。公元4世纪时罗马正统教派与阿利乌斯派关于"三位一体"的争论，就成为罗马王权与地方政权的关系问题。325年，君士坦丁大帝在小亚细亚北部尼西亚城召开了世界性主教会议，邀请300名世界各地的主教参加，讨论"三位一体"问题。会上还以主张"父先于子，子为被造而次于父"的阿利乌斯为一方，以坚持"父子同质，子为道成肉身"的亚大纳西为另一方，展开复杂的斗争。这场争论在一定程度上也反映了当时帝国内部各民族以及各地方势力间的矛盾。君士坦丁一世原本对神学问题并无兴趣，因而想以妥协的办法来平息争论以利于帝国的统治。最后，根据何西乌的建议，以该撒利亚主教、教会史家犹西比乌所提出的信经为基础，添上父子"同质"一词，由皇帝施加压力强行通过，作为正统三一论教义的标准。这个信经后经第一次君士坦丁堡公会议修改，成为后世大多数教会所公认并接受的《尼西亚信经》。

在基督教被定为"国教"之后，"为了使基督教成为君主政治的驯服工具，帝国就需要有一个统一的宗教，因此必须打击和消灭所有的异端教派，这就需要通过法律把基督教的国教地位及其利益固定与合法化"[①]。公元 381 年，罗马帝国皇帝狄奥多西一世在君士坦丁堡再次召开宗教会议，决心彻底解决阿利乌斯派的问题。会议重申了《尼西亚信经》，再次谴责阿利乌斯派为异端，把他们逐出帝国。此后，阿利乌斯派退出罗马而向东方发展。可是思想是不能用政治权力压服的，公元 428 年，又有安提阿的主教聂斯托利提出了"二性二位"说，"否认基督的神性与人性结合为一个本体，而认为其神性本体附在人性本体上，因此不同意把玛利亚称为'上帝之母'，最多可称为'基督之母'"。这种观点也被认为是背离了正统的"三位一体"学说，受到正统派的攻击。可是聂斯托利并不甘心放弃自己的观点，继续与正统派争论，公元 435 年，罗马皇帝感到过分争论不利于维持统治，下诏令宣布聂斯托利派为异端。以后，聂斯托利派也主要向东方发展，在罗马帝国的边缘波斯地区获得了许多的信徒，并逐渐经由西域进入我国，即唐代传入中国的景教。

六、"两希文明"在罗马帝国结合的原因

雅斯贝斯在论证轴心文明的成果时说过这样一段话，"西方为自己创造了两种普遍性文化结晶，文化由此获得了延续发展的生命力：罗马帝国和天主教教会，它们结果都构成欧洲意识的基础"[②]。罗马帝国是希腊文明的硕果，天主教会则是希伯来文明的硕果，可两颗奇妙的果实是如何生长在罗马帝国这一棵大树上，这是理解西方文明的关键，也是说清楚中西方政教关系

---

① 毛欣欣：《为万民立法：罗马人的贡献》，长春出版社 2010 年版，第 110 页。

② [德] 卡尔·雅斯贝斯：《历史的起源与目标》，魏楚雄、俞新天译，华夏出版社 1989 年版，第 72 页。

异同的关键。笔者认为，有如下一些条件成为两希文明合流的必须。

第一，古希腊、古罗马文明丰厚的神话资源。与中国轴心时代相似，古希腊和古罗马的思想家都曾经激烈地对传统宗教进行了批判。不过欧洲文明没有走上"敬而远之"的道路，而是在罗马帝国时代将一种"外邦的宗教"奉为自己的国教，这与古希腊丰厚的神话资源有关。经过几百年的流传，古希腊神话已经深入人心，即使在人们对古代宗教进行检讨的时候，他们所使用的语言作料也经常与这些神话素材密切相关。比如受古希腊神话神灵创世纪思维方式的影响，古希腊哲学都是从探讨宇宙本原开始的，而这种探究在当时的科学、思维发展水平上，很难彻底解决，所以很多哲人最终又都绕回到了世界的创造者是神的原点。这与中国轴心时代的哲人"存而不论"的思维方式不同。没有神话思维的"探源"模式，中国哲人并不会感到止步于"六合之内"有什么不圆满。既然世界就是祖先、圣贤创造的，那么世俗社会的纲常伦理安排妥当，也就可以解决一切问题了。相反在希腊神话思维的基础上，一旦接触到一种可以让哲人们信服的宗教，他们便会将其视为终极价值。

第二，古希腊哲学对于宇宙本原穷极人类思想极限的追寻，成为基督教广泛传播的哲学基础。从第二章关于古希腊哲学启蒙的论述中我们不难看到，苏格拉底关于人们美德、灵魂的探讨，最终还是归于神的力量；柏拉图为了论证"理想国"中民主制度的秩序，也需要用古代的神灵来教化苦难的芸芸众生；亚里士多德在探讨推动宇宙运动的"第一原因"时，最终只能导出全能的神。古希腊哲学关于世界本原问题的探讨，对于推动科学的发展，促进理论思维能力的提升无疑具有巨大的意义。可以心平气和地说，古希腊的科学水平和理论思维水平是高于中国先秦诸子的。中国毕竟没有创造出阿基米德的物理学和亚里士多德的逻辑学体系，尽管这一点并不影响中国当时在应用技术方面并不比西方差。不过关于世界本原的苦苦追索，很容易碰到人类认识能力的极限。世界的无限可知性，只能在人类世代的更替中实现，可是在每一代具体人的思维中，这种探索很容易跨界，用一些非实证的想象去替代科学的证明。所以，当古希腊哲人们在人类思维能力的边界线上，往往得出"神力"的结论。而到了罗马帝国，当各种怀疑主义的哲学思维将人们的视线引向哲思疲劳和不可知论的时候，希伯来的上帝出现了，全知全能的上帝自然成为本原问题的最好回答。

第三，犹太教丰厚的宗教思想资源，也成为两希文化合流的重要原因。犹太教的起源要早于古希腊文明，可以追溯到公元前 1500 年，基本上与"四大文明古国"相当。只是因为犹太文明的规模较小，所以没有被称为第五大文明。但是，如果从后来的影响以及从未间断的角度看，也应当把犹太文明视为世界性的古老文明。从摩西带领犹太人走出埃及，到大卫王、所罗门王创立以色列、犹大古国，再到"巴比伦之囚"期间犹太先知在轴心时代完成了创造性转变，经过一千多年的建设，犹太教已经具备了向世界性宗教发展的潜力。犹太教《圣经》中的上帝，不仅全知全能，而且至善至慈，可以解决古希腊哲人所困惑的美德、宇宙的本原问题。

第四，斯多葛学派服从命运安排的观念，成为基督教在欧洲土地上生根的直接土壤。古希腊哲人精妙深奥的哲思，只能解决少数哲学家的精神安顿问题，对于那些没有能力进行如此复杂理论思考的普通人，特别是那些连受教育机会都没有的奴隶，这些玄奥的哲思只能让人心烦意乱，如坠五里云雾之中。对于广大不可能通过学习和思考改变命运的普通人，服从命运的安排则是一种简单而又实用的安慰剂。因此，斯多葛学派在罗马帝国逐渐成为哲学的主流，服从神意就是自由，反抗神意没有用处，反对追求幸福生活的努力，安于无知无欲的贫贱生活等思想，因受到统治者的提倡而在社会上广泛流行。这些思想与基督教忍辱负重、安于贫贱、禁欲苦行、等待来世幸福天堂的观念不谋而合，使之可以顺利接入。

第五，古罗马帝国对于东西方结合部的统治，成为两希文化汇合的物质条件。两种文化的大规模结合，需要一定的物质条件。没有汉武帝抗击匈奴打开河西走廊，就没有佛教大规模进入中国的社会条件。希腊化时代马其顿帝国建立跨地中海国家，成为东西方文化交流的先声，而罗马帝国占领巴勒斯坦地区，将大量犹太民众掳到罗马帝国境内，则成为犹太教在传播过程中转型为基督教的物质条件。

第三节　后轴心期中西政教关系比较研究

中西方政教关系的基因虽然是在轴心时代形成的，但是其定型却只能在后轴心时代。道理很简单，无论中国还是希腊、希伯来，其轴心时代都处于政治分裂、战争频仍的状态，这样一种社会状态虽然给了忧国忧民的圣贤们足够多的思想需求和自由思考的空间，但是过于自由的环境使得思想产生容易，定型发展困难。后轴心时代的秦汉帝国和罗马帝国，形成了相对稳定的社会、政治环境，强大的帝国政治势力对于某一种思想、宗教的选择，也就会同时给它足够的规范、整饬和推广，使它能够超越思想家的学园，成为一种民族的共识。儒教和基督教有幸得到了这样的机会，成为东西方两种文化的基础。简而言之，后轴心时代东西方人形成的对于宗教、政治关系的一些基本思想异同有这样几点。

一、中西政教关系的差异性

（一）"大一统"集权政治与分权制衡政治

"大一统"思想是儒家政治哲学的重要组成部分，孔子提出这一学说的立意，在于突出天子的权威，抑制地方诸侯的分裂。孔子说："天下有道则礼乐征伐自天子出；天下无道则礼乐征伐自诸侯出。"（《论语·季氏》）不过孔子的理想社会建立在西周的封建制基础上，其"大一统"的思想难以落实。秦王朝采用法家思想治国，"废封建，立郡县"，使"大一统"思想有了坚实的政治基础。商鞅认为："权者，君之所独制也。人主失守则危……权制独断于君则威"（《商君书·修权》），法家为中国"王权思想"提供了理论。汉王朝取消了秦朝过度严苛的法律制度，但是坚持了秦朝集中君主权威的郡县制，在儒家"大一统"思想和法家"君主集权"观念的共同作用下，逐渐完善了君主集权制度，形成了绝对的政治统治权力。

西方"王政时期"的早期国家则起源于"部落联盟"，在古希腊城邦和罗马共和国，西方人则把权力制衡的思想逐渐完善成各项制度。古希腊的贵族会议和人民大会，对于执政官有明确的限制规定。罗马共和国建立的议会和元老院，对于执政官的任期和罢免都有相关的规定。就是到了罗马帝国时代，皇帝在一定程度上也要受到元老院的掣肘。赫赫有名的恺撒大帝，就死在了元老院的议事大厅中。罗马皇帝的产生不是中国那样的"父死子继"或"兄终弟及"，而是通过各种利益集团的博弈、争夺产生的，各种军阀占有很大的发言权。基督教获得合法地位，甚至成为"国教"之后，也是政治权力体系之外的孤立存在，具有与权力抗衡的能力。因此西方没有中国那样"张口为经，吐字为法"的帝王，政治权力没有绝对权威性。

（二）政治意识形态的世俗化与宗教化

中国当代国家的主体民族被称为"汉族"，主要原因就在于汉族文化的奠基是在汉朝完成的，其中"罢黜百家，独尊儒术"政策的实行产生了极大的作用。"罢黜百家，独尊儒术"的含义不同于秦王朝的"焚书坑儒"，不是在社会禁绝一切儒家以外的文化流传，而是指在官方教育体系内只设立"五经博士"，而将研习道、法、阴阳诸家的学者屏蔽于国家教育体系之外，使之不能进入官僚体系之内。儒家垄断了教育和官员选拔体系之后，实际上就形成了政治意识形态的垄断。上一章我们已经分析，儒家政治哲学的主体是孔子开创的"德治主义"，在汉代经过董仲舒的加工，吸收了法家和阴阳家的部分内容，形成了"德主刑辅"的完整政治体系。使之不但有政治的理论设计，也具有了可供操作的工具手段，在此后两千年的君主集权社会成为指导国家发展的政治意识形态。尽管经过历代儒家学者的改造，古代宗教变成了"宗法性传统宗教"，在政治上仍然发挥象征符号的作用，但是儒教的本质属于世俗的政治哲学是当代大多数学者的共识。

基督教从犹太教发展而来，不仅突破了犹太教不对外族传教的历史传统，而且赋予了新宗教更多与罗马帝国统治者相协调的内容。随着基督教传播范围的不断扩大，越来越多的贵族成为教会信徒，罗马帝国也逐渐转变了对基督教防范打压的态度。从公元313年宣布基督教合法化，到公元380年宣布基督教成为罗马帝国的国教，基督教也开始处于"独尊"的地位。基督教建立在上帝创世、亚当夏娃原罪、基督道成肉身、受难赎罪、基督复活等一系列超验的神学基础上，形成了西方政治宗教性的大背景，与中国政治世俗性的大背景是大相径庭的。

（三）信仰上的"敬而远之"和"虔诚信仰"

回溯中国的春秋战国时代，百家争鸣的先秦诸子都是从古代宗教的母体中分化出来的，有"诸子出自王官"（《汉书·艺文志》）之说。不过通过第二章的论述我们可以发现，没有一家对于古代宗教抱有坚定的信仰。虽然墨家提倡"尊天明鬼"，但是实用主义的利用居多，仅仅将宗教当成手中的工具。同时坚定的无神论也不多，儒家怀疑鬼神却不反对祭祀祖宗，法家打击巫鬼势力却没有在理论上对其进行彻底清算。所以孔子说："务民之义，敬鬼神而远之"、"神道设教"就成为后世一切统治者处理宗教问题的根本指针；而孔子所说"祭神如神在"、"吾不与祭如不祭"则成为普通民众对于宗教的基本看法，去求神拜佛只是为了现实的利益，并无精神寄托的需要。结果各种超验的宗教都成了实现政治诉求的工具，"无事不烧香"、"临时抱佛脚"成为一种社会上下各阶层的共识。

西方人在宗教问题上与中国人根本相反，形成的原因就在两大源头都有一种对于宗教的虔诚需求。希伯来人自古历经苦难，对于耶和华的信仰就是这个民族得以存在的唯一根据。因此他们无论在如何艰难困苦的环境中，都不会放弃对教会的追随。希腊人对于古代神话中奥林匹斯诸神的虔诚虽不如希伯来人，但是在希腊哲学中养成的对于世界本原问题的苦苦追寻，则使他们一旦接受了基督教，将立即变成了对于上帝存在的不懈探寻。因此，一旦罗马帝国将基督教定位于国教，其对全民的精神控制就处于牢不可破的地位。相反在汉代的中华帝国，由于主体性质属于世俗伦理的儒教处于主导意识形态，其他宗教则只能在辅助教化的位置上寻得安身之地，不论它是中国自生的，还是外国传来的。

（四）一元宗教统治与多元宗教并存

基督教从犹太教发展而来，尽管增加了很多对其他民族成员的包容性的因素，但是却保留了犹太教的基本戒律"除我之外，你不可信其他的神"。将基督教定为国教之后，信仰基督教的罗马国王立即利用手中的权力来践行基督教的戒律。在犹太教和未成为国教之前的基督教中，排他性的戒律仅仅是维持信仰体系纯洁性的防御性手段。但是一旦成为国家政治意识形态，其排他性就成为一种物质性力量，对国内其他宗教进行打压。公元375年，罗马皇帝革拉先宣布，自己不再兼任罗马古代宗教的最高祭司，使古代宗教退出历史舞台。其他的各种民间秘密宗教自然更是难存身。即使基督教中的非正统派，也被视为"异端"受到严厉的打击，开启了此后一千多年中世纪排斥异端、宗教迫害的历史。

反观中国的汉代，世俗性的儒教成为国家意识形态，尽管在政治领域实行"罢黜"和"独尊"，但是在精神、信仰领域内，对于那些以超验内容为主题的宗教，国家则在"敬而远之"、"神道设教"指导思想的引导下，宽容相处，乐见其成为自身的补充。两汉之际佛教初传，王朝的统治者将其视为"异域风俗"对其予以敬奉。其后佛教"生死轮回"、"因果报应"说在社会上广为流传，不仅填补了儒家因对彼岸世界"存而不论"在个人精神上留下的空白，还很好地填补了政治公平理论上的缺失。① 东汉末年道教的形成，王朝对于道教引发的农民起义和地方割据进行了严厉的打击，但是对于归顺的道教领袖，魏晋统治者则乐于与这些善于"修长生术"的高道们交朋友，从此奠定了中国古代社会多元宗教并存的局面。在当今文明世界普遍认可宗教信仰自由的时代看也许算不得什么，但是如果我们将其与西方、中东中世纪的"宗教迫害"相比，其文明的高度是显而易见的。

---

① 参见张践：《因果报应论对传统政治正义观的补充》，《理论学刊》2007年第1期。

二、中西政教关系的相似性

（一）儒教与基督教同君主集权存在矛盾

作为轴心时代思想的结晶，儒学和犹太教以及从中分化出的基督教，都曾同君主集权统治产生过矛盾。原始儒学崇尚三代圣王的"礼乐之制"，主张恢复包含着人文精神的宗法分封制度，这与实行君主集权的郡县政体发生了尖锐的矛盾。秦朝初年发生的"法先王"与"法后王"、"崇古"与"尚今"的争议，本质上还是这种宗法分封制与君主专制制度的矛盾，从而导致了儒学在秦朝"焚书坑儒"的厄运。

罗马从共和国变成了帝国，在意识形态方面突出的变化就是加强了皇帝崇拜。美国学者杰弗斯指出："公元 1 世纪期间，对在任皇帝的崇拜在公共生活中已得到认可。皇帝以守护神的名义进行宣誓。希腊术语'主'被用来指尼禄皇帝。"① 但是，这种崇拜活动受到犹太人"以死相阻"，但他们也因此受到了罗马当局的敌视。基督教继承了犹太教"一神崇拜"的基本教条，也是不参加这种可能混淆"偶像崇拜"的祭祀活动，所以早期受到打压也是在所难免的。

（二）儒教与基督教都能够与君主社会相调和

儒学与基督教都能够及时在发展中与君主专制社会相协调。原始儒学崇尚三代具有原始民主精神的宗法分封制度，反对定君主为一尊的君主集权制度。但是，秦汉的社会现实证明，中央集权的君主集权制度才是使中国走出五百年诸侯混战局面的唯一可行办法。汉初实行局部的分封制再次证明，恢复"三代分封制"的所谓社会理想很不现实。因此一些儒生也开始转变观念，不再攻击现行社会制度，而且在理论上也吸收了包括法家、道家、阴阳家等

---

① ［美］杰弗斯：《古希腊—罗马文明：历史和背景》，谢芬芬译，华东师范大学出版社2013 年版，第 102 页。

多家的学说，使汉代儒学高度适应秦汉的社会现实。"三纲五常"的提出，就充分说明汉代儒家成为配合君主统治的最佳方式。

基督教也是一样，早期基督教是罗马帝国内被压迫人民悲观情绪的产物，在反抗帝国统治无望的情况下，基督教只能为民众指出一条到彼岸世界寻找幸福的道路。从这种意义上说，恩格斯将其视为"被压迫者的运动"①。但是，随着基督教徒与罗马贵族接触的增加，双方的态度都发生了适应性变化。"从公元 2 世纪中期开始基督教理论家查士丁强调，'基督教能促使帝国升平。除了不肯崇拜偶像之外，在一切事件上都是帝国忠顺的子民。'"②他甚至说："我们基督徒赤城举手，为所有的皇帝祈求长寿，祈求帝国安定，军队勇猛，元老院忠诚，老百姓讲道德，全世界的安宁。"③ 这种理论的变化，使得罗马帝国改变了对基督教的镇压政策转而扶植利用，甚至使其替代原有的罗马宗教成为"国教"。

（三）统治者对作为"国教"的儒教、基督教进行整饬

不论儒学与基督教性质上有多大的差距，但是一旦被定为"国教"，就一定被统治者牢牢控制在自己的手中。汉武帝采纳了董仲舒的奏议，"罢黜百家，表章六经"（《汉书·武帝纪》），将儒学定于一尊，成为国家的政治意识形态。这样做虽然将法家、道家、墨家等先秦诸子从国家意识形态体系中删除出去，但是儒学内仍然存在很多流派，意见分析。作为一种哲学体系，内部存在争论是好事，正好可以促进学说的发展。但是一旦成为国家意识形态，就必须具有明确的规范性，方能够改变"今师异道，人异论，百家殊方，指意不同，是以上亡以持一统"（《汉书·董仲舒传》）的局面。规范性和稳定性是意识形态的主要特征。特别是经过秦始皇"焚书坑儒"的文化摧残，原始儒学经典散乱流失。在重新整理经典的过程中，产生今文经学和古文经学，今古文经学中各派别的认识差异肯定是必然的。于是汉宣帝时代的"石

---

① 《马克思恩格斯文集》第 4 卷，人民出版社 2009 年版，第 475 页。

② 转引自高春常：《世界的祛魅：西方宗教精神》，江西人民出版社 2009 年版，第 148 页。

③ 陈钦庄：《基督教简史》，人民出版社 2004 年版，第 88 页。

渠阁会议"和汉章帝时代的"白虎观会议",就是对政治学术理论集中调整的大事件。

同样,基督教作为一种世界性的宗教,本身是从犹太教中发展而来,又在地中海周边众多的民族中传播,吸收了那些民族不同的传统文化。在这样的情况下,要保持对于基督教的统一认识,方能够使宗教为政治权力服务。当君士坦丁大帝宣布基督教为罗马帝国国教的时候,在基督教内部存在着关于"三位一体"的争论。"这场教会纠纷虽然是教会内部矛盾,而且只是神学问题的争论,但显然不利于君士坦丁大帝的统治意图。为此,君士坦丁采纳了西班牙柯都伐主教何西乌(Hosius)的建议,在离君士坦丁堡 50 英里的尼西亚城(Nicaca)召开全国范围的宗教会议,参加会议的有 318 名主教……会议由何西乌主教主持,君士坦丁大帝在开幕式上训词,反对教会分裂,隆重宴请与会代表并举行了盛大的阅兵典礼。会议秉承君士坦丁的意志,在神学辩论中反对阿利乌派,起草了《尼西亚信经》以统一思想,平息争论。"[1]

(四)儒教与古罗马"国教"对于个人精神的观照不足

中国的儒教和古罗马传统"国教"作为国家意识形态,社会政治的性质比较强,但是对于个人精神的观照则相对不足。美国学者杰弗斯指出:"经证实,一些人对希腊人和罗马人的国教不尽满意。对于那些渴望救赎的意识,以及那些与神有更个人化密契的人们来说,他们经常会在秘密宗教中寻找一些东西。"[2]结果在中国,儒教对于个人精神的安顿功能方面存在的空间,不久就被两汉之际传来的佛教和东汉末年形成的道教填补上了,最终在中国形成了儒释道三教合一的局面,一些西来小型宗教和民间宗教也可以合法存在。而到了罗马帝国,这种既能论证政权合法性,又能达到安顿民众精神的宗教功能,则被基督教所获得。基督教既可以论证封建君主的政权来自

---

① 王美秀、段琦、文庸、乐峰等:《基督教史》,江苏人民出版社 2006 年版,第 55 页。

② [美]杰弗斯:《古希腊—罗马文明:历史和背景》,谢芬芬译,华东师范大学出版社 2013 年版,第 96 页。

上帝的授予，又可以为那些对罗马帝国每况愈下的现实不满的贵族、军人、平民、奴隶提供精神慰藉。因此在西方，基督教成为绝对垄断的意识形态。但是基督教不是世俗化的儒学，其自身的宗教排他性，不允许其他宗教合法存在。

第四章　中西政教关系的重大差异：欧洲中世纪和中国的中古时代

在宗教学的研究中，信仰对象千差万别，但因人而异，并不构成"宗教问题"，真正成为问题的，主要是世俗国家与宗教组织的权力分配问题，成为政教关系研究的主题。比较中西方政教关系史，其差异最大，莫过于欧洲的中世纪和中国的中古时代。而对于近现代社会发展的影响之深远，也无过于这个时代。从远古文明起源就形成的差异，在这个时代已经日臻成熟，充分展开，对中西方文明的进程产生了完全不同的影响。因此近代以来政教关系的研究，最引人瞩目的焦点、最有值得比较的部分，也都集中于此。

第一节　关于时代划分的若干问题

一、时间划分上的中西异同

中国与西欧，历史的发展走了不同的道路，其中有很多不可比的因素。如上几章我们所分析，欧洲从部落联盟进入文明社会，而中国则是从酋邦时代进入文明社会；欧洲以切断氏族血缘纽带的方式建立国家政权，中国则是在氏族血缘纽带的基础上建立国家政权；欧洲轴心时代的精神启蒙接受了浓厚的宗教文化因素，而中国则是在淡化宗教文化的背景下形成世俗哲学……。然而在近代化大潮中，中国被西方裹挟进新的世界秩序中，与自己不得不与之对抗又必须向其学习的西方之间，只能按照强势的西方思维定式进行比较研究，以便确定自身的文化定位，明确自己的前进方向。在政教关系问题上，也只能如此，一般将西方的"中世纪"概念作为一个比较研究的时间维度。

关于西方的中世纪概念，西方史学界也存在争议，一般把"蛮族入侵"（4世纪末）、罗马教皇制度的形成（445年罗马皇帝发布诏令，授予罗马主教利奥一世治理教会的全权，被认为是教皇制形成的标志）或西罗马帝国灭亡（476年）定为其开端，而将"新航道发现"（以哥伦布发现新大陆的1429年为标志）、14世纪末的"文艺复兴"或"宗教改革"（以1517年马丁·路德发表《九十五条论纲》为标志）作为其结束。总体而言，西方的中世纪定在公元4世纪末至16世纪初的一段时间内，相差不多，而且有社会的结构性变化和标志性的历史事件作为划分的原则与尺度。

但是在中国，与西方相应的时间段内，却没有相应的结构性变化和历史事件。从社会结构的角度看，秦汉帝国结束了夏商周三代的分封制度，建立了以帝王专制制度为特色的中央集权政府，并稳定地发展了两千多年，直到1840年帝国主义的坚船利炮打破了古老帝国的秩序，把中国拖进了"近代社会"。如果单独进行中国历史诸方面的研究，这构成了一个完整的文化单元。可是如果进行中西方的比较研究，如此长的历史时期可以涵盖西方几个历史阶段，可比性就比较小了。既然我们本书的标题是"中西政教关系史比较研究"，其中的主题词"政教"选用的是西方式的概念，与中国自古"政教"概念相差甚远。[1] 那么我们在时间上也基本是用西方式的概念，勉强以西方的中世纪作为比较的基本时间参照系。

在中国的古书中，有"上古"、"中古"、"下古"，"上世"、"中世"、"下世"等说法，例如《易·系辞下》："《易》之初也，其于中古乎？"《韩非子·五蠹》："上古竞于道德，中世逐于智谋，当今争于气力。"《汉书·艺文志》："伏羲为上古，文王为中古，孔子为下古"等。其上、中、下的定位往往由作者的时代为定位的坐标点，在春秋的人看孔子就是今世，而到了近代中国学者

---

[1]　参见张践：《中国古代政教关系史》（上卷），中国社会科学出版社2012年版，第7—10页。

参照西方历史学的方法写作中国历史，则有了梁启超《中国史叙论》将"自皇帝以迄秦之统一"为"上古史"；"自秦统一至清代乾隆之末年"为"中世史"；"自乾隆末年至于今日"为"近代史"的说法。夏曾佑的《中国古代史》提出：以远古至西周末年为"上古之世"，由秦至唐为"中古之世"，宋以后至清为"近古之世"等。

　　历史学家划分历史时期自有历史学家的依据和尺度，我们进行政教关系的研究，似乎也应当有自己的划分标准。以中国的政教关系发展看，秦汉时期是儒教形成国家意识形态时期，决定了中国历史世俗化的特性，其性质大致与罗马帝国基督教形成并成为国教相当。而魏晋至宋元则是一个宗教文化发达的时期，"三教之争"与国家寻找宗教管理方法成为政教关系的主题。明清时代则是君主专制制度高度成熟，儒学处于意识形态绝对强势地位，各种宗教被边缘化的时期。所以我们把魏晋至宋元看成可与欧洲中世纪相比较的政教矛盾突出时期，在称谓上参照中国特色称其为"中古之世"。而相应的，对于西方历史划分也做一点调整，从政教关系的发展着眼，将罗马教皇制度形成（455年）看成中世纪的开始，而将1517年马丁·路德发表《九十五条论纲》作为中世纪政教合一的结束，近代政教分离时期的开始。

二、欧洲中世纪和中国中古时代的经济、政治

　　在比较中西方政教关系之前，我们先看看两方面的经济、政治背景。马克思主义的历史唯物主义学说，总是从生产力决定生产关系、经济基础决定上层建筑的角度观察社会历史的结构，并以此判断社会的性质。马克思和恩格斯在研究欧洲中世纪社会性质的时候指出："封建时代的所有制的主要形式，一方面是土地所有制和束缚于土地所有制的农奴劳动，另一方面是拥有少量资本并支配着帮工劳动的自身劳动。这两种所有制的结构都是由狭隘的生产关系——小规模的粗陋的土地耕作和手工业式的工业——决定的。"[1] 欧

---

[1] 《马克思恩格斯文集》第1卷，人民出版社2009年版，第523页。

洲中世纪的生产方式，基础是小农经济，使用简单的手工业工具在土地上进行劳作，而土地的所有权则主要归封建主所有，广大的农民对土地和封建主具有一定的人身依附关系，成为他们的农奴。同时，社会上也存在一批拥有少量土地和其他生产资源的自耕农和手工业者，作为封建生产方式的补充。从生产力发展水平和生产关系中所有制关系角度着眼，中国中古时代与欧洲中世纪虽不完全相同但也有很多相似性，同样也是以小农经济为主要生产方式，以大土地占有土地所有制为主要成分，以少量的自耕农和手工业者为社会经济的补充。所以，我们说欧洲的中世纪和中国的中古时代具有社会经济结构上的可比性，两者具有相似的经济基础。

但是，由于历史文化传统的差异，欧洲与中国在近似的经济基础上建立的社会政治结构则有很大的差异。欧洲的"封建制度"或"封建主义"（feudalisum）一词，是从法律文献"封土之律"（Libei Feudoeum）发展而来，原来是指土地层层分封制度。按照欧洲的文化传统，这种关系的建立都是依据相关的契约。"封君和封臣的权利和义务关系，是通过双方的约定（大多都是口头约定）来缔结的，久而久之就变成了封建习惯。如果一方违背了应尽的义务，约定就自动解除。表面上看，这一约定是约束双方的，但实际上，这却是一种不平等的人身统属和依附关系。如果封臣不效忠和反叛，封君就有权扣押封臣的人身和家属，收回所有的封土。当然，如封君不履行其义务，封臣即可摒弃其对主人的效忠，而对封君的侵害，封臣也可以进行抵抗。"① 正是基于这种层层分封的关系，就出现了"我的附庸的附庸不是我的附庸"这样的分权关系，致使欧洲中世纪很难建立君主的中央集权统治。例如"神圣罗马帝国"是中世纪欧洲的霸主之一，其实质是依靠教皇支持的德国君主对欧洲大部分地区的霸权统治。但是这样一个貌似强大的帝国却也有其致命的弱点，即德国的皇帝不是世袭的，而是由地方的诸侯选举产生的。德国境内出现了垄断皇帝选举权的七个"选帝侯"，可以决定皇帝的废立。他们是科隆、美因茨和特里尔三个大主教，萨克森公爵、巴拉丁伯爵、勃兰

---

① 孟广林：《世界中世纪史》，中国人民大学出版社 2010 年版，第 33 页。

登堡侯爵和捷克国王。在这些具有政治、经济、军事、司法独立权的强势诸侯面前，皇权羸弱，难以建立强大的国家政权。

特别值得重视的是，在德国的七个"选帝侯"中，居然还有科隆、美因茨和特里尔三个主教区的大主教。这是由于在欧洲中世纪，基督教的教区往往掌握大量土地，封建君主像对待其他封臣一样，也把分封土地上的各种政治、经济、军事、司法权力授予这些主教们。主教和大主教与世俗伯爵一样是封臣，承担附庸应该履行的所有义务，享有与其他诸侯一样的各种权利。其中罗马教皇就成为欧洲最大的封建领主，利用教皇为法兰克帝国创始人"矮子丕平"行"涂油加冕礼"的功劳，丕平于 754 年和 756 年，两次出兵意大利打败伦巴德人，并将夺得从罗马到拉文纳的狭长地带及其诸城市赠送给教皇。除了这些领地，教皇还有用很多的经济来源，如各国封建君主、贵族的赠与，各地修道院的"保护费"，与世俗君主建立采邑关系而获得的采邑税，欧洲教民上交的"什一税"，12 世纪后又增加了"十字军税"、"地役税"等。有著作统计："13 世纪末期，罗马教廷仅什一税一项的收入就是法国王室收入的 3 倍，汤普森认为 13 世纪罗马教廷的收入比那时候欧洲全部国王的收入的总和还要多。"[①] 正是由于教会具有这样强大的经济实力，所以在中世纪教会才能够与各国的封建国王分庭抗礼。

反观中国，将与欧洲中世纪封建社会相近似的一段时间也称为"封建社会"则是一个很大的历史误会。当年严复在翻译西文时，把 feudalisum 译成了"封建主义"，主要是因为中世纪的欧洲很像中国古代夏商周三代的"分封建国"。天子是天下的共主，将天下的土地分给自己的兄弟、子侄管理，共同拱卫京师。在每一个诸侯国内，诸侯又把国内的领土分封给兄弟子侄，共同管理国家。三代的国家就是由这样层层的封建关系组成，构成了大宗与小宗的关系。但是，中国秦汉以后的成熟国家，以破坏夏商周三代的"封建制"为条件，故中国秦汉以后的国家体制，就成为一种与

---

① 王亚平：《西欧中世纪社会中的基督教教会》，中央编译出版社 2011 年版，第 105 页。

封建制完全对立的君主专制制度，形成了与欧洲中世纪完全不同的政治环境。近代以来把中国秦汉以后的社会称为"封建社会"完全是一种"误译"，是当时欧洲中心主义的体现。高度中央集权的君主专制制度，就使得中国秦汉以后各种宗教的发展环境，完全不同于欧洲中世纪的封建社会。中世纪的欧洲各个国家权力分散，君权弱小，而在各国帝王之上，则有一个强大、统一、集中的罗马教廷。而在中国，君主掌握着社会上一切政治、经济、军事、文化权力，而且历代君主都在不断加强王权，因此欧洲那种教权凌驾于王权、宗教制衡国家的情况，在中国根本不会出现。中国古代的寺观虽然也有很多地产，但是他们仅仅可以享受土地的经济收益，对于当地的政治、司法权力，则完全不能由出家人染指。魏晋时代佛教初传，曾经效仿印度想要有"不拜王侯"的特权，但是经过几轮的较量，最后中国的僧人还是要对中国的政治环境低头。隋唐中国重新统一之后，王权进一步加强，从隋炀帝开始，便要求僧尼跪拜君王。此事后来受到众僧侣的抵制，暂时作罢。到了唐太宗时，考虑到隋炀帝的教训，他没有直接要求僧尼跪拜君王，而是要求僧尼跪拜父母。在中国极度重视孝道的社会氛围中，出家人也不好坚持像印度那样让父母跪拜自己，只好接受了这一规定。最后到了唐玄宗，再次发布了《令僧尼拜父母诏》。诏曰："道教释教，其来一体，都忘彼我，不自贵高。近者道士女冠，称臣子之礼，僧尼企踵，勤诚请之仪。以为佛初灭度，付嘱国王，猥当负荷，愿在宣布，盖欲崇其教而先于朕者也。自今已后，僧尼一依道士女冠例，兼拜其父母，宜增修戒行，无违僧律，兴行至道，俾在于此。"道教作为中国的本土宗教，早已拜倒在王权之下，唐玄宗要求僧尼像道士女冠一样，拜天子兼拜父母，"称臣子礼"。这道诏令，可以说对佛教的身份作了一个明确的界定，即只要在中华大地上生活，就必须是天子的"臣子"，而不得再以方外之宾的身份与皇帝分庭抗礼。皇帝不仅是俗人的最高统治者，而且依照佛教经典，"佛初灭度，付嘱国王，猥当负荷"，皇帝也是出家人的管理者。所以皇帝不能允许佛教"崇其教而先于朕"。在中国的土地上，"普天之下，莫非王土；率土之滨，莫非王臣"（《诗经·小雅·北山之行·北山》），"国无二主，家无二尊"，中国的皇帝不允许任何形式的"不臣之民"存在。无论正史还是僧传，对于这一次僧尼必须致拜君亲的诏令，僧侣们没有发生激烈的抗议行为。这说明当时政教双方的形式已经发生了变化，僧尼已经失去了对抗王权的勇气和能力。《新唐书》卷四十八《百官志·宗正寺》记载："道士、女官、僧、尼，见天子必拜。"这样就将僧道致拜君亲以国家制度的形式确立下来。所以国内一些学者认为，到唐玄宗时代，彻底解决了佛教与政治权力机构的关系问题，终于拜倒在王权的脚下。

第二节　西欧中世纪政教关系冲突发展的三阶段

欧洲启蒙时期的法国思想家伏尔泰曾经说过："教会长期以来，一直与政府相联系。它时而使政府焦虑不安，时而又使之巩固强大。"[①] 伏尔泰用很简洁的语言，描述了西欧封建社会政教关系既相互依靠，又相互矛盾的特点。不过欧洲中世纪的历史也有一千多年的长度，在这一千多年的时间里，基督教处于不断发展、转变的过程中，欧洲各国的王权也有一个不断成长、完善的过程，因此使得西欧的政教关系呈现出明显的三个阶段的特点。公元 4 世纪末到公元 10 世纪是初期，表现出政强教弱的特点，罗马教皇及其各国教会都必须依附于各国的封建君主，政教双方的合作胜于相互的争夺。中期指公元 11 世纪至 13 世纪初，这两百多年的时间内，教会的势力大增，出现了教会与各国君主争强的局面，政教双方的争夺与合作并行。第三个阶段是 13 世纪至 15 世纪，在欧洲的政教冲突中，政教双方的实力都受到了极大的削弱，出现了政教双方两败俱伤的局面。而在政教冲突中暴露出封建政权与封建教会的腐败性，成为"文艺复兴"与"宗教改革"的直接动因。

----

① [法] 伏尔泰：《路易十四时代》，吴模信等译，商务印书馆 1982 年版，第 11 页。

一、中世纪初期政强教弱，合作多于争夺

（一）蛮族入侵与西罗马帝国的灭亡

按照本书比较研究政教关系的需要，我们把罗马教皇的出现视为中世纪的开始。上一章已经讲到，基督教在罗马帝国境内逐渐形成，并从受压制的社会力量变成了合法教会，最后又变成了罗马帝国的"国教"。不过在当时，罗马的教会只是全国诸多教会之一，并没有突出于其他地方教会的地位，也不能支配其他地方教会。当时罗马帝国的城市已经发达起来，出现了城市中的教士到乡村传教的现象。于是，城市中的教会权力便扩大了，与乡村教会形成"母教会"和"子教会"的关系。由于罗马城作为首都的特点，其教会地位也开始逐渐上升。罗马帝国皇帝曾授予基督教会审判"犯人"的权力，所以全国各地的教会，时常把一些无力审判的"犯人"押送到罗马交由罗马主教审判，从而大大提高了罗马主教的身份和地位。为了提升自己的地位，罗马主教也在宣扬，罗马主教是彼得的继承人。而彼得因为是耶稣最大的门徒，有权领导全教会。不过罗马教皇最终确立对于全罗马帝国教会领导地位的，是公元 445 年罗马皇帝瓦伦丁尼三世（425—455 年在位）发布诏令，授予罗马主教利奥一世（440—461 在位）治理教会的全权，并强迫西罗马帝国各地主教服从。从此教皇制度开始形成，利奥一世也成为第一位教皇。"教皇"（pope）一词原意为"爸爸"，本是希腊人对神职人员的尊称，后来又成为对各地主教的尊称，此时已被罗马主教垄断为自己的专有名称。

罗马教皇出现在西罗马帝国的末世，当时在"蛮族"的入侵打击下，西罗马帝国已经风雨飘摇了。所谓的"蛮族"可以分成两级：第一级是造成这种"民族大迁徙"浪潮的始作俑者匈奴人，第二级则是在匈奴人挤压下不断西迁的日耳曼诸氏族，包括法兰克人、东哥特人、西哥特人、勃艮第人、伦巴德人等。也许可以说，东西方文明的交汇从这个时候就已经开始了。匈奴人原本是生活在欧亚广漠草原上的游牧民族，曾经对欧亚定居的欧洲和亚洲农业民族都造成了重大的侵害。"从竺可桢先生提供的《10000 年来挪威雪

线高度与 5000 年来中国温度变迁图》① 大体可以看出,在公元前后的几个世纪中,东西方都出现气温普遍下降的现象。寒冷的天气迫使亚欧北方游牧民族大批南迁。这种南迁对中华帝国和罗马帝国均形成巨大的压力。由于中国汉武帝比罗马帝国较早地对北方匈奴南犯实行最坚决且有力的反击,致使大批匈奴西迁并将北欧诸部落全部南压到罗马帝国境内。"② 汉武帝抗击匈奴是从元光二年(公元前 133 年)开始的,经过十几年艰苦卓绝的战争,汉王朝倾尽国力,终于战胜了不可一世的匈奴人,出现了"匈奴远遁,而漠南无王庭"的局面。从此,匈奴北徙漠北。此后一段时间,匈奴主力的游走方向没有出现在历史记载中,但是到了 372 年,匈奴人开始出现在欧洲的土地上,首当其冲的则是日耳曼诸部落。在匈奴人的强力打击下,日耳曼人则只能进一步向西迁徙,各部落陆续进入罗马帝国境内。在得到罗马皇帝的恩准后,他们开始定居罗马境内,并承担起守卫罗马帝国边境的任务。

罗马帝国后期政治极度腐败,对国内事务逐渐失控,进入罗马境内的日耳曼人开始掌握帝国卫队的军事大权,476 年 9 月 4 日,日耳曼人首领奥多亚克废罗马皇帝罗慕洛,自立为王,西罗马帝国灭亡。与西罗马帝国的灭亡相比,罗马教廷的地位则开始冉冉升起。当罗马帝国在日耳曼人的攻击下风雨飘摇之时,市政、军事活动陷入一片混乱,罗马教廷则担负起日常的行政管理和战时的城防守卫工作。根据《罗马教皇列传》记载:"于是格里高利一世以罗马城主教的身份成为保卫罗马城的真正组织者。他一方面采取措施,独揽罗马城的军政大权,自称'总司令'。……格里高利一世还开办学校、培养人才,控制罗马法庭和监狱,亲手培植一大批亲信的神职人员,铸造货币、管理市场、整顿财政,严惩罗马城的渎职、贪污分子,创办慈善事业并广行善事。由于他在军事、政治、经济等方面采取了一系列新措施,使罗马教会不仅成为罗马城的世俗统治者,而且成为在西欧的一股政治势力。"③ 特

① 《竺可桢文集》,科学出版社 1979 年版,第 495 页。

② 张文木:《基督教佛教兴起对欧亚地区竞争力的影响》,《太平洋学报》2013 年 8 月总 21 卷。

③ 刘明翰:《罗马教皇列传》,人民出版社 2013 年版,第 13 页。

殊的社会环境，给了罗马教皇政教合一的权力，使其成为一名真正的"罗马城的统治者"。

（二）法兰克帝国时期政教的合作与斗争

西罗马帝国灭亡后，其地盘被日耳曼诸部落瓜分，形成了法兰克、勃艮第、东哥特、西哥特、伦巴德等小王国。其中大多数王国并没有接受罗马教会的理论，而成为基督教"异端"阿利乌斯派的信奉者。唯有其中的法兰克人，其国王克洛维（481—511 年在位）率领其 3000 名亲兵于 496 年圣诞节那天在兰斯大教堂入教受洗，当时的罗马教皇阿纳斯塔修斯二世（496—498 年在位）曾向克洛维表示："愿您像一根铁柱那样支持教会，教会也会使您战胜一切敌人。"[1] 由此开始了基督教会与欧洲帝国的联姻。两者相互合作，相互帮助的历史开始了一个新的历史篇章。接受了基督教表明入主意大利的法兰克在文化上已经不低于罗马人，特别是他们接受了罗马教皇所传的正统教义，这样他们还高于信奉被罗马教廷斥为"异端"阿利乌斯派的其他日耳曼人，更加证明了他们政权的"合法性"。作为报答，王国给予教会种种特权，例如：任何自由民到教会避难，政府机构不得派人进入教堂搜捕。神职人员犯法时只能由助教按照教会法规加以审理，国家法庭无权处置。宗教会议制定的法律同样具有国家法律的效力。神职人员的财产免税，本人免服劳役等。这时各地教会拥有大量地产，主教和修道院院长都是封建主。不过克洛维也没有放弃对于教会的管理权，教会和修道院统由国王管辖，主教由国王委派，要对国王行臣服礼并宣誓效忠。高级神职人员参与国家的政治、法律事务。教会成为国家机器的一部分。

克洛维创立的法兰克帝国墨洛温王朝（481—751 年）持续了 200 多年。但在王朝的中后期，王族内部不断发生权力争夺，腐败昏庸，被人称为"懒王"，权力逐渐落到了"宫相"手中。745 年，宫相查理·马特之子"矮子丕平"接手宫相的职务，开始了结束墨洛温王朝的步伐。751 年，矮子丕平派专门

---

① 刘明翰：《罗马教皇列传》，人民出版社 2013 年版，第 23 页。

使臣到罗马去拜谒教皇扎迦利，向教皇询问道："谁应该称王？是徒有虚名的人做国王好，还是让真有实权的人做国王好？"扎迦利心领神会，按照丕平的意愿回答说："由握有实权的人当国王比有名无实的人当国王强得多。"矮子丕平得到教皇的认可大喜，于是示意臣下办"劝进"。矮子丕平把墨洛温王朝最后一个"懒王"希尔德里克送进了修道院，开始了加洛林王朝的历史。为了讨好新登基的国王，教皇派美因茨大主教专程前往为丕平举行盛大的加冕涂油仪式，授丕平以法兰克国王的称号。这便是法兰克加洛林王朝的开始，从此开创了国王即位由教皇或大主教加冕的先例。涂油加冕礼源于犹太人的民族传统，在《旧约全书》的"撒母耳记"、"列王记"等不少章节中，还载有不少耶和华神及其代表先知为以色列人、犹太人选立国王的传说。其中的扫罗、大卫等被神和先知用油"膏"头为王的记载表明，新王被神秘地行涂油礼的习惯，有着为神命定的深刻含义。涂油加冕礼使原来依托"蛮族"部落神灵保佑的蛮族政权，变成了依靠上帝保佑的"基督教王权"，无疑在全体臣民面前极大地提高了国王的政治地位。与那些传统宗教相比，基督教无疑是一种承载着更高文化素质的宗教，特别是一神教的宗教信仰，更有利于排除日耳曼人在原始部落时代遗留的原始民主遗风，有助于封建王权的建立。作为回报，丕平于754年和756年，两次出兵意大利打败伦巴德人，并将夺得从罗马到拉文纳的狭长地带及其诸城市赠送给教皇。这一事件被称为"丕平献土"，奠定了兼具世俗政权功能的"教皇国"的基础。

矮子丕平死后，他的两个儿子经过一番争夺，最后他的大儿子查理夺得了王位，史称"查理曼大帝"（768—814年在位），将法兰克王朝的事业发展到了极盛。查理曼在位46年，进行了50多场战争，东征西讨，将法兰克帝国的面积扩大到了半个欧洲。在进行对外扩张的战争中，基督教成为他的最好助手。帝国对外扩张、掠夺的野心和基督教传播上帝福音、拯救世界上其他兄弟的"善良愿望"相结合，无疑为查理曼的战争披上了一层合法的伪装。他对高卢、英格兰、西班牙、萨克森、巴伐利亚等地的征服，随行军队中都带有大量的神职人员。每占领一地，就立即在当地设立教区。这对于推动整个欧洲的基督化具有十分重要的作用。为了表达对"查理曼大帝"的感激之情，公元 800 年圣诞节，查理曼赴罗马，在圣彼得大教堂由罗马教皇为之举行皇帝的涂油加冕典礼，他头戴金冠，接受朝拜，称"罗马人的皇帝"。这样，在西罗马帝国灭亡三百年后，西欧又出现了一个披着罗马帝国外衣的帝国，这个帝国被称为"加洛林帝国"或"查理曼帝国"。不过西方历史学家对于这一次盛典的记载却也有很多耐人寻味之处。英国历史学家韦尔斯在《世界史纲》中指出："但查理曼的朋友和作传人爱因哈德，说新皇帝并没有因教皇利奥这个妙计而感到高兴。如果他早知道会发生这件事，他说，'尽管那天是伟大的日子，他也不会进入教堂。'他无疑曾想到也谈到自立为帝的事。"[①] 似乎查理曼对与教皇并没有出现"感激涕零"的情感，甚至还觉得有点多余，因为他感到自己的能力已经足以自立为帝了。反观当时的教皇，其地位则并不美妙，799 年，罗马爆发了贵族党派的斗争。反对派贵族和前教皇阿德里安派分子掀起动乱。他们借口利奥三世行为不端，殴打利奥三世后将他逮捕监禁起来，并宣布要废黜教皇，还扬言要把利奥三世的眼睛挖出、舌头割掉。利奥三世仓皇地逃出罗马，赴法兰克王国国王查理的行宫乞援和避难。是查理曼的武装把他送回了罗马，在这样的情况下，他在查理曼大帝面前就有点直不起腰来。毕尔麦尔等编著的《中世纪教会史》这样记载这次"伟大的仪式"："利奥教宗给查理曼加冕，宣布他为罗马皇帝，在场的民众三次以欢呼声拥立他为奥古斯都（即皇帝），而符合拜占庭的礼仪，教宗在他面前跪下，跪着表示尊敬。"[②] 教皇跪在地上为皇帝加冕，与中世纪大多数场合帝王跪在地上接受教皇加冕，吻教皇的脚形成鲜明对比，也很好地说明了中世纪初期欧洲政强教弱的局势。在这样的形势下，查理曼大帝当然不会放弃作为帝国臣民一部分的教区的管理。他利用"罗马人的元首"这一头衔，暗示他对教会也赋有管理的职权，他在一个《法令集》中称自己是"神圣教会在各方面的虔诚保卫者和协助者"，在其统治的范围内，力图恢复

---

① ［英］赫·乔·韦尔斯：《世界史纲》，吴文藻、谢冰心、费孝通等译，人民出版社 1982 年版，第 791 页。

② ［德］毕尔麦尔等编著：《中世纪教会史》，雷立柏译，宗教文化出版社 2009 年版，第 42 页。

罗马帝国的省主教区制度，最终建成了 22 个省主教区，并完全控制了主教、修道院院长的任命权。他的宫廷神学家更称他为"教会的指导者"，直接参与神学理论的争论。在法兰克帝国时期，一些神学上的争议，最终都是由帝国的贵族们决定是非的。

在中世纪初期，总的形势是封建政权处于强势地位，教会则处于趋附状态，努力为当朝的统治增加神学的光彩。同时受制于不同贵族利益的集团的斗争，罗马教廷及其各地主教的地位并不稳定，有时甚至会受到生命威胁。有中国学者统计："9 世纪末至 10 世纪上半叶，意大利政治纷争加剧，教皇不断卷入意大利的争纷之中。随着罗马被不同派系所控制，教皇也频繁更替。从教皇斯德望六世（896—897 年在位）到约翰十二世（955—964 年在位）接位前，先后登上罗马教皇宝座的共有 16 人。这些教皇多半是被废黜、被驱赶或被谋杀而死于非命的。"① 其中狄奥多拉和玛罗齐阿母女统治时期最为著名，"玛罗齐阿逮捕了教皇约翰十世，把他囚禁了起来（928 年）。约翰十世很快地就死在她的看管下。她的母亲狄奥多拉是约翰十世的情妇。玛罗齐阿后来把她的私生子以约翰十一世的称号立为教皇"②。欧洲人把那一时期称为"荡妇统治"时期，教皇完全成了贵族们争权夺利的工具和玩物。

（三）神圣罗马帝国时期的政教关系

在法兰克帝国分裂之后，东法兰克帝国后来发展成德意志人国家，萨克森公爵亨利一世建立了萨克森王朝（919—1024 年）。亨利一世去世后，他的儿子奥托一世（936—973 年在位）即位，成为一位有所作为的君主。在平息巴伐利亚、士瓦本、洛林等地贵族的叛乱的过程中，奥托一世得到了德意志地方教会的支持。为了感谢教会的支持，他在 937 年发布诏令，授予教会在其领地上享有独立的行政权力。这也是后来出现美因茨、特里尔、巴伐利亚主教区作为大封建领主，甚至成为"选帝侯"的前因。史书将教会获得

① 刘明翰：《罗马教皇列传》，人民出版社 2013 年版，第 35 页。
② ［英］赫·乔·韦尔斯：《世界史纲》，吴文藻、谢冰心、费孝通等译，人民出版社 1982 年版，第 708 页。

的这一特殊权利称为"奥托特权"。在统一了德意志境内的各路诸侯之后，他又开始向欧洲其他地区扩张。自 951 年起，奥托一世多次率领大军征战意大利，成为意大利的统治者。961 年，他在罗马圣彼得大教堂接受了罗马教皇约翰十二世的加冕，成为"神圣罗马帝国的皇帝"。这是欧洲历史上罗马帝国、法兰克帝国之后的第三个大帝国。尽管在此时期，"神圣罗马帝国"完全是名不副实的，其统治地域主要限于德意志和意大利，但是有这样一个头衔，可以便于他继承罗马帝国的遗志，对欧洲其他地方发动侵略战争。罗马教皇之所以不断将"罗马皇帝"的头衔授予法兰克人、德意志人，实在也是他们有求于这些军事力量强大的帝国君主。根据教会史的记载，青年时的教皇约翰十二世很不得人心，遭到了意大利很多贵族的反对。在意大利没法混的时候，约翰十二世不得不勾引德意志人入侵意大利，打击他的仇家。奥托一世于 962 年 2 月攻入罗马，压服了反对教皇的势力，稳固了教皇约翰十二世的地位，因此他也乐得将"罗马帝国皇帝"这顶没主的桂冠轻易奉送。

在欧洲基督化相对较晚的英国，中世纪前期也明显地表现出政教相互合作多于相互争夺的局面。英国原有的主人是属于日耳曼一支的盎格鲁-撒克逊人，其政治统治还保留了很多原始民主制度的遗风。例如在中世纪早期，由部落贵族控制的"贤人会议"还把持着王权的选举，对于王权有很大的控制能力。在社会文化水平低下的时代，这样的原始民主只能造成政治的分裂，致使社会动荡不定。公元 6 世纪之后，基督教逐渐在英格兰传播，基督教所蕴含的"君权神授"观念开始受到历代君主的重视。得到了上帝和教会保佑的君主，开始明显高于托庇于原始部落诸神的"贤人"们。特别是行涂油加冕礼之后，就意味着国王分享了"圣灵"的神性，由俗人转化成具有教士品格并拥有与上帝沟通的超自然的神秘力量的"新人"。国王加冕则象征着他从上帝那里接受了职位，获得神授之权力。特别是 1066 年诺曼底公爵威廉渡海实行"诺曼征服"之后，进一步加强了与教会的联系。利用当地民众已经皈依基督教的文化传统，他于 1066 年圣诞节让约克大主教在西敏寺为他按旧制涂油加冕，使自己的身份从一个外来征服者变成了受到上帝保佑的合法君主。"诺曼征服"之后，英国开始了快速的封建化过程。但是，由于英国原有的政治制度不完善，社会急需管理人才，因此这时候的基督教会不仅为王权提供了神学思想方面的支持，也提供了大量的人力资源支持。"当时，大主教、主教、修道院长乃至一些低级教士所扮演的主要政治角色之一，就是充任国王的政治顾问朝臣，频频参加王廷会议与王共议国政，并署证王廷颁发的重大政令。"① 这一时期，君主与教会也时常发生关于主教任免权的争斗，但是斗争的范围一般都比较小，程度也不很激烈。

中世纪初期政教合作多于争夺，也可以从当时教会的政教理论看出端倪。在罗马帝国末期，产生了一位重要的思想家奥古斯丁（354—430），在他的名著《双城记》中，集中谈论了基督教的政教理论。他认为：两种不同的爱创造了两座城，由只爱自己甚至连上帝也轻蔑的爱，造成了地上之城，由爱上帝发展到连自己也轻蔑的爱，造成了上帝之城。实质上，两个城的区分是依据基督教伦理对人进行的区分。所有的人都不会脱离两个城，一个城的人选择肉欲的生活，另一个城的人选择精神的生活。在现实生活中两座城会是混合在一起的。到末日审判的时候，两座城才彻底分开。上帝之城是最高的善，是永久和完美的和平，人们在其中享受永生的幸福。世人之城的人们无论多么富足，他们仍是悲惨的，注定被上帝所摈弃，永远遭受魔鬼统治的痛苦。尽管任何时候的基督教思想家都在强调"上帝之城"高于"地上之城"，但早期的教父们还是承认，世俗政府的权威也是上帝批准的，上帝让国王代表他管理地上的世俗事务。他有"上帝的影响和映像"。无论君主的行为如何，他都是神命之王。苛刻的国王代表上帝惩罚人类的罪恶，仁慈的国王代表上帝恩赐民众，任何人都必须绝对服从王权的权威。在理论上承认国王也是上帝授权的，基督徒要忍耐国王的统治，甚至是暴君的统治。这样的观点反映了中世纪初期教会尚且弱小，还不具备与王权分庭抗礼的能力，因此他们也不敢将王权说成是教会授予的，而说成是上帝授予的。

---

① 孟广林：《中世纪前期的英国封建王权与基督教会》，《历史研究》2000年第2期。

二、中世纪中期教会实力增强，政教争夺激化

（一）克吕尼运动与教廷改革

由于中世纪初期教会与各国封建君主之间的合作不断加深，使得他们也获得了更多物质回报。各国的君主、贵族为了从教会取得政治统治的合法性，把大量的土地、矿藏、森林、财宝、政治、司法特权赠送给罗马教廷和各国的教会，使得教会财富和政治实力剧增。当教会有了钱财和特权之后，初创时期那种苦行、奉献精神衰减了，追求物质享乐的欲望增加了，政治的特权孵化出大量的教会腐败现象。例如上一节提到为德国皇帝奥托一世加冕的教皇约翰十二世，依靠德皇的支持荒淫无度，不断寻欢作乐，964 年 5 月 14 日，猝死在情妇的怀中，年仅 27 岁。1044 年，罗马教皇本笃九世因准备同自己的表妹结婚出卖教职，而不得不还俗离开教廷。后来成为教皇的希尔德布兰的一位同学约翰·格拉齐亚尼用 1500 磅黄金贿买到了教皇职位的肥缺，即教皇位，成为格里高利六世（1045—1046 年在位）。新教皇重用希尔德布兰为教皇内宫的机要秘书兼教廷总司铎（即总司祭）。1046 年，格里高利六世贿买丑闻暴露了，加上本笃九世婚事未成而要复位，德皇亨利三世（1039—1056 年在位）借机将格里高利六世废黜。

基督教会的如此形象极大地伤害了宗教的神圣名誉，不仅引起了普通民众的反感，也使得依靠"君权神授"理论执掌政权的贵族们极为不满。910 年，阿奎丹公爵"虔诚者"威廉一世建立了克吕尼修道院，他建院的目的就是要把它作为遵守圣本尼狄克规章①的一个榜样。修道院规定禁止教士结婚、姘居，不得买卖教职，力返以守贫、守贞、服从为要旨的基督教德行。为了防止封建贵族政教勾结破坏修道院的"纯洁"，他规定修道院只接受教皇保护，不受其他任何主教和世俗权力的管辖，它的土地不受一切侵犯。它要求修士

---

① 西部的隐修主义长期处于混乱状态，各隐修院都有独立规章，纪律松弛。西部教会的隐修士本尼狄克（480—547）对此进行了一场重大改革。他于 529 年在卡西诺山上建立了本尼狄克修道院，形成了"本尼狄克修道制度"，对西部教会产生了重大影响。

遵守严格的禁欲主义的本尼狄克会规。克吕尼清修运动开展之后，在欧洲各地产生了极大的影响。许多修道院都起而仿效，整顿改革，当时在罗马的阿文亭山上也建立了一座代表克吕尼派思想的圣玛利亚隐修院。到 10 世纪中叶，克吕尼派运动已由法国发展到意大利、德国、英国、西班牙等地。克吕尼运动原本是一场教会内部的道德整改活动，并不具政教关系意义。可是在运动中提出的摆脱地方权贵干扰，直接隶属教皇的主张，则使基督教神权政治文化传统酝酿着巨大的裂变。自 11 世纪中期开始，罗马教皇的名声借宗教改革运动崛起，实力大大增强。同时教皇也借助克吕尼运动中提出的防止贵族、国王干涉宗教事务的主张，反对西欧各国君主对宗教组织神职人员的任免权，教、俗权之争就此展开，并使基督教传统中教、俗权"二元对立"的潜在意蕴日益浮现和激化。

造成中世纪政教冲突的首要人物，是 1073 年当上教皇的格里高利七世（1073—1085 年在位）。在当上教会之前，格里高利七世曾担任克吕尼修道院院长，当时他还叫希尔德布兰，曾经和腐败的教皇格里高利六世一同被神圣罗马帝国皇帝亨利三世逮捕下狱。出狱后希尔德布兰到克吕尼修道院隐修，并曾担任修道院院长。1056 年德皇亨利三世驾崩，其 4 岁的幼子亨利四世即位，国家大权落入太后阿格尼斯手中。这一时期希尔德布兰的影响不断扩大，他竭力宣扬教会清修活动，反对国家对教会的干涉。1059 年，他曾经帮助教皇尼古拉二世制定了教皇选举法，规定今后不能由皇帝或任何世俗贵族指定教皇或干涉教皇选举。而教皇的人选，必须首先由罗马城郊的七大教堂的枢机（红衣）主教会议选举产生候选人，最后由枢机院主教团（红衣主教）全体会议审议后选举决定，中间也参考罗马教廷神职人员和民众的意见。这项选举法极大地提升了罗马教廷的独立性，防止神圣罗马帝国的皇帝操控教会事务。1073 年 4 月 21 日，教皇亚历山大二世去世，希尔德布兰接任教皇职务，史称"格里高利七世"。

（二）11 世纪开始的教皇革命

格里高利七世登上教皇宝座之后，于 1074 年召开了拉特兰宗教会议，发布了四道教皇谕令。在谕令中他指斥神职人员结婚，规定一切教牧都应遵守独身，严禁买卖教职，禁止教职人员的后代继承职务等等。格里高利七世上任后，以阐发奥古斯丁的关于《上帝之城》的思想为名，力图扩大罗马教廷的地位和权势。他反复宣称："罗马教会是上帝独立建立的，唯独罗马教皇有权称为大公，唯独他可用皇帝的徽号，所有诸侯都应俯伏在他的脚前。他可以废黜皇帝；任何人都不能审判他；罗马教会从来没有错误，将来永无错误。"① 他强调："一切基督教国家应当组成一个世界帝国，而以罗马教皇为元首，作为上帝在地上的代表。"② 奥古斯丁关于"双城论"的思想，从基督教的立场上虽然也强调"上帝之城"高于"地上之城"，但是并没有上帝委托教皇管辖地上君主，可以废黜君主的观念。早期的教父思想家在政强教弱的形势下，也不敢说出"诸侯都应俯伏在教皇脚前"的话。但是到了中世纪的中期，教会的经济实力增强了，有严密的教团组织，特别是经历了克吕尼运动的宗教改革，教会组织在人民群众面前的形象提高了，得到了更多民众的支持。还有一点也许很重要，就是通过克吕尼运动，教会以"清修苦行"为名减少了与世俗贵族的联系，从而也就减少了世俗政权干涉教会事务的机会。一旦教会实力增强，他们反过来就要干涉国家政治事务了。而教职人员的任命权，则成为双方斗争的焦点。

表面上看这是人事任免的职权问题，但是其背后则是数量巨大的教产的管理权限问题。皇帝控制了教职人员的任免，就等于控制了这批财富。当然罗马教皇也一定将其视为必争的权力，以便排除世俗皇权对教权的支配。罗马教皇第一个要反对的，就是统治德意志和意大利神圣罗马帝国皇帝。当时神圣罗马帝国的皇帝亨利四世已经亲政，他看不惯教皇格里高利七世所宣扬的"教皇至上论"，为了挑战教皇的权威，他径自任命了德国的宫廷神甫为意大利米兰的大主教。为了应对德皇的挑战，格里高利七世于 1075 年再次颁布《教皇谕令》，宣称"唯有教皇一人具有任免主教的权力"。同时他又强

---

① 转引自刘明翰：《罗马教皇列传》，人民出版社 2013 年版，第 44 页。
② 转引自刘明翰：《罗马教皇列传》，人民出版社 2013 年版，第 44 页。

调，教皇位于世俗皇帝之上，有权废除皇帝和国王。由此两人的矛盾开始白热化，并不断使出各种手段打击对手。同年，德国希尔绍修道院院长威廉访问罗马，经格里高利七世授意，威廉宣布希尔绍修道院脱离当地教区管辖，并执行克吕尼制度。同时教皇又宣布，将德皇亨利四世的五位近臣革除教籍，并将他们出售教职的财产收归教皇所有。对于教皇的挑衅，亨利四世极为不满，借刚刚平息萨克森贵族叛乱的余威，他大举进兵意大利，支持当地贵族、神职人员反对克吕尼运动。亨利四世利用欧洲数千名主教对于教皇禁止神职人员结婚，禁止买卖教职规定的不满，擅自召开了宗教会议。在会议上众多大主教出面控诉格里高利七世的"罪行"，引起了广大神职人员对教皇的不满。亨利四世指责格里高利七世"不是教皇，而是假修士希尔布兰德"，宣布其"将永世受诅咒"，必须"立即从圣彼得的宝座上滚下来"。

正在权力巅峰的格里高利七世当然不会善罢甘休，"教宗马上回应皇帝的攻击，并在 1076 年 2 月 27 日以一种隆重祈祷的形式宣布亨利被绝罚，禁止他施行政权，解除德国臣民服从的义务，又禁止德国人服从他。那些反对教宗的主教们一部分被撤职，一部分被绝罚，这样削弱了他们的抵抗力"①。在全民信教的欧洲，一个人如果受到被革除教籍的"绝罚"，那就失去了做人的资格，更何况成为统治者。不仅如此，格里高利七世很会利用德国的形势，利用德国内部的封建势力挖亨利四世的墙脚。皇帝和其近臣被革除教籍，使之声誉受到极大损害，萨克森的叛乱复起，德国各地的诸侯们于1076 年 10 月在特瑞布尔召开会议，说如果亨利四世在一年内不能解决问题，得到教皇的宽恕，他们就会放弃对于他的拥戴。按照欧洲的封建制度，封臣对于封君也有一定选择权利，封臣可以放弃效忠封君的义务。这对于皇帝是致命的威胁，使得亨利四世不得不低头向教皇"认罪"。

1077 年 1 月，四面楚歌的亨利四世为了保住皇冠，只得屈辱地到教皇

---

① ［德］毕尔麦尔等编著：《中世纪教会史》，雷立柏译，宗教文化出版社 2009 年版，第 140 页。

指定的地点"卡诺莎城堡"向教皇去谢罪。在寒冷的冬季，亨利四世身披谢罪的麻衣，蓬头赤足跪在卡诺莎城堡外的冰天雪地中，等候教皇的宽恕。亨利四世在院子里冻了三天三夜，直到第四天才受到了教皇的接见。亨利四世不得不跪在教皇的脚前向教皇认罪，教皇准许他恢复教籍，保住了皇帝的宝座。这是世界政教关系史上教权的最高胜利，一位皇帝不得不向教皇负荆请罪，因此"卡诺莎城堡事件"成为教皇权力鼎盛的标志。在欧洲"到卡诺莎去"也成为"屈辱投降"的代名词。

可是教皇格里高利七世对于亨利四世的赦免也犯了东郭先生的错误，亨利四世得到赦免之后并没有真正洗心革面臣服于教皇的脚下，而是回到国内卧薪尝胆图谋东山再起。相反，教皇对皇帝的宽恕反而给德国境内的反对皇帝的贵族们造成了极大的压力，使他们失去了利用教皇抗衡皇帝的资本。亨利四世利用自己近臣和一部分南德意志贵族的支持，逐渐稳定了德国的局势。同时他也拉拢那些反对克吕尼运动的德国主教、修道院院长们，形成了反对教皇的同盟。在逐个击败反对势力之后，亨利四世的地位得到了空前的巩固。1080年6月，他在意大利布列克森召开宗教会议，宣布废黜格里高利七世教皇职务，并推选拉文纳教区的大主教为新的教皇，史称"克莱门特三世"（1080—1100年在位）。1081年春，亨利四世率军进入意大利，讨伐格里高利七世。格里高利七世无奈，只能向占领意大利南部的诺曼人求助。但是令他没有想到的是，诺曼人进入罗马烧杀抢掠，使罗马城三分之一的面积被毁。格里高利七世引狼入室，失去了人心，只能随诺曼人撤出罗马城，于1085年5月死于意大利南部的海岸城市萨勒诺。

亨利四世与格里高利七世的斗争，揭开了中世纪中期欧洲政教关系激烈斗争的序幕，这场斗争没有随着格里高利七世的去世而落幕，而是不断加剧。"后来又经过斗争，皇帝与教皇在1122年暂时达成了妥协，双方签订了《沃姆斯条约》。该条约规定，在德意志，皇帝有权干预主教和修道院的选举，并对当选者授予象征世俗权力的权杖，然后由教会授予象征宗教权力的指环与牧杖；在意大利和勃艮第，皇帝无权干预主教和修道院的选举，由教会先授予当选者宗教权力,6个月后皇帝再授予世俗权力。"① 这个《条约》等于把神圣罗马帝国分成了两部分,在德国的部分皇帝具有最高权力,可以任命神职人员;而在意大利的部分,教皇则不容皇帝染指神职人员的任命。《沃姆斯条约》标志欧洲政教关系的斗争暂时告一段落,因为双方都需要一定时间的休息调整。

(三)十字军东征提升教廷地位

中世纪中期教皇地位提高,还有一个重要的机缘,就是利用十字军东征煽动整个基督教世界对于伊斯兰世界的矛盾,而宗教领袖自然成为这场蔓延了近200年时间的民族大冲突的组织者。罗马教皇不但成为其精神领袖,甚至直接成为其政治领袖。教皇格里高利七世是十字军东征的最早发起者,他利用了塞尔柱突厥人攻打东罗马帝国,对耶路撒冷基督徒进行屠杀的机会,竭力煽动基督教徒对穆斯林的仇恨。格里高利七世发动十字军东征有三重目的:第一是夺回圣城耶路撒冷,占领和掠夺中东的财富;第二是借拯救东罗马帝国为名,重新统一基督教会;第三是在统率十字军东征的过程中突出教皇对欧洲的领导作用,使各国的君主和贵族臣服于教皇的门下。他当时曾经通知德国皇帝亨利四世组织五万人的军队,随他出征中东。但是,随着格里高利七世与亨利四世矛盾的激化,这次东征也就被搁置了。

真正组织起十字军的是教皇乌尔班二世(1088—1099年在位)。他上任之后进行了一些宗教改革,重整因政教之争而伤害的教会形象。乌尔班二世于1095年接见了东罗马帝国的特使,答应他们出兵救援的要求。他回到了自己的祖国——法国,进行十字军东征的宣传。当时法国正处于大灾荒之中,瘟疫流行,匪盗抢掠,民不聊生。乌尔班二世在法国克勒芒市召开了宗教大会,对法国的贵族、主教们发出了进行十字军战争的号召。他极富煽动性地说:"正为大家所知,一个来自波斯的民族,塞尔柱土耳其人已经入侵我们东方兄弟的国家,他们一路攻到地中海,直到布拉·圣乔治,在罗马尼

---

① 孟广林:《世界中世纪史》,中国人民大学出版社2010年版,第69—70页。

亚，突厥人七次攻打基督教徒，七次获胜，又侵占了我们的圣地——耶路撒冷，他们在大肆蹂躏上帝的国度，毁坏基督教堂，掳杀虔诚的上帝子民，污辱贞洁的妇女，贪婪地饮着受洗儿童的鲜血……如果你们仍然无动于衷，上帝的信徒就会在这次入侵中牺牲更多，所以我要勉励你们，也恳求你们——不是我，是主亲自勉励你们，基督的使者们，督促一切有封爵等级之人，乃至所有骑士、士兵、富人与穷人，都必须迅速予以东方基督教徒援助……那个地方（耶路撒冷），如同《圣经》所言，是上帝赐予以色列后嗣的，遍地流着奶和蜜，黄金宝石随手可拾。耶路撒冷是大地的中心，其肥沃和丰富超过世界上的一切土地，是另一个充满欢娱快乐的天堂……本着主赐予我的权柄，我郑重宣布：凡参加东征的人，他们死后的灵魂将直接升入天堂，不必在炼狱中经受煎熬；无力偿还债务的农民和城市的贫民，可免付欠债利息，出征超过一年的可免纳赋税……"①乌尔班二世的这次演讲被今人选入《世界著名演讲集》，是由于它具有极强的蛊惑力和煽动性，从演讲技巧上来说堪称佳作。但是从其内容看，这个演讲既有民族仇恨的煽动，也有物质利益的承诺；既有宗教彼岸的诱惑，也有现世物欲的勾引。貌似上帝代理人的教皇，在这里扮演了一个动员侵略战争的骗子的角色。各种谬论和谎言被华丽的言辞与高超的演讲技巧装饰成义正词严的神圣逻辑，将盲目迷信教皇的民众送上了邪恶的不归路。在罗马教廷的持续推动下，欧洲各国的君主连续发动了八次十字军东征战役，与中东伊斯兰民族进行了长达二百年的战争，留下了至今难以平复的民族仇恨。就是在这一次次的对外侵略战争中，罗马教皇的政治影响力也逐渐走向了巅峰。

在西欧政教关系史上，将教皇权力推向顶峰的是教皇英诺森三世（1198—1216年在位）。英诺森三世上台时，正值基督教会权力处于鼎盛之时。当时欧洲各国的封建制度将王权层层"分封"，使得各国君主无法集中权力；而教会则倚仗其控制的强大经济实力，形成对分散的各国君主的政治优势。特别是由于欧洲中世纪政治理论完全依赖基督教的政治哲学，君主的

---

① 转引自刘明翰：《罗马教皇列传》，人民出版社2013年版，第59页。

权力来自上帝的"神授",所以教皇的脸色对西欧任何一国的君主都具有极大影响了。而社会上一切哲学、文艺、科学都成了神学的"婢女",对于人民的政治向背产生了指导性的作用。

(四)教廷权力达到顶峰

英诺森三世上台后,进一步发展完善了基督教的政治哲学,为与封建君主的政治争夺提供了思想武装。基督教在初创时期,就在《路加福音》中提出了"双剑论",第38节说"老师,请看,我们有两把剑",意为上帝铸造了两把剑,一把交给教会,一把交给国王。但是关于这两把剑的关系,基督教神父和封建君主在不同时期有不同的解释。当基督教尚且弱小时,"双剑论"是为了自己的生存争取一份权利,防止世俗王权干涉教权;但是当基督教发展壮大之后,历代基督教思想家对"双剑论"的解释越来越向教会利益的方向偏移。英诺森对此的解释是:教皇除了要掌握神权这把剑之外,还通过涂油加冕礼这种形式把政权这把剑暂时交由君主使用。因此,教皇是代表上帝的,对世俗君主具有生杀予夺的权力,君主只能在教皇的授意下才能使用政权这把剑。另一方面各国君主对于"双剑论"也有世俗方面的解释,例如德国皇帝红胡子腓特烈一世(1152—1190年在位)认为:"我们国王和皇帝的权力是通过诸侯的选举,由上帝亲自授予的,上帝通过基督的受难,使世界受两把必要的剑的统治。"[1] 这等于否定了教会"替天行道"的权力,认为君主的权力直接来自上帝。为了克服"双剑论"这种政教权力二分的可能性,英诺森三世提出了"太阳和月亮"的理论。他认为:"教皇和国王,犹如太阳和月亮,月亮从太阳借得光辉,国王从教皇手中得到了权力。"在太阳和月亮论中,教皇处于上帝之下,万人之上的地位,可以操纵宗教神权和世俗政权的一切权力。

英诺森在教皇位上,不断干涉德国、英国、法国等国家的政治事务,并斗败了这些封建君主,变成了欧洲实际的最高统治者。他首先利用神圣罗马

---

[1]　[美] G.F. 穆尔:《基督教简史》,郭舜平等译,商务印书馆1981年版,第122页。

帝国实际操控在德意志人手中，但是统治地域横跨德意志和意大利的现实，利用意大利人民对德国人的不满，发动一场"驱德"运动。英诺森乘德皇亨利六世在西西里战败身亡之机，收回了对于西西里岛的控制权，将其变成了教皇的直属领地。同时，教皇拿出伪造的文件"君士坦丁赠礼"，向名为神圣罗马帝国皇帝的德皇索要"城池地域"，努力扩大教皇国的地盘。1197年亨利六世去世，德国陷入了王位继承危机。一派贵族拥戴霍亨斯陶芬家族的士瓦本公爵腓力，他们还得到了法国国王腓力二世的支持。另一派拥立韦尔夫家族的布伦瑞克公爵奥托，他们得到了英国国王查理一世的支持。教皇英诺森三世在英法两国展开了巧妙周旋，分头与两边商谈，看看从那一边能够得到更大利益。1209年，奥托打败了腓力，1209年10月教皇为其加冕，成为神圣罗马帝国皇帝奥托四世。条件是神圣罗马帝国承认教会对西西里的统治，不再操纵德国天主教的选举，承认教皇在意大利占领的土地。但是，奥托上台不久就废除了自己的承诺，派兵攻打意大利教皇领地。英诺森三世大怒，立即宣布对奥托四世实行"绝罚"，又挑动法王进攻德国。1121年，在法国国王的支持下，教皇与德国贵族联合举行会议，废黜了奥托四世，另立教皇支持的西西里国王腓特烈二世为德皇。腓特烈二世不仅承认了奥托四世承诺的条件，还增加了把西西里统一在帝国版图之内，德国主教直接向教皇汇报等内容，使得德国与意大利彻底臣服在教皇的脚下。

在与德皇进行斗争的同时，英诺森还与英国国王约翰进行了一场搏斗。斗争的开头还是围绕着教职任命展开的。1205年英国坎特伯雷大主教去世，英王约翰（1199—1216年在位）立即任命了自己人格雷继任。英诺森则立即宣布无效，并于1207年选派在自己手下工作多年的英格兰神甫史蒂芬兰顿赴任，当然英国国王也宣布不接受。同时，英国国王还采取了一系列打击教皇的行动，下令没收大主教府、一些教皇任命的修道院的财产，驱逐一些效忠教皇的教士离开英格兰。英诺森当然不会接受这样的"冒犯"，立即宣布停止英国国内的宗教活动，并革除约翰的教籍，还要求约翰将英格兰献给上帝的代表——教皇。同时，英诺森还发动法王腓力二世进攻英国，占领了英国很多国土。英诺森宣布"废黜"英王约翰，这使得约翰十分害怕，只好在 1213 年接受了教皇委派的坎特伯雷大主教，并宣布将英国土地奉献给教皇，每年向教廷缴纳贡金 700 英镑。据专家统计，教皇通过在英国的采邑获取的收入，是每年英王收入的 3 倍以上。英王约翰的行为无疑会加重英国人民的负担，英国贵族和一部分教士、骑士、市民与国王谈判。英国国王约翰无奈，只得将事件交由英诺森裁决。最后在教皇的斡旋下，双方达成了一个《自由大宪章》，形成了以法律形式解决纠纷的先例。在宪章中规定："英国教会当享有自由，其权利将不受干扰，其自由将不受侵犯。""任何自由人，如未经同级贵族之依法裁判，或经国法判决，皆不得被逮捕、监禁，没收财产，剥夺法律保护权、流放，或其他任何损害。"……在这部《自由大宪章》中，宗教自由、公民自由被写进了法律文书，国王的权力受到了限制。这也可以看成英诺森三世与约翰王斗争的积极成果，也许这一成果并非斗争双方的初衷。

教皇英诺森三世与法王腓力二世，围绕着法王的婚姻问题进行了一场权力斗争。天主教规定教徒不能离婚，否则就是对上帝的背叛。法王腓力二世自恃在与德皇、英王的斗争中都站在教皇一边，因此要求与原配离婚并另娶他人。这一场离婚案不仅没有得到教廷的批准，而且教皇还借机召开了宗教会议，开除法王腓力二世的教籍，并停止了法国一切宗教活动。这样的禁令在全民信教的国家当然不啻为一个晴天霹雳，法国民众对国王极为不满。于是大量虔诚教徒逃离法国，一些封建领主也起来反对国王。法王腓力二世见势不妙，只得低头向教皇求饶，与已经离婚的皇后复婚。之后，英诺森三世又采用多种手法，先后使匈牙利、捷克、保加利亚、波兰、丹麦、葡萄牙、瑞典、挪威等国家都置于教皇的控制下，他本人也成为名副其实的"欧洲霸主"。

在对外关系方面，英诺森三世也不甘落后，他组织、发动了第四次十字军东征。1198 年英诺森三世上台伊始，就发布了教皇谕令，号召教徒们要为"保卫圣地"的"神圣战争"而出征。他要求欧洲各地的教会、修道院献出财产的 1/40 作为战争的经费，自己也将教廷财产的 1/10 捐献出来。在英诺森的组织下，法、德、意诸国的君主都派军队参加，动员了几万人参战。

十字军于 1202 年夏季由欧洲出发，经过一年多时间的征战，最终在 1204 年 4 月 13 日攻陷君士坦丁堡，然后对城中居民抢劫和破坏后血腥屠杀三天。这在历次十字军东征中算是一次"战果辉煌"的战争，英诺森三世称其为"上帝的奇迹"。同时，英诺森三世还曾经组织过臭名昭著的"儿童十字军"。基督教的神甫们编造谎言，说什么只有 12 岁以下"无罪"的儿童才能夺回"圣地"。因此他们在 1212 年组织了一支由儿童组成的十字军，用船送到了埃及，一路上大量的儿童因饥饿、疾病而死亡，到了那里也无法进行战争，其中很多孩子被变卖为奴隶。此外，英诺森也开创了用十字军的名义讨伐异端的先例。自从基督教被定为国教之后，为了统一封建意识形态，国家和教会都在不断确定、围剿"异端"，把凡是对教义有不同理解的教会和个人都视为异端，百般迫害，强迫其改变信仰，或者被杀死。但是，面对封建君主和教会，欧洲人民的不满在基督教占领全部意识形态领域的情况下，只能以"异端"的形式表达出来，反抗罗马教廷和各国君主、贵族的异端运动层出不穷。其中产生于意大利北部和法国南部的"阿尔比派"最为著名，影响也最大。为了镇压异端运动，1206 年英诺森三世组织了讨伐异端的十字军，对法国南部的阿尔比派进行武力消灭。由于当地阿尔比派信徒太多，随军的教皇特使下令："统统杀光，让天主去分辨谁是他的子民。"根据十字军将领给教皇的汇报，"比塞埃攻陷了。我们的人对城中的居民不管其身份、年龄、性别，一律不饶，死于刀下的约两万人，大量敌人被杀死，整个城市被烧，这是上帝惩罚的最好说明"[①]。如此在肉体上消灭思想异端，这也是欧洲中世纪政教合一，用宗教指导政治的残酷现实。

可以说，基督教的影响力在英诺森三世时期达到了顶点，整个欧洲都处于他的支配之下，近代学者将其称为"教皇革命"。然而各国君主并没有放弃自己的权力，民众也仍然不断以"异端"运动的形式反对教皇统治，过度的神权理论也为日后基督教走向衰落制造了条件。正如中国学者指出："11—13 世纪的'教皇革命'撕开了教会与国家的连体，从而打开了使教会

---

① 转引自刘明翰：《罗马教皇列传》，人民出版社 2013 年版，第 76 页。

成为教会，国家成为国家的大门。……在以叙任权为中心的冲突中，教权派竭力祛除世俗权威的神圣性和精神性，剔除其宗教职能。他们将非教会的政治体称为'现世的'（时间上有限的）或'俗世的'（尘世的）。而王权派也消去了教会的部分世俗职能，使其成为纯宗教组织。"[1] 中世纪相互依赖的封建政权与封建教会的相互斗争、两败俱伤的客观结果，则是开辟了近代西方政教分离制度的先河。

三、中世纪末期政教相互伤害、两败俱伤

中世纪的后期指 14—15 世纪，这不仅是封建社会的末世，也是罗马教权的"末世"。所谓罗马教权的"末世"不是说教廷从此退出历史舞台，经过了宗教改革的教廷直至今日仍然是世界十几亿天主教徒的精神中心，但是中世纪那种"万王之王"的教皇国即将不复存在了。

造成封建社会的教皇国衰落的原因是多样的，根本的原因还在于生产力的发展，新兴的生产方式逐步崛起，从而导致封建的生产方式日趋没落并最终退出历史舞台。作为封建意识形态的中世纪基督教，也不得不在近代的思想革命中彻底转型。但是，从政教关系的角度分析，中世纪中期政教双方的恶斗造成的两败俱伤，则是导致封建社会与罗马教廷衰落的直接导因之一。

从上文的分析看，中世纪中期虽然教会的实力处于上风，一度曾经让专制的封建君主低头，但是从最终的结果看，这些掌握王权的统治者们并没有真正臣服。例如亨利四世虽然不得不承受"卡诺莎城堡"之辱，但是在他获得喘息之后，立即向教皇报复，通过各种政治手段打击教皇势力，甚至迫使逼迫让他低头的教皇格里高利七世客死他乡。德国红胡子皇帝腓特烈一世在位执政 38 年，其中有 32 年先后 6 次举兵进攻意大利，要为德意志确定在亚平宁半岛的宗主权而战斗。在第一次远征意大利之后，腓特烈一世本想由教

---

① 丛日云：《在上帝与恺撒之间——基督教二元政治观与近代自由主义》，三联书店 2003 年版，第 205 页。

皇尤金三世为他加冕，不想尤金三世又刚刚忧愤去世。新上任的教皇哈德良四世十分固执呆板，在给腓特烈一世加冕时不断挑剔腓特烈一世的行为举止，最后还要求腓特烈一世按照惯例为教皇牵马、扶镫。腓特烈一世发怒了，加冕庆典一下子变成了屠宰场，近千名教士倒在了军队的屠刀之下，但腓特烈一世还是获得了"神圣罗马帝国"的皇帝称号。具有讽刺意义的是，腓特烈一世在第五次远征意大利失败后却为了表示"悔改"，又虔诚地跪在教皇亚历山大三世的脚下亲吻教皇的脚。在威尼斯的大街上，像个罪犯一样被人牵着，走到圣马可大教堂门口，去向教皇认罪，请求圣主宽恕。这成为"卡诺莎城堡"事件后，西欧皇帝被教皇羞辱的又一典型事件。

中世纪的欧洲政教关系的实际状态，不能仅仅凭借宗教人士的政教理论来判断，正如西方学者所说："自从4世纪以来，一些人曾经用'天与地'、'太阳与月亮'、'灵魂与身体'等比喻来说明这两个权力……而其中的宗教权力是'更有分量的'。然而，宗教的优先地位只是一种'伦理道德上的'估价，而不是'实际上有法律效果的'判断。"[1] 宗教人士为了强调自己信仰的正确性、重要性，总是不惜使用夸张性的言辞，但在实际的社会生活中，政治权力代表的公共权力体系，才是直接决定社会面貌的主导力量。因此，教廷的一时胜利，并不足以改变社会的根本结构。另一方面，宗教作为人们精神生活的导向，如果长期与政治权力处于敌视状态，也会破坏其"合法性"，对政治权力的运作造成致命的伤害。所以，政教双方合理的状态应当是"这两个权力被认为在自己的范围内都是独立的，而他们双方的合作被视为人类福利的前提条件"[2]。而这一点在欧洲，是经过了中世纪末期政教恶斗、两败俱伤的惨痛教训后才获得的。

13—14世纪，法国、英国利用远离欧洲政教矛盾中心区域的机会，在国内不断加强王权的统治，因而也就与教廷利益产生了矛盾。1285年，法

---

[1]　[德]毕尔麦尔等编著：《中世纪教会史》，雷立柏译，宗教文化出版社2009年版，第181页。

[2]　[德]毕尔麦尔等编著：《中世纪教会史》，雷立柏译，宗教文化出版社2009年版，第181页。

国国王腓力四世即位后，英法之间矛盾尖锐，英法战争持续进行。1295年，法王腓力四世因战争的巨额开支，不仅需要从法国圣殿骑士团借一大笔钱款，而且还下令直接向本来享有免税特权的法国教会征税。这一举措引起了法王与罗马教皇的直接冲突。为了争取社会各阶层的支持，腓力四世于1302年在巴黎圣母院召开法国历史上第一次三级会议，参加会议的有贵族、僧侣、市民三个等级的代表。在会议上，三个等级的代表一致谴责教皇是异端，要召开宗教会议予以审判。同时，会议确立了国王有权征税的原则。法王腓力四世此举，引起了教皇卜尼法斯八世（1294—1303年在位）的强烈反对。卜尼法斯八世在1296年2月颁发了《教俗敕谕》，宣称教会一向拥有至上权力，任何人未经教皇同意，无权向教职人员征税，凡违背此谕向教会财产征税者，一律受"绝罚"，革除教籍。法王不顾威胁与教皇坚决斗争，法王腓力四世在同年8月17日下令，严禁法国的金银货币出境，驱逐教皇在法国的财政特派员，这实际上是断绝和限制了教皇在法国的财源。法王腓力四世在1303年6月与卢浮宫举行秘密会议，会上对卜尼法斯八世进行了广泛的指控，累计列举他异端、渎圣、诡计、欺诈、暴虐、出卖教职、杀死前任教皇，甚至奸淫、鸡奸、腐化等共29条罪状，并决定要公审背叛上帝的卜尼法斯八世。1303年8月，腓力派人联合科隆纳家族闯入意大利南部小城阿南尼的教皇夏宫驻地。这批闯宫者把卜尼法斯八世痛殴一顿，百般侮辱，教皇的威严丧失殆尽。卜尼法斯八世教皇遭到严重打击，在罗马被软禁三天后愤懑而死。英国和法国十分相似，对于教皇施加的"神圣"压迫，英国和法国都马上报之以世俗的对抗。英国毫不留情地将逃税的教士驱逐出境："滚吧，去向你们的罗马圣父讨点吃的吧！"

法国国王腓力四世还不肯善罢甘休，1305年，在他的压力下法国西南部波尔多大主教当选为教皇，史称"克莱门特五世"（1305—1314年在位）。1308年，该教皇将教廷从罗马迁往法国南部的小城阿维农。此后70年间，连续7任教皇都是法国人，绝大多数红衣主教也是法国人，教皇即成为法王的御用工具。这在教会历史上被称为屈辱的"阿维农之囚"，是罗马教廷神权统治由盛转衰的标志。1377年，新任教皇乘"百年战争"初期法国失败之机迁回罗马，但阿维农教皇继续存在，双方互不承认，互相驱逐出教，造成教会的大分裂（1378—1418年）。1409年又出现了第三位教皇，形成三教皇并立的局面。三位教皇如此不顾面子的恶斗，使得教廷在广大信众面前丧失了起码的尊严，成为一伙与世俗封建主一样的势利之徒。同时，在整个中世纪，基督教教廷是欧洲唯一的统一力量，随着教廷的分裂，必然引起西欧国家的分裂。"随着教廷的分裂，西欧国家也出现了大分裂：站在罗马教廷一边的有：以国王为首的德意志大部分地区、意大利的北部城市、教皇国和英国；属于阿维农一派的是：一小部分德意志地区、法国、西班牙和意大利南部。"① 政治的分裂使欧洲国家长期处于战争状态，人民生活痛苦不堪，反抗封建统治的意识也不断高涨。

15世纪初，为了对付日益严重的捷克异端和日益高涨的宗教改革运动，德国皇帝和罗马教廷商议，联合举办了君士坦丁堡宗教会议。会议召开时，欧洲同时并存三个互不相让的敌对教皇，即本笃十三世（1394—1423年在位）、格里高利十二世（1406—1415年在位）和约翰二十三世（1410—1415年在位）。因这次会议受到德皇西吉斯孟的直接操纵，经过争执，于1415年5月29日通过决议废黜了得到法国和意大利支持的约翰二十三世，7月14日，让格里高利十二世退位，规定本笃十三世也退位，但遭到了本笃十三世的拒绝，直到1417年7月26日他被废黜。最后，经过枢机主教们与各国推出的六名代表的选举，于1417年11月，选出意大利教士奥托·科隆纳（1368—1431）为统一的新教皇，史称"马丁五世"（1417—1431年在位）。这样一来，从1378年开始的西欧教会大分裂和三个教皇鼎力的局面基本结束。

在欧洲中世纪，罗马教廷及其各国的主教、大主教们积累的大量物质财富，又具有种种政治、法律特权，绝对的权力自然就导致了严重的腐败。例如，教皇克雷芒六世在位11年，搜刮了近200万金币，当时二十几名红衣主教每年剥削收入总和与教皇每年剥削收入相等，而这远远超过当时欧洲世

---

① 刘新利：《基督教与德意志民族》，商务印书馆2000年版，第191—192页。

俗君主的剥削收入。巨额财富的拥有无疑助长了教皇们奢侈之风,克雷芒五世即位时,光设宴会就花费了1.5万金币,而当时教廷雇用的粗工收入每年工资仅为20—30个金币,可见,教皇们生活之奢华。除了物质享受的奢华,在男女关系上教皇与教会上层也利用信徒对他们的信任,过着一种恣情纵欲的腐化生活。一些神职人员妻妾成群,生活糜烂,道德堕落。例如教皇英诺森八世有8个私生孩子,其中有几个是他当选教皇以前所生。教皇和主教们为私生子施恩,由此,私生子公开分享教会产业收入早已屡见不鲜。另外,在14世纪的战争、瘟疫之后,许多妇女由于生活苦难不堪而被迫入修道院当修女,结果,女修道院成为神职人员的妓院。在16世纪,据方洛各修道僧多玛·慕纳揭露,在修道院里,生孩子最多的修女当上了院长。[①] 教会神职人员的腐化生活,极大地亵渎了基督教信仰,动摇了教会在人民心目中的神圣地位,成为文艺复兴运动直接攻击的靶标。曾在文艺复兴运动产生极大影响的《十日谈》、《神曲》等文艺作品,都是以教会腐败为批判对象的。

教廷与欧洲各国的封建君主不断斗争,大大增加了教廷的经济开支,同时为了维持教皇及其各位大主教的豪华生活,教廷想尽花样增加各国民众的负担。其中最受人民群众诟病的,就是"赎罪券"。赎罪券是教皇乌尔班二世发动十字军战争时发明的,当时只是发给出征的将士,证明他们可以免除罪恶。但是到了中世纪后期,教皇本笃十二世(? —1342年在位)开始公开发行赎罪券聚敛钱财。罗马教廷的宣传,群众只要购买了赎罪券,不仅可以赎下自己所犯的罪行,而且可以赎下亲友的"罪"。罗马天主教会甚至宣布,只要购买赎罪券的钱一敲钱柜,就可以使购买者的灵魂从地狱升到天堂。这是罗马天主教会掠夺西欧各国人民钱财的卑劣手段。这样一种赤裸裸的掠夺,自然会引起人民的强烈反抗,因此赎罪券成为诱发宗教改革的直接导火索。

---

① 参见 [意] 卡洛·M.奇波拉:《欧洲经济史》第1卷,徐璇、吴良健译,商务印书馆1988年版,第100页。

第三节　中国中古时代政教关系冲突磨合的三阶段

中国的中古时代，我们从政教关系研究的需要出发，将其定义为两晋至宋元时期，时间跨度大约是从晋武帝开国的 265 年到元顺帝亡国的 1367 年，也是一千年略多。这一段时期，是中国历史上宗教的活跃期，土生土长的道教和印度传来的佛教利用魏晋时期儒学相对沉寂的机会获得长足的发展，一度成为中国意识形态领域最引人瞩目的热点。唐宋时期，随着中国政治的稳定、经济的恢复，基督教、伊斯兰教、祆教、摩尼教等西来宗教相继进入中国，也增添了中国宗教舞台的繁荣。对于宗教这种传统宗法血缘组织之外的"异物"，中国社会感到陌生，也曾引起了官僚士大夫的"排异反应"，形成了中国式的政教冲突。参照西方政教关系展开的三个阶段，我们也把中国中古时代政教关系从陌生到冲突，最后发展为相互融合的过程分成三个阶段。

一、中古初期宗教勃兴，宗教起义成为政府大敌

前文已经述及，佛教在两汉之际传入中国，道教在东汉末年开始形成。这一时期，对于中国政治产生最大冲击的当属道教。太平道领袖张角等人经过十余年的艰苦传教工作，几经积累了相当的实力。他们在青、徐、幽、冀、荆、扬、兖、豫八州建立三十六方，每方置渠帅，大方万余人，小方也有六七千人，总数几经达到几十万。张角等起义军的领袖，选择光和元年（178 年）作为起义的时机。他们为自己的起义制造了一句谶语："苍天已死，黄天当立，岁在甲子，天下大吉。"（《后汉书·皇甫嵩传》）起义一经发动，就对朝廷造成了沉重的打击。《后汉书·皇甫嵩传》记载："所在燔烧官府，劫略聚邑，州郡失据，长吏多逃亡。旬日之间，天下响应，京师震动。"面对严峻的局势，东汉统治集团联合起来镇压起义，太平道从此中绝。但是，在镇压起义过程中形成的各个军阀集团已经开始不听东汉朝廷的指挥，汉王朝走向了末路。

在太平道起义的同时，四川也发生了另一股道教起义——"五斗米教起义"。在黄巾起义爆发5个月后，另一支由道教徒组成的农民军在四川揭竿而起。《后汉书·帝纪八》载："秋七月，巴郡妖巫张修反，寇郡县。"其注引刘艾纪曰："时巴郡巫人张修疗病，愈者雇以米五斗，号为'五斗米师'。"关于五斗米教起义后的政治活动情况，无论官方的正史，还是道教的传记，记载都不很清楚，尤其是关于张修与后来以"五斗米教"名义割据汉中的张鲁的关系。但是无论如何，现实的情况是张鲁继承了五斗米教的衣钵，利用中原军阀争霸的机会实现了汉中割据。经过二十多年的政权建设，五斗米教已经形成了比较稳定的宗教组织，成为一股社会势力。尽管后来张鲁被曹操招安，汉中道教政权解散，但是众多的道教高士被迁出汉中"聚禁"在曹魏政权的周围，利用他们高超的宗教知识和医术受到了统治者的欢迎，实现了宗教从起义军到社会组织的转化。

汉末宗教组织兴起并引发了民众起义，这种新兴的社会组织的出现引发了统治者的高度重视。在传统的中国社会中，全部民众都分属不同的宗法家族，社会上除了王朝的政治组织，没有超越各个分散的家族之上的联合组织，因此王权可以利用手中的组织力量游刃有余地对付一盘散沙般的民众。但是，宗教组织的出现改变了这一传统状态，太平道"天下三十六方"的宗教组织和五斗米教的汉中割据成为维持中央集权统治的巨大隐患。针对宗教组织以信仰为号召凝聚公众的特点，政府颁布了严格管理宗教组织、宗教活动的诏令。《三国志·魏书·文帝纪》载：黄初五年（224年）"十二月，诏曰：'先王制礼，所以昭孝事祖，大则郊社，其次宗庙，三辰五行，名山大川，非此族也，不在祀典。叔世衰乱，崇信巫史，至乃宫殿之内，户牖之间，无不沃酹，甚矣其惑也。自今，其敢设非祀之祭，巫祝之言，皆以执左道论，著于令典。'"这里所说的各种"不在祀典"的"非祀之祭，巫祝之言"，当然首先是指道教，也包括初传的佛教及各种民间宗教。实行"禁淫祠杂祀"是一项釜底抽薪的根本性措施，等于取消了起义者公开活动的正当理由，使之自动趋于衰落。

进入魏晋时期，由于长期处于政治动乱之中，门阀士族的实力强大，不断制造军事割据,中央政权是十分羸弱的。再加上与西北诸多少数民族的战争不断,一些强大的少数民族政权也纷纷入主中原,在北方建立割据政权,形成了"五胡乱华"的政治格局。在严重的阶级矛盾和尖锐的民族矛盾面前,人民的生活变得艰苦,时人哀叹:"白骨露于野,千里无鸡鸣。""宁为太平犬,不为乱世人。"社会的苦难成为佛教和道教大发展的温床,在南北方各族统治者的大力推动下,出现了宗教的繁荣场景。据唐法琳的《辩正论》卷三记载,南方刘宋时有寺院 1943 所,僧尼 36000 人;萧齐时有寺院 2115 所,僧尼 32500 人;萧梁时寺院达到了 2846 所,僧尼 82700 人。而北方到北周武帝灭佛时,"禹贡八州,见成寺庙,出四十千,并赐王公,充为第宅;三方释子,减三百万,皆复军兵,还归编户"(《续高僧传·静蔼传》)。对于当时全国三千万左右的人口,这已经成为一个严重的社会问题了。

佛道教大发展对于政教关系造成的头号问题,就是打着宗教旗帜的民间起义层出不穷。两晋南北朝时期以道教形式组织的民间起义,次数最多、范围最广的,莫过于"李弘起义"了。寇谦之在《老君音诵诫经》中说:"世间诈伪,攻错经道,惑乱愚民,但言老君当治,李弘应出,天下纵横返逆者众,称名李弘,岁岁有之。"显然,李弘并不是一个具体的农民起义领袖,而是道教神话中一种谶言。在两晋南北朝的官方史书上,关于李弘起义的记载就有 10 次之多①,对君主专制统治形成严重威胁。其后与道教有关系的四川李雄、李特兄弟建立的成汉政权,江南孙恩、卢循领导的"长生人"起义,影响更为重大。道教之所以与民间起义形成了密切的关系,主要原因是由于:首先,道教理论本身就包含一些向往"平均"、"平等"、"太平"的观念,成为乱世中人民的理想。如《太平经》在解释何谓"太平"时说:"太者,大也。……平者,乃言其治太平均,凡事悉理,无复奸私也。"② 其次,道教本身就是以民间起义的形式登上历史舞台的,无论太平道还是五斗米道,都与东汉末年的农民起义具有密不可分的联系。再次,两晋南北朝时期的道教

---

① 参见张践:《中国古代政教关系史》上卷,中国社会科学出版社 2012 年版,第 506 页。

② 王明编:《太平经合校》,中华书局 1997 年版,第 148 页。

领袖们尚未完成对原始道教的全面改造，使道教文化中还有许多内容可以为起义的农民所利用，如谶语、符箓、祈请、忏悔等宗教活动方式，都可以被一些宗教领袖用来组织群众、武装群众、发动群众。最后，两晋南北朝时期帝王、贵族对道教的青睐，使一些社会实权人物也进入道教组织中来，从而导致道教实力的增加。如支持流民起义的青城山道教领袖范长生，就是当地的世家豪族；酝酿孙恩、卢循"长生人"起义的钱塘杜子恭教团，也是由当地的贵族组成，并与王羲之等门阀世族交往密切。

佛教虽然倡导"忍辱"、"精进"，追求彼岸涅槃境界，但是在两晋南北朝的"乱世"中，也多次成为民间起义的"外衣"。在官方的正史中记载与佛教有关的起义达 11 次之多。① 在这些起义中，领头的和尚往往掌握一些巫术类的幻术，所以能够给贫苦的农民极大的鼓励，对东晋及南北朝统治者以沉重的打击。如梁朝起义的沙门僧强，史书记载，"僧强颇知幻术，更相扇惑，众至三万，攻陷北徐州，济阴太守杨起文弃城走，钟离太守单希宝见害"（《梁书·陈庆之传》）。可见当时起义军已经具有了相当的规模。朝廷委派陈庆之前去镇压起义，梁武帝亲临前线指挥，并谓庆之曰："江、淮兵劲，其锋难当，卿可以策制之，不宜决战。"（《梁书·陈庆之传》）连皇帝指挥的官军都觉得"其锋难当"，认为不宜决战，农民起义军的实力便可见一斑了。又如北魏时期，"时冀州沙门法庆既为祆幻，遂说勃海人李归伯，归伯合家从之，招率乡人推法庆为主。法庆以归伯为十住菩萨、平魔军司、定汉王，自号'大乘'。杀一人者为一住菩萨，杀十人为十住菩萨。又合狂药，令人服之，父子兄弟不相知识，唯以杀害为事。于是聚众杀阜城令，破勃海郡，杀害吏人。"（《魏书》卷一九上《列传第七上》）法庆给人服一种"狂药"，使人精神兴奋，处于无畏状态，并且说杀一敌人就可以"一住菩萨"，杀十人可以为"十住菩萨"，故起义军人人奋勇，争先杀敌，给统治阶级极大的打击。北魏政府派遣十万大军，方得以将法庆起义剿灭。

除了武力镇压，南北朝各国政府纷纷建立僧官、道官管理制度，对宗教

---

① 参见王明编：《太平经合校》，中华书局 1997 年版，第 510 页。

组织进行管理。与发生问题后的强力镇压相比，建立日常的宗教管理制度是一种制度化的、理性的、稳定的管理方式。当代学者谢重光、白文固的《中国僧官制度史》一书，对此有专门的研究。① 根据此书研究，僧官制度在大体相近的时间内，分别出现在南方的东晋和北方的北魏、姚秦。南朝宋、齐、梁、陈相沿，直接承继了东晋的僧官制度，但又有所发展。南朝中央僧官设有衙署，可泛称为僧司，但又有僧局或僧省的专称。主官称僧正或僧主，总领天下僧徒，主持经业的传授、法事的举行，主持翻译、抄撰经籍，参与选拟下层僧职，训助、简汰徒众。州级僧官设僧正一名，视需要可设副职维那，一般称州僧正，州维那。郡则有郡僧正，郡维那。两晋南北朝时期的政府，基本参照僧官制度建立了道官制度，管理辖区内的道教组织。

因应政府的管理，佛道教僧道组织也进行了内部改革，使宗教必须向政府需要的方向转化。特别是从民间起义中产生的道教，更是作出大规模的调整。

第一，申明其服从君主的立场，除去早期道教民间宗教反政府色彩。两晋之际的道教思想家葛洪著《抱朴子》一书指出："贵贱有章，则慕赏畏罚；势齐力均，则争夺靡惮。是以有圣人作，受命自天。"这样，葛洪就完全回到了儒家的"君权神授"的"纲常理论"，使道教理论变成辅助君主专制制度的工具。他甚至用汉儒的口吻说："夫君，天也、父也。君而可废，则天亦可改，父亦可易也。"（《抱朴子·良规》）这与董仲舒"王道之三纲可求于天"如出一辙。

第二，彻底否定、批判与道教相联系的农民起义。葛洪在对传统道教理论进行改造时，尖锐地批判了原始道教领导农民起义，反抗专制压迫的行为。他说："曩者有张角、柳根、王歆、李申之徒，或称千岁，假托小术，坐在立亡，变形易貌，诳眩黎庶，纠合群愚。进不以延年益寿为务，退不以消灾治病为业，遂以招集奸党，称合逆乱，不纯自伏其辜。"（《抱朴子·道意》）寇谦之在《老君音诵诫经》中，对汉魏以来以"李弘"、"刘举"为

---

① 参见谢重光、白文固：《中国僧官制度史》，青海人民出版社 1990 年版。

名的农民起义进行了尖锐的评判，他说："今世人恶，但作死事，修善者少。……惑乱万民，称鬼神语，愚民信之，诳诈万端，称官设号，蚁聚人众，坏乱土地。……我身宁可入此下俗臭肉、奴狗魍魉之中，作此恶逆者哉？"

第三，对道教组织进行改造。在汉末起义和三国割据时期，道教组织变成了一种准军事化的宗教、政治、经济、军事四合一的状态。张角起义，"三十六方"是起义的武装组织；张鲁割据，教团发挥地方政权的公共管理功能；五斗米教教徒入会所上交的钱粮，就是当时汉中政权的税赋。但是在两晋南北朝，道教要向官方宗教的形态发展，必须对自己的组织形态进行根本改造，因为在中国君主专制制度下，帝王绝对不能允许自己统治下有其他兼具政治、经济、军事功能的组织出现。寇谦之认识到了这一点，他假借奉太上老君之命来改造北方的天师道，对道教的组织进行了根本性的改造。首先是废除了祭酒、道官私署治职契符箓的做法，取消了天师世袭承递，代之以儒家"唯贤是授"的原则，打破了张氏子孙世代垄断道教领袖的状态。其次是取消了五斗米道原在四川设置的"二十四治"，"其蜀土宅治之号勿复承用"，划清了与当年起义、割据的界限。再次是取消了道教组织的经济权限，"除去三张伪法，租米钱税"，以防与当地政权机构发生经济争夺。最后是建立新型的道教组织，《魏书·释老志》载："遂起天师道场于京城之东南，重坛五层，遵其新经之制。给道士百二十人衣食，齐肃祈请，六时礼拜，月设厨会数千人。"有了这些措施，道教团体就开始脱离政教合一的形象，向单纯的宗教组织方向变化了。

两晋南北朝时期的官方政府除了严厉镇压造成民间起义的宗教组织、宗教人员外，还要面对一个新的问题，就是由于宗教组织出现产生的政治、经济、法律、伦理问题。荷兰汉学家许理和指出："作者相信，宗教运动尽管是非世俗的，却不可能仅作为单纯的'思想史'来研究。……它传入中国不仅意味着某种宗教观念的传播，而且是一种新的社会组织形式——修行团体即僧伽的传入。"[①] 面对这样一群穿着奇怪衣服、剃着光头、不谈婚

---

① [荷]许理和：《佛教征服中国》，李四龙、裴勇等译，江苏人民出版社 2005 年版，第 2 页。

嫁、不事生计的人们，中国的政治管理者们需要一个适应的过程。要学会容忍、学会相处、学会管理他们。使他们变成政权的朋友，而不要变成政权的敌人，由此便引申出了中古时代中期的"三教之争"及其相互的冲突与融合。

二、中古中期的三教之争，相互冲突与融合

为了与欧洲中世纪政教关系的比较研究，我们不得不将中国的中古时代与之对应，在历史分期上就产生了差异，现在讲这个时代再划分三个阶段，更是出于理论分析的需要，并非完全的时间标准，本阶段的时间上与上一时段基本是相互交叉的。在中古时代佛教、道教充分发展之后，其与政治统治机构产生的矛盾，就表现为当时激烈的三教之争。在儒、释、道三家中，儒家虽然不能简单地与政治画等号，因为大多数儒家学者处于在野的地位，与政治管理层也有矛盾。但是毕竟儒学是中国帝制社会的国家哲学，政治意识形态，儒家学者出将入相，很多人兼具国家官员的身份，因此儒家的立场往往与政府的立场是一致的。道教由于是中国自生的宗教，在政治理论方面往往与儒家具有相似的观点，因此三教之争在政治方面，经常出现儒道两家形成同盟，共同对付外来宗教——佛教的局面。

（一）宗教组织与权力机构的政治关系问题

这个问题的本质，就是宗教组织要不要服从国家权力机构的管理问题。在印度，佛教在其创立后的一千多年的时间里，具有崇高的社会地位，许多王朝都将佛教尊为国教，给予他们在家不拜父母、入朝不拜君王的特殊权利。之所以会形成这种状态，是与古印度的政治局势有关。当时的古印度诸侯林立，权力分散，而佛教则具有统一的组织，社会影响巨大，所以各诸侯国的君主对佛教高度依赖，因此也乐于给他们各种特殊权利。但是，中国的情况却与此完全不同，当佛教传入中国时，中国已经形成了稳定的宗法家族社会和君主专制政体，在思想观念上，儒教作为国家的意识形态，基本可以

满足论证权力机构合法性的需要。如果说有所缺乏，儒家文化相对欠缺仅仅存在于个人精神信仰层面。因此专制帝王绝不许佛教和道教与之并驾齐驱，更何谈凌驾于政治权力机构之上。

从东晋时期就开始了关于沙门是否应当拜王问题的争论，实质上就是一个关于教权是否可以与政权平行问题的争论。这场争论最早爆发在东晋成帝咸康六年（340年），当时"庾冰辅政，帝在幼冲，为帝出诏，令僧致拜"（《广弘明集》卷二十五）。他在《诏书》中阐述的理由是："礼重矣，敬大矣，为治之纲尽于此矣。万乘之君非好尊也，区域之民非好卑也。而卑尊不陈，王教不得不一，二之则乱。斯向圣所以宪章体国所宜不惑也。"（《弘明集》卷十二）君为臣纲，君尊臣卑，这是君主专制社会的"国宪"，如果和尚不拜君王，搅乱"国宪"，必然会引起天下大乱。但是，"时尚书令何充、尚书谢广等，建议不合拜。往返三议，当时遂寝"（《广弘明集》卷二十五）。晋安帝元初中（约400年），沙门是否拜王的争议再起，当时的太尉桓玄大权独揽，为了树立自己的威信，他重提沙门敬王的话题，他借老子"故道大、天大、地大、王亦大"的"四大"说，认为王是天地间的主宰者，"沙门之所以生生资存，亦日用于理命。岂有受其德而遗其礼，沾其惠而废其敬哉？既理所不容，亦情所不安"（《弘明集》卷十二）。

针对桓玄的指责，东晋高僧慧远写成《沙门不敬王者论》，不仅阐述了沙门不应礼敬王者的道理，而且对政教关系的性质作了全面的阐述。

第一，慧远将佛教信仰者分成了两个部分，规定大多数在家的信徒必须礼敬王侯。"在家奉法，则是顺化之民。情未变俗，迹同方内。故有天属之爱，奉主之礼。"（《弘明集》卷五）中国的佛教与西方的基督教有很大的差别，就是没有教区登记制度，普通百姓信仰佛教只是个人问题，并不改变他的臣民身份。那些在家信仰佛教的人，都是顺化之民，其情爱之心未变，故世俗礼教所规定的各项义务都不会发生变化。

第二，出家僧人不敬王侯，是为了保持佛教的独立身份，以便发挥宗教的特殊作用。慧远接着说："出家则是方外之宾，迹绝于物。其为教也，达患累缘于有身，不存身以息患；知生生由于禀化，不顺化以求宗。求宗不由于顺化，则不重运通之资，息患不由于存身，则不贵厚生之益。此理之与形乖。"（《沙门不敬王者论》）对于出家人来说，佛教把生命、身体、财富等世俗社会认为最有价值的东西，统统看成"患累"。故他们明知生命禀化于自然，但是却不顺化以求生。佛教不顺化，是为了超越人生所处的"五蕴"、"十二因缘"，求得终极的真理。因此，出家僧人的服饰、礼仪都与世俗之人不同，以表达他们所追求的"道"与世俗不同。慧远这里又说明了一个很重要的道理，即宗教组织必须与世俗政权保持一定的独立性。不过出家人数量极少，少数职业神职人员不礼拜王侯并不会对社会秩序产生太大的影响。

第三，慧远这样表述佛教所能发挥的特殊作用："夫然。故能拯溺俗于沈流，拔幽根于重劫，远通三乘之津，广开天人之路。如令一夫全德，则道洽六亲，泽流天下。虽不处王侯之位，亦已协契皇极，在宥生民矣。"（《沙门不敬王者论》）佛教以自己绝欲苦行的宗教实践，可以在社会上树立一面高尚的道德旗帜，在精神上拯救世人。故从家庭角度看，一人"全德"，则六亲皆沾其恩惠。从国家的角度看，僧侣虽不处王侯之位，但劝百姓安于本分，放弃斗争，可以发挥辅助王化的特殊作用。慧远虽然仍然坚持要求政府给予沙门一些特殊待遇，但是在与政权的关系上，他已经做了全面的妥协，承诺了"协契皇极，在宥生民"的辅助政治的任务，摆正了佛教服从统治的关系。

桓玄的动议由于慧远在解释和一些崇佛大臣的议论而暂时搁置，在实质上，还是由于桓玄在权力的争夺中失势而只得作罢。

但是在北朝，北魏僧官道人统法果，则直接拜倒在北魏君主的面前。他还给自己的行为找到了一个合理的说法，"太祖明睿好道，即是当今如来，沙门宜应尽礼，遂常致拜。谓人曰：'能鸿道者人主也，我非拜天子，乃是礼佛耳'"。不过北魏沙门的行为也没有成为当时的范式，关于沙门是否应当敬王的问题，理论的争议比较复杂，是中国政治文化领域中的一场长期的、重要的辩论，在唐代有时还会被提出来讨论（见本章第一节），一直持续到宋代才最终以沙门要跪拜君王而告终。① 宋代著名僧人赞宁曾经感叹道："近朝今代道薄人乖称谓，表章称臣顿首。夫顿首者，拜也；称臣，卑之极也。"（《僧史略·对王者称谓》）他虽如此感叹，但他所上《进高僧传表》、《宋高僧传序》等，对皇帝也是"称臣"的。说明这在当时已成为潮流，难以违拗了。

（二）由于宗教组织出现而发生的经济问题

宗教的核心内容是一种超自然的观念，但是宗教一旦生成，就必然会产生一批专业的宗教人员，他们的生活就需要一定的物质条件来维持。他们进行宗教活动，也需要必备的经济条件作为支撑。所以五斗米教一诞生，就规定其信徒必须每人出五斗米作为会费。佛教徒为了表示超越红尘，鄙视世俗的利益，他们自己不从事生产，只依靠信众的布施为生。但是，当佛教影响扩大以后，一些王公贵族纷纷慷慨解囊，以布施寺院的形式将大量的钱财、土地、房产奉献给寺院。两晋南北朝时期最突出的例子，就是梁武帝四次到同泰寺舍身出家。史书记载其中两次，臣下每次用一亿钱将他"赎回"，等于将国家的大笔钱才捐赠了寺院。古印度国家考虑佛教徒不事生计，没有收入，所以政府规定僧人可以免除全部赋役，寺院的田产可以免除全部租税。可是在中国两晋南北朝时期迅速形成庞大的寺院经济体系以后，问题就出来了。寺院作为一个独立的经济实体，与世俗地主争利益，与国家争税源、兵源，引起了政府官员和儒家学者的强烈反应。如《广弘明集》卷六载："虞愿，会稽人。仕宋明帝，为中书。善容止直忤言。帝好奕颇废政事，愿曰：……此寺穿掘伤蝼蚁，砖瓦焚虫豸。劳役之苦百姓筋力，贩妻货子呼嗟满路。佛若有知，念其有罪；佛若无知，作之何益。"这是对佛教兴建寺院，耗费大量社会财物直言不讳的批评。

梁武帝朝的大臣荀济，对佛教发展造成的经济问题批评最为尖锐。他指出："佛家遗教：不耕垦田，不贮财谷，乞食纳衣头陀为务。今则不然，数

---

① 参见张践：《中国古代政教关系史》下卷，中国社会科学出版社 2012 年版，第 701—706 页。

十万众无心兰若，从教不耕者众，天下有饥乏之忧。"（《广弘明集》卷七）
这是对佛教僧侣不事生产、不劳而获的生活方式的批评。他认为佛教教义本
身就有问题，更加上一些投机取巧之徒，假名出家，实则逃避劳动，长此以
往国家必有衣食之忧。

　　在南北朝到唐初的历史阶段内，世俗地主对寺僧的捐献，一般不受法律
限制。帝王的慷慨捐赠产生了示范效应，捐献土地入寺之风很盛行，因此给
社会土地问题带来了严重弊端。特别是免除赋役的优惠措施，极大地刺激了
人们"出家为僧"的积极性，出现了僧尼人数激增的局面。如《魏书·释老志》
所说："正光已后，天下多虞，王役尤甚，于是所在编民，相与入道，假慕
沙门，实避调役，猥滥之极，自中国之有佛法，未之有也。"北魏在实行"僧
祇户"、"佛图户"政策以前的太和年间，僧尼 7 万多人，与南方大体相当，
但是此后，出现了僧尼人数激增的局面，人数达到 200 万。北齐年间僧尼人
数甚至达到了 300 万，这对于 3000 多万的编户齐民，是一个可怕的负担。
显然，出家者中信仰者少，避税者多。法国汉学家谢和耐先生注意到："《魏
书》于此没有使用通用的术语'出家'，因为如果是真正的僧侣，我们本来
是预料会使用这个术语的。人们对于六世纪时僧尼数字骤增的现象所提供的
唯一解释如下：如果当时真正出家人的数目有明显的增长，那么那些'入道'
的世俗人数字还会更多，肯定至少要多出六倍。"①

　　在没有从制度上找到有效办法的阶段，政府只能在控制僧道总人数上想
办法，限制佛道教发展的规模。汉魏时期僧侣多是外国胡僧，人数有限，政
府可以对其忽略不计。而到了南北朝，佛道教人数的激增，特别是很多民众
借出家之名行避税之实，造成的社会问题就非常显著了。最早提出对沙门
进行限制的是桓玄，他说："京师竞其奢淫，荣观纷于朝市。天府以之倾匮，
名器为之秽黩。避役钟于百里，逋逃盈于寺庙。乃至一县数千，猥成屯落。
邑聚游食之群，境积不羁之众。其所以伤治害政，尘渎佛教。固已彼此俱

---

① ［法］谢和耐：《中国五—十世纪的寺院经济》，耿昇译，甘肃人民出版社 1987 年版，
第 55 页。

弊，寔污风轨矣。"(《弘明集》卷一二)因此需要对那些假出家的人进行清退，"沙门有能申述经诰，畅说义理，或禁行修整，足以宣寄大化。其有违于此者，悉皆罢遣"(《弘明集》卷一二)。其后，南北朝政府陆续发出多道沙太沙门的诏书。如宋孝武帝："孝武大明二年，有昙标道人与羌人高阇谋反，上因是下诏，所在精加沙汰，后有违犯，严其诛坐。于是设诸条禁，自非戒行精苦，并使还俗。"(《南史·夷貊传上》)由于沙汰的标准"能申述经诰，畅说义理"，"戒行精苦"大多无法把握，因此沙汰令很难执行。北魏孝文帝太和十年(486年)冬，有司奏曰："前被敕以勒籍之初，愚民侥幸，假称入道，以避输课，其无籍僧尼罢遣还俗。重被旨，所检僧尼，寺主、维那当寺隐审。其有道行精勤者，听仍在道；为行凡粗者，有籍无籍，悉罢归齐民。今依旨简遣，其诸州还俗者，僧尼合一千三百二十七人。"(《魏书·释老志》)从当时的历史文献看，南北朝时期中国的管理者还没有找到有效地管理寺院经济的办法，对于二三百万的僧尼规模，沙汰一千多人是没有什么意义的。

管理的低效性甚至无效性，必然造成政府管理目标的落空。北魏司空王澄在奏疏中所说："臣闻设令在于必行，立罚贵能肃物；令而不行，不如无令。罚不能肃，孰与亡罚。顷明诏屡下，而造者更滋。"(《魏书·释老志》)可控的、有序的管理如果达不到目标，统治者往往就会采用一些极端的、暴力的措施。历史上"三武一宗"等几次法难，大多是管理失效的后果。例如北魏太武帝太平真君七年(446年)灭佛，当代学者郭朋认为主要是基于经济原因，他指出："北魏之世，寺院经济，有了更大的发展，随着经济的发展，其政治势力也必然会有相应的膨胀。这样，就会给世俗地主造成威胁。"[①]再如北周武帝灭佛，经济的原因更为突出。据《续高僧传·静蔼传》记载："及法灭之后。帝遂破前代关山东西数百年来官私佛法，扫地并尽。融刮圣容焚烧经典，禹贡八州见成寺庙出四十千，并赐王公充为第宅。三方释子减三百万，皆复军民还归编户。三宝福财其赀无数簿录入官，登即赏费

––––––––––

① 郭朋：《汉魏两晋南北朝佛教》，齐鲁书社 1986 年版，第 812 页。

分散荡尽。"周武帝灭佛与魏太武帝灭佛有一个很大的不同，即他不是以打击为主，而是以转化为主，将僧尼复归民户，将财产收归国库，将寺院变成第宅。这一系列的变化，都说明周武帝灭佛的真实用意在于经济。周武帝这样总结自己这次灭佛的成果："自废已来，民役稍希，租调年增，兵师日盛。东平齐国，西定妖戎。国安民乐，岂非有益。"（《全后周文》卷二十四）唐武宗灭佛，经济原因在其中占的比重更大，他在灭佛的诏书中指出："是由季时，传此异俗，因缘染习，蔓衍滋多。以至于蠹耗国风，而渐不觉；诱惑人意，而众益迷。泊于九州山原，两京城阙，僧徒日广，佛寺日崇。劳人力于土木之功，夺人利于金宝之饰，遗君亲于师资之际，违配偶于戒律之间。坏法害人，无逾此道。且一夫不田，有受其饥者；一妇不蚕，有受其寒者。今天下僧尼，不可胜数，皆待农而食，待蚕而衣。寺宇招提，莫知纪极，皆云构藻饰，僭拟宫居。"（《旧唐书·武宗本纪》）政府公布的废佛结果是："其天下所拆寺四千六百余所，还俗僧尼二十六万五百人，收充两税户，拆招提、兰若四万余所，收膏腴上田数千万顷，收奴婢为两税户十五万人。"（《旧唐书·武宗本纪》）在全国的废佛行动中，拆毁大寺4600余所，招提、兰若等小寺40000然余所，迫使僧尼还俗26万人，解放寺奴15万人。这些人如果都能回到家中，将会使国家的两税户大大增加，财政收入出现增长。在中国佛教史上，"三武一宗"被称为四次法难，而那一宗则是后周的皇帝世宗柴荣。相对于"三武"的三次灭佛，柴荣的限佛显然要文明得多，温和得多，所以当代有学者将其称为"文明限佛"。[①]"限佛"的背后，也是政府发生"铜荒"的经济背景。所以才要限制寺院规模，取缔"无敕"的寺庙，收缴各种铜铸的佛像、法器等。在中国政教关系史上，"三武一宗"四次法难，就是最严重的政教冲突事件，其背景都与经济政策不当有关。而广大的僧众在强势政府面前，则是毫无抵挡之力，只能任其掠夺、宰割。因为中国的君主政权掌握了全部的政治、经济、军事、司法权力，可以使其命令畅行无阻。

---

① 张箭：《后周世宗文明限佛析论》，《文史哲》2003 年第 4 期。

（三）宗教团体的出现所引发的法律问题

佛教和道教组织作为社会上相对独立的自治团体，对其内部事务有一定的司法权力。按照古印度的传统，世俗法律止于寺门之外，沙门犯罪以佛教的戒律加以惩罚，不必官府过问。在中国实行这样的特权以后，一方面有些僧人犯罪后并没有受到应有的惩罚，另一方面有些社会上的犯罪分子，一旦剃去头发，穿上袈裟，就可以逃避世俗法律的制裁。这样就在一段时间内，使寺院成为容纳犯罪分子的场所，故引起社会各方的抨击。如刘宋世祖时庐陵内史周朗上疏皇帝说："自释氏流教，其来有源，舒引容润既亦广矣。而假糅医术，托以卜数。外刑不容，内教不悔，而横天地之间，莫之纠察。今宜申严佛律，禅重国令。其疵恶显著者，悉宜罢遣。"（《广弘明集》卷六）周朗指出：一些佛教徒假托医、卜、数术，行犯罪之实。但是，世俗法律对其不能制裁，可佛教的戒律又不加教诲，致使对于沙门犯罪无法管理。所以应当下令依照佛律、国法，严惩犯罪沙门，对于有罪之人，坚决罢遣。荀济攻击佛教："聚合凶徒，易衣削发，设言虚诈，不足承禀。九十六道，此道最贪。"（《广弘明集》卷七）北魏太武帝灭佛，直接的导因也是由于在长安寺中发现了一些沙门违法的行为。太武帝灭佛的理由之一，就是要统一的律法，整治沙门的犯罪行为。

于是，政府在宗教管理方面，在法律上划分了圣俗界限，实行圣俗有别的法律制度。在中国政治文化的语境中，"普天之下，莫非王土"，并不存在"化外之民"。但是，又要考虑到佛教教规对于教徒的规范要超过常人，所以最终在实践上形成了小罪由寺院自行处理，大罪仍需诉诸国法的共识。北魏宣武帝永平元年（508年）秋诏曰："缁素既殊，法律亦异。故道教彰于互显，禁劝各有所宜。自今已后，众僧犯杀人已上罪者，仍依俗断。余犯悉付昭玄，以内律、僧制治之。"（《魏书·释老志》）这一条例后来成为历代管理各种教徒犯罪问题的原则，凡是犯杀人、谋反、忤逆等重罪交由国法处理，其余轻罪可归僧道团体用戒律解决。这样的制度设计是考虑到，重罪不交国法严惩不足以平民愤；而对于轻罪，一般僧道团体的内律都严于国法。

关于沙门犯罪问题，佛教通过加强僧团内部的戒律以及服从社会法律，逐渐平息了士大夫阶层的抨击。两晋时期的名僧道安，在建立僧尼规范方面产生了很大的社会作用。《高僧传·道安传》载："安既德为物宗，学兼三藏，所制僧尼轨范，佛法宪章，条为三例……"。汤用彤先生评价道安在加强僧尼戒律方面的贡献时说："在安公晚年，戒律渐至。所得戒本，多与安公有关。……道安寻求戒律，其努力诚可钦佩。"①

（四）宗教修行生活方式所引发的社会伦理问题

在儒家的宗法伦理中，孝道是其核心观念，《礼记·祭义》引曾子的话说："夫孝，置之而塞乎天地，溥之而横乎四海，施诸后世而无朝夕。"在这里，《礼记》将孝道上升为一种放之四海而皆准的普遍真理，成为人类世世代代不可缺少的精神。《孝经·三才》说："子曰：夫孝，天之经也，地之义也，民之行也。"据此，汉代统治者制定了"以孝治天下"的政治纲领，这样，孝道就不仅仅是一种家庭伦理了。《孝经·广扬名章》说："君子之事亲孝，故忠可移于君；事兄弟，故顺可移于长；居家理，故治可移于官。是以行成于内，而名立于后世矣。"这样，以"亲亲"率"尊尊"，移孝作忠，孝亲包含了忠君，成为事关国家稳定的政治文化。在世界其他民族，父母养育子女，子女成人后反哺父母，这是一般的家庭伦理，是具有共同性的人类道德。但是将孝道上升为政治文化，并提出"以孝治天下"的口号，则是中国古代社会宗法政治的本质体现。故所有的外来文化，都必须对孝道问题作出明确的回答，与之相适应，否则就将成为政治问题。东晋孙绰所作《喻道论》中记载有人责难佛教说"或难曰：周孔之教，以孝为首。孝德之至百行之本，本立道生通于神明。故子之事亲，生则致其养，没则奉其祀。三千之责，莫大无后。体之父母，不敢夷毁。是以乐正伤足，终身含愧也。而沙门之道，委离所生，弃亲即疏，刊剔须发，残其天貌。生废色养，终绝血食。骨肉之亲，等之行路。背理伤情，莫此之甚"（《弘明集》卷三）。按照儒家

---

① 汤用彤：《汉魏两晋南北朝佛教史》，中华书局1965年版，第215—216页。

伦理，孝为百德之首，孝子事亲，父母生时尽心孝养，父母故去诚敬祭祀。生养后代，使家族的宗庙百代不绝。体之发肤，受之父母，不可毁伤。但是沙门剃头，伤害父母给我们的身体。出家背亲，使父母晚年无人奉养。绝欲断后，使家族血缘中断，宗庙绝祀。从宗法伦理的角度看，这些都是违反孝道的严重罪行。北魏宣武帝时，司徒长史兼主簿李玚，针对当时社会"民多绝户而为沙门"的状况，批判佛教说："故三千之罪，莫大不孝；不孝之大，无过于绝祀。然则绝祀之罪，重莫甚焉。……安有弃堂堂之政，而从鬼教乎！"（《魏书·李玚传》）一些士大夫从"孝道"进而讲到"忠君"，宋孝武帝时大臣周朗奏曰："自释氏流教，其来有源……背亲傲君，欺费疾老，震损宫邑。"（《宋书·周朗传》）北齐的道士仇子陡攻击佛教说："自魏晋已来，胡妖乱华。背君叛父，不妻不夫。而奸荡奢侈，控御威福。空受加敬，轻欺士俗。"（《广弘明集》卷七）

出家、剃头、绝欲、无后，这是佛教宗教修行的根本支点，不可能因社会的反对而改变，如果变了，佛教将不成其为佛教了。如果完全认同中国的宗法理论，则佛教就失去了存在的意义，故对自己特殊的仪轨与宗法伦理的矛盾，只能进行必要的解释，以求得士大夫阶层的理解和宽容。他们利用儒家、道家原有的思想资料，为佛教的"不孝"进行辩护。孙绰《喻道论》对于出家不能养亲的问题解释说："父隆则子贵，子贵则父尊。故孝之为贵，贵能立身行道永光厥亲。若匍匐怀袖，日御三牲，而不能令万物尊己。举世我赖以之养亲，其荣近矣。"儒家的《孝经》将"立身行道"作为孝道的最高境界，孙绰认为出家修行也是"立身行道"、"光宗耀祖"的行为，要高于在家尽孝。对于沙门无后的指责，孙绰辩解说："夫忠孝名不并立。颖叔违君书称纯孝，石碏戮子武节乃全。传曰：子之能仕父教之忠，策名委质，二乃辟也。然则结缨公朝者，子道废矣。何则？见危授命，誓不顾亲皆名注史笔。事标孝首，记注者，岂复以不孝为罪。故谚曰：求忠臣必于孝子之门，明其虽小违于此，而大顺于彼矣。"（《弘明集》卷三）儒家提倡"求忠臣必于孝子之门"，但是在忠孝不能两全的情况下，儒家主张为国尽忠高于在家尽孝。孙绰正好利用了这一点，用历史上一些著名人物的故事，说明他们并非不孝。相应地，出家修行佛法也是一件高尚的事情，怎么能说是不孝呢？至于"毁伤身体"之事更是小节了，"周之泰伯，远弃骨肉，托迹殊域，祝发文身，存亡不反。而论称至德，书著大贤。诚以其忽南面之尊，保冲灵之贵。三让之功远。而毁伤之过微也"（《弘明集》卷三）。儒家史书记载周文王的伯父泰伯，本为王室长子，应当继承王位，但是为了将王位让给最有希望光大周族的文王父亲季历，他甘愿跑到南越，"祝发文身"。但是，史书不谴责他毁伤父母之体，而是赞颂他谦让的美德。佛教徒自甘清苦，修习佛法，普度众生，其剃头易服的一点"微过"，也是可以原谅的。从孙绰的辩解看，主要是使用权衡轻重、不要以小废大的思路，提倡舍小孝而行大孝。故从家庭角度看，一人"全德"可以超度列祖列宗，则六亲皆沾其恩惠，是大孝。从国家的角度看，僧侣虽不处王侯之位，但可以发挥辅助王化的特殊作用，是大忠。孙绰的《喻道论》讲："佛有十二经，其四部专以劝孝为事"。沈约认为，佛教的慈悲就是儒家的仁道。颜之推把佛教的"五戒"比为儒家的"五常"。他们甚至说："一子成佛；七祖升天"，出家修行是"弃小孝而行大孝"。

道教对宗法伦理的影响与佛教正相反，不在于"绝欲"而在于可能导致"纵欲"。在道教的诸种修炼方法中，包括研究男女交合的"房中术"。道教本身并不主张纵欲主义，但是那些涉及男女双修的房中术在贵族们手中，则变成了享受性快乐的工具，容易引发社会上的纵欲主义思潮，也会破坏宗法家族社会的稳定，会受到儒家士人的抨击。针对社会上儒学士大夫的抨击，道教宣布对宗法伦理的全面认同。中国古代社会在汉代形成的纲常伦理，是君主专制制度的根本保障，故被统治者视为人伦天理。原始道教以下犯上，对儒教的纲常伦理造成了极大的冲击。葛洪在《抱朴子》中明确提出，进行道教修炼，一定要以遵守纲常伦理为先。他说："欲求仙者，要当以忠孝和顺仁信为本。若德行不修，而但务方术，皆不得长生也。"（《抱朴子·对俗》）张鲁后裔以天师的名义发布的《大道家令戒》要求教民："当户户自相化以忠孝，父慈子孝，夫信妇贞，兄敬弟顺。"儒家纲常伦理特别要求妇女对于丈夫的忠贞，但原始道教中一项重要的修炼，就是男女双修的房中术。这种修行方法，因可能会导致宗法家族内部男女关系的紊乱，所以在道教官方化的过程中，房中术一直遭到儒家的批评。对此，北方天师道的领袖寇谦之在《老君音诵诫经》中激烈抨击某些道士"妄传（张）陵身所受黄赤房中之术，授人夫妻，淫风大行，损辱道教"。他主张应当坚决废止房中术，《魏书·释老志》记载寇谦之："清整道教，除去三张伪法，租米钱税，及男女合气之术。大道清虚，岂有斯事。专以礼度为首，而加之以服食闭练。"

（五）从"三教之争"到"三教融合"

魏晋南北朝，三教间理论斗争尽管激烈，但是在儒家"和而不同"、"殊途同归"思想的影响下，完全否定对方存在价值，提倡排斥异教的是极少数，大多数儒家学者或道士、僧侣只是为自己信奉的教派争名次。因此三教冲突的结果是相互吸收、相互渗透，在碰撞中各自改变着自己的形态。三教冲突的过程也是三教融合的过程。三教融合的理论主要有三大类，一为本末内外论，二为均善均圣论，三为殊途同归论。

1. 本末内外论。玄学家在探讨儒道两教时便立此论，沙门借内外论来说明儒佛关系。东晋慧远说："求圣人之意，则内外之道，合而明矣。"（《沙门不敬王者论》）孙绰在《喻道论》中讲："周孔即佛，佛即周孔，盖内外名之耳。"道教徒亦多用本末论。东晋李充在《学箴》中说："圣教救其末，老庄救其本。"葛洪在《抱朴子·明本》中说："道者儒之本也，儒者道之末也。"所以他把研究道教方术的文章编为《内篇》，研究社会问题的论文编为《外篇》。佛道二教都是站在出世主义的立场上，把注重现世统治之术的儒视为末，把探讨彼岸、来世的宗教看成本。儒家的立场正相反，从社会功用的角度研究三教关系，把儒学当作治国之本。晋傅玄认为："夫儒学者，三教之首也。"（《晋书·傅玄传》）宋何承天说："士所以立身扬名，实赖周孔之教。"而佛教不过是治术的支流，"善九流之别家，杂以道墨慈悲爱施"（《答宗居士书》）。三教对本的解释不同，且都有自我中心的倾向，但也承认其他教在中心以外的存在。

2. 均善均圣论。此论较之内外本末论有更强的调和三教关系倾向。它承认三教各有利弊，可以互补，故都有存在的必要性。如宋慧琳所作《白黑论》又名《均善论》，主张"六度与五教并行，信顺与慈悲并立"。梁代名士沈约作《均圣论》，说："内圣外圣，义均理一"。王褒论三教特点时说："儒家则尊卑等差，吉凶降杀。""道家则堕肢体，黜聪明，弃义绝仁，离形去智；释氏之义，见苦断习，证灭循道，明因辨果，偶凡成圣。"可以说他在一定程度上抓住了三教巩固封建宗法制度的不同作用。他表示自己"既崇周孔之教，兼循老释之谈"（《梁书·王褒传》）。他的思想实际代表了当时统治者三教并重的文化政策。

3.殊途同归论。当时的人借用《周易·系辞》中"天下同归而殊途，一致而百虑"的说法，为文化开放、三教兼容进行论证。东晋慧远说："道法之与名教，如来之与尧孔，发致虽殊，潜相影响，出处诚异，终期则同。"（《沙门不敬王者论》）顾欢的《夷夏论》排佛最烈，但也承认："道则佛也，佛则道也。其圣则符，其迹则反。"佛道二教最终还是同一的，北周道安《二教论》说："三教虽殊，劝善义一。涂迹诚异，理会则同"，三教最后同于劝善化俗。为巩固宗法等级制度这个大目的，实际也就是在儒家纲常名教的旗帜下，三教终于找到了相互吸收、相互补充、相互渗透的基础。

在三教融合论的影响下，三教并行不悖的观念逐渐深入人心。在帝王、大臣、名士、僧侣和学者之中，三教兼修或二教兼修的人越来越多。如支遁佛玄兼长，持东晋清谈界牛耳。慧远"内通佛理，外善群书"，精通《丧服经》。宋文帝除赞扬佛事外，又立儒、玄、文、史四学。谢灵运除精于儒术外，又笃信佛法，宣传顿悟论。齐竟陵王萧子良兼崇儒佛，多次在家中集名僧名士讨论儒佛理论。张融兼信三教，死葬时"左手执《孝经》、《老子》，右手执小品《法华经》"。梁武帝身为帝王，但对三教经典都很精通，大煽三教会同之风。道士陶弘景兼崇佛道，又习儒术，著《孝经集注》、《论语集注》……。三教兼宗的实践在上层人士中蔚成风气，从而形成了一种比较宽容的学术空气。学者不拘一教，多元吸收，推动了三教理论的互相适应与融合。

三、中古后期政府管理完善加强，三教合一成为潮流

隋唐至宋元时期，是中国帝制社会全面完善时期。在政教关系方面，则表现为宗教管理制度逐步建设完成，政府实行"三教并奖"政策，在意识形态上从"三教之争"走向了"三教合一"。

（一）宗教管理制度的逐渐完善

上文已经述及，中国古代政府从南北朝时期开始建立宗教管理机构，出现了僧官和道官及其衙署。但是，当时的管理机构有一个大问题，就是都是用僧人管僧人，道人管道人，完全依靠宗教组织实行自我管理。不过在没有全社会的监督系统和民主传统的情况下，这种"自治"很不成功，完全无法实现负责任的自我约束，具体表现就是僧团的无节制的快速膨胀。两晋南北朝时期，之所以会产生因宗教发展失控而出现的"三武一宗"四次法难，重要原因之一就是宗教组织自我管理的失败。本来政府已经在三令五申限制规模，发出沙汰不合格僧人的诏令，但是这些措施由僧官、道官自己来执行，他们出于自身利益的考虑其效果就要大打折扣了。例如北魏太和十年（486年）一次大规模的沙汰行动，只还俗1327人，实在是一种讽刺。正如司空王澄在奏疏中所说："臣闻设令在于必行，立罚贵能肃物；令而不行，不如无令。罚不能肃，孰与亡罚。顷明诏屡下，而造者更滋。"（《魏书·释老志》）北魏统治者也看了一些问题，指出："自今已后，不得专委维那、都尉，可令刺史共加监括。"（《魏书·释老志》）控制僧团的工作不再全部委任维那、都尉等僧官，而是要由刺史共同监督进行。但是，作为一个地方最高行政长官的刺史，哪有那么多时间管理具体僧务，于是中国宗教管理体开始出现新的变革。

在北周时期，政府开始对宗教管理体制进改革，北周政权按照《周礼》的规定，将政府机构设置成天、地、春、夏、秋、冬六官，其中春官管理宗教事务。《通典》卷二三《礼部尚书》条记载，北周春官的典命"掌……沙门道士之法"，"有司寂上士、中士，掌法门之政；又有司玄中士、下士，掌

道门之政"。这样实际上是将宗教事务管理的实权收回到俗官手中，削弱了僧官的权力。隋唐两代的政府继承并发展了这种双轨制的管理模式，由礼部的尚书祠部或鸿胪寺管理佛教和道教，同时另设昭玄寺、崇玄署等机构作为僧官、道官的衙署，任命僧人、道士任职。表面看僧俗两系的管理机构地位基本相当，但是由于分工不同，管理权限却有天壤之别。尚书祠部或鸿胪寺管理寺额的审批、度牒的发放、全国大寺观主持人员的铨选等，而僧正、道正等僧官、道官，只能管理僧道日常修习、教团戒律、经文考课等日常事务。两相比较，显然政府官员任职的俗官体系牢牢地控制住了宗教发展的命脉，而政府又不必去管理僧团内部的琐碎事务，充分发挥了僧官、道官的自治功能。隋唐以后，历朝政府基本承袭了这种双轨制的管理体制，不过越到后来，俗官的权力越大，僧团自治的余地越小。在隋唐宗教管理体制摸索时期，也曾出现过隋炀帝的改革，"郡县佛寺，改为道场；道观改为玄坛，各置监丞"（《隋书·百官下》）。即政府直接派官员参与寺院内部的管理，插手宗教具体事务。但是显然这样做的效果并不好，僧尼、道士内部的琐碎矛盾，世俗官员是难以搞清楚的，管理越细致，麻烦越多。故唐代以后的朝代，基本放弃了这种管理具体宗教事务的方法，使朝廷命官保持了相对的超脱性。

隋唐时期，中国的君主专制社会开始进入成熟时期，成熟的标志之一，就是国家的宗教政策基本摆脱了帝王个人的信仰，稳定地按照儒教为主，佛道为辅的原则，实行"三教并奖"的制度。"三教并奖"政策开始形成于隋文帝时代，他首先指出儒教的重要性："礼之为用，时义大矣。黄琮苍璧，降天地之神，粢盛牲食，展宗庙之敬，正父子君臣之序，明婚姻丧纪之节。故道德仁义，非礼不成，安上治人，莫善于礼。"（《隋书·高祖下》）对于国家来说，最重要的治国纲领就是儒家的"礼"，只有儒家的礼乐制度才能"正父子君臣之序"，论证宗法等级制度。所以"黄琮苍璧"的天地祭祀，"粢盛牲食"的宗庙祭祀，都是国家大事。但是由于连年的战乱，致使儒家"五礼"紊乱，国家祀典不修。所以他在仁寿二年（602年）令杨素、苏威、牛弘、薛道衡等人修订五礼，全面恢复儒教。隋文帝本人出生在尼姑庵中，对佛教抱有虔诚的信仰，甚至有文献记载："高祖雅信佛法，于道士蔑如也。"（《隋书·经籍志》）但是在制定国家宗教政策时，他却基本摆平了二教关系。开皇二十年（600年）发布诏书规定："佛法深妙，道教虚融，咸降大慈，济度群品，凡在含识，皆蒙覆护。所以雕铸灵相，图写真形，率土瞻仰，用申诚敬。……敢有毁坏偷盗佛及天尊像、岳镇海渎神形者，以不道论。沙门坏佛像，道士坏天尊者，以恶逆论。"（《隋书·高祖下》）这道诏书明确指出，佛教与道教同样圣明，具有同样的社会功能，国家实行同样的保护政策。凡是有破坏佛教、道教寺观者，以不道罪论处。而身为沙门、道士敢有破坏佛像、天尊像者，以恶逆罪论处。

唐高祖李渊，受道士出身的太史令傅奕影响，一度崇道抑佛，沙汰僧尼，但是不久就因玄武门之变而终止，没有成为正式的国家政策。唐太宗贞观年间，"三教并奖"确定为国策，真正摆脱了皇帝个人兴趣的影响。从个人信仰来说，唐太宗笃信儒学，而不信佛教、道教。贞观二年（628年），他对侍臣说："朕今所好者，惟在尧舜之道，周孔之教。以为如鸟有翼，如鱼依水，失之必死，不可暂无耳。"（《贞观政要》卷六）又说："神仙事本是虚妄，空有其名"（《贞观政要》卷六），表示了对道教信仰的否定态度。贞观二十年，太宗手诏斥萧瑀曰："至于佛教，非意所遵。虽有国之常经，固弊俗之虚术。何则？求其道者，未验福于将来；修其教者，翻受辜于既往。"（《旧唐书·萧瑀》）以因果报应之不验，斥佛教为虚术，表示了对佛教信仰的否定态度。但是太宗却大力褒扬佛道二教，礼敬嘉奖。亲撰《大唐三藏圣教序》，宣扬佛教；推尊老子，抬高道士的社会地位。他从国家政治需要出发，把佛道看成安定社会、纯厚风气的有力手段，故同时奖掖儒释道三教，而不以个人好恶定政策。例如他为阵亡者设斋行道，立寺十余所，在《为战亡人设斋行道诏》中说："朕自隋末创义，志存拯溺，北征东伐，所向平殄。然黄钺之下，金镞之端，凡所伤殪，难用胜纪。虽复逆命乱常，自贻绝殒。恻隐之心，追以怆悯。生灵之重，能不哀矜？悄然疚怀，无忘兴寝。窃以如来圣教，深尚慈仁，禁戒之科，杀害为重。永言此理，弥增悔惧。今宜为自征讨以来。手所诛翦，前后之数，将近一千，皆为建斋行道，竭诚礼忏。朕之所服衣物，并充檀舍。冀三途之难，因斯解脱，万劫之苦，藉此宏济。灭怨障之心，趣菩提之道。"显然唐太宗非常重视佛教忏悔心灵、消除仇怼的政治作用，通过为战争死亡的双方将士建立寺庙，度僧超过亡灵，使他们早脱"三途之难"，消除"怨障之心"，共赴"菩提之道"。这些宗教活动虽然是为了慰藉亡灵，实际效果却是使在隋末战争中的胜利者和失败者都能消除怨恨，共同拥戴新王朝的统治。隋唐以降，"三教并奖"成为历代国策，只有少数帝王因某种原因"灭佛"、"灭道"，都是短期的个人行为，并很快会得到纠正。

（二）三教思想走向"合一"

在魏晋南北朝的"三教之争"中，已经开始出现"三教融合"的潮流，到了唐宋时期，这种潮流进一步发展为"三教合一"。例如隋末唐初的学者王通（约584—617）所著《文中子》，主张"三教可一"说。他的学说建立在三个理论上：其一，"三教"不可废，儒释道各有其用，皆可辅政，不能把国家的败亡，归罪与三教中的任何一教。针对佛教可使国家短祚说，他指出："《诗》《书》盛而秦世灭，非仲尼之罪也；虚玄长而晋室乱，非老、庄之罪也；斋戒修而梁国亡，非释迦之罪也。"（《中说》卷四《周公》）其二，佛道不可禁，王通认为依靠行政权力，硬性禁止佛道是行不通的。有人问，对佛教"废之何如？"王通回答说："非尔所及也。真君、建德之事，适足推波助澜，纵风止燎尔。"（《中说》卷五《问易》）"真君"、"建德"是北魏太武帝和北周武帝的年号，他们发动了两次著名的灭佛活动，可其结果是"纵风止燎"，使佛教获得了更大的发展。其三，三教各有短长适用于不同的国家。王通认为佛祖是西方圣人，佛教是"西方之教也，中国则泥，轩车不可以适越，冠冕不可以之胡，古之道也"。若不加变通，全盘照搬，犹如大车无法畅行在水泽地区，华夏的衣冠也不能流行于胡人的世界。① 王通的观点尽管

---

① 参见刘泽华主编：《中国政治思想史》（秦汉魏晋南北朝卷），浙江人民出版社1996年版，第156页。

有于史不确之处，例如秦世的短祚并非"《诗》《书》盛"而恰恰是秦始皇焚书坑儒的结果，但是他对隋唐时代儒释互补、不可偏废的思想，还是具有积极意义的。其他还有很多学者也持有相似的立场，如颜之推认为："内外两教，本为一体"。再如"监察御史柳宗元送浚上人归淮南序曰：金仙氏之道，盖本于孝敬"（《佛祖历代通载》卷十九）。柳宗元认为，佛教也是讲孝道的，与儒教无异。柳宗元一生多次为唐代高僧书写墓志铭，在为南岳大明律师所写的墓志铭中指出：佛教的戒律就如同儒教的礼乐，对世人的行为有规范的作用，不可或缺。在为中国化佛教——禅宗的创始人慧能大师所作的碑铭中，柳宗元说："在帝中宗，聘言于朝。阴翊王度，俾人逍遥。"（《曹溪第六祖赐谥大鉴禅师碑》，《柳宗元集》卷六《释教碑》）"阴翊王度"一句，深刻地阐明了佛教的政治功能，成为以后帝王评价佛教的重要观念。

"三教合一"不仅是儒家学者的认识，也逐渐变成了佛教、道教内部的共识。从政治文化的角度看，佛教与中国政治的相互关系就表现为协调好佛教与儒教的关系。宋代佛教徒主张的儒佛合一，首先表现在阐明佛教理论与儒家"三纲五常"的合一。契嵩认为：佛教的"五戒"就是儒家的"五常"，他说："五戒：始一曰不杀，次二曰不盗，次三曰不邪淫，次四曰不妄言，次五曰不饮酒。夫不杀，仁也；不盗，义也；不邪淫，礼也；不饮酒，智也；不妄言，信也。"（《辅教编·戒孝》）五戒就是五常，在佛门之内至少在唐代就有法琳在《辩正论》中说过，而契嵩的贡献，则在于对其进行了系统的理论证明。契嵩在《辅教编·原教》中指出："曰人乘者，五戒之谓也。一曰不杀，谓当爱生，不可以己辄暴一物，不止不食其肉也。二曰不盗，谓不义不取，不止不攘他物也。三曰不邪淫，谓不乱非其匹偶也。四曰不妄语，谓不以言欺人。五曰不饮酒，谓不以醉乱其修心。……以儒校之，则与其所谓五常仁义者，异号而一体耳。夫仁义者，先王一世之治迹也。以迹议之，而未始不异也；以理推之，而未始不同也。……神农志百药虽异，而同于疗病也。后稷标百谷虽殊，而同于膳人也。圣人为教不同，而同于为善也。"在契嵩看来，五戒中不杀生，不仅仅在于不吃肉，更重要的是培养人的"爱生"之心。不盗不仅仅要求人们不擅拿别人的东西，更重要的是教人取物之义。所以在五戒中，有着儒家的"仁义"精神。因此五戒与五常，异名而同实，都是圣王治天下之迹。从具体痕迹看是差异的，但其中包含的道理则是统一的。就如同百草虽异，但疗病之效相同；百谷虽异，然而果腹的功能则同。圣王教化的轨迹虽异，但是教化的目的则同。如果全国能够将"五戒"推行下去，"若向之所谓'五戒'、'十善'云者，里巷何尝不相化而为之。自乡之邑，自邑之州，自州之国，朝廷之士，天子之宫掖，其修之至也"（《辅教编·原教》）。自乡邑至于州县，自州县至于国家，自朝廷至于宫掖，那国家哪有不治的呢？

契嵩不但强调五戒等同于五常，同时还大力提倡儒家的孝道。他说："天地与孝同理也，鬼神与孝同灵也。故天地鬼神，不可以不孝求，不可以诈孝欺。佛曰：孝顺至道之法。儒曰：夫孝，置之而塞乎天地，溥之而横乎四海，施之后世而无朝夕。故曰：夫孝天之经也，地之义也，民之行也。至哉，大矣孝之为道也夫。"（《辅教编·原孝》）他的这些话，很多出自《孝经》，把孝道说成是宇宙间最根本、最高的原则。契嵩通过对儒家经典的刻苦研读，深知孝道在儒家政治哲学中的重要性，所以他写了《孝论》大力宣扬孝道。他不仅宣扬孝道的种种行为，特别还强调在宣扬孝道的过程中，佛教与儒家的作用是完全相同的。他说："天下以儒为孝。而不以佛为孝。曰既孝矣，又何以加焉？嘻，是见儒而未见佛也。佛也极焉，以儒守之，以佛广之；以儒人之，以佛神之。孝其至且大矣。"（《辅教编·广孝》）有些儒家学者以为佛教是有伤孝道的，主要有因僧人出家不能为父母在家尽孝。但是佛教对弘扬孝道，有儒家所不能及的"神化"作用，所以说："夫孝，三教皆尊之，而佛教殊尊也。"（《辅教编·孝论》）这除了佛教经文中有大量宣扬孝道的神话故事，更重要的是佛教的戒律，都是以"孝"为本的。他又说："孝名为戒，盖以孝而为戒之端也。子与戒而欲亡孝，非戒也。夫孝也者，大戒之所以先也。"（《辅教编·明孝》）僧人出家必须遵守各项戒律，而在守戒之前，必先尽孝道的义务，故他说孝道是"大戒之所以先也"。佛教在中国发展出"以孝为戒"，充分说明佛教的中国化，说明佛教对中国政治文化的完全认同。有了以孝为戒这个核心内容，可以说佛教在政治文化功能上，已经可以等同于儒教了。契嵩又说："岂有为人弟者而不悌其兄，为人子者而不孝其亲，为人室者而不敬其夫，为人友者而不以善相致，为人臣者而不忠其君，为人君者而不仁其民。……如此者，佛之道岂一人之私为乎？抑亦有意于天下国家矣，何尝不存其君臣父子邪？"（《辅教编·原教》）儒家宗法伦理以孝道为核心，可以把父子、夫妇、君臣统统贯穿起来，而佛教以孝为戒，则可以发挥儒家"三纲"的功能了。因此契嵩认为，宋儒批评佛教自私自利是没有道理的，佛教神化孝道，"何尝不存其君臣父子邪？"故佛教在政治文化领域，可以与儒家一样发挥纲常理论的作用，有助于国家政治统治。

与佛教、道教相比，伊斯兰教是少数民族的宗教，在内地主要限于回族民众信仰。基督教在近代以前信徒很少，没有很大的社会影响力。至于祆教、摩尼教等西来宗教，更是社会影响微乎其微。因此其他宗教一般都是参照佛教、道教的样式活动，国家也按照惯例佛道教的方法管理他们，很少产生政教问题。在强大的中央王权面前，他们都是帝国的臣民。

第四节　中世纪中西政教关系的异同之比较

以上在简单叙述中世纪西欧和中国的政教关系史上的一些著名事件，并对其原因进行分析，各位读者大概也可以发现其中的一些共通之处和差异之处。为了便于大家的把握，我们下面对其进行一些系统的比较。

一、中西中世纪政教关系相似之处

中西中世纪的政教关系史之所以能够放在一起比较，必然是由于两者有很多可以比较的共同之处。具体阐述如下。

（一）"君权神授"是中西双方共同的政治文化

首先，当时社会的中西双方都处于自然经济状态，由社会上掌握着政治、经济权力的少数大地主阶级，利用手中的权力对占人口绝大多数的农民进行残酷的掠夺。这种少数人对多数人的剥削和压迫除了利用统治者所占有的生产资料、控制的公共权力、掌握的暴力机器之外，还需要一种可以让被压迫阶级接受的意识形态，这样才能形成社会得以运转的政治合法性。广大的农民处于受压迫、被剥削的境地，没有经济条件可以读书、学习，没有独立思考的能力，对于宗教的迷信是社会的普遍状态。因此"君权神授论"就成为中西方政治领域中形成政教关系的共同点。

在中古时代的中国，由于实行"罢黜百家，独尊儒术"的国策，因此儒教中包含的宗法性传统宗教，就成为历代政权政治合法性的政治符号。两晋南北朝时期，无论是南方汉人建立的政权，还是北方胡人建立的政权，都将"南郊祭天"、"宗庙祭祖"当成建国的头等大事。《晋书·武帝纪》载："泰始元年冬十二月丙寅，设坛于南郊，百僚在位及匈奴南单于四夷会者数万人，柴燎告类于上帝曰：'皇帝臣炎敢用玄牡明告于皇皇后帝：……'"南郊祭天，柴燎告类于上帝，这些三代以来的国家宗教仪式，是王朝得到天神认可的标志，也是在百姓心目中建立权威的主要手段。不仅汉族的统治者如此，在北方先后建立十六国的"五胡"及后来的北魏、北齐、北周，也无不如此。以在北方建立强大北魏政权的道武帝拓跋珪为例，天兴元年（398年）"秋七月，迁都平城，始营宫室，建宗庙，立社稷。"（《魏书·太祖纪》）"十有一月辛亥，诏尚书吏部郎中邓渊典官制，立爵品，定律吕，协音乐；仪曹郎中董谧撰郊庙、社稷、朝觐、飨宴之仪。"（《魏书·太祖纪》）对于北方少数民族统治而言，"敬天法祖"的宗法性传统宗教仪式，是表示他们已经接受了华夏历代圣王教化，有资格入主中华的神学象征，所以他们对此更是高度重视。

除了儒教所规定的宗法性传统宗教，印度传来的佛教和中国土生土长的道教，也都在力所能及的范围内发挥以教辅政、神话王权的作用。例如，结束了两晋南北朝政治分裂的隋文帝，由于他出生于尼姑庵中，所以特别借重佛教。唐代高僧道宣记载："有神尼者，名曰智仙，河东蒲坂刘氏女也……及帝诞日无因而至，语太祖曰：'儿天佛所祐，勿忧也。'尼遂名帝为'那罗延’，言如金刚不可坏也。又曰：‘此儿来处异伦，俗家秽杂，自为养之。’太祖乃割宅为寺，内通小门以儿委尼。……帝年至十三，方始还家。……及周灭二教，尼隐皇家。……帝后果自山东入为天子，重兴佛法皆如尼言。”（《大藏经52册·集古今佛道论衡卷乙》）这样，隋文帝除了得到天神的佑护外，还得到了佛祖的保佑。所谓“那罗延”如金刚不可坏，不过是在佛教发达的时代，“君权神授”的另一种说法而已。而代隋而起的唐王朝，由于皇帝姓李，则对于创始人老子姓李的道教格外青睐。隋朝末年与中国历史上其他王朝的末世一样，各种关于天下大乱、新王将出的图谶满天飞。特别是一个“老子度世，李氏当王”的谶语，就成为唐高祖李渊、唐太宗李世民当得天下的象征。所以立国之后，唐王朝采取了崇道抑佛的政策，李世民明确宣布，“朕之本系，出于柱史（老子）”（《令道士在僧前诏》），因此要把道教排在佛教之上。用与道教攀亲戚的方法，目的不过是提高李氏家族的社会“身份”，也是增加王朝政治合法性的手法之一。

欧洲中世纪的君主，同样是“君权神授”理论的鼓吹者和受益者。中世纪开始的标志就是西罗马帝国覆灭后的“蛮族”入侵，当时的日耳曼人与两晋南北朝时期入主中原的“五胡”有某些相似之处，就是他们要对文明程度和社会形态都高于自己的文明民族实行统治。因此他们也就表现出了比罗马皇帝更高的皈依基督、信仰基督教、优宠基督教的热情。法兰克帝国的国王克洛维（481—511年在位）率领其3000名亲兵于496年圣诞节那天在兰斯大教堂入教受洗时，当时的罗马教皇阿纳斯塔修斯二世（496—498年在位）曾向克洛维表示：“愿您像一根铁柱那样支持教会，教会也会使您战胜一切敌人。”[1]皈依了基督教，表明入主意大利的法兰克人在文化上已经不低于罗马人。其后，开创加洛林王朝的矮子丕平利用教皇的支持废除了墨洛温王朝的最后一个“懒王”，建立了自己的新王朝。为了讨好新登基的国王，教皇派美因茨大主教专程前往为丕平举行盛大的涂油加冕仪式，授丕平以法兰克国王的称号。这便是法兰克加洛林王朝的开始，从此开创了国王即位由教皇

---

① 刘明翰：《罗马教皇列传》，人民出版社2013年版，第23页。

或大主教加冕的先例。"涂油加冕礼"就如同中国皇帝的"祭天"，成为欧洲政权合法性的最重要符号。丕平的儿子查理曼，将法兰克帝国的面积扩大到了半个欧洲，基督教也成为他对外征服战争合法性的最好工具。在进行对外扩张的战争中，基督教成为他的最好助手。他的侵略行为也符合罗马教皇推动全世界基督化的传教战略，因此教皇亲自为他行"涂油加冕礼"，并使得这种礼仪固定下来。著名英国历史学家韦尔斯这样评价基督教神化王权、神化侵略的政治作用。"这个查理在历史上以查理大帝或查理曼而闻名……他把他的侵略战争明确地当作宗教战争。今英国、法国、德国、丹麦、挪威和瑞典等所有西北欧洲的世界在 9 世纪都是新旧信仰之间剧烈冲突的战场。这些国家都是全部在刀剑之下皈依了基督教，就像阿拉伯、中亚细亚和非洲的伊斯兰教，在百年来前曾以武力改变了各国所有的信仰一样。"[①] 正如美国学者乌尔曼所说的："在中世纪没有哪一个皇帝没有得到教皇的积极协助，加冕典礼和仪式都充分强调了教皇这一特权，法兰克国王和德意志国王都毫无保留地承认了教皇的观点，因为教皇满足了他们的要求，他们才能得到王位。"[②]

对于宗教的"神化王权"作用，中西方的君主们都十分领情。例如刘宋时期的宋文帝说："明佛法汪汪，尤为明理，并足开奖人意。若使率土之滨，皆纯如化，则吾坐致太平，夫复何事！"（《弘明集》卷一一）隋文帝在给灵藏的一封信中说："律师度人为善，弟子禁人为恶，言虽有异，意则不殊。"（《续高僧传》卷二十二《灵藏传》）毫无疑问，他们将宗教看成了统治民众的重要工具。使法兰克帝国臻于极盛的查理曼大帝在 796 年，写给教皇的信中也明确地说明了他与教皇合作的意义："我的任务是，在上帝的帮助下用武器保卫基督教会免遭异教徒的攻击以及非信仰从外部进行的破坏，在内部帮助加强基督教信仰。圣父，你的责任是，像摩西一样，用高高举起的手对

---

① [英] 赫·乔·韦尔斯：《世界史纲》，吴文藻、谢冰心、费孝通等译，人民出版社1982年版，第 694 页。

② 转引自王亚平：《西欧中世纪社会中的基督教教会》，中央编译出版社 2011 年版，第69 页。

我们的斗争给予支持，在上帝的指引下，通过你的支持，基督教的人民到处可以战胜敌人，赢得胜利，我们的主耶稣的名字在整个世界都被颂扬。"[1] 基督教成为法兰克帝国巩固统治，扩大地盘的重要支撑。

（二）中西各国君主都努力控制教权

无论中国还是西方，君主掌握着公共权力，背后有武力和经济实力作支撑，因此他们在任何时候都不会放弃对社会一切领域的支配能力。不过在具体的时期和国家，由于王权的基础不同，故其控制的强度和深度因之有异。但是，努力实现对宗教的控制，则是中西君主共同的愿望。

中国的中古时代实行君主专制制度，帝王掌握社会上一切政治、经济、文化资源，因此他们对于教权的控制从来是游刃有余的。特别是中国古代政治文化的结构，政治意识形态由非宗教的儒教所把握，历代政权的合法性身份主要不是来自出世的宗教，因此宗教没有任何可以挟制皇帝之处，他们在皇帝面前只能俯首帖耳，成为恭顺的臣仆。高僧道安在西晋时期明确告诉教徒们："不依国主，则法事难立"（《出三藏记集》卷十五《道安法师传》），把宗教放到了依赖君主政权的地位。东晋时的高僧慧远虽然在仪式上争沙门是否要拜王的形式，但是已经承诺佛教在基本功能是"协契皇极，在宥生民"（《沙门不敬王者论》），以教辅政的功能。而面对政治权力更为强大的北魏皇帝，道人统法果干脆就说："太祖明睿好道，即是当今如来，沙门宜应尽礼。"（《魏书·释老志》）当宗教组织发展过快，妨碍了当政者的统治利益的时候，君主们马上表现出不容分说的威势。例如较早下达沙汰沙门令的东晋权臣桓玄说："在所诸沙门，有能申述经诰，畅说义理者；或禁行修整，奉戒无亏，恒为阿练者；或山居养志，不营流俗者，皆足以宣寄大化。亦所以示物以道，弘训作范，幸兼内外。其有违于此者，皆悉罢遣。"（《弘明集》卷十二）其后东晋、北魏、后秦先后建立的僧官制度，对于各地僧团实行常规化管理。到了君主制度更加成熟的隋唐时代，历代政府则建立了更为有效的双轨制宗教管理体

---

① 王亚平：《西欧中世纪社会中的基督教教会》，中央编译出版社 2011 年版，第 59 页。

制，由俗官管理宗教的关键领域，由僧官管理具体僧务，使宗教组织在符合帝国利益的方向上发展。到了元代，由于伊斯兰教不断壮大，基督教也有一定发展，政府的管理部门还建立了"回回哈的司"、"崇福司"机构加以管理。

西欧国家中世纪初期，在政强教弱的形势下，无论法兰克帝国还是神圣罗马帝国，无论英国还是法国，都把任命本地区主教的权力看成上帝赋予人间帝王的责任。例如法兰克帝国的查理曼大帝，他自称是"神圣教会在各方面的虔诚保卫者和协助者"①，在其统治的范围内，完全控制了主教、修道院院长的任命权。就是在教会实力大增的中世纪中期，神圣罗马帝国的皇帝亨利四世也是因为争夺德国境内的主教任命权，而被教皇格里高利七世整得狼狈不堪，承受了"卡诺莎城堡"之辱。但是即使这样，一旦获得喘息，亨利四世仍然不忘报复，利用国内教会反对教皇改革的情绪，煽动德国教会反对罗马教皇，力图保住自己对境内教会的控制权。最后，神圣罗马帝国经历几代皇帝与几代教皇的斗争，双方最终达成协议，签订了《沃姆斯条约》。条约规定，在德意志境内，皇帝有权干预主教和修道院的选举，而教皇则保住了对意大利境内各教区主教及修道院院长的任命权。而到了中世纪后期，法国、英国利用远离欧洲政教斗争中心区域的优势，不断加强王权，也增加了与罗马教皇斗争的筹码。特别是法王腓力四世，由于私自决定对法国境内的教会财产征税，与教皇卜尼法斯八世产生了尖锐的矛盾。他甚至率兵攻打意大利，闯入教皇宫殿，殴打教皇，使教皇愤懑而死。为了更好地控制基督教，他自立新教皇，并把教廷从罗马迁到了法国的小镇阿维农，形成了教会史上著名的"阿维农之囚"事件，时间长达70年之久，期间担任高级神职的教士都是法国人，教廷成了法王手中的玩物。经过这一番打击，教皇国的实力大大衰减，政教关系的主导权重回各国君主手中。

---

① ［德］毕尔麦尔等编著：《中世纪教会史》，雷立柏译，宗教文化出版社2009年版，第40页。

（三）宗教组织的特殊利益成为矛盾的根本原因

中世纪的西方教职人员的任职权问题一再成为政教双方斗争的焦点，其实背后所争的，是双方的经济利益问题。而中国政府一再提出"沙汰"、"清整"沙门问题，甚至发生"法难"，本质也是寺院经济背后政俗双方在利益上的矛盾。再向深处看，无论西方还是中方，政教之争的背后都是世俗地主集团与僧侣地主集团的利益矛盾。

与中古时代中国的佛教与道教等宗教相比，中世纪的基督教占有更多的经济、政治、法律特权。从根本上说，那个时代在西欧是"分封建国"的封建时代，而在中国则是君主"大一统"的中央集权时代。与分封时代相适应，基督教也建立了大大小小众多的"教会国"，享有与其他"封臣国"相同的封建权利，但是还不要付出其他封臣所必须付出的封建义务。当然最大的教会国是"教皇国"。法兰克加洛林王朝的创始人"矮子丕平"两次出兵意大利打败伦巴德人，并将夺得从罗马到拉文纳的狭长地带及其诸城市赠送给教皇。这一事件被称为"丕平献土"，它奠定了教皇国的基础。这样教皇就不仅仅有土地，还有了一个近乎封国的治理权。罗马教皇获得这么多土地还不满足，还伪造了一份《艾西多尔文献》，谎称罗马帝国君士坦丁大帝为了感谢教皇治好了他的病，在自己迁都到拜占庭之前，将整个西罗马帝国都委托教皇治理。在其他各个封建国家，大主教区也都有自己的分封土地，享有封臣待遇，因而才可能出现德国三个最大的"选帝侯"——美因茨、科隆、特里尔主教区。与其他封建诸侯一样，在教皇国和主教国内，他们享有全部的政治、司法特权。"查理大帝执政时期，多次颁布王室敕令，给予大主教、主教司法审判权，使之成为所在教区的法官，在很大程度上主教主持的法庭所审理的案件中有相当一部分是超出宗教事务之外的世俗案件。奥托统治时期，主教的政治地位进一步加强，他们作为城市的领主，成为城市的最高法官。"① 在政治、司法权力的保护下，教会除了获得土地收益外，还可以攫取

① 王亚平：《西欧中世纪社会中的基督教教会》，中央编译出版社2011年版，第107页。

更多的经济权利。例如"什一税"，在古代是教徒自愿奉献给教会的用于宗教活动的费用，但是到了中世纪，"在585年的马松主教会议上，主教们严肃地要求信徒交税，甚至说那些不交税的人将面临开出教籍的危险。丕平于765年肯定这种要求，而查理曼于779年的赫瑞斯塔尔的'法令'宣布'什一税'为国度法律。"①法兰克墨洛温王朝时代大力扶植并提高基督教教会地位，神职人员的财产免税，本人免服劳役。"自从9世纪以来，似乎所有法兰克王国的教堂和比较大的隐修院都享受了免税免受审权。另外，主教和院长们早就获得另外一些主权，比如开市权、造币权和关税自主权。国王也允许圣职人员享有'伯爵'的地位及相关的权利。"②

有了这些权力之后，中世纪的教会便获取了大量的财富，使得他们的收入远远高于一般封建贵族，甚至高于各国君主。有人统计，"13世纪末期，罗马教廷仅什一税一项的收入就是法国王室收入的3倍，汤普森认为13世纪罗马教廷的收入比那时候欧洲全部国王的收入的总和还要多"③。这样的经济矛盾，自然会引起各国君主的嫉妒和仇恨，他们也会想尽一切办法从教会手中夺回经济利益。亨利四世派自己的亲信出任大主教，就是为了控制德国教会的财富；法王腓力四世向教会征税，就是为了防止法国的财富外流；等等。这样的措施当然会使教皇的财富减少，教皇自然利用手中的宗教神权与封建君主进行斗争，"绝罚"就是他们最常用的手段。手中有兵权的皇帝则会用出兵意大利的方式还以颜色，因此演变成中世纪激烈的政教之争。

中国的佛道教寺观虽然没有"封建权力"，不能干涉地方政治、司法，但是他们利用帝王、贵族及普通信徒捐献的土地、财宝也建立了庞大的寺院经济。寺院经济支撑合理的宗教消费是社会的需要，对于王国的社会和谐与

---

① [德] 毕尔麦尔等编著：《中世纪教会史》，雷立柏译，宗教文化出版社2009年版，第103页。

② [德] 毕尔麦尔等编著：《中世纪教会史》，雷立柏译，宗教文化出版社2009年版，第103页。

③ 王亚平：《西欧中世纪社会中的基督教教会》，中央编译出版社2011年版，第105页。

政治稳定有利。但是，宗教消费一旦超出了必要的限度，就会对社会经济生产、国家财政产生负面影响。在两晋南北朝时期的"三教之争"，反佛的士大夫对佛教经济过度发展造成的危害进行了详细的分析。首先，出家人免税免役，豢养了一批游手好闲之人。他们"寸绢不输官库，斗米不进公仓。""家休小大之调，门停强弱之丁"，自然把社会的经济负担都转嫁到其他农民身上。(参见徐陵:《谏仁山深法师罢道书》,《广弘明集》卷二十七) 古代政府的收入主要依靠农民上交的"租庸调"，那么多人家免了劳役，自然就会导致国家税源、兵源的减少。范缜说:"浮屠害政，桑门蠹俗，风惊雾起，驰荡不休。吾哀其弊，思拯其溺。夫竭财以赴僧，破产以趋佛。……致使兵挫于行间，吏空于官府，粟馨于惰游，货殚于土木。所以奸宄弗胜，颂声尚拥，惟此之故也。"(《难神灭论序》,《弘明集》卷九) 佛教兴旺，寺院发达，却导致国库空虚，兵无粮饷，国力衰弱。在当时南北对峙的局势中，这是非常危险的。法国汉学家谢和耐指出了问题的要害，他说:"僧侣界的存在于中国所引起的主要是国库税收问题。这个问题的严重程度是根据由国家开支所养活的出家人和由世俗者们所组成的伪滥僧数目而决定的，后者滥用了合法僧侣们在赋税方面的特权。"[1] 中国中古时代的政教冲突，无论是帝王下令沙汰沙门，还是更激烈的"灭佛"、"限佛"，背后的根本原因都是与僧侣地主集团争夺财政收入。

二、中西中世纪政教关系的差异

以上我们比较了中世纪中西方政教关系的重大相似之处，双方政治文化中都有"君权神授"的观念，双方的君主都在努力控制宗教组织，宗教组织本身的特殊利益成为政教矛盾的焦点等。但是，为什么这些政教关系共同之处上却产生了西方宗教可以与政权分庭抗礼，甚至到兵戎相见，令王侯受辱

---

[1] [法] 谢和耐:《中国五—十世纪的寺院经济》，耿昇译，甘肃人民出版社 1987 年版，第 31 页。

的程度；而在中国，佛教、道教等宗教组织只能在王权面前俯首帖耳，甚至要承受"法难"之苦？要回答这些问题就要更加详细地分析中西方政教关系的差异之处。笔者认为其中显著的差异包括如下。

（一）社会政治结构的差异

在本章开始之初我们已经指出，中国的中古时代并非西方那样的"封建社会"，而是典型的"君主专制社会"，而这种社会形成于秦始皇开创的秦王朝。秦王朝建国之初曾经发生了一场关于应当建立什么样的国家体制的讨论，儒生认为应当恢复西周的分封建国制度，西周的封建制是最理想的社会制度。但是，法家廷尉李斯则指出："周文武所封子弟同姓甚众，然后属疏远，相攻击如仇雠，诸侯更相诛伐，周天子弗能禁止。"（《史记·秦始皇本纪》）分封制表面上看有利于国家的长治久安，由自己的骨肉镇守四方，是一种最可靠的制度。但是，随着遗传的久远，血缘关系就逐渐淡化了，曾经的血亲也会"相攻击如仇雠"。最后秦始皇肯定了李斯的意见，指出："天下共苦战斗不休，以有侯王"（《史记·秦始皇本纪》）。所以他一个弟子也不分封，仍然坚持商鞅变法以来实行的郡县制，"分天下以为三十六郡，郡置守、尉、监"（《史记·秦始皇本纪》）。郡之下设县，县之下设乡。地方政府没有官员任命的权力，各级官员都由皇帝指派，是谓"流官"，不同于西周的层层封建，确定了中国二千年君主专制制度的基本政治结构。汉代虽然否定了秦始皇的法家政治，选择儒家成为国家意识形态，但是汉代帝王实质上则采用"王霸之道杂之"的统治策略，把君主专制制度坚持下来。秦汉以降，总的趋势是中央集权政治都在不断加强，宋代通过政治改革取消了地方政府的财权和司法权，元代在各地设立中央直接控制的行省，使得封建割据在中国更不可能。地方政府都不能有自治的权力，那么各种宗教组织作为"化外之民"更是没有半点与中央政府讨价还价的能力，只能在皇帝及各级官员面前俯首称臣。如道宣《广弘明集》卷十五收集了梁王僧孺所作：《礼佛发愿文》十余首，从中我们可以看到，当时的居士、和尚在发愿祈祷时，首先要为皇帝及其家族祝愿。我们将其中一些词句摘录如下：

仰愿皇帝陛下至道与四游并运，玄风与八埏共广。

仰愿皇太子殿下厚德体于苍荓，广载侔于磻碡。前星照曜东离焕炳，淑问自远和气熏天。异才争入端人并至，玉体怡清金声妙越。

仰愿诸王，既明且哲，声跨于河楚，令问令望。道均于旦奭，德贯右戚义蔼周亲。作铉则与二曜相终，临岳则与四维等固。若彭涓之遐永譬松筠之贞悦。

愿六宫眷属，业华姬日声丽妫辰。振采镌图传芳诗史，位齐宝印行等月光，具六神通得四无碍。

愿诸公主，日增智性弥长慧根，四摄四依已尊已蹈。七善七定靡退靡辍，盛此王姬光兹帝女。长享汤沐与河山而同固，永服缇绮贯寒暑而无穷。（《广弘明集》卷十五）

从这些"发愿文"我们可以看出，和尚们是如何绞尽脑汁，搜罗了天下所有的华美辞藻，为帝王歌功颂德，祈愿祝福，说明他们实际上已经完全匍匐在帝王的脚下，成为王朝忠实的臣仆。当帝王对宗教组织进行"沙汰"、"清整"、"灭法"的时候，他们只有口头解释的权利，没有行动抗争的实力。

反观西方的中世纪，政教双方的地位完全不是这样的。欧洲中世纪的封建制，是从其原始时代的部落联盟、古希腊古罗马的奴隶主民主制演绎而来，契约与分权是其运行原则。因此，欧洲的君主完全没有像中国的君主那样"君为臣纲"、"张口为经，吐字为法"、"君让臣死，臣不得不死"的神圣性，而是一种"封君"与"封臣"的权利与义务的关系。甚至在某种意义上，封臣对于封君也有一定的选择权利。当他们认为封君不能尽到保护封臣义务的时候，他们可以选择离开封君投靠其他封君，或者通过选举改变封君。最为典型的例子就是德国，中世纪中期，科隆、美因茨和特里尔三个大主教与萨克森公爵、巴拉丁伯爵、勃兰登堡侯爵和捷克国王，形成了七个所谓的"选帝侯"，在很长一段时间内左右着德国皇帝的产生。德国的皇帝不是世袭的，而是被"选举"产生的。德国皇帝红胡子腓特烈一世甚至以此为荣，他说："我们国王和皇帝的权力是通过诸侯的选举，由上帝亲自授予的。"① 在"封建"的制度设计之下，基督教从教皇国到大主教区、主教区，都有相应的封地，在封地之内教皇、大主教、主教们有全部的政治、经济、司法权力，完全等同于其他封建诸侯。有了这些"实权"，当封建君主们的决策不利于教会的时候，他们便可以联合其他诸侯一起对付国王。格里高利七世对付亨利四世，英诺森三世对付德皇、英王、法王，都是这样进行的，而且在有些时候还能够强迫君王低头。

（二）意识形态的差异

上文我们分析，中西双方在中世纪，政治文化都建立在"君权神授"的原则之上，君主都是用神的选择与保护作为政治合法性的依据。但是如果我们详细分析就可以发现，中西双方保护君主的"神"是不一样的。换句话说，就是西方的中世纪与中国的中古时代，有着不同的政治意识形态。意识形态是一定社会的阶级、集团基于自身利益对现存社会关系自觉反映而形成的认知体系，由一定的政治、法律、哲学、道德、艺术、宗教等社会学说及观点所构成，反映了一定阶级或集团的利益取向和价值取向，并为其服务，成为其政治纲领、行为准则、价值取向、社会思想的理论依据。人类历史上任何政权都需要一种意识形态为自己的合法性进行直接的论证，构建社会政治制度，规范社会成员的行为。

世界上绝大多数中世纪国家，都是以某种宗教作为自己的政治意识形态，中国是少数例外之一，它选择了具有世俗性质的"儒教"作为自己的"国教"。如果用现代西方"哲学"、"宗教"之类的学术语境分析"儒教"，那么我们可以说其中主流的成分是孔子在春秋时代开创的儒学，但是也包括儒家学者从西周文化中继承而来并经过了人文化、伦理化的"宗法性传统宗教"。孔子是中国轴心时代儒家文化的开创者，继承了周公"以德配天"的传统。他虽然没有否定"天命"的存在，重视各种宗教祭祀活动，但是儒家学说的重点已经完全转到了人世的方面。以孔子的政治哲学而言，他提出了"为政

---

① ［美］G.F.穆尔：《基督教简史》，郭舜平等译，商务印书馆1981年版，第172页。

以德","道之以德，齐之以礼"的"德治主义"，完全可以承担指导政治运作的使命。汉武帝时代，大儒董仲舒用阴阳家学说作为中介，将法家、道家、墨家的政治思想都融合到儒家的体系内，建立了"德主刑辅"、"春秋大一统"的儒家政治学体系，并得到了汉武帝的大力支持，完成了"罢黜百家，独尊儒术"的中国帝制社会政治意识形态的建构。在儒学"务民之义，敬鬼神而远之"、"圣人以神道设教"宗教观的指导下，历代儒生们将古代宗教改造成中国政治文化超验的神学背景。历代政府都将对天地、社稷、日月、山川、祖先的祭祀，看成是领有政治权力的象征。更为重要的是，作为古代政治文化符号的宗法性传统宗教，其自身只有"敬天法祖"的价值观念，具有丰富的操作礼仪，但是没有更多的思想内涵。因此历代君王、学者都不会认真探讨天地鬼神的"超验"性状，而更在意"以德配天"的道德修行。与西方中世纪相比还有一点重大差异，即宗法性传统宗教的维系与传承没有职业的教团队伍，而是由研习儒家学说的儒生们代行的。儒生们在社会上属于各个宗法家族，没有独立的社会组织。他们通过"举荐"、"科举"成为官员之后，则隶属于由帝王牢牢控制的政权体系，因此绝无利用礼乐仪式挟制君王的理由和能力。

　　与西方宗教相类似的"佛教"、"道教"等宗教组织，只能为王权提供辅助的论证作用。佛教的"生死轮回"、"因果报应"学说，很好地发挥了"阴翊王度"的作用。道教从创教时起，就明确将自己定位于"助帝王化天下"①的位置上。为什么宗教在中国一直没有欧洲、中东那样巨大的影响，不能与政治权力相抗衡？一个根本的原因就是中国政府的政治意识形态是儒家政治哲学，可以为政治权力提供充分的合法性说明。即使在政治文化层面上，作为政权合法性标志的神学符号，也主要由儒家改造过的古代国家宗教的祭祀仪式垄断，其他宗教绝对不可染指。尽管历史上不断出现某某是什么"金刚"、"老子"再生的神秘谶语，但是这些东西都不能进入王朝的礼典，也不能成为政府"诏令"的内容，说明统治者并没有太当真。这样也就决定了佛

---

　　① 　王明编：《太平经合校》，中华书局1997年版，第44页。

道等宗教只能在辅助王化的轨道上生存、发展。

公元 313 年，君士坦丁大帝颁布了《米兰敕令》，宣布基督教在罗马帝王境内的合法化，给了基督教一个极好的发展机会。不过当时，基督教只是罗马境内合法宗教之一，尚未成为国教，君士坦丁大帝仍然还是包括基督教在内的多种宗教的"大祭祀长"。到公元 391 年，狄奥多西一世宣布，在全国范围内关闭所有异教神庙，剥夺背弃基督教信仰的人公民权利，基督教成为不可动摇的"国教"。在罗马帝国的末世，基督教神学家奥古斯丁把罗马帝国的行将就木的原因归结为人的"原罪"，因为人类的始祖违背了对上帝的誓言而犯了罪，所以人类有罪之根，即"原罪"。"原罪"之根在于人类的第一人亚当滥用了"自由意志"，这是导致人类堕落腐化的根源，一个人的自由意志，除了犯罪之外一无用处。而拯救人类的唯一办法就是虔诚信仰基督教，依靠教会祈求上帝而获得神的恩赐。这样的政治哲学不仅突出了基督教信仰，而且把传播上帝福音、拯救人类的基督教会放到了极为突出的地位上。

在罗马帝国，其世俗主义的政治哲学继承了希腊轴心时代的文化遗产已经很发达了，基督教只是论证政权合法性的工具之一。而到了蛮族日耳曼建立的法兰克帝国、德意志帝国，基督教则成为他们的主要政治哲学。据英国历史学家威尔斯说："查理曼的立法极受阅读《圣经》的渲染；他日积月累，很熟悉《圣经》；他被加冕为帝后，曾要求每个十二岁以上的男性臣民重新向他宣誓效忠，保证不但要做一个善良的臣民而且要做一个善良的基督徒，这足以表示他的特性。凡拒绝受洗和受洗后反悔的都以死刑论罪。"[①] 在整个中世纪，欧洲的政治都是在基督教的指导下运作的。为了表达王朝对基督教的礼敬，查理大帝时期，为了加强对被征服地区的统治，强化社会的基督化，给予各地教会的主教和修道院院长以世俗伯爵相同的世俗审判权，教会的法规也由此与皇帝的敕令一样成为世俗社会法律的组成部分。教会的教条

---

① [英] 赫·乔·韦尔斯：《世界史纲》，吴文藻、谢冰心、费孝通等译，人民出版社1982 年版，第 598 页。

就是政治信条，《圣经》词句在各个法庭均有法律效力。而且中世纪每一个世俗法律条令都必须与教会关于善与恶的理论相符合，《圣经》成为衡量法律的尺度和标准。法律不再是出于自身的合理性的唯一准则而存在，法律不再是最终的权威。

公元751年，罗马教会为法兰克王丕平行涂油加冕礼，公元800年罗马教皇为查理曼大帝行涂油加冕礼，公元963年为德国皇帝奥托行涂油加冕礼。从此，教皇或主教主持的加冕礼，就成为封建皇帝获得合法性的根本依据。有了这样的仪式，"蛮族"法兰克人才获得与罗马人一样的身份，其政权才具有"上帝的光辉"。这样在西方，教皇或大主教的涂油加冕礼，就是一个政权合法性的根本标志，就如同中国的皇帝"奉天承运"的"祭天大典"一样神圣。在中世纪的西欧，除了占人口少数的犹太人以外，差不多所有人都是基督徒。基督教是那个时期唯一占统治地位的思想意识形态，以罗马教皇为首的罗马天主教会是唯一正确的基督教组织。哪一个皇帝得罪了教皇，教皇拒绝为其加冕，或者更严重一些，被教皇"革除教籍"，那就会使他丧失政权。所以亨利四世，受到教皇的"绝罚"才会如此惶恐，毕恭毕敬地跑到卡诺莎城堡去向教皇谢罪。正是由于基督教的重大作用，"蛮族定居变成基督徒以后，教皇就开始自称是他们的大君主。几世纪后，教皇在理论上，在一定程度的实践上已成了基督教世界的大祭司、监督官和神圣君王"[1]。掌握欧洲国家的政治意识形态，就是基督教抗衡王权的最大砝码。

（三）宗教组织形态的差异

对比西方的基督教和中国的佛教、道教等宗教组织，还有一个显著的特点，就是组织形态存在显著的差异。从教徒与宗教组织关系的紧密程度讲，我们可以把宗教分成强组织型宗教和弱组织型宗教。

---

[1] ［英］赫·乔·韦尔斯:《世界史纲》，吴文藻、谢冰心、费孝通等译，人民出版社1982年版，第598页。

　　所谓弱组织型宗教，就是教民与教会组织的联系相对松散，在社会上不能形成与国家政权相对峙的社会团体。就中国的情况看，道教的生成本来源自东汉末年的农民起义，太平道将经过几十年的隐蔽发展，已经聚集了几十万教徒，分成大小三十六方。五斗米教也有十几万人的规模，形成了祭酒、鬼卒等内部分工体制，最后在汉中地区实现了军事割据，建立了五斗米教为组织形式的、政教合一的地方政权。从原始道教的组织形态看，应当属于教徒与宗教组织关系紧密的强组织型宗教。但是在太平道被镇压、五斗米教被收编以后，统治者立即采取措施来瓦解道教组织，将一部分骨干教徒迁往内地，分散管理。到了魏晋南北朝时期，道教内部一些宗教领袖也自觉对曾经导致农民起义的宗教组织进行改造，使其变成可以为统治者接受的宗教。如北魏时期北天师道领袖寇谦之发动了"清整道教"的活动，其核心内容是："清整道教，除去三张伪法，租米钱税，及男女合气之术。"（《魏书·释老志》）五斗米教以收入会者五斗米的会费而得名，这五斗米，就如同基督教的"十一税"，伊斯兰教的"天课"，使宗教组织具有了坚实的经济基础。而取消了这五斗米，就割断了教徒与宗教组织的固定联系，不许宗教组织在国家之外另收赋税，保证了国家经济上的垄断性。此后，道教只能依靠国家的赏赐和教徒的布施为生。佛教作为一种外来宗教，其大发展的时代正是统治者对道教防范最严的时代，因此组织形态也受到了影响。不论道教还是佛教，中国的政府都不允许宗教组织与教民之间建立常规的联系，佛道教僧团，仅有职业的宗教人员，一般信徒并不与宗教组织建立类似基督教教区那样的固定联系。例如唐代，政府发布了《禁僧道不守戒律诏》、《禁坊市铸佛写经诏》、《禁卜筮惑人诏》、《严禁左道诏》、《禁僧道掩匿诏》、《禁百官与僧道往还制》、《禁僧俗往还诏》等一系列诏书，对宗教活动进行严格的管理，切断了宗教组织与信徒的联系。例如《禁僧俗往还诏》指出："惟彼释道，同归凝寂，各有寺观，自合住持。或寓迹幽闲，潜行闾里，陷于非辟，有足伤嗟。如闻远就山林，别写兰若，兼亦聚众，公然往来。或妄托生缘，辄有俗家居止，即宜一切禁断。"（《全唐文》卷三十）僧尼、道士，应当在佛寺道观中潜心修行，不得出入世俗人家，以防相互勾结，聚众闹事。这样管理的结果，就是阻断了职业宗教人员和普通信徒的联系。① 从中国宗教发展历史的统计看，一般教徒人数只占人口总数的百分之一二，其实都是指那些职业宗教人员——和尚与道士，并非全部信仰人数。一般信徒并不在寺观登记，他们与宗教组织之间，没有基督教主教与教区民众那样紧密的联系。广大的佛道教信众平日属于一个个的宗法家族，而这些家族又被划分到各个行政区域之中，在家国之间，没有其他法定的社会团体，不会成为宗教组织与官方抗衡的支持者。所以面对众多弱组织性的宗教，中央王权就显得特别强大。

基督教与佛道教则完全不同，从其来源看，其母体犹太教就属于一种强组织型宗教。犹太教是一种民族宗教，具有全民信仰的形式，特别在犹太人沦为亡国奴的年代里，宗教组织就是他们民族得以维系的唯一保障。如犹太学者布拉恩所说："他们情愿舍弃一切东西，他们的财产，他们的家族，他们的田地，甚至他们的生命——但是不情愿舍弃他们的上帝。"② 大约在公元前1世纪后期，拿撒勒人耶稣改良犹太教的某些规定，使之变成可以为其他民族也能够接受的世界性宗教——基督教。不过在基督教创立之初的三百多年中，基督教也受到了罗马政府的限制和打击。然而事与愿违，用行政的力量压抑宗教组织，最终只能使教徒更加团结在宗教组织的周围。基督教的传教士也乘机强调教会对于信徒精神救赎的重要性。"圣西彼连所说的话，'教会之外无救赎'和'谁不奉教会为母亲，谁就不能视上主为父。'"③ 基督教组织不仅仅依靠宗教信仰凝聚教徒，而且还有强大的经济实力。基督教从犹太教继承了"什一税"的传统，要求信徒将自己收入的十分之一上交教会。一些封建贵族，还把自己的土地捐赠给教会或修道院，使得教会的经济实力大增。到了中世纪，效仿封建诸侯，教皇国、大主教区还获得大量的"封地"，经济实力更是不容小觑。

---

① 参见张践：《中国古代政教关系史》下卷，中国社会科学出版社2012年版，第714—715页。

② 布拉恩：《犹太民族史》，商务印书馆1939年版，第132页。

③ [德] 毕尔麦尔等编著：《古代教会史》，雷立柏译，宗教文化出版社2009年版，第141页。

基督教是一种强组织型的宗教，有自己独立于世俗国家机构的组织系统，有自己独立的经济收入。他们在世俗的王国内生活，必然会与地上的君主发生利益的冲突。罗马教皇以上帝在人间的代言人身份自居，君临于所有教徒之上。特别是在为丕平、查理曼和奥托三位实力强大的帝王加冕以后，就形成了一种社会舆论，即教皇有权为皇帝加冕，也就有权剥夺他们的皇位。在教皇势力最强大的中世纪中期，教皇格里高利七世说："谁不知道，王公贵族本来只是一些不认识上帝的人，他们在尘世的统治者魔鬼的驱使下，在骄傲、抢劫、背信弃义、凶杀和几乎所有一切罪恶的驱使下，怀着盲目的权力欲和无法容忍的骄横，僭取了凌驾于他们同辈之上的地位。"[1] 所以，教皇既然有权为君主加冕，他们也有权废除罪恶的君主，解除臣民对他们的效忠。另一位基督教神学家托马斯·阿奎那说："不法的命令没有约束力，昏君必须加以反抗。"[2] 强大的基督教组织，就与欧洲中世纪的封建君主之间展开了一场旷日持久的政教之争。

三、中西政教关系的历史遗产

西欧的中世纪和中国的中古时代，政教关系的发展都为近代社会的开启留下了丰厚的政治遗产。其中既有必须清除的历史障碍，也有历史前行的宝贵动力，需要一一分梳清点。

（一）欧洲中世纪政教关系的历史遗产

回顾欧洲中世纪的历史，不管人们是否喜欢基督教，但是都不得不承认它留下的漫长的历史身影。这其中既有对古代轴心时代文化的传承与延续，也有因应封建时代需要而产生的对人性的压抑；既有承上启下开启近代文明

---

[1]　［德］毕尔麦尔等编著：《古代教会史》，雷立柏译，宗教文化出版社2009年版，第171页。

[2]　［意］托马斯·阿奎那：《阿奎那政治著作选》，马清槐译，商务印书馆1982年版，第35页。

的思想因子，也有破坏社会稳定制造人间悲剧的政治桎梏。当然这些所谓的积极作用和消极作用，都是与古代与近代相比较而言、是与中国的相比较而言。对于这样一种复杂的文化现象，不能简单肯定也不能简单否定，需要进行具体的分析。

首先我们看看欧洲中世纪政教关系留下的消极遗产。长时间的政教冲突无疑对欧洲社会的稳定、政治的统一造成了极大的消解作用。由于在整个中世纪基督教都是欧洲各个封建国家的政治意识形态，因此各国的君主都想利用罗马教廷及各地的教会，使其成为自己的御用工具。在这种利益的争夺中，中世纪初期教会势力尚弱，往往采取投靠不同国家君主的办法争取自身的利益。而当中世纪中期教会自身力量强大之后，他们则在各国之间纵横捭阖，打击那些妨碍他们扩大教权的君主，正面与德国、法国、英国的皇帝发生冲突。这些冲突的背后往往是国家之间或国家内部的不断战争，人民因此而受难，生产遭到破坏，社会发展停滞。以受到罗马教廷影响最大的"神圣罗马帝国"（实为德意志和意大利两地）为例，其民族国家形成最晚，生产力发展也相对落后。与同时期的中国相比，与欧洲辉煌的古代和繁荣的近代相比，欧洲的中世纪被人们称为"黑暗的中世纪"。

基督教的异端排斥，也是中世纪教会史上突出的负面作用。众所周知，基督教是一种以"一神崇拜"为根本戒律的宗教，《圣经》中上帝与人订了契约，第一条就是："除我之外，你不可有别的神。"用这样的宗教作为国家意识形态，自然具有了很强的排他性。自从罗马帝国将基督教定为"国教"之后，排斥异端的呼声就不绝于耳。从罗马帝国反对阿利乌斯派、聂斯托利派，到中世纪反对卡塔尔派、阿尔比派、韦尔多派等，从思想的排斥到人身的消灭。可以说在整个中世纪，只要与罗马教廷有不同意见，统统都被扣上"异端"的帽子遭到打击。欧洲中世纪残酷的排斥异端运动，完全是由于宗教成为意识形态造成的。本来宗教作为人们的精神信仰，完全应当是自由的，可以信仰不同的宗教，也可以选择同一宗教中不同的宗派。但是，由于政治意识形态的唯一性、排他性，因此也就特别地强化了基督教的排他性。为了使基督教成为君主政治的驯服工具，帝国就需要只有一个宗教，因此必须打击和消灭所有的异端教派，这就需要通过法律把基督教的国教地位及其利益固定与合法化。罗马教廷宣扬维护正统的神圣教义，反对异端和邪教徒，坚守教会的道德规范。否则，将会受到教会的惩罚，其中之一就是"破门律"，此即革除教籍。任何人受到这一处罚，就被视为不可接触的人、异教徒，其财产、生活都得不到保障。更有甚者，要被教会的法庭特别是"异端法庭"处以死刑。为了区分宗教异端，13 世纪在教皇英诺森三世的授意下，罗马教廷建立了令人发指的宗教裁判所。其中西班牙的宗教裁判所最为臭名昭著，从 1483 年至 1820 年，共有 38 万人被裁定成异端，被火刑处死的人约 10 万人。凡是与基督教《圣经》或教会意见不同的科学、哲学、文学作品，都有可能被定为异端遭到迫害。著名科学家哥白尼、伽利略都曾遭到迫害，布鲁诺被烧死在鲜花广场。这些可怕的场景，就成为但丁《神曲》中炼狱篇的素材。

历史的辩证法最诱人之处往往在于，某一历史现象的负面作用，同时也是其积极作用之所在。西欧中世纪激烈的政教冲突为后人留下的积极遗产是权力平衡的事实与观念，对于近代民主社会的到来无疑具有极大的助力。欧洲中世纪一方面是各国专制的封建政权，另一方面则是强大的基督教会势力，两强相争的结果不是谁吃掉谁，而是达成一种权力的平衡。基督教与神圣罗马帝国（即德意志帝国）尖锐的斗争，虽然教皇格里高利七世与德皇亨利四世互有胜负，但是最后的结果却是半个世纪之后形成的《沃姆斯条约》，规定了罗马教皇和神圣罗马帝国皇帝可以任命神职人员的范围。教皇与英国国王斗争的结果是形成了《自由大宪章》，既保证教会的自由权利，又保护了公民的财产安全。教皇卜尼法斯八世与法王腓力四世斗争的结果是召开了法国的"三级会议"，参加会议的有贵族、僧侣、市民三个等级的代表，决定法国有权向教会财产征税。这样政教斗争的结果，往往使封建君主不能形成绝对的专制势力，罗马教廷也不能过分干涉各国的事务。欧洲两个平行的权力中心的形成，有助于近代西方民主思想的发展，有助于宗教改革和资本主义革命的发生。

基督教中世纪的政治遗产还有一个突出的内容，就是教会神学家延续了欧洲轴心时代法学家的"自然法"思想,有助于近代民法思想的形成。"自然法"是欧美法系中延续古今的主要理念,是一切法律合法性的依据。希腊先哲们用神的概念来诠释习俗和习惯法,将约定俗成的惯例看成神的旨意,是自然的正义规则。他们认为法律符合自然就是符合神意,因此一切人都必须服从这样的法律。罗马的西塞罗在诠释希腊先哲有关"正义"的概念时创造了"自然法"这个术语。他认为,正义是法律的本质和目的,法律是正义的标准,无正义也就无法律,而法律则是符合自然规则的。基督教在阐述人和上帝的关系时,以宗教的救赎学模糊了希腊先哲们提出的习惯法和自然法的概念,使自然法的概念沉寂了几个世纪。但是,秉承着自然法精神的罗马法并没有因此而消失,而是在教会法中得到了延续。中世纪对上帝的信仰很容易地与古希腊、罗马人对神的信仰相融合,那些反映欧洲民族习惯法的律条则以教会法的形式传承下来。12世纪的经院哲学家们在翻译古希腊经典的同时发现了罗马法的典籍《民法大全》,对罗马法的研究再次引发了关于自然法的讨论,直接启迪了近代法律精神的复兴。[①]

　　基督教的传承方式,以其独特的形式延续了古希腊、罗马的票选制度,又开创了近代西方国家的民主制度。基督教在近代宗教改革之前,坚持耶稣基督留下的"守贫"、"守贞"制度,要求职业神职人员必须终身不娶、不嫁,"与教会结婚"。在这样的情况下,教会的传承只能是采用欧洲轴心时代留下的票选民主选举制度。特别是在政教斗争中,为了反对世俗封建势力对教会事务的干涉,教皇尼古拉二世于1059年制定了教皇选举法,规定教皇的人选,必须首先由罗马城郊的七大教堂的枢机团(红衣主教)会议选举产生候选人,最后由枢机院主教团(红衣主教)全体会议审议后选举决定,中间也参考罗马教廷神职人员和民众的意见。这种自下而上层层选拔式的选举制度,本意是了防止欧洲其他国家的君主插手教皇选举,但是在封建君王掌权的欧洲中世纪,也为后人树立一块票选民主制度的模板。

---

　　① 参见王亚平:《西欧中世纪社会中的基督教教会》,中央编译出版社2011年版,第88—91页。

（二）中国中古时代政教关系的历史遗产

与欧洲的中世纪相比，中国的中古时代有其鲜明的特点，从而使中国在日后发展成与欧洲完全不同的文化体系。与欧洲的消极方面相比，恰恰是中国的积极方面。

中国的中古时代也是一个宗教文化发达的时代，两晋南北朝时期南北方割据势力强大，国家长期得不到统一，在长期的战乱中人民生活极其苦难，成为宗教大发展的温床。汉代以来明确规定的国家意识形态儒教仍然存在，但是其思想影响则大打折扣，为佛教和道教的发展留下了广阔的空间。不过在政治层面，这一时期任何朝代都未曾放弃儒家的"以德治国"和作为政治合法性符号的"祭天"、"祭祖"仪式。就以南北朝时期崇佛最甚的梁武帝而言，也没有把佛教变成国家政治意识形态。在《梁书》的《武帝纪》中，他代表政府发布的所有的官方诏书都使用儒家式的语言写成，用以指导王朝的政务，其中绝无半句佛教语言。梁武帝本人也是一个勤奋的儒家学者，著作弘富。"虽万机多务，犹卷不辍手，燃烛侧光，常至戊夜。造《制旨孝经义》、《周易讲疏》，及六十四卦、二系、文言、序卦等义，《乐社义》、《毛诗答问》、《春秋答问》、《尚书大义》、《中庸讲疏》、《孔子正言》、《老子讲疏》，凡二百余卷，并正先儒之迷，开古圣之旨。"（《梁书·武帝纪》）所以梁武帝虽然发布过"舍道归佛"的诏书，但这并不能认为是他把佛教变成了"国教"。"舍道归佛"的正确理解只能是他个人放弃了道教信仰，皈依佛教。当代历史学家翦伯赞深感庆幸地说："佛教没有取得国教的地位，这在中国历史上是具有深远意义的。"[1] 儒教政治意识形态地位的稳固，就是中华道统的稳固，也是政治秩序的稳固，因此中国政治总体上统一多于分裂，和平多于战争，和谐多于动乱。正是因为有了文化的统一，才有了隋唐的统一和盛世，有了两宋繁荣的经济和发达的文化，有了元明清的高度的统一。意大利威尼斯商人马可·波罗（1254—1324），青年时代随其父到中亚、印度和中国等地经

---

① 翦伯赞主编：《中国史纲要》第2册，人民出版社1965年版，第122页。

商，元世祖时在中国朝廷做官，在中国住了 17 年。他回国后写成了世界名著《马可·波罗游记》，记述了他在中国的见闻。他对中国社会丰裕程度的描写，曾经让欧洲人把他当成神经病，因为他们不相信世界上还有如此富庶的地方，可见两地经济当时发展程度的差异。

中国中古时代的各种宗教，其政治理论不仅不采用与政权相抗衡的战略，而且用不同方式来补充中国君主集权社会政治理论，对于促进政权的巩固、社会的稳定产生了积极的作用。例如，从印度传来的佛教，就很好地发挥了弥补儒教政治理论的作用，汤用彤先生指出："汉代佛教，最重要之信仰，为神灵不灭，轮转报应之说。"[①] 儒家本来有"积善之家，必有余庆；积不善之家，必有余殃"（《周易·坤·文言》）的社会报应思想，认为作恶之人其家族必然要遭到惩罚。但是，儒家主张"未知生，焉知死？"对彼岸世界持一种不置可否的态度，因此其报应只能是现世。如不能报应作恶者本人，则只能报应其后代儿孙头上。但是这样的"报应"学说在阶级社会是很难应验的，因为大量为非作歹的恶霸不但不受报应，甚至飞黄腾达。那会报应他们的后代吗？有时候他们的后人几代之后仍然兴旺发达。即使有些时候后代没落了，那么前人作恶后人"承报"公平吗？所以在佛教传入之前，儒教的政治公平观一直是存在缺陷的，影响其劝善戒恶的效力。佛教中的因果报应思想，其核心观念一是业报，二是轮回。"业"的梵文意思是"造作"，即人的一切身心活动所形成的结果，具体而言可以分成身、口、意三类。佛教认为，人无论作了善或不善之业，都会受到报应。即使此生没有受到报应，那么来生转世"业"也会如"薪尽火传"一样传到下一辈子，甚至"十世"、"百世"，"时候一到，一切都报"。佛教的"因果报应"思想比起原来儒家的"报应"思想，不仅可以解决社会上一些恶人作恶没有遭到报应的难题，而且"承报"主体不是儿孙而是作恶者本人及其转世的灵魂，很好地解决了社会公平问题。同时对于广大被压迫阶级的民众，"因果报应"学说也有很好的精神安慰作用。此生的贫苦是由于前世作孽的结果，为了来生的福

---

① 汤用彤：《汉魏两晋南北朝佛教史》，中华书局 1963 年版，第 86 页。

报此生就应当放弃反抗，安于忍受现行的社会秩序。这样的政治伦理对于巩固现行政治秩序，无疑具有很好的辅助作用。如此例证还有很多，总之儒释道三教的政治文化学说相互配合，形成了中国的"超稳态"社会结构，共同造就了中国两千年漫长的君主集权社会。

中国中古社会政教关系的负面遗产，则是造成了君主制度超级稳定，专制王权一家独大。不能占据政治意识形态，没有强大的组织网络，中国的各种宗教都不能对王权形成制衡作用。因此，当帝王能够正确理解宗教的社会功能的时候，便会形成"三教并奖"的宽容社会政策，充分发挥三教各自的政治、文化作用。而当帝王因本人的某些因素反感某种宗教，或对于对儒家的经世致用理念采用急功近利策略的时候，就会形成尖锐的政教冲突，出现"灭佛"或"灭道"之类的极端事件。在这些"灭佛"、"灭道"的诏书中，充满了对宗教的轻蔑、侮辱性的言辞，完全不顾及人民群众已经在数百年来形成的信仰需求。如北魏太武帝在灭佛诏书中说："昔后汉荒君，信惑邪伪，妄假睡梦，事胡妖鬼，以乱天常……朕承天绪，属当穷运之弊，欲除伪定真，复羲农之治。其一切荡除胡神，灭其踪迹，庶无谢于风氏矣。"（《魏书·释老志》）北周武帝在灭佛诏书中说："父母恩重，沙门不敬，悖逆之甚，国法不容。并退还家，用崇孝治。"（《周祖平齐召僧叙废立抗拒事》《广弘明集》卷八）甚至儒学名臣韩愈在著名的《谏迎佛骨表》中，主张对千百万佛教信徒奉为神圣的"佛舍利""乞以此骨付之有司，投诸水火，永绝根本，断天下之疑，绝后代之惑。使天下之人，知大圣人之所作为，出于寻常万万也。岂不盛哉！岂不快哉！"在另一篇名著《原道》中，韩愈甚至提出："人其人，火其书，庐其居"，对于佛教实行彻底消灭。这样的理论无疑对后来唐武宗灭佛产生重要影响。

中国的宗教传承制度，完全是中国宗法等级制度的产物。中国古代社会在本质是宗法制，反映在意识形态上就是儒学所倡导的"修身、齐家、治国、平天下"，将"家"的管理看成"国"的治理的模板，即所谓"移孝作忠"，"家齐而后国治"。中国的佛教是讲"出家"、"禁欲"的，不婚不嫁，自然没有血缘继承人。但是，在中国整个社会浓厚的宗法氛围中，中国的佛教也仿效世俗统治者的传承方式，形成了自己的宗法谱系。寺院住持的交替也是参照家族继承的方式，由前一代长老选择最能秉持宗派意志的弟子继承衣钵，如禅宗五祖弘忍选择了六祖慧能。因此，弟子与师父的关系，也就形成了一种如同民间的父子关系，产生了人身依附性。中国的宗教组织的传承模式，在超验的领域进一步发挥了巩固宗法等级制度的作用，对近代的民主改革成为一种阻力。

宗教在中国历史上，只能在政治文化层面发挥辅助王化的作用，这使得中国没有欧洲、中东那样严重、残酷的宗教战争，这是中华民族的幸事，有利于民族的团结和国家的统一。但是，宗教势力的微弱，使中国君主的专制权力过于强大，作为帝制社会政治意识形态的儒学过于稳定，中国完成现代民主革命的路程格外艰难，完全西方式的民主在中国没有实现的可能，这一点我们将会在下一章中看到。

第五章　中西政教关系的不同影响：近代化门槛前的欧洲与中国

由于历史进程的不同，中国与欧洲近代开启的时间也有明显的差异。欧洲一般将 16 世纪初的德国宗教改革视为近代社会的开端，而将 1848 年欧洲革命看成近代化的完成、现代社会的形成。与欧洲的历史进程相比附，西方一些史学家硬套欧洲模式，将中国 17 世纪的明清之际称为中国的近代社会的开端。但是，中国的史学家则不同意这样的看法，因为明清社会与中国秦汉至唐宋的古代社会有着更多的一致性，很难看成是一个新的时代。所以，我们一般将 1840 年西方的鸦片和大炮打破了中国的古代社会的自然进程，视为中国近代社会的开端。这样，在历史的比较方面又出现了一个巨大的时间差，似乎有更多的不可比性。但是如果以政教关系的视角深入历史，我也就会发现：中西政教关系的巨大差异，也是形成中西方近现代社会巨大差异的重要原因。我们可以将 16 世纪至 19 世纪中叶，看成中西历史的近代化门槛。由于西方政教关系的历史特点，成为西方率先跨入现代社会的客观因素。而中国政教关系的历史特点，则成为中国自身难以主动跨越这道门槛的重要社会因素。

第一节　政教关系与欧美的近代社会

在西方的史学界，关于西方近代社会的开端有几种不同的说法，如地理大发现说、文艺复兴说、宗教改革说等。本书专门研究政教关系史，所以要突出政教关系对于西方近代社会的影响，把路德和加尔文的宗教改革视为西方近代社会的开端。如同上一章，我们把宗教改革视为欧洲中世纪的结束。

一、宗教改革的兴起和基督新教的诞生

（一）宗教改革出现的社会背景

关于欧洲基督教宗教改革的原因，目前学界的看法基本统一，大致可以分成社会的原因和宗教本身的原因。

从社会环境的角度看，15世纪开始的地理大发现成为欧洲近代化进程的重要助推动力。从古希腊开始的西方文化，自古就有重视海洋贸易的特点，在前轴心时代就充分开展了围绕地中海的贸易活动。到了罗马帝国时代，依靠强大的舰队建立了环绕地中海的强大帝国。经过十几个世纪的发展，到了15世纪，欧洲的航海技术有了更大的进步，特别是中国指南针的引进，使得他们的步伐从地中海转向了大西洋。马可·波罗到元大都的游历及其《马可·波罗游记》的出版，进一步刺激了欧洲航海家探险的兴趣。达·伽马的环球航行，哥伦布新大陆的发现，使得大量财富流进欧洲，成为资本主义萌芽产生的重要外力支撑。

16世纪经济的发展，促进欧洲市民阶层的迅速壮大。对于那些主要依靠手工业生产和市场贸易为生的市民阶级而言，他们的宗教虔诚开始衰减。如美国学者威尔·杜兰指出："宗教通常繁荣于农业社会……城市的工人、商人、制造业者与财政家，则生活在计数、程序、物质原因及规律、效果的数学世界里……商人阶级可能最不虔诚，财富越多，宗教信仰即越趋淡漠。"[1] 农业生产对大自然的依赖，科学文化的不发达，造成人们对各种超自然现象的畏惧，宗教容易被人们虔诚崇拜。而手工业者、商人的生计掌握在

---

[1] ［美］威尔·杜兰:《马丁·路德时代》，台北幼狮文化公司译，东方出版社2007年版，第19—21页。

自己的手中，让他们对各种超自然的神灵产生顶礼膜拜当然就会少很多。

　　从文化的角度看，纸张的应用和印刷术的兴起，对于文化的普及传播产生了不可低估的作用。英国著名历史学家韦尔斯指出："更重要的是纸的制造问题。说纸使欧洲的复兴成为可能并非过分。纸起源于中国，在中国纸张的使用大概可以追溯到公元前二世纪。750 年中国人袭击撒马尔罕的阿拉伯穆斯林，他们被击退了，被俘的中国人中有一些熟练的造纸人。阿拉伯人就从他们那里学会了造纸。……印刷术的这项成就的一个直接后果是世界上出现了大量的《圣经》。另一个结果是学校里的教科书便宜了。"① 在没有纸张和印刷的时代，知识和文化控制在少数的贵族和教士手中，他们用古体的拉丁文传教，"上帝"的意志只能由他们自由解说，普遍的蒙昧和盲从必然充斥着社会。但是知识的火花一旦传入民间，激起的思想波澜也就是可以预期的。因此，有些西方学者把宗教改革也称为"印刷革命"。

　　从政教关系的方面看，中世纪后期发生的一些变化，也成为宗教改革形成的原因。基督教从罗马帝国开始就是主流意识形态，是社会的核心价值和人民精神信仰的中心。但是，遥远的天国信仰掩盖不住现实世界的丑恶和谎言，欧洲君主与教皇之间不顾脸面的争夺，三个教皇彼此革除教籍，十字军东征侵略面目的暴露，都使得罗马教廷威信扫地，人民的信仰发生动摇。13世纪之后远离欧洲核心地区的英国、法国王权的加强，也使得罗马教廷及其傀儡"神圣罗马帝国"对欧洲事务的控制力大大降低。政治控制的松动也为宗教改革留出了可行的空间。

　　欧洲中世纪天主教会利用精神信仰的权力，为自己攫取了大量的财富。基督教教义中提倡清修苦行，通过积德行善求得上帝救赎的说教，广大善良的民众因此虔诚地信仰基督教，把自己收入的十分之一供奉给教会。但是，在几百年的发展中，教廷与教会的特殊身份与地位，使他们成为社会上的一个特殊利益集团。例如法国，教士阶层的人口不过全国人口的 1%，但是他

---

　　① ［英］赫・乔・韦尔斯：《世界史纲》，吴文藻、谢冰心、费孝通等译，人民出版社1982 年版，第 809 页。

们却拥有全国 10% 的土地。同时，教士阶层还拥有免税的特权，他们往往把在各国攫取的财富上交罗马教廷。有资料显示，中世纪末期罗马教廷的收入要超过德国皇室的几倍。这些情况自然会引起欧洲各国贵族和百姓对罗马教廷及整个教会的反感。如英国学者指出："神职人员享有财政特权常常是激愤之源，在经济萧条时期尤其如此。1521—1546 年间，成为改革者基地的法国莫城主教教区，神职人员免交一切税收，其中包括军需物资与军队住房的摊派费用——这一点引起公愤。在卢昂主教教区，教会在粮食严重短缺时期售卖谷物以聚敛钱财，引起百姓强烈抗议。神职人员免受民事法庭的起诉使得神职人员与百姓格格不入。"[①]

种种外部的原因，最终演变成以罗马教廷为核心的天主教教会的整体腐败。大量当代的学术著作，收集整理大批当时教廷、聚会腐败的资料。"由于身在尘世，教会的仆人们时常跟世俗政府的官吏，同样收受贿赂。腐败流染于社会的各角落，并植根于人性的深处；俗世宫廷屈服于金钱而声名狼藉，没有一位教皇的贿选，能与查理五世相比。除此之外，欧洲最大的贿赂行为，是在罗马教廷中。教廷的职事原有合理的固定酬报，但教廷人员的贪得无厌，却将实际收入比规定数目提高了 20 倍。"[②]俗话说饱暖思淫欲，在占有大量财富的基础上，就是教会人士严重淫乱案件的发生。"在英国诺福克，于 1499 年的存档 73 件淫乱指控案，其中有 15 件乃对教士而发；在里昂，126 件中有 26 件；在兰贝斯，58 件中有 9 件；这就是说，教士人数虽不到人口的 2%，然犯奸者却占总数的 23% 左右。有些廷善会的牧师竟向女性忏悔者求爱。数以千计的教士拥有侍妾。在日耳曼，几乎全都如此。"[③]

最后点燃宗教改革导火索的事件是罗马教廷发售"赎罪券"。为了弥补

---

① [英] 阿利斯特·麦格拉思：《加尔文传——现代西方文化的塑造者》，甘霖译，中国社会科学出版社 2009 年版，第 8 页。

② [美] 威尔·杜兰：《马丁·路德时代》，台北幼狮文化公司译，东方出版社 2007 年版，第 24 页。

③ [美] 威尔·杜兰：《马丁·路德时代》，台北幼狮文化公司译，东方出版社 2007 年版，第 28 页。

英、法抗税造成的税收减少，为了填补教皇及高级教士日益膨胀的贪婪欲望，罗马教廷开始发售赎罪券。欧洲 13 世纪就有赎罪券的发行，当时主要为了筹集十字军的军费，数量有限。但是，到了教皇利奥十世（1513 年 3 月 9 日—1521 年 12 月 1 日在位）时代，发行赎罪券成了教廷敛财的重要手段。按照基督教的理论，人类的始祖亚当和夏娃就犯有"原罪"，所以人们终生都要用自己的善行来"赎罪"，才能在"末日审判"的时候上天堂。但是，由于赎罪券的发行和解释权都在罗马教廷及其传教士的手中，所以是否可以赎罪就完全以上交金钱的多少为依据。约在 1450 年，牛津大学校长托马斯·加斯科因抱怨道："今日之罪徒说：'我不在乎在上帝眼前犯了多少罪恶，因为我能够较轻易地获得由教皇所授予的赦罪文和赎罪券，而完全免除所有的罪过与惩罚，其文券我可用四或六便士购得，或者同赦罪者在一场网球赛之赌金中而赢得。'这些赎罪券的捐客巡游于乡间，有时以两便士，有时以一口黄汤或啤酒……或者甚至以妓女的酬报，及肉欲的满足就可将赎罪券卖出。"[①] 赎罪券变质为教会搜刮钱财的工具，引起了平民百姓及宗教人士的不满，由此一场反对罗马教廷的宗教改革运动爆发了。

（二）路德揭开宗教改革的序幕

罗马教廷在本来已经很高的赋税基础上，又大肆发行赎罪券，不啻于向欧洲各国增加税负，这种充满欺骗性的有价证券，最终又都变成了人民群众的负担。当时有些人拿这些赎罪券找到德国萨克森州大学的神学教授马丁·路德，请他解释赎罪券的效力。路德是一位治学严谨、具有正义感和自由精神的思想家，对于罗马教廷的种种丑行，他早就非常反感。借着教廷发售赎罪券的机会，他于 1517 年万灵节前夕，也就是 10 月 31 日，发布了那篇著名的《九十五条论纲》，提名为《为澄清赎罪券之权威的争辩》。"在这95 条中包括这样的说法：教宗只能够宽恕那些他自己规定的惩罚和教会法中

---

① ［美］威尔·杜兰：《马丁·路德时代》，台北幼狮文化公司译，东方出版社 2007 年版，第 30 页。

的惩罚（第5条）。大赦对于炼狱中的灵魂没有什么影响（第8—9条）。如果一个基督徒在内心中有真实的忏悔感，不需要大赦券，也可以获得全面的赦罪或免除惩罚（第36—37条）。他否认基督和诸圣的'恩宠宝库'（第38条），而这种理论正是大赦的基础。第86条很尖锐地问，教宗的钱和古代百万富翁克拉苏斯一样多，为什么他不用自己的财富来建立圣伯多禄/彼得大堂，而是用贫苦信徒的钱呢?"①

为了彻底否定罗马教廷发售赎罪券的理由，路德提出了一个著名的宗教命题"因信称义"。他认为人是有原罪的，因此人的情欲是不可克服的，只能在行为上越走越远。人自己的种种行为，都不足以减少罪恶，种种善功对于人类灵魂的得救没有任何帮助。人只有依靠对于上帝的坚定信仰才能称义，获得上帝的赦免。这样的观念，等于从理论上取消了赎罪券的合法性。进而路德又指出，在人类救恩的工程中，只有上帝有作用，其他任何受造的"中介"（即教廷和教士），都没有什么作用。这等于把基督教一千多年来视为神圣的教会体系，都给否定了。他甚至更为直白地指出："假使因为我所说的道理，使某些人的钱包受到影响，而称我为异教分子的话，我会很不在乎这些人的咆哮，因为只有那些不懂《圣经》的人这么说而已。"② 神学理论争议的背后，是一个庞大的教士集团的特殊利益，自然引起罗马教廷与传统教会的强烈反击。

路德勇敢地指责罗马教廷的行为，引起教廷的愤怒和恐慌，他们要求把路德引渡到罗马接受审判。路德自然知道基督教异端审判的无理和恐怖，他写信给腓特烈选帝侯，指出日耳曼的王侯应当保护自己的市民，避免自己的人民到意大利受审。出于民族主义的情感，腓特烈同意了。当时的萨克森属于神圣罗马帝国，表面上是一个统一的帝国，帝国的精神保护神则是罗马教廷。其实当时的神圣罗马帝国早已不是古代的罗马帝国，它被封建制度瓜分

① ［德］毕尔麦尔等编著：《近代教会史》，雷立柏译，宗教文化出版社2011年版，第8—9页。

② ［美］威尔·杜兰：《马丁·路德时代》，台北幼狮文化公司译，东方出版社2007年版，第75页。

为几百个大大小小的诸侯国，帝国皇帝的命令根本在各地得不到执行，甚至皇帝本人也是七大选帝侯推选出来的。作为最有权势的选帝侯之一，腓特烈自然可以不把教廷放在眼里。当时的教皇利奥十世，也只能"仁慈大度"地将召路德到罗马的命令搁置，而是派了一名大主教到萨克森质问路德，并指示只要路德有让步之意，就可以宽恕他。此事已经表示，欧洲分封割据的政治空间，造成了政教相互牵制的格局，为新思想的产生保留了较大的空间。

然而路德不仅没有"改悔"，反而不断加深对于基督教理论的研究，在理论上不断证明中世纪教会制度的荒谬。他认为罗马教宗的"首席权"不是出于神的旨意，而是罗马教廷自封的。人民不承认教宗的首席权，也不影响在末日审判时候的得救。他声称，那些坚信上帝的人，死后完全可以躺在平安中，因为他们已经与上帝建立了正确的关系，而不是由于他们给了教会什么好处。中世纪基督教神学家阿奎那提出了"双城论"，认为天上的城要高于地上的城，实际上就是把神职人员放到了高于凡人的地位。"路德断言，这样的区分没有约束力，只不过是人为的发明，而不是上帝的命令。'所有的基督徒都是属灵的阶级，他们之间唯一的分别，是在功能上的。'"①

路德的活动及其思想引起了教皇的愤怒，"1520年6月15日这一天，教皇利奥十世颁布敕书，斥责马丁·路德所写的411件著作，命令全体人民将这些作品烧毁，并劝诫马丁·路德放弃他的错误，重回教会的怀抱。马丁·路德经过60天更进一步地拒绝去罗马撤回其言论之后，他被开除教籍而为基督教世界所隔离，所有罗马教会的忠实信徒将其视为异端，而避开他"②。教廷这样的压力使得路德感到了威胁，如果是在中世纪，他一定会被押上异端审判所的火刑场。但是，在当时的日耳曼，教皇的命令已经不再神圣，神圣罗马帝国的皇帝已经与教皇隔了一层，皇帝之下的各个诸侯，更是教皇鞭长莫及的地方。1520年8月，路德出版了《致德国的贵族基督徒书》

---

① ［英］阿利斯特·麦格拉思：《宗教改革运动思潮》，蔡锦图、陈佐人译，中国社会科学出版社2008年版，第215页。

② ［美］威尔·杜兰：《马丁·路德时代》，台北幼狮文化公司译，东方出版社2007年版，第84页。

的公开信，向罗马教廷公开宣战。在这份公开信中，他称赞刚刚上任的神圣罗马帝国皇帝查理五世是"上帝赐给我们的领袖"，希望得到皇帝的同情。同时他又向日耳曼贵族呼吁："据估计，每年有超过 30 万基尔特金币，从日耳曼流入意大利……我们讨论问题的中心是……我们日耳曼人必须忍耐对教皇这种攫掠和勒索财产究竟是如何发生的？……假使我们将小偷上吊，强盗砍头，为什么我们却让罗马教会贪婪得如此逍遥自在？因为他们是世界上最大的小偷和强盗，而竟然都享以基督和彼得的神圣之名！谁能再加以忍受，或者继续保持沉默？"①路德揭示出罗马教廷对日耳曼人的剥削，这种挑动民族情绪的办法，达到了获得德国诸侯保护的目的。萨克森的选帝侯腓特烈顶住了教皇的压力，把路德很好地保护了起来。

此后十年的时间，路德一直在从事一项意义重大的工作，翻译德文的《圣经》。在整个中世纪，欧洲各国基督教活动，都是使用拉丁文《圣经》。绝大多数神父对于《圣经》的内容的并不真正了解，因此解释《圣经》的权力就成为罗马教廷维持神学权威的特殊工具。而路德通过将通行拉丁文《圣经》和希腊语《圣经》的比对，翻译出《新旧约全书》。德文《圣经》的出版，再加上印刷术的普遍使用，使得它能够迅速进入普通教徒的家中。人们对于教义产生疑虑，可以通过《圣经》直接向上帝请教，而不必再通过教会、教廷这样的中介，大大降低了罗马教廷的权威地位。另一方面，路德所译《圣经》文字精准优美，对于统一整个德意志地区的语言，具有无与伦比的重要作用。在民族的形成的过程中，语言具有根本性的重要作用。当时人民群众没有多少人能够读书，但是他们都是教徒，都要参加宗教活动的情况下，教堂就成为统一民族意志的重要场所。尽管德意志民族形式的出现要到两百年后的 1848 年革命之后，但是其民族实体的形成，则是在路德的宗教改革之后。所以西方学者认为，路德的宗教改革不是建立在宗教信仰的沙漠上，而是植根于德意志民族的沃土中。

---

① [美] 威尔·杜兰:《马丁·路德时代》，台北幼狮文化公司译，东方出版社 2007 年版，第 84 页。

同时在这份宣言书中，路德对将来德意志国家与罗马教廷的关系也提出了一系列的主张。"路德主张：德国地区的诸侯们应当自己主持基督宗教的改革，因为圣职人员拒绝推动这些改革。所以君主应当控制关于各教区的一切权力，控制神职人员和平信徒，他们应当在德国建立一个独立的（独立于罗马的）'国度教会'，应该取消教会法律、向罗马的税务、圣职人员的独身制、为炼狱灵魂举行弥撒、取消各种朝圣活动、大赦、修会和兄弟会、又要取消一切节日，除了主日（星期天）之外。"[①] 这些观念，后来就成为整个欧洲宗教改革运动中处理政教关系的指导思想，如建立各国的国教会、取消向罗马的税务、取消神职人员的独身制度等，因此学界一般认为，路德的宗教改革主张成为新教与罗马天主教分离的开端，揭开了欧洲近代社会的序幕。

（三）加尔文进一步深化宗教改革

1536 年，加尔文在巴塞尔出版《基督教要义》。该书对新教教义作了系统的阐述，是一部影响很大的新教百科全书。此后，加尔文除短期被迫离开外，一直在日内瓦领导宗教改革。所以人们提到加尔文，更多想到的是日内瓦。

现在的日内瓦是瑞士联邦的一个城市，但是在当时则是一个独立的小邦国。路德生活的萨克森州是欧洲的腹地，罗马教皇、神圣罗马帝国皇帝、各邦的诸侯政治争夺激烈，使得路德的宗教改革必须要依靠某些诸侯的支持。而日内瓦相对偏远、独立、宽松的政治环境，则为加尔文的宗教改革提供了更为适宜的土壤，在此开出自由的思想花朵，也对日后西方的政教关系产生了更多的积极影响。

在反对罗马教廷对欧洲各国的盘剥方面，加尔文与路德是一致的。为了推倒教廷盘剥各国人民的理由，加尔文延续了路德倾向，大力提倡《圣经》在基督信仰中的重要作用。他指出："让我们肯定此为确立的原理：除了那些

---

① ［德］毕尔麦尔等编著：《近代教会史》，雷立柏译，宗教文化出版社 2011 年版，第13 页。

首先在律法与先知书中，其次在使徒著作中的记载外，没有任何东西应在教会中被承认为是上帝的话语，而在教会中，除了按照神话语的规范与律例外，也再无其他教导的方法。"① 也就是说，《圣经》记载了上帝的话语，只有《圣经》上说的才是神圣的，其他的解释，只有第二等的效力。在加尔文看来，信徒不必迷信教会，《圣经》是信仰的唯一依据，抬高《圣经》成了压低教廷、教皇的一种重要手法。进而加尔文提倡改革教会制度，废除天主教的主教制，建立长老制；教会圣职只包括牧师、长老和执事；长老一般由有威信的平信徒担任。长老会议，由各教区民主选举的代表组成，归市议会直辖。这等于剥夺了教廷对于各国主教的任命权力，使得教会成为"国度教会"，只对投票选举他们的信徒负责。

关于"救赎"，加尔文提出了"预定论"，认为得不得救在乎神的拣选，人的选择在这件事上是毫无主权的。上帝预定了人会获救还是会沉沦，即所谓的选民或弃民。选民受上帝赐予的救恩和生命；弃民却必定沉沦。上帝预定的旨意，不因人的行为而改变。因此中世纪教会提倡大搞宗教仪式，发行赎罪券等行为都是徒劳的。所以，他主张简化宗教仪式，在圣事中只施行《圣经》所记耶稣亲自设立的洗礼和圣餐礼，提倡节俭，反对奢侈，严禁一切浮华享乐的行为。在经济伦理方面加尔文提出：一个基督徒增加财富是为了增加上帝的荣耀，而不是为了个人的享乐，从而开启了清教徒主义的精神方向。

在政教关系理论方面，加尔文认为不论是政治或属灵的权柄，都是运用上帝所赋予的独特资源来维持同一群百姓的纪律。"教会没有权力运用刀剑实行惩罚或管束，没有强制的权力，没有监禁或其他惩罚，就像地方官惯用的。教会所关心的目标，就不是违背罪人的意愿加以惩罚，而是通过自愿的惩罚来宣认悔罪。所以，两者是完全不同的，因为教会不能逾越任何本属于地方官的事务，地方官也不能担当任何属于教会的事务。"② 与路德更多地为

① 转引自［英］阿利斯特·麦格拉思：《宗教改革运动思潮》，蔡锦图、陈佐人译，中国社会科学出版社 2008 年版，第 148 页。

② 转引自［英］阿利斯特·麦格拉思：《宗教改革运动思潮》，蔡锦图、陈佐人译，中国社会科学出版社 2008 年版，第 224 页。

德意志地方政权辩护不同，加尔文更倾向于主张政教双方的分离，强调二者不能相互干涉。因为加尔文对各种权力都是持怀疑态度的，认为君主都容易沦为暴君。他质疑个人掌握全部权力，认为这不是人民的福祉。这种对于权力本身的质疑态度，在后来的清教徒运动中逐渐形成了权力监督制衡思想。

由于加尔文改革的特殊环境，他不可能完全依靠地方贵族的支持，因此他更重视教会组织的建设。如英国学者麦格拉思指出："尽管加尔文明白得到君主支持的潜在益处（他特别希望得到法国宫廷的支持），但加尔文主义总体上已受到君主和已有教会的双重阻挠，因此不得不在敌对的环境中生存前进（例如16世纪的法国）。在这种情况下，加尔文主义者团体的生存就只能依赖一个强大、井然有序，能在敌对环境中生存的教会。"[1] 宗教组织成为加尔文新教会在政教关系的夹缝中自治自立的基础，加尔文宗后来形成的"长老会"成为一种组织严密的教会机构。

在后世引起重大争议的问题，就是长老会中教会法庭的设立。加尔文教会法庭设立的初衷，是为了整顿因欧洲宗教改革引起的观念混乱、教会纪律松弛的现象。"这机构于1542年成立，包括（每年由法官选出的）12位平信徒长老，和所有牧师圣旨公会的成员（1542年9位，1564年有19位）这个团体每周四聚会，目的是维持教会秩序。"[2] 加尔文设立宗教法庭的目的，是为了整顿因中世纪教廷腐败而造成的教会道德混乱，也是为了整顿因宗教改革而触发的一些极端行为。但是按照现代政教分离的观点（包括加尔文自己的思想），法庭的设立是典型的政府功能，宗教组织只能承担教育的职能，不能发挥法律惩治的作用。因此一些学者认为，加尔文当时在日内瓦实行了政教合一统治。

在宗教改革时期，改革家主要关注的是各国教会与罗马教廷的关系问题，并没有认真总结中世纪政教关系的一个重要思想根源——基督教一神信

---

① ［英］阿利斯特·麦格拉思：《加尔文传——现代西方文化的塑造者》，甘霖译，中国社会科学出版社2009年版，第113页。

② ［英］阿利斯特·麦格拉思：《加尔文传——现代西方文化的塑造者》，甘霖译，中国社会科学出版社2009年版，第114页。

仰的不宽容。在排斥异端这一点上，新教思想与天主教思想并没有太大差异。因此对于新教理论提出质疑，或者对于基督教基本原理发生动摇的观念一经出现，新教的领袖们同样也会进行围剿。"一位反驳加尔文的预定论的还俗的加尔默罗会隐修者波尔塞克——他是一位来自巴黎的医生——于1551年被审判，并被驱逐出境。另一位医生是西班牙人文主义者塞尔维特，他否认三位一体的信条、加尔文早已提醒里昂的宗教异端裁判所要注意这个人，当他来到日内瓦后，于1553年10月27日被烧死。"① 这样残忍、恐怖的惩罚，已经可以与中世纪宗教裁判所相比了。正如恩格斯所指出："值得注意的是，新教徒在迫害自由的自然研究方面超过了天主教徒。塞尔维特正要发现血液循环过程的时候，加尔文便烧死了他，而且还活活地把他烤了两个钟头；而宗教裁判所则只是满足于直截了当地烧死乔尔丹诺·布鲁诺。"②

（四）宗教改革引起的战争及其《奥格斯堡和约》

无论是传统的天主教，还是经过改革形成的基督新教，彼此都对对方不宽容，信仰的差异最终导致了战争。罗马教宗一再发布敕令，对宗教改革家及其保护他们的诸侯实行"革除教籍"的绝罚。但是，在相对封闭的割据环境中，封建诸侯成为一个个的独立王国，不要说远隔千里的罗马教皇，就是神圣罗马帝国皇帝也奈何不得他们。特别是罗马教宗克莱孟七世为了掣肘神圣罗马帝国皇帝查理五世，与法国国王弗朗西斯一世建立了联盟，使得查理五世十分恼怒。他与教宗公开宣战，甚至于1527年攻陷了罗马城，将教宗关入监狱。这一事件极大地伤害了教宗和皇帝的威信，使他们一时无力关注新教的发展，给了新教一个极好的发展时机。

新旧教的对立使德国陷入了分裂，支持天主教及神圣罗马帝国皇帝的北部诸侯在德骚结成了同盟，而德国南部支持新教的诸侯也在1529年结成了所谓的施马尔卡登同盟，包括6位君主和14个南部城市。他们因发表了反

---

① [德]毕尔麦尔等编著：《近代教会史》，雷立柏译，宗教文化出版社2011年版，第49页。
② 《马克思恩格斯文集》第4卷，人民出版社2009年版，第410页。

抗罗马教宗和神圣罗马帝国皇帝的命令而著称，因此也被称为"抗罗宗"、"抗议者"、"更正教"等，但是更广为人知的名字还是"新教"。

面对德国的分裂，"卡尔五世皇帝不得不对此表态。他与克莱孟／革利免七世签订了合约，并且于1530年2月24日在博洛尼亚给他加冕为皇帝。九年之后皇帝回到德国，为了解决宗教信仰的问题，他于1530年在奥格斯堡组织召开了帝国议会。教宗的代表坎佩久也参加了这次会议。虽然皇帝希望被分裂的人能恢复合一，但会议的开始就显示了问题的深度……"① 新教与天主教的矛盾不仅仅是教义上的争议，更多的则是罗马教廷、神圣罗马帝国和日耳曼封建诸侯之间的利益纠纷，如税收问题、主教任免权问题、赎罪券问题，等等。正如美国学者威尔·杜兰所指出："什么因素使新教幼苗得以在教皇与神圣罗马帝国皇帝的夹缝中成长？神秘的信仰、《圣经》的研究、宗教的改组、知识的进展及路德的泼辣，都不足以解释；因为这些因素有的可以转移，有的可以控制。论者都信，具有决定性的，应数经济因素。这些经济因素是：希望把日耳曼财富留在日耳曼；使日耳曼免于教皇及意大利的剥削；转变教会财产以供社会之用；使日耳曼诸侯、市镇、国家，在领土上，法律上及财政上不受帝国之侵犯。"②

神圣罗马帝国的皇帝查理五世是西班牙人，是一个坚定的天主教徒。他不会顾及德国的经济利益，也没有宽恕新教信仰的广博胸怀，但是他迟迟没有对新教采取镇压措施，除了上述与罗马教宗的矛盾外，还有一个重要原因，就是神圣罗马帝国当时开始面临信奉伊斯兰教的土耳其苏丹·苏莱曼的军事压力。一旦他在国内大规模开始对新教实施镇压，日耳曼必然分化瓦解，将会使土耳其处于军事的优势。于是他在1531年对新教徒发出呼吁，请求他们共同保卫德国。结果基督教信仰与伊斯兰教信仰的巨大差异超过了天主教与新教的差异，新旧教的代表于1532年签订了《纽伦堡和约》，共同作战。一支由德国新教徒和西班牙、意大利天主教徒组成的大军向维也纳进

---

① ［德］毕尔麦尔等编著：《近代教会史》，雷立柏译，宗教文化出版社2011年版，第28页。

② ［美］威尔·杜兰：《马丁·路德时代》，台北幼狮文化公司译，东方出版社2007年版，第195页。

发，兵不血刃地使苏莱曼退回了君士坦丁堡。

此后的十多年，尽管罗马教皇和帝国皇帝多次举行宗教会议，试图统一新旧教的矛盾，但是问题根本不是在理论上能够解决的，新教联盟进一步发展壮大。1544年路德逝世后，查理五世又打败了老冤家法国国王弗朗西斯一世，而土耳其苏丹则正在与波斯作战，五年之内无力西顾，查理五世又动起了用武力统一德国宗教信仰的主意。正逢此时，教皇保罗三世对查理说，如"你以全副兵力，转而消灭异端——新教，则我给你110万金币，1.2万步兵及500匹马"。查理本来就有"粉碎新教"、利用统一的天主教以巩固其统治的想法，于是就动心了。事实上，在日耳曼由于新教诸侯的坐大，他们和他事事都要讲条件的情况下，他哪里像个真正的皇帝？[①]于是查理五世发动了围剿新教同盟的战争。

战争初期，皇帝的大军很顺利，在施马尔卡登战役中击破了一些新教联盟诸侯的城堡，征服了一些新教的发源地。但是，由于新教诸侯的强大军事实力，也由于查理五世与教宗的矛盾，再加上法王弗朗西斯一世与日耳曼诸侯的勾结等等因素，战争起起伏伏，结局并不像查理五世预期的那样美好。1555年，查理五世无奈地辞去王位，把西班牙、意大利、荷兰的政权交给了他的儿子菲利普，把神圣罗马帝国皇帝的虚名给了他的堂兄弟费迪南，自己隐居到西班牙的一个修道院中，在默默的祈祷中度过了余生。

费迪南接受皇位之后，也曾经试图用武力推行天主教信仰的统一，但是面对日耳曼日益增大的新教势力，他最终也只能通过谈判来解决帝国面临的危机。天主教徒希望将新教作为异端消灭，而新教则要求在德意志所有邦国自由传教，双方如果不适当放弃一些各自的打算，那么就有可能重启战端。最后费迪南皇帝和新教诸侯达成协议，即"人随地信"。为了便于维持和平秩序，每一诸侯，必须就天主教及路德教之间选择其一。臣民必须接受其"所在地之宗教"，如认为所在地之宗教不合适，则可径往合适地方迁徙。

---

① 参见［美］威尔·杜兰：《马丁·路德时代》，台北幼狮文化公司译，东方出版社2007年版，第216页。

1555 年 9 月 5 日，新旧教代表签订了《奥格斯堡和约》，等于承认了新教的合法地位。"人随地信"的原则虽然导致了一些教徒的大搬迁，但是比起中世纪的异端裁判所，这毕竟是一种文明的进步。

但是如果说《奥格斯堡和约》就从此保证了宗教信仰自由也还为时尚早，因为"人随地信"的另一种说法是"教随国定"，并不是赋予了人民宗教信仰的自由，而是赋予了封建诸侯的"宗教自由"，他们从此成为所在邦国的宗教领袖，掌握了本地人民对于宗教选择的权利。同时《奥格斯堡和约》也只是暂时给了德国一段时间的和平，因为新旧教在很多利益关系上的问题并没有厘清，这就为日后德国"三十年宗教战争"埋下了伏笔。

二、王权的强化与英国国教会的产生

英国的近代化运动，是在国王权力强化和变革与罗马教廷关系的运动中完成的，其直接的结果就是英国国教会的产生，国王成为教会的"最高元首"。

（一）英国的地理环境与社会背景

英国由靠近欧洲大陆西北部海岸的不列颠群岛的大部分岛屿所组成，隔北海、多佛尔海峡和英吉利海峡同欧洲大陆相望，是一个岛国。由于独特的地理环境，英国与欧洲的中心距离较远，罗马帝国当时也是最后才把基督教传播到了这里。相较于欧洲大陆，罗马教廷的影响也相对较低。因此，到中世纪中期，神圣罗马帝国和法国、西班牙诸强围绕教皇革命进行政教权力争夺的时候，英国恰恰远离斗争的旋涡，完成了自身的封建君主权力的建设。

1455 年至 1485 年间，英国发生了长达三十年之久的兰开斯特王朝和约克王朝的支持者之间的内战。由于他们分别用红白玫瑰作为家族的标志，所以这场战争也被称为"红白玫瑰战争"。在这次战争中，兰开斯特家族和约克家族同归于尽，大批封建旧贵族在互相残杀中或阵亡或被处决。新兴贵族和资产阶级的力量在战争中迅速增长，并成了都铎王朝新建立的君主专制政体的支柱。从这个意义上说，玫瑰战争是英国专制政体确立之前封建无政府状态的最后一次战争。

都铎王朝的建立对于英国历史发展来说，无疑是一件幸事。随着政治的统一，各地区的经济联系得到进一步加强，封建农业开始向资本主义农业转变，导致英国农村出现了许多资本主义农场，出现了一批与资本主义密切联系的新贵族，他们把积累起来的资本直接或间接地投入工业，使得英国工业、手工业迅速发展起来。

于是，新兴的市民阶级开始行动起来，首先把斗争的矛头指向了腐败的罗马教廷及其教会。根据历史资料记载，英国当时的教会也十分腐败，他们除了收取"什一税"，还使用出卖"圣物"、放高利贷、设立各种捐税的方法盘剥平民百姓，从而引起人民的不满。中世纪末期的英国兴起的威克里夫运动，已经发出了要求进行宗教改革的呼声。在罗马教廷和封建王权的镇压下，威克里夫运动失败了，但却为后来的宗教改革留下了思想基础。16世纪之后，欧洲大陆马丁·路德创立的新教开始传到了英国，受到了民众的欢迎，也引起了传统教会的警觉。

（二）亨利八世的宗教改革及国教会的产生

亨利八世（1491—1547）是都铎王朝的第二位君主，担任英国和爱尔兰国王。登基伊始，为了巩固自己的政权，亨利八世需要罗马教廷的支持，因而积极参与了由罗马教廷发起的反对新教异端的镇压运动。1521年，他发布了斥责马丁·路德的《七圣事确定论》，被教皇利奥十世封为"基督教卫士"。由此可见，亨利八世后来发动的脱离罗马教廷的宗教改革运动，并非起源于对新教观念的认同。

之后，随着王权的稳固，亨利八世开始感到了英国王室与罗马教廷的矛盾。每年英国要向罗马教廷上交大量的"什一税"，英国的教士也要把第一年的年俸上交罗马。这样，英国的财富就大量流入了意大利。为了支持王室豪华生活和对外的争霸战争，亨利八世开始打教会财产的主意。为了筹集军费，1524年亨利八世关闭了英国境内7人以下的修道院，将其财产收归国有，这一行为引起了罗马教廷的不满。

亨利八世执政后，还有一件事情令他不满，就是皇后凯瑟琳没有给他生下儿子，王室没有男性继承人。为求子嗣的名义，亨利八世向罗马教廷提出了离婚申请，要求与西班牙公主凯瑟琳离婚。可是当时西班牙人查理五世担任神圣罗马帝国皇帝，凯瑟琳是的他的姑母。1527 年查理五世占领了罗马，教皇克莱门特七世被迫听命于西班牙，自然不敢批准亨利八世的离婚申请。"现在英国国王亨利八世发现，他想废除他的合法婚姻的一切措施都是无效的，因此他不再理会教宗的支持或反对，采取了一些达到目标的行动。托马斯·克伦威尔，一位小律师，在朝廷中获得青睐，他劝说国王应当效仿德国君主的榜样，而放弃罗马教会。在英国圣职人员大会议上（1531 年 2 月），亨利催逼主教们宣布他为'英国教会元首'……在 1533 年 1 月他正式与安·博林结婚，同年 5 月克兰麦宣布他和阿拉贡的加达里纳的婚姻是无效的。几个月后（1533 年 9 月 7 日），安的女儿伊丽莎白——后来的女王——便出生了。"①

为了打击罗马教廷在英国的势力，亨利八世在 1529 至 1536 年间，召开了 8 次会议，进行了大张旗鼓的宗教改革，形成了欧洲近代宗教改革的另一类型——英国"国教会"。中国学者唐逸主编的《基督教史》，用简约的文字概述了这一过程。"1529 年，亨利八世把罗马教廷驻英国代表，约克大主教兼国王枢密大臣乌尔西免职，利用国会揭露神职人员的腐化。1531 年，亨利八世指控英国神职人员接受教皇特使命是背叛国王，罚款 10 万英镑，强令教士会议宣布他是'英国教会最高元首'。1532 年，亨利八世利用国会作出教会立法需经国王批准的规定，禁止教士将第一年俸金上交教廷，还委派效忠自己的克兰默为坎特伯雷大主教，取消教皇法庭的最高司法权威。1534 年，国会通过'至尊法案'，承认英王是'英国教会在世唯一的最高元首'，国王有权召开宗教会议，教会向教廷缴纳的贡金一律上缴国王。'至尊法案'标志着英国国教会（安立甘宗，亦称圣宗）的产生。"② 显然，英国国

---

① ［德］毕尔麦尔等编著：《近代教会史》，雷立柏译，宗教文化出版社 2011 年版，第 59 页。

② 唐逸主编：《基督教史》，中国社会科学出版社 1993 年版，第 231—232 页。

教会的产生不是宗教观念差异的结果，而是英国国王与罗马教皇矛盾的产物。英王很好地利用了欧洲当时的政教矛盾，把国会当成了抵制教廷命令的工具。欧洲政治从古希腊、古罗马开始，就一直保存着政治多元主义的传统，国会的存在始终是制约王权的重要工具。到了中世纪，欧洲各国都把基督教作为国家执政的意识形态基础。但是，以基督教作为"君权神授"的理论武器，并不等于一定把教皇作为上帝的代言人。中世纪的教皇革命及其之后的政教冲突，已经把教皇的威信空前降低。国王自然可以祭起民意的大旗，作为抗衡教皇的武器。

1536 年，亨利八世下令调查修道院的"罪恶"，并罗列出教会的种种"弊端"，于是在英国掀起了一股关闭修道院的浪潮。几年时间，共关闭年收入不足 200 英镑（2 万美金）的修道院 376 所，没收的财产统统归国王所有。为了对抗教皇，国王宣布与新教和解，他们草拟了十条信经，承认路德新教的核心理念"因信称义"。亨利八世的举动极大地激怒了教皇，1539 年，教皇宣布革除亨利八世的教籍。这样的行动在历史上多次发生，到了此时已经很难产生什么威慑作用，只能激起亨利八世对教皇及其教会的报复措施。1539 年，亨利又专横地下令关闭全国的修道院。到 1540 年，"总计，受封闭的男修道院 578 所，女修道院 130 所，遣散僧侣、计修道士及托钵僧，达6521 人士，遣散之女修道士，达 1560 人。在这些人中，除 59 个僧侣及 2个修女还俗外，其余均请指定地方继续修道。从前靠修道院生活的外方人，有的是靠其周济，有的系为其工作，现在都告失业。这批人，为数多达 1.2万。充公之土地及建筑物，过去一年收入高达 20 万镑（约合美金 2000 万），但经盗卖之后，归公者一年收入便降到了 3.7 万镑。这笔钱，加上价值约合8.5 万镑的金银珠宝，亨利至少凭空收入 142.35 万镑"[1]。亨利八世的关闭修道院，有点像唐武宗会昌五年（845 年）的"灭佛"，使王室"发了横财"。经过这一次打击，罗马教廷的势力在英国大大衰落，为英国国教会的发展留

---

① ［美］威尔·杜兰：《马丁·路德时代》，台北幼狮文化公司译，东方出版社 2007 年版，第 368 页。

出了巨大的空间，迅速成为人民的主流信仰。但是，国王及其亲信把持的国教会，也成为封建君主专制制度的御用工具，很难在民众中产生深刻的影响，只能加深社会上的宗教分裂。

亨利八世的宗教改革虽然受到了天主教会的反对，但是他又保留了传统教会主要礼仪形式，因此新教徒对此也不满意。为了将全国信众凝聚在国教会的周围，亨利八世决定采用立法的手段来"统一思想"。1539 年，他操纵国会通过了所谓"取缔分歧意见六条款法案"，用法律的方法硬性推行国教会的所有教义和教条。凡是违反这六项条款法案的人，都会受到包括没收财产、火刑等严厉制裁。在法案公布两周时间内，就有 500 人被逮捕，所以人们把这项法案称为"带六根刺的血腥鞭子"。

亨利八世与罗马教廷决裂，创立了英国的国教会。但是这种行为并没有新的思想作为支撑，而仅仅是一种组织形式上的变化。如林荣洪指出："亨利并没有想到要创立一个崭新的英国教会，他的神学十分保守，在位期间亦保留不少传统的教义和礼仪，除了对付教宗个人外，他无意摆脱一切罗马的作风。"[①] 不过为了使自己脱离罗马教廷控制的行为获得合法性，他也学着路德新教的做法，极力突出《圣经》在基督教中的作用。安立甘宗认为，《圣经》记录了上帝的言行，就是信仰的最高道德标准，应当成为一切信经、信条、信仰的判断依据。安立甘宗这种组织上与思想上的不一致，也为日后国教会与真正信仰加尔文主义的清教徒的矛盾埋下了伏笔。

（三）玛丽女王的复辟

英国国教会的发展并非一帆风顺，尽管其背后有反对罗马教廷腐败的民意基础，但是用国王行政命令的方式建立的教会，并不能取得全体臣民的一致赞同。"至尊法案"之下的暴力镇压，只能积累天主教信徒的愤怒和仇恨，其中就包括亨利八世的女儿，原配夫人凯瑟琳所生的玛丽公主。

亨利八世为了生儿子废黜了西班牙公主凯瑟琳，这样玛丽公主尊贵的身

---

① 林荣洪：《基督教神学发展史——改教运动前后》，译林出版社 2013 年版，第 281 页。

份就丧失了，被王室贬为私生子。亨利八世与宫廷女官安妮·博林结婚本为生儿子，但是生出来的还是一个女儿伊丽莎白。1536 年，亨利八世斩首了第二任王后安妮·博林，同一名叫珍·西摩的女侍官再婚。珍·西摩为亨利诞下王子爱德华，亨利八世终于如愿以偿了。

1547 年，亨利八世去世，爱德华六世继位。由于当时爱德华年纪尚幼，其舅父爱德华·塞姆成为摄政王，政权落在以新教徒为主的摄政议会中。在此期间，英国的新教势力获得了很大发展，逃往国外的新教徒纷纷回国，使新教路德宗、加尔文宗、再洗礼派的思想都大量传播。他们取消了亨利八世主持通过的"取缔分歧意见六条款法案"，使新教的很多教义、礼仪获得合法性。1548 年，坎特伯雷大主教克兰默吸收路德宗思想编写了新版的《公祷书》，进一步剔除国教会宗教礼仪中传统天主教的内容。这些行为都引起了英国国内天主教徒更大的不满，其中也包括虔诚信仰天主教的玛丽公主。

1553 年 7 月，爱德华六世因肺病去世以后，玛丽在英格兰枢密院的支持下发动政变，囚禁了爱德华任命的继承人简·格雷郡主。1553 年 10 月 1 日，玛丽正式加冕成为英格兰的女王，是为玛丽一世。由于童年时期的痛苦遭遇，使得玛丽对国教会和新教充满了仇恨。成为女王之后，玛丽立即恢复了英国与罗马教廷的联系，废除了爱德华六世时期的宗教立法，宣布新教为异端，英国恢复了天主教的国教地位。对于不服从天主教统治的人，玛丽实行残酷镇压，被处死的新教徒超过 300 人，其中包括著名的坎特伯雷大主教克兰默。因此，玛丽一世得到了"血腥玛丽"的称号。

（四）伊丽莎白女王对国教会的巩固

由于当时医疗条件的恶劣，玛丽一世身体也很不好，当政 5 年后便去世了。玛丽一世没有子嗣，便由她同父异母的妹妹伊丽莎白继位，即英国历史上赫赫有名的女王——伊丽莎白一世。伊丽莎白女王1558 年至1603 年在位，是英国和爱尔兰的国王，也是法国名义上的国王。在她 40 多年的统治下，英国的国力和国际影响迅速走向巅峰，成为世界上最有影响力的国家。

关于伊丽莎白女王的宗教信仰问题，学界有不同的说法。有人认为她是在父母反抗天主教不能离婚的教条下出生的，因此倾向于新教。特别是在玛丽女王的统治下，为了保住自己继承人的身份，伊丽莎白被迫发誓信仰天主教，并保证终身不改变信仰，因此也在她的内心深处产生了对天主教的反感。但是，也有人认为她没有十分固定的宗教信仰，其制定宗教政策的初衷只是为了实现王室对国家的控制。根据现代学者统计，伊丽莎白登上王位的时候，在英国国内天主教人数仍然占着很大比例，可能达到3/4。不过天主教人口主要集中在英国的北部和西部农村，再加上很多的旧贵族都是天主教的积极支持者，实力不可小觑。而在首都伦敦和南部港口地区，新教人数则占了多数。可是从社会的能量及其影响力而言，显然新教徒多为新兴的资产阶级，掌握着国家的经济命脉，因为影响力不断上升。① 故而，伊丽莎白女王的策略是既不靠拢天主教，也不依赖新教，而是强化英国的国教会。

《近代教会史》一书指出："英国议会于1559年宣布她为'王国的最高统治者'，她的统治范围包括世俗和宗教的领域。她取消了弥撒，并通过1559年6月颁布的《一致性法令》恢复爱德华六世的教会制度。一切国家的公务员和教会的教士都被迫宣发'承认最高统治者'的誓言。"② 伊丽莎白此举引起了天主教徒的激烈反抗，当时英国16位天主教主教中，15位拒绝发表这样的誓言，仍然表示效忠罗马天主教廷。女王当然也不会善罢甘休，她宣布立即将其全部免职，而且如果两次拒绝宣誓，可以被判死刑。结果"在伊丽莎白的统治下前后有124位司铎和61位平信徒因信仰公教而被处死。更多信徒在可怕的监狱中遭受多年的苦楚。如果有人不去参加安立甘宗的礼拜，他们便要付出很高的罚款。英国的国教会不但给公教徒（天主教徒），而且也给其他的'持异议的'（不顺从国教的）——即清教徒（亦称长老会）——很大的压力和痛苦"③。

---

① 参见唐逸主编：《基督教史》，中国社会科学出版社1993年版，第233页。

② [德] 毕尔麦尔等编著：《近代教会史》，雷立柏译，宗教文化出版社2011年版，第135页。

③ [德] 毕尔麦尔等编著：《近代教会史》，雷立柏译，宗教文化出版社2011年版，第137页。

由此可见，伊丽莎白女王的宗教政策，主旨在于加强由政府控制的国教会，并非支持新教，反对天主教。结果那些持高度自由主义立场的加尔文派教信徒，也成为政府的打击对象。"英国的清教徒运动首先从牛津和剑桥两大学发起。起初，清教徒指出神职人员不应穿特定的教师服，平信徒不应跪领圣餐，认为这样实际是使教士的地位高于平信徒，不符合《圣经》的教导。伊丽莎白拒不接受这些意见。1566 年，女王命令坎特伯雷大主教发布通告，将不穿统一服装的牧师撤职。清教徒将国教会与加尔文宗的组织原则对比，认为国教会不符合《圣经》，《圣经》监督（主教）、长老、执事和平信徒在灵性方面是平等的。1569 年，剑桥大学神学教授托马斯·卡特赖特提出恢复早期基督教的长老制，取消大主教、会长等职，由平信徒选举长老管理教会。……这种情况引起了伊丽莎白的不安，遂对清教徒采取迫害政策，禁止清教徒集会、演说和出版，并将格林德尔解职。"① 新教的形成本为反对罗马天主教教宗对欧洲基督徒的统治，主张信徒"因信称义"，靠自己的信仰而得救。但是，英国宗教改革的结果，形成了一个没有罗马教宗的宗教中心，国王替代了教皇的位置，成为一个新的主宰信徒精神和社会生活的中心，自然也是他们不能接受的。于是他们主张成立信徒自己选举产生的长老来管理教会。在宗教仪式上，他们也反对国教会采纳传统罗马教会的复杂、烦琐、豪华的仪式，认为这不符合真正基督徒的清修苦行精神。他们要求按照加尔文教"纯洁"国教会；清除国教中的天主教旧制和烦琐仪式，如废除主教制和圣像崇拜，减少宗教节日等；只承认《圣经》是信仰的唯一权威，强调所有信徒在上帝面前一律平等；摆脱王权对教会的控制；提倡"勤俭清洁"的生活，因而得名"清教徒"。70—80 年代，清教徒人数激增，并脱离国教会，建立了独立的宗教组织。

16 世纪 80 年代，清教徒分为两派：长老派（温和派）只要求国教进行加尔文教化的改革，主张君主立宪，后发展成英国长老会。17 世纪英国资产阶级革命时，多次同保皇派勾结，共谋王政复辟，它代表大资产阶级和新

---

① 王美秀、段琦、文庸、乐峰等：《基督教史》，江苏人民出版社 2006 年版，第 198 页。

贵族上层的利益。另一派是较为激进的独立派，主张各教堂独立自主，只成立联合会性质的组织；反对设立国教，不赞成教会从属于国家政权；主张共和政体，该派在长期国会中代表中等资产阶级和中小贵族利益。16 世纪末，清教徒受迫害，转入低潮，一些人逃往欧洲其他国家，一些人则乘船远走美洲，成为美国的先民。他们把清教徒反对政府干涉宗教，倡导政教分离的主张在美国得以实践，成为西方"宪政思想"的重要思想基础。

在既打击天主教信徒，也打击清教徒的活动中，伊丽莎白女王也在不断加强英国国教会的建设。她授意国会选举帕克尔为坎特伯雷大主教，并由其主持修订了《公祷书》，其中吸收了一部分路德宗的思想内容，但是又保留了很多传统天主教的礼仪。1967 年，女王授意帕克尔等人修改爱德华六世制定的《四十二条信纲》，将其改为三十九条。其中既容纳了很多新教思想，但是也保留了天主教徒认为必不可少的礼仪，这些规定一直沿用至今，基本完成了国教会的建设，使得英国宗教改革在特定的条件下，以改良的形式得以完成。

亨利八世宗教改革的初衷，也许只是为了解决自己的婚姻问题，也许是出于财政上的迫切需要，更可能是由于英国市民社会形成凸显了民族利益的矛盾，但是这些因素的叠加，就形成了一个连亨利八世自己也没有想到的结果，即形成了欧洲最独特的政教关系形式——国教会"安立甘宗"。国王成了政教合一的最高宗教领袖，英国的教会既独立于传统的罗马天主教，也不同于没有政治中心的基督新教。在以后到来的欧洲近代革命运动中，英国也从君主专制制度变成了君主立宪制度，国王仅仅作为国家政治形象，而不再掌握实际的政治权力。但是有一样却没有变化，就是国王仍旧是英国的宗教领袖。现在位女王的头衔全称"天佑大不列颠及北爱尔兰联合王国和她的其他领土及领地的女王、英联邦元首、基督教护教者伊丽莎白二世"就表明英王的权力，包括英国基督教的最高领袖。在基督教文化作为欧洲国家普遍的文化底色的情况下，作为"虚君"的国王仍然受到全国人民的尊敬和爱戴，仍然可以在动荡社会巨变中保持稳定。一位中国学者评价说："在一个多世纪的岁月里，欧洲不断出现的社会动荡与冲突，与宗教权威的衰落有着密切的关系。而英国在这一普遍动荡的情况下，却保持了社会的基本稳定，这与英国相对稳定的宗教格局是分不开的。正是这种稳定，使英国从欧洲各国脱颖而出，方能执工业化革命之牛耳，做民主宪政之先锋；方能四海扬威，天下称雄。"①

三、宗教战争与民族国家的诞生

近代意义上的民族国家首先出现在欧洲，② 其出现包括中世纪基督教统治的瓦解，市民社会的兴起，资本主义启蒙运动的发展，科学技术发展等复杂的原因，而宗教在其中占有突出地位。法国民族学家德拉诺瓦指出："16世纪前期，宗教分裂导致民族内部，国家间及国内战争。但天主教国家与新教国家间的战争及稍后的打破教派的混战并没有产生胜利者。冲突导致欧洲精神统一的破裂，并打破了教皇对教会的垄断。政治欧洲四分五裂。但是随后一段时间内，却为民族—国家的独立与强大开启了通道，使其通过危机获得强化。"③ 以路德和加尔文的宗教改革为契机，统治欧洲一千多年的基督教，分化成为天主教和新教。新教的最大特点就是尊重《圣经》而不尊重教皇，各国的教徒们独立办起了自己的教会，依靠自己的信仰求得上帝的救赎。显然新教的出现是与欧洲各国民族意识的觉醒有关，路德反对天主教的宗教改革，就是反对超民族的神权体制，建立各民族的教会，从而也促进了各民族国家的诞生。中世纪民族国家之所以不能产生，就是由于这种超民族世界性宗教存在的结果，而近代反封建启蒙运动从神学上否定了罗马教廷，独立的教会正是独立的主权国家的先导。然而保守的罗马教廷为了维持其特

---

① 程世平：《文明的选择——论政体选择和宗教的关系》，中国社会科学出版社 2001 年版，第 84 页。

② 有学者争论近代民族国家究竟应当以美国的 1776 年的独立战争为先，还是以法国 1789 年的大革命为先。然而我们研究民族宗教学，把两者看成统一的欧洲文化类型，忽略其中二十多年的差异。

③ 〔法〕吉尔·德拉诺瓦：《民族与民族主义》，郑文彬、洪晖译，三联书店 2005 年版，第 69 页。

殊利益，发动了对新教的围剿，从而导致欧洲历史上长达几十年的宗教战争。欧洲的各个民族国家，正是在这场宗教战争中浴火诞生的。

（一）荷兰的宗教迫害与民族国家诞生

欧洲近代的第一个民族国家是荷兰，荷兰的前身是西班牙国王领地尼德兰的 7 个省。当时尼德兰归神圣罗马帝国统治，国王却是西班牙人菲利普二世。西班牙皇帝对这块殖民地横征暴敛，其国库收入的一大半来自尼德兰。尼德兰人民大多受加尔文的影响，转而信仰新教，而菲利普二世笃信天主教，所以对尼德兰地区流行的新教采取了强力镇压的态度。他在尼德兰建立了 14 个教区，授予主教们严厉惩罚异端的权力。他甚至将令人毛骨悚然的西班牙的宗教裁判所引入尼德兰，引起了新教信徒极大的恐慌，从 1521 年到 1566 年，因异教"罪行"被杀害被驱逐多达 5 万人。宗教迫害导致大量新教徒逃往国外，大批工商业者的出走，造成了工厂倒闭、商店关门、工人失业、商业萧条。1565 年，已经开始接受资产阶级思想的新贵族们组成了"贵族同盟"，联名向尼德兰总督提出请愿书，要求停止宗教裁判所。西班牙皇帝菲利普二世被迫接受了他们要求，给予新教徒以公开活动的机会。1566年以后，积累已久的民族矛盾借宗教的形式终于爆发了，许多信仰新教的公众使用斧头、铁锤、木棒，捣毁了 400 多所天主教的教堂、修道院。1567 年，菲利普二世派了 1.8 万名西班牙士兵前来镇压，从而开始了历时 40 年的尼德兰独立战争。尼德兰战争的实质是西班牙与荷兰的民族矛盾，而导火索则是新旧教的冲突。然而民族的矛盾加上宗教信仰的背景，使民族冲突变得更为残酷。西班牙军队的头领阿尔瓦公爵成立了"除暴委员会"，制定 18 条叛国罪，严厉镇压一切反对西班牙统治和天主教会的新教信徒。阿尔瓦在写给菲利普二世的信中说："如果我拿下阿尔克马，我决不留下一个活人，刀将刺进每一个喉咙里。"[①] 民族战争进一步加重了宗教迫害，"1579 年 1 月 6 日，

---

① 转引自 [英] 赫·乔·韦尔斯：《世界史纲》，吴文藻、谢冰心、费孝通等译，人民出版社 1982 年版，第 656 页。

南方反动贵族在西班牙支持下成立'阿拉斯联盟',不准许新教信仰在境内存在。……于是,在尼德兰发生了南北人口对迁,许多北方的旧教徒前往南方,南方的新教徒则前往北方"①。然而镇压和隔离政策都不能阻止尼德兰人民摆脱西班牙皇帝和罗马天主教皇统治的决心,他们仍然在不断发动起义,为民族独立和信仰自由而战。长年的战争消耗了西班牙的国力,并引来了英法等国的干涉,特别是 1588 年,西班牙的无敌舰队遭到了英国海军的毁灭性打击。1609 年,西班牙国王菲利普三世与尼德兰联省共和国签订了休战协议,实际上是承认了他们的独立要求。欧洲第一个民族国家——荷兰,就这样在宗教战争的烈火中诞生了。

(二)德国的宗教战争与《威斯特伐利亚和约》

马丁·路德在神圣罗马帝国的核心区域德意志发动的新教运动,自然会引起信仰天主教与信仰新教的诸侯及其臣民的尖锐矛盾。查理五世及其弟斐迪南大公提出的"教随国定"的原则虽然暂时缓解了新旧教的矛盾,产生了《奥格斯堡和约》,但是基督教内部存在的排他性的矛盾是无法解决的,冲突继续存在。政治、经济、宗教矛盾的积累,终于导致了德国三十年的宗教战争。当代西方学者这样评价《奥格斯堡和约》产生的作用:"这次会议所强调的是信仰自由,但事实上,自由的不是信仰而是诸侯。现在每一位诸侯,像英国的亨利八世一样,在其领域内,已变成了教会的最高领袖。……领导新教走向胜利的人,现在仍和过去一样,是诸侯不是神学家。诸侯所获成果是丰硕的;在领土主权上,他们超越了皇帝;在宗教主权上,他们超越了教会。新教自始,便是国家第一,宗教其次。"②当诸侯们需要发动争夺霸权、扩大领土的战争时,宗教神圣、信仰自由往往就成为他们发动战争的口实。于是从 1618 年到 1648 年之间,在德国境内信仰新教的诸侯与信仰旧教的诸侯之间,进行了一场达三十年之久的战争,史称"三十年战争"或"宗教战

① 唐逸主编:《基督教史》,中国社会科学出版社 1993 年版,第 229 页。

② [美]威尔·杜兰:《马丁·路德时代》,台北幼狮文化公司译,东方出版社 2007 年版,第 220 页。

争"。由于战争的范围远远超过了德意志的领域，把很多欧洲国家都拖入了战火，所以后人也把这场战争称为"第一次欧洲战争"。

战争基本上是以德意志新教诸侯和丹麦、瑞典、法国（法国是信天主教的，但是为了称霸欧洲，阻止德国统一，削弱德国实力才和新教国家站在了一起）为一方，并得到荷兰、英国、俄国的支持；神圣罗马帝国皇帝、德意志天主教诸侯和西班牙为另一方，并得到教宗和波兰的支持。1618年，捷克反对哈布斯堡王朝的起义，是三十年战争的导火线。这场宗教战争共分为4个阶段，分别是捷克阶段（1618—1624年）、丹麦阶段（1625—1629年）、瑞典阶段（1630—1635年）和全欧混战阶段（1636—1648年），最后以哈布斯堡王朝集团战败，参战各国于1648年签订《威斯特伐利亚和约》为止，共达三十年之久。关于整场战争的过程，历史学家有详细的描述，本书没有能力也没有必要赘述。概括其要点，就是在战争的前三个阶段，信仰天主教的哈布斯堡王朝借神圣罗马帝国的名义，对信仰新教的波西米亚（今捷克）进行镇压，在前三个阶段都处于优势。不过由于信仰新教的荷兰、瑞典、丹麦及其信仰天主教的法国的参战，终于反转了这场战争的局面。1648年，法瑞两国联军再在处斯马斯豪森会战及兰斯会战中完胜神圣罗马帝国军。但战至此时，双方都已元气大伤，人口大大减少，田园大量荒芜，生产严重下降。在谁也无力进行战争的情况下，结果于该年10月双方达成和解协议，缔结了两个和约——《奥斯纳布吕克条约》与《明斯特和约》。由于两处签约地都在威斯特伐利亚省，所以合称《威斯特伐利亚和约》，至此三十年战争完全结束。

《威斯特伐利亚和约》是近代欧洲历史上的一次重要事件，再一次体现了欧洲政治重视权力制衡、谈判妥协的特色，即在双方实力相当的时候，达成一个彼此都可以接受的条约，放弃争执，握手言和。从政教关系的角度看，《威斯特伐利亚和约》的主要内容包括：（一）重申1555年的《奥格斯堡和约》和1635年的《布拉格和约》继续有效；（二）哈布斯堡皇室承认新教在神圣罗马帝国境内的合法地位，同时新教诸侯和天主教诸侯在帝国内地位平等；（三）神圣罗马帝国内各诸侯邦国可自行订定官方宗教，臣民不愿改宗者限期迁出；其中归正宗加尔文宗获帝国承认为合法宗教；（四）神圣罗马帝国内各诸侯邦国有外交自主权，唯不得对帝国皇帝及皇室宣战。而帝国皇帝依然无权决定任何重大问题，如宣战、媾和、课税和征兵等等。这些文字准确无误地的说明，经过这场战争，新教已经取得了合法权利，传统的天主教罗马教廷和教皇支持的神圣罗马帝国，再也不能借口神权实行宗教迫害。同时信仰不同宗教的地区，已经开始在形成一个个新的、独立的民族国家。各民族国家之间，具有完全等同的国家主权。《威斯特伐利亚和约》确定了国际关系中应遵守的国家主权、国家领土与国家独立等原则，对近代国际法的发展具有重要促进作用，被誉为"影响世界的100件大事"之一。

从此之后，欧洲国家之间的关系，变成了民族之间的关系，而不再是宗教信仰之间的关系。之后的列强冲突也不再以宗教为口实，而是将民族利益作为号召民众的口号。这标志着欧洲民族国家的诞生，政教分离的原则开始变成现实。

四、清教徒迁徙新大陆与美国的政治思想

当英国的国教会强烈迫害清教徒的时候，一批清教徒跑到了加尔文主义的大本营日内瓦、荷兰，另一批则远涉重洋到了新大陆——美洲。

（一）清教徒的政教分离主张与英国的宗教迫害

上文我们已经指出，英国的宗教改革并非出于对基督教教义认识的差异，而是出于英吉利民族与意大利民族，特别是与罗马教廷的矛盾。因此，在进行改革过程中为了对抗罗马教廷，英国国教会的《公祷书》、《划一法案》等虽然也吸收了部分路德、加尔文的思想，但是也保留了很多天主教的礼仪规范，是一种妥协折中的产物。再加上国教会脱离了罗马教廷的控制，由国王担任教会的最高元首，国教会就变成了国王维持王室利益的专有工具。他们自然会把一些反映王室利益的内容带入教会，这些做法当然不会让新教徒满意。特别是思想激进的加尔文派，更是对国王把持的国教会不满。而国教

会奢侈豪华的作风，则成为他们攻击国教会的主要口实。

就宗教思想而言，15 世纪出现的欧洲基督教改革思潮的内容除反对罗马教廷统治之外，并不完全一致。就是路德与加尔文两位宗教改革的巨擘，他们的思想也有很大差异。路德主要是反对天主教廷发售赎罪券，盘剥德意志人民。但是在当时的形势下，他的改革只能依靠德意志各邦的诸侯。因此在政教分离问题上，路德走得并不远，他所争得的自由主要是诸侯的自由、德意志民族教会的自由，他们在原则上并不反对君主制。但是，加尔文派的思想要比路德派彻底得多，那些进入英国的加尔文派认为，安立甘宗建立的英国教会仅仅相当于从罗马到日内瓦半路上一个凉亭，是不能让人接受的。他们认为基督徒应当完全凭借《圣经》和对上帝的信仰得救，而且宗教信仰必须完全自由。英国国教会的问题不仅仅在于包含了很多罗马教会的礼仪，更为主要的是这个国教会变成了限制信徒宗教自由的工具。

加尔文派因此更加关注政府与教会、国家与公民的关系问题。正如英国学者所说："加尔文政治思想的另一个特点十分有趣。正如茨温利一样，加尔文对君主制度深存疑惑。君王容易沦为暴君，他们的动机是个人的利益，而不是人民的福祉。虽然加尔文倾向指责的是君王，而不是君主制度，但他质疑一个人拥有绝对统治的观念，却是无可置疑的。"① 鉴于欧洲中世纪的"国教统治"，罗马教廷与各国封建君主统治相勾结的教训，加尔文派思想家对任何没有制约的权利都提出了质疑。因此他试图找到一种受到制约的权力机构。美国学者约翰·维特指出："当高级官员自己滥施权力时，加尔文再次要求一种'节制和公正'的解决——这既包括低级俗世官员也包括教会官员。……如果高级官员滥权和暴政，这些低级官员，特别是当选的城市委员会成员和地区或国家议会里的成员，必须保护人民——如果这些高级官员非难上帝的权威和法律，就更应如此。"② 加尔文之所以注重制度性解决，是由

---

① ［英］阿利斯特·麦格拉思：《宗教改革运动思潮》，蔡锦图、陈佐人译，中国社会科学出版社 2009 年版，第 225 页。

② ［美］约翰·维特：《权利的变革——早期加尔文教中的法律、宗教和人权》，苗文龙等译，中国法制出版社 2011 年版，第 65 页。

于他们所生活的宗教改革时代，也曾出现激进的改革思潮"重洗派"，又因此引发了农民起义。作为社会精英阶层，宗教改革思想家大多数并不站在下层民众立场上思考问题，他们反对这样"玉石俱焚"的革命，而是主张体制内渐进的改良。所以："正直政府的组织必须是'自我约束的'加尔文说，如此，'统治者才能够受到他们自己的官员和官职的约束'此种内在的政治约束在君主制下极少存在，加尔文认为，因为君主往往缺乏自我制约和自我控制，而且对于正义、远见和基督教美德缺乏渴望。'如果一个人能够剖开君主们的心'加尔文在晚年写道，'要找到不鄙夷所有神圣事物的君主，百里难有一'。因此，'较为安全的且较为接受的是，政府应当掌握在大量相互帮助的人们手里'。这在贵族制下更有可能，或者最好是'受到民主约束的贵族制'。"① 加尔文在日内瓦进行的宗教改革试验，并不是传统意义上的"政教合一"，而是一种在独立城市"贵族民主制度"，这与古希腊的贵族民主制度有几分相似。

这样，加尔文派的清教徒，在一定程度上发展了中世纪基督教的"两把剑"理论，而提出了统治者、教会、人民的三权分置思想。美国学者约翰·维特继续写道："神把福音的精神权柄赋予了教会，神同时也把剑的世俗权柄赋予了国家。清教徒继承了传统的加尔文宗学说，他们相信'世俗的统治者乃是神在地上指定的代理人'。这些统治者根据呼召而反映并代表神的尊严与权威。他们要体现神的正义、怜悯、戒律和慈善。他们根据神、人民和他们自己之间的'三方契约'而被赋予了他们的职位。根据这个契约，统治者们接受了神对他们的政治职位所吩咐的命令。"② 中世纪的"两把剑"理论，只有统治者和教会，没有人民。与欧洲正在兴起的文艺复兴运动、人文主义思潮相适应，宗教改革运动也开始增加了对于个人的关注。与早期更加关注教会自由的路德派相比，加尔文派的政治思想开始把关注点转到了个

---

① ［美］约翰·维特：《权利的变革——早期加尔文教中的法律、宗教和人权》，苗文龙等译，中国法制出版社 2011 年版，第 74 页。

② ［美］约翰·维特：《权利的变革——早期加尔文教中的法律、宗教和人权》，苗文龙等译，中国法制出版社 2011 年版，第 378 页。

人的信仰自由方面。人民的信仰自由既是对教会的一种制约，也是对政府的一种制约。因此笔者认为，神、统治者、人民之间的三权分立，比立法、司法、行政的三权分立更为根本，甚至可以说是后者思想基础。

很显然，清教徒这样的思想是很难与英国国教会效忠于国王，为英国君主专制制度论证的行动相协调，因此受到迫害在所难免。当时欧洲通往美洲"新大陆"的航线已经开辟，一批在英国受到国教会迫害的清教徒，纷纷乘船来到美洲，寻找他们心中上帝指引的"应许之地"。

（二）美国的建立与国父的建国理想

伊丽莎白女王时期，流亡海外的大批新教徒纷纷返回英国，他们中的一些人受加尔文清教徒思想的影响，反对骄奢淫逸，主张勤俭清洁。他们指责国教会的繁文缛节和奢侈腐败，主张宗教与政治彻底脱离，并在1581年自立为不受国教会制约的公理会。清教徒的主张引起了女王的反感，她通过坎特伯雷大主教发布命令，将不穿统一祭服的清教徒牧师撤职。同时禁止清教徒集会、演说和出版。1593年，她还操纵国会通过决议，凡是不承认女王对教会拥有最高权力或不参加国教会礼拜者一律驱逐或处死。对公理会的镇压和迫害，迫使他们背井离乡，受迫害的两万名清教徒陆续逃亡北美殖民地，最早的那一批就是美国历史上的移民始祖，他们当年乘"五月花号"来到北美，形成了一个新的民族——美利坚。

1620年9月，"五月花号"从英国的普利茅斯港出发，经历了漫长的旅程到达美洲大陆。船上41名男性公民到达美洲后发表了一篇《五月花号公约》指出："为了上帝的荣耀，为了吾王与基督信仰和荣耀的增进，吾等远海扬帆，以在弗吉尼亚北部最初之殖民地，因此在上帝面前共同庄严立誓，自愿结为一民众自治团体。为了使上述目的得以顺利进行，维持并发展，亦为将来能随时制定和实施有益于本殖民地总体利益的一应公证法律、法规、条令、宪章及公职，吾等全体保证遵守与服从。"[①] 由此可以看出，基督教

---

① 转引自赵晓兰：《美国的诞生》，复旦大学出版社2001年版，第8页。

的清教徒精神是这批美国移民始祖出发的原因，也是他们出发的动力。他们所追求的这种自治团体，就是未来美国政府的雏形。新大陆发现后，英国将美洲看成是它的殖民地，向殖民地收取高额的税赋。在新大陆开发的初期，由于存在着英国与荷兰的争夺，所以英裔移民对母国还有一定的依赖。"七年战争是英国与其北美殖民地关系的转折点：共同的敌人消灭之后，内部原有的矛盾逐渐上升，加上殖民地经过一百多年的经营，工业有了较大发展，商人财力更为雄厚，而英国重商主义政策对北美殖民地经济活动限制有增无减。……因此，北美商人和激进知识分子不再把英国驻军看成保护神，而把他们当作压制自由的敌人。"[①]1774 年 9 月，美洲东部 12 个州的代表在费城开会，计划建立独立国家。1775 年 4 月 8 日，英国殖民政府派兵去波士顿附近的列克星顿捉拿独立运动的领袖，被北美民兵发现，双方发生冲突，独立战争正式爆发。1776 年夏季的大陆会议，通过了由托马斯·杰斐逊起草的《独立宣言》，正式宣告美国的独立。

美国的建国在人类发展史上是一件具有跨时代意义的重大事件，欧洲殖民者到达美洲大陆之前，美洲没有文明历史，但是不等于说美国人也没有历史。是一批清教徒带着欧洲大陆几千形成的"两希文明"的精华，到达了这片没有历史包袱的新大陆，他们可以按照自己对于理想生活的蓝图来建构这个国家。"但是，马萨诸塞湾殖民地的居民并不仅仅用这些英格兰资源来指引并治理他们自己的生活。实际上，在 1641 年，仅仅在他们到达那里十年之后，他们就订立了一个内容颇为广泛的权利法案。这个法案被称为《自由典则》，它汇总了《大宪章》（1215 年）和《权利请愿书》（1628 年）所保障的权利，融合了英格兰早期清教徒政论手册所提出的许多大无畏的权利内容，并有若干令人惊异的创新之处。这个文件的起草者是内撒尼尔·沃德，他是一位卓越的剑桥大学培养的律师，加尔文宗牧师。"[②]《自由典则》秉承

① 张跃发、刘养洁：《民族国家与世界经济 1500—1900》，时事出版社 1999 年版，第165 页。

② ［美］约翰·维特：《权利的变革——早期加尔文教中的法律、宗教和人权》，苗文龙等译，中国法制出版社 2011 年版，第 343 页。

了基督徒对于上帝的虔诚信仰，认为他们自己就是《旧约》中所说的犹太人，到达了上帝指引的流着奶河、酒河、蜜河的富饶之地。对于上帝的感恩，坚定了他们的宗教信仰。

但是与此同时，他们又吸收了在英国受到国教会压迫的痛苦教训，认为对于宗教的不宽容是种种弊端的根源。"亚当斯把保护宗教多元化视为保护宗教自由以及其他形式之自由的应有之义。他后来给托马斯·杰斐逊的信中说，罗马天主教徒、美国的新圣公会教徒、苏格兰和美国的长老派教徒、卫理公会教徒、摩拉维亚教徒、再洗礼派教徒、德国的路德宗教徒、德国的加尔文宗教徒、信仰普救说的教徒、阿利乌教徒、术士、索奇尼派教徒、独立派教徒、公理会教徒、'依靠马匹的新教徒'、'闭门研究的新教徒'、自然神论者以及那些什么都不信的异议者——都是在基督教的普遍原则下接受教育的，而这也就是英国和美国自由的一般原则。"[1] 应当说，美国开国元勋们对于欧洲中世纪一千年黑暗历史的反思，抓住了问题的要害，一神信仰所造成的异端排斥，是欧洲许多社会苦难的根源之一。多元宗教信仰的存在，就是对罗马天主教廷垄断神权最好的制约。

为了保证信仰自由，必须对权力进行制约和限制，这是建立美好生活的前提条件。在政治领域和在宗教领域一样，亚当斯写道："制约与平衡，杰斐逊啊，乃是我们心智进步的唯一保障，正如它是我们人身的保障一样。所有这些基督教的门派，如果它们的权力没有被制约与平衡，都将要迫害自然神论者，就如它们要彼此迫害一样。不仅如此，那自然神论者也要同样残忍地迫害基督徒，无神论者也要同样残忍地迫害自然神论者，就如同基督徒迫害它们或者彼此迫害一样。认识你自己吧，人性！"[2] 于是，设计一种可以制约权力的政治结构就成为美国国父们建立设想的核心问题。中国学者丛日云认为："美国宪法制定者确信：信任是专制之母。自由政府不是建立在信任的

---

① ［美］约翰·维特：《权利的变革——早期加尔文教中的法律、宗教和人权》，苗文龙等译，中国法制出版社 2011 年版，第 359 页。

② ［美］约翰·维特：《权利的变革——早期加尔文教中的法律、宗教和人权》，苗文龙等译，中国法制出版社 2011 年版，第 359—360 页。

基础上，而是建立怀疑的基础上。'因为人类有某种程度的劣根性，需要某种程度的慎重和不信任。'（《联邦党人文集》第186页）这是自由主义者一切宪政构思的出发点。……"① 美国国父们的权力制衡思想，与欧洲启蒙运动的思想家是完全一致的。丛日云收集他们一些具有代表性的如下：

> J. 弥尔顿："长期持续地持有权力致使最真诚的人亦将变得腐败。"

> 孟德斯鸠："一切有权力的人都很容易滥用权力，这是万古不易的一条经验。"

> 康德："拥有权力，必定会贬损理性的自由判断。"

> 伯克："历史记载中最大独裁者，都是以最为公平的方式开始其统治，但是事实的发展却是，这种非天赋的权力不仅腐败了他们的理解力，而且也腐败了他们心灵。"

> 约翰·亚当斯："当权力不受限制和不受制约的时候，它永远会被滥用。""绝对的权力将使各种人都中毒并为之陶醉。"

> J. 麦迪逊："人们所操握的所有权力都易于被滥用。"

> 阿克顿："一切权力都使人腐败，绝对权力绝对使人腐败。"②

为什么权力会使人堕落？这基于基督教教义的一个基本判断：人从他们的祖先亚当和夏娃开始就犯了"原罪"，因此人性的本质是恶的。一位清教徒领袖人物则写道："在每一个民族和国家里，全能的神把这件事留给了人类的自然理性，要他们在彻底考虑一个民族的禀性、脾气、嗜好、习惯、风俗、事业以及其他环境因素的基础上，建立他们认为最合适的政府形式。"③ 但

---

① 丛日云：《在上帝与恺撒之间——基督教二元政治观与近代自由主义》，三联书店2003年版，第179页。

② 参见丛日云：《在上帝与恺撒之间——基督教二元政治观与近代自由主义》，三联书店2003年版，第179—180页。

③ [美] 约翰·维特：《权利的变革——早期加尔文教中的法律、宗教与人权》，苗文龙等译，中国法制出版社2011年版，第387页。

是，在这"禀性、脾气、嗜好"中有一个固定不变的东西就是人的罪恶。这些清教徒们相信，每一个人基于他或者她的本性都是一个堕落的、有罪的、邪恶的家伙。每一个人都势必遭受自负、贪婪和腐败的诱惑。新英格兰的一位领袖写道，"罪恶已经……侵蚀了人性"……这种放纵和贪婪的诱惑，在教会和国家官吏身上尤其强烈而危险。一位清教徒领袖写道："权利实在叫人沉醉，实在容易滥用。"① 许多官吏会屈服于他们堕落的本性，"他们的高级职位不做它用，而只是在邻人面前骄矜自美，赢得替他们猥琐的奉承，并搜刮他们以求自肥"② 。这样的官僚专断和暴虐，将不可避免地导致人民的反抗和神的惩罚。故此，新英格兰的清教徒主张采取各种的措施，来防止国家以及教会的暴政。③ 因此，美国的国父们设计了严格的政治分权制度，其中也包括政教分离制度。考虑本书的性质，我们不分析前者，而着重论述后者。

（三）美国宪法中的政教分离原则及其实践

对于欧洲千百年来占有绝对统治地位的思想观念而言，基督教具有无可动摇的地位。鉴于欧洲中世纪政教合一黑暗统治的历史教训，权力的制约重点之一，就是要实行严格的政教分离制度。人们最熟悉的，就是美国宪法第一修正案："国会不得制定关于下列事项的法律：确立国教或禁止信教自由。"美国宪法第一修正案中关于政教关系的条款包含两方面的内容：一是不得由国会立法建立一个新的国教；二是不得立法禁止公民的信教自由。以下我们分别进行分析。

首先是关于不得确立国教，这是欧洲宗教史上最根本的教训。美国学者

---

① ［美］约翰·维特：《权利的变革——早期加尔文教中的法律、宗教和人权》，苗文龙等译，中国法制出版社 2011 年版，第 386—390 页。

② ［美］约翰·维特：《权利的变革——早期加尔文教中的法律、宗教和人权》，苗文龙等译，中国法制出版社 2011 年版，第 386—390 页。

③ 参见 ［美］约翰·维特：《权利的变革——早期加尔文教中的法律、宗教和人权》，苗文龙等译，中国法制出版社 2011 年版，第 386—390 页。

小约翰·威特指出："杰斐逊使用了非常恰当的短语，将这些遗产当作是真正'不宽容的事业'。一本宣传册的作者写道：'无疑，在（4世纪）最早确立基督教的君士坦丁大帝，有着同样良好的意愿；然而，从此弥漫于基督教会的都是黑暗，是罗马教皇和教会的过度使用权力；在所有不同基督教教派之间的宗教论争中，都弥漫着血腥；伊斯兰教的兴起，自然神论派的兴起和传播，基督教地位遭到普遍轻视。造成基督教发展几乎整体停止；在确立宗教时，要对这些有相当的把握。'"① 美国的国父们绝大多数都是虔诚的基督教徒，他们相信宗教在社会上的无可替代的价值和作用。但是，杰斐逊用历史的事实证明，问题不是出在基督教本身，而是出在将基督教变成了唯一的国教，对其他宗教或基督教内部的不同教派进行排斥。因此，反对设立国教是保证公民的宗教信仰自由的根本措施。

其次是不得禁止宗教信仰自由，这在美国的国父们看来，也是制约专制权力最有力的保障。法国的宗教改革家泰奥多尔·贝扎说过："一旦真正宗教的活动自由被保障……统治者就会受到更多的约束，这种约束就是他要遵守它，即如果他不遵守的话，我宣布他正在实行公开的暴政，而且（他的臣民）将更加自由地反对他。我们务必在我们的灵魂救赎和我们的良心自由方面设置比其他任何事项更多的权重和价值，无论那些其他事项多么可取。"② 这样的思想在当时的法国根本没有实现的可能性，但是到了18世纪的美国，则变成了现实。约翰·亚当斯在制定《马萨诸塞州》宪法的时候，宗教自由属于《马萨诸塞州宪法》所保护的首要内容。亚当斯在提交其宪法草案时写道，我们必须"从解放良知"开始，因为良知与宗教权利乃是"无可置疑、不可让渡、不可剥夺并且也是神圣的"。③

---

① ［美］小约翰·威特：《宗教与美国宪政经验》，宋华琳译，上海三联书店2011年版，第10页。

② 转引自［美］约翰·维特：《权利的变革——早期加尔文教中的法律、宗教和人权》，苗文龙等译，中国法制出版社2011年版，第95页。

③ 转引自［美］约翰·维特：《权利的变革——早期加尔文教中的法律、宗教和人权》，苗文龙等译，中国法制出版社2011年版，第358页。

美国宪法第一修正案制定了不得设立国教和不得禁止宗教自由的条款，对于现代社会政教关系的发展具有明确的导向作用。美国学者小约翰·威特将其概括为五点：

第一，政府与教会分离的原则被援引为保护宗教不受政府干预的手段。在欧洲天主教和新教徒的著作中，这曾经是一个最重要的主题——也可溯及基督教神职人员亘久不变的对"教会自由"的力倡。这种关切是保护教会事务免受政府干预，保护神职人员免受地方官员干预，保护教会财产免遭政府侵占，保护教会规则和仪式免遭政治强迫和控制。

第二，有时教会与政府分离的原则被援用为政府抵御教会的手段，例如突尼斯·沃特曼写道："宗教和政府同样都是必要的，但它们的利益应当是截然不同的。""在任何计划、任何体系下二者都不能结合在一起，结合会对两者的纯洁性和有效性构成危害——教会将腐化政府，而政府将污染教会"……有论证认为，牧师出任政治职务，会运用精神报复相威胁下，来强迫包括被召集来的政治家在内的信徒，默许同意他们的政治主张。牧师将无可避免地为自己究竟代表和服务于信徒利益还是选民的利益，而感到角色的冲突。

第三，教会和政府相分离的原则，被援用为保护个人良心自由免受教会和政府干涉的手段。托马斯·杰斐逊说："你要相信，宗教完全是个人和他的上帝之间的事情，个人无需向任何他们报告自己的信仰或崇拜，政府的（正当）权力初级的知识行为而非见解。我怀着至高的敬畏长期思忖全体美国人民的行为，他们宣告，立法机关'不应制定关乎确立宗教，或禁止宗教自由实践的法律'，从而建立一座宗教和政府之间的分离之墙。"

第四，教会与政府分离的原则，又是被用于论证某个州免于联邦政府对其宗教事务的干预。……根据这种联邦党人式的对权限分离的解读，州政府完全可以按照本州宪法的规定，自由地资助和保护宗教，建立或废除宗教。但完全不允许联邦政府做同样的事情。

第五，教会和政府相分离的原则，还间或被用作保护社会及其成员的手段，使之免于不情愿地参与和支持宗教。在18世纪，某些宗教异议者援引分离原则来反对已有的强制征缴"什一税",强制宣誓、强制参加宗教仪式,强制登记财产等已确立的教会政策。①

美国宪法第一修正案被认为,在政府与教会之间竖起了一道坚固的高墙,既防止了政府通过行政手段强力干涉宗教事务,破坏民众的信仰自由;另外也防止了某种宗教成为国教,借助公共权力对其他宗教信徒的干涉,基本做到了启蒙思想家对理想政教关系的设计,即区分政府公共事务和公民的精神生活。

五、法国大革命中的宗教问题

在西方近代化进程中,法国是一个特例,欧美大多数国家如英国、德国、荷兰、西班牙、美国等,大多是经过改良克服了封建主义,成为民主主义的现代国家。不管他们实行君主立宪制,还是共和制。但是,法国却在一些特殊历史条件下,以大革命的方式进入了现代社会。造成这种现象的原因非常复杂,不过从政教关系的角度看,大革命运动中反宗教的立场,则成为重要原因之一。

(一)启蒙运动中的理性主义

在欧洲脱离中世纪进入现代社会的进程中,15世纪意大利出现的文艺复兴运动,16、17世纪英国的经验主义,18世纪法国的启蒙运动是一个连续不断的思想解放运动。人本主义、人文主义、理性主义的思潮在法国的启蒙运动中达到了高潮。对于法国的政教关系而言,极端的理性主义则产生了其创立者没有想到的作用。

从文艺复兴到启蒙运动,其中贯穿着一个主题,就是反对中世纪的国教统治。正如美国当代学者所说:"18世纪的启蒙精神来自于17世纪的科

① 转引自〔美〕小约翰·威特:《宗教与美国宪政经验》,宋华琳译,上海三联书店 2011年版,第71—75页。

学和思想革命。启蒙运动发扬和普及了培根和笛卡尔、贝尔和斯宾诺莎，特别是洛克和牛顿的思想。他们发扬了自然法则哲学观点和天赋权利哲学观念。从未有过一个时代对传统抱有如此的怀疑态度，对人的理性和科学能力抱有如此的信心，对大自然的规律性与和谐性抱有如此坚定的信念，也从未有过一个时代是如此深刻地受到文明进步和发展观念的侵染。"① 文艺复兴运动以来，欧洲的科学与哲学获得长足的发展，培根、霍布斯、洛克、笛卡尔等哲学家用思辨的逻辑，牛顿、哥白尼等大科学家用实证的经验证明了上帝创世说的荒谬，极大地动摇了基督教的神圣性。而科学家与哲学家们思维的背后，则是人类强大的理性思维能力。与中世纪末期在政教斗争中搞得声名狼藉的封建君主、罗马教皇相比，科学家和哲学家则显现出人类智力的光辉。一切超自然的观念对于欧洲人来说逐渐淡化了，人类的理性则成为新的崇拜对象。他们相信世界就像一架巨大机器，只要有足够的时间，人们可以将其完全解析清楚。美国学者继续说："他们与其说把上帝想象为圣父，不如说想象为物质世界的第一推动力。上帝具有个性的观念，天命临迫、不可测的观念，活人需要赎罪的观念，都不如以往强烈了。上帝与其说是爱的上帝，不如说是不可思议的智者，创造了现在为人的理性所发现的惊人世界。"② 宗教信仰的淡化，无神论思想的发生就成为 18 世纪思想领域的必然现象。

法国著名的《百科全书》派思想家狄德罗说："上帝是没有的，上帝缔造世界是一种妄想。"③ 在他看来，人类生活的世界是一个物质的世界，"要假定任何一个处在宇宙之外的实体，都是不可能的"④。另一位著名的启蒙思想家拉美特利认为，"追求幸福乃是人的自然本性，可是教会却肆意宣扬禁

---

① 〔美〕R. R. 帕尔默、乔·科尔顿、劳埃德·克莱默：《启蒙到大革命——理性与激情》，陈敦全、孙福生、周颖如译，世界图书出版公司 2010 年版，第 90 页。

② 〔美〕R. R. 帕尔默、乔·科尔顿、劳埃德·克莱默：《启蒙到大革命——理性与激情》，陈敦全、孙福生、周颖如译，世界图书出版公司 2010 年版，第 91 页。

③ 〔法〕狄德罗：《哲学思想录》，《狄德罗哲学选集》，三联书店 1956 年版，第 6 页。

④ 〔法〕狄德罗：《关于物质和运动的哲学原理》，《狄德罗哲学选集》，三联书店 1956 年版，第 116 页。

欲主义来摧残人的自然本性。因此，宗教乃是一服'神圣的毒药'"。他还指出："宗教给人类带来的不是幸福，而是连年不断、血流遍野的战争。"① 为了表示自己不怕迫害，反对宗教的决心，他公开宣称："任凭全宇宙的重量也动摇不了一个真正的无神论者，更不必说粉碎他了。"② 法国的启蒙思想家，以机械唯物论为思想武装看待这个物质的世界，也机械地看待世界上一切精神现象，认为宗教完全是"傻子碰上了骗子"，是一种人类荒谬的妄想。法国启蒙思想家伏尔泰在批判封建专制统治的时候注意到，天主教的教士们成了封建统治者的帮凶。是一些"文明的恶棍"，教皇则是"两足禽兽"。对于中世纪天主教会的黑暗统治，他提出"打到卑鄙无耻的东西"的战斗口号。他向教会宣布："你们曾经利用过无知、迷信、疯狂的时代，来剥夺我们的地产，把我们践踏在你们的脚下，用苦命人的脂膏把自己养得肥头胖耳。现在你们发抖吧，理性的日子来到了。"③ 因此他设想废除基督教，创建一种理性主义的"自然神教"、"自然伦理学"。因为人类所有的善恶观念都是出自人的理性，除了人的理性，任何超自然的东西都是虚假的、没有必要的。

当代作者毕尔麦尔等编著的《近代教会史》指出："启蒙主义在法国的影响是最具灾难性的。通过启蒙运动，第 18 世纪成为'法国历史上最违背基督精神的也是最不符合法国的时代'（法国人吕布内捷语）。"④ 欧洲发生的启蒙运动，本是为了反对中世纪天主教作为国教的黑暗统治，启蒙思想家把中世纪形成的原因归为人类对于宗教的迷信，而与各种宗教迷信作斗争的最好工具就是理性主义。然而将理性主义建立在机械唯物主义的基础上，把人类历史上产生宗教的原因简单归结为思想的认识，把宗教的作用都说成是统治者对人民的欺骗，则过于简单了。结果这样一种貌似彻底、坚决、革命、激进的哲学，把法国大革命带进了血流成河的困境中。

---

① 冒从虎等：《欧洲哲学通史》，南开大学出版社 1986 年版，第 72 页。

② [法] 拉·梅特里：《人是机器》，商务印书馆 1959 年版，第 50 页。

③ [法] 伏尔泰：《哲学辞典》，《十八世纪法国哲学》，商务印书馆 1991 年版，第 88 页。

④ [德] 毕尔麦尔等编著：《近代教会史》，雷立柏译，宗教文化出版社 2011 年版，第 193 页。

（二）法国大革命的社会条件

法国大革命之所以走到了反对宗教的道路上，除了思想上极端理性主义的指引外，还有一个更为根本的社会客观原因，就是法国王室与罗马教皇的相互勾结，把在法国进行宗教改良的道路彻底堵死了，使得反封建的民主运动只能走上反封建、反宗教的革命道路。毕尔麦尔指出："'旧制度'本身的种种缺陷、专制制度在经济上的错误政策、自由思想者和共济会的分裂工作、贵族人士的轻浮和不道德等因素，为法国革命做了铺垫，但引发了革命的直接原因是国库空虚。……法国教会也受这种变化的影响，尤其是因为圣职人员属于有特权的阶层，而法国人当时普遍地怀疑和憎恨那些有特权的人。"[1] 法国波旁王朝在 16 世纪时开始建立中央集权的封建专制统治，路易十四说："朕即国家"，路易十五说："我死之后，哪管洪水滔天。"他们一方面不断进行对外扩张战争，与英国、西班牙、普鲁士、奥地利等国家争夺欧洲霸权；另一方面对国内人民强取豪夺，建筑了世界著名的卢浮宫、凡尔赛宫，里边陈列了从世界各地搜刮来的财宝。这一系列行为无疑会加大人民的经济负担，导致国内不仅普通民众，就是作为第三等级中的资产阶级也苦不堪言。封建帝王成了民众心中痛恨的目标，而作为社会第一等级的神职人员，更是人民仇恨的目标。有学者统计，"教会的各种机构，如主教辖区、修道院、女修道院、学校和其他宗教团体，拥有该国土地的 5% 到 10%，这意味着教会作为一个集体，是所有地主中最大的地主"[2]。教士阶层不仅占有大量的经济资源，而且他们还以神圣的身份，享受国家各种特权，这就更是增加了人民对教会的愤怒。

为了争夺欧洲的霸权，法国波旁王室采取了与罗马教廷保持密切关系的

---

① 　[德] 毕尔麦尔等编著：《近代教会史》，雷立柏译，宗教文化出版社 2011 年版，第222—223 页。

② 　[美] R. R. 帕尔默、乔·科尔顿、劳埃德·克莱默：《启蒙到大革命——理性与激情》，陈敦全、孙福生、周颖如译，世界图书出版公司 2010 年版，第 157 页。

策略。在中世纪的欧洲，列强为了争霸，都采取了"挟天子以令诸侯"的策略。因为欧洲各国都以基督教作为国家的政治意识形态，教皇为君主涂油加冕成为政治合法性的唯一标识。神圣罗马帝国（其实就是德意志）、法国、意大利、西班牙之间开了争夺教皇的战争，甚至一度演出同时存在三个教皇的闹剧。15世纪宗教改革运动以来，德国、英国、荷兰、北欧诸国与教廷疏远，甚至中断关系，而法国则成了教皇最大的支撑者。在德国进行宗教改革期间，法国曾经在教皇的授意下与德国进行战争。为了讨好教皇，法国王室对国内的新教徒进行了严酷的镇压。

当欧洲大多数国家进行新教改革的时候，各种新教流派也会传入法国。16世纪初，路德宗思想传入法国，受到了政府的镇压。在欧洲产生广泛影响的加尔文主义，自然也会传回他的家乡法国。英国学者指出："加尔文主义会众人数膨胀，影响力高涨，似乎很有可能实现全法国的宗教改革运动。大约三分之一的贵族表示接受加尔文的宗教主张。1562年3月为科里尼海军上将准备的一份名单显示，法国当时有2150家胡格诺教派教会。这些数字很难验证，然而合理的估计至少有1250家这样的教会，会众人数超过200万，而全国有2000万人口。"① 新教徒的数量达到了人口总数的十分之一，而且社会上层也有了新教的信徒，法国也完全有可能发生一场像英国、德国那样的宗教改革。在1559年的巴黎宗教会议中，法国各个地区的加尔文跟随者组织起来成为胡格诺派。胡格诺派普遍被认定为"法国新教"，反对国王专政，曾于1562—1598年间与法国天主教派发生胡格诺战争，当然也就被政府当成了犯上作乱的死敌。

为了得到教皇的支持，法国的国王采取了对新教徒残酷镇压的政策。英国著名历史学家韦尔斯分析说："在他（路易十四）的治下实行以'龙骑兵'迫害新教徒，这是一种特别凶恶的迫害方式。粗暴的士兵住进新教徒家里，任意骚扰主人、侮辱妇女。不肯屈服于各种严刑拷打和烈火焚烧的

---

① ［英］阿利斯特·麦格拉思：《加尔文传——现在西方文化的塑造者》，甘霖译，中国社会科学出版社2009年版，第192页。

人也都屈服于这种压力。新教徒对下一代的教育被破坏了，做父母的只能给孩子们以天主教的教导。他们这样做了，但无疑是带着讥讽和破坏了全部信心的语调。凡是比较宽容的国家主要变成要么真诚信奉天主教的，要么是真诚信新教的；而那些进行迫害的国家，像法国、西班牙和意大利，即这样破坏了新教教义，人民主要变成了不是天主教徒就是天主教的无神论者，一有机会就准备突然变成完全的无神论者。"①韦尔斯的分析充分说明了一个道理：人的信仰是不能勉强的。强迫人民信仰某种东西，只能把人民推向了这种信仰的反面。这就是法国出现既反封建也反宗教的大革命的根本原因。改良的道路行不通了，在革命的过程中，必将对宗教采取极端行动。

（三）法国大革命中的反宗教运动及其后果

以 1789 年 7 月 14 日法国人民攻陷巴士底监狱为标志，一场轰轰烈烈的革命运动在法国展开。这场革命的积极意义我国近代以来有大量的著作进行了介绍，不必赘述。但是从政教关系的角度看，革命过程中对具有悠久历史的天主教采取的过激态度及其引起的负面作用，则是更应当关注的重要问题。

法国大革命的纲领性文件《人权宣言》开宗明义指出："在权利方面，人们生来是而且始终是自由平等的。""任何政治结合的目的都在于保存人的自然的和不可动摇的权利。"这些权利包括：私人财产神圣不可侵犯、个人的行动自由、宗教信仰自由等等，《人权宣言》把赋予人各项自由权利的主体交予"自然"。法国启蒙思想家把自由、平等的权利说成是大自然赋予的，其实他们预设了一个前提，即人类史前的"自然状态"是一个美好的，可以充分享受各种权利的时代。我国最早一批学习西方的先进人物严复就已经看出了其中的问题。他在《民约平议》一文中论道："若向壁虚构，用前有假

---

① ［英］赫·乔·韦尔斯：《世界史纲》，吴文藻、谢冰心、费孝通等译，人民出版社1982 年版，第 892 页。

如之术，西人名学谓之 a'priori 立为原则，而演绎之，及其终事，往往生害。卢梭谓之自然境，所谓民居之而常自在常平等者，亦自言其为历史中所无矣。夫指一社会，考诸前而无有，求诸后而不能，则安用此华胥、乌托邦之政论，而毒天下乎！"①

法国的激进革命家把人类的原始状态假设为理想的自由平等王国，那么后出的统治者、宗教家便都成了社会的毒害。在激进的雅各宾专政时期，不仅国王、王后被送上了断头台，而且宗教也成为被废除的对象。毕尔麦尔详细记述了法国大革命中打击天主教的行为。"1789 年 8 月 11 日——'国会'已经取缔了封建制度和阶层的特权——他们也取消了教会的'什一税'……在 1790 年 7 月 12 日宣布的'圣职人员的公民宪法'——它受了一些'高卢主义'思想影响——深深地改动了法国现有教会的情况。根据这种新的规定，法国原有的 134 个教区重新被划分为 83 个教区，这些教区完全符合法国的省和县。每一个省或县的政治代表将要指定该教区的主教，总主教要根据教规祝圣主教，而主教还要祝圣司铎，没有牧灵者的教区被取缔。这一改变显然是毁灭了一切历史上形成的教会秩序，要求法国教会完全变成一个国度政府管理的教会。"②

革命政府的激进主张，遭到了天主教教士们的反抗，罗马教廷也发表声明谴责了法国的行为。"制宪会议对此进行反击，要求所有法国教士宣誓效忠于包括教士公民法在内的宪法。有半数教士宣誓效忠，半数教士拒绝宣誓，后者包括几乎全部主教，只有 7 人例外。"③

为了在全国范围内消除基督教的重大社会影响，法国革命家试图在整个社会上清除宗教的历史痕迹。中国学者在《基督教史》中详细描述了这样一些反常的现象。

---

① 《严复文选》，上海远东出版社 1996 年版，第 311 页。

② [德] 毕尔麦尔等编著：《近代教会史》，雷立柏译，宗教文化出版社 2011 年版，第 223 页。

③ [美] R. R. 帕尔默、乔·科尔顿、劳埃德·克莱默：《启蒙到大革命——理性与激情》，陈敦全、孙福生、周颖如译，世界图书出版公司 2010 年版，第 178 页。

　　1793 年雅各宾专政时期，艾贝尔和肖特等人提倡法国"反基督教运动"。第一步，将基督教格列高利历改为共和国历法，改一星期 7 天为 10 天，停止所有宗教节日，定 1792 年为元年。第二步是把教堂改为"理性神庙"，改派年轻貌美女郎为"理性女神"，强迫神甫辞职、结婚，丧葬仪式改在非宗教场所举行。在进行"理性崇拜"时，公开谴责富人和腐败的政治家。这场运动始于巴黎，革命者将所有教堂关闭，将巴黎圣母院改为"理性神庙"，在一个月之内，各地教堂改为"理性神庙"的达 2634 所之多、许多主教和神甫放弃了教职，有些人结了婚以表示与正统天主教决裂，据统计，法国革命时期结婚的神甫就有 4000 人，脱下神甫服饰的达两万人。

　　法国资产阶级革命家在反对封建特权的斗争中，为了迎合群众的宗教感情，曾试图创立所谓的"新宗教"。罗伯斯庇尔于 1793 年 5 月 7 日的会议上，倡导一种崇拜"最高实体"的宗教。他称这种宗教只有一条信条——灵魂不灭，一条教规——履行个人义务。因此，天主教徒和新教徒可以在同一祭坛上过宗教生活。罗伯斯庇尔自己作为最高祭司，举行第一次新仪式。他穿着天蓝色外衣，头戴涂粉假发，手执一束浆果、粮食和花，领着游行队伍高唱共和国歌曲。一段时间里，类似的宗教形式相继出现。如"共和国十字架"、"共和国救主祈祷"等。这些新宗教的创立旨在安定社会秩序，使群众服从，以巩固雅各宾专政；但是在一个天主教影响极深、文盲占绝大多数的社会里，这种新宗教太抽象、太朦胧，随着政治变迁，也就消失了。①

法国大革命的领袖们之所以会采取如此极端的行为，客观上固然是由于法国天主教会对国王的残酷统治助纣为虐，引起了人民的极大愤慨。主观上的原因则是由于他们深信启蒙运动中理性主义的影响，并把这种学说应用到了极端。另一位中国学者指出："宗教改革废除了哥特式神话，却诞生了概念或

---

　　①　王美秀、段琦、文庸、乐峰等：《基督教史》，江苏人民出版社 2006 年版，第 244 页。

理性的新神话。望着玛利亚、圣徒、圣物失落的空间，一种新型的崇拜终将要来填补。果然，随着教权的失落，18世纪出现了一类新型导师来填补空缺，引起了社会的注意。这些世俗的知识分子可能是自然神论者、怀疑论者或无神论者。……伴随着不断增长的自信和勇气，人类历史上第一次有人宣称，它们可以诊断社会的弊病，而且能用独立的智慧来加以治疗：甚至他们凭此不仅能够设想出社会结构的模式，并且认为可以把人类的基本习俗改造的更好。"①这种盲目相信个人理性力量的观念，也是一种迷信，在这种迷信的煽动下，整个法国都陷入了痴迷的狂热。很快，大革命领袖忽视传统、挑战人类文明常识的行为就受到了报应。"然而，这种全面的无神论的统治是无法忍受的，因为它是无秩序的，所以无法长期持续。罗伯斯庇尔在1794年春天镇压了那些雅各宾派的极端分子（埃贝尔、丹东、穆德兰都于1794年被处死）。根据罗伯斯庇尔的申请，国会规定要承认一个最高的存在和灵魂不死（1794年5月8日），但他们同时残酷地杀害一切被怀疑支持国王的人或圣职人员。罗伯斯庇尔自己也被斩首（1794年7月），而一些比较节制的人开始执政，所以那种恐怖的统治结束了。"②从罗马帝国开始，欧洲的政治秩序、社会伦理就建立在基督教信仰的基础上，废除了基督教的思想控制，人们的行为便完全陷入了失控状态。1793年的"大流血"一方面是由于民众的集体无意识，但是其中也不排除一些领袖人物的偏狭嫉妒和挟私报复。结果，这些领袖们也被那头他们亲手缔造的"革命"怪物吞噬了。

随着马拉、丹东、罗伯斯庇尔等大革命领袖的逐渐远去，法国大革命的热潮也开始降温。但是大革命所造成的破坏，却是一时半会儿难以迅速恢复的。严复就看到："嗟夫，当十八稘（世纪）法民之起为革命也，飙起霆发，举国若狂，聚数百万之众于一堂。意若一夕措注，可以划数千载之不平，而明旦即成于郅治。……（概）然举其国千余年之政教，摧陷廓清，而无以善

① 程世平：《文明的选择——论政体选择和宗教的关系》，中国社会科学出版社2001年版，第154页。

② [德]毕尔麦尔等编著：《近代教会史》，雷立柏译，宗教文化出版社2011年版，第225页。

其后。名求国利民福，实则六七十稔中，板荡元黄。"① 很长一段时间以来，由于中国自身近代化进程的历史特点，我们的学术界对法国大革命赞赏有加，认为是欧洲最彻底的革命，因此也比英国、德国等渐进式的改良取得了更大的成果。但是客观的实际情况却是，法国在大革命中各阶层的人民都受到了巨大的伤害，付出了很多生命的代价。同时，一次颠覆性的革命也会在历史的长河中留下层层涟漪，在短时间内难以恢复平静。比较英国与法国，真正在近代化过程中起到旗手作用的还是英国。英国在改良进程中也有流血，但是没有因革命丧失很多时间，抓紧机遇进行了工业革命，成为世界工厂、日不落帝国。相反法国的大革命之后不断出现拿破仑专政、王室复辟、共和国革命、巴黎公社等等动荡，除了拿破仑专政时期，法国很少能够称雄欧洲。所以恩格斯总结说："唯物主义既然成为法国革命的信条，敬畏上帝的英国资产者就更要紧紧地抓住宗教了。难道巴黎的恐怖时代没有证明，群众一旦失去宗教本能会有什么样的结局？"②

（四）拿破仑以极端手段恢复了宗教与社会秩序

拿破仑是一名出生于科西嘉的军人，以卓越的战功逐渐在军政两界崭露头角。当革命派把法国闹得不可收拾的时候，国内的保皇党也在蠢蠢欲动试图发动政变，国外英、普、奥、俄诸国的君主也在组织联军意在恢复法国王室的统治。在这历史的千钧一发之际，1799 年 10 月，拿破仑率领军队回到巴黎，成为整个法国人民期盼的"救星"。近现代多国的历史一再重演这样的戏剧，当民众革命闹得不可收拾之时，军人干政是唯一可行之途。受够了变化无常的政客们翻云覆雨但又毫无成效的民主闹剧之后，军人专制成为屡试不爽的"解毒良药"。拿破仑先是通过"雾月政变"成为共和国"第一执政官"，后来干脆通过修改宪法把法兰西共和国变成了法兰西帝国，自己当上了皇帝。在粉碎外国联军的围攻之后，拿破仑完成了《法国民法典》（亦

---

① 《严复文选》，上海远东出版社 1996 年版，第 311 页。

② 《马克思恩格斯文集》第 3 卷，人民出版社 2009 年版，第 515 页。

称《拿破仑法典》）的制定，肯定了法国大革命的成果。同时为了迅速恢复社会的秩序，他着手恢复了与罗马教廷的关系，在法国重建了宗教的权威。

在宗教观上，拿破仑是一个实用主义者。美国学者指出："波拿巴本人是纯粹的理性主义者。他视宗教为一种便利手段。在埃及时，他曾经大肆宣扬自己是一名穆斯林；在法国，则说自己是个天主教徒；而在巴黎神学院的教授中，他又成了一个自由思想者。然而，天主教信仰的复兴已在轰轰烈烈地展开，他看到天主教的重要性。"① 拿破仑的思想颇近似于中国的"神道设教"，大概真正的执政者，心里都会有一些相似的念头。他们看待宗教问题，主要不在于信仰对象的真假有无，而在于信仰是否有利于自己的统治。拿破仑的可爱之处在于，他往往把自己心中的真实想法说出来，他指出："没有财产的不平等，社会就不能存在，而没有宗教，就不能保证财产的不平等。当一个人饿得要死的时候，他是不能忍受这种差别的，除非有一个权威对他说：上帝的意志就是这样，这个世界必须有穷人也有富人；但是，在来生和永生中，贫富之分将完全不同。"② 这句话真是惊世骇俗，把世界各国宗教存在的阶级性说得简洁、清楚。自从进入阶级社会，贫富悬殊就是社会上最大的不公平，人人都不满意，但是也无可奈何。宗教的存在就是要教化贫苦的民众，让他们安心忍耐统治阶级的盘剥，只能把美好生活的希望放在虚无缥缈的彼岸天国。当需要进行一场大革命之前和过程中，革命领袖为了发动民众总是拿社会的贫富悬殊做文章，煽动民众对富裕阶层的仇恨，把革命变成了一场合法的屠杀与掠夺。但是，社会的贫富差别本质上是由于生产的发展水平和个人努力的程度造成的，杀富济贫式的革命只能造成普遍的贫困，却不能真正给贫苦民众带来富裕。

每一次目的明确的大革命，在完成了自己的主要目标后，必须想办法使民众的行为纳入秩序的轨道，迅速恢复社会秩序，使生产进入正轨。法国

---

① ［美］R.R.帕尔默、乔·科尔顿、劳埃德·克莱默：《启蒙到大革命——理性与激情》，陈敦全、孙福生、周颖如译，世界图书出版公司 2010 年版，第 206 页。

② 转引自程世平：《文明的选择——论政体选择和宗教的关系》，中国社会科学出版社 2001 年版，第 111 页。

大革命消灭了封建君主集权统治，取消了教会的超经济特权，但是自由主义、怀疑主义、无神论这些在革命中起到积极推进作用的思潮，则迟迟难以退去，社会依然动乱不止。美国政治学家亨廷顿在《变化社会中的政治秩序》一书中这样写道："首要的问题不是自由，而是建立一个合法的公共秩序。人当然可以有秩序而无自由，但不能有自由而无秩序。必须先存在权威，而后才谈得上限制权威。在那些处于现代化之中的国家里，恰恰缺少了权威"①。恢复秩序一方面需要强力的统治机构，另一方面更需要一种强大的精神力量，能够在民众中形成共识。在法国绝大多数人口都信仰天主教的情况下，恢复与罗马天主教教廷的关系就成为恢复社会秩序，稳定群众人心的关键。正如美国学者指出："天主教信仰的复兴已在轰轰烈烈地展开，他看到天主教的重要性。倔强教士是激励各种反革命的精神力量。有一次波拿巴说：'英国资助50名逃亡主教领导着今天的法国教士。他们的影响必须肃清，为此我们需要教皇的权威。'他不顾老雅各宾派讨厌的强烈反对，在1801年与梵蒂冈签订了宗教事务协定。"②拿破仑找到了解决问题的关键，就是要重新请回罗马教皇，把全国的教徒团结在自己的周围。当时拥护革命政府的"立宪派主教"与坚持天主教立场的主教们都必须辞职，重新选举主教，但是要经过罗马教廷的认可。传统的天主教礼仪得以恢复，那种"理性的宗教"成为一种历史的笑谈留在了人们的记忆里。

为了巩固自己的绝对权力，拿破仑在1804年让法国人选举他为世袭的皇帝。为了给皇帝的神权涂上神圣的油彩，拿破仑于1804年12月2日，专门请来了教皇庇护七世，在巴黎圣母大教堂中为他涂油，然后自己给自己加冕。法国著名画家杰克·路易斯·达维特的传世杰作《拿破仑一世皇帝的加冕礼》，再现了这个难得的历史场景。画像中没有教皇为皇帝加冕，而是已经戴上了皇冠的拿破仑，正在给皇后约瑟芬加冕。画面中拿破仑身穿紫色的

---

① ［美］塞缪尔·P.亨廷顿：《变化社会中的政治秩序》，王冠华等译，三联书店1989年版，第7页。

② ［美］R.R.帕尔默、乔·科尔顿、劳埃德·克莱默：《启蒙到大革命——理性与激情》，陈敦全、孙福生、周颖如译，世界图书出版公司2010年版，第206页。

斗篷站在中央，而教皇只是坐在了后边的椅子上默默地见证了这一场面。这幅油画用艺术的手法曲折地说明了当时法国的政教关系。虽然皇帝依然采用了请教皇加冕的礼仪，但是法国当时的政教关系与中世纪已经发生了变化，宗教不再是政治的主导，而只能作为政治背后的文化支撑。

拿破仑与教皇签订的政教协议，也在一定程度上反映了经过资本主义革命后法国新型的政教关系。法国作为一个政治主体与教皇签订协议，既表明了梵蒂冈对法国新政权的承认，也反映了现代国家不再是教皇国的附庸。同时在一些具体利益上，梵蒂冈不再对革命中取缔的"什一税"和教会土地提出异议，这等于承认新的国家教会成为这些财产的主人。尽管后来法国与教廷几度修订了政教关系协议，但是其中的基本精神没有变化，政教分离的事实得到了肯定。其后欧洲诸国陆续与教皇国签订了各自国家与教廷的关系，法国的政教协议成为范本。

尽管拿破仑利用宗教重树自己在法国的权威，但是在他的心目中，宗教只是一种工具。当他的利益与教皇的利益发生矛盾的时候，他又毫不含糊地打击教皇，把教皇变成了自己手中的玩偶。1805年12月，在拿破仑取得奥斯特里茨战役的胜利，打败了俄奥联军后，又摧毁了意大利南部的波旁王朝。他派自己的哥哥约瑟夫·拿破仑担任那不勒斯的国王，教皇提醒他，这里是教皇传统的领地，教皇与拿破仑的利益矛盾开始出现。拿破仑马上威胁说，他要取消教会国，把教会国的土地交给法国人管理。1808年7月，拿破仑发布敕令，取消历史上所谓的丕平和查理曼赠与，并规定教会国必须与法国合并。教皇庇护七世因此宣布了对拿破仑的"绝罚令"，拿破仑则进军罗马，逮捕教皇，将其押送到法国。此时的拿破仑依靠强大的军事实力称雄欧洲，以"查理曼的继承人"、"神圣罗马帝国皇帝"自居。后来教皇一直被关押在枫丹白露宫，成了法国皇帝的俘虏。直到1814年欧洲联军在滑铁卢击败了拿破仑，教皇才重新回到罗马。

拿破仑是法国近代史上一个矛盾的人物。他既通过称帝否定了法兰西共和国，貌似回到了封建帝国时代，但又通过了《法国民法典》肯定了法国大革命的成果；他恢复与罗马教廷的关系，使传统的天主教得以恢复，另一方面又确定了法国教会的独立身份，保证法国的宗教权力掌握在法国人自己的手中。恩格斯在《社会主义从空想到科学的发展》一书中，对这一表面矛盾的现象做了一个总结，他指出："我们也已经看到，为革命作了准备的 18 世纪的法国哲学家们，如何求助于理性，把理性当做一切现存事物的唯一的裁判者。他们认为，应当建立理性的国家、理性的社会，应当无情地铲除一切同永恒理性相矛盾的东西。我们也已经看到，这个永恒的理性实际上不过是恰好那时正在发展成为资产者的中等市民的理想化的知性而已。因此，当法国革命把这个理性的社会和这个理性的国家实现了的时候，新制度就表明，不论它较之旧制度如何合理，却决不是绝对合乎理性的。理性的国家完全破产了。卢梭的社会契约在恐怖时代获得了实现，对自己的政治能力丧失了信心的资产阶级，为了摆脱恐怖时代，起初求助于腐败的督政府，最后则托庇于拿破仑的专制统治"。① 恩格斯这段话也可以看成是对法国大革命运动产生重大影响的启蒙运动的"理性主义"的一种分析。当时的启蒙思想家在否定宗教的学说中，为了批判宗教的信仰主义而夸大了人类理性的力量。但是一旦这种"理性"真正付诸实践，却又发现"理性"变成了人类各种恶劣本性的大展演，把革命变成了一种不受控制的、对社会的大破坏、大洗劫。最后只得乞灵于军人的专制统治、天主教的超验信仰。这是否是对宗教社会作用的扭曲的肯定呢？

第二节　中国明清时代君主集权顶峰时期的政教关系

欧洲从 16 世纪到 19 世纪中叶，各国相继完成了政教分离的资本主义革命，并迈入了民主政体的现代社会。与此时期大体相同，中国正处于君主专制制度的最后阶段——明朝和清朝。明朝 1368 年建国，1644 年灭亡，16 世纪大体相当于明朝中叶。但是为了理论研究的方便，我们把中国的比较时间

---

① 《马克思恩格斯文集》第 3 卷，人民出版社 2009 年版，第 526 页。

从明朝建国初年开始。清朝结束于1911年，但是从1840年开始，中国就在西方列强的鸦片烟和坚船利炮的打击下被动进入了近代社会，从时限上看与西方进入现代社会差不多。但是，由于中西方包括政教关系在内的诸多差异，这一段时间差就使中西方社会差了一个时代。中国近现代社会处处不如人，落后挨打的历史就此开始。

一、明清时期君主专制制度的加强

从秦汉开始，中国社会就进入了帝制阶段，君主专制是其政治制度的根本特色，中国的帝制社会沿着不断强化皇权的轨道发展。"九五之尊"的特权地位使得皇帝的宝座引起无数野心家的垂涎，而一旦登上宝座的人，则又会千方百计地维护他们的成果，希望可以传之"千世"、"万世"。秦始皇的废封建、立郡县，汉景帝的"削藩"，隋文帝建立"三省六部九卿"制度，宋太祖的"杯酒释兵权"……全都是在为加强皇权而努力。而这条道路，在明清两代帝王的脚下走到了顶点。

明太祖朱元璋出生于一个贫苦农民家庭，完全是靠自己的英勇奋战才夺取了天下。这样的出身和经历一方面使他对元朝末年的政治腐败深恶痛绝，建国后不断整顿吏治，辣手反贪。另一方面则又使他对满朝的文武都放心不下，怕那些昔日的战友妨碍他的子孙永保江山。除了以各种借口屠杀大批开国功臣以外，朱元璋还采取了一项加强皇权的重大措施——废除宰相。在朱元璋看来，自秦王朝设立宰相以来，虽然也有贤德的宰相出现，但是更多的则是小人专权乱政，成为皇权巩固的大威胁。因此他在洪武十三年（1380年）借解决胡惟庸案，罢撤中书省，废除宰相制，并且诏告天下，朝廷以后再也不设宰相，如有哪个臣子建议重设就要被处以重刑。废除宰相以后，朱元璋提高了六部的权力，六部尚书分管朝政，并直接对皇帝负责。虽然到了明朝中期以后，内阁的地位和权力都有所加强，有"首辅"、"次辅"之设，但其职能和地位已经不能和昔日的宰相相比了。明清之际的大思想家黄宗羲在总结明亡的教训时，把废除宰相当成一大失误。他指出："或谓后之入阁办事，无宰相之名，有宰相之实也。曰：不然。入阁办事者，职在批答，犹开府之书记也。其事既轻，而批答之意，又必自内授之而后拟之，可谓有其实乎？吾以谓有宰相之实者，今之宫奴也。"（《明夷待访录·置相》）

为了加强皇权，明王朝还采取了改革地方政治体制，加强检察制度等措施，但是最令人难以容忍的就是重用太监和实行特务政治，这便是黄宗羲所说"有宰相之实"的"宫奴也"。当代著名学者丁易先生在 1948 年所著的《明代特务政治》一书中指出："明代是一个极端中央集权化的朝代，它废除了宰相制度，集大权于皇帝一人，大臣既不被信任，政务丛脞，皇帝又管不了许多，于是政权便落到宦官身上。而司礼监又是宦官机关的首脑部，司礼监的太监们在所有的宦官中自然更容易获得这旁落的政权，这样，他们就成了实际上的全国政治指挥者。"[1] 太监专权是明代政治的极大弊端之一，前有王振在英宗朝弄权，使皇帝在"土木堡之变"中当了蒙古人的俘虏。中有刘瑾以"狗马鹰犬，歌舞角觝以娱帝"（《明史纪事本末》卷四三《刘瑾用事》），蛊惑明武宗"好逸乐"、"好骑射"、"修豹房"、"练方术"，不仅荒疏朝政，而且年纪轻轻就无后而终。后有魏忠贤在天启年间专权秉政，号称"九千岁"，成了皇帝以下第一人。以上三人是明朝惑主乱政的枭首，其下把持大大小小权力的太监不可胜数。清康熙皇帝在总结明亡教训时说："万历以后所用内监，曾有在御前复位者，故朕知之独详。明朝……宫女九千人，内监至十万人。"（余金：《熙朝新语》卷四）如此庞大的太监队伍，实在是王朝政治的赘疣。

为了更好地控制天下百姓、群臣，明朝建立了历代王朝中最发达的特务制度。据《明通鉴》卷十七记载："永乐十八年八月……置东厂于北京。初，上命中官刺事，皇太子监国，稍稍禁之。至是以北京初建，尤锐意防奸，广布锦衣官校，专司缉访。复虑外官瞻徇，乃设东厂于东安门北，以内监掌之。自是中官益专横，不可复制。"东厂是明朝建立最早、势力最大的特务机关，此后又在明宪宗成化十三年（1477 年）建立了西厂，成为另一个著

---

① 丁易：《明代特务政治》，中华书局 2006 年版，第 5 页。

名的特务机关。在明朝，东厂和西厂是令人胆寒的特务组织，王公贵戚、达官显贵，无不在其监督的范围以内。《明史·宋濂传》记载："濂性诚谨……尝与客饮，帝密使人侦视。翌日，问濂昨饮酒否，坐客为谁，馔何物。濂具以实对。笑曰：'诚然，卿不朕欺。'"大臣家里都有皇帝派去的坐探，一颦一笑，一饮一啄都离不开皇帝的视线，自然就会造成朝臣人人自危，不敢有二心了。

清朝在一定程度上接受了明朝的教训，特别是在王朝的中前期，太监专权和特务统治有所控制。康熙皇帝说："古来太监，善良者少，要在人主防微杜渐，慎之于始。"[《圣祖仁皇帝实录》（二），卷一百六十三，康熙三十三年闰五月庚辰] 不过在加强皇权制度方面，清朝则有更进一步发展。明朝中期以后，内阁成员的官品提高，权力逐渐加大，其"首辅"有宰相之称。清初仍继承了明代的内阁制，在六部之上设内阁，任命大学士掌管内阁的运行。但是到了雍正七年（1729 年），连年对西北准噶尔用兵，皇帝感到通过内阁指挥全国还不够方便，便设立一个临时性机构——军机处。军机处由军机大臣、军机章京若干名组成，完全由皇帝临时指名组成。军机处设在皇帝住处附近的隆宗门，便于与皇帝协商军务，发布军令。战争结束后，雍正皇帝感到利用军机处驾驭朝政比较方便，便将这一机构变成了常设，一直到光绪二十七年（1901 年）撤销，存在了 180 年。军机处无固定编制，人数也不确定，完全由皇帝指定，从内阁或六部中挑选。但是，这样一个类似秘书班子的机构，却掌握了国家的全部军政大权。《中国通史》说："军机处扩大以后，具体职掌主要有六：一是撰拟谕旨和处理奏折；二为议大政，议后提出应因、应革、应止、应行的处理意见，奏报皇帝裁夺；三系谳大狱，参与重大案件审拟；四乃参与重要官员的任免和考核；五是随侍皇帝出巡，奉旨出京查办事件；六系为皇帝准备处理政务的参考资料。"[1] 皇帝通过军机处，把国家的主要政治事务全都掌握在自己的手中。

明清两代帝王通过加强中央集权措施，使皇权的地位达到了无以复加的

---

① 白寿彝主编：《中国通史》第 17 卷，上海人民出版社 1996 年版，第 157 页。

程度。除了控制臣下之外，明清两朝在政治领域，还特别加强了对意识形态的控制。意识形态方面控制可以分成正反两个方向，从正的方向说是加强程朱理学的教化，通过教育和科举考试强化思想引导。科举考试完全以程朱理学作为教材和考试的标准答案，不得有任何非议。在明清两代不要说反对孔子、反对儒学，就是敢于对程、朱有所非议，都会受到严重的政治迫害。明末著名思想家李贽，就被扣上"非圣无法"的帽子，即使他剃发出家，仍然无法避免迫害致死的命运。负的方面是大兴文字狱，中国古代因言获罪的例子很多，但是像明清时期那样频繁的、连续的、大规模的文字狱案，尚未发现。明朝开国皇帝朱元璋出身贫寒，曾经当过和尚，后参加农民起义军队伍，在推翻元王朝黑暗统治的斗争中，成长为一名卓越的政治家、军事家。但是，在中国古代宗法文化的大背景下，他在登基以后，反倒觉得自己的经历成为执政的一种包袱。据《朝野异闻录》记载："三司、卫、所进表笺，皆令教官为之。当时以嫌疑见法者，浙江府学教授林元亮，为海门卫《谢增俸表》，以表内'作则垂宪'诛。北平府学训导赵伯宁，为都司作《万寿表》，以'垂子孙而作则'诛。福州府学训导林伯璟，为按察使撰《贺冬表》，以'仪则天下'诛。桂林府学训导蒋质，为布、按作《正旦贺表》以，'建中作则'诛。常州府学训导蒋镇，为本府作《正旦贺表》，以'睿性生知'诛。沣州学正孟清，为本府作《贺冬表》，以'圣德作则'诛。……盖'则'音嫌于'贼'也，'生知'嫌于'僧（知）'也。"现代著名文学大师鲁迅的《阿Q正传》，讽刺阿Q因为头上有秃疮，所以忌讳说"秃"，甚至连"光"、"亮"也不能听，谁说和谁急。这一著名小说的原型，倒是与朱元璋的所作所为极为相似，未尝不是以朱元璋为原型。清代的文字狱前期还有所指，如康熙二年（1663年）庄廷鑨的《明史》案，康熙五十年（1711年）戴名世的《南山集》案，雍正初年吕留良、曾静案等，尚有民族主义背景，"文字狱"意在镇压不服从满洲贵族统治，试图复辟大明江山的汉族知识分子。而到了后期，则与明代相似，多是吹毛求疵、捕风捉影、罗织罪名、疯狂迫害了。如湖南乡绅黎大本为母亲做寿，以其母"比之姬姜、太姒、文母"，"成为女中尧舜"，因比喻不当，被罚充军。江苏韦玉振为他的父亲刊刻行述，文中有"于佃户之贫者，赦不加息"，误用皇帝专用词汇"赦"字，被斥为"狂妄"。河南民人刘峨，刊刻《圣讳实录》一书，专门教人如何避圣讳，防止因触犯朝廷禁用之字而获罪。但是，在书中为了说明问题，将皇帝的名字"各依本字正体写刻"，结果被处斩。①

如此严密思想、文化控制的结果，使得中国古代传统文化中儒释道三大部分都在不同程度上趋于僵化、停滞。就儒家文化方面讲，使大多数汉族士大夫不敢研究经世致用的学问，埋头于故纸堆，搞烦琐考证。"乾嘉考据学"的兴盛，成了儒学僵化的反证。佛教和道教，则进一步趋于世俗化、礼仪化，缺少学术思想的内涵，失去了对于对社会各界人士的吸引力。明清时期佛道教宗派不少，但是大师缺乏。即使有几个"大师"，也多在重复"三教合一"的老调，实则是三教归儒，社会影响力不断降低。儒释道僵化、停滞的结果，反而促成了民间宗教的发达。

二、儒学的"宗教化"与佛道教的"儒化"

（一）明清帝王对三教功能的认识

明太祖朱元璋是中国少数几个布衣出身的君王。他少年时代生活贫困，不得不出身当了和尚，后来又投身元末轰轰烈烈的民间宗教大起义，并从起义军中的青年将领成长为一代开国君王。特殊的经历，使得朱元璋对宗教的性质和功能，有着比其他朝代帝王更为深刻的认识。明太祖朱元璋的宗教观不仅表述在一些圣旨中，他还有好几篇专门的著述，其核心观点可以概括为这样四点。

首先，治理国家必须依靠儒家的政治哲学。作为一个帝制社会的后期王朝，已经积累了大量的处理意识形态的经验。在儒释道三教中，朱元璋指出："于斯三教，除仲尼之道祖尧舜，率三王，删诗制典，万世永赖。"（《三

---

① 参见白寿彝主编：《中国通史》第 17 卷，上海人民出版社 1996 年版，第 166—167 页。

教论》，《明太祖集》卷十）在三教之中，孔子所阐述的尧舜之道，是治国的根本，"万世永赖"。在《释道论》中，他又指出："假如三教，惟儒者凡有国家不可无。夫子生于周，立纲常而治礼乐，助国家宏体，文庙祀焉。祀而有期，除儒官叩仰，愚民未知所从，夫子之奇，至于如此。"（《释道论》，《全明文》卷十）儒学是修身、治国的根本，其纲常礼乐，为国家设计了根本体制，其妙用如此，唯有儒者可以掌握。朱元璋这样的观点，就明确了儒家政治哲学在国家意识形态领域中不可动摇的地位。

其次，以佛教、道教治国，必然遭到失败。明太祖认为"务释氏而能保其国者，未之见矣，梁武之事可为明鉴"（《明太祖实录》，《明实录》卷四十六）。梁武帝是中国历史上狂热崇佛的君王，结果搞得身败名裂，成为历代帝王的前车之鉴。对于道家，朱元璋区分了老庄与后来出现的道教，他说："孰不知老子之道，非金丹黄冠之术，乃有国有家者，日用常行有不可阙者也。"（《三教论》，《明太祖集》卷十）老子道家的哲学思想，也是古代社会政治哲学的必要组成部分，与儒家阴阳互补、刚柔相济，同样是重要的治国方略。这一区分十分重要，老子无为之道可以治国，不等于道教也可以治国，这是一种混淆。对于汉代以后道士们创造的道教，朱元璋颇为不屑，"上颇闻公侯中有好神仙者，悉召至谕之曰：'神仙之术，以长生为说，而又谬为不死之药以欺人。故前代帝王及大臣多好之，然卒无验，且有服药以丧其身者，盖由富贵之极，惟恐一旦身殁，不能久享其乐，是以一心好之。假使其术信然，可以长生，何故四海之内千百年间，曾无一人得其术而久住于世者？……当痛绝之。'"（《太祖高皇帝实录》卷五十九）帝王不应当贪恋现世的富贵，盲目听信道士长生久视的谎言。自古以来服金丹中毒身亡者众，长生不老者无。

再次，佛教和道教也是实行统治的重要工具。释道二教虽不可成为治国之本，但是也是必不可少的工具。他说："释迦与老子虽玄奇过万世，时人未知其的，每所化处，宫室殿阁，与国相齐，人民焚香叩祷，无时不至。二教显化时，所求必应，飞悟有之。于是乎感动化外蛮夷。及中国假处山薮之愚民，未知国法，先知虑生死之罪，以至于善者多而恶者少，暗理王纲，于国有补无亏，谁能知识?"(《释道论》,《全明文》卷十)儒教的应用范围，主要是读书识礼的士大夫，但是对于那些没有文化的"化外蛮夷"和"山薮愚民"，儒家修齐治平的大道理他们没有办法接受。可是他们经常到寺观去烧香拜神，可以利用他们恋生畏死的心理进行教化。释道二教以生死轮回、善恶报应、羽化飞升之说使人民有所规范。民安而国治，所以称其能"暗理王纲"。朱元璋特别欣赏唐代大思想家柳宗元的"阴翊王度"的说法，他说："昔释迦之为道，孤处雪岭，于世俗无干。及其道成也，善被两间、灵通上下，使鬼神护卫而听从，故世人良者愈多，顽恶者渐少。所以治世人主，每减刑法而天下治。斯非君减刑法，而由佛化普被之然也。所以柳子厚有云：'阴翊王度是也。'"(《谕僧纯一》,《全明文》卷八)至此，朱元璋已经把佛教和道教辅助王化的作用，说得再清楚不过了。

最后，朱元璋认为治国应当是三教并用，不可偏废。从根本上讲，他认为三教的目的是一致的，"天下无二道，圣人无两心。三教之立，虽持身荣俭之不同，其所济给之理一。然于斯世之愚人，于斯三教，有不可缺者"(《三教论》,《明太祖集》卷十)。明太祖认同宋代以来社会上流行的"三教合一"论，认为三教的圣人其心相同，都是为了天下的安定。特别是对于那些"愚昧无知"的草民，释道二教更为重要。所以他虽然主张治国当以儒家为本，但是他并不赞同一些消灭佛道教的言论。他又说："若韩退之匡君表以躁不以缓，绝鬼神无毫厘，惟王纲属焉。……世无鬼神，人无畏天，王纲力用焉?"(《三教论》,《明太祖集》卷十)对于那些没有文化的"愚民"，难以通达"天理"，又没有幽灵世界的鬼神相威慑，他们就会"人无畏天"，到那时候，到哪里去谈"王纲"呢? 所以朱元璋得出结论，盲目崇奉佛老固不可取，可像"三武一宗"那样"将谓佛仙有所误国扇民，特敕令以灭之，是以兴灭无常"(《三教论》,《明太祖集》卷十)，同样是愚昧的。因此明太祖制定了三教平衡、共辅王纲的宗教政策，既防止了盲目崇拜造成的宗教狂热，也防止了因反感宗教而造成的宗教迫害，使国家政策"不折腾"，能够平稳发展。朱元璋在明初就为明代宗教政策奠定了良好的基础。

清代以一个弱小民族奋起，战胜了貌似强大的明王朝，建立了统一的全国性政权。清初几代帝王入主中原后，对于满族以少治多的困难局面有清醒的了解，努力学习中原丰厚的文化遗产，特别是注重对于儒家入世态度的掌握，甚至比汉族建立的专制王朝还要勤奋。入关后多尔衮执政和顺治帝亲政时间不长，尚未形成完整的宗教观念，大多是沿袭明代的宗教管理政策。真正为清王朝建立宗教观的是清圣祖康熙。康熙皇帝受明清之际流行的"实学"思想的影响，主张学贵有用，故"凡事皆宜务实，何必崇尚虚文？"（《东华录》卷九十五）对于佛教和道教等方外的宗教，他都不以为然，他直接指斥佛教说："而至佛则不然，离俗以为高，矫情以绝物，悖先王之教，而创苦空之说，是非大惑与？"（《清圣祖御制文集》第一集，第二十一卷）对于藏传佛教，康熙更为反感，他说："朕自十岁时，一喇嘛来朝，提起西方佛法，朕即面辟其谬，彼竟语塞。盖朕生来便厌闻此种也。"[1] 对于道教这种容易被证伪的宗教，康熙皇帝更是轻蔑，他说："道法自然，为天地根，老氏之学，能养其真。流而成弊，刑名放荡。长生久视。语益倘恍。况神仙之杳渺，气历劫而难聚，纵白日兮飞升，与世道乎奚补？慨秦汉之世，求方药而何愚！用清净而获效，宁化美于皇初，养身寿人，儒者有道，保合太和，何取黄老？"（《热河志》卷1《圣祖御制文·七询》）康熙不仅不相信道教可以成仙，而且明确指出，就是有个别人成仙了，对于帝王治国，也没有什么作用。所以，在治国指导思想上，始终强调以儒为本。

雍正皇帝本人有一定的佛教信仰，故在治国方略上，更多的是强调三教合一，对佛教和道教加以利用。他指出："朕尝览释氏之教，虽不足为治世理民之用，而空诸色，遗弃荣利，有戒定慧之学，有贪嗔痴之戒。为说虽多，总不出乎寡欲、摄心、戒恶、行善四端为大要也。"（《清宪宗实录》卷三十一）雍正明确地说，佛教不足以"治世理民"，但是佛教讲"四大皆空"，有"戒定慧之学"，对于劝世人戒除贪婪之心，清心寡欲，戒恶行善，还是具有很大好处的，故国家应当提倡。雍正九年（1731年），其"上谕"曰："域中有三教，曰儒、曰释、曰道。儒教本乎圣人，为生民立命，乃治世之大经

---

① 中国第一历史档案馆整理：《康熙朝起居注》第一册，中华书局1984年版，第127页。

大法。而释氏之明心见性，道家之炼气凝神，亦与吾儒存心养气之旨不悖。且其教皆主于劝人为善，戒人为恶，亦有补于治化。道家所用经箓符章，能祈晴祷雨，治病驱邪，其济人利物之功验，人所共知。"（《龙虎山志》卷1，《藏外道书》第19册）雍正皇帝关于三教功能的认识，基本上是在重复宋孝宗"以儒治世，以佛修心，以道养生"的观点，不过特别强调了佛道二教劝善戒恶的社会政治功能。

乾隆皇帝对于三教关系的看法，更像其祖父康熙。他本人对佛教、道教并无信仰，将其视为一种治理"愚民"的教化手段，特别是藏传佛教，更是如此。他作《御制喇嘛说》一文阐述自己的宗教观。对于佛教所散布的那套神秘主义的东西，乾隆帝看得很透。"盖佛本无生，岂有转世？但使今无转世之呼土克图，则数万番僧无所皈依，不得不如此耳。"在藏民心中，活佛转世极为神圣，乾隆帝虽根本不相信人能转世，认为这从佛教原理上也是讲不通的。但是，既然藏民相信，所以国家还是要重视，给予高度的礼遇。"盖中外黄教，总司以此二人，各部蒙古，一心归之。兴黄教，所以安众蒙古，所系非小，故不可不保护之，而非若元朝之曲庇陷敬番僧也。"他认为清朝尊敬喇嘛是孔夫子所说的"敬而远之"，并非元朝蒙古贵族那样的虔诚信奉。所以从国家宗教政策上讲，对于佛道教，是在限制的前提下，有效地加以利用。他说："夫释道原为异端……国家功令，原未尝概行禁绝。彼为僧为道，亦不过营生之一术耳。穷老孤独，多赖以存活。其劝善戒恶，化导愚顽，亦不无小补。帝王法天立道，博爱无私，将使天下含生之类，无一不得其所。僧道果能闭户焚修，亦如隐逸之士，遁迹山林，于世教非有大害。岂忍尽驱还俗，使失业无依，或致颠连以终世哉？"（《清高宗实录》卷三十八）由于深受宋明理学的影响，乾隆帝在理论上将佛老统统视为儒家之外的"异端"，但是作为某些人的个人信仰，还是具有劝善戒恶、化导愚顽的作用，对于儒道也小有补充功效。只要佛教、道教不干政，对于"世教"并无大害，没有必要将其消灭。只是让他们如同隐士一样遁迹山林，清苦修行即可。如果用行政命令的办法强迫和尚、道士还俗，致使他们生业无着，岂不是逼民为寇？

综述明清两代奠基帝王的宗教观，其基本观点就是："释、道二教，亦王化所不废，惟严其禁约，毋使滋蔓。"（康熙朝《大清会典》《礼部·祠祭司·僧道》）合理利用佛教、道教辅助政治统治、政治管理功能，但是严格限制其发展规模，不使之影响社会正常运行，这就定下了明清两代对佛教和道教管理的基调。

（二）宋明理学的"宗教化"与儒生黜异端的呼声

明清两代在政治文化上的特点，就是大力推崇儒家思想，特别是宋明理学。宋明理学在充分吸收佛、道教哲学的基础上，完成了儒学的理论建构，再加上明清两代统治者的大力推崇，就使得儒学不仅牢牢控制了国家政治意识形态，而且也在哲学意识形态上处于绝对主导地位，不像魏晋南北朝、隋唐在哲学上还为佛教、道教留有较大空间。儒家提倡一种存而不论的远神论，甚至其中一些成员保持着一定程度的无神论倾向，使之与各种超验的宗教都保持一定程度的张力，这对于保持中国政治的世俗性是绝对必要的。然而明清时期理学的绝对垄断地位，使之本身也出现了一种"宗教化"的倾向。我们这里说儒学在明清时期出现了宗教化，不是说它的修养方法借用了佛教、道教某些内容，也不是说儒家思想中包含了某些古代宗教的要素，而是说这种以"远神论"为基调的国家意识形态，开始出现了像宗教一样强烈的排他性，所以有人说，儒教虽无宗教之名，但有宗教之实。

儒学宗教化对中国帝制社会后期思想界造成的禁锢这里不讲，从政教关系的角度着眼，儒学的宗教化对佛教、道教等正统宗教造成了巨大的压力。明儒在思想上排佛，主要是为儒家理学争一个"正统"，树立儒学在哲学上的权威地位。但将思想上的"正统"原则应用到政治上，则把佛教、道教统统看成了社会的"异端"。如明宪宗成化四年（1468 年）工部右侍郎兼翰林院学士刘定之上疏皇帝说："皇上自居东宫，即留心于圣经贤传，今日以之制治保邦，无不用此。至于佛老异端，初无所用，既未能尽，辟去之。于祖宗时，有寺观塔院姑存其旧，勿增广可也。"（《明宪宗实录》卷五十四）这里明确说明，佛老思想属"异端"，于治国无用，既然未能尽除，前代留下的寺观可以保留，但不能扩大。明孝宗弘治十二年（1499 年），"时清宁宫新成，有旨：命大能仁等寺灌顶国师那卜坚参等，设坛作庆赞事三日。大学士刘健等上疏言：'佛老异端，圣王所禁。中世人主崇尚尊奉者，未必得福，反以得祸，载在史册，其迹甚明。我朝之制，虽设僧道录司，而出入有清规，斋醮有定数，未闻于宫闱之内，建立坛场，聚集僧道有如此者。'"（《明孝宗实录》卷 155）明孝宗欲在皇宫内设立道场，西请番僧那卜坚参等进行佛事。大学士刘健等上疏反对，指出古代帝王崇奉佛老异端，未得福而得祸，明代帝王向有禁令，不可于宫内设立道场。

到了清代，视佛老为异端的呼声更高。康熙皇帝对程朱理学推崇备至，在思想领域中提倡"黜异端以崇正学"。康熙皇帝发布了《圣谕广训》十六条，这是其中第七条。康熙皇帝如此提倡，主要是为了在思想领域巩固理学的统治地位。从思想史的角度看，每一种学说都必须为自己设定一种终极真理，并由此展开自己的体系。为了论证自己体系的至上性，则又必须将自己设定的终极价值说成是唯一的。所以在清儒眼中，儒家以外的一切宗教、学说都是异端。例如朱轼在《圣谕十六条解》中解释说："那异端叫做'邪说'，不止于白莲教、无为教、天主教、红莲教各种是异端，就是如今佛家、道家，总是异端。"不仅那些被朝廷公开宣布取缔的民间宗教和尚未得到政府认可的外国宗教属于异端，就是佛教、道教那样国家认可的正统宗教，也是异端。一些儒臣对佛道教的异端思想进行了严厉的批判。儒者范承谟在《上谕十六条直解》中说："惟有近来释、道两教，创为因果报应、天堂地狱之说，以谓斋僧布施便可增福建寿，看经念佛便可灭罪消愆，将忠孝节义置于度外，翻把孔子的正学掩晦。"把佛老置于异端地位，就是为了在意识形态领域，树立儒学终极价值的地位。

至于实际生活中的佛教和道教，儒家学者还是可以看到其积极作用的。夏炘在《圣谕十六条附律易解》中指出："释道二氏，虽与圣学之教判然如水火之异性，黑白之异色，然谈因果，说祸福，尚有教人去恶为善的意思。"因此在实际政策的执行上，"异端"只是"邪说"，应当批判，但"异端"还不是"邪教"，不能取缔。《皇朝续文献通考》卷八十九载："邪教与异端不同，若古之杨、墨，今之佛、老，异端也；汉之张角、明之徐鸿儒，邪教也。杨、墨言仁义而差者，佛、老言心性道德而差者。其学虽误，其心无他，其徒党从无犯上作乱之事。君子有辞而辟之，无取而戮之。若邪教之徒，小则惑人，大则肇乱，古所谓造言乱民之刑，不待教而诛者也。"先秦的杨、墨，今日之佛、老被称为"异端"，主要是思想认识问题，其创立学说的初衷也是为了寻求仁义道德，其信徒并没有犯上作乱的违法行为。邪教则不同，他们不是认识问题，而是参与了造反。故儒学君子对于异端只是批判，对于邪教则主张政府应当动用刑罚，不教而诛了。正是基于这些认识，明清两代虽然将佛、老视为异端，在学术中进行批判，但是并没有政治上的迫害行为。

（三）佛、道教的适应与进一步儒化

面对儒生们强大的批判浪潮，佛教、道教的大师们被迫应战。当然，在中国这样的臣属型政治文化环境中，适应的方向只能是佛教和道教进一步向儒教靠拢。换句话说，就是佛教和道教的进一步儒化。儒家政治哲学的核心，是建立在宗法等级社会基础上的"纲常伦理"学说，从而也就派生出"顺从型"的政治文化。阿尔蒙德和维巴在《公民文化》一书中，将政治文化分成了"地域型"、"顺从型"和"参与型"三类。① 在顺从型政治文化体系中，可以容许其他文化形态存在，但是要绝对地服从主导文化的支配。在中国古代的社会文化体系内，"独尊儒术"主要是指儒家文化作为政治意识形态的地位是唯一的，不允许其他学说染指。但是其他学说或宗教，作为一般文化体系，都可以在辅助王化的轨道上发展，"和而不同"、"殊途同归"。

自从两汉时期佛教传入，道教生成以后，佛道二教就在不断地与中国顺从型的政治文化相适应，自觉地为专制政府服务。然而在魏晋南北朝时期，佛教、道教在"均善"、"均圣"的大前提下，还想与儒教争个内外、高低，在宋元时期还有"以儒治世，以道修身，以佛修心"的领域分工。而到了明

---

① 参见［美］加布里埃尔·A.阿尔蒙德、西德尼·维巴：《公民文化——王国的政治态度和民主》，马殿君等译，浙江人民出版社1989年版。

清时代，在宋明理学的强大舆论压力下，佛教和道教在"三教合一"的形式之下，干脆直接大量引用理学的文字，直接发挥理学"修身养性"、"存理灭欲"的教化功能了。所以我们认为，明清时期所谓的"三教合一"，实质上是佛教和道教的儒化。

明初禅宗大师梵琦，号称"国初第一宗师"。梵琦的宗教活动，有很强的政治性，集中表现了明代佛教顺从型政治文化的特点。"洪武元年，九月十一日，于蒋山禅寺水陆法会中升座，师云：'钦惟皇帝陛下，英武仁圣，削平海内，子育万民……特赐银帑，命善世院就蒋山禅寺修建冥阳水陆大会一昼夜，于中作诸佛事。……今日圣恩，令臣僧梵琦于此升座……恩重须何以报？祝延圣寿万斯年。'"（《梵琦语录》，《续藏经》第一辑，第 2 编第 29 套第 1 册，第 146 页）明代的高僧除了要对皇帝"称臣"、"祝寿"这些形式的礼仪之外，梵琦还主动用佛教的语言，论证了专制王朝中的君臣关系。另一则语录记载："圣节，上堂。僧问：'佛祖因缘即不问，君臣庆会事如何？'师云：'瑞草生嘉运，林花结早春。'进云：'如何是君？'师云：'莫触龙须。'进云：'如何是臣？'师云：'量材辅职。'进云：'如何是臣向君？'师云：'赤心片片。'"（《梵琦语录》，《续藏经》第一辑，第 2 编第 29 套第 1 册，第 4 页）这段话，可以看成梵琦用禅宗"机锋"的方式，对于顺从型政治文化关系的理解。皇帝具有无上的权威，天下臣民都要"莫触龙须"。大臣在政治上要安于本分，量力而行，辅助君王，并且要对君主"赤心片片"。如此论证用的虽然是禅宗特有的机锋形式，但说的却是儒家的纲常伦理。

到了明末佛教四大家，各个都是提倡三教合一，实质上是儒化佛教的高手。例如云栖袾宏认为："核实而论，则儒与佛不相病而相资。试举其略：凡人为恶，有逃宪典于生前，而恐堕地狱于身后，乃改恶修善，是阴助王化之所不及者佛也。僧之不可以清规约束者，畏刑罚而弗敢肆，是显助佛法之所不及者儒也。"（《竹窗二笔·儒佛交非》）在袾宏看来，对于世人而言，有人不畏世俗的法律刑罚，但是畏惧死后的地狱惩罚，故不敢为非，在这方面儒教的作用不如佛教。而一些寺院中的僧人不守清规，也需要借助世俗的刑罚进行管束，则佛法不如儒家。所以他得出结论："儒佛二教圣人，其设化各有所主，固不必歧而二之，亦不必强而合之。何也？儒主治世，佛主出世。治世，则自应如《大学》格致、诚正、修齐、治平足矣，而过于高深，则纲常伦理，不成安立。出世，则自应穷高极深，方成解脱，而于家国天下不无稍疏。"（《竹窗二笔·儒佛配合》）儒教和佛教，各有所长，然儒教的修齐治平的原理过于高深，一般人不容易搞懂，所以还需要佛教的补充。

明清时期的道教，更是在三教合一的浪潮中进一步儒化了。从根子上说，道教产生于中国宗法社会的土壤，对君臣、父子的伦理纲常，本来就是高度认同的，从政治伦理的角度看，很难说他们与儒家有多少差异。而在明清以后，随着内丹修炼的兴起，道教本身特有的追求长生久视的价值理想渐趋淡化，所谓的内丹修炼，更像是一种理学的道德修养了。

例如明代著名道士陆西星指出："孔子曰：一阴一阳之谓道，仁者见之谓之仁，智者见之谓之智，百姓日用而不知。……故天不变则道不变，道不变则体是道者，亦可使之不变。而长生久视之道，端在于此。"（《玄珠录》，《正统道藏》卷三十九）显然，他已经把儒家的《易经》所揭示的"一阴一阳之谓道"，看成是宇宙万物运行的基础，当然也是道教修行长生久视的基础。人要想长生久视，既要修性，也要修命，在这个问题上，儒释道三教是一致的。"三教圣人同一宗旨，但作用不同耳，故有三教之别名。"（《玄珠录》，《正统道藏》卷三十九）明清时代道教的"性命双修"，已经越来越重视修行了。如陆西星谈到修行方法时说："夫修道者，以不争为上善，老圣盖屡言之。佛经云：我得无净三昧，人中最为第一。偈云：净是胜负心，与道相违背，便起人我相，安能得三昧。《语》曰：君子无所争。三教圣人同曰一词，实修性之上德，入圣之要机也。"（《玄珠录》，《正统道藏》卷三十九）这些修行的功夫，与宋明理学家提倡的身心性命修养，几乎没有什么差异了。

明清两代佛教和道教高度儒化的结果，就是正统的宗教反而在理论上丧失了独特性和创新能力。当代许多佛教史、道教史研究者都认为，明清时代的佛道教走上了下坡路。这样的宗教，必然就会在精英文化层面上被边缘化，失去了对文化精英的吸引力，逐渐向社会风俗、礼仪的方向发展。

三、中国帝制社会的最后辉煌

（一）政治稳定导致经济发达、文化繁荣

以上我们详细分析了明清两代君主专制势力加强的负面作用，但是我们也要指出，这些负面作用多是我们站在当代立场上说的。如果严格还原历史的本来面目，就中国古代社会的自身进程讲，从封建到帝制，不断走向君主集权制度是一种历史的必然。而在中国当时的小农经济和宗法家族制度的基础上，这种绝对集权的君主专制制度是比较适用的，所以明清两代都基本走完了一个帝制王朝的自然周期，并在清朝前期还出现了中国历史上最后一个高潮——康乾盛世。

明朝的皇权加强，最大好处是抑制了地方割据势力的发展，保证了中央集权政府的有效运行。中国古代社会的经济基础是小农经济，广阔的地理空间，狭小的生产规模，不发达的通信和交通，这一系列因素使得如何防止地方割据成为历代朝廷的大难题。宋代以后，历朝的君主们逐渐找到了对付地方割据的方法，就是不断加强中央集权，削弱地方势力。而明清两代在这方面则取得了最好的成绩。在当时的自然经济的条件下，与压抑人性、窒息创造力等负面作用相比，保证国家的政治稳定是促进生产发展的最有效手段。明代虽然没有出现康乾盛世，可是明代的农业、手工业、商业都出现了很大的发展，很多学者甚至断定当时已经出现了资本主义萌芽。从明代白话小说反映的繁华的市井生活中，当代人仍可感到当时市场经济的兴盛。

清朝是中国少数民族建立的第二个全国性政权，清代帝王充分吸取了元朝的教训，在"首崇满洲"，保证满洲贵族特权利益的前提下，他们打出"满汉一家"的旗帜，尽量吸收汉族地主阶级参与统治，扩大统治的民族基础。康熙皇帝是中国历史上少有的"圣王"，一生勤奋好学，即使在平定三藩之乱的紧急时刻，经筵日讲依然不辍。他一生崇尚程朱理学，但是绝无书生的门户之见和空谈性理的迂腐，学习全在于躬行治国。不但善于学习中国的文化经典，而且康熙皇帝还认真地向西方传教士学习先进的数学、物理、天

文、地理、水利、农学等方面的知识。在康熙皇帝的表率下，社会上下出现了一股经世致用、躬行践履的实学之风。康熙皇帝亲政之后，国家出现了兴利除弊、励精图治的气氛，削平"三藩"，收复台湾，平定准噶尔，统一回疆，击退沙俄侵略者，签订《尼布楚条约》，基本奠定了近代以前中国的版图，成为一个疆域广阔的国家。在注重武功的同时，清初诸帝也十分重视国内政治、经济的治理。康、雍、乾三帝，在国内实行鼓励垦荒政策，使得因明清之际战乱荒芜的土地得以复耕。他们兴修水利，治理河道，使得水旱灾害得到抑制。蠲免部分贫苦地区的赋税，使得民生得以改善。特别是康熙、雍正年间进行的"摊丁入亩"改革，这样就免除了广大无地或少地农民的困扰，平均了赋税负担，极大地调动了广大农民的生产积极性。"康乾盛世"，起于康熙二十年（1681 年）平三藩之乱，止于嘉庆元年（1796 年）川陕楚白莲教起义爆发，持续时间长达 115 年。由于实行了"滋生人丁，永不加赋"的税收政策，以前隐匿的人口公开出来登记，家庭生育也在增加，人口出现了大爆炸，从明末的 1 亿增加到乾隆末年的 3.6 亿。人口是自然经济发展过程中的宝贵要素，人口的增加推动了农业的发展。康乾时期农业持续发展，荒地大量开垦，耕地面积不断扩大。顺治十八年（1661 年），全国耕地面积为 526 万顷；康熙六十一年（1722 年）就突破了明代最高耕地统计数字，达到 851 万顷。由于玉米、甘薯、油菜等高产作物的种植，农产品产量不断提高。农业水平的提高又推动了手工业的发展，全国各地出现了一大批经营各种手工业的城市，资本主义萌芽进一步发展。经济的发展奠定了国家财政的基础，康熙四十五年（1706 年）库存帑银五千余万两，雍正、乾隆年间多维持在六千万两的水平，最高达到八千万两，从而成为一个国富民强的时代。按照英国著名经济史和经济统计学家安格斯·麦迪森的说法，从 17 世纪末到 19 世纪初，清王朝统治下的中国在经济上的表现相当出色。从 1700 年到 1820 年，中国的 GDP 不但排名世界第一，在世界的比例也从 22.3%增长到 32.9%。

在经济发展的同时，康乾时代的文化也有了很大的发展。政府主导编写的《四库全书》，多达九万七千多卷，分别藏在文渊阁、文津阁、文源阁、文溯阁、文宗阁、文澜阁和文汇阁，是一项重大的文化工程，对于文化保存具有重大意义。但是在编辑《四库全书》时，也要经过政府的严格审定，凡是对清政府不利的内容，都被付之一炬。因此《四库全书》对于中国的文化建设，也可以说是毁誉参半的。为了繁荣佛教文化，清政府又主持刊刻《龙藏》，全称为《乾隆版大藏经》。此藏从清世宗雍正十一年（1733年）在北京贤良寺设立藏经馆，十三年（1735年）正式开雕，至清高宗乾隆三年（1738年）完成。全藏共收经1669部、7168卷，分作724函，这可以说是一部规模最大的大藏经。《四库全书》和《龙藏》的刊刻，说明清代中国的文化事业，也达到了一个空前的高度。

（二）成熟的宗教管理与宗教有序发展

朱元璋作为一名依靠民间宗教起家的农民起义领袖，深知宗教观念对于发动群众、鼓舞士气的重要作用。故在参加起义后，朱元璋主动利用道教的图谶和佛教的预言为自己制造君权神授的舆论。朱元璋亲近的道士有周颠、张中、张正常、刘渊然等。明太祖建国后，鉴于元代过分崇佛而致亡国的教训，他一再告诫群臣不能过分崇奉佛老，但是对于社会著名的佛道教领袖，朱元璋还是给予了足够的礼遇，使各种宗教都能为新王朝服务。早在他还是吴王时，就曾出榜招聘天师道42代继承者张正常，并命有司四处寻访。建国后的洪武元年（1368年），张正常入朝祝贺，太祖授予他"正一教主嗣汉四十二代天师，护国阐祖通诚崇道弘德大真人"（宋濂：《四十二代天师正一嗣教护国阐祖通诚崇道弘德大真人张公神道碑》）。

朱元璋因其早年的僧侣生活而对元末佛教内部种种弊端深有认识。由于蒙古族统治者狂热崇佛以及滥售度牒，导致僧侣队伍的膨胀和素质的低劣。教团中多有不务经业、不居寺坐禅而云游乡里者，甚至娶妻蓄室的"伙居僧"遍及州府。逃避租税、违法犯罪者遁迹空门，前朝政敌"改名易姓，削发顶冠，人莫识之"，寺院成了藏污纳垢之所。庞大的僧侣队伍不仅是政府和人民的沉重负担，而且一遇时变就会成为社会不安定因素。所以朱元璋对佛教采取了"紧缩"政策。洪武六年（1373年）十一月他说："（对佛道二教）近日崇尚太过，徒众日盛，安坐而食。蠹财耗民，莫甚于此。"（《明太祖实录》卷八十六）诏令州、县裁并寺院，严格剃度。他认为僧尼素质下降是由于宋元以来滥售度牒造成的，故从根本上加以改革，废止计僧售牒，度牒改为三年免费发放一次，但同时进行严格的考试。洪武十年（1377 年）诏令由翰林学士宋濂等人出题考校僧徒，"皆通《般若心经》、《金刚般若经》、《楞伽经》"者，准许继续为僧，"不通者，令还俗"。洪武二十四年（1391 年）诏令对全国寺观进行清点，命各州府只许保留大寺观一所，僧众集中居住，各府不得超 40 人、州 30 人、县 20 人，令僧官严格监督。《明律》对私度僧尼、私建寺观限制甚严。《明会典》卷一六三《律例四》载："凡寺观庵院除见在处所外，不许私自创建增置，违者杖一百，还俗。僧道发边远充军，尼僧女冠入宫为奴。""凡僧道不给度牒，私自簪剃者，杖八十。若由家长，家长当罪。寺观住持及受业师与私度者，与同罪，并还俗。"明初的佛教因太祖一系列严格管理而得到整顿。

另外，朱元璋又是一位成熟的政治家，深知佛教对巩固统治的益处。他在《招善世禅师诏》中讲："佛教肇兴西土，流传遍被华夷，善世函 ① 顽，佐王纲而理道，今古崇瞻，由慈心而顾重。是故出三界而脱沉沦，永彰而不灭。"（《释氏稽古略续集》卷二）由于佛教有"善世函顽"，"佐王纲而理道"的社会功能，故而要大加褒扬。朱元璋登基伊始，便在南京蒋山召集江南名僧 40 余人，启建"广荐法会"，超度战争亡灵，并为新王朝祈福。朱元璋严厉整顿佛教并不是反佛、排佛，而是去其杂芜，存其精华，使佛教在中央集权统治的轨道上合理发展，成为帝制政治、文化中一个有机的组成部分。

对于道教的管理，完全参照管理佛教的方式，且规模、等级基本相同，做到了对二教一视同仁。洪武十五年置僧录、道录二司，隶属礼部，加强管理。二十四年清理释道二教，凡僧道，府不得过 40 人、州 30 人、县 20 人，民年非 40 以上、女年非 50 以上者不得出家。二十八年令天下僧道赴京考试给牒，不通经典者黜之。不过考虑到道教与中国民间宗教的密切关系，所以

---

① 函，凶字的俗写，有折服之意。

在管理道教方面，特别注意切断他们与民间宗教的联系。洪武中有诏，凡火居道士，许人挟诈银 30 两、钞 50 锭，如无，打死勿论。明太祖态度如此严厉，一是以僧道太奢，"蠹财耗民"，对财政有影响；二是他本人起自民间，曾利用白莲教反元，深知民间宗教具有反叛潜能，故立国后禁断白莲教，并严格僧道管理，不使白莲教和其他民间宗教信徒混入僧道之中；三是因僧道中多有"不循本俗，污教败行"者，有碍国家法律的统一。故须考核整顿，令僧道并而居之，不使与民相混。洪武二十七年（1394 年）下诏，"令僧道有妻妾者许诸人赶逐，相容隐者罪之。有称白莲、灵宝、火居，及僧道不务祖风，妄为议论、阻令者，皆治重罪"（《留青日札摘抄》）。明显是防止失控，造成民变。

明太祖以降，明代其他帝王多是既崇佛，又崇道，二教并重。但他们的崇佛、崇道活动多属个人信仰行为，一般不会影响国家宗教政策。他们基本沿用了太祖对佛道教推崇、扶植、利用、控制的政策，使得内地的佛道教基本保持了在"阴翊王度"的轨道上和谐发展的局面。特别是吸收历代帝王偏重佛教或道教，造成对某种宗教迫害的教训，基本保持了佛教与道教的和谐相处，相得益彰。

与明王朝相比，清朝作为一个入主中原的少数民族王朝，对于以儒家为核心的华夏文化，信奉更加坚定，执行更为彻底。具体表现在宗教政策方面，就表现得更为冷静、理性，个人崇拜的色彩较淡，理性利用的成分更多。康熙皇帝是中国历史上较有作为的君主之一，兼有文治武功，精通多门学问。他在极力推崇程朱理学的同时，对释教也大加褒扬。尽管他在内心深处对于各种超验的宗教抱着存疑的态度，但是作为一名成熟的政治家，对于佛教、道教这些影响深远的大型宗教，他不能忽视其辅政安邦的作用。康熙在位 61 年，曾经六下江南，每次南巡，"山林法席，均荷恩光"。如康熙二十三年（1684 年）第一次南巡，到天宁、平山二寺，天宁赐额"萧闲"，平山赐额"怡情"。到金山寺，御书"江天一览"于竹林。亲撰《竹林赋》勒石于竹林寺……类似情况不可胜记。据《清鉴纲目》卷二《圣祖仁皇帝》记载，他一生"写寺庙扁榜多至千余"。另外，他还多次巡幸五台山，参礼佛寺，对僧人优礼有加。不过从思想深层看，康熙是个儒家信徒，对方外之教持一种"敬而远之"的态度。他提倡儒释合一，其中利用的成分偏多。

雍正则是一个对佛教有很深造诣的皇帝。当他还是雍亲王时，便与藏传佛教高僧章嘉呼图克图十分接近，研习经典颇为用功，后与汉地禅僧广泛接触，方知"初时惟知从佛教经典上研求，而未知心性中向上之事"①。于是转向禅门，结纳禅僧，自号"圆明居士"，在王府中参禅悟道。及登帝位，雍正又编纂《御选语录》19 卷，其中包括上自僧肇下至玉林通琇等历代宗师语录、机锋，也有他与臣下问答的言句，其中颇多奇拔之语，禅机横溢，从中亦可窥见雍正帝的才识。从雍正选编语录的范围，可见他佛教思想中具有教内禅、教合流，教外儒、释、道合流的倾向。《御选语录》中不仅有僧肇、慧远等根本不属禅门的高僧论著，甚至连北宋道教"紫阳真人"张伯端的著作也选入了。他在"序言"中解释说："紫阳真人作《悟真篇》，以明玄门秘要，复作颂偈等三十二篇，一从性地演出西来最上乘之妙旨。"他认为道教内丹派在根本理论方面与禅宗是相通的。

相对于佛教，清代的道教则在走下坡路。当代几部重要的道教研究著作都认为："满清贵族素无道教信仰。"②"清王朝入关，对道教不感兴趣。"③所以整体来看，清政府宗教政策中，对于道教限制、压抑的成分偏多，推崇、利用的成分偏少。以顺治皇帝为例，顺治三年（1646 年）"江西巡抚李翔凤，进正一真人张应景符四十幅。上谕曰：'凡致福之道，惟在敬天勤民，安所事此朝廷一用，天下必致效尤。'其置之。"（《大清世祖章皇帝实录》卷二十七）显然顺治帝以儒家"敬天勤民"作为治国的指导思想，怕因褒奖道教造成天下效尤，影响了政治的稳定。不过道教毕竟是中国土生土长的宗教，已经流行了一千多年，有众多的信徒，不能不给予一定的肯定。顺治帝在十三年（1656 年）谕礼部曰："儒、释、道三教并垂，皆使人为善去恶，反邪归正，尊王法而免祸患。"（《大清世祖章皇帝实录》卷一百零四）从鼓

---

①　蒋维乔：《中国佛教史》卷四，商务印书馆 1935 年版，第 5 页。

②　任继愈主编：《中国道教史》，上海人民出版社 1990 年版，第 641 页。

③　卿希泰主编：《中国道教史》第四卷，四川人民出版社 1996 年版，第 5 页。

励各种宗教劝人向善，尊奉王法的角度出发，对于道教领袖也给予了很高的褒扬。同年，王常月"奉旨主讲白云观，赐紫衣，凡三次登坛说戒，度弟子千余人"（《昆阳王真人道行碑》，《白云观志》卷4）。其他帝王大致也是如此，故清代佛教与道教继续并行发展，共同为维持社会的平稳发挥作用。

四、对宗教的过度严管及其副作用

中国帝制社会的政治意识形态是儒家学说，儒家本身就没有彻底否定宗教，而且又有"和而不同"、"殊途同归"、"神道设教"的思想方法，所以古代政府大多数时候并不把宗教当成敌视的对象，而是看成可以利用的工具，甚至是可以合作的朋友。但是，一些官员仍然对于各种宗教保持着高度的警惕，主要问题在于宗教经常与各种民间起义联系在一起，从而导致了政教关系的紧张。因此，历代统治者在观念深处，都不自觉地把各种宗教视为异己力量，严加管理。然而物极必反，过度严管则会产生事与愿违的效果，这一点在中国帝制社会后期的明清两朝，表现得尤为严重。

（一）严管政策导致正统宗教的退化

明清时代高度的君主专制制度造成的结果之一，就是对正统宗教的过度管理致使正统宗教的退化。这种退化表现为两个方面：一是思想理论上的退化，佛教和道教都缺少适应新形势的发展，减少了对民众的吸引力；二是对于佛道教度牒的不合理"限制"，导致一些本来信仰佛道教的僧道，反而走进了民间宗教的队伍。

朱元璋的宗教管理思想，成为有明一代的"家法"。经过反复修订，在洪武三十年（1397年）颁布的《明会典》将其法律化："释道二教，自汉唐以来，通于民俗，难以尽废。惟严其禁约，毋使滋蔓。令甲俱在，最为详密。"（《明会典》卷一百零四）文中提到"难以尽废"，其对宗教组织的对立甚至敌视的态度已经十分明显。在这种情况下，所以要严格管理，防止扩大、发展。根据《大明律》所制定的："难以尽废，惟严其禁约"的指导思想，历朝政府希望通过限制度牒的发放来达到缩小佛道教规模的目的。"洪武初规定三年一给牒，永乐中改为五年一给，后冒滥益甚，天顺二年（1458年）改为十年一给。"明成祖规定，全国僧道"府不过四十，州不过三十，县不过二十"（《明太宗文皇帝实录》卷二百五）。按此规定，全国僧道总额数不得超过36000余名，实在是一厢情愿，与实际的情况相差太远。

《大清会典》基本承继了明代的管理思想，规定："释、道二教，亦王化所不废，惟严其禁约，毋使滋蔓，令甲俱在，最为详密云。"康熙朝《大清会典》载，康熙六年（1667年），"礼部通计直省……僧人十一万二百九十一名，道士二万一千二百八十六名，尼八千六百十五名。通共……僧、尼、道士十四万一百九十三名"。与唐、宋、明诸朝的和平年代僧尼、道士数量大约在50万人相比，这一数字显然是被人为缩小的。上文已述，明代中期以后就采取停发度牒的方法"缩减"僧道人数，其实不过是自欺欺人而已。实际上无牒僧道比比皆是，官方统计的寺观数量就可以说明这个问题。因为将僧道的总数与寺庙的总数79622相除，平均每座寺庙的僧道人数仅有1.76人，显然与常理不合，一定会有大量无牒僧人存在。但就是在这样的情况下，朝廷还是认为天下僧道太多。康熙十五年（1676年）题准："停止给发度牒。"（《大清会典·礼部·祠祭司·僧道》）从此开始至雍正十三年（1735年）的近六十年中，政府没有再发放过度牒。用这样一种简单、生硬、蛮不讲理的办法处理宗教问题，不仅不能实际减少出家的人数，反而使政府失去了对僧道人数的掌握，无法到达有效管理僧道的目的。

从人员情况看，如果那些希望出家的僧道不能得到度牒，在寺院或道观中合法实现自己的宗教追求，他们的活动就很可能与民间信仰相结合。如直隶人崔焕，先是随道士学习音乐，每遇有村民白事，前往吹打乐器，诵唱心经等经忏。后来崔焕加入道教不成，嘉庆二十一年（1816年）又随父拜交河人崔大功为师，入未来真教。清茶门教首刘光宗是一位出家的道士，直隶东光县徐家庄九圣庙的陈道士，则是无极门的教首。同时，也有许多僧尼加入民间宗教或创立新教。这些僧尼或住村庵寺庙，或带发修行，他们不仅是乡村各项佛事活动中最热心、最积极的分子，也常常在民间宗教中扮演着重要角色。著名者如罗教五祖孙真空就是位半路出家的山野僧人。九宫道的创始人李向善，18 岁时在五台山落发为僧，后以极乐寺为根据地开展布教活动。①

从理论上看，清明时期的佛道教为了迎合统治者的胃口，高唱"三教合一"的主旋律，其实质是佛教和道教的儒化。佛教和道教本来是作为儒教的补充进入中国传统社会主流文化领域的，但是在明清时期佛教、道教变得过于理性化、世俗化，大谈忠孝伦理，这样反而使自己失去了理论特色。佛教那套复杂的空即是色、色即是空、如如不二、明心见性、即心即佛的理论，对于下层百姓最关心的命运问题、生死问题、收成问题、婚嫁问题，没有任何帮助。至于佛教的修持方式和传播方式，尽管从唐宋以后已经开始了通俗化、民间化的工作，但是对于广大没有文化知识的下层民众来说，仍然太过复杂、烦琐了。例如，禅宗已经是中国化的佛教流派，改变了大量读经、坐禅的修炼方式，但是即使在士大夫看来已经很简单的"参禅"、"顿悟"的"机锋"，也是普通百姓难以接受的。以禅宗的"公案"而言，有正说、反说、庄说、谐说、横说、竖说、显说、密说，宋代文字禅对于历代公案又有评唱、击节，仍然十分烦琐、玄虚，本质上还是适应士大夫阶层的精神需要和审美情趣。

美国宗教社会学家罗德尼·斯达克把经济学的原理引入宗教学研究，他开创的"宗教市场论"，可以很好地说明明清时期正统宗教萎缩与民间宗教空前发展的关系。宗教市场论认为：由于人们在宗教生活中充满着理性的选择，在相似的条件下人们总是选择最好的产品。各种宗教的兴衰，主要在于他们是否为群众提供了好的信仰产品。斯达克认为，在没有政府干预自发调节的市场上，各种教会必然竭力奉献民众需要的宗教产品，满足群众的信仰需求，并在市场上形成激烈的竞争。但是，如果政府干预，支持某种宗教组织，形成某种程度的宗教垄断，那么不仅不会激发出社会对垄断教会普遍的

---

① 参见梁景之：《清代民间宗教与乡土社会》，社会科学文献出版社 2004 年版，第 288—289 页。

宗教信心和认同，宗教生活反而会走向衰落。根据经济学的原理，当人们不需要努力工作就可以获得垄断的社会地位时，他们的劳动热情必然是下降的。这就是明清时期正统宗教思想缺少发展、活动样式单调、僧侣腐败、丑闻不断的根本原因。① 然而，人民群众的宗教需求是不可能被人为消灭的，正统宗教不能提供充分的宗教信仰，民间宗教自然就会出来补充，这也就是民间宗教大发展的原因。

明清社会急剧增加的人口，也是民间宗教大发展的重要因素，当代学者丁希勤以徽州地区的人口变化为个案指出：据道光《徽州府志》载，明朝弘治四年和万历六年徽州人口总数分别是 65861 人和 566948 人。90 年间，人口增加了 8.6 倍，但是寺院和僧尼人数没有多少变化。正统宗教的寺观满足不了人们的需求，转向民间宗教就是再正常不过的反应。②

（二）不能引导民间宗教向上层化、民俗化发展

一般而言，当宗教向上层化、民俗化方向发展时，往往会成为促进社会和谐、健康发展的积极因素，如汉魏时期的道教，在曹操的招安、聚禁政策的作用下，开始从民间反政府的组织，变成了为王朝服务的宗教。其宗教思想也越来越和儒家思想相协调。明代基督教传入中国，也存在走上层路线和下层路线的问题。利玛窦代表着前者，龙华民代表着后者。前者是与儒家士大夫的结合，变成了东西方文化结合的桥梁，后者则最终导致了"中国礼仪之争"，既对基督教发展造成了极大的打击，也造成了中国的"闭关锁国"，丧失了近代的发展机会。

当代学者研究民间宗教问题时指出："我们并不认为民间宗教必然走向邪教，也反对将民间宗教与社会运动，特别是农民运动不加区别地联系在一起的做法，但同时也注意到民间宗教中充满变数的一面。"③ 绝大多数民间宗

---

① 参见魏德东：《宗教市场论》，《宗教研究》第 1 期，中国人民大学出版社 2004 年版。

② 参见丁希勤：《明清民间宗教信仰嬗变及社会影响》，《安庆师范学院学报》（社会科学版）2008 年第 8 期。

③ 梁景之：《清代民间宗教与乡土社会》，社会科学文献出版社 2004 年版，第 3 页。

教在其创教的初期，或是为了满足自己宗教生活的愿望，或是为了通过创教实现个人的致富目的，很少有人敢于用创立宗教的形式夺取政权。所以，绝大多数民间宗教在发展的初期，都是以辅助教化的形象出现，其经文中充斥着与儒释道三教一样伦常教化的内容，甚至像正统宗教一样在宗教祷告词中充斥着肉麻的谄媚内容。如诞生于明朝后期的黄天教，其《普净如来钥匙宝卷·序》云："净手焚香告上天，文武康太（泰）得自然，有道皇王万历年。……"又云："至今日，才显出，圣明君，真天子，万历之年，我朝有德真人观，好个真天内，才把钥匙宝卷传。……"又有颂扬封建伦理的内容："诸色人等，各守自己生理本分。父慈子孝，兄弟和睦，亲尊长上，姒娌贤良，敬邻爱友。"

然而明清政府对宗教组织的过度严管，不仅没有把宗教组织引导向上层化、民俗化的方向发展，反而使之向下层化、秘密结社的方向发展。所谓秘密结社型的民间宗教组织，则是在清明政府的严厉查禁政策的打击下，一些民间宗教不得已作出的应激反应。中国古代专制政权历来执行一种对待宗教信仰宽松，对于宗教组织管理严格的政策，特别是明清两代，其管理的严苛已经到了不讲理的程度。为了对抗政府对于民间宗教组织不分青红皂白"露头就打"的政策，一些宗教建立了十分严格的组织系统，其中八卦教最具代表性。最早是在罗教的宝卷中提出了以古佛无生老母为最高主宰的分立宗派，接续莲宗，即三佛续灯或三乘九品，五祖承行、三宗五派（或三乘五教、三枝五派）以及九杆八枝或九杆十八枝，乃至五盘四贵（或四相五盘、五行四相）的掌教秩序或治世体系。不过在早期罗教中，这只是一种设想，并未变成实际活动。据当代学者研究，是从罗教发展出来的闻香教教首王森，把罗教的组织设想变成了"九宫八卦"的组织结构系统。"内九宫、外八卦，三宗五派"，"立九杆，十八枝，将法开通"（《皇极金丹九莲正信皈真还乡宝卷》）。康熙初年，东山单县人刘佐臣就是按照"九宫八卦"的格局开创了"五荤道"，由于严格"分八卦收徒众"，故其教门也被称为"八卦教"。"九宫"是八卦教的领导核心，外边按照四面八方的规制，将教徒分成乾、坤、震、巽、坎、离、艮、兑八个方面军。每一卦中设有卦主，卦主下边又设立

64个卦伯……层层发展，组织严密。正是由于八卦教有了这样严密的组织系统，所以嘉庆十八年（1813年）由坎卦卦主林清发动的攻打皇宫的战斗才能取得初步的胜利，对专制王朝造成极大震撼。由于民间宗教秘密结社型教团组织严密，违反了中国专制帝王"惟皇作极"的统治原则，所以也容易形成与政府的对立。

民间宗教向下层化方向发展，也容易导致各种犯罪行为的发生。明清时期民间宗教最为世人诟病者，就是这个问题。宗教徒出于自愿为宗教组织捐献钱财，本来属于私人事务，无须政府干预。但是，如果一些宗教领袖出于个人的目的，利用"末世劫难"、"捐钱免灾"之类的谎言骗取大众的钱财，则属于犯罪行为。根据史料，这种情况在明清时期各种民间宗教组织，都不同程度地存在着。例如，诞生于明朝中期后期的闻香教，就是一个非常善于敛钱的宗教。清代嘉庆年间山东学者王引之曾描写了这种过程："盖愚民未闻礼义廉耻之节，但知银钱可以谋衣食而免饥寒也。则汲之图之而不恤其他。彼为邪说者，知愚民之可以利诱也，于是借敛钱之说邀其入教也，则己之钱入于人之手，其人入教而又传教也，则人之钱入于己手。辗转传教则辗转敛钱，愚民信以为生计，遂相与从之。"（《朱批奏折》，嘉庆二十年十一月十九日山东学政王引之奏折）闻香教这样收取"根基钱"的方式，近似于当代社会中的"传销"。由于宗教内部存在着严密的等级关系，每一级上面还有更高的级别，故下层大众上交的"根基钱"集中到了王氏家族手中，就是一笔巨大的财富。据时人岳和声说："见获伪大师周印，传徒分为五会，会各数千人，每四季敛钱，解赴周印处，转解滦州石佛口，称弥勒佛王好贤，听其支用。"（《餐微子集》卷四）岳和声的说法，为我们清晰地勾画了一条王氏家族敛钱的路线图。至于中间层次的大小头目，也都把传教敛钱，当成了致富的途径。特别是教会内部规定，将敛钱的多少当成升迁的依据，故大小头目为了在教会中获得更高的位置，也都十分热心传教敛钱活动。

宗教领袖不仅利用神秘的宣传敛钱，甚至利用女教徒对他们的信任骗色。例如，乾隆末期混元教教首王会是个能力有限但野心勃勃、具有帝王欲的教首，他贪财好色，除了利用编造上天"合同"骗取教徒银钱外，专事与女教徒"奸通宣淫"。他的手法是用习练气功的方式，以此哄诱无知妇女。据王会大弟子刘郭氏供称："小的又到王会家去，他教小的须要静心养性、采清气、焕浊气，叫小的与他睡，说他日后得了志，封小的做官院。有钱的出布施，无钱的出身子。"（《军机处录副奏折》乾隆十八年八月刘郭氏供词）再如如意教教首邢士魁，自称是一炷香教主董四海的十辈传人，"嘉庆十三年，邻村民妇吕尹氏患病往烦邢士魁按摩治病，邢士魁顿萌淫念，遂与吕尹氏调戏成奸。……迨后，有同村民人赵廷之妻赵周氏并吕元观之妻吕胡氏、望都县民妇刘赵氏、刘钟氏先后烦邢士魁治病，内惟赵周氏一人被其诱奸不从，詈骂而走，其吕胡氏、刘赵氏、刘钟氏均被诱奸。"（《那文毅公奏议》卷四十一）

（三）政策错误导致民间宗教成为民众反政府的工具

民间宗教与政治权力的关系，除了与宗教组织一方有关，更与政府宗教管理政策的导向和水平有关。一般而言，把民间宗教视为一种民俗文化，对于民间宗教活动管理宽严得当，社会上因宗教信仰形成的政教冲突事件也就少。反之在管理者头脑中形成一切民间宗教都是邪教的先验观念，把一切非政府组织都视为反政府组织，不管百姓死活，露头就打，反而会把一些原本守法的民间宗教也逼上反政府的道路。这方面清代的宗教管理经验最具有典型性。

雍正五年（1727 年），由于运河上水手打架，清政府发现了其中罗教传播的情况。11 月，漕运总督张大有"又密访杭州地方有数处指称名色，开设庵店，容留粮船水手歇住"（《朱批奏折》雍正五年十一月漕运总督张大有奏折）。皇帝派浙江巡抚李卫协助漕运总督调查水手中罗教发展的情况。李卫上奏称："浙帮水手，皆多信奉罗祖邪教……其所供神佛，各像不一，皆系平常庙宇，先有七十二处，今止三十余所。各水手每年攒出银钱，供给赡养，冬月回空时在此内安歇，不算房钱……"江苏巡抚陈时夏也接到刑部咨文要求访查，他调查后说："查粮船水手多有不法之徒，恃众打架，生事横行……"因此，他建议皇帝严办："所有房屋尽行入官，拆变公用，以杜根株。"(《朱批奏折》雍正六年正月二十九日江苏巡抚陈时夏奏折）陈时夏认为，拆除运河沿线罗教庵堂是一个斩草除根的好办法，但是浙江巡抚李卫不赞同他的意见。为了保证漕运的畅通，李卫不赞成对水手信仰的罗教进行深究，更不赞成拆毁庵堂。罗教对于运河水手的意义，已经不仅在于"无生老母，真空家乡"给了他们巨大的精神慰藉。更重要的是：漕运水手北上运送粮食尚有一些低微的报酬，但是回程就没有收入。而且水手多是北方人，回到南方要等一段很长的时间才有新任务，这时他们需要一个住所。多年以来，罗教信仰使他们在运河沿线建起多座供奉罗祖的庵堂，不仅满足了水手们的精神生活需要，实际也成为一种古代的"职工之家"，满足了运河水手的物质生活需要。一些年老的水手多年从事漕运，没有家小，罗教的庵堂甚至就是他们的终老之所。不同意见上交皇帝，雍正皇帝基本肯定了李卫的意见。"查罗教始于明代，流传已久。其中有聚众生事者，亦有无知附和者。概严不可，概宽亦不可，惟在地方官随事因人分别轻重，首倡生事者不可不惩，无知附和者量加宽宏，未有尽行解送来京之理。惟期化导愚顽，去邪存正，以杜蛊惑人心之渐，岂可株连无辜也。"[1] 雍正皇帝反对不分青红皂白、彻底查禁、斩草除根的方法，主张区分信教者是否有聚众闹事的违法行为，宽严适度，分别处理，运河上的罗教庵堂也多得以保全。

乾隆三十三年（1768 年），运河水手信奉罗教的问题再次爆发，皇帝认为是由于雍正年间采纳了李卫的建议查禁不力所致，故发上谕曰："据永德奏，北新关外查出庵堂十余处，庵内收藏经卷，供奉罗祖……从前虽经李卫查毁经、像，而房屋尚存，以致故智复萌，各庵内仍藏罗经、罗像，是其恶习难返，非彻底毁禁不能尽绝根株。若仅如该抚所奏将庵堂改为公所，数年之后查禁稍疏，伊等势必又将公所变为庵堂，总非正本清源之道。至水手栖止之所，原不必官为筹画。此辈皆旗丁临时雇募应用，更非官丁可比。即或散居各处，至期自能赴帮应雇，何必为之鳃鳃过计？……况此

----
[1]　转引自瞿宣颖纂辑：《中国社会史料丛钞》，商务印书馆 1937 年版，第 461 页。

等游手好闲之人群居一处，必至滋生事端，于地方又有何益？著传谕永德，除将本案从重办理外，所有庵堂概行拆毁，毋得仍前留存，复贻后患。钦此。"李卫当年没有完全拆毁运河上的罗教庵堂，主要是考虑水手返程无处居住，怕因此形成民众的反抗。乾隆时期浙江巡抚永德认为，可以保留庵堂的房屋，但是要拆毁其中的罗祖像，把庵堂变成没有宗教色彩的公所。但是，乾隆皇帝认为这样仍不彻底，罗教信徒还可能死灰复燃，必须彻底拆毁方能根除后患。同时，我们可以从这道上谕中看出，乾隆皇帝提到民间宗教信徒时口气之轻慢，对于下层人民毫无怜悯之心。如"此辈皆旗丁临时雇募应用，更非官丁可比。即或散居各处，至期自能赴帮应雇，何必为之鳃鳃过计？""况此等游手好闲之人群居一处，必至滋生事端，于地方又有何益？"此等语言，已经完全违背了儒教仁政德治的传统，暴露了统治阶级穷凶极恶的嘴脸。清政府不仅拆毁运河上的罗教庵堂，而且到京畿密云石匣镇查抄罗氏家族后裔，查出焚毁罗教经像，将罗氏后人流放，使罗教遭到沉重打击。

造成清王朝盛衰转折点的嘉庆元年五省农民大起义，直接导因也与政府对于民间宗教的残酷镇压有关。当时王朝已经出现了种种严重的社会矛盾，民众的不满情绪逐渐表现出来，当局无力解决这些根本性的矛盾，反而把严打白莲教，防止民众借民间宗教结社的形式起义当成了主要任务。当地流行的一支教团称为混元教，当局发现其道经内有"换乾坤"、"换世界"、"反乱年"、"末劫年"等字句，又发现《混元点化书》中有"末劫年，刀兵现"、"子丑寅卯灾多"，以及"龙虎二将中元斗"，三十六将、二十八宿临凡等语句。当局审讯教首樊明德其中何所指，樊明德供称"大约预防慌乱，吓人修善之意"。此案因樊明德"倡立混元教，煽惑多人，传播大小问道逆词"，被当局以大逆不道凌迟处死，家族成员 16 岁以上者，皆缘坐斩立决。妻与不及年岁之子，给付"功劳之家"为奴。

另一支起义军的组织者是刘之协、宋之清。乾隆五十九年（1794 年），当局发现了他们的活动痕迹，宋之清被捕后凌迟处死，宋显功、高成功、齐林等 19 人也被斩立决。另外 151 名教徒被发配黑龙江给索伦达呼尔为奴。

清政权如此残暴地镇压民间教派，只能激起人民更为强烈的反抗。刘之协逃逸后到湖北襄樊组织起义，与宋之清的徒弟姚之富、齐林的小妾王聪儿，共谋在次年（嘉庆元年）三月，即辰年、辰月、辰日这样一个吉利的日子起义。起义爆发后，对清王朝的统治造成了极大打击。为了镇压这次起义，清朝付出了惨痛的代价，副将、参将一级的军官战死者达400余名，一二品的大员就有20多人，可见起义军战斗之勇猛，杀敌之顽强。这次围剿军费开支巨大，"嘉庆川、湖、陕、教匪之役，二万万两"（《清史稿·食货志》）。嘉庆年间一年的税收只有4000万两左右，这十年的战争，几乎花完了清朝初期历朝的积储。大清王朝也就开始走上没落之路。

五、政教失衡导致国势衰微

（一）极端专制统治导致王统、道统、教统的失衡

明清时期专制统治的加强，一个重要的方面是思想控制极度强化，宋明理学不仅占领了哲学领域，而且还延伸到社会的一切文化领域。宋明理学吸收了道教的宇宙生成论和佛教的思辨哲学，将中国古典儒学从天人论的水平提升到了本体论的水平，是中国哲学发展的最高水平。宋明理学的出现，巩固了中华正统文化在思想领域中的主导地位，这是值得充分肯定的。但是，在明清专制王权的主导下，推崇宋明理学反而扼杀了宋明理学的现实性、批判性。科举考试、八股文、朱注《四书五经》使当年生机勃勃的理学变成了统治者手中的御用工具，官方御用哲学的特殊身份，使儒学本身也丧失了制衡王统的能力。明清时代的"文网"、"文字狱"，使少数反抗者如李贽、庄廷鑨、吕留良等被迫害致死，而大多数士人则噤若寒蝉，退缩到训诂考据中追求自我精神寄托。对于明清时代专制统治导致思想僵化、道统失灵的情况，许多哲学史的著作做过详尽的分析，本书不再赘述，我们更关心的是由于专制统治的极端强化导致的王统与教统的失衡。

上文我们已经指出，明清时期宋明理学的高度发展，导致士阶层的高度

自信和对各种宗教现象的强烈排斥，甚至把正统宗教也称为"异端"，希望通过"崇正学、黜异端"使之逐渐减少并最终达到消灭的目的。先秦儒学具有的无神论倾向，"攻乎异端"的批判精神对于保持政治的世俗性是必要的。但是孔子也讲"敬而远之"，并没有深究彼岸世界的存在与否，神灵世界的此是彼非。因此两汉以后中国文化出现了儒释道三教并存的格局，佛教、道教的教统，对于儒学主导的王统也存在一定的制衡作用。生活在社会下层的民众，落魄的失意文人，还可以在佛道教中寻求精神的安慰和生活的互助。然而清代政府法令竟然规定"叙次简明告示，通行晓谕，使乡曲小民，群知三纲五常之外，别无所谓教；天理王法之外，他无可求福"（《钦定大清会典事例》卷一百三十二《吏部》）。这实际上规定，除了儒教的三纲五常之外，甚至包括佛、道教在内的一切宗教都是非法的。明清政府过度严厉的宗教政策，把正统宗教组织都变成了政府的附属机构，使其失去了非政府组织的中性调节作用，只能是把民众挤压到反政府组织一边。

结果就形成了这样的局面，由于正统宗教非政府组织身份的弱化甚至趋于消失，因而社会上就形成了只有政府组织和反政府组织二元对立的局面。如长期研究中国民间宗教的美国学者欧大年指出："在中国，出现这种情况不足为奇。因为，教派面对的是一个自称代表天意故而拥有政治、宗教等等一切权威的政府。这个专制政府企图实施对于社会生活和思想一切方面的完全中央集权。它不能容忍有其他对立的权威存在。因此，从理论上说，所有独立的、自愿的集会，从儒家的书院到庙会，在它的心目中都是居心叵测的。在这种情况下，只有当官府默许或者疏忽时，私立的民间教派才能存在，任何想在宗教方面获得更多的独立的公开企图，都会招致政府的反击。"①民间宗教就是这样以没有政府承认的"邪教"身份，走上了中国专制社会最后的舞台。尽管这并不是其创立的初衷，但是在政治的挤压下最终都走上了反政府的道路。

---

① ［美］欧大年：《中国民间宗教教派研究》，刘心勇等译，上海古籍出版社1993年版，第4页。

（二）对民间宗教的残酷镇压加剧了阶级矛盾

由于明初政治相对清明，元末积累的社会矛盾逐渐得到缓解，再加上政府的严厉查禁"邪教"的残酷打击，民间宗教一度趋于沉寂。然而中国帝制社会的发展是有周期性的，王朝中期以后各种社会矛盾逐渐积累，再加上宗教政策的失误，各种对社会不满的人们再度聚集在民间宗教组织的周围。明朝万历年间，民间宗教的发展出现了一个高潮。据清人黄育楩在《破邪详辩》中说："至明万历以后，有飘高、净空、无为、四维、普明、普静、悟明、悲相、顿悟、金禅、还源、石佛、普善、收元、弓长、吕菩萨、米菩萨、孙祖师、南阳母以及明宗、觉通、如如等匪相继并出。"这里记录了 22 个教主名称，其中有些是一教多名的情况，但民间宗教教派之愈演愈多，却是总的趋势。这些民间宗教，对于明末推翻明王朝黑暗统治，起了积极的促进作用。例如天启二年（1622 年），起源于罗教的闻香教首领徐鸿儒、王好贤举行起义，徐鸿儒自号中兴福烈帝，建元大乘兴胜。以红巾为标志，攻破郓城、邹县、滕县，一时声势浩大。斗争一月有余，最后遭镇压失败，徐鸿儒和于弘志被捕杀，王好贤逃逸，但已引起"二百六十年来未有之大变"（赵彦奏疏），成为李自成、张献忠大起义的序幕。徐鸿儒临刑前说："我与王氏父子经营天下二十余年，按籍而数，吾法门弟子已逾二百万。"（《两朝从信录》卷二一）由此也可见民间宗教发展的规模。

康乾盛世到了乾隆中期以后，随着社会阶级矛盾、民族矛盾的加剧，以民间宗教组织形式出现的民间起义再度走向高潮。清代的众多民间宗教教门，有相当一部分是明代教派的直接延续，如罗教、黄天教、红阳教、老官斋教、三一教、长生教、大乘教、龙天教、无为教、一炷香教等；有若干教门是清代新兴起的，如八卦教、清茶门教、天理教、圆教、真空教、青莲教、白阳教等。这些新兴教门与明代民间宗教颇有渊源，有的是原有教门的分支或改头换面，但由于明朝开始就对白莲教进行严厉查禁，所以一般无人再把自己的教派称为白莲教，故新的民间宗教名义和称号层出不穷。

清乾隆年间开始，由民间宗教引起的民众起义，已经成为影响政治统治稳定的重大问题。其中影响较大的起义有：乾隆十三年（1748年）福建建宁、瓯宁两县爆发了以老官斋教名义组织的起义，这是清代承平以来一地大规模的农民起义，统治者也由此改变了康熙、雍正两朝相对宽松的管理政策，转而严厉镇压。乾隆三十九年（1774年），山东寿张、堂邑爆发了王伦领导的清水教起义，旋即遭到当局的残酷镇压。乾隆四十二年（1777年），甘肃省河州一带爆发了王伏林领导的以圆顿教为名义的起义，遭到了当局的镇压。这是乾隆朝规模较大的由民间宗教组织发动的农民起义，虽然暂时遭到残酷的镇压，但是社会上的矛盾并没有得到解决，民间宗教仍然继续传播，而且与政府的对立情绪更加高涨。在清政府严厉查禁"邪教"的风雨中，终于引爆了嘉庆元年（1796年）由收元教、混元教发动的川、陕、甘、楚、豫五省大起义。这次起义中参加的人数多，起义的地点多，组织起义的教派多，持续时间达十年之久，对清政权造成了巨大的冲击。很多研究者把这次起义看成清代由盛转衰的关节点。嘉庆皇帝费尽九牛二虎之力刚刚把五省大起义镇压下去，嘉庆十八年（1813年），八卦教和弘阳教联合组织了进攻皇宫的大暴动。这次起事虽然持续的时间不长，但是起义者分两路杀进皇宫，直接打击了统治的心脏，对清王朝统治造成的震撼是无与伦比的。此后，清王朝愈发腐朽，民间宗教起义引起的农民起义愈发频繁，直至专制统治在内忧外患的联合压力下走向灭亡。

（三）残酷镇压回民起义导致民族矛盾尖锐

整个清代，以回族为主的各族穆斯林对清政府的民族压迫进行了激烈的反抗，举行了多次起义，其次数之多，规模之大，对清政府打击之深重，以及所遭受的镇压之残酷，都是极为罕见、史无前例的。就主要而言，清代所爆发的以回族为主的各族穆斯林的起义有：清初米喇印、丁国栋领导的起义；清中叶苏四十三领导的撒拉族、回族起义，田五领导的石峰堡起义，云南杜文秀领导的回民起义；同治年间的陕甘回民起义，光绪二十一年（1895年）的河湟回民起义等。此外，新疆地区在1764年爆发了乌什维吾尔族人民起义，1864年又爆发了新疆农民大起义。

起义的原因很多，但其中一个重要原因则是由于清政府的民族宗教政策的执行不善。明末清初是我国伊斯兰教门宦制度的形成时期。随着门宦的形成，新教、老教的划分也开始出现。一些外出朝觐或在外受学的教长、阿訇，在域外受到伊斯兰教派的影响，回国后创立新的教派或门宦。伊斯兰教属于一神教，崇拜唯一的真主，对其他宗教有排斥性。这一特点在教内就表现为教派间的不宽容。他们或标新立异，或强调遵经归本，都表现出来对现存教派的不满。由此便引起了教争，并产生了所谓的新教、老教。在中国伊斯兰教史上，新教、老教并不是某个特定的教派，而是社会对出现早晚不同教派的简单划分。在清代，最严重的一次新旧教冲突发生在虎夫耶的花寺门宦和哲合林耶之间。一般而言，新教能够产生，都因为它们在一定程度上表达了下层教民的利益，所以会吸引大批信众。但就实质而言，新旧教之争乃是宗教上层的权力之争。特别是伊斯兰教在我国的长期发展中，渐与传统的宗法血缘制度相结合，形成了中国特有的父子相承的门宦制度，因而教争的背后又加上了对教徒、教坊、教产的利益争夺，使教争更是火上浇油。教争造成了穆斯林社会内部的裂痕，破坏了教民间原有的团结，对伊斯兰教本身及各族穆斯林的发展都是不利的。这种教争为清政府所利用，成为控制伊斯兰教、驾驭各族穆斯林的一个重要手段。清政府所采取策略就是拉老教，打新教，分而治之。

最初的时候，清政府似乎并没有刻意要利用教争。在早期处理教争的问题时，亦未发现明显的偏袒，而是允其"各行其是"，"两派既不愿合，亦不必强之使合"（《甘宁青史略正编》卷18）。不过老教由于创教时间较长，与官府的关系自然比较密切。他们为了保住自己原有的特权利益，不断向官府控告新产生的哲合林耶是邪教，要求政府查禁。但清政府态度的真正转变与地方官吏对教争的处置失当并激起新教教民起义有关。乾隆三十四年（1769年），地方政府部门关闭了贺麻路乎等所建的三个礼拜寺，强迫新教与老教仍归一处。把已有了尖锐矛盾的两个教派硬放在一起，只能加剧它们之间的矛盾。乾隆四十六年（1781年），循化新教与老教间发生严重冲突，循化厅政府派官兵前去弹压。哲合林耶派首领率人化装成花寺人马，去迎接官兵，并试探政府的态度。当时率队官吏竟声言要"杀尽新教"，结果激怒了哲合林耶的群众，他们杀死了带队的军官，终于激成事变。清政府不能容忍新教教民的对抗行为，开始对新教进行镇压。在对起义进行镇压的过程中，它把"拉老教，打新教"，实行分而治之作为重要策略。乾隆皇帝对此有极明确的说明。他说："杀官、抗拒、占据州城之贼，如系新教首逆，即应明切晓谕旧教之人，赦其互相争教之罪，作为前驱，令其杀贼自助。如此以贼攻贼，伊等本系宿仇，自必踊跃争先，既壮声势又省兵力，而贼势益分，剿灭自易。""新教、旧教既自相仇杀，必非合伙，或赦一剿一，以分其力，未尝不可，而且互相仇杀之罪，俟事后再定。"（《清高宗实录》卷1127）。乾隆最后总结道："此案用旧教而除新教，最为吃紧关键"（《清高宗实录》卷1137）。正是在乾隆皇帝的授意下，清军在镇压起义军时，让老教的人打先锋，"第一排系旧教士兵，第二排系绿营兵丁，第三排系驻防满兵，其领兵官员在后督战"（《甘肃省新通志》卷47）。起义的新教由于不能团结老教的教民，始终势单力薄。而清军除了众多的正规军队外，还利用新老教的矛盾，动员了老教的势力，结果自然是起义的新教被镇压。

回民起义，与其他民族起义不同，一般都带有宗教的色彩。根据马通的研究，清代西北回民有这样一个特点：当他们与周边民族没有发生矛盾时，其社会内部的教派斗争往往就表现得比较突出。有时一些教派还勾结外族统治者来压制对立派，以图扩大自己的势力。但是，一旦回族教派遭受了外来的打击，各教派之间互道一声"色兰"（平安之意），便可以相互和解，共同对外。① 如苏四十三起义过程中，也有部分老教群众参加。再如光绪年间的河湟起义，花寺门宦头人马永琳，知道清政府正忙于"甲午战争"，无暇西顾，准备发动反清起义。他先借故挑起教派内部斗争，制造流血事件，使清政府不得不出面镇压，再利用回族群众的反满心理，联合两派共同抗清。所

---

① 参见马通：《中国伊斯兰教派与门宦制度史略》，宁夏人民出版社1983年版，第462页。

以清代回民起义有如下特点：一是民族性强于反封建性，以反抗民族压迫为主，一般没有反对回族社会内部的封建主义倾向。二是事件的直接导火索往往是政府官员处理宗教问题不善，因而伊斯兰教在起义过程中都发挥了十分醒目的作用。如大多数起义领导者本身就是宗教首领或其他神职人员，苏四十三是哲合林耶派创始人马明心的学生，田五起义的领导者田五是阿訇，领导甘肃回民起义的马化龙是哲合林耶五世教主。在起义中，伊斯兰教成为起义者们的精神武装，他们常喊出一些宗教口号，如"穆斯林是兄弟"、"穆民一家"来发动群众。战斗中，战士们认为自己的战斗是神圣的，为民族而战，也为宗教而战，因此回民起义也带有宗教圣战的色彩。战士们视死如归，宁死不屈，把死看成是"舍西德"。

清政府对回民起义的镇压是极其酷烈的。如田五起义后，政府立即派重兵围剿镇压。在清军当时的文传战书中，充满了"立即剿除"、"尽早根除"、"大加歼戮"、"严断根株"、"概行剿洗"、"剿洗不可不尽"、"查办净尽"等血淋淋的口号。经过清剿，起义军被镇压下去了，其结果是田五及其全家族人都被杀。他祖父、父亲的坟被挖开，挫骨扬灰。其他战士或战死，或被杀。据乾隆四十九年七月二十九日清军头领阿桂、福康安上报的数字，石峰堡镇杀 1400 人，府店杀 1621 人，李寺杀 476 人。[①] 仅此"战果"，就可见镇压是多么的残酷无情。

每当镇压完成以后，清政府还要实施严格的清乡，赶尽杀绝，消除起义的后患。同时对回民地区在政治和宗教等方面实行更严格的控制和管束。如苏四十三起义被镇压下去以后，清政府把起义军的家属遣送到新疆，赏给厄鲁特兵丁为奴。把他们年幼的子女发配到云南、广西瘴疠地区。其房屋被迁毁，田地都被分掉。新教的清真寺被拆除，教职人员被革除。并进一步强化九家连坐之法，严格保甲制度，加强乡约的作用，重视户口的随时稽查等。此外还在当地增派驻军，以便随时弹压。

宗教作为一种社会意识形态，并不会因野蛮镇压而消灭。当统治阶级暂

---

① 转引自《清代中国伊斯兰教论集》，宁夏人民出版社 1981 年版，第 17 页。

时强大之时，被压抑的教派会转入地下，使社会恢复表面的平静。但民族的仇恨会因宗教的情感变得更为深刻，成为长久难以治愈的伤痕，给未来社会的发展留下无穷的隐患。以清代受到严酷打击的哲合林耶为例，他们没有因清廷的镇压而消失，而逐渐发展成中国穆斯林门宦中的一个主要派别，在清末农民起义中发挥重要作用。

第三节　近代化门槛前中西政教关系的差异

如果说本书前几个历史时期，中西方政教关系产生的社会环境及其本身有差异也有类同，可以看到其中的很多相似性的话，那么在此一时期，人们看到的主要是巨大的差异。就是这种差异，造成了近代之后中西方社会发展水平的天壤之别。当然一段时期的落后并不意味着中国文化的"劣根性"，在今天中国人民走上了民族复兴的康庄大道时，我们应当有足够的文化自信，客观冷静地观察、比较中西方文化的差异，全面科学地评析文化差异造成的历史长河中的曲折与激流。

一、神人二分与天人合一——宗教观上的根本差异

宗教社会学家李向平先生指出："'西方之路开于基督，中国之路开于周孔。'如何处理神人关系的方法的相异，构成了中西信仰、中外宗教的差异，宗教问题成为中西文化的分水岭，从而也造成了东西方社会对于'关系'的不同理解。"① 在某种意义上说，基督教的"神人二分"与中国儒学、道教甚至佛教普遍接受的"天人合一"观念的差异，成为中西方社会的基因，不仅是中西方文化的分水岭，而且成为近代社会这两条大河或曲折，或奔腾的最深层原因。

---

① 李向平：《人神关系的中国模式》，易文网，2007 年 10 月 7 日。

（一）基督教的神人二分

在基督教文化中，神与人是绝对不可混淆的天人之别。上帝创造了自然和人类，是创造者、主宰者，它可以创造人类，也可以用洪水、地震、大火毁灭人类。而人则是被创造者，在全能的、永恒的、超越的上帝面前，只能俯首帖耳，靠自己对上帝的虔诚信仰求得上帝的佑护。甚至为了表示对上帝的忠诚，要在祭坛上献上自己亲生的儿子。人的可怜地位不仅是被创造的身份决定的，而且人还犯了"原罪"。人类的始祖亚当和夏娃本来生活在幸福的伊甸园中，但是他们不听上帝的话，而受了蛇的诱惑，吃了智慧树上的苹果。这样不仅亚当和夏娃被逐出伊甸园，要依靠终生的劳碌才能养家糊口，而且他们的子女也受到了牵连，统统背上了"原罪"的包袱，成为上帝眼中的罪人。保罗指出："亚当乃是那以后要来之人的预象。"（《罗马书》5:14）"因一人的悖逆，众人就成了罪人。"（《罗马书》5:19）

本来上帝已经警告过亚当和夏娃，吃了智慧树上的果子是会死的，可是亚当和夏娃为什么敢冒死的风险而违背神的命令，偷吃禁果呢？这是因为他们希望能和上帝一样有智慧，"便如神能知道善恶"。说得更彻底一些，就是人希望自己成为上帝。这是将以神为中心的生活，转移到以自己为生活的中心。这种转移就成了罪的本原。这意味着，人不信上帝而信自己，人相信自己能像上帝一样全知全能，依靠自己的力量建立幸福的生活。然而，人的这种傲慢态度和固有的脆弱性，更容易使人受到邪恶势力的引诱，放纵私欲，贪行种种污秽，犯下更大的罪行而更深地堕落。亚当夏娃的结果就充分说明，人是不能妄想成为神的，因为神与人之间有着天壤之别。那些妄图用人的智慧自行其是的人，那些图谋成为神的人，都要受到上帝严厉的惩罚。雅各笔锋一转指出："我的弟兄们，不要多人做师傅，因为我们晓得要受更重的审判。原来我们在许多事上都有过失；若有人在话语上，他就是完全人，也能勒住自己的全身"（《雅各书》3：1—2），"我们用舌头颂赞那为主、为父的，又用舌头咒诅那照着神形象被造的人"（《雅各书》3：9）。

罪的概念给人们一个深刻的启示，那就是无论何人，哪怕是有道德的人都有可能犯罪，因此，任何人都必须接受来自自己以外的力量的制约。人不是神，地上无法建立天国。没有人可以合法地既享有社会秩序上的主权决断权，同时又享有心灵秩序上的信念决断权。在人以及人间的任何组织上，由于承担公义职能的主权决断涉及公共关系和基本人权的生杀予夺，故善与公义的决断权必须截然分开，否则必然后患无穷。在基督教改革派看来，必须将善的权利归于教会，归于信徒的心，而公义则由政府来执掌，教权与政权是分离的。在基督教神人二分的基本原理中，就已经内涵了政教分离的必要性和可能性。

（二）中国文化中的天人合一观念

相反在中国，无论是儒家文化还是道家文化，都是相信天人合一的，神人之间可以相互沟通，相互转换。司马迁将思想史的任务规定为："究天人之际，通古今之变，成一家之言"，可见天人关系问题是中国哲学的基本问题。在夏商周三代，"天"就是"上帝"，是自然与人类社会的主宰。但是，到了春秋战国，由于社会制度的剧烈变革，人们的观念也发生了翻天覆地的变化，古老的天神观念发生了动摇。在儒家创始人孔子的心目中，天已经不再是有意志、有作为、有情感的神灵，而日益成为一种无形象、无人格、无情感非人格主宰者。孔子说："天何言哉，四时行焉，百物生焉，天何言哉？"（《论语·阳货》）这样的天已经成了一种兼具自然之天、主宰之天的最高存在。不过孔子继承了周公改革宗教伦理化的倾向，使天具有了道德化形象。天成为世间最高的道德楷模，周公说："皇天无亲，惟德是辅"（《尚书·蔡仲之命》），"惟不敬厥德，乃早坠厥命"（《尚书·召诰》），"王其德之用，祈天永命"（《尚书·召诰》），是否修德成为王朝江山是否得以保全的条件，因为天神是有德的，只选择有德之君执掌天下。

孔子及其由他开创的儒家学派，则通过人性，将天与人沟通，形成了天人合一的核心价值。孔子只说过："性相近也，习相远也"，没有进一步展开人性由来的讨论。子思在《中庸》说："天命之谓性，率性之谓道，修道之谓教"，明确将人性视为天所授予。子思的再传弟子孟子对天命如何赋予人性作了展开的说明。孟子说："恻隐之心，人皆有之；羞恶之心，人皆有之；

恭敬之心，人皆有之；是非之心，人皆有之。恻隐之心，仁也；羞恶之心，义也；恭敬之心，礼也；是非之心，智也。仁义礼智，非由外铄我也，我固有之也，弗思耳矣。"(《孟子·告子上》)在孟子看来，"四端"不是后天学习获得的，而是在人出生的时候便已经先天具有了。正因为人已经先验地禀赋了天的善良本性，因此人可以通过对自己本性的反省而获得天意，达到与天相合的目的。《中庸》说："惟天下至诚，为能尽其性；能尽其性，则能尽人之性；能尽人之性，则能尽物之性；能尽物之性，则可以赞天地之化育；可以赞天地之化育，则可以与天地叁矣。"孟子说："尽其心者，知其性也。知其性，则知天矣。"(《孟子·尽心上》)中国的天人之间没有绝对不可逾越的"通天塔"，人不仅可以直接"知天"，而且可以"与天地叁"，赞天地之化育，成为天、地、人中的一级。

在中国文化语境中，人人都有可能与天神相通，但是并非人人都可以真正做到这一点，因为只有少数人通过真诚地反省本心才能够达到，他们被称为"圣贤"。《易·鼎》："彖曰：圣人亨以享上帝，而大亨以养圣贤。"能够以自己的思想与天（上帝）相通，就是圣人了。中国人的思维认为，统治者治理天下，必须"以德配天"，这一方面是要求统治者必须修德，以自己的德行治理天下。但是另一方面也说明了，只要能够在台上执政没有被推翻，一定是有德之人。《大戴礼记·哀公问五义第四十》载：哀公曰："善！敢问：何如可谓圣人矣？"孔子对曰："所谓圣人者，知通乎大道，应变而不穷，能测万物之情性者也。大道者，所以变化而凝成万物者也。情性也者，所以理然不然取舍者也。故其事大，配乎天地，参乎日月，杂于云蜺，总要万物，穆穆纯纯，其莫之能循；若天之司，莫之能职；百姓淡然，不知其善。若此，则可谓圣人矣。"儒家的天有自然之天、伦理之天、主宰之天三重含义，从孔子这段话看，"知通乎大道"，"能测万物之情性"，"配乎天地，参乎日月"，即兼有这三重含义，可以司天之职，治理百姓了。所以在中国的文化中，圣贤虽然是人，但是具有神的属性，也被百姓敬仰，甚至被神化。繁体的圣字写作"聖"，由"耳"、"口"、"王"三个部分组成，就是说圣人要多听、能言，因此被称为王。在儒家崇拜的圣人中，尧、舜、禹、汤、文、武、周公，个个都是有德、有位者，所以"圣王"二字往往连用，圣者自然为王。

到了汉代，为了迎合汉王朝统一意识形态的需要，董仲舒进一步宣扬天人合一学说，借以神话王权。他认为："天者，百神之大君也。"（《春秋繁露·郊语》）他突出了天对于宇宙万物的创造、主宰能力，故强调王者必须遵照天意行事。"王者承天意以从事"（《春秋繁露·深察名号》），"受命之君，天意之所予也，故号为天子者，宜视天如父，奉天以孝道也"（《春秋繁露·深察名号》）。君主受命于天，因此成为天的长子，故号为"天子"，他已经分有了天的神性。"古之造文者，三画而连其中谓之王。三者，天、地、人也；而参通之者，王也。"先秦儒者强调圣者为王，但是到了汉代，则变成了王者为圣，似乎一坐上天子的宝座，就立即成了可以知天、通天的圣人，至少在他们被"革命"之前。结果天人合一就变成了神人合一，而且合到了王的身上。这种天人合一的思想，在政治上成为君主专制统治的御用工具，使政教分离、权力制衡等西方理念成为不可能。

二、政教对峙与"大一统"——政治观上的原则不同

中西方因传统神人关系上的根本差异，就导致了中世纪和近代完全不同的政治观。西方人从神人二分的宗教观出发，把任何人都视为上帝的罪人，无论是国王还是主教，都必须置于上帝、人民以及各种权力的监督之下，从而形成了政教对峙的政治文化。而中国文化强调执政者的道德修养，认为只有有德之人方可以为王。可是这个命题的反面，则是只要在位的王者，只要他还没有被推翻，自然被臣下捧为道德高尚的圣王。在"以德治国"的政治文化背景下，有德之君自然要统领一切，成为"大一统"的帝王。

（一）西方政教对峙的政治文化观念

西方当代政治的基本特点是三权分立，即立法、司法、行政的相互制衡。但是，这样的权力制衡背后，更为根本的是政权与教权的相互制衡，它来源于基督教神人二分、灵与肉的二元对立观念。中国学者丛日云指出：

"二元裂变的基础是对人及人的生活的二元化分析：人被解析为灵魂与肉体两个部分，而人的生活也被分解为宗教生活与世俗生活、天堂与尘世、彼岸与此岸两个领域和两种境界。从人的二重性观念出发，一道鸿沟将社会劈成两半：社会被分裂为两种秩序或两个等级，即教士（属灵等级）与平信徒（属世等级）：社会组织被分裂为教会和国家：政治权力体系被分裂为精神权力与世俗权力、教权与王权，他们分别由教皇与皇帝、主教与王公掌管；法律体系也一分为二，即教会法和世俗法……在基督教统治的一千多年中，这一系列的二元裂变是西方社会冲突与秩序、罪恶与圣洁、思辨与理性和创造性激情的根源。"① 精神世界的二元裂变，自然也会影响人们对世俗政治的看法，把上帝、教皇、教士主导的精神世界看成是高尚的、尊贵的，而把地上的王权看成是卑贱的、恶俗的。在《旧约·何西阿书》中，以色列人要建立王权，本来上帝是通过先知直接主宰以色列人的，不需要再立一个王。但是，以色列人因为贪婪、自私、纵欲，还是立了王，上帝说："他们立君主，却不由我，他们立首领，我却不认。"（《何西阿书》8：4）这实际上等于否定了地上君主的神性，把王权视为上帝对人类不情愿的礼物。在《何西阿书》相关的文字中，上帝对以色列人发出了种种威胁，对他们人性的罪恶进行谴责，让他们自己赎罪。只有在他们承受了很多的苦难之后，上帝才可以赦免他们。这样，西方的政治观就发生了一个重要的转折。古希腊、古罗马哲学家将国家的出现看成是自然进化的产物，人们为了克服自然的无政府状态而建立国家，使社会建立了秩序。而基督教则认为，国家的产生是人性堕落的产物，正是因为人类的始祖不听上帝的警告偷吃了智慧果，所以才被罚到地上来，人从祖先那里就继承了"原罪"，因此人都是性恶的。这样人类的历史就变成了一部堕落的历史，国家的出现就是为了补救人性的部分罪恶。但是，这种"补救"仅仅是部分的，要想从根本上获救，只能虔诚地信仰上帝，到教会去进行宗教活动。

---

① 丛日云：《在上帝与恺撒之间——基督教二元政治观与近代自由主义》，三联书店2003年版，第3—4页。

在基督教创立之后，耶稣基督对传统犹太教的政治理论进行了改造，也赋予了王权部分的神性。《新约·罗马书》说："在上有权柄的，人人当顺服他，因为没有权柄不是出于神的。凡掌权的都是神所命，所有抗拒掌权的，都是抗拒神的命令。……你们纳粮也是这个缘故，因为他们是神的差役，常常特管这事。"正因为基督教赋予王权一定的神性，因此罗马统治者改变了对基督教敌视的立场，将其变成为帝国服务的国家宗教。但是，《圣经》中关于王权相互矛盾的论述，也造成了中世纪政教双方各取所需。国王认为自己的权力来自上帝，可以代表上帝管理地上一切事务，包括教会事务。而罗马教廷则认为世上存在两座城，教会代表的天上的城高于国王代表的地上的城。基督教神学家托马斯·阿奎那说："不法的命令没有约束力，昏君必须加以反抗。"① 结果双方在主教叙任权等问题上闹得不可开交，罗马教廷和各国封建君主搞得两败俱伤。但是中世纪的政教之争也为近代留下了一样最重要的文化成果，就是权力必须制衡的观念变成了政教双方的一种共识，为近代民主政治的出现奠定了基础。所以近代思想家都认为，中世纪政教双方恶斗的"教皇革命"，实际揭开了政教分离的序幕。

对于权力制衡的观念是具有两面性的，既需要监督执政者，也需要监督职业宗教家。15 世纪初开始的宗教改革的矛头，首先指向了曾经神圣不可侵犯的罗马教廷。运动的直接导因是反对罗马教廷发售赎罪券的活动。针对罗马教廷的奢侈与贪婪，马丁·路德说："我们讨论问题的中心是……我们日耳曼人必须忍耐对教皇这种攫掠和勒索财产究竟是如何发生的？……假使我们将小偷上吊，强盗砍头，为什么我们却让罗马教会贪婪得如此逍遥自在？因为他们是世界上最大的小偷和强盗，而竟然都享以基督和彼得的神圣之名！谁能再加以忍受，或者继续保持沉默？"② 路德对教皇的指责，打破了

① ［意］托马斯·阿奎那：《阿奎那政治著作选》，马清槐译，商务印书馆 1982 年版，第35 页。

② ［美］威尔·杜兰：《马丁·路德时代》，台北幼狮文化公司译，东方出版社 2007 年版，第 84 页。

中世纪人们对教会、教士甚至教皇的迷信，把职业宗教人员也放到了性恶的人群中，也是应当受到监督的权力。西方学者指出："马丁·路德的神学中，最具改革性的内容是教士的废立。他不允许把教士当作是不可或缺的圣礼执行人，也不允许把教士当作是上帝的特权媒介人；教士仅仅是会众选出来的奴仆，是服从会众的精神需要的。"① 马丁·路德剥下了神职人员上帝代理人的神圣外衣，而仅仅把他们看成是由会众选出来的"奴仆"，由此而突出了平信徒（人民）的地位。

15 世纪宗教改革的另一位领袖约翰·加尔文，则将抨击的主要对象放到了封建王权身上。他不能改变基督教关于地上王权神圣性的基本判断，也主张教徒应当尊重并服从王权。但是，他认为服从是有先决条件的，就是这个王权必须是尊重上帝的。"加尔文继续写道，当地上的王国权威要求他们的臣民不服从上帝、无视《圣经》或者侵犯良知时，他们的正直公民不仅可以不服从——而且他们必须不服从。"② 可是他看到，在欧洲中世纪的封建政权中，真正信仰上帝的统治者是很少的，加尔文认为，因为君主往往缺乏自我制约和自我控制，而且对于正义、远见和基督教美德缺乏渴望。"如果一个人能够剖开君主们的心"，加尔文在晚年写道，"他要找到不鄙夷所有神圣事物的君主，百里难有一。"因此，"较为安全的且较为可接受的是，政府应当掌握在大量相互帮助的人们手里"。这在贵族制下更有可能，或者是最好是"受到民主约束的贵族制"③。因此对于任何政治的权力，都必须进行监督。教会监督是一个方面，加尔文宗特别强调信徒的信仰自由。西方学者指出："新教改革的核心是为自由而战——个体免受天主教干涉和教会控制的良心自由，政治官员免受教会权力和特权干涉的自由，地方教士免受罗马教皇统

---

① ［美］威尔·杜兰：《马丁·路德时代》，台北幼狮文化公司译，东方出版社 2007 年版，第 118—119 页。

② ［美］约翰·维特：《权利的变革——早期加尔文教中的法律、宗教和人权》，苗文龙等译，中国法制出版社 2011 年版，第 58 页。

③ ［美］约翰·维特：《权利的变革——早期加尔文教中的法律、宗教和人权》，苗文龙等译，中国法制出版社 2011 年版，第 74 页。

治和压迫性王侯们控制的自由。'基督徒的自由'是早期宗教改革呼告。"①
基督徒有了自由，将可以不受教廷的左右，而是用自己的大脑去判断统治者
的善恶是非，决定是否违反上帝的意志，是否应当继续服从他们的统治。

鉴于路德宗教改革后在德国发生的农民起义，加尔文在进行改革的时
候，特别强调秩序的重要性。"当高级官员自己滥施权力时，加尔文再次要
求一种'节制和公正'的解决——这既包括低级俗世官员也包括教会官员。
加尔文深知他的时代再洗礼派所发动的暴动和骚乱，而且读过大量关于完全
放纵民众反对暴君的危险的古典书籍。考虑到他更加倾向于秩序和节制，他
对于暴动和骚乱很不喜欢。因此，他寻求一种教会和国家之间更为结构化和
更为制度性的回应。……如果高级官员滥权和暴政，这些低级官员，特别是
当选的城市委员会成员和地区或国家议会里的成员，必须保护人民——如果
这些高级官员非难上帝的权威和法律，就更应如此。"② 这样，加尔文就把对
于统治者的监督置于一种制度化、程序化的框架之下，为现代西方民主制度
的建立制造了舆论。下层官员的制约，就变成了权力结构内部的制衡关系，
对于滥用权力的统治者，教会有制约的权力，下层官员也有制衡的权力，而
不是将这种制约没有限制地交给人民。这样的制度设计，既防止了权力的滥
用，也防止了暴乱经常的发生。与中国君主专制社会相比，这样的制度设计
有很大的优越性。中国古代虽然也承认人民革命的合理性，说"天聪明，自
我民聪明；天明畏，自我民明威"（《尚书·皋陶谟》）。但是由于缺乏日常的
硬性制约手段，只能等待专制统治烂到了不可收拾的地步通过暴力战争才能
解决，往往会对社会造成重大伤害。

加尔文的继承者泰奥多尔·贝扎认为：政治职位是由"上帝任命的，并
且在世界上代表上帝"，但是占据该职位的政治官员的权威需要"公民的公
共同意"。当这个官员不再尊重他的职位而且在世界上不再代表上帝时，"公

---

① ［美］约翰·维特：《权利的变革——早期加尔文教中的法律、宗教和人权》，苗文龙
等译，中国法制出版社 2011 年版，第 90 页。

② ［美］约翰·维特：《权利的变革——早期加尔文教中的法律、宗教和人权》，苗文龙
等译，中国法制出版社 2011 年版，第 61 页。

共同意"就让位于"公共不同意"。① 这样，他实际在中世纪政治与宗教二元对立的基础上，又增加了一元，即人民。在西方出自古罗马的政治文化传统中，人民的选举一直具有很高的社会认同度，是政治权力合法性的主要形式。尽管进入中世纪日耳曼人的血缘理论开始加入合法性之中，但是在封建制无法控制时，国王也不得不接受"选帝侯"的投票。基督教神职人员的产生，也一直是以教区信徒的选举为依据的，尽管在中世纪营私舞弊广泛存在，但是再贪婪的教皇、主教也无法改变基督教的历史传统，必须走"票选"的程序。

这种将保护信仰自由作为主要目标的宗教改革运动中，包含着一种高度的自由主义精神。正如丛日云所指出："自由主义仍然沿着基督教神学开创的路线前进寻找国家的源头，并从源头处发现国家的存在的根据。他们都上溯到一个没有国家的状态：基督教回到了伊甸园，而自由主义者则回到了自然状态。经过一千多年的思想嬗变，基督教的'伊甸园——堕落——国家'模式演化成自由主义的'自然状态——社会契约——国家（公民社会）'模式，思维方式仍然是一脉相承的。国家不是自然的产物，它植根于人性的缺陷，是人性缺陷的补救。"② 欧洲 15 世纪开始的宗教改革运动，也成为 17—18 世纪启蒙运动的先导，霍布斯、洛克、卢梭等人的国家观，无不是建立在"自然状态"理论的基础上，并在自由主义基础上建立了"人民主权理论"和"社会契约理论"。宗教改革为近代西方民主制度的出现，进行了重要的理论准备。当代许多学者都指出，当代西方代议制民主理论、三权分立理论，无不与基督教宗教改革运动有着密切的关系。

（二）中国明清时代"大一统"思想的两面性

孔子的政治思想，很集中地表现在他晚年修订的鲁国史书《春秋》中，

---

① [美] 约翰·维特：《权利的变革——早期加尔文教中的法律、宗教和人权》，苗文龙等译，中国法制出版社 2011 年版，第 123 页。

② 丛日云：《在上帝与恺撒之间——基督教二元政治观与近代自由主义》，三联书店 2003 年版，第 178 页。

其中一个最主要观念就是"大一统"。孔子生逢春秋的战乱时代，王纲解纽、诸侯争霸、战争频繁、民不聊生。孔子一生的政治理想，就是恢复西周时代的王权一统，礼乐有序。《春秋》的文字非常简约，孔子往往通过一两个字的点评，表达自己对于春秋时代的政治人物、事件的态度。由于文字过于简单，孔子的弟子从不同角度对《春秋》进行了解释，其中《公羊传》对"大一统"的思想进行了深刻的阐发，成为中国政治思想史上的经典。

《春秋》开篇第一句话："隐公元年，春王正月"。公羊高注释说："王者孰谓？谓文王也。曷为先言王后言正月？王正月也。何言乎王正月？大一统也。"按照周礼，每年由天子发布正朔，统一全国的政令。《春秋》第一句话就是"王正月也"，就是强调周天子是天下的共主，对于天下有统领的权力。"大一统"之"大"是张大之意，说明孔子用简单的文字宣扬君主"一统"的权力。在《公羊传》已经论证了"王者无外"、"大夫不敌君"、"君国一体"、"内夏外夷"等观念，建立了中国古代政治君主至上、臣下服从、夷夏一统的政治伦理。《礼记·坊记》这样表达："天无二日，土无二王，家无二主，尊无二上，示民有君臣之别也。"

到了西汉武帝时代，统一的君主集权统一需要统一的意识形态，汉武帝连续发布了三道策问诏书，征求天下贤良文学之士关于治国思想的问题。大儒董仲舒提出："《春秋》大一统者，天地之常经，古今之通谊也。今师异道，人异论，百家殊方，指意不同，是以上亡以持一统；法制数变，下不知所守。臣愚以为诸不在六艺之科孔子之术者，皆绝其道，勿使并进。邪辟之说灭息，然后统纪可一而法度可明，民知所从矣。"（《汉书·董仲舒传》）董仲舒上升到"天地之常经，古今之通谊"的普遍规律高度来谈"大一统"，看成是维护君主集权的根本措施。董仲舒所说的"今师异道，人异论，百家殊方"，就是针对当时淮南王等人编纂《淮南鸿烈》、试图分裂国家的诸侯而言。因此他向皇帝建议"罢黜百家"，用思想的统一来维持天下一统。

"大一统"的思想对于维护帝王的专制统治，控制社会思想的自由发展确实具有很大的负面作用，比起春秋战国时期的"百家争鸣"，汉代之后思想的发展相对缓慢，特别是儒学在封建社会的后期甚至成为思想发展的桎梏。但是时过境迁，如果以一种历史主义的眼光来看待当时的决策，我们也许会多一份"同情性理解"。与其"百家殊方"，"上亡以持一统"，使天下重回春秋战国的战乱不止，那么"罢黜百家"也许就是当时的人们所能找到的最好选择。只有实现了政治上的"大一统"才能免除战乱，维持社会的稳定、生产的发展，人民才得以安居乐业。所以，我们认为汉代董仲舒宣扬春秋公羊学中的"大一统"思想，对于历史的积极意义大于消极意义。

然而到了明清时代，中国君主专制制度的合理性已经基本发挥殆尽的时候，再大力提倡儒家"大一统"的思想，其立意主要在于巩固一家一姓的专制权力而已。儒家政治文化的内容，既有增强君主统一权力的内容，也有制约王权的思想。比如董仲舒，他既强调"王道之三纲，可求于天"，将天神作为君主的保护神，但是他也说"屈民以申君，屈君以申天"。主张对王权要有所制约。在先秦儒学那里，孟子的"民为贵，社稷次之，君为轻"的民本主义思想，更是将制约君权思想发挥到了最高水平。

明王朝建立，在加强君主专制统治的同时，也对传统儒学中宣扬君权至上的内容大力弘扬，对于抑制君权的内容则十分反感，必欲去之而后快。朱元璋从农民起义军领袖变成了一代君王，其政治思想既有吸收历代统治经验的丰富，也有草莽英雄的质朴。比如对待儒家的亚圣孟子，历代君主尽管可以不赞同他的民本主义，但多是从警示的角度加以理解，至少不敢明确提出反对。但是，朱元璋看了孟子的"民贵君轻"说后非常不满，"怒曰：'使此老在今日，宁得免焉？'"（《鲒埼亭集·辨钱尚书争孟子事》）言下之意，孟子如果生在大明，怕是也难逃文字狱之灾。洪武五年（1372 年），在南京建成文庙，朱元璋诏令罢孟子配享。可以想象，在孔庙中已经配享多年的亚圣突然被逐出孔庙，会在儒生心目中造成多大的影响。考虑到儒生的反对，朱元璋下令凡有反对者，一律以大不敬罪论处。当时的刑部尚书钱唐上疏抗命，声言："臣为孟轲死，死有余荣。"（《明史·钱唐传》）表示了不惜性命的决心。考虑到社会反对意见太大，也考虑到罢祀孟子会动摇儒学的整个体系，朱元璋下令说："鉴其诚恳，不之罪，孟子配享亦旋复。然卒命儒臣修《孟子节文》。"（《明史·钱唐传》）最后朱元璋把《孟子》里边最富有民本思想的85条删除，以节选本的《孟子节文》作为开科考试的标准。仅此一事，足见明初帝王推行专制主义的极端性，他们连儒家圣人的经典都敢修改。

清朝帝王，同样在不遗余力地加强君主专制统治。儒家文化虽然强调臣下对君主的臣服，但是也强调他们谏诤的权利，认为这是维持社会稳定的必要措施。可是清朝皇帝则片面强调"君为臣纲"，把它当作为人的根本。雍正帝在《大义觉迷录》中认为："夫人之所以为人而异于禽兽者，以有此伦常之理也。故五伦谓之人伦，是阙一不可谓之人也。"儒家的"五伦"包括君臣、父子、夫妇、兄弟、朋友，因此"君臣为五伦之首"。他特别强调臣下对君主单方面的义务，"为人臣者，义当惟知有君；惟知有君，则其情固结不可解，而能与君同好恶"（《大义觉迷录》卷二）。孔子说："君使臣以礼，臣事君以忠。"（《论语·八佾》）孟子认为："君之视臣如手足；则臣视君如腹心；君之视臣如犬马，则臣视君如国人；君之视臣如土芥，则臣视君如寇仇"（《孟子·离娄下》）但是，雍正却认为："君即不抚其民，民不可不戴其后。"（《大义觉迷录》卷二）为了强化臣下对君主的绝对忠诚，乾隆皇帝亲自倡导对历朝殉节死义的大臣进行"议谥"，包括明清之际抗清作战身死的史可法，义不降清绝食而亡的刘宗周，都进入了《钦定胜朝殉节诸臣录》。但是，对于那些投降清朝，在以后对明作战中建立功勋的明朝故臣，如洪承畴、祖大寿、冯全等人，都列入了《钦定国史贰臣表传》（简称《贰臣传》），以便对当时服务清朝的臣下进行教育，使他们对于皇朝和帝王不敢有二心。

清朝皇帝对"大一统"思想中加强君主集权制度的论证和发挥，在帝制社会的末期，主要作用是负面的。但是，由于其少数民族入主中原的特殊身份，他们对于"大一统"中"华夷之辨"进行了新的论证，在当时及其后的民国时代，则积极意义大于消极意义。《春秋》及《公羊传》形成的年代，正好是一个民族冲突激烈的时代，"南夷与北狄交，中国不绝若线"（《公羊传·僖公四年》）。在那个反侵扰、保卫华夏文明的时代，作者在论证民族关系时，自然难免带上"重夏贱夷"的情绪，以便呼吁华夏诸族"尊王攘夷"。但是《春秋》中的"大一统"思想，也没有将夷狄视为不可共生的敌人，而是制定"内诸夏而外夷狄"的国家生活秩序，使多民族的国家可以成为不同民族共有的家园。

清朝建立初期，一直面临着汉族对异族统治反抗的危机。在大规模的军事反抗被镇压之后，还有很多士人不停地在文化上制造反对满清统治的舆论，他们所秉持的思想武装就是传统"大一统"思想中"贵中华，贱夷狄"、"内诸夏而外夷狄"观念。雍正初年，抗清义士吕留良的弟子曾静等人密谋串联起义被告发。雍正在处理此案时，深感有必要全面阐述清政府的民族观，以便在全国人民面前树立新王朝的合法性，因此写了《大义觉迷录》令全国广泛宣扬。

清朝以儒家思想治国，又需要维持国家的统一，自然不能反对"大一统"理论。但是，雍正在"大一统"理论中，特别强调了"正统"论，即"有德者"为天下正统，才能够一统江山。雍正借《尚书》"皇天无亲，惟德是辅"立论，说："唯有德者可以为天下君"，这是"自古迄今，万世不易之常经"。在中国的政治文化中，"以德配天"是最高的原则，甚至高于"内夏外夷"的原则。历史上一再出现这样的情况，"舜为东夷之人，文王为西夷之人，曾何损于圣德乎？"雍正用这些历史典籍证明，无论出生于何地，只要具备仁德就可以入主中原，成为天下共主。且清朝入主中原后，"环宇乂安，政教兴修，文明日盛，万民乐业，中外恬熙，黄童白叟。一生不见兵革。尽天下之清宁，万姓沾恩，超越明代者，三尺之童皆洞晓"。因此完全具备政治的合法性，不必再拘泥于华夏、夷狄之分。特别是历史地看，中国古代儒家的民族观，华夏与夷狄之分在于文化而不在于出身。雍正指出："自古中国一统之世，幅员不能不广远，其中有不向化者，则斥之为夷狄。如三代之有苗、荆楚、猃狁，即今湖南、湖北、山西之地也。在今日而目为夷狄可乎？"没有文化，尚未接受中原礼仪者就是夷狄，而进入中原文化圈的夷狄之人也就是在文化上成为华夏。所以对于已经接受了华夏礼仪的清朝来说，"本朝之为满洲，犹中国之有籍贯"（以上引文均出自《大义觉迷录》卷一），并非文化落后的夷狄，不应再是执政的障碍。用今天的眼光看，雍正皇帝的"华夷观"，既是对儒家民族观中合理成分的发挥，也符合现代的民族平等意识，可以成为中国多民族国家民族关系的正确描述，具有从传统的"夷夏观"向近代"中华民族观"过渡的性质。清王朝在维持国家统一的立场上弘扬"大一统"思想，在当时的历史环境中，具有了维持国家统一、反对民族分裂的积极内涵，既保持了大清帝国的疆域稳定，也对近代以来动员各族人民反对帝国主义侵略具有积极的思想价值。因此，我们对于传统文化中的"大一统"思想，必须给予客观的历史评价。

三、欧洲启蒙运动的兴起与中国改良思潮的挫折——近代化进程的不同结果

欧洲在神人二分、政教对峙观念的作用下，不仅成功进行了宗教改革运动，打破了罗马天主教教皇的专制统治，而且也在世俗社会催生了一批思想解放的启蒙思想家，推动了社会政治领域的反封建运动，使欧洲成功迈过了近代化的门槛。相反，在中国的明清时代，极端强化的君主专制制度覆盖了社会政治、经济、文化的一切领域，使得一些刚刚露头的启蒙意识就被扼杀在萌芽状态之中。最后一小节我们将分析由于观念的差异导致的最终结果，中国与西方走过了完全不同的近代化历程。

（一）欧洲启蒙运动的蓬勃发展

欧洲经过 16 世纪宗教改革运动的冲击，整个社会面貌发生了很大变化。新教的产生并且壮大、宗教战争的发生、民族国家的出现，使得政教分离、权力制衡成为一种常态，无论是罗马教皇还是欧洲各国的封建国王，都不可能成为精神领域和世俗事务的绝对统治者，这就为思想的自由发展留出了足够的空间，改变欧洲近代社会面貌的启蒙运动就此诞生。15 世纪发端于意大利的"文艺复兴"思潮和 16 世纪的宗教改革运动，成为启蒙运动的共同的思想根源。

17 世纪至 18 世纪的启蒙运动，其核心的三大理念是：自然法、理性主义和社会契约。而意大利文艺复兴时代的政治学家马基雅维利，则成为启蒙运动的先导。美国政治学家指出："但在他的著作《君主论》中，他却把最

好的政体这一问题置之不顾，而这本书是中世纪基督教哲学家和经院哲学家喜欢的问题。他使政治学的研究脱离神学和伦理学。他致力于描述各个政府和各个统治者实际上是如何行动的。"①是马基雅维利将近代政治学从"君权神授"的神学轨道拉了出来，不是通过上帝的意志，而是通过人类的行为来解释政治的本质内涵。这样人类社会的起源问题就开始进入了政治学的视野，原始社会的自然状态就成为"政治"的出发点。

西方的自然法学说假设，在自然原始的状况下，人人都有一种"天赋权利"。英国启蒙思想家霍布斯"在《要素》一书第 14 节中断言，'处于真正自然状态中的人们应该承认它们彼此之间是相同的'。这种相同性存在于每个人的共同弱点之上，因为每个人都希望得到'对自己有好处的东西'。人们把这种欲望称之为权利。'每个人都会保全自己的生命与肢体'，这是一种自然的权利，这种自然的权利表现为这样一种可能性，即每个人都可以'用和享受他想要得到和能够得到的一切东西'"②。但是霍布斯并不认为自然状态是一种理想的状态，因为人人都坚持自己的权利，都想把自己的权利最大化，因此就会使人类陷入一种无休止的争夺之中。因此，这时候人类便需要理性主义，需要明白"两利相权取其重，两害相权取其轻"的理性判断和选择。

为了保证人类理性的正确发挥，首先必须保证思想的自由。欧洲中世纪的"国教统治"，最大的弊端就是将人们的思想都置于基督教的教义之内，而且必须通过教宗、主教的解释，从而极大地禁锢了人们的思想。"斯宾诺莎在撰写《神学政治论》时一直希望看到把荷兰搅扰得不得安宁的宗教狂热能够成为过去。正如他在该书副标题中所说，'只要不损害宗教感情和国内和平，就应允许进行哲学探索'。进而言之，只要不破坏国内和平和宗教感情本身，就不能压制这一自由。个人享有保留某些天赋之权的自然权力，任

---

① [美] R. R. 帕尔默、乔·科尔顿、劳埃德·克莱默：《启蒙到大革命——理性与激情》，陈敦全、孙福生、周颖如译，世界图书出版公司 2010 年版，第 31 页。

② [意] 萨尔沃·马斯泰罗内：《欧洲政治思想史》，黄华光译，社会科学文献出版社 2001 年版，第 114 页。

何政府都不得剥夺这些天赋之权。"①

因此，欧洲启蒙思想家极力主张政教分离，认为无论是罗马教廷还是各国封建君主，都无权干涉公民的思想自由。英国思想家洛克在《论宗教宽容》一书中明确指出："因此，不论是个人还是教会，不，连国家也在内，总而言之，谁都没有正当的权利以宗教的名义而侵犯他人的公民权和世俗利益。"②公民保护自己的财产以及思想的自由，是人权中最重要的部分，而基督教会与封建政权相互勾结，相互利用，恰恰是中世纪专制暴政的根源。法国启蒙思想家卢梭指出："当我说了一个基督教的共和国时，我已经是错了。因为基督教和共和国这两个名词是相互排斥的。基督教只宣扬奴役和服从。这种精神是可以与暴君制放在一起的。暴君制实际也从中经常地得到好处。"③政教相互利用不仅意味着暴政，而且还必然导致信仰不同宗教的民族之间的战争。洛克又说："基督教世界之所以发生以宗教为借口的一切纷乱和战争，并非因为存在着各式各样的不同意见（这是不可避免的），而是因为拒绝对那些持有不同意见的人实行宽容（而这是能够做到的）。"④

那么人类经过自己的理性选择，应当建立一种什么样的政治体制呢？他们从古希腊、古罗马的历史中寻找答案，认为人民经过自主的协商沟通，每个人都让渡自己一部分"天赋权利"，通过一种社会契约，建立一个公正的政府。霍布斯认为，"契约是使一个人能够转让或出让自己权利的法律方式。在任何契约中，信任的许诺都被称为条约，一旦'为了大家的共同利益而在一切具体的个人之上建立起一个共同的权力'，一个政治实体或一个市民社会也就建立起来"⑤。社会契约理论成为现代西方民主制度的基石，因为权利

---

① ［意］萨尔沃·马斯泰罗内：《欧洲政治思想史》，黄华光译，社会科学文献出版社2001年版，第124页。

② ［英］洛克：《论宗教宽容》，吴云贵译，商务印书馆1982年版，第25页。

③ ［法］卢梭：《社会契约论》，州长治译，载《西方四大政治名著》，天津人民出版社1998年版，第415页。

④ ［英］洛克：《论宗教宽容》，吴云贵译，商务印书馆1982年版，第47页。

⑤ ［意］萨尔沃·马斯泰罗内：《欧洲政治思想史》，黄华光译，社会科学文献出版社2001年版，第115页。

是人民主动转让的，因此公民的"同意"就替代了上帝的保佑，成为政治权力合法性的根本依据。如斯宾诺莎所言："一个社会就可以这样形成而不违犯天赋之权，契约能永远严格地遵守，就是说，若是每个个人把他的权利全部交付给国家，国家就有统御一切事物的天然之权……这样的一个政体就是一个民主政体。"①

上文我们已经指出，在宗教改革的运动中，新教改革理论家已经将中世纪神圣与世俗的二元对立发展成了上帝——人民——政治的三元相峙。加尔文的继承者泰奥多尔·贝扎指出："虽然这些权力乃上帝所授予，但他们都是由人民选举出来的，当然，人民在选择或同意他们的统治者时是为了上帝才如此行事。对于贝扎而言，人民的选择或同意他们的统治者的权力对于这个政权的合法性而言是至关重要的。通观历史以及我们今天的世界，他论证道，官员是通过人民的选举或人民的同意才得到官职。"②宗教改革家已经承认，人民选举与上帝任命一样，具有神圣的效力。贝扎甚至提出："人民不是为统治者而造的，而统治者是为人民而造的。"③欧洲人对上帝的信仰，也成为民选权利神圣性的重要依据。在近代启蒙思想的大潮中，统治者与人民的地位翻转过来，是人民的选举产生了统治者，而不是统治者养活了人民。

为了防止统治者将人民让渡的权力滥用，启蒙思想家设计了种种权力制衡的方法。在政治权力结构之外，必须使宗教的权力得到保证。洛克提出了"政教分离"的原则，他说："我以为下述这点是高于一切的，即必须严格区分公民政府的事务与宗教事务，并正确规定二者之间的界限。如果做不到这点，那么那种经常性的争端，即以那些关心或至少是自认为关心人的灵魂的人为一方，和以那些关心国家利益的人为另一方的双方争端，便不可能告一

---

①　[荷] 斯宾诺莎：《神学政治论》，温锡增等译，商务印书馆1982年版，第216页。

②　转引自 [美] 约翰·维特：《权利的变革——早期加尔文教中的法律、宗教和人权》，苗文龙等译，中国法制出版社2011年版，第146页。

③　转引自 [美] 约翰·维特：《权利的变革——早期加尔文教中的法律、宗教和人权》，苗文龙等译，中国法制出版社2011年版，第151页。

结束。"① 政教分离的实质精神，并不仅仅是宗教组织或人员从政府中分离出来，因为在欧洲两者在大多数时候也没有完全结合在一起。政教分离的核心内涵是"严格区分公民政府的事务与宗教事务"，即政府不得以保护信仰的借口干涉公民的信仰自由，而教会也不得以维护教义的名义干涉社会的世俗事务。只要人民有思想的自由，他就会思考如何保护自己经济、政治、法律等各项"天赋权利"。

在政治权力结构内部，启蒙思想家借鉴古希腊、古罗马政治的历史经验，设计建立社会三权分立的政治结构。法国思想家孟德斯鸠怀着对法国君主制度的深刻体会，对君主专制制度进行了尖刻的批判。他认为："一切有权力的人都容易滥用权力，这是万古不易的一条经验。有权力的人们使用权力一直遇有界限的地方才休止。……要防止滥用权力，就必须以权力约束权力。"② 只有权力对权力的制衡才是真正有效的、可靠的。孟德斯鸠明确指出："在每一个国家中，都存在三种权力，即立法权、行政权和司法权。"在孟德斯鸠看来："分权与否是判断一个国家的结构的根本标准。'当立法权和行政权集中在同一个人或同一个机关之手，自由便不复存在了。'"③

欧洲近代启蒙思想的内容非常丰富，我们只能列举一些代表性观点，以便说明在欧洲政教二元对峙的形势下，民主派思想家已经为即将到来的资产阶级革命准备好了思想的武器，为未来的民主社会设计了蓝图。随后发生了英国"光荣革命"、荷兰独立战争、美国独立战争、法国大革命等，欧洲国家顺利迈过了近代社会的门槛，向现代社会大步前进。当然我们也要指出，欧美启蒙思想家提出的资本主义革命思想的先进性，是相对于欧洲中世纪的封建社会和中国君主专制社会而言，其代表资产阶级的狭隘本性是不会改变的。

---

① 转引自 [美] 约翰·维特：《权利的变革——早期加尔文教中的法律、宗教和人权》，苗文龙等译，中国法制出版社 2011 年版，第 5 页。

② [法] 孟德斯鸠：《论法的精神》上册，商务印书馆 1987 年版，第 154 页。

③ 转引自 [意] 萨尔沃·马斯泰罗内：《欧洲政治思想史》，黄华光译，社会科学文献出版社 2001 年版，第 159 页。

（二）中国启蒙思想的出现与挫折

16、17世纪，当西方宗教改革进行、思想启蒙运动蓬勃发展之时，中国古老的社会内部也在开始出现一些微弱的启蒙思想萌芽，似乎中国与西方也存在一定的同步性。但是非常遗憾，当西方的启蒙思想高歌猛进、结出硕果的时候，中国的启蒙思想则在"崇正学，黜异端"的意识形态高压下枯萎、衰微了。

明代中国思想史的最大成果是王阳明心学的出现。王阳明心学既是孔孟儒学正统观念的发展，也包含了一种反抗现实政治的叛逆思想萌芽。王阳明自述其治学的初心与朱子未尝异也，都是为了教化民众克服心中的私欲——"破心中贼"。不过王阳明认为，朱熹那种教人学习天理再反省自心的方法，容易造成思想体系的"支离"和实际行动的"知行分离"。因此他强调"心外无理"、"心外无物"，一切修养工夫都应当只在心上作，"一念发处即是行了"、"知行合一"。忽略主流社会提倡的"天理"、"礼义"，就是否认历史形成的某种共识。而过分夸大人心中"良知"、"良能"的做法，很容易导致自我中心的"唯我论"倾向，突出了个人意志的绝对性。他说："夫学，贵得于心，求之于心而非也，虽其言出于孔子，不敢以为是也，而况其未及孔子者乎？"（《阳明全书·答罗整庵少宰书》）王阳明的本意是不以朱熹的言论作为判断是非的标准，但是过于强调本心、良知对是非的判断能力，就有可能动摇对于整个传统社会价值观念的信仰。这一点很快就在王门后学王艮、何心隐、李贽身上反映出来。

王阳明的弟子王艮出身市井，代表下层民众的利益，立志把王学传播到民间，开创了"百姓日用之学"的儒学民间化路径。《明儒学案·泰州学案》记载："农工商贾从游者千余"，可见规模之大。在这种学术下移的过程中，儒学中的等级化倾向受到了忽视，平等性的因素受到了弘扬，反映了士农工商阶层要求社会平等身份的意识，甚至也可以视为正在生成中的市民阶层的呼声。

王艮的学生何心隐从人人具有良知的道德平等观出发，认为："仁无有不亲也，惟亲亲为大，非徒父子之亲亲已也。……义无有不尊也，惟尊贤之为大，非徒君臣之尊贤也。"（《何心隐集·仁义》）仁义礼智发自于人内心的先天"善端"，从仁爱之心出发，对于任何人都应当有亲亲之心，不仅限于自己的父亲；从道义之心出发，对于任何人都应当尊重，不仅限于君臣之际。这样的提法动摇了当时"父为子纲"、"君为臣纲"的神圣性，成为对于明王朝极端君主专制制度反抗的呼声。由此何心隐认为，在人生五伦中，朋友一伦最为重要，因为"相交而友"、"相交而师"是一种平等的关系，不受血缘、政治、经济等因素的限制。所以，他主张应当以师友关系指导重新调整五伦关系，把君臣之间绝对的尊卑关系变成"君臣相师，君臣相友"（《何心隐集·宗旨》）的平等关系。这样的呼声在明朝中后期"君叫臣死，臣不得不死"的政治氛围中，成为一种"刺耳"的异端。特别是何心隐在当时的内阁首辅张居正禁毁私学、关闭书院的风潮中，作《原学原讲》"讥切时弊"，指责张居正"专政"，对于心中之学要"必学必讲"。何心隐的举动激怒了张居正，被指斥为"妖人"、"奸犯"，惨死狱中。

　　明末著名的异端思想家李贽从王艮之子学习阳明心学，也属于泰州学派。他从阳明的良知心学的基础上发展出"童心说"，他说："童子者，人之初也；童心者，心之初也。""夫童心者，绝假纯真，最初一念之本心也。"（《焚书·童心说》）所谓"童心"就是儿童那种尚未受到世俗物欲引诱的纯真之心，绝对没有虚假的成分。以童心为真心判断是非，则是对于世间一切事物的最高准则。由于人人都曾经有过这种绝假纯真的童心，所以也可以说"尧舜与途人一，圣人与凡人一"（《李氏文集·明灯道古录》）。承认人人都有善性，人人都有成为圣贤的可能性，这是儒学的基本观点，并无特殊之处。但是李贽话锋一转，马上提出了："侯王不知致一之道与庶人同等，故不免以贵自高。高者必蹶下其基也，贵者必蹶贱其本也。何也？致一之理，庶人非下，侯王非高。"（《李氏丛书·老子解·下篇》）宗法等级制度是中国古代社会的根基，因道德起源的平等而否定现实社会政治、经济、家族权力的差等，就成为社会上的异端言论了。与何心隐相比，李贽不仅因尊心而提倡社会平等论，而且还勇敢地反对宋明理学社会政治理论中的核心命题"存天理，灭人欲"。从童心说出发，李贽认为："穿衣吃饭，即是人伦物理；除却穿衣吃饭，无伦物矣。"（《焚书·答邓石阳》）中国古代社会是一个农业社会，生产都是在简单再生产基础上重复进行，使得生产力在很长时间内没有多大提高。为了维持简单再生产的循环，保证专制贵族们的豪华生活，必须压低普通民众的物质生活欲望。但是，从下层民众的角度看，这种禁欲主义的学说却是十分虚伪的。不要说那些上层统治者们不限制自己的欲望，就是那些提倡"存天理，灭人欲"的道学先生们，也未必真正实行，"伪道学"已经成为最丑陋的社会现象。为了论证人民群众追求穿衣吃饭，并不断提高生活水平的合理性，李贽提出："夫私者，人之心也。人必有私而后其心乃见，若无私则无心矣。"（《藏书·德业儒臣后论》）传统的儒学以"天下为公"为自己的价值追求，但是在现实的等级社会中，这种"大公无私"的理论，则实际变成了否定人民个人权利的理论依据。李贽敏锐地提出了"私心说"，可以说反映了正在出现的市民阶层要求保护自己财产权利的意识。因此，李贽反对不经过自己的思考，盲目以古代圣人、经典为是非判断标准的观点。他说："夫天生一人，自有一人之用，不待取给于孔子而后足也。若必待取足于孔子，则千古以前无孔子，终不得为人乎？"（《焚书·答耿中丞》）在明代那种高度中央集权、意识形态极端僵化的时代，这样"非圣诬法"的言论，自然不能见容于社会。即使李贽出家避祸，也不能躲过牢狱之灾，在75岁高龄时自杀于狱中。

明亡清兴，特别是少数民族入主中原成为新王朝的主人，出现了不仅"亡国"，而且"亡天下"的"旷古巨变"。这样"天崩地坼"的社会变化自然会引起天下儒生们的痛苦反思。原有王朝的瓦解与新王朝建立之间的缝隙，也给了士大夫们一些可以利用的思想空间，于是明清之际出现了一个中国历史上少有的批判思潮，启蒙思想得到了难得的发展机遇。黄宗羲、顾炎武、王夫之就是其中的佼佼者。

黄宗羲是生活在明清之际的大思想家，深感于明亡清兴的沧桑巨变，他对明朝的历史，甚至是中国秦汉之后两千年的君主专制社会历史都进行了深刻的反思。最后他得出结论：当下之君主以天下满足其一己之私欲，已经成为天下之大害。他专门写了一部分析中国政治的著作《明夷待访录》，其中《原君》一文将历史的发展分成三个阶段：第一阶段是无君的时代，"有生之初，人各自私，人各自利"，这是一个混乱的时代。黄宗羲的这个说法，很像西方政治学家所假设的"自然状态"。第二个阶段是"君为天下"的时代，"有人者出，不以一己之利为利，而使天下受其利"，"而己又不享其利"。这实际上是儒学经典中理想的圣王尧舜时代。这时候"天下为主，君为客"。第三个阶段就是"天下为家"，人各自私的时代。这时候的君主"以我之大私为天下之大公"，所以这时候君不再是为大众服务的，"天下为客，君为主"，君主而成为"天下之大害"。在中国古代社会里，能够喊出君主是"天下之大害"的口号，可以说具有振聋发聩的性质。

为了节制和防范君主专制造成的弊害，黄宗羲提出了一系列对应的措施。其一是宰相理政，这是针对明朝罢设宰相制度而言，他指出："有明之无善政，自高皇帝罢丞相始也。"（《明夷待访录·置相》）他认为古代天子传子，儿子不一定是贤者，但是宰相都是从社会上选拔而出，可以在一定程度上制约君主的胡作非为。一旦罢相，专制制度便不受权力的制约，更加肆无忌惮。其二是方镇御边，宋代之后有鉴于唐代藩镇割据造成的分裂势力，加强中央集权，削弱地方势力，使得权力更为集中，地方政权也失去了抵御夷狄犯边的能力。"今封建之事远矣，因时乘势，则方镇可复也。"（《明夷待访录未刊文·封建》）其三是学校议政。儒家经典记载，三代之时的学校不仅可以教授学生，而且可以议政，因有"子产不废乡校"的故事。黄宗羲理想的学校，"天子之所是未必是，天子之所非未必非，天子亦遂不敢自为是非，而公其是非于学校"（《明夷待访录·学校》）。这时候黄宗羲笔下的学校，已经开始具有西方议会的性质，看来中国的思想家也在利用原有的思想文化资源，设计一种可以制约君权的机构。黄宗羲把自己对于未来理想社会的构想写在《明夷待访录》中，书名取自《周易》的《明夷》卦，希望日后有明君来访问自己，采纳自己的主张。但是，中国历史的发展却使他失望了，清王朝在中国原有的君主专制的故辙上又走向了一个"盛世"，没有人再关注黄宗羲痛苦思索出来的思想成果了。

顾炎武是明清之际一位历史哲学家，他对于现实政治的批判也主要集中在君主专制制度上。他认为秦汉之后"百王之弊"在于"私天下"。他说："古之圣人，以公心待天下之人，胙之土而分之国；今之君人者，尽四海之内为我郡县犹不足也。"（《顾亭林诗文集·郡县论一》）君主把天下之财产当成一家之私产，集大权于一身，这是社会种种弊端之根源。为此，就必须限制君主的绝对权力，在中国固有的文化资源之内，顾炎武能够设想的，就能使用封建制来限制君主集权制度。但是他也认识到，封建制也有其不可克服的弊端，在当时完全恢复封建制并不可行，所以他提出"寓封建于郡县"的主张。他说："封建之失，其专在下；郡县之失，其专在上"（《顾亭林诗文集·郡县论一》），因此应当将两种相结合，取长补短。"一命之官，莫不分天子之权，以各治其事，而天子之权乃益尊。"（《日知录·守令》）增加地方政府的权力，也是西方制衡中央集权的一种方法，不过中国思想家的设计，借用了中国的文化资源。可是在中国"大一统"的文化背景下可行性如何？历史的发展已经给出了否定的结论。

与黄宗羲、顾炎武一样，王夫之也认为天下为公，君为私。他说："一姓之兴亡，私也；而生民之生死，公也。"（《读通鉴论》卷十七）从儒家理想的"大同社会"的角度考虑，天设立君主只是为了理民，民与君相比，"是以君以民为基"，"无民而君不立"（《周易外传·咸卦》）。王夫之的思想虽然没有超出儒家"民本主义"的范畴，但是在明清君主专制制度强化的条件下，也是对"君为臣纲"的一种挑战。为此，王夫之也设想了种种限制君权的措施。他一方面承认："天下之治，统于天子者也。"另一方面他又强调天子的权力也是有限的，不能无限大，直接去管具体事务。"上统之则乱，分统之则治。"（《读通鉴论》卷十六）关于分权体制，王夫之首先设想在中央机构，帝王不再专权，而把主要精力放在选择宰相上。宰相无"独御之权"，事务由百官分掌。层层负责，"中外自辑以协于治"（《读通鉴论》卷十三）。这种设想，具有西方责任内阁的含义。其次是地方分治。他认为："天下之大，田赋之多，人民之众，固不可以一切之法治之也。"（《读通鉴论》卷十六）合理的做法只能是，赋予地方更大的权力，分级治理。最后是加强社会舆论的治理作用，在中国文化的语境中，表现为"道统"对"治统"的制约。他说："天下所极重而不可窃者二，天子之位也，是谓治统；圣人之教也，是谓道统。"（《读通鉴论》卷十三）君主之位固然重要，但是君主必须依圣人的道统实行统治，国家才能兴旺发达。"儒者之统，与帝王之统并行于天下，而互为兴替。其合也，天下以道而治，道以天子而明；及其衰，而帝王之统绝，儒者犹保其道，以孤行而无所待，以人存道，而道不可亡。"（《读通鉴论》卷十五）以儒家为代表的道统，是一种社会精英阶层的舆论，应当也能够对帝王之治统，发挥制约作用。

明清之际的三大思想家，都曾参加抗清斗争。斗争失败后避居深山或民间，拒不出仕，不为异族服务。在明王朝已亡、清王朝初建之时，君主专制制度尚存在某些空隙，给这些思想家保留了一些生存空间。他们尖锐地批评明朝的专制制度，总结明朝衰亡的教训，只要不涉及新兴的清王朝，就可以暂避政治的迫害。可是他们的著作大多只能收藏于民间，并不能在社会上发挥太大作用。到了清政权巩固之后，那些后起的启蒙思想家就没有那么幸运了，吕留良就是其中的典型。

吕留良的思想并未有太多超越三大思想家之处，其批判的锋芒主要还是指向君主专制制度和异族入侵方面。如他指出，三代之时"天生民而立之君臣，君臣皆为民也"（《四书讲义》卷六），而后代之君则实行"私天下"，将天下看成一己之私利，荼毒百姓，造成了政治的腐败。因此必须限制君主的权力，"复封建"，加大地方权力。同时在封建制度下，君臣之际也才可能建立比较平等的互助关系，"志不同，道不行，便可去"（《四书讲义》卷三十七）。针对满洲人的异族统治，吕留良特别指出：君臣之义，夷夏之防是圣王道统中的最重要部分，且后者更胜于前者。根据孔子对管仲的评价，他说："一部《春秋》大义，犹有大于君臣之伦，为域中第一事者。故管仲可以不死耳。原是论节义之大小，不是重功名也。"（《四书讲义》卷十七）管仲原来的主人是公子纠，反对公子小白。但是公子小白战胜了公子纠，管仲并没有为原先的主子殉节，而是投靠后来成为齐桓公的小白，成为齐国的宰相，协助齐桓公"九合诸侯，一匡天下"，驱逐了侵入中原的戎狄民族。

孔子认为管仲在保卫华夏民族利益方面的功绩是高于一切的，给予了极高的评价。吕留良借此事弘扬民族之大义，鼓励人民反抗清政权。他的学生曾静说："人与夷狄无君臣之分"（《大义觉迷录》引），鼓动汉族将领率部起义。事发后雍正皇帝严加追查，发动了一次规模巨大的"文字狱"大案。吕留良及其子吕葆中戮尸，吕毅中斩立决，孙辈发遣宁古塔充军。其弟子严鸿达、再传弟子沈再宽等或戮尸，或凌迟，均遭灭九族之祸。吕留良的著作曾经公开发行，甚至刻书、印书、售书之人，都被杀害或流放。曾静被雍正皇帝利用，命他到处宣讲皇帝亲著《大义觉迷录》，批判吕留良，暂逃一死。到了乾隆时代，仍然被杀害。从此"文字狱"大案连续不断，稍有不同意见的书生即遭灭族之祸。儒生们不敢再议论政治，只能到文献的训诂考据中去寻找生计和精神寄托，启蒙思潮从此衰歇。中国古代的君主专制制度，继续在"天无二日，民无二主"、"君子不党"、"闭关锁国"的故辙上周而复始地循环。

（三）中西启蒙思想不同境遇的成因

以上我们简单比较了中西方近代启蒙思想不同的境遇，而造成这种不同的原因所在，才是我们最关心的问题。当然这也是一个极为复杂的问题，本书只能从政教关系的角度着眼，提出如下几方面的思考。

1. 中西双方不同的思想资源

中国明清时代的启蒙思潮所以没有像西方一样引起相应的社会变化，最直接的原因就是缺乏相应的思想资源。尽管何心隐、李贽、黄宗羲等人的批判是非常尖锐的，但是一旦追根溯源，或者使人感到并无可以着手之处，或者让人感到并无太多新意。而西方从文艺复兴到启蒙运动，从反思古希腊、古罗马政治传统以及基督教宗教改革运动中，则找到了带领人民走出中世纪封建君主专制时代的文化资源。两相比较，至少这样几点可以表现出明显的差异。

第一，天下为公与个人主义。黄宗羲作《明夷待访录》，其中《原君》一章提出，君主是"天下之大害"这样振聋发聩的观点，应当说是具有震撼性的。但是如果我们看其立论的根据，则仍然没有超出传统儒学的"大同"、

"小康"说。他认为理想的社会应当是尧舜禹三代圣王"天下为主，君为客"的时代，好的君主"不以一己之利为利，而使天下受其利"。且不说在财产私有的社会这样的"好君主"有没有，究其根本形式来说，仍然是一种君主制度，仍然只能等待心存三代的圣主明君出现。《明夷待访录》的书名，就反映了黄宗羲的这种心态。如果我们认为西方近代政治制度是走向现代化的必经之途，那么我们就会发现，其价值原点就是与中国大相径庭的。西方近代资本主义革命的一个基本价值就是人的自由，而自由主义的背后则是个人主义。在这一点上，宗教改革提供了充分的思想资源。路德提出的"因信称义"，把国家、君主、教会、教皇统统排除在救赎的依靠力量之外，每一个信徒只能自己直接面对上帝。因为有对于上帝的信仰，个人才是终极的实体。因此每一个个人的权利不是依靠国家、圣王的赐予，而是个人自己争取的。加尔文派宗教改革家贝扎指出："人民不是为统治者而造的，而统治者是为人民而造的。"[①] 只有将人的自由、平等权利建立在个人基础上，才有可能保证每个人的利益。相反，如果我们假设政治革命追求的是"全体的人"、"大写的人"的利益，那么全体的人、大写的人是需要有人来代表的，这个代表者就只能"以我之大私为天下之大公"（《原君》）的帝王，用公权力来实现"家天下"。

第二，民本主义和民主主义。两种主义仅有一字之差，但是立足点却是完全不同的。民本主义的立足点是统治者，让统治者执政时多考虑人民的利益，要以人民的利益为出发点。孟子"民为贵，社稷次之，君为轻"就反映了这样一种次序安排。所以历代儒者的政治实践，只能建立在启迪统治者的觉悟上。如顾炎武说："君子之为学，以明道也，以救世也。"（《顾亭林诗文集·与人书二》）"著书待其后有王者起，得而师之。"（《黄宗羲全集·思旧录》）民主主义则要求人民当家作主，把政治权力的合法性建立在人民同意的基础上。而实现民主主义的途径，在欧洲则有古希腊、古罗

---

① 转引自［美］约翰·维特：《权利的变革——早期加尔文教中的法律、宗教和人权》，苗文龙等译，中国法制出版社 2011 年版，第 151 页。

马的票选民主的历史模板。不仅古代社会如此，就是在所谓黑暗的中世纪，基督教内部主教、教皇的产生，也要走层层选举的途径。就在一些封建国家，也不是完全的父子相传，例如神圣罗马帝国（实为德意志帝国）的君主，经常也是由选帝侯选举产生的。这样，民主主义就有了实际的依据。在近代启蒙运动中，启蒙思想家无不将"社会契约论"作为人民主权理论的根本依据。任何民主政权，必须建立在人民让渡权力的基础上，票选制度就因此变成"君权神授"理论的神圣替代物。人民要求民主权利，也有了可以操作的具体措施。

第三，伦理平等与权利平等。在明清时代君主集权制度成为社会的严重桎梏，因此启蒙思想家无不将批判的矛头指向了身份等级制度，要求人民的平等权利。不过在中国原有的文化资源背景下，启蒙思想家所要求的平等权利，也只是一种伦理的起点平等，而不像近代西方社会要求现实权利平等。如李贽说："圣人所能者，夫妇之不肖可以与能"（《李氏文集·明灯道古录》卷下），"天下无一人不生知"（《焚书·答周西岩》）。这里所说的"知"与"能"，就是孟子所说的"良知"、"良能"，是与生俱来的，只能在此基础上说"尧舜与途人一，圣人与凡人一"。（《李氏文集·明灯道古录》卷上）但是在实际生活中，圣人的修养工夫是凡人所不能及的，因此圣人与凡人也不会平等。那些以圣王自居的统治者，自然也可以心安理得地居于社会权力金字塔的顶端，而广大民众则只能承认修养不如人的现实。这种伦理平等说的结果，只能引起社会教化的加强，使人民接受"存天理，灭人欲"的修养方法。而西方近代宗教改革家和启蒙思想家所说的平等，则是现实社会的权利平等。在基督教文化背景下，这种权力是上帝赋予的，如美国《独立宣言》所说："我们认为这些真理是不言而喻的：人人生而平等，造物者赋予他们若干不可剥夺的权利，其中包括生命权、自由权和追求幸福的权利。"这种神圣的权利，就变成了很多政治的诉求。"除了宗教权利，贝扎（宗教改革家也是启蒙思想家）也特别关注每个个体的言论自由和政治请愿权：（1）个体'谴责官员不正义地违反了这些法律'的权利；（2）个体'向最高官员控诉有关下级官员不正义之事'的权利；以及（3）个体向下级官员就有关其他'王国宪政事务'进行请愿的权利。"① 有了这些政治权利，统治者的活动才能真正置于人民的监督下，真实实现"天生民而树之君"（《左传·文公十三年》）的政治理想。

第四，王权至上与权力制衡。关于如何制衡最高权力，明清之际的思想家也是颇费苦心，其中黄宗羲的设计最具有代表性。他能够想到的办法包括：恢复宰相制度、方镇御边、学校清议。顾炎武则将方镇御边设计成了"寓封建于郡县"。但是，在传统中国的政治资源中，这些办法都不是对最高权力的可靠制衡。明清时代固然因宰相制的废除而使君权更为专制，但是此前有宰相，也不过是一个君主委派的大主管而已，他没有独立于君主专制制度之外的政治权力。封建制固然对中央集权有制衡作用，但是在历史上容易造成国家分裂的弊端也过于明显，难以形成社会共识，变成实际的社会统治方式。而顾炎武"寓封建于郡县"因缺乏可行的政策设计而无法推行。至于学校清议，顶多也就是在"谏议"制度方面增加一种形式，采纳与否也还在于君王的好恶。但是西方的权力制衡观念，则是一种历史悠久的政治实践本身。从原始社会的部落联盟的谈判结合，到奴隶主民主时代的议会制度，再到中世纪政教冲突中的相互利用与制衡，最高权力应当受到制衡已经成为一种社会共识，而且制衡都来自另一种合法的权力。不似中国从西周时代就有"普天之下，莫非王土；率土之滨，莫非王臣"的意识。欧美国家为了限制中央权力过大，普遍采取联邦制。以美国的联邦制度为例，各州都有自己的宪法，而且规定各州的宪法高于联邦宪法。这在中国完全是不能想象的。但在西方基督教重视"契约"的文化精神影响下，全体民众都能够严守公民与国家之间制定的各种契约，就表现为法律的神圣性。所以联邦制并不会造成国家的分裂，不似中国古代的封建制，几代封君之后，各邦国也就各自为政了。至于议会民主、三权分立，则是在近代宗教改革、启蒙运动中形成的最积极成果。议会制定法律，司法独立行使法律，政府依法执政，没有任何权

---

① ［美］约翰·维特：《权利的变革——早期加尔文教中的法律、宗教和人权》，苗文龙等译，中国法制出版社 2011 年版，第 153 页。

力机构可以不受制约。

近代西方启蒙思想家的制度设计，在后来的政治实践中都变成了现实。而中国明清之际思想家的启蒙思想，当时因没有足够的文化支撑而成为流星一闪，只是到了近代国门大开之后，才成为呼应西方资本主义改良、革命运动中的本土文化资源。

2. 中西方不同的政治环境

中国秦汉之后的大一统政治环境，固然有利于多民族国家的统一，但是在社会内部，则缺乏不同政见者得以容身的条件。何心隐、李贽在明代末期被迫害致死，吕留良等人惨遭文字狱之祸。仅仅在明清之际政权更迭的激烈社会动荡中，以黄宗羲、顾炎武、王夫之为代表的启蒙思想家，才获得了一丝苟免的机会。这也可以看成是春秋战国时代百家争鸣的一段短暂回声。

我们再去看西方的近代，政治权力与宗教权力的相互争夺，各国封建君主之间的彼此斗争，封建国家内部诸侯林立，这样分裂的政治环境，正好与中国的春秋战国相仿。马丁·路德之所以能够躲过可怕的宗教法庭审判，就是由于神圣罗马帝国皇帝与罗马教皇的矛盾，萨克森州选帝侯对他的包庇。加尔文在法国进行宗教改革受到迫害，他可以逃到瑞士避难，又在独立公国日内瓦建立政权。法国大革命前，那些启蒙思想家也经常会躲在外国发表攻击皇室的著作，各国之间的矛盾使他们得以为生。这一点大约也只有中国春秋战国可以相比，各种思想家可以周游列国游说诸侯，卿大夫得罪于公室可以到外国避难。

3. 中西方不同的经济基础

从历史唯物主义的观点看，一切社会的政治变革背后，一定有更为深刻的经济根源。西方近代的宗教改革和思想启蒙，背后都有近代工商业发展的迫切诉求。从地理环境看，欧洲原于地中海文化，从古希腊时代就有发达的环地中海贸易。近代市民阶级的兴起，也是由大西洋航线的开辟、新大陆的发现推动的。新的市场促进了新的商业需求，工商业者发展生产就需要保护商品经济秩序的制度设计。而工商业者在商业活动中积累的强大经济实力，也使得封建统治者既害怕他们，又不得不依靠他们。这时候他们要求保护私有财产、尊重个人权利、提供社会平等等，大多能够通过社会改良得以实现。

在中国的明清时代，社会经济尽管出现了一定程度的繁荣，但是整个社会制度并没有走出农业经济的故辙。中国的地理环境是：东南面是浩瀚的太平洋，大洋两岸在当时难以开展大规模的商品贸易；西北是一望无际的沙漠，丝绸之路所能容纳的流量有限，且受游牧民族干扰时续时断，没有大规模商品交换的动力；明清时代的工场手工业也只能自产自销，满足部分贵族的需求，没有扩大生产力的内在动机。没有强大的工商业者，没有独立的市民阶级，思想家的反专制观念就没有依附的对象。社会内部没有新的生产方式出现，也就不会出现对于新的政治体制的需求。一旦出现某些认同儒家道统观念的开明帝王与民休息、使民以时、轻徭薄赋、虚怀纳谏……传统农业社会的"太平盛世"就出现了，批判思潮与改革的呼声自然也就显得没有必要了。中国社会继续在一治一乱、一盛一衰的传统道路上循环，自身难以出现根本性变革。

总括中国明清与西方的近代社会，无论从经济还是政治上看，西方那种近代资本主义革命在中国都无法发生。后来的历史还进一步证明，不仅明清时代无法自发地发生近代资本主义革命，就是在1840年之后，西方那种建立在自由主义基础上的私有财产神圣不可侵犯、人权至上、三权分立、权力制衡、票选民主……样式的资本主义革命仍然无法取得成功。这一点我们在下一章，继续从政教关系角度进行分析。

第六章　中西政教关系的现实状态：当代中国与西方的不同道路

本书前几章我们详细分析了中西方从文明萌动到轴心时代，从中世纪到近代启蒙运动，政教关系对两地历史进程的重大影响。可以说，当代中西方政教关系的重大差异，正是这样的复杂历史条件合乎逻辑的展开。西方历史学界一般将 19 世纪中叶完成工业革命当成现代社会的开端，而将第二次世界大战结束视为当代社会的起点。中国近代社会从 1840 年帝国主义的洋枪大炮打开国门算起，现代社会勉强可以从满清帝国灭亡、中华民国建立开始。不过中国的当代社会则无疑应当以中华人民共和国建立作为开端，我们逐步在实现民族复兴的伟业，与西方发达国家一道并列于世界民族之林。那么中西方当代的政教关系具有什么样的特点？其中有哪些异同？这就是本章所要叙述的主题。

第一节　当代西方的政教关系

"政教关系"一词是近代的舶来品，近代以来，中国的学术界完全按照西方的学术分类体系，分门别类地对宗教、政治、哲学、经济等进行研究，学术界一致认为政教关系无论对于政治还是宗教，甚至其他学科门类都具有重大影响，但是研究的内容却一直无法深入，关键就在于对这一舶来洋词的理解存在着误读。西方近代启蒙思想家为了反对封建统治者与基督教会相互勾结维护其专制统治，提出了"政教分离"的要求，其英文原文是"separation of state and church"，意为国家与教会分离。可是这一重要概念在译成中文时，却"言简意赅"地译成了"政教分离"。由于中文高度概括性与内涵丰富性的特点，对这一在近现代社会指导我们处理政治与宗教事务的重要原则，在理解上就出现了诸多的模糊和含混。因为中文中的"政"，不仅仅指政治权力机构，还可以指整个政治文化系统；中文中的"教"，也不仅仅是教会，还可以泛指一切宗教文化现象。所以用"政教合一"和"政教分离"这样两个简略的标准去分析政教关系，既无法说明世界上多种类型的宗教与各国政治的复杂关系，更无助于科学、合理地阐述宗教影响政治的途径与机制，甚至会出现众多的误解。用这样一种不太准确的西洋概念不仅说不清中国自己的历史与现实，而且即使看待西方的政教关系，也会出现一片迷局。

一、当代西方政教关系的谜局

当代西方国家一直将坚持政教分离作为现代社会的重要标准，并以此指责一些发展中国家。作为标志，美国宪法第一修正案明确规定："国会不得制定关于下列事项的法律：确立国教或禁止信教自由。"关于第一修正案的解读，国际上一般认为制定这项修正案的美国第三任总统杰斐逊最具有权威性，他说："宗教乃完全是个人与其信仰的上帝之间关系的事情，其信仰及其崇拜与他人无关，政府的立法权只能及于行为，而不能及于见解，宪法禁止立法机关确立国教或限制信仰自由，乃是要在国家和教会之间，建立一道分隔之墙。"① 关于设立第一修正案保护宗教信仰自由的历史原因和意义，我们在上一章中已经进行了详细的分析，这里不再赘述。这里我们要集中说明的是，西方的基督教并没有变成个人的私事，仅仅发挥灵魂的安顿功能。无论美国还是欧洲，作为一个大多数国民信仰宗教的地区，宗教无论在社会生活还是在政治生活中，都仍然在发挥着重要作用。正如美国著名政治学家塞缪尔·亨廷顿所说："宪法的制定者相信，他们正在建立的共和国政府，只

---

① 转引自杨合理：《论宗教自由的法律保障》，中州古籍出版社 2012 年版，第 122 页。

有深深植根于道义和宗教，才能存活下去。约翰·亚当斯说：'一个共和国只有由纯宗教或严格道义来予以支持。'他说《圣经》提供了'曾经或将来保持世界上一个共和国的唯一体系'；还说：'我们的宪法只是为讲道德和信教的人民制定的'。"①

我们先看看美国政治中存在的明显的宗教元素。美国的国歌歌词最后三段是这样的："祖国自有天相，胜利和平在望；建国家，保家乡，感谢上帝的力量。我们一定得胜，正义属于我方，我们信赖上帝，此语永矢不忘。你看星条旗将永远高高飘扬，在这自由国家，勇士的家乡。"国歌作为当代民族国家的精神图腾，其政治鼓动作用是最明显不过的，怎么能说其中没有宗教元素呢？人民日常生活中每日不可或缺的货币，每一张美元的背后都有一句："In God We Trust"，翻译成中文就是"我们信仰上帝"，时时刻刻提醒人们这是一块信仰宗教的大地。四年一度的美国大选，总统宣誓仪式是这幕大戏的压轴之作，历届总统无一例外都是按着《圣经》宣誓效忠国家和人民，上帝是人民和总统之间的见证人。为什么世俗化的美国，总统不是按着宪法宣誓就职呢？或者是否可以按着《古兰经》或者《佛经》宣誓就职呢？美国第 25 任总统麦金莱道出了其中的奥秘："没有一个否定上帝存在的人能坐上这把交椅。"②……此类现象比比皆是，不胜枚举，很难说基督教已经成为完全的私人事务，在美国政治生活中不再发挥作用。

可是相反的事件也在随时发生，让我们也很难说"分隔之墙"不存在。2004 年美国最高法院接受了"洛基诉戴维案"，当一位接受奖学金的学生表示他想用这笔资助从事教牧专业的学习时，最高法院对于华盛顿州政府撤回这笔资助的做法表示赞成。该地区的州宪法禁止公共基金用于对神职人员的训练。在美国现当代历史上，对于宗教的诉讼最多的案例，就是集中在政府是否应当对宗教学校进行一般性的补贴，这种补贴是否违反了第一修正案的

① ［美］塞缪尔·亨廷顿：《我们是谁——美国国家特性面临的挑战》，程克雄译，新华出版社 2005 年版，第 71 页。

② 转引自徐以骅：《后冷战时期的宗教与美国政治和外交》，上海人民出版社 2014 年版，第 52 页。

"确立"条款，在各种宗教之间进行了选择性扶植？① 面对这些诉讼案，让人们感到这堵墙还是很硬的。

再看欧洲的情况，似乎宗教在政治领域的作用更为突出。在欧洲，英国、丹麦、希腊、芬兰等国家存在着国教会，如英国女王直接担任国教会的首领，就是全国的宗教领袖。一些国家在宪法中宣布基督教是"主要宗教"，置于其他宗教之上。如希腊"宪法第3条第1款对希腊教会的地位，以及同国家的关系做如下的基本陈述：东正教是主要的宗教；在教义上，希腊东正教与君士坦丁堡首牧辖区和其他东正教保持一致；教会独立和自治"②。不过在任何一个欧洲国家，不管是否存在国教会，宪法都规定公民享有宗教信仰自由，允许多种宗教存在，完全不同于中世纪的"国教统治"，把其他信仰视为"异端"。欧洲很多国家，如德国、比利时、荷兰、希腊等，规定无论公立学校还是私立学校，都需要开设宗教道德课，教师由教会指派，工资由政府提供，这些国家教师地位视同公务员。在欧洲的很多国家，社会党团直接以基督教冠名，最著名者当属德国总理默克尔领导的"基督教民主联盟"与"基督教社会联盟"组合而成的"联盟党"。第二次世界大战之后的德国无疑当属政教分离的世俗国家，执政党却以基督教冠名，无非是强调基督教民主党人以基督教的宗教和道德原则为出发点。

此种种现象都在提醒我们：过去我们对于政教关系的理解仅仅限于"合一"与"分离"，认为"合一"就是错误，"分离"就是正确这样非黑即白的看法过于简单了。正如美国当代权威宗教学者威尔逊所说："实际稍加思考就已表明，这一比喻（政教分离之墙）在勾勒宗教与公共权威之间的关系方面，是如何全然不合实际且并非妥当。举例说，如果此墙确实存在，它会禁止消防队对着火的宗教建筑做出反应吗？"③ 因此我们打算用一些篇幅来详细

---

① 参见张训谋：《欧美政教关系研究》，宗教文化出版社2002年版，第219—229页。

② ［德］格哈德·罗伯斯主编：《欧盟的国家与教会》，危文高等译，法律出版社2015年版，第82页。

③ ［美］约翰·F.威尔逊：《当代美国的宗教》，徐以骅等译，上海人民出版社2013年版，第116页。

描述美国和欧洲的现实政教关系，看看政教究竟可分不可分？是如何分又如何合的？

二、当代美国分离体制下的政教关系

（一）美国法律对宗教的保护与管理

美国历史很大程度上是英国的清教徒躲避国教会宗教迫害的历史，为此他们逃难到了北美大陆。不过请大家不要忘记，清教徒也是基督教的一部分，在信仰上也属于一神论系统。因此他们最初到了北美大陆建立地方政府的时候，首先也是用法律保证自己教派的信仰。中国学者杨合理描述了当时的情况："在美洲大陆，除了威廉·潘恩的宾夕法尼亚、罗杰·威廉斯的罗德岛外，各殖民地都实行政教合一体制，建立了地方的官方教会，对本殖民地居民的宗教信仰进行强行的统一，强制性要求居民进行宗教实践（如每个主日都要进教堂听道）……独立战争爆发时，北美地区 13 个殖民地中的 8 个殖民地有官方教会。官方教会在殖民地享有宗教上、政治上的特殊优越地位，实际上相当于当地的'国教'。"[1] 不过美国的开国之父们毕竟是受到欧洲启蒙思想运动熏陶的政治家，他们深知用政治力量去保护某一教派的信仰权利，必定会限制其他教派的信仰自由。当信仰自由特别是宗教信仰自由被视为生命与阳光的时候，这种新的国教会存在的价值就引起了他们的深思。如另一位中国学者所说："宗教的帝国建立在所有人都向往永生的愿望上，对所有人都具有吸引力，而政治往往只是满足特定时期、特定人群的利益，所以，当宗教与政治结合时，它虽然适合了特定时期某些群体的需要，但是失去了对另一部分群体的吸引力。'宗教与一个政权结盟之后，将增加对某些人的权力，而失去支配一切的人愿望。'"[2]

---

[1]　杨合理：《论宗教自由的法律保障》，中州古籍出版社 2012 年版，第 59—60 页。

[2]　宁玲玲：《论美国政治一体化的宗教文化基础》，世界图书出版公司 2013 年版，第 82 页。

在美国第三任总统杰斐逊和第四任总统麦迪逊的主持下，1786 年 1 月 6 日，美国弗吉尼亚州率先通过了《弗吉尼亚宗教自由法案》。该法案指出："全能的上帝既然给予人类以思想自由……如若我们允许政府官员把他们的权力伸张到信仰的领域里面，容许他们假定某些宗教的真义有坏倾向，因而限制人们皈依或传播它，那将是一种非常危险的错误做法，它会马上断送全部宗教自由。"《弗吉尼亚宗教自由法案》不仅成为后来第一修正案（1789 年提出，1791 年通过）的前身，而且也影响了其他各州，它们陆续接受了联邦议会关于"禁止确立宗教和限制宗教自由"的法案，直至 1833 年马萨诸塞州最后通过了法案，废除了官方宗教。这说明说服大多数国人接受不建立"国教"和放弃各州"州教"，还是用了相当长的时间，其间出现了激烈的争论，中国学者董小川详细论述了这个过程。①

特别需要向中国读者指出的是，美国通过禁止"确立宗教和限制宗教自由"的宪法修正案，目的不是为了限制宗教干政，而是为了更好地保护公民的宗教信仰自由。美国的先民之所以乘坐"五月花号"冒险到达新大陆，就是来追求他们心目中自由的宗教王国。他们认为自由是上帝赋予人类的最重要的人权，而其中首先又是宗教信仰自由。因此在贯彻和执行宪法的过程中，始终充满着对信仰自由的护卫。美国学者小约翰·威特等指出："人人有权享受思想、良心和宗教自由。此项权利包括维持或改变他的宗教和信仰的自由，以及单独或集体、公开或秘密地礼拜、戒律、实践和教义来表明他的宗教或信仰自由。任何人不得遭受足以损害他维持或改变他的宗教或信仰自由的强迫。"② 由于思想、良心和宗教自由是上帝赋予每一个人的权利，因此不受任何权力机构的限制，这是一项绝对的权利，也是头号人权。

不过一旦进入宗教管理领域，美国的政治家和思想家们也不会迂腐到对这种自由没有任何限制的程度。另外两位美国学者德拉姆和沙夫斯在解释第一修正案时指出："一方面，防止法律强迫个人接受任何信条或者实践任何

---

① 参见董小川：《美国政教分离制度的历史思考》，《历史研究》1998 年第 4 期。

② ［美］小约翰·威特等主编：《基督教与法律》，周青风、杨二奎等译，中国民主法制出版社 2014 年版，第 207 页。

崇拜仪式，法律不可限制个人的良心自由和个人依照其选择而拥有某种宗教组织或者遵循某种宗教仪式的自由。因此修正案包括两个概念——信仰自由和实践自由。信仰自由是绝对的，但是理所当然地，实践信仰的自由不可能是绝对的。"① 也就是说：社会上每一个成员都可以信仰每一种不同的宗教、不同的教派，不论其信仰多么的怪诞、荒谬。可是一旦他们将信仰付诸实践，其行为则要受到社会规范的制约。两位作者接着把人的自由分成了信仰自由和宗教自由。从信仰上讲，人可以信奉任何荒谬的事情，保护他们这样的"自由"对于维护公民社会"开明思想和正当行动来说，是至关重要的"，这也就是思想自由的价值。然而宗教自由不仅包括头脑里思考的自由，而且还包括各种礼拜、仪式、实践教义和表达信仰的行动，甚至包括饮食中的规定，穿戴特定的衣帽等。考虑到"我们的国家是由不同的种族和不同的宗教信仰的人组成的民族，因此我们比其他任何地方更需要这样的保护。然而这些自由的形式是有限制的"。凡是对他人的精神、物质、信仰、行为、生活造成伤害，对社会的统一、稳定造成伤害，"对于这些或者其他违反限制的行为，州政府可以给予适当的惩罚"②。

　　例如，美国的摩门教，根据其教义教徒可以实行一夫多妻制。但是美国的宪法规定应当实行一夫一妻制，多妻违法。1879 年"雷诺兹一案的被告被控实行多妻制，即同时与多个女子保持婚姻关系。在这一争议案中，法院审查的是，若多妻制构成一种正当宗教信仰的必要部分，禁止多妻制的法律是否因为剥夺了宗教自由而违宪。摩门教徒的宗教活动自由与联邦政府的反对多妻制运动背道而驰，所以无效。雷诺兹一案的结果十分清楚：宗教活动自由不能对抗多妻制的指控"③。面对法庭的压力，当时的摩门教首领威尔福

----

① ［美］小 W. 科尔·德拉姆、布雷特·G. 沙夫斯：《法治与宗教——国内、国际和比较法的视角》，隋嘉滨等译，中国民主法制出版社 2012 年版，第 29 页。

② ［美］小 W. 科尔·德拉姆、布雷特·G. 沙夫斯：《法治与宗教——国内、国际和比较法的视角》，隋嘉滨等译，中国民主法制出版社 2012 年版，第 30 页。

③ ［美］小 W. 科尔·德拉姆、布雷特·G. 沙夫斯：《法治与宗教——国内、国际和比较法的视角》，隋嘉滨等译，中国民主法制出版社 2012 年版，第 209 页。

德·伍德拉夫发表了 1890 年"宣言",宣布放弃一夫多妻的教义,从此结束了这一与法律相违背的"宗教自由"。

再如有些宗教通过一些药物使教徒产生某种特殊的宗教体验,有些药物属于国家规定的"毒品"。美国学者小约翰·威特提供了一个著名的案例:"1990 年,在俄勒冈州就业部、人力资源部诉史密斯案中,美国最高法院做出了一个里程碑式的判决,它代表了如何保护少数群体的第二种冲突性解释人权理念中的宗教自由。在该案中,两个土著美国教会信徒,在宗教仪式上出于宗教目的,吞噬了佩奥特掌(peyote)。因为这事件,私人戒毒中心解雇了他们。"① 佩奥特掌属仙人掌科仙人掌属植物,原产于北美,仅分布于墨西哥,因其具致幻作用而闻名。这种植物主要用于某些美洲印第安人的宗教仪式,美国地方法律禁止出售、使用和持有该植物。美国最高法院裁定,不能用宗教自由的名义,滥用违禁药物。

至于以宗教名义形成的种种"邪教",在美国也是严厉打击的对象。例如 1992 年爱荷华州"红宝石山脊事件",1993 年得克萨斯州的"大卫教派"事件,1994 年发生的"太阳圣殿教"事件等。在《法治与宗教——国内、国际和比较法的视角》一书中,作者简要记录了美国政府处理"大卫教派"的过程:"1993 年 4 月 19 日,美国联邦调查局对得克萨斯州韦科城附近一大片建筑群发动了武装袭击,这里由大卫·柯罗什和他领导的'大卫教派'所占领,而'大卫教派'是'基督复临安息日会'的一个近缘支派。'大卫教派'被指控从事严重的非法强制经营和虐待儿童活动,他们藏匿于这块'场地'中,被政府武装围困已达 51 天。在之前 2 个月政府发动的一次袭击中,已经有 4 名法律执行官员和 6 名大卫教徒丧生。在 4 月 19 日这次袭击中,又有另外 76 名大卫教徒身亡,其中包括 21 名儿童和 2 名孕妇。"② 这是一次造成政府执法人员和邪教信徒大量伤亡的事件,在美国高度的宗教自由环境

① 〔美〕小约翰·威特等主编:《基督教与法律》,周青风、杨二奎等译,中国民主法制出版社 2014 年版,第 211 页。

② 〔美〕小 W.科尔·德拉姆、布雷特·G.沙夫斯:《法治与宗教——国内、国际和比较法的视角》,隋嘉滨等译,中国民主法制出版社 2012 年版,第 324—325 页。

下，再加上允许全民持有武器，因此一旦发生问题就会造成特别重大的伤亡。但是这一事件的发生也充分说明，美国政府在处理对人民生命安全造成重大伤亡威胁的邪教时，是坚决果断、毫不手软的。

（二）政教分离体制下政治与宗教的独立发展

在美国宪法禁止设立国教和限制宗教自由的指引下，美国建国以来，政治与宗教都沿着各自独立的轨迹发展，在政治上表现为分权制，在宗教上表现为充分的自由竞争。而这两点，都是美国的先民们根据自己在大英帝国饱受政治压迫和宗教迫害的惨痛经验而制定的新制度。

关于美国政治与宗教的特点，当代美国法律和宗教权威学者伯尔曼从第一修正案中读出了一种深藏的含义，他说："首先要注意，虽然常说宪法第一修正案规定教会与国家分离（separation of church and state）原则，但实际上第一修正案没有'教会'一词，而是说'宗教'；也没有'国家'一词，而是说'国会'……即当时的美国并不存在西方古典政治理论所称意义上的'国家'，也不存在（现在仍然没有）如下意义的'教会'：一是像罗马天主教那种单一、普世的宗教实体……；二是像新教改革之后存在于欧洲各王国的那种国教。"[①]伯尔曼的这段分析提醒我们注意美国政教关系的特点，美国当代政治表现为充分分权的政治体制，美国的宗教也表现为高度分散的宗教组织。从政治的结构看，美国有一个联邦政府和50个州政府。在历史上是先成立了县政府，后成立了州政府，最后再由各州联合成联邦政府。在法理上，州的宪法高于联邦宪法，各州理论上存在着脱离联邦的权利。这样的制度设计，是针对欧洲历史上封建专制君主制度产生的，意在防止任何形式的个人专断独裁。从宗教的组织形态看，美国的宗教是宗教改革的成果，各个教派既反对统一的罗马天主教会的领导，也反对任何一个新教组织的过于强大，无论加尔文派的长老会还是路德派的信义宗，都强调基层信徒对于教会

---

① ［美］伯尔曼：《信仰与秩序——法律与宗教的复合》，姚剑波译，中央编译出版社2011年版，第208—209页。

组织的民主权利。正如《当代美国的宗教》一书所指出："在现代美国，传统意义上的权威已大为衰退。在西方基督教背景中，这看来就使宗教神职人员即宗教传统专业人士的权威受到严重削弱。目前，宗教传统正式机构的权力也已减少。在这些地方，平信徒无论在有关传统的知识方面还是在对宗教机构的管理方面都已崭露头角。我们可以用很多方式描述这一变化，其中最简单的也许就是指出对现代基督宗教某种'新教'改造不仅波及构成新教的各个宗派，而且还波及作为该传统早先形式的天主教。"① 由于政府的分权和宗教组织的分散，因此在美国基本不用担心宗教组织"干政"对于政府统治造成重大影响。

美国是一个充分开放的宗教市场，只要有 10 名创始人，就可以到州、县政府登记为宗教法人组织。在当今市场经济高度发达的美国，法人单位是进行经济来往的基本单元，不具备这样的条件，就很难运作。在美国注册登记宗教法人是非常容易的，登记注册仅仅起到向政府告知的作用，政府没有任何附加的限制条件。因此在当代美国，正式登记的宗教组织有 200 万个以上。同时，每一天都会有几十个宗教组织新登记或宣告终止。至于宗教法人的形式，由于美国规定在各州登记，而各州的法律又不尽相同，大致可分为信托法人、会员制法人和个体法人。② 同时政府对各种宗教实行普遍的免税政策，随着法人登记，免税优惠是自动获得的。

分权的政府和分散的宗教形成美国当代政教关系的重要特点，就是高度发达的宗教市场，各种宗教、教派（由于历史的条件，主要是犹太——基督宗教）都可以充分发挥自己的社会、政治作用。英美学者用宗教市场论来解释美国宗教在社会上影响更大的原因。"在市场中进行竞争的组织与享受垄断特权的组织相比，大多会更加富有效率。这一点对于宗教市场以及其中的参与主体而言，也不例外。在欧洲，即使国家与教会之间的连接纽带随着法

---

① ［美］约翰·F. 威尔逊：《当代美国的宗教》，徐以骅等译，上海人民出版社 2013 年版，第 162—163 页。

② 参见［美］小 W. 科尔·德拉姆、布雷特·G. 沙夫斯：《法治与宗教——国内、国际和比较法的视角》，隋嘉滨等译，中国民主法制出版社 2012 年版，第 423 页。

国革命的爆发遭受严重冲击和削弱之后，人们依然把教会视为某种类型的公用事业看待。相比之下，美国的教会，无论当初情愿与否，都已作为自愿社团运作。如本章前文所述，自愿结社乃是最有可能成功地适应多元主义竞争环境的宗教组织样式。"① 关于欧洲的情况我们下一小节分析，与美国的情况相比，宗教在那里受到了更多的政府扶植，也对政治有更多的依赖性，反而丧失了部分宗教自身的灵活性。而美国的宗教在宪法禁止确立和禁止限制的规范下，完全是自由发展的。美国信奉宗教的人口约占全国人口的60%，主要信奉基督教、天主教、犹太教和东正教。基督教派别多达250多个，各组织之间也没有上下联系。因此西方学者说这是一个"自愿组织和堂会观念"，与欧洲天主教的教区制度形成了鲜明的对比。欧洲的天主教徒多是受家庭的影响，从出生就受洗，并非个人自愿选择的结果，因此人们对其也没有很多的责任感。而在美国，基督教信徒则对教会奉献了极大的真挚和热情。正如阿列克西·德·托克维尔所说："礼拜日被严格奉行。在礼拜期间，我看见教堂的街道被挤得水泄不通。法律并不蛮横地要求人们尊行这些事情，但比法律更为强大的公共意见，却强迫每个人出现在教堂，心无旁骛地专心礼拜。"② 托克维尔所说的现象直到今天仍然如此，正如《当代美国的宗教》一书所说："无论是以信仰还是以行为为坐标，美国与欧洲社会相比，都显示出高度的宗教性；而在欧洲，世俗化的过程被认为已经侵蚀了较早或教具宗教性的文化。"③

因此美国的政教关系在世界上就呈现出这样一种表面上相互冲突，内在又高度统一的矛盾现象。一方面，美国的法律严格限制政府对私立学校进行财政援助，因为大多数私立学校都有宗教背景；另一方面，美国国会却聘用

---

① 〔美〕彼得·伯格、〔英〕格瑞斯·戴维、埃菲·霍卡斯：《宗教美国，世俗欧洲？——主题与变奏》，曹义昆译，商务印书馆2015年版，第24页。

② 转引自彼得·伯格、〔英〕格瑞斯·戴维、埃菲·霍卡斯：《宗教美国，世俗欧洲？——主题与变奏》，曹义昆译，商务印书馆2015年版，第35页。

③ 〔美〕约翰·F.威尔逊：《当代美国的宗教》，徐以骅等译，上海人民出版社2013年版，第10页。

牧师主持日常祷告，把"我们信仰上帝"镌刻在货币上且视为国家箴言，在《效忠誓词》中援用上帝的名号，奉行全国祈祷日，准许司法机构中领取政府薪水的牧师存在等。其中的奥妙正如美英学者所指出："关键在于我们已经表明过的一点，即一方面是制度性分离的独特性，另一方面却是日常生活中更为复杂得多的现实。分离原则大多通过对公立学校中宗教活动施加限制的司法判决得以贯彻和执行，而与此同时，宗教与政治之间的密切联系，特别是全国大选期间，在当代美国也是有目共睹的。这恰恰体现出教会—国家关系的美国式运作模式。"① 作为制度性的宗教，被严格限制在国家机器之外，也不得直接作用于政治意识形态。但是作为一个主流民众信奉基督教的国家，基督徒特别是新教中的加尔文派清教徒抱有虔诚的宗教情怀，就是为了维护他们的宗教自由，来到了远离家乡万里之遥的大洋彼岸。他们制定各种制度（包括政教分离）不是为了限制自己的宗教信仰，而是为了更好地实践自己的宗教信仰。因此，他们在社会生活的时时处处都在宣示自己的信仰，使每一个公民都不要忘记自己作为上帝特选子民的责任。严格限制动用行政力量支持宗教（包括他们自己的信仰的新教），正是为了更好地保护宗教自由的原则。

（三）独立发展基础上宗教与政治的间接合作

托克维尔认为："美国的联邦宪法，好像能工巧匠创造的一件只能使发明人成名发财，而落到他人手中就变成了一无用处的美丽艺术品。"② 美国是一个联邦制国家，又是一个移民国家，来自世界各国的公民属于不同的民族，具有差异极大的宗教信仰，但是美国没有像世界上其他一些多民族国家那样因信仰和习俗的差异而经常面临分裂的危险，反而表现出空前的团结和一致，没有变成"美利坚分众国"。其中一个很重要的原因，就是基督教发挥了凝聚人心的作用。例如，一个外国人要想成为美国公民必须进行入籍

---

① ［美］彼得·伯格、［英］格瑞斯·戴维、埃菲·霍卡斯：《宗教美国，世俗欧洲？——主题与变奏》，曹义昆译，商务印书馆2015年版，第108—109页。

② ［法］托克维尔：《论美国的民主》，董果良译，商务印书馆2009年版，第186页。

宣誓，其誓言的中文是这样的："我在这里郑重宣誓，完全放弃我以前所属的任何外国亲王、君主、国家或主权之公民资格及忠诚，我将支持并保卫美利坚合众国的宪法和法律，对抗国内和国外所有敌人，我将忠诚地效忠美国……请上帝帮助我。"对于上帝的信仰成为对于美利坚联邦忠诚的见证。

在 1928 年起草的《效忠誓词》以及 1942 年联邦法律把誓词编入法典，并未提及神意。1952 年，一个叫作哥伦布骑士的天主教组织开始游说国会在誓词中加入"在上帝庇护下"的字眼，这取自林肯在葛底斯堡的演说。由于众议院坚信，"人的重要意义在于，上帝将人类创造出来并且赋予他们不可剥夺的权利，任何强权都不能侵犯"，1954 年国会批准了这一修订。[①] 这个誓词的全文是这样的："我宣誓效忠国旗和它所代表的美利坚合众国。这个国家在上帝之下，统一而不可分割，人人享有自由和正义的权利。"美国公立学校的学生每天早晨上课前都会全体起立，右手抚左胸，面对美利坚国旗念经一般地朗诵一段效忠祖国的誓词。每个儿童从小就要接受这样的熏陶，把爱国主义看成是上帝赋予的一项荣誉和义务。2004 年，加州的一位律师迈克尔·纽道尔（Michael Newdow）作为一位无神论者，对效忠誓词提出了质疑。他认为自己的女儿不一定信仰上帝，如果让她每天以上帝的名义宣誓是对她心灵的一种伤害，因此向加州法院提起诉讼。尽管加利福尼亚法院对公立学校中背诵《效忠誓词》的否定性批判得到大多数专家的支持，专家们认为这一判决令人满意地遵循设立条款违反标准的"莱蒙检验法"，但在参、众两院却遭到强烈的不满和对抗情绪。特别需要指出的是，小布什总统也认为在学校背诵《效忠誓词》乃属违宪的判决是"荒谬的，与美国的历史和传统并不一致"[②]。这场官司一直打到了美国最高法院，对于美国的司法界，这的确是一个棘手的案子。因为在公立学校每天进行的宣誓中加入上上帝的字眼，的确有违"禁止确立宗教"的条款。但在早已存在的誓词中加

---

① 参见［美］小 W. 科尔·德拉姆、布雷特·G. 沙夫斯：《法治与宗教——国内、国际和比较法的视角》，隋嘉滨等译，中国民主法制出版社 2012 年版，第 519 页。

② 参见彼得·伯格、［英］格瑞斯·戴维、埃菲·霍卡斯：《宗教美国，世俗欧洲？——主题与变奏》，曹义昆译，商务印书馆 2015 年版，第 112 页。

上"上帝"的字眼，又有 20 世纪 50 年代"冷战"的背景，众议院还是明确指出：在誓词中增加对上帝的提及是进一步承认人民和政府对造物主精神指导的依赖，而且是对无神论和共产主义唯物论的否定。在签字仪式上，艾森豪威尔总统也间接提到共产主义无神论，并且声明，"我们不断重申宗教信仰在美国传承中的依然超然存在"①。尽管美国的法律明确规定保护各种宗教信仰和不信仰宗教的自由，但是虔诚的基督徒，包括一些启蒙思想家还是难免将无神论看成大逆不道。例如，对美国的国父们产生重大影响的英国思想家洛克，尽管他极力反对中世纪基督教的宗教迫害，主张宗教宽容，但是他仍然无法宽容无神论。他说："承诺、协议和宣誓都是人类社会的约定，可它们约束不了无神论者。无神论者抛弃了上帝甚至在思想上消解了这些约定的所有效力。"②最终美国最高法院以一种圆滑的办法解决了这桩官司。他们借口纽道尔已经离婚，他的妻子是一名基督徒，具有孩子的抚养权，因此他没有资格代表孩子进行起诉。这个案子也可以说明，在美国这样一个大多数人信教的国家，宗教信仰是可以超越立法、司法、行政的三权分立，人们用繁复的法律诉讼制度来保护宗教对政治的影响。

基于美国大多数人信教的基本文化背景和基督新教对美国建国的指导作用，美国政府对于基督教在资本主义国家道德、法律、政治等方面的影响是心知肚明的。因此与欧洲国家相比，美国政治与宗教的合作就明显表现出间接性的特点。以财政支持为例，"世界各国关于宗教的财政支持政策有显著的差别。在一定程度上，美国宪法规定禁止确立国教的规定，以及针对政教分离的宪法条款，如同在宗教与国家之间建起了一道分离之墙，这使得美国与世界上其他国家相比，在宗教与国家之间有更加严格的财政分立标准"③。

---

① 〔美〕小 W. 科尔·德拉姆、布雷特·G. 沙夫斯：《法治与宗教——国内、国际和比较法的视角》，隋嘉滨等译，中国民主法制出版社 2012 年版，第 519 页。

② 转引自〔美〕小约翰·威特主编：《基督教与法律》，周青风、杨二奎等译，中国民主法制出版社 2014 年版，第 216 页。

③ 〔美〕小 W. 科尔·德拉姆、布雷特·G. 沙夫斯：《法治与宗教——国内、国际和比较法的视角》，隋嘉滨等译，中国民主法制出版社 2012 年版，第 447 页。

"事实上，在美国历史上，一直存在着对宗教组织团体的各种形式的扶助，不过这些扶助以间接扶助的形式为主，而非直接拨款。宗教财产和收入的免税待遇贯穿于美国历史发展的始终。"① 对于宗教组织的财产收入，公民的捐赠实行免税，可以看成是政府对宗教的一种间接资助，也是一种导向性鼓励。前文述及，从 20 世纪开始，在美国就不断发生起诉政府资助宗教学校的案例。一般而言，在第二次世界大战之前大多以禁止为主。但是第二次世界大战之后随着宗教意识的开明和淡化，这类的诉讼也变得不那么坚决了，宗教学校获胜的案例不断出现。不过其中也有一个间接性的原则，就是这些财政资助应当流向学生和家长，而非拨给教会组织。②

每逢遇到国家利益和民族冲突时，宗教经常成为美国政治家动员民众的思想武器。"我们可以从历年来美国总统的正式演讲中发现一个尖锐的问题：美国是否具有某种来自上帝的使命？非常简单地说，当国家面临来自外部势力的威胁时，总统们通常会谈到美国民族主义的宗教面向。如在第一次世界大战时，伍德罗·威尔逊总统用到诸如'十字军'——该充满宗教意味的词与中世纪基督教欧洲从穆斯林手中夺回耶路撒冷的努力有关——这样的措辞来描述协约国军队抗击德国的大力扩张以保卫欧洲的使命。到第二次世界大战时，罗斯福总统使用类似的语言论证美国加入对轴心国的战争的正当性。"③ 在一个全民信教的国家，共同的宗教信仰自然成为动员民众的最佳工具，特别是在遇到其他宗教信仰或者持无神论信仰的国家。第二次世界大战之后长达半个世纪的"冷战"中，宗教信仰也成为反苏反共的重要意识形态工具。

美国宗教对政治的重大影响，还突出地表现在选举中，特别是 20 世纪

---

①　[美] 小 W. 科尔·德拉姆、布雷特·G. 沙夫斯：《法治与宗教——国内、国际和比较法的视角》，隋嘉滨等译，中国民主法制出版社 2012 年版，第 448 页。

②　参见 [美] 小 W. 科尔·德拉姆、布雷特·G. 沙夫斯：《法治与宗教——国内、国际和比较法的视角》，隋嘉滨等译，中国民主法制出版社 2012 年版，第 448 页。

③　[美] 约翰·F. 威尔逊：《当代美国的宗教》，徐以骅等译，上海人民出版社 2013 年版，第 134 页。

70年代之后。美国学者威尔逊详细列举了此后历届总统与宗教的关系。"'宗教右翼'曾在极短时间内出现在尼克松总统及杰拉尔德·福特和后来的罗纳德·里根的年代。我们应注意到吉米·卡特的总统任期在尼克松与里根的任期之间，虽然身为民主党人，他却是作为自封为重生派基督徒入主白宫的。乔治·H.W.布什似乎与共和党内正在形成的宗教参与至少在政策和实践上保持距离，而威廉·克林顿作为民主党人则对一系列宗教价值观则表现出相当开放的态度。到了小布什总统那里，宗教右翼的全部潜力才显现出来，并且被认为是美国政治潜在基石。"① 从20世纪后期以来，福音派宗教势力的复兴，是美国政治领域引人注目的现象。我国学者徐以骅在每一届总统大选之后，都会撰文详细分析美国的宗教与政治、外交。② 当代美国，基本形成了以共和党为代表的基督教保守派政治和以民主党为代表的基督教开明派政治，仅仅民主党的吉米·卡特总统是一个异数。

特别是1998年在宗教组织的推动下，由参、众两院通过的《1998年国际宗教自由法案》，成为此后多年指导美国外交的重要文件。该法案的主要内容包括："（1）在国务院设立'国际宗教自由办公室'。并设国际宗教自由无所任大使职位；（2）要求国务院发表国际宗教自由年度报告；（3）要求总统对那些所谓侵犯宗教自由的国家采取行动……"③ 这项在美国国内通过的法案，就成为美国在世界上干涉他国宗教政策的外交依据。中国或其他一些不听美国号令的国家，就经常成为被点名批评的对象。在《国际宗教自由法案》的推动下，输出基督教、输出美国式民主也成为21世纪打击恐怖主义的重要手段。"9·11"事件后入侵伊拉克和"大中东民主计划"，2013年发生的"阿拉伯之春"，都是这种"宗教自由和平论"或"宗教自由安全论"

---

① ［美］约翰·F.威尔逊：《当代美国的宗教》，徐以骅等译，上海人民出版社2013年版，第13页。

② 参见徐以骅：《后冷战时期的宗教与美国政治和外交》（上），上海人民出版社2014年版。

③ 徐以骅：《后冷战时期的宗教与美国政治和外交》（上），上海人民出版社2014年版，第42页。

的"成果"。

不过当代美国是否像新闻记者凯文·菲利普在其《美国的神权政治》一书中描述的那样出现了"反启蒙运动"，已经实现了"共和党神权政治"是值得商榷的。笔者从政教关系的角度分析认为并不尽然，因为美国毕竟是在欧洲启蒙运动的影响下诞生的新兴的世俗化国家，为了防止封建专制主义和中世纪基督教国教统治的再现，美国在建国之初就进行了充分的制度设计。在严格的政教分离制度之下，在三权分立的政治运行模式中，宗教对政治的影响基本还属于间接的，仍然无法绕过众多的限制性因素变成主导因素，其原因如下：

首先，经过了宗教改革产生的新教，其特点就是缺乏中心，强调平信徒的自治作用，因此在美国无法形成统一的宗教教派。有美国学者估计，美国各种能够产生政治作用的教派，大约在400—600个之间，宗教组织的弥散性，就导致它们的影响只能是一些分散的文化作用，而无法成为现实的政治力量。

其次，宗教组织作用于美国的大选，多是使用一些话题性的办法，例如福音派保守主义，往往炒作一些伦理性的话题，如回归家庭、反对堕胎、反对同性恋等，以此争夺保守派选民的选票。这样一些伦理性话题，显然淡化了基督教的神学色彩。而反对宗教歧视、宗教迫害、防止异教入侵等话题，则属于民族主义范畴，本身也是世俗性的，难以成为神学的意识形态。

最后，美国已经形成了一套成熟的政治制度，人民主权理论和社会契约理论牢牢地将政治权力规范在"被管理者同意"的契约之中。不管是世俗组织还是宗教组织都可以参加选举，但是谁也没有"票选"之外的"超验"特权，以上帝代言人的身份自居。

（四）美国政教关系的本质

那么我们应当如何看待当代美国宗教的巨大影响？笔者认为，关键还在于对政教合一和政教分离的认识。如果简单地认为"分离"就是政治与宗教互不相关，没有任何联系，然后再加上"合一"不好、"分离"好的价值判断，那就大错特错，远远背离世界各国宗教关系的实际了。正如德国学者罗伯斯所说："用'政教分离'这个词来描述和概括国家与教会两个机构之间的关系是惯常的做法。这无疑是术语上糟糕的选择。当然，这在很大程度上取决于我们怎样准确地理解'分离'一词。如果这个词给人的印象是教会和国家彼此之间没有任何关系，那就有所失准。"[1] 这就是说，我们要分清楚，政治与宗教哪些方面可以分离，哪些方面是不能分离的。

笔者在 2007 年发表过一篇论文《论政教关系的层次与类型》[2]，认为宗教影响政治的性质与程度，关键在于影响政治的哪一个层次。政治体系从结构上可以分成政治权力、政治意识形态和政治文化三个层面，这三个层次内部存在着复杂的关系。一般而言，政治权力处于整个政治体系的核心地位，对于另外两个层面有决定性的作用。统治者总是利用自己掌握的物质力量，在社会上推行有利于己的意识形态。同样，意识形态对与政治文化的形成，也具有导向的作用，一个社会的政治文化，在大多数情况下是与政治意识形态一致的。但情况还有另一方面，即政治意识形态、政治文化也有相对独立性。当社会即将发生变革时，社会上就会出现与掌权者相悖的，反映对立阶级、阶层利益的意识形态，社会的政治冲突也就随之发生。同样，在其他社会意识形态单元，如哲学、宗教、伦理力量的作用下，社会上也会形成与政治意识形态相对立的政治文化。宗教作为一种社会文化体系，它与政治的相互作用的形式可以表现在这三个层面上，从而使政教关系表现为四种形态。

第一种是宗教与政治权力实现结合，也就是宗教领袖直接担任政治领袖，或者政治领袖兼任宗教领袖，两者完全合一，这就是历史上的所谓"神权政治"。这种情况在原始氏族社会中是普遍存在的，威力巨大的巫师经常同时担任部落的首领。进入阶级社会以后，这种情况仍然广泛存在，如摩西时代的犹大古国，古希腊祭司治理下的城邦，中国三代的明堂体制等。进入中世纪之后，这种情况在一些特殊条件下依然存在，如中东的"哈里发"政

---

① [德] 格哈德·罗伯斯主编：《欧盟的国家与教会》，危文高等译，法律出版社 2015 年版，第 3 页。

② 见《宗教学研究》2007 年第 2 期。

权，西藏地区的达赖喇嘛政权等。即使今日伊斯兰教革命后的伊朗，也在一定程度上保持着"神权政治"的特点。这时的藏传佛教或伊斯兰教，就当然地成为政治意识形态，并在社会上形成对"祭司"、"活佛"、"哈里发"绝对服从的政治文化。

第二种是宗教与政治意识形态的结合，也就是某一种宗教被宣布为国家意识形态，这就是历史上的所谓"国教统治"。典型的状态就是基督教在欧洲中世纪，是所有国家的"国教"，是各国君主权力合法性的主要依据，是社会一切行为是否"合法"的终极依据，宗教统治着人们的精神生活。这时社会上虽然出现了世俗的政治统治者，但宗教仍然处于至高无上的地位，成为政治文化的中心，他们必须通过"涂油加冕礼"获得政治合法性。不过政治权力机构和宗教组织并不完全合一，两者既相互利用，又相互争夺，所以政教冲突、宗教冲突多发，对社会生产力的发展、人民的生命财产安全造成了重大的危害。

以上两种情况都属于"政教合一"体制，包括宗教与政治权力的结合或政治意识形态的结合。这两种"合一"造成的恶果，我们在前几章中已经有很多论述，毫无疑问必须分离。第三种和第四种都是宗教与政治文化的结合，也就是国家的政治意识形态已经是某种世俗的政治哲学，但是宗教作为一种传统的文化，仍然发挥着重大的政治影响。在这种情况下，宗教的政治作用最为复杂，绝不是用"政教合一"和"政教分离"这样简单的概念就可以描述清楚的。中国古代的帝制社会和欧美的近现代社会，就属于这两种典型情况。不过两者的性质有很大的不同，主要是由于时代的差异造成了古代专制政治与现代民主政治的区别。

第三种我们称为"神辅政治"。中国自汉武帝实行"罢黜百家，独尊儒术"的国策以后，儒家哲学就成为历代君主的政治意识形态，成为他们治国的指导思想。但是，中国古代国家宗教并没有消亡，而是作为一种"政治符号"，在政治文化体系中对稳定政权起着至关重要的作用。佛教、道教等其他宗教，也都以不同的方式表达自己的政治见解，对于政治权力的稳定产生"阴翊王度"的辅助作用。由于中国古代社会实行君主专制制度，各种宗教与政治权力机构的关系是主从关系，也就是我们所说的"政主教从"和"政主教辅"。

第四种指当代西方世界的政治，宗教也只是作用于政治文化（后面我们专门有一个小节谈基督教成为西方民主政治的神学基础）。不过西方社会经历了政权与教会的分离，进行过民主革命，其政教关系我们则称其为"政教独立型"。启蒙思想家洛克对政教分离的本质进行了清晰的说明。他指出："我以为，仅据上述理由便足以得出结论；公民政府的全部权力仅限于与人们的公民利益有关，并且仅限于掌管今生的事情，而与来世毫不相干。""神职人员的权威只能限于教会内部，而绝不能以任何方式扩大到公民事务，因为教会与国家相互有别并彼此分离、他们之间的界限是明确不变的。"① 政教分离的本意不仅仅是宗教人员与政府机构的分立，更重要的是政治与宗教各自运行原则的分离，作用范畴的分离。政府不能干涉公民的信仰自由，宗教也不能干涉国家的公民事务，政治与宗教各自独立，平行发展，良性互动。具体的表现形式是，宗教与公共权力相脱离，成为公民的精神事务，公民具有信仰、结社的自由，各宗教团体依法进行宗教活动，主要解决民众的信仰问题。当然，宗教组织也可以表达自己的政治见解，但宗教组织作为众多的社会民间组织之一，必须依照国家有关的法律、法规进行活动，不能再以"超人间"的形式参与政治事务。

正是因为西方的宗教脱离了政治权力机构和政治意识形态，因而便失去了世俗利益的干扰，反而占据了道德制高点，凸显了其伦理教化功能。其政治作用也主要表现在政治文化方面，发表具有政治见解的观点，对政治进程产生作用。不过这种作用方式是参与的、和平的、公开的、理性的，而不是攻击的、暴力的、神秘的、地下的。总体评估，应当说这样的宗教参与积极作用大于消极作用。不过由于美国形成的特殊历史原因，为了保护公民的宗教自由，其宪法设计更多是考虑对国家干涉的限制，突出了政教分离的特色。但是在一个多数人信教的国家，实行分离体制不是将

---

① 〔英〕洛克：《论宗教宽容》，吴云贵译，商务印书馆1982年版，第47页。

宗教置于受到隔离状态促其消亡的地位，而是为了使宗教更具有活力，可以发挥更多的社会（也包括政治）作用。我们可以把美国的政教关系视为一种间接合作关系。

三、当代欧洲政教关系的几种主要类型

关于当代欧洲政教关系的状况，德国著名宗教学家格哈德·罗伯斯邀请欧洲各主要国家的宗教学者，集体编写了一本《欧盟的国家与教会》，按照统一的模式分国别研究了欧洲各国的政教关系。由于历史的原因，欧洲的政教关系不像美国这个新兴国家那样统一，表现为具有明显特征的几种主要形式。罗伯斯本人在本书的最后一章进行了概述。他指出："在欧盟，可以把政教体制区分为三种基本类型。第一种基本类型的特点是存在一个国教或支配性宗教。在这种体制中，国家权力和教会之间存在紧密的关联。英格兰、丹麦、希腊、马耳他和芬兰的体制属于这种基本类型。另外，有些体制建立在严格政教分离理念上，比如法国（三个东部省除外）和荷兰。爱尔兰在很大程度上也存在法律上的政教分离。第三种类型以政教基本分离为特点，与此同时国家与教会又承认有相当多的共同任务，在实现此目标过程中彼此的活动密切相关联；比利时、波兰、西班牙、意大利、匈牙利、奥地利、波罗的海诸国和葡萄牙属于这一类型。"[1] 这些学者的系统研究，为我们了解欧洲国家的政教关系提供了良好的基础。可是不知为什么，罗伯斯的综述中漏掉了他自己的祖国——德国。如果按照全书的分析，德国也应当属于第三类政教合作型。

（一）国教体制

一些国家通过宪法明确规定存在一个国教会，属于国家宗教，处于对其

---

① ［德］格哈德·罗伯斯主编：《欧盟的国家与教会》，危文高等译，法律出版社 2015 年版，第 443 页。

他宗教的主导地位。英国在欧洲宗教革命时期建立了国教会，即圣公会，国王是全国人民的宗教领袖。丹麦是传统的新教国家，88%的人口相信福音信义宗，因此该派也被宪法规定为"人民教会"，是国家宗教。希腊人口的95%是东正教徒，宪法第3条第1款称："东正教是主要的宗教"。法律对国教会的表述尽管不一，但是它们与国家的特殊关系则是其共性。我们下面就以英国、丹麦和希腊为代表，介绍一下这些国家的政教关系。

由于英国是一个联合王国，国教会在不同地区的地位也不尽一样。"英格兰有一个国家教会（英格兰圣公会），女王是国家教会的最高领袖。但是，在威尔士和北爱尔兰，圣公会已经丧失了国教地位，而在苏格兰，与作为国教的苏格兰长老会相比，圣公会规模较小。女王是英国南方圣公会的最高领袖，是归正宗北方基督教长老会的成员。"[①] 对于英国主体的英格兰，圣公会发挥着重大作用。"英格兰国教会与国家事务紧密相连，许多高级别的教会需要得到君王的首肯，并且一些主教是上议院议员。教会与国家之间不可能存在着'协定'或类似的条约关系。有关英格兰国教会的教会法被视为英格兰法律的组成部分。"[②] 表面上看英国国教会的地位与近代通过《至尊法案》时候差不多，仍然处于宗教上的垄断地位。但是，英国是欧洲《人权公约》的首批签字国，该项公约使公民的宗教自由成为每一名英国公民的权利。作为老牌的民主国家，即使在该公约签订前，公民的宗教自由早已是基本权利之一。可以说，保留国教会是英国保守主义政治传统的内容之一，其实国教会的思想和组织形式早已在欧洲政教分离的运动中发生了的本质变化，和国王一样成为大英帝国的文化象征。这一特点在英国的宗教教育中得到体现。自1870年以来，英格兰的公立学校中就持续开展与宗教派别无关的宗教教育。随着近现代科学技术的发展、文化思潮的熏陶，基督教各派在基本思想上已经差异甚微。承认上帝创世、

---

① ［德］格哈德·罗伯斯主编：《欧盟的国家与教会》，危文高等译，法律出版社2015年版，第421页。

② ［德］格哈德·罗伯斯主编：《欧盟的国家与教会》，危文高等译，法律出版社2015年版，第427页。

人犯有原罪、耶稣救赎、来世永生等基本信条已经成为欧洲普遍的人生信条。

丹麦宪法第 4 条规定："福音信义宗是人民的教会，受到国家支持。"这条宪法 1849 年、1866 年、1915 年和 1953 年都没有更改。设立这样一条宪法的依据，是绝大多数人民都信仰福音信义宗，所以它也可以被称为"人民的教会"。教会得到国家在政治、经济和法律方面的支持，例如"人民教会具有双重身份。一方面，作为具有公共责任的国教，它确保为人民提供服务和福音信义宗信仰的宗教功能。另一方面，它是大多数丹麦人实现地方自治的民主机构"①。作为一种社会性的教会，信义宗承担着人民生老病死的一切宗教服务事务，特别是在文化传承方面，教会负责派遣教士进入公立、私立学校，负责中小学的宗教教育。在 1975 年之前，学校的宗教教育直接称为"基督教教育"，后来课程改名为"宗教知识"，增强了其普遍性。当然作为欧盟国家，丹麦也是《人权公约》的签字国，承认少数移民宗教信仰的自由。

希腊在东西罗马帝国分裂之后成为东正教的中心，绝大多数人信仰东正教，少数移民信仰伊斯兰教或其他宗教。希腊宪法将东正教称为"主要宗教"，指出东正教是国家的主要信仰，享受国家经济、政治、法律上的优惠措施，也为社会提供主要的宗教服务。不过希腊的宪法明确规定信仰自由的原则涵盖所有的宗教，包括无神论或无信仰者。不过由于这些非东正教信仰者的人数太少，所以平等原则并没有办法真正落实。"尤其涉及在初级教育中任命教师。小学中的宗教教育与主流宗教信仰保持一致，并有正式教师来教授。根据内阁决议（《1949 年第 1417 号法令》），只有东正教信徒可以被任命为小学教师；根据东正教的教义，非东正教信仰者不能被任命为小学教师。"② 学校中的教师由教会派遣，由政府支付报酬，并被视为公务员，享受社会一切公共福利。

---

① ［德］格哈德·罗伯斯主编：《欧盟的国家与教会》，危文高等译，法律出版社 2015 年版，第 39—40 页。

② ［德］格哈德·罗伯斯主编：《欧盟的国家与教会》，危文高等译，法律出版社 2015 年版，第 88 页。

（二）合作体制

关于欧洲实行政教合作体制的国家，美国学者德拉姆有这样一段描述："这一体制不给占主导地位的教会任何特殊地位，但国家持续地通过各种方式与教会紧密合作。德国提供了这种体制的原型，但当然这方面并非唯一。欧洲大部分国家的体制是合作式的。国家作为合作者可能向各种教会提供可观的经济支持，如宗教教育或教堂维护、神职人员工资等。在这种体制中，国家与教会的关系通常是通过特殊协议来规定的，例如宗教协定（罗马教廷与各国政府签订的协定——译者注）。西班牙、意大利、波兰以及一些拉美国家都实行这种体制。国家可能也会以帮助教会收取献金的方式参与合作（例如德国保留了'教会税'）。合作式国家经常实行各种帮助或补助措施，而较有利于较大教派。但它们不专门支持某一宗教，承诺对所有宗教组织提供平等的待遇。"[①] 经过了欧洲的宗教改革，大多数欧洲国家不再保留国家宗教，但是基于大多数人信仰基督教的现实，几乎所有欧洲国家把基督教视为自己的文化根基。为了保留自己的文化命脉，对于基督教的组织、建筑、人员、活动给予一定的财政补贴便是顺理成章的事情。与美国的政教关系相比，欧洲的政教合作表现得更为直接，具体情况我们通过德国与比利时、西班牙、意大利的情况进行介绍。

德国是宗教改革运动的故乡，16 世纪初，马丁·路德在这里揭开了新教诞生的序幕。同时因为历史上神圣罗马帝国与罗马教廷的紧密关系，因此天主教在德国也有巨大的影响，因而在宗教改革运动期间德国爆发了激烈的宗教战争。最终德国以"教随国定"的方式解决了新旧教之间你死我活的矛盾，形成了今天新教与天主教旗鼓相当的局面。此外还有少部分犹太教、东正教信徒，伊斯兰教则是移民的宗教。东德西德合并之后，由于东德长期受马克思主义的教育，所以当代德国人口中无神论或无信仰者也

---

① ［美］小 W. 科尔·德拉姆、布雷特·G. 沙夫斯：《法治与宗教——国内、国际和比较法的视角》，隋嘉滨等译，中国民主法制出版社 2012 年版，第 121 页。

占有很大的比例。① 正因为德国没有一派宗教在人口占有绝对比例，因此不可能将某一种宗教定为国教。但是，考虑到基督教在德国历史上的重大影响，国家与基督教会进行直接的合作，合作的内容是通过国家与教会的协约来实现的。"德意志联邦共和国及其联邦各州的教会签订了很多政教协议与教会—国家条约。就与天主教教会的关系而言，1933 年《帝国宗教协定》占有重要的基础性地位，它被承认为一个国际法条约。与福音派教会的宗教—国家条约及那些与天主教教区的条约，尽管是特定类型的，但从范畴上讲类似于国际条约。条约或协定也存在于各种更小的宗教组织之内。这样的教会—国家条约，其主题内容包括国家与主教之间的合作、公立学校宗教教育的保障与安排、神学系和随军牧师的设置，以及教会在公共领域中的地位（如对宗教堂区的财政支持）。"② 在这些条约中，国家出于政教分离的原则，严守中立的立场，不对某一宗教组织实行偏袒。同时在国家法律中，这些宗教组织与非宗教的社会团体一样处于平等地位，都需要在国家法律规范下运作。国家与教会的合作表现在以下几个方面：

首先，国家允许教会继续向教徒征收"什一税"，在很多州，政府甚至帮助教会收款。按照德国的法律，宗教团体属于公法法人，大小教会都具有征税的资格。从 19 世纪开始，德国就有了教会税，征税的理由是通过教徒的捐献，减少国家的财政负担。由于这项税收具有普遍性，因此政府的税务机构也可以代为收缴，条件是教会向税务机构交付 4%—5% 的手续费。

其次，是在军队、医院、刑法机关开展宗教服务，各种宗教团体都有从事这项活动的资格。在西方的基督教世界，宗教陪伴人的一生，主持婚丧嫁娶仪式，抚恤阵亡军人，安慰临终的病人，对服刑人员进行宗教开导都是必不可少的人生礼仪。各宗教团体人员进入政府机构就属于为政府服务，享受政府给予的公务员待遇。

---

① 参见 [德] 格哈德·罗伯斯主编：《欧盟的国家与教会》，危文高等译，法律出版社 2015 年版，第 53 页。

② [德] 格哈德·罗伯斯主编：《欧盟的国家与教会》，危文高等译，法律出版社 2015 年版，第 54—55 页。

再次，德国用法律的形式保护宗教，《刑法典》第 130 条第 2 款规定："以特定方式煽动仇恨宗教团体者，处以三年监禁或罚金。诋毁宗教或哲学信念以致扰乱公共秩序者，同样可以处罚。妨碍德国境内宗教团体的礼拜活动，或在宗教团体进行礼拜的地点进行辱骂搅乱者也要受到处罚。"[①]

最后，在德国公立、私立学校中进行宗教教育，是宗教团体的一项重要社会职责。"根据《基本法》第 7 条第 3 款之规定，公立学校的宗教课程是基本科目。尽管国家有督查权，但宗教教育仍是按照宗教团体的基本准则进行。""宗教课是公立学校的基本科目，因此不能把它变成辅修或选修科目。宗教教育的内容由相关宗教教义决定。"[②] 但是考虑到德国存在多种宗教的现实，教育法也规定："教师没有违背自己的意愿而进行宗教教育的义务。孩子的父母或监护人有权决定是否让他接受宗教教育。"[③] 对于那些不愿意接受宗教教育的学生，家长可以指导他们选择公民道德之类的课程。德国的很多大学（包括公立大学）内设有宗教学系，教授某一教派的神学思想。教师由宗教团体指派，政府支付其工资报酬，其社会地位视同公务员。

意大利、西班牙和比利时都是天主教信徒占有大多数人口的国家，在这些国家的法律中，虽然都具有宗教自由的条款，但是政府往往给予天主教会更多的直接支持。例如在意大利，宪法第 8 条第 1 款申明："一切宗教在法律面前均平等地享有自由。"本条还含有有关少数教会的条文："天主教以外的各教派，只要不违反意大利法律，均有按其教规建立组织的权利。这些教派与国家的关系，根据与有关代表机构达成协议由法律规定。"然而，宪法第 7 条有一项适用于天主教的特殊条款："国家与天主教会各行其政，独立发展，它们的关系由《法特兰条约》规定。此条约的修改，若被双方接受，

---

① ［德］格哈德·罗伯斯主编：《欧盟的国家与教会》，危文高等译，法律出版社 2015 年版，第 64 页。

② ［德］格哈德·罗伯斯主编：《欧盟的国家与教会》，危文高等译，法律出版社 2015 年版，第 58、59 页。

③ ［德］格哈德·罗伯斯主编：《欧盟的国家与教会》，危文高等译，法律出版社 2015 年版，第 59 页。

无需经过宪法修改之程序。"① 这些条款明确规定国家与天主教实现分离的原则，并保证信仰其他宗教的人可以获得平等的社会地位。不过由于历史和人口的原因，意大利又通过宗教法对所有宗教实行三级制，即天主教处于其中最显赫的地位，可以获得国家更多的财政支持，在进入教育、军队、医院、监狱方面具有优先权。例如，在公立教育中设立的宗教课程，主要是天主教课程，由天主教教区派遣教师担任。那些不愿意选修天主教课程的孩子，可以回家或选修其他课程。其他教派则能够享受进入政府机构带来的优惠条件，而作为移民宗教的伊斯兰教，则处于不被重视的地位。由于社会发展的不平衡，一些天主教教区的神父收入低微，意大利、比利时政府都会发放补贴。在西班牙，天主教还具有婚姻登记的功能，在教堂举办婚礼和在政府婚姻机构登记具有同样的法律效力。

总之在合作制国家，虽然没有宪法规定的国教或主要宗教，但是国家往往直接给予宗教团体财政资助，并委派宗教团体承担很多社会教育、慰藉、慈善的事业，政教之间通过法律的形式进行直接的合作。

（三）分离体制

在欧洲也存在严格实行政教分离体制的国家，如法国、荷兰、爱尔兰等，其中以法国最为典型。上一章我们分析了法国大革命期间激烈反对宗教的历史原因及其后果。尽管拿破仑执政后在一定程度上恢复了与罗马教廷的关系以及天主教的社会地位，但反对宗教的思想和运动在法国始终存在。在其后的共和国与帝国复辟和反复辟的斗争中，拥护宗教和反对宗教的势力反复博弈，形成了法国在当代社会严守政教分离原则的传统。

西方学者在分析法国与美国对待宗教的态度时，经常使用派生美、法两国的现代社会制度的基本文件《独立宣言》和《人权宣言》。关于涉及西方民主制度根基的核心概念"人权"时，他们注意到，两份同样重要的文件对

---

① ［德］格哈德·罗伯斯主编：《欧盟的国家与教会》，危文高等译，法律出版社2015年版，第156页。

于"人权"的来历使用了两个不同的词。在《独立宣言》中，人之所以享有平等、自由等权利，是由于他们是"Created"（被造）的，权力来自神。而在《人权宣言》中，人的权利来自"自然"。正如德拉姆和沙夫斯所指出：不过关于良心和宗教自由，这两个国家显然具有相异的语言学起点，美国的指导原则是"宗教自由"，而法国则使用了"Laïcité"一词。虽然"Laïcité"经常被翻译为"世俗的"或者"世俗主义"，但这些词汇无法传达出该法语词的重要内涵。"Laïcité"，它衍化自"laic"或"laique"。于是，具有讽刺意义的是，"laic"一词从开始时具有明显的宗教内涵，随后变为反教权的含义，而其最终的意思，至少对某些人而言，是"反宗教"。① 因此，法国的宪法、法律都对政教分离作了明确的规定，在很多方面限制国家对宗教的支持。在很多公共领域，都为宗教设置了禁区。

西方学者指出："基本原则被载入 1905 年法律。事实上，1958 年的宪法并未修订有关宗教的宪法制度，仅包含两个涉及教会地位的条款。……宗教活动自由，但是不承认、不资助。当代'法兰西世俗主义'的理念规定了'积极中立'制度，依据这一制度，信仰自由的原则给国家施加了积极的责任，以适应政教分离的制度。……不同宗教之间的平等意味着，不存在国教，不存在'官方的'或主导性的宗教，不存在'被承认的教会'……没有任何宗教拥有特殊的公共地位。"② 也就是说，法国的法律保护公民的宗教自由，但是任何宗教都被限定在私人活动的范畴内，政府不予以鼓励和资助。尽管80%以上的人自称是天主教徒，但天主教并没有任何特殊权利。

与美国一样，法国限制公立学校进行宗教教育。不过法国还有 18% 的学生就读于私立学校，其中绝大多数都有天主教教区。对于私立学校内开设的宗教课程国家不予干涉，可是却要求这些学校接收学生时不分宗教信仰和种族。而且即使在私立学校中，宗教教育课程也不是必修课。近些年来，大

---

① 参见［美］小 W. 科尔·德拉姆、布雷特·G. 沙夫斯：《法治与宗教——国内、国际和比较法的视角》，隋嘉滨等译，中国民主法制出版社 2012 年版，第 121 页。

② ［德］格哈德·罗伯斯主编：《欧盟的国家与教会》，危文高等译，法律出版社 2015 年版，第 116—117 页。

量中东移民进入法国，成为欧洲乃至法国社会中的大问题。如何促进这些移民融入欧洲社会呢？其中一个传统的想法就是促使他们放弃自己原有的宗教信仰和生活习俗。因此，法国率先在欧洲通过了在公立学校中限制穆斯林学生戴头巾和蓄胡须。"在 2004 年 3 月，法国国会通过法律，禁止公立学校的学生穿着或佩戴'明显表示某种宗教信仰'的服饰或徽章。该法案分别以压倒性的 494 对 36 票和 276 对 20 票在众议院和参议院通过，也受到全国民众的强烈支持。"① 对于这项决定的社会性质，目前在世界上争议甚大，有人说维护了政教分离的基本原则，符合教育公平的制度。但是，也有人反对这项决定，认为有违民族平等，侵犯了少数民族的生活习俗。针对欧洲近年来经常发生的暴力恐怖事件，也有人在反思这种强行的民族同化政策。

（四）欧洲政教合作体制形成的原因与性质

欧洲尽管也有法国这样实行严格政教分离的国家，但总体而言积极支持宗教团体是其主流。不论实行国教体制还是合作体制，本质都是实行政教合作。比较欧美各国的政教关系，尽管存在着"合作"与"分离"的差异，但是我们首先应当肯定，这两种体制都已经是经过了宗教改革和民主革命，都是在宗教与政治独立发展原则基础上出现的。这一点与欧洲的中世纪或当代某些仍然实行政教合一制度的中东国家不同。造成欧美之间政教关系差异的原因包括以下方面：

第一，指导思想的不同。美国学者指出："不同的自由体制可能反映了不同的自由观念。合作体制可能反映了一种积极的自由观念，他们认为国家应当创造实现自由的条件，比如提供资金支持。分离主义体制则相反，采取了一种消极的自由观念，根据这种观念，国家干预应当最小化，从而可以实现最大程度的宗教自由。"② 尽管欧美都实行资本主义制度，但是欧洲的资本

---

① ［美］小 W. 科尔·德拉姆、布雷特·G. 沙夫斯：《法治与宗教——国内、国际和比较法的视角》，隋嘉滨等译，中国民主法制出版社 2012 年版，第 155 页。

② ［美］小 W. 科尔·德拉姆、布雷特·G. 沙夫斯：《法治与宗教——国内、国际和比较法的视角》，隋嘉滨等译，中国民主法制出版社 2012 年版，第 123 页。

主义更倾向民主社会主义，其中大政府主义可能更多一些。宗教作为欧洲二千年的历史传统，受到了大多数人民的拥戴，可以在社会上发挥重要的作用。对于这样一种悠久的文化，政府直接给予支持，也就是"积极的自由"。而美国则一向主张小政府、大社会，尽量限制政府权力，以便保证公民的最大权利。在政教关系上也是如此，实行严格的政教分离绝无压抑宗教的含义，而是为宗教保留更多的生存发展空间，更好地发挥宗教的各种社会职能。所谓"消极的自由"不是没有自由，而是通过限制政府作用发挥宗教更大的自由。

第二，欧洲普遍施行的"福利制度"，在很大程度上也是促成政教合作，直接财政援助的原因。欧洲国家对于所有公民都实行极高的福利保障，即使是失业者、老年人、残疾人、移民都可以享受国家很高的补贴。那么作为为社会服务的宗教人员，领取一定的报酬，享受养老金和医疗保险自然也就是顺理成章的。正如西方学者所指出："作为实行国家教会的结果之一，欧洲人把他们的教会视为公共事业而非竞争性的公司。这乃是欧洲过去历史所留下的一笔观念遗产，故而欧洲人对宗教机构的看法不同于美国人，也就不足为奇了。大多数欧洲人看待教会，都怀有某种善良的情意——它们是有益的社会机构，绝大多数民众在生命这样或那样的时刻都会需要它们。"[1]

第三，将宗教视为人类社会进一步发展必不可少的重要文化资源，这个宗教主要就是指基督教。我们一般认为西方文明起源于"两希文明"，即希腊文明和希伯来文明。在前几章中我们已经说明，欧洲的基督教本身就是"两希文明"合流的结晶。没有基督教，古希腊、罗马文明是否可以继续流传都是问题，更何谈"复兴"？在后边一节中我将会分析，基督教中包含的神学思想，也是当代西方民主政治不可或缺的思想资源。对于任何民族来说，不忘本来是面向未来的重要基础，绝不会因为这个"本来"是"宗教"的还是"世俗"的差异而有别。因此无论用"积极的自由"还是"消极的自

---

① ［美］彼得·伯格、［英］格瑞斯·戴维、埃菲·霍卡斯：《宗教美国，世俗欧洲？——主题与变奏》，曹义昆译，商务印书馆 2015 年版，第 52 页。

由"来保护本民族的宗教传统，争取宗教与政治的合作都是合理的。

四、基督教成为西方政治文化的神学基础

当代西方在反对中世纪封建专制主义的斗争中，建立了以人民主权理论和社会契约理论为基本支点的资产阶级民主制度。法国启蒙思想家卢梭的《社会契约论》集中阐述了这一思想，使之成为法国、美国进行民主革命的思想指南。卢梭认为：国家主权应当属于人民，并为人民的"公意"所指导。国家是民众的结合体，是一个公共的人格，民主国家是在社会契约的基础上产生的，每一个缔约者都毫无例外地向它交出了自己的全部的权利，普遍的强制性的力量，才能按照最有利于全体成员的方式来安排生活。"主权"便是这样一种力量，它是一种强制性的统治权力，在民主国家中，主权属于全体人民，并以"公意"作为自己的行动指导。但是他又认为：人民主权既不可以转让，也不可以分割。权力可以转移，但是意志却不可以转移，人民没有任何理由转让主权，转让主权就是出卖意志，就是出卖自己的自由和生命。也就是说，人民通过一种社会契约转让了自己的全部权利，但并不等于转让了自己的主权，对于政权的控制权仍然在人民手里，他们还可以再通过契约将这些权利收回。如美国的《独立宣言》所说："为了保障这些权利，人类才在他们之间建立政府，而政府之正当权力，是经被治理者的同意而产生的。当任何形式的政府对这些目标具破坏作用时，人民便有权力改变或废除它，以建立一个新的政府。"人民主权理论和社会契约理论，就构成了西方当代以"票选"为主要形式的民主制度的理论基础。但如果进一步思考人民的主权是哪里来、社会契约又来自何方等问题时，那么在西方的语境中，寻找这些理论的根源自然就进入了基督教的思想中。

（一）基督教与西方政治思想

西方政治文化的根基是人权理论，人人生而具有不可剥夺的权利，包括自由、平等、财产、追求幸福生活，等等。然而是不是人类在自然生活的状

态就应当具有这些权利呢？法国大革命时期启蒙思想家持有这样的观点，但是其他学者根据人类学的知识指出，人类在史前文明时期的生活是非常困苦的，自然灾害、衣食不周、疾病困扰、氏族仇杀……大自然会给人类什么权利吗？所以大多数人还是相信，这些权利是神赋予的。1776 年发表的《独立宣言》是这样说的："我们认为这些真理是不言而喻的：人人生而平等，造物者赋予他们若干不可剥夺的权利，其中包括生命权、自由权和追求幸福的权利。"人类的各项权利来自"造物主"，可以是《创世纪》中的上帝，也可以是当时启蒙思潮中一般性的"神"。法国虽然是启蒙运动的大本营，但是在发表《人权宣言》论及人的权利时还是说："国民会议在上帝面前及其庇护之下，承认并且宣布如下的人权和公民权。第一条，人生来就是而且始终是自由的，在权利方面一律平等。社会差别只能建立在公益基础之上……"尽管在当时崇尚理性主义的时代，可以把这里的"上帝"视为理性之神，但是这种"理性之神"很快就失去了光彩，人们还是在传统的宗教信仰中寻求人权价值的根源。正如美国开国元勋之一的亚历山大·汉密尔顿所说："神圣的人权绝不会在古老的羊皮纸上或发霉的文件堆中找到。人权是上帝亲手写在人性这整部巨著之上的，宛如用阳光写就，金光熠熠，凡世权力永远无法抹掉，也无法使之失色。"[①]

美国著名学者伯尔曼分析了启蒙运动的理性主义不能替代宗教信仰的原因。他指出："发自启蒙运动的政治哲学和社会哲学就是宗教，因为，它们把终极意义和神圣性归因于个人的心智——并且也，我马上补充一句，归于民族。……个人主义、理性主义、民族主义——民主主义的三位一体的上帝。"[②] 然而很快这种世俗主义的"宗教"就在雅客宾专政和大革命的混乱中破灭了，原因在于："历史，包括当代史所证明的恰恰相反：人们不会衷心拥戴一种政治制度和经济制度，更不用说一种哲学，除非对他们来说，这种制

---

① [美] R. R. 帕尔默、乔·科尔顿、劳埃德·克莱默：《启蒙到大革命——理性与激情》，陈敦全、孙福生、周颖如译，世界图书出版公司 2010 年版，第 149 页。

② [美] 伯尔曼：《宗教与法律》，梁治平译，中国政法大学出版社 2003 年版，第 61 页。

度或哲学代表着某种更高的、神圣的真理。"① 人毕竟不同于神，只要是人就会犯错误，只有想象中的神才能够无所不知，无所不能，永远正确。面对大革命留下的烂摊子，拿破仑最终还是用恢复与罗马教廷的关系，重建天主教信仰结束残局。而美国则始终没有出现这样的混乱，美国的开国之父们始终将虔诚的宗教信仰作为法治建设的指导。所以他得出结论："放眼世界，只凭人道主义、良好意愿以及对于法律的尊重尚不能战胜国家、种族和阶级之神，要赋予人类一种方向感和面对未来的勇气，必须有一种共同之普遍宗教的某些要素，这一点似乎显而易见。"② 就西方世界而言，任何政治家如果完全脱离基督教文化基础，是很难长期获得民众支持的。

在基督教的语境中，西方政治文化中的核心理念人权、平等、自由、契约等，都可以找到价值源头。《圣经·创世纪》第一章说："上帝就照着自己的形象造人，乃是照着他的形象造男造女。"第二章说："耶和华上帝用地上的尘土造人，将生气吹在他鼻孔里，他就成了有灵的活人，名叫亚当。"由于人是神按照自己的形象制造的，有了灵魂和智慧，因此人便是万物之灵长，有了做人的尊严和权利。上帝又说："并不分犹太人、希腊人，自主的、为奴的，或男或女，因为你们在基督耶稣里都成为一了。"（《新约·加拉太书》3 章 28 节）基督教从犹太教中发展而来，犹太人视自己为上帝的特选子民而高人一等；但是耶稣认为天下所有人民都是上帝的子民，在犯有原罪和可以得到救赎方面，人都是平等的。"自由"在《圣经》中是一个不断被提到的主题。在《约翰福音》中，耶稣对门徒说："你们若常常遵守我的道，就真是我的门徒。你们必晓得真理，真理必叫你们得以自由。"既然人人都是上帝的子民，因此他们都应当是自由的，这是上帝揭示的真理。当然无论是《旧约》的作者还是《新约》的作者，他们都不会把自由理解为"为所欲为"。人类从原始社会进入文明社会，关键是要建立一定的秩序。《圣经》说："惟爱用爱心说诚实话，凡事长进，连于元首基督，全身都靠他联络得合适，

---

① ［美］伯尔曼：《宗教与法律》，梁治平译，中国政法大学出版社 2003 年版，第 65 页。

② ［美］伯尔曼：《宗教与法律》，梁治平译，中国政法大学出版社 2003 年版，第 115 页。

百节各按各执，照各体的功用彼此协助，便叫身体渐渐成长，在爱中建立自己。"（《以弗所书》4：15—16）所谓"百节各按各执"，就是要求基督徒遵守社会的各种秩序，无论这是古代的奴隶制度、中世纪的封建制度，还是现当代的资本主义制度，因为这些秩序都是在上帝的允许下建立起来的。而契约则是将自由的人组织成有秩序的社会主要方式。基督教发源于犹太教，而犹太人作为一个善于经商的民族，最重视契约在人际关系中的重要作用。因此他们创立的犹太教经典就被称为《旧约》。而耶稣创立基督教，则将其称为《新约》。无论是犹太人还是后来的基督徒，都认为人与神之间订立的契约是神圣的，违反契约就要受到上帝严厉的惩罚。《旧约》中记载着大量犹太人由于不遵契约而受到惩罚的故事。耶稣认为，由于犹太人没有严格遵守契约，所以现在神与世人重新签订了《新约》。这种以神与人之间的诚信为基础的契约思想，成为近代西方社会契约思想的渊源。

16 世纪发生的宗教改革运动，路德和加尔文的新教理论，进一步强化了基督教关于平等、自由、人权、契约的观念，成为西方民主政治的直接来源。美国政治学家塞缪尔·亨廷顿说："十八世纪末十九世纪初以来，美国一直存在着某些基本的政治价值和理念，可称之为'美国信念'"。① 并说："美国信念的价值观是自由主义、个人主义、民主主义、平等主义。"②西方人所说的人权，不是我们所说的人民的权利，而是单独个人的权利，用我们的话说，"不是大写的人，而是小写的人"。个人主义是美国信念的基石。自由、民主是基于个人主义基础上的自由、民主，他们认为：没有个人主义的基础，自由、民主的大厦就会倒塌。正如美国学者阿尔文·施密特所说："没有个人自由就不是真正的自由，不管在经济上、政治上还是在宗教领域里。"③ 这种对于个人权利的尊重和依靠，主要来源于宗教改革运动中马丁·路德的"因信称义"的理念。中国学者于歌引用美国哲学家约翰·杜威

---

① ［美］塞缪尔·亨廷顿：《失衡的承诺》，周端译，东方出版社 2005 年版，第 16 页。

② ［美］塞缪尔·亨廷顿：《失衡的承诺》，周端译，东方出版社 2005 年版，第 4 页。

③ ［美］阿尔文·施密特：《基督教对文明的影响》，汪晓丹等译，北京大学出版社 2004 年版，第 239 页。

的话说："个人主义的根基可以追溯到中世纪的信仰，它阐明了个人灵魂的本质，指的就是新教的'因信称义'的信仰，指的是个人灵魂与上帝的交流。"① 上一章讲到宗教改革运动的时候我们讲到，路德的宗教改革主要是针对罗马教廷的腐败。教廷以上帝的代言人自居，垄断了信徒得到救赎的权利。仿佛只有按照他们对《圣经》的解读，禁欲、苦行、做善事、多捐款方能在末日审判的时候进入天国。因此才有了出售赎罪券的丑行，路德认为他们搞的那一套是"因行为称义"。而路德提出的"因信称义"则相反，认为在上帝面前大家都是平等的，不分教皇还是平信徒。得救依赖自己对于上帝的真诚信仰，而不在于行为。在进入天国的旅途中，每一个人都是独立的，也是孤独的。人需要终生努力工作创造财富，但财富不是为了自己的享受，而是用来增加上帝的荣耀。不能增值财富的人只能说明其懒惰，没尽到上帝赋予的"天职"，是上帝的"弃民"。这种新教伦理不仅成了资本主义经济制度合理的证明，同时也为其政治文化提供了根基：个人的权利高于一切，凡是侵犯个人权利的政权都是非法的。

根据新教的教义，不仅人的得救依赖自己，而且每个人都是罪人。《圣经·创世纪》中亚当、夏娃的故事说，亚当、夏娃受了蛇的欺骗，吃了上帝禁止他们吃的"智慧果"，因此犯了违背上帝意志的"原罪"，被罚出"伊甸园"。他们和他们的后代需要终生劳作，还要承受各种疾病的苦难。他们的后代也从祖先那里继承了"原罪"，其本性就是"恶"的。偷吃"智慧果"之所以有这么严重的后果，主要因为"人要是像上帝一样有智慧，就是人要使自己成为智慧的源头。人自己决定善恶标准，成为智慧的源头，就是自我中心，就是自以为神"②。偷吃"智慧果"的罪行远远超出了不听上帝的话那样的程度，而是想要使自己也成为神。正是因为人类抱着这样罪恶的想法诞生，所以他们就有可能做出任何罪恶的事情。权力越大，所犯的罪也就可能

① 于歌：《美国的本质——基督新教支配的国家和外交》，当代中国出版社 2006 年版，第 96 页。

② 宁玲玲：《论美国政治一体化的宗教文化基础》，世界图书出版公司 2013 年版，第 143 页。

会越严重。正如英国剑桥大学历史系教授、历史学家、理论政治家阿克顿所说:"权力都使人腐败,绝对权力绝对使人腐败。"因此在新教理论中,在西方的政治文化中,对于教会和政府都是不信任的。美国学者威尔逊说:"我们也许可以把美国历史上宗教团体的发展描述为'反教会宗教'的演进。关于美国社会的政治发展我们同样可以这样说,并且有理由把这种政治指称为'反国家政治'。"① 因此当美国的开国之父们建立国家的时候,不是考虑如何扩大权力的作用范围,而是如何限制掌权者滥用权力。如杰斐逊所言:"用宪法之链将他们捆绑起来",因此有了一系列限制权力的制度。这些思想,都能够从基督教的经典中得到理论的证明。《圣经》认为,地上的政权虽然也是按照上帝的意志建立的,但这是上帝"不情愿的礼物",故而对于一切权力都是要加以限制的。清教徒进一步发挥了这一理论,"加尔文主义者不但相信政府是上帝为人而建立的,还相信上帝仅赋予了政府有限的权力。上帝在授予政府权力的同时,也对这一权力进行限制。有限政府的观念是美国宪法理论的基本原则——我们的政府权力有限,且权力是被授予的。制宪先贤们预设的政府所拥有的权力,仅限于人民通过宪法托付其的权力"②。美国的宪法不仅设定了立法、司法、行政权的独立,而且设计了地方政府与联邦政府的制衡,更重要的是一种精神:宪法就是人民与政府签订的最神圣契约,就如同上帝与摩西签订的契约。为了守护上帝、宪法赋予自己自由、平等的权利,人民积极参与政治,执行对于政府的监督权力。一位中国学者指出:"美国的这种个人主义并不等于自我主义,而是同一种公民参与的精神紧密联系在一起。这尤其体现在美国的志愿组织特征上。宗教的个人主义和宗教组织在公共领域的参与是一体两翼的事情,而不是相矛盾的。在美国民主政治和多元主义的氛围中,这种志愿组织的参与精神就体现得更加明显,也能得到有效的发挥。"③ 这种积极的参与精神在西方政治文化的土壤上,就

---

① [美]约翰·F.威尔逊:《当代美国的宗教》,徐以骅等译,上海人民出版社2013年版,第40页。

② [美]伯尔曼:《宗教与法律》,梁治平译,中国政法大学出版社2003年版,第11页。

③ 刘义:《全球化背景下的宗教与政治》,上海大学出版社2011年版,第146页。

表现为几年一度的"民主选举"。古希腊、罗马的贵族民主制的传统，中世纪基督教教会的遴选制度，就使得西方国家把"票选民主"视为最重要的人权——"政治权"。总之西方国家的资本主义政治，通过基督教神学理论的包装，就变成了人民的事业。

（二）基督教与西方的伦理思想

上文研究已经证明，西方政治思想的基础是以个人主义为基础的自由主义，而且西方社会还设计了一系列的制度、法律、契约来保护个人的权利。这样一种个体高于群体、权利高于义务、自由高于秩序的思想框架，很容易被我们东方人理解为极端个人主义、唯我主义、为所欲为等。西方每每发生了各种形式的犯罪事件、社会问题、制度弊端，我们的媒体都会归因于此。然而让我们很不解的是，这样一种被我们认为是弊病丛生的制度并没有迅速消亡。显然在西方的文化体系中，还有一种对于解体性个人主义的"解毒"因素，使得社会并不会因个体权利的强调而被迫瓦解。原因只能还在基督教文化中寻找，因为这是一体两面的事情。在基督教思想体系中，权利伦理和责任伦理是平衡的、相互制约的，共同保持了西方社会制度的稳定发展。

第一，个人的权利与责任是平衡的。上文提到，上帝赋予人平等、自由、追求幸福生活的权利，但是不要忘记，基督教也给了人类一种责任，就是要"赎罪"。因为在基督教看来，人类的始祖亚当、夏娃因为不听上帝的劝阻吃了"智慧果"，犯了"原罪"，因此他们的子孙就要世世代代不断地受苦。人仅仅靠自己的力量是不能够摆脱罪孽、获得解脱的，是上帝派了自己的儿子耶稣来替世人的罪。当耶稣被钉上十字架的时候，凡是愿意相信耶稣是救世主的人，他的罪就可以被赦免。"神爱世人，甚至将他的独生子赐给他们，叫一切信祂的，不至灭亡，反得永生。"（《新约圣经·约翰福音》3：16）这就是"因信称义"的含义。也就是说，信仰上帝同时也就是一种责任，要相信《圣经》中记载的上帝的种种教诲，遵守上帝为人类规定的种种戒律，这样才能获救。例如《新约》说："即有人的样子，就自己卑微，存心顺从，以至于死。"（《腓立比书》28）"若有人要跟从我，就当舍己。"（《马可福音》8：

34）正因为相信彼岸天国的存在，相信末日审判、死后复活，因此必须承担自己的责任。

第二，利己与利他的平衡。西方文化强调对个人权利的尊重，鼓励人们用自己的行动来限制政府对个人权利的侵犯，保护上帝赋予人的各项权利。但是，个人主义并不等于利己主义、唯我主义，不允许将个人权力无限放大去伤害其他人的权利。如一位中国学者所言："《圣经》上说：'神爱世人'，每个人的头发都被数算过，这就意味着每一个人具有人的形象都应该得到尊重。这种对个人权利的尊重不仅意味着作为个人的自己的权利应该被尊重，同时也意味着他人作为个体的权利也应该被尊重。所以，对个人权利的强调实际上也是一种利他主义的教导。"① 西方人都知道，维护自己的权利一定不能超越一定限度，这个限度就是他人的权利。因此就形成了个人权利、利益的范围，因为他人的权利也是上帝赋予的、社会法律保证的。不仅如此，基督教文化更主张在上帝信仰基础上的博爱精神，人不仅不能伤害他人，还要有利于他人，将利己与利他结合起来。《圣经》上说："爱神的，也当爱兄弟，这是我们从神所受的命令"，"人若说，'我爱神'，却恨他的兄弟，就是说谎话的；不爱他所看见的兄弟，就不能爱没有看见的神"（《约翰一书》4：20—21）。"神爱世人"，派他的儿子为世人替罪就是对世人的最大的爱，因此世人也要爱神。可是爱神仅仅是一种主观的心愿，并不能证明其真伪。如果一个人口头上爱神，但是却连自己的兄弟都不爱，如何能证明你爱那个看不见、摸不着的神呢？博爱与自由、平等一样成为西方社会最基本的价值理念，大多数基督徒也是很具有牺牲、奉献精神的。

第三，自由与秩序的平衡。美国的先民不远万里从发达的欧洲到蛮荒的新大陆，直接的目的就是为了追求自己的精神自由、宗教自由，因此自由是美国社会的核心理念之一。但是同样，包括宗教自由在内的各项自由也都是有限制的，不能超越维持社会秩序的限度。1620 年，一百多名清教徒乘

---

① 宁玲玲：《论美国政治一体化的宗教文化基础》，世界图书出版公司 2013 年版，第147 页。

坐"五月花号"轮船达到美国。在登上美国大陆之后，他们在新英格兰殖民地签署了一份公约，即著名的《五月花号公约》，在上帝面前签订契约建立政治共同体。公约宣誓："我们在上帝面前共同立誓签约，自愿结为一民众自治团体。为了使上述目的能得到更好地实施、维护和发展，将来不时依此而制定颁布的被认为是对这个殖民地全体人民都最适合、最方便的法律、法规、条令、宪章和公职，我们都保证遵守和服从。"在此之后，美国先民们相继通过了州宪法、联邦宪法。这些法律既是对公民自由的保证，也是对公民自由的限制，对各种"法律、法规、条令、宪章和公职"都必须"遵守和服从"。欧美的大多数公民都知道，法律必须遵守，因为这些规则是以上帝的名义订立的，违背法律、欺骗法律就是欺骗神。几百年来，西方世界基本维持了其社会秩序的稳定，主要不是由于法律的严密，民众对法律的畏惧，而是建立在民众对法律的尊重、敬畏的基础上，因为法律的背后有神的监督和审查。

第四，平等与角色的平衡。平等是西方社会另一项核心价值，因为这是上帝赋予每一个人的权利。但是这种平等并不是说上帝赋予每一个人都可平均消费、同等财富，有同样权力。上帝所赋予人们的平等是一种"被造"的平等，同时"被造"的还有不同的角色。上帝创造了亚当和夏娃，他们的子孙在上帝面前人人平等，这只是一种人格的平等。人人都有"原罪"的身份，人人也都有"赎罪"的可能，所有的信徒无论是教皇还是皇帝都是一样的。但是，上帝创造世界的时候，也制造了世上不同的角色和身份。"我们各人蒙恩，都是照基督所量给各人的恩赐。""他所赐的，有使徒，有先知，有传福音的，有牧师和教师，为要成全圣徒，各尽其职，建立基督的身体。"（《以弗所书》4：7，11—12）基督教要求每个信徒都要安于自己的角色，尽到自己的职分，这就是"天职"。主人和奴隶各有职分，"你们做仆人的，要惧怕战兢，用诚实的心听从你们肉身的主人，好像听从基督一般"。但同时也警告主人："你们做主人的待仆人也是一理，不要威吓他们，因为知道他们和你们，同有一位主在天上，他并不偏待人。"（《以弗所书》6：5，9）百姓与官员同样也是这样的关系，基督徒要服从世界上的"权柄"，"凡人所当得的，就给他，当得粮的，给他纳粮，当得税的，给他上税；当惧怕的，惧怕他；当恭敬的，恭敬他"(《罗马书》13∶1,7)。故而平等的社会不等于没有权威，自由的社会也不是没有秩序，关键在于获得两者的平衡。

第五，财富与慈善的平衡。基督教特别是新教的责任理论，教导基督徒要尽到自己的天职，因为这是上帝派给每个人的义务。不论从事什么职业，都是你的"天职"。天职的观念为西方资本主义社会的崛起提供了理论证明，使得在中世纪被人鄙视的"商人"职业重新受人尊重。马克斯·韦伯的《新教伦理与资本主义精神》一书，解释了新教的诞生与西方市场经济社会发展的关系。在新教伦理的指引下，企业家努力地工作挣钱，可是他们工作的动力却不在于个人的享乐，而是尽上帝赋予自己的职责。《马太福音》教导基督徒：努力挣钱的，上帝还要给他更多，而不思进取的，上帝要将他已经很少的还要夺回来。那些挣了很多钱的人，基督教并不主张用来消费。因为基督教反对教徒对于世俗财富的追求。"不要为生命忧虑吃什么、喝什么；为身体忧虑穿什么"(《马太福音》6∶25)，"不要为自己积攒财宝在地上"(《马太福音》6∶19)，甚至认为"骆驼穿过针眼，比财主进神的天国还容易呢！"(《马太福音》19∶24)努力工作的动力是通过尽职增加上帝的荣耀，证明自己是上帝的选民；而贪图安乐享受的人，不思进取而一文不名的人，则是上帝的弃民。同时基督教还提倡，要将从耶稣基督那里"白白得来"的爱，也要"白白地舍去"给他人。"当记住主耶稣的话，说：'施比受更有福'。"(《使徒行传》20∶35)于是西方的世界出现了这样一幅似乎矛盾的现象，人们一边辛辛苦苦尽力工作挣钱，但是他们又慷慨地将大把的金钱投入到慈善事业中，救济贫苦，开办医院、学校，为各项公益事业进行义务服务。正如美国石油大王洛克菲勒一世所说："我从小得到的训练就是赚钱和捐钱，尽一切可能诚实地赚钱，然后再尽可能把钱捐出去，我总是把这看成我的职责。当我还是一个孩子的时候，牧师就是这样教导我的。"[1] 社会在激烈的市场竞争中造成的巨大贫富差异得到了慈善事业的平衡，减少了阶级对抗的发生。

---

[1]　常青：《协和医事》，《北京晚报》2018 年 1 月 26 日。

　　总之，建立于基督教信仰之上的宗教伦理，成为西方世界维持社会平稳、均衡的重要因素，正如约翰·亚当斯所说："一个共和国只有由纯宗教或严格道义来予以支持。"他说《圣经》提供了"曾经或将来保持世界上一个共和国的唯一体系"；还说："我们的宪法只是为讲道德和信教的人民制定的"。华盛顿表示了同样他的看法："理智和经验都告诉我们：若无宗教原则，是无法保持国民道德的。"①1811 年，纽约州最高法院裁决支持对亵渎基督言论的一项起诉。首席大法官肯特代表州最高法院说道："我们是信仰基督教的民族，基督教精神深深植入了这个国家的道德观……"② 法国的天主教神学家托克维尔证明："基督教对于美国人心灵影响巨大，世界各国无一可及……"③

（三）基督教与西方的法律

　　谈到宗教对当代西方政治的影响，还有一个重要的领域——法律。众所周知，西方当代政治的特点是三权分立，即立法、司法与行政权力的分立，因此法律也是统治阶级意志的重要体现。基督教对西方立法、司法的影响，也是政教关系的重要组成部分。正如美国学者威特所说："这些话题和其他话题都是西方法理学和神学反复出现的主要问题，而基督教催生了许多至今仍然主导西方的法律观念与制度。"④

　　西方社会从其原点古希腊、古罗马奴隶主民主制开始，就很重视法律对于社会的整合作用。不过那时尚无基督教，人们将法律的基础建立在自然法的基础上。亚里士多德是古希腊哲学的集大成者，他对法律问题也有很深刻

---

　　① 转引自 [美] 塞缪尔·亨廷顿：《我们是谁——美国国家特性面临的挑战》，程克雄译，新华出版社 2005 年版，第 71—72 页。

　　② [美] 伯尔曼：《信仰与秩序——法律与宗教的复合》，姚剑波译，中央编译出版社 2011 年版，第 200 页。

　　③ [美] 伯尔曼：《信仰与秩序——法律与宗教的复合》，姚剑波译，中央编译出版社 2011 年版，第 122 页。

　　④ [美] 小约翰·威特等主编：《基督教与法律》，周青风、杨二奎等译，中国民主法制出版社 2014 年版，第 1 页。

的研究。他认为社会的正义可以分为两种，一种是"自然正义"，另一种是"法律正义"。不过自然正义到处都是一样的，而法律的正义则因地而异。因此毫无疑问，自然正义高于法律正义，是社会法律的起源。不过在希腊人的头脑中，自然法是与古代宗教的神意、哲学中的"逻各斯"相联系的，代表着一种永恒的必然规则。

进入中世纪，基督教神学家巧妙地将自然法的概念与上帝创世说结合起来，把自然法说成了神法。"奥古斯丁特别强调上帝的永恒法是自然法的源泉。在奥古斯丁看来，永恒法就是'神的理性或上帝的意志，它使自然秩序得以维持'。"① 在基督教的神学体系中，宇宙万物都是上帝创造的，自然法当然也是上帝的派生物。到了阿奎那写作的《神学大全》中，"他研究了永恒法、自然法、人定法和神定法。对于阿奎那，正像对于奥古斯丁一样，永恒法是上帝凭自己意志对宇宙做出的神圣安排，'神圣智慧使所有东西各就其位。'只有符合正确理性，所有其他法令才能源自这个永恒之法。"② 因为有了上帝这个无所不知、无所不能、无所不在的主宰者，因此按照他的意志制定的法律也就具有了无上的神圣性。

在中世纪并行着教会法和世俗法，无疑教会法成为世俗法的模板。教会法包括洗礼、坚振礼、补赎礼、圣餐礼、婚礼、神圣受任礼、临终涂油礼等"七件圣事"。其中婚礼成为世俗社会关于婚姻、家庭和性的相关法律依据。补赎礼成为犯罪、经济惩罚、契约等方面有关经济方面的法律依据。神圣受任礼影响了社会上关于权利和义务方面的法律，临终涂油礼则成为社会关于慈善、济贫的相关法律的依据。美国学者伯尔曼描述了中世纪教会法和世俗法并行运作的情况："世俗法主要涉及王室、封建和地方管辖下的事务，尤其是关乎财产和暴力犯罪的事务。教会法的范围则远为宽泛，它管辖所有直接与教士有关的事务，包括不仅教会权限事务和教会财产，而且还有很多明

---

① [美] 小约翰·威特等主编：《基督教与法律》，周青风、杨二奎等译，中国民主法制出版社 2014 年版，第 74 页。

② 参见 [美] 小约翰·威特等主编：《基督教与法律》，周青风、杨二奎等译，中国民主法制出版社 2014 年版，第 77 页。

确的涉及俗人的事务，包括婚姻与家庭关系、道德过犯、教育与济贫。事实上，俗人经常选择在教会法院提起契约纠纷的诉讼，特别是因为当时世俗的契约法还相当幼稚。当时存在许多相互重叠的事务，它们促进了教会法院和世俗法院的并行管辖权限，就好像当时在世俗领域内，王室、封建、市镇和商事法院之间也存在着并行的管辖权。"①

　　启蒙运动时期，中世纪教会法的神圣性受到挑战，启蒙思想家因为反对封建政权的"君权神授"论和教会的腐败而怀疑教会法的至上性，重新提出了古希腊、古罗马的"自然法"。"大约在 1600 年，弗兰西斯科·苏亚雷茨拒绝接受君权神授的观点。他认为政治权力来源于上帝仅仅是一个远因，也就是说上帝创世伊始就使人类具有了构建政治共同体的能力，然后政治共同体'只需根据自然法'就具有了组建政府的权力。"② 荷兰启蒙思想家格劳秀斯"提出人类的道德判断已经能够表达上帝的旨意；但他也写到自然法的规则可能来源于人类的社会性。在一个著名的论述中，他又说'即使没有上帝——如此假设简直是罪大恶极'这样的规则还是有效的"③。尽管他的思想尚未超出对于上帝的信仰，但是他的言论已经启发了很多无神论者对上帝神法的怀疑，自然法、自然神论乘机发展起来。启蒙运动中反对基督教的思想在法国大革命时期达到了高潮，但是其他一些国家的启蒙思想家并没有将自然法与上帝神法完全对立起来。如英国的约翰·洛克认为："自然法是来自上帝的命令并借助人类的理性能够获知的法律。他描绘了一个更加和善的自然状态。在自然状态下，人人都是自由和平等的。这无需国家的批准，因为人拥有一部指引自己的自然法。"④ 至于美国的情况，更是在追求信仰自由的旗帜下建立的新国家，宗教成为一切法律的根源。

---

　　① ［美］伯尔曼：《宗教与法律》，梁治平译，中国政法大学出版社 2003 年版，第 153 页。
　　② ［美］小约翰·威特等主编：《基督教与法律》，周青风、杨二奎等译，中国民主法制出版社 2014 年版，第 80 页。
　　③ ［美］小约翰·威特等主编：《基督教与法律》，周青风、杨二奎等译，中国民主法制出版社 2014 年版，第 81 页。
　　④ ［美］小约翰·威特等主编：《基督教与法律》，周青风、杨二奎等译，中国民主法制出版社 2014 年版，第 82 页。

因此可以说，西方法律基本上是在基督教文化母体上建立起来的，如伯尔曼所说："中世纪晚期的教会法，乃是西方最早的现代法律制度，它通行于欧洲各国……最先让西方人懂得现代法律制度是怎么回事的，正是教会、教会法率先告诉人们，相互矛盾的习惯、法令、判例和学说可以通过分析和综合来调和。"① 西方法律制度与基督教教会法联系的一些细节不属于本书的研究范围，故而从略。本书主要关注为什么说现代社会的法律制度离不开宗教信仰。中国的老子说过："天网恢恢，疏而不漏"（《老子》七十三章），这里所说的"天网"是相对于"法网"而言。任何国家的"法网"只能是疏而有漏的，因为不可能每个人的身后都站着一名警察，即使法制严谨的当代西方社会也是如此，美国著名的"辛普森杀妻案"就是一个典型。著名的橄榄球运动员辛普森因为有钱可以雇佣豪华的律师团，因此就把所有人眼中的"有罪"说成了"无罪"。但是美国的社会并没有因此而瓦解，并不是因为大多数社会成员没有辛普森那么有钱，而是因为他们自觉不会去犯罪。正如伯尔曼在另一本书中所指出："持工具论的人常常这样回答，人们普遍遵守法律，是因为他们害怕若不如此便会招致执法机构的强制性制裁。这个答案从来就不能让人信服。心理学的研究证明，要确保规则得到遵守，信仰、公正、可靠、合群这类因素远比强制重要。恰恰是这些在法律得到信赖的而无需强制性制裁的情况下，法律才行之有效；依法治世就不必带着警察到处出现。"② 伯尔曼的这段话说到了问题的关键点，人民不去犯法不仅仅是因为他们畏惧法律的惩罚，主要是因为他们信任法律，更畏惧法律背后的神意。如果将法律仅仅建立在对人民威慑的基础上，再严密的法律制度，再强大的执法队伍也是无济于事的，中国古代迷信"严刑峻法"的秦王朝和现代德国的希特勒政权的覆亡就是明证。这一基本事实就确定了宗教与法律的关系，伯尔曼强调了宗教对于法律的重要性，他说："我们已在尽可能宽泛的含义上

① ［美］伯尔曼：《宗教与法律》，梁治平译，中国政法大学出版社2003年版，第51—52页。

② ［美］伯尔曼：《信仰与秩序——法律与宗教的复合》，姚剑波译，中央编译出版社2011年版，第6页。

考察了宗教与法律，即把宗教视为人类对于神圣的意识，把法律视为人类对正义的观念。我们发现，在所有的社会里，虽然是以极不相同的方式，法律都部分地借助于人关于神圣事物的观念，以便使其具有为正义观念而献身的激情。"① 宗教赋予了法律制度以神圣性，宗教信仰堵住了"法网"背后的漏洞，使人民因为对宗教的虔诚信仰而不会去触犯法律。因为触犯法律可能面临的惩罚不仅仅是人间的惩罚，还要包括更为可怕的神意惩罚。在基督教信仰中，人都是会死的，关键在于死后是否可以"复活"。人生在世的几十年只是朝圣之旅中短暂的瞬间，而千禧年之后的天堂和地狱才是永恒的。大多数人自觉遵守法律的意识，才是法律得以实行的根本原因。而在美国，"不仅传统的基督教和犹太教，而且美国生活方式的世俗宗教都赋予了基本法律准则和程序以神圣性"②。

不过伯尔曼也遗憾地看到，当代美国的宗教信仰也在逐渐淡化，造成的恶果之一就是法律不再被人尊重，因而导致犯罪事件逐年递增。他说："近日西方人所面临的危机并非法律过度神圣化，或者宗教的过度法律化；不是它们过分一体化的危机，而毋宁说是它们过分分裂破碎的危机。在美利坚合众国，我们的危险肯定更多是因为蔑视而非崇拜法律，更是来自对未来的无可救药的怀疑主义。"③ 启蒙运动以来，西方思想家普遍将理性主义作为判断客观事物的标准，凡是在感性经验中不能证明的事物都遭到怀疑、否定。特别是在 20 世纪美国的实用主义思潮中，法律被看成一种对人有用的工具，被人认为是根据人的需要制造出来的。特别是当代社会科学技术的快速发展，进一步导致了宗教的衰落（这一点我们下一小节详细分析），法律更是被看成与宗教毫不相关的事情。"在 20 世纪美国人的观念中，法律与宗教彻

---

① ［美］伯尔曼：《信仰与秩序——法律与宗教的复合》，姚剑波译，中央编译出版社 2011 年版，第 36 页。

② ［美］伯尔曼：《信仰与秩序——法律与宗教的复合》，姚剑波译，中央编译出版社 2011 年版，第 37 页。

③ ［美］伯尔曼：《信仰与秩序——法律与宗教的复合》，姚剑波译，中央编译出版社 2011 年版，第 126 页。

底分离，这带来了严重的危害，法律将不再获得尊重。如果只是以有利标准或可行性来衡量法律，而不是用真理或正义标准衡量法律，那么对于那些认为法律没有满足其利益的人，法律就难以推行。持法律工具论者通常会说，依靠强制性制裁的威慑，法律最终都能得到实施。"① 因此当代西方世界一些负责任的思想家都在呼吁，应当反对过度的宗教世俗化，应当保持一定程度的宗教神圣性，并使宗教与法律保持适当的联系。由此也就涉及了一个本书主要研究的观念"政教分离"。宗教应当与政治在什么地方分离？如何分离？分离的程度如何？起码不应当是一种二元对立思维状态下的绝对分离。

（四）当代西方宗教的实质——公民宗教

以上的分析使我们看到一种吊诡的现象，即西方的社会法律制度一方面强调政教分离，要在宗教与政治之间竖起一道"坚不可摧的分离之墙"。但是另一方面，西方社会的政治、伦理、法律思想体系，却又都是建立于基督教文化的基础上，离开了这个基础就会导致整个体系的崩塌。那么我们可能会问，当代西方社会依靠的是一种什么样的"基督教"？这种宗教与欧洲中世纪的基督教有什么区别？为什么当代的宗教与中世纪的基督教所发挥的社会作用会有如此大的差别呢？经过 200 多年的探讨和摸索，西方学者逐渐得出了结论，即当代西方世界在政教分离的环境中信仰的是一种"公民宗教"。

美国学者伯格和英国学者戴维、霍卡斯指出："对于我们的讨论而言，同样重要的一个平行论点是：在美国，上述两种态度皆不妨碍宗教和国家之间的密切联系。实际上，有时反倒会鼓励两者之间的联系。同时，这两种态度也决定联系的性质。就国家而言，联系的对象是'一般宗教'，而非特定信仰。"② 在宗教自由的美国，为什么面对钱币上的"我们信仰上帝"，《效忠誓词》里的"一个在上帝庇护之下的国家"等现象，基督徒之外的其他信仰

① ［美］伯尔曼：《信仰与秩序——法律与宗教的复合》，姚剑波译，中央编译出版社 2011 年版，第 204 页。
② ［美］彼得·伯格、［英］格瑞斯·戴维、埃菲·霍卡斯：《宗教美国，世俗欧洲？——主题与变奏》，曹义昆译，商务印书馆 2015 年版，第 42 页。

者极少会表示抗议？因为美国政治制度的设计者们已经考虑到了这样的问题，他们口中的"上帝"只是一般性的"神"。美国学者艾兹摩尔考察了美国建国的历史过程，"对于公开承认上帝这一问题，华盛顿的讲话中有一点十分明显：他小心翼翼地选择不致冒犯任何宗教团体的用词。例如，全善全知全能的存在，我们蒙福宗教的伟大创造着、胜利的赐予者、万军之神、纯全良善的启示之光、行奇事的神。他用以形容上帝的称呼反映了正统派对上帝大部分属性的认识"①。对于世界上大多数民族来说，承认有一个至上的主宰、道德正义的依据、前进力量的源泉的存在是大家都可以接受的。"华盛顿认识到，'在这里每个人都可以根据其内心要求敬拜上帝'，'每个人都要做个好公民，并就其宗教观点单单向上帝负责，那么其根据自己良心的要求敬拜神就应当受到保护。'"②

不仅美国是这样，当代欧洲一些国家也存在这样的现象，即宪法保护的宗教也开始具有这样"一般性宗教"的特点。如爱尔兰的宪法第44条规定："1.国家承认，公众崇拜万能的上帝是正当的。应当敬畏上帝，尊重宗教，使宗教享有盛誉。2.（1）在符合公共秩序和道德条件下，每个公民的良心自由。宗教信仰和宗教活动的自由都受到保护。（2）国家保证不资助任何宗教。"③ 这里提到的"上帝"，也可以理解为一般性的神，即使同样出于亚伯拉罕系的伊斯兰教，也有类似的看法。《古兰经》说："信道者、犹太教徒、基督教徒、拜星教徒，凡信真主和末日，并且行善的，将来在主那里必得享受自己的报酬，他们将来没有恐惧，也不忧愁。"因此泛泛地讲一个创世纪的主宰者，各种宗教的信徒都是可以接受的。

我们可以把这里所说的"上帝"、"真主"理解为一种广义的宗教信仰的

---

① ［美］约翰·艾兹摩尔：《美国宪法的基督教背景——开国先父的信仰和选择》，李婉玲等译，中央编译出版社2011年版，第107页。

② ［美］约翰·艾兹摩尔：《美国宪法的基督教背景——开国先父的信仰和选择》，李婉玲等译，中央编译出版社2011年版，第109页。

③ ［德］格哈德·罗伯斯主编：《欧盟的国家与教会》，危文高等译，法律出版社2015年版，第140页。

神，伯尔曼指出："广义上的宗教也存在于世界范围。大多数宗教都有共同的某种宇宙合法性和人类一体性的观念。'金箴'（一个主张平等的规则，以同等的尊严重待所有他人）存在于人类大多数宗教。对于不服从合法性权威、不法杀戮、偷窃、违反性习俗、假证和欺诈存在一种普遍的厌恶，而这不仅仅是出于理性的反对。"① 可以说，这种广义的宗教出于人类普遍价值的"道德黄金律"——"己所不欲，勿施于人"，由此可以推论出反对一切犯罪现象的戒律和促使一切善行的道德。不管将这种广义的宗教称为何名，都是可以被世界上大多数人民接受的。在美国具体的宗教文化氛围中，这种广义的宗教，或称为一般性的宗教，被定义为"公民宗教"。一位中国学者指出："公民宗教不是一种具体的宗教，但它与美国的宗教密切相关。这尤其是指美国的基督教传统。同时，公民宗教分享一般宗教的很多共同特征，包括宗教的圣徒、圣地、崇拜场所、仪式、特殊历史等。"②

"公民宗教"一词最早诞生于欧洲的启蒙运动中，当时提出这一概念的目的是反对因基督教的排他性造成的宗教迫害和宗教战争。基督教是一种一神宗教，它的第一条戒律就是"除了我以外，你不可有别的神"。但是启蒙运动中的大多数思想家并不反对宗教，他们普遍认为宗教是人类必不可少的价值资源。既想要保留基督教信仰，又要克服基督教排他性的弊端，根本的方法就是改造传统的基督教。欧洲启蒙运动中一位对现代西方政治具有奠基意义的大师是法国的卢梭，他在名著《社会契约论》中朦胧地提出了一个设想——建立"公民宗教"（Civil Religion）。他说："每个公民都应该有一个宗教，他信仰的那种宗教能够使他们热爱自己的责任，这却对国家关系重要大。"③ 在他看来，没有宗教信仰的人，就是一个没有道德的人，一个不遵守法律的人，也就是一个无恶不作的人。所以公民都应当信仰宗教。但是这个宗教不是中

---

① ［美］伯尔曼：《宗教与法律》，梁治平译，中国政法大学出版社2003年版，第141—142页。

② 刘义：《全球化背景下的宗教与政治》，上海大学出版社2011年版，第195页。

③ ［法］卢梭：《社会契约论》，州长治译，载《西方四大政治名著》，天津人民出版社1998年版，第415页。

世纪那种排他的基督教，而是经过宣言重建的"公民宗教"，"公民宗教教条应该简单，条款不多，词句精确，也不必注释。全能的、智慧的、仁慈的、先知而又圣明的神明之存在，未来生命，正直者幸福，坏人遭惩罚，社会契约与法律的神圣性，——这些都是正面的教条。反面的教条我只把它限于一条，那就是不宽容。它是属于我们所已经否定过的宗教崇拜的范围之内"①。

公民宗教是《社会契约论》一个章节的题目，在其中包含了卢梭对未来公民社会宗教信仰的设计，这种设想由开辟新大陆的美国先民们变成了现实。美国学者写道："这就是本杰明·富兰克林在 1794 年所称的美国'公共宗教'（现在被称为'公民宗教'），它支撑着美国宗教教派的多元化。'公共宗教'所宣扬的是诚实、勤奋、奉献、公共精神、爱国心、服从，以及敬畏上帝、邻人和自我，还有在建国时不同宗教传统中所宣扬的共同道德。它的代表象征是《圣经》、《独立宣言》、独立钟和宪法；为它供职的是有公益心的牧师和敬畏宗教的政治家；它的礼拜仪式是政治家和传教士在祈祷、歌唱、布道和感恩节发布会的公告；它的政策是政府任命的立法机构中的及随军的牧师，政府资助一般性的宗教教育和组织，政府通过明确的法律来实施以宗教为基础的道德规范。"② 美国的这种"公民宗教"，是宪法第一修正案不得确立国教和不得禁止宗教自由的产物。在基督徒占人口绝大多数的情况下，《独立宣言》中"造物主"只能被理解为是上帝，总统宣誓就职时按着的《圣经》也只能是《新旧约全书》。

西方的学者对美国"公民宗教"的性质进行了研究，法国学者维克托尔在 1835 年发表的《论美国的民主》一书中指出："宗教本身在美国主要是一种共同的见解，而不是作为一种神启的教条发挥作用。"③ 他虽然没有使用

---

① ［法］卢梭：《社会契约论》，州长治译，载《西方四大政治名著》，天津人民出版社 1998 年版，第 416 页。

② 转引自 ［美］小约翰·威特：《宗教与美国宪政经验》，宋华琳译，上海三联书店 2011 年版，第 49 页。

③ ［法］维克托尔：《论美国的民主》（下卷），董果良译，商务印书馆 1993 年版，第 527 页。

"公民宗教"这个词，但是共同信仰而不是神启教条的论断，切中了公民宗教的实质。1967年，美国社会学家贝拉（Roben N. Bellah）发表了《美国的公民宗教》一文，他指出："在一套信仰、象征和礼仪中所表达的公共宗教信仰维度就是我所说的美国的公民宗教。"① 在当代美国政治文化中，公民宗教成为其精神象征。它是全体国民多种信仰的基础，不是一种灵性的宗教，而是一种秩序的宗教；不是个人灵魂救赎的宗教，而是一种政治的宗教。在当代，宗教观念不再成为"君权神授"的保证，总统是要由民选产生的。总统按着《圣经》宣誓，只是民选后的一个仪式，不是证明某人"君权神授"的象征，只是对着上帝表示自己要履行民选总统的职责。政府要按照宪法规定的世俗化原则运行，宗教组织也只是众多社会团体之一，不能再以超验性发挥政治作用。在当代美国和其他西方社会，宗教只能在政治文化领域发挥价值引领、道德规范、法律依据、文化符号的作用。②

五、全球化时代西方政教关系的变局

以上我们简要叙述了西方现当代政教关系的大致状况，从整体上说，经过了近代宗教改革的基督教，基本适应西方现代市场经济制度和票选民主政治制度的需要，成为现代化过程中的助力。然而从20世纪后期开始的全球化时代，对全世界各个国家的社会政治理论、政教关系理论提出了新的挑战，西方世界自然也不能例外。因此在近代宗教与政治基本适应的大格局中，逐渐显露出一些不适应的问题，成为社会上的一种不稳定因素。

（一）宗教的衰落及其引发的社会问题

无论研究欧洲当代宗教的学者，还是研究美国当代宗教的学者，他们都发现了一个重要的问题：过度世俗化导致宗教的衰落。相比较而言，欧洲的

---

① [美] 贝拉：《美国的公民宗教》，转引自董小川：《儒家文化与美国基督新教文化》，商务印书馆1999年版，第140页。

② 参见张践：《论政教关系的层次与类型》，《宗教学研究》2007年第2期。

问题更突出一些。美国的彼得·伯格和英国的格瑞斯·戴维、埃菲·霍卡斯合著的《宗教美国，世俗欧洲？——主题与变奏》一书，向我们描述了这个问题。他们说："调查数据显示，无论从制度行为还是表达水平看，美、欧之间都存在着巨大的差别。在欧洲，天主教会和新教会皆深陷于困顿之中，举步维艰。礼拜仪式的出席人数多年来一直大幅地下降，圣职人员因为招募工作滞后而短缺，财政状况很不理想，并且教会在公共生活中的影响力也大不如从前。当问及人们对信条（诸如上帝、复活、耶稣基督作为救世主等）的理解时，无论与过去还是与世界上其他地区相比，评估之后的得分都很低；当问及他们生活中宗教是否重要时，反馈的结果也很不如人意。"① 德国学者格哈德·罗伯斯主编的《欧盟的国家与教会》一书，也用很多资料说明，宗教衰落无论在信仰天主教的国家，还是在信仰新教的国家都是严重存在的。例如西班牙，"西班牙天主教徒占 80.3%，其他宗教信徒占 1.9%，非信徒占 10.6%，无神论者占 5.2%，未给予回答占 2.1%。这些数据清楚地表明，只有罗马天主教具有广泛的社会基础。然而，我们认为罗马天主教的社会基础被夸大了。原因有二，第一，自称天主教徒的人数逐年下降。第二，自我陈述和行为符合天主教的官方教义是两回事儿。……在调查表中，近一半的天主教徒表示，他们几乎从来不参加弥撒，而不到五分之一的天主教徒承认他们几乎每个星期都去做弥撒。而在天主教会看来，做弥撒是那些自称遵循教义之人的义务"② 。西方基督教家庭，孩子的信仰是由父母决定的，出生后的婴儿到教堂受洗就算是成为教徒，并非他们自觉的选择。因此很多人长大之后，并不一定像他们的父母那样是虔诚的教徒。如果仅以每周做礼拜为标准，那么信仰的衰微是严重的。当年荷兰建国主要是由于信仰的原因，为了保卫自己的新教信仰，荷兰人民不惜与西班牙一战。但是现在荷兰人的信仰也在衰落，"多元主义是荷兰信仰生活的一个基本特点。在荷兰共和国

---

① ［美］彼得·伯格、［英］格瑞斯·戴维、埃菲·霍卡斯：《宗教美国，世俗欧洲？——主题与变奏》，曹义昆译，商务印书馆 2015 年版，第 15 页。

② ［德］格哈德·罗伯斯主编：《欧盟的国家与教会》，危文高等译，法律出版社 2015 年版，第 100 页。

时期，归正宗教会被奉为国教，其信徒拥有诸多特权，但是各种宗派与归正宗并存。……这些年，教会人数的下降成为一个明显的长期趋势。这一现象首先是在 19 世纪 80 年代凸显出来的，20 世纪 30 年代后出现暂停。20 世纪 60 年代，教会人数一度又开始减少。最初是大的教会遭遇人员流失，主流的归正宗教会一开始就遭遇这样的人数下降，罗马天主教紧随其后"①。欧洲其他国家的情况也大致相似，无论是天主教的"祖庭"意大利，还是新教的发源地德国，信徒减少，教堂成为旅游胜地是普遍现象。如果寻找细微的差异，"总的来说，天主教占主导地位的国家与新教占主导地位的国家相比，宗教指数更为坚实，尽管在这两类国家相关数据也都存在下滑趋势"②。只有少数像爱尔兰、波兰等国家由于民族认同的需要，仍然在群众中保持着较高的宗教热情。③

不过很多美国学者并不认可"宗教美国"的说法，在表面上很多人虔诚信仰宗教的背后，其实掩藏着无可奈何的衰落。写作《宗教美国，世俗欧洲？——主题与变奏》的学者也看到，其实美国人也不那么虔诚。"美国人的虔敬程度到底如何？在相关文献中，这个问题成为讨论的热点。如 1993年，哈达威、马勒和查韦斯在《美国社会学评论》上发表了他们关于美国教会出席情况的研究论文。这篇论文的要点指出：通过民意测验收集到的证据。与通过任何礼拜日里清点教堂人数收集到的数据，两者明显地不一致。大约 40% 的美国人声称，他们会定期上教堂——这一数字在历次调查中出奇地稳定，并且被频繁引用。但是，如果调查方法转向以不同方式对教堂里面人数进行实地清点和计算的话，事情将会大不一样。根据这些作者收集的数据，似乎'新教和天主教的教会出席率，接近于一般所认为的水平的一

---

① ［德］格哈德·罗伯斯主编：《欧盟的国家与教会》，危文高等译，法律出版社 2015 年版，第 273—274 页。

② ［美］彼得·伯格、［英］格瑞斯·戴维、埃菲·霍卡斯：《宗教美国，世俗欧洲？——主题与变奏》，曹义昆译，商务印书馆 2015 年版，第 54 页。

③ 参见 ［美］彼得·伯格、［英］格瑞斯·戴维、埃菲·霍卡斯：《宗教美国，世俗欧洲？——主题与变奏》，曹义昆译，商务印书馆 2015 年版，第 54 页。

半'。而且，这个数据正在下降而非上升。……对于世俗化观念来说，是证明还是证伪？教会出席率水平比大多数评论者所认为的要低，在此意义上，它是证明；不管出于什么原因，相当数量的美国人希望自己被视为教堂的常客，就此而言，它是证伪。"① 为什么实际到教堂参加礼拜的人比自称经常参加礼拜的人要少得多？其原因大概在于，在一个以宗教作为道德支撑的社会里，承认自己不信仰宗教等于承认自己的道德基础不稳固，这是任何自称有道德的人都无法接受的。当然，不能经常参加礼拜不等于这些人已经改变了信仰，只能说他们已经不再把《圣经》中规定的宗教义务当成人生首要的义务。这样的话，《圣经》中规定的其他义务是否也不必然遵守呢？例如不可偷盗、不可奸淫等。

当代宗教衰落的根本原因在于近代以来理性主义思想方法的发达，正如笛卡尔所说："我思故我在"，理性思考成为人们判断真伪是非的唯一标准。在启蒙运动中形成的理性主义思维方式对于打破宗教对于人们思想的禁锢，促进自然科学、社会科学的发展具有无可争辩的积极作用。但是，世界上任何事物都有一个"度"，一旦超越了"度"，好事也会变成坏事。当理性主义成为理性崇拜，科学变成科学独断论，就难免会对一些重要的社会人文领域造成伤害。道理其实很简单，人类的理性在一定历史时期，在实践发展的一定阶段是有限度的，因此科学真理总是相对与绝对的结合体。19世纪德国古典哲学家康德已经证明，人类的"纯粹理性"是有边界的，对于一些"实践理性"的问题，人类还需要求助于上帝。例如，对于家庭伦理而言，过去西方人都相信《圣经》的教诲，"耶和华神说，那人独居不好，我要为他造一个配偶帮助他"（《创世纪》2：18）。上帝用男人的肋骨制造了女人，并让他们组成了家庭。"因此，人要离开父母与妻子连合，二人成为一体。"（《创世纪》2：24）所以，当人们在教堂里面对神父（牧师）庄严地的提问："爱她、安慰她、尊重她、保护她，像你爱自己一样。在以后的日子里，不论她

贫穷或富有，生病或健康，始终忠诚于她，相亲相爱，直到离开这个世界？"当人们承诺"是的，我愿意"的时候，这就是对着上帝发出的庄严誓言，人们相信违背者要承受上帝的惩罚。但是，今天"技术理性，作为一种社会系统分化的形式，伴随着计划生育技术和辅助生殖技术的出现而产生。这些因素引发了人类性行为的分离——性行为从男女之爱中分离，生育从婚姻中分离，孩子的抚养从婚姻中分离，家庭经济从婚姻中分离，生育从抚养关系中分离，等等。这些现在的分离，以前都包含在以婚姻为基础的家庭的法律和宗教习俗中"①。其后果就是西方当代社会高发的离婚率、单亲家庭、同性家庭、低生育率等现象，甚至导致大量单亲家庭的青少年的高犯罪率、吸毒等不良现象。当然类似的问题在中国当代社会也存在，不过原因不同而已，容后分析。

上文我们考察西方国家宗教与法律的关系时，已经大量引用西方学者关于两者过度分离造成的宗教衰退，并导致了法律信仰的丧失，犯罪率高企。伯尔曼进一步认为，过度的政教分离是造成这种现象的根本原因。他说："然而，法律与宗教在制度上彻底分离并不需要它们在价值观上也彻底分离。法律无需完全世俗化，宗教也无需完全超凡脱俗。如今生活中这两方面分道扬镳，已到了可用灾难来形容的地步。一方面我们有许多邪教只因其具有宗教形式而不受社会控制，比如'人民圣殿教'（其他还能举出许多）。另一方面，我们的公立学校禁止传播我们共同的宗教遗产，只因为它是世俗学校。"② 一些人片面强调了美国宪法第一修正案中关于禁止确立宗教和限制宗教自由实践的条文，一方面任何宗教活动（包括邪教）很长时间没有人敢管，另一方面则是传统宗教中的伦理精神被停止传播，使人们失去了对于法律的敬畏。就这一点而言伯尔曼说出了一个十分重要的原则，就是法律与宗教内在共同的价值观是不可分的。

---

① ［美］小约翰·威特等主编：《基督教与法律》，周青风、杨二奎等译，中国民主法制出版社 2014 年版，第 136 页。

② ［美］伯尔曼：《信仰与秩序——法律与宗教的复合》，姚剑波译，中央编译出版社 2011 年版，第 204 页。

一些学者将宗教的衰落原因归结为多元主义导致的宗教世俗化。上文提及西方当代社会宗教逐渐形成了一种"一般性宗教"，学者将其称为"公民宗教"。这种公民宗教淡化了教派色彩以便于各种宗教的信徒接受，努力将尊奉的神灵变成一个普适的神。但是，这样做的结果也必然导致宗教的世俗化，即各种超验性的因素逐渐从宗教中剥离。这种失去了神秘性、没有灵异和奇迹的"神"还会有多少人虔诚信仰呢？另外，社会的现代化也是造成宗教衰落的重要原因。生产力的发达造成了物质生活的极大丰富，高福利社会消除了人们对于社会变化的恐惧。现代交通技术可以使人在太空飞行；现代通信技术使人可以具有神话中神灵才能具有的"千里眼"、"顺风耳"；生物科技的发达使人类能够"克隆"人，干上帝才能干的事情；基因技术的发达使人类的寿命不断延长，生命的焦虑也在逐渐克服……古代传统社会中"神"垄断的领域越来越缩小，人把自己变成了"神"。但是，人类这种无序发展也引起了很多负面效果，我们对自然的每一次征服毫无例外都会引来自然的报复，环境污染、资源枯竭、军备竞赛失控、机器人征服的隐忧……，无所畏惧的人类并非没有"末日"之忧，因此呼唤"回归宗教"的声音不绝于耳。

全球化时代带给西方世界的一方面是宗教的衰落，另一方面却是某些领域的宗教复兴热潮，成为一种引人瞩目的吊诡现象。其成因主要可以分成国内和国际两个方面。

（二）国内道德原因导致保守福音派的出现

中国研究当代美国宗教问题的专家徐以骅教授列举了造成20世纪后半期宗教反弹的几个重要事件，他说："学界一般认为20世纪60年代美国最高法院在一系列判决中宣布公立学校祈祷和朗诵《圣经》违宪、1975年最高法院关于堕胎合法的判决、公立学校的性教育、争取同性恋和妇女权利运动以及水门事件等，是触发福音派教会大规模介入政治的导火索。"[①] 上述几

---

① 徐以骅：《后冷战时期的宗教与美国政治和外交》，上海人民出版社2014年版，第24页。

个标志性的事件，成为令保守的福音派信徒愤怒的事件。他们认为，当代美国的道德堕落、犯罪率高发，关键的原因就是宗教的衰落，而造成这种衰落的根本原因，则是因为基督教自由派主导的法院、议会对政教关系事件作出了打击宗教的判决。因此他们要动员起来在社会上发声，通过立法机构改变现状。

当代一位杰出的宗教社会学家侯赛·卡萨诺瓦提出了一个"公共宗教"的概念。他指出，与世俗化理论的"私人化"命题相反，当代宗教的发展实际上表现出一种"去私人化"的趋势。其含义在于："宗教抛弃它被安排在私人领域的地位，进入公民社会未分化的公共领域，并参与到正在进行的斗争、散漫的合法性以及重新划分边界的进程中。"① 将宗教与社会公共事务分离，使其回到私人领域去，这是近代以来提倡政教分离的思想家反复强调的主题，在他们的理想设计中，宗教只负责解决个人的精神安顿问题。但是，在实际实行的过程中，有很多事情分不清是私人事务还是公共事务，例如社会道德问题，既含有私人性，又包括公共性。道德的动机是私人的，可是道德的养成环境则是社会的，道德行为或非道德行为造成的后果也都是社会的。许多人将 20 世纪后半期西方世界的道德堕落归因为缺乏宗教信念并非没有道理，因为整个西方世界的道德伦理体系都是建立在宗教信仰的基础上，这一点我们在上一节中已经证明。

美国当代不仅存在着呼吁宗教回归的现象，而且这种理论呼声已经意识形态化，成为一种利益集团的反映。这种对于宗教态度的差异，来源于贫富差异导致的社会分层。在强调人人平等的美国，每个公民在人格上都是平等的，但是他们及其家庭拥有的财富却差异巨大。一个百万富翁的儿子和一个墨西哥移民的儿子，受到的教育差异是巨大的。对于那些具备高知识的社会精英阶层，科学、理性、人文的知识使他们对于宗教的理解偏于世俗化的角度，但是在他们的对立面，则存在着完全不同的见解。西方学者指出："至少从 20 世纪中叶开始，在美国出现了一个比其余人口更加世俗化得多的知

---

① 转引自刘义：《全球化背景下的宗教与政治》，上海大学出版社 2011 年版，第 73 页。

识阶层。这个阶层形成所谓的文化精英群体，在教育、传媒和司法领域拥有相当大的权力。总之就宗教而言，印度和瑞典可以被视为宗教性和世俗性的两个极端标志。据此，美国的情境可以被描述为：一群数量巨大的'印度人'，正在受到文化精英式的'瑞典人'的审判。"①这里所说的审判，就是上文徐以骅所说的"禁止公立学校祈祷"和"堕胎合法性"等里程碑式的最高法院判例。这时候对于宗教自由主义和保守主义的态度，就已经从知识的水平差异变成了利益集团的纠葛。如著名社会学家 J.弥尔顿·英格尔所言，"宗教的利益通常总是同世俗的利益和需求纠缠在一起；因此，毫不奇怪，激进的教派主义通常总是穷人和被剥夺者的选择；声望和妥协则是统治阶级的选择"②。

当穷人不能在学理上反驳精英阶层的雄辩理论时，他们只能够诉诸宗教信仰的虔诚。因为宗教理论并不是都能够用理论说得通的，"因信起念"的信仰主义原则，很容易对抗严谨逻辑的推理过程。因此，从社会下层兴起的宗教"基要主义"（fundamentalism，也可以译成"原教旨主义"），必然是极端的，以此来显示自己的信仰虔诚。特别是在美国以票选为基础的两党制之下，保守的福音派运动利用人数上的优势，对美国的大选产生了越来越大的作用。在传统的美国选举版图上，一般而言民主党代表广大的劳工集团利益，共和党代表少数上层的工商知识阶层。但是，在基督教保守主义势力复兴之后，传统的政治格局出现了变化。社会下层民众"他们在政治上已经变得不再沉默，而且能够以前所未有的方式组织起来。……恰恰是源于上述两个团体的激进分子队伍，分别构成美国两大政党重要选民基础"③。民主党成为宗教自由主义派别的代言人，主张堕胎合法性，同性恋婚姻合法，得到了社会精英阶层的拥戴；而共和党则成为宗教保守势

① ［美］彼得·伯格、［英］格瑞斯·戴维、埃菲·霍卡斯：《宗教美国，世俗欧洲？——主题与变奏》，曹义昆译，商务印书馆 2015 年版，第 17 页。

② 转引自刘义：《全球化背景下的宗教与政治》，上海大学出版社 2011 年版，第 88 页。

③ ［美］彼得·伯格、［英］格瑞斯·戴维、埃菲·霍卡斯：《宗教美国，世俗欧洲？——主题与变奏》，曹义昆译，商务印书馆 2015 年版，第 17 页。

力的代言人，提倡纯洁的宗教信仰，保持传统的家庭美德，特别是反对《圣经》上明确反对的同性恋家庭，反而得到了众多下层民众的欢迎。2016年的美国总统大选，中部各州中下层民众成了共和党候选人特朗普的"票仓"，而东部和西部精英阶层聚集的各州，则更倾向于支持希拉里。笔者在此期间曾经访问洛杉矶，一位华人朋友告诉笔者，他们投特朗普一票不是支持他的经济政策，而是为了反对希拉里同性恋家庭合法化的主张，认为这是一种道德堕落。从20世纪70年代开始，宗教重新成为影响美国政治的重要因素。

美国社会的贫富分化和阶层化，成为保守的福音派兴起的重要原因。基要主义向社会表达政治诉求的方法，已经具有了宗教意识形态化的特征，即将某种宗教变成影响社会政治决策的理论。从政教关系层次与类型理论看，这一倾向已经具有了某种向"国教统治"复归的可能，是违背政教分离原则的，因为宗教干涉了政治的运行规则。不过我们也要看到，在美国由于法律规定的严谨，三权分立的政治权力结构设计，社会舆论影响的深入人心，宗教私人化趋势的持久，因此美国政治不可能像中东国家政治那样从整体上回到政教合一的状态中去，顶多是在政治文化的层面上多一些宗教表达的声音。

（三）国际问题导致宗教原教旨主义思潮发展

全球化时代导致西方国家内部宗教原教旨主义倾向发展的原因更多来自国际，成为整个世界"宗教复兴"的组成部分。全球化是一个从20世纪90年代开始引起世界各国学者重视的话题。到了21世纪，尽管究竟什么是全球化的问题尚未取得一致意见，但是21世纪的人类已经进入了全球化的时代，则已经成为一个各界学者、各国政治家的共识。通常意义上的全球化是指全球联系不断增强，国与国之间在政治、经济、文化上互相依存。全球化亦可以解释为世界的压缩和视全球为一个整体。但是，全球化也伴随着一些与整体化完全相反的现象，各国之间反而因为政治、经济、文化上的密切联系而出现了更多的矛盾，相应的冲突也变得更为激烈和频繁。笔者认为，造成这种矛盾现象的原因在于：尽管人类的活动越来越是世界性的，但是人类的归属仍然是民族国家的（尽管欧盟的出现曾使得一些人认为将实现跨民族的人类联合体，但是今天看其前途仍然是不好预期的），因此参与到全球化进程中的世界各国人民仍然面临着"马太效应"。世界的一极是财富的积累，另一极则是贫苦的积累。当这种巨大的差异达到用自由、平等、人权、民主等人文社会科学理论不能解释时，曾经被视为神秘、落后、封建的宗教理论便开始复兴了。

全球化时代宗教复兴运动是一个普遍的现象，而这个问题在中东表现得特别突出。当代中东国家是在西方文化的影响下进入现代化进程的，一度他们的精英分子也是十分虔诚地学习西方经验，认真地走"脱亚入欧"的道路，其中也不乏土耳其凯末尔那样成功的范例。但是，大多数中东伊斯兰国家的现代化道路走得并不顺畅，伊朗巴列维国王父子的"白色革命"，埃及纳赛尔领导的社会主义革命，短暂的辉煌之后便是长期的经济萧条，社会两极分化，特权统治难以为继。[①] 人们将现代化进程的失败归结为西方帝国主义的经济侵略、政治压迫、文化蚕食，但是他们手中反对西方的思想武器只有传统的宗教。于是具有宗教原教旨主义色彩的"穆斯林兄弟会"便开始在埃及出现，并随着时间的推移愈演愈烈。沙特瓦哈比派的政教合一政权，伊朗的霍梅尼革命，巴勒斯坦的哈马斯运动，等等。这些具有原教旨主义色彩的政治运动也的确可以解决一些群众不满的迫切问题，如贫富悬殊、道德败坏、宗教衰落，等等。特别是沙特阿拉伯依仗自己地下的石油资源成为世界最富庶的地区，给了全世界穆斯林一种"启示"，只要虔诚地信仰真主，严格按照"四大哈里"的模式实行政教合一制度就可以过上人间天堂的生活。于是伊斯兰原教主义快速发展，成为世纪之交一种引人瞩目的国际现象。

宗教原教旨主义并不等于恐怖主义，但是不可否认其中也存在着恐怖主

---

① 参见张践：《民族宗教关系的社会理论考察》，宗教文化出版社 2009 年版，第193—198 页。

义可以利用的文化资源。"我们不能说,宗教基要主义必然导致恐怖主义。然而,从本质的特点而言,我们不得不承认,宗教基要主义在意识形态上的特征实际上为其暴力化准备了条件。同时,其在全球化体系中相对于以民族国家为核心的政治之矛盾地位,则形成了其恐怖化和极端化的重要机制。基要主义是一种积极行动的政治,也是一种充满了战斗气质的政治。然而,其相对于民族国家为核心的政治之不平衡地位则促使其寻求一种廉价却具有重大效应的非常规手段,也即暴力的。这已经在当代全球政治的实际发展中得到了证明。"①

2001 年的"9·11"事件严重刺激了美国,导致了美国强烈的民族情绪反弹,并伴随着基督教原教旨主义情绪的蔓延。正如美国著名政治学家亨廷顿所说:"'9·11'事件引人瞩目地象征着 20 世纪作为意识形态世纪和意识形态冲突世纪的结束,已经成为新时代的开始,在这一时代,人们主要是从文化和宗教信仰的角度界定自己。美国现在的实际敌人和潜在敌人是宗教驱动的伊斯兰好斗分子和完全非意识形态的中国民族主义。"②显然,美国的政治家将伊斯兰原教旨主义思想武装的恐怖分子和正在崛起的中国当成了他们的主要敌人。而且亨廷顿认为,意识形态已不足以成为美国人战胜这两大"敌人"的武器,他们也需要在其民族的历史中找到血脉中最深刻的印记——基督教。他得出结论:"美国人转向宗教",并列举了一系列证据。例如,1995 年克林顿政府规定学校负责人不得阻止学生在校内做祷告或讨论宗教问题。2002 年,美国最高法院裁决学生家长可以用政府发的证券支持其子女在宗教学校就读。这与 20 世纪初期政府和公众强烈反对政府补助宗教学校的态度完全不同了,因为"人们相信宗教有助于阻止道德衰落"。共和党和民主党的候选人都需要到教徒中去拉选票。"其他各位候选人的言论也值得注意,因为他们不是像以前的政治领导人那样泛泛提到美元货币上

① 刘义:《全球化背景下的宗教与政治》,上海大学出版社 2011 年版,第 76 页。
② [美] 塞缪尔·亨廷顿:《我们是谁?——美国国家特性面临的挑战》,程克雄译,新华出版社 2006 年版,第 282 页。

印的那位抽象的上帝，而是明确指出了基督教的上帝和耶稣基督。"① 也就是说，在国际形势的刺激下，他主张美国放弃已经坚持多年的"公民宗教"，而是转向了基督新教。所以，美国人自己用"WASP"来表示主流社会中的中间分子，即"白种盎格鲁-撒克逊人中的新教徒"②。难怪亨廷顿认为，那些生活在美国的欧洲裔、非洲裔、拉美裔、亚裔移民及其后代，"只有当他们移居美国，参加美国社会的生活，学习美国语言、历史和习俗，吸收美国的盎格鲁——新教文化，主要认同于美国而不再是认同于原籍之国，他们才会成为美国人"③。只有那些最早的移民带到美洲大地上的基督新教文化，才是美国文化的象征，只有盎格鲁——新教文化才是美利坚民族凝聚的精神实质所在。可以说，亨廷顿是美国一位有远见的政治学者，也是基督教原教旨主义的代表。

"9·11"事件之后，以美国为首的西方联盟发动了反对恐怖主义的"十字军战争"。不过在西方控制当代话语权的时代，他们不是以宗教战争的形式，而是以自由、民主、人权的形式发起了进攻。联合国《世界人权宣言》的第18条规定："人人有思想、良心与宗教自由之权；此项权利包括其改变宗教或信仰之自由，以其单独或集体、公开或私自以教义、躬行、礼拜及戒律表示其宗教或信仰之自由。"对于这一条貌似公平的条款，沙特阿拉伯表示反对，因为他们认为在伊斯兰教处于政治劣势的情况下，改变宗教信仰的"自由"无疑是给了西方人到中东国家传教和鼓励穆斯林转教的自由。"美国在向世界输出民主的同时，也通过其教牧大亨、慈善事业、基督教传媒以及传教士这四个'宗教出口业'的'要害部门'将美国宗教作为美国价值观念

① [美]塞缪尔·亨廷顿：《我们是谁？——美国国家特性面临的挑战》，程克雄译，新华出版社2006年版，第294页。

② 吴嘉蓉：《浅论美国的宗教与民族主义意识形态的政治作用》，《四川行政学院学报》2006年第5期。

③ [美]塞缪尔·亨廷顿：《我们是谁？——美国国家特性面临的挑战》，程克雄译，新华出版社2006年版，第281页。

和模式输送到世界各地。"① 从 20 世纪 60 年代以来，美国的牧师和传教士活跃在世界各地，非洲国家苏丹就在那些热心传教士的影响下，被分裂成了一个信仰伊斯兰教的苏丹，一个信仰基督教的南苏丹。正如徐以骅所指出："'外交政策的福音化'的基本观念之一，就是显然脱胎于'民主和平论'的'宗教自由和平论'，即'尊重宗教自由的国家极少对邻国构成安全威胁'。'宗教自由'则被视为对宗教极端主义的解药和宗教反恐的利器。"② 当宗教输出、文化输出这服"慢药"效果不明显时，美国不得已改成了直接用武力输出"大中东民主计划"的"快药"。2001 年武装进攻阿富汗，2003 年进攻伊拉克，2010 年的"阿拉伯之春"颠覆突尼斯、埃及、利比亚、叙利亚等国政权等。

宗教势力的复苏在欧洲也有反映，但反映的形式则是以强调政教分离的形式强迫穆斯林移民的同化。法国在欧洲是以坚持政教分离为特征的国家，21 世纪以来，这个原则主要用到了那些穆斯林移民的身上。欧洲人权法院于 2004 年 6 月认可了法国议会同年 3 月通过的一项法律，该法禁止在公立学校戴穆斯林头巾和其他宗教标志，并认为出台这项措施的原因有好几个。对于穆斯林妇女戴头巾的问题，可以理解为宗教标志，也可以理解为民族风俗。强迫穆斯林女孩进入公立学校必须摘下头巾的理由是宗教与教育的分离，但是这样做的结果是否可以导致穆斯林移民真正融入法国社会？这个问题似乎是值得怀疑的。相似的事件也出现在"脱亚入欧"的土耳其，"土耳其议会在 2008 年 2 月上旬，通过了一揽子的宪法改革，废除了在公共大学戴头巾的禁令。2008 年 6 月，宪法法院推翻了此项改革并坚持了这项禁令，欧洲法院也仍然坚持在法国的一项类似禁令"③。土耳其很希望得到欧盟的承

---

① 徐以骅:《后冷战时期的宗教与美国政治和外交》，上海人民出版社 2014 年版，第 24 页。

② 徐以骅:《后冷战时期的宗教与美国政治和外交》，上海人民出版社 2014 年版，第 113 页。

③ [美] 小 W. 科尔·德拉姆、布雷特·G. 沙夫斯:《法治与宗教——国内、国际和比较法的视角》，隋嘉滨等译，中国民主法制出版社 2012 年版，第 108 页。

认，成为发达的欧洲国家，但是其悠久的伊斯兰教文化传统，又使得其很多社会问题难以离开自己的传统，因此就使得土耳其成为一个左盼右顾、两边不讨好的国家。近年来，土耳其政治日益向传统复归，似乎也在证明这种强迫的宗教同化，只能是事与愿违。正如美英学者所指出："我们不能简单地假定越严格地区分教会和国家，宗教的自由程度就越高。在某些情况下，比如体制的位置沿着政教关系连续体而变化时，过分地分离会导致出现对宗教的敌意。如果不惜一切代价，机械地坚持分离，可能把一个体制推向无意的迟钝、最终导致有意的迫害。"①

　　2010年，很多欧洲国家追随美国参加支持"阿拉伯之春"的活动，甚至直接出兵干涉，颠覆了穆巴拉克、卡扎菲政权，造成了叙利亚已经连绵多年的战争。战争的结果并未像其设计者鼓吹的那样，通过推翻一些他们认为"万恶的专制政权"而遏制了恐怖势力，反而在叙利亚、伊拉克之间造成了一个由恐怖分子掌权的"伊斯兰国"。经过多年的联合作战，西方联军终于打垮了"IS"政权（如果不是俄罗斯的参加根本不可能），但是这种游击队性质的恐怖分子又化整为零渗入世界各国，使得欧美国家面临日益严重的恐袭危机。对于欧洲还有一个更为头痛的问题，在中东的战争中造成了几百万无家可归的难民。难民无法漂洋过海到美国去，便大量借助地中海的方便涌入了欧洲各国。大批难民的进入不仅加大了欧盟各国的社会矛盾，而且也导致欧盟各国民族主义情绪强烈的"右翼"纷纷走上政治舞台。英国的"脱欧"为欧盟的存在留下了巨大阴影，"驱逐难民"甚至成为欧洲时髦的政治口号，右翼政治家几乎要在荷兰、法国、奥地利成功执掌政权。用极端主义对付极端主义，用武力对付武力，这种冤冤相报的二元对抗模式也充分说明西方当代社会的政教关系模式并非尽善尽美，矛盾和麻烦在等着他们。

　　上文我们已经分析，尽管美国实行严格的政教分离制度，但是在政治文化方面，基督教的福音派始终是美国政治、外交的底色。这种基本倾向不会

---

① ［美］小W.科尔·德拉姆、布雷特·G.沙夫斯：《法治与宗教——国内、国际和比较法的视角》，隋嘉滨等译，中国民主法制出版社2012年版，第118页。

因基督教自由派的总统执政，或是基督教保守派的总统执政而有所改变。因为《圣经》本身已经规定了每一个基督徒都负有将上帝福音传播到全世界去的使命。《新约·马太福音》最后几节的内容被称为"大使命"。它记载的是基督复活后，向他的门徒们说："所以你们要去，使万民作我的门徒，奉父子圣灵的名，给他们施洗。凡我所吩咐你们的，都教训他们遵守……"(《马太福音》28：19、20) 这种基督徒的使命与西方资本输出逐利的需求、帝国争夺霸权的欲望结合在一起，变成了西方国家对外侵略的"道德"动机。上文已经提到的美国《1998 年国际宗教自由法案》，就成为西方攻击中国和其他一些非西方国家的工具。哈佛的宗教学者威廉·R.哈钦森曾委婉地将美国海外宣教事业称为"帝国主义的道德对应物"；在许多国家看来，当前宗教右翼的政治行动，其在美国对外政策领域所发动的道德十字军运动是道道地地的"道德帝国主义"。① 在这场"道德"讨伐中，"人权"和"宗教自由"成为西方国家谴责中国与伊斯兰国家的常规武器。

亨廷顿直言不讳地说出了美国这种"道德帝国主义"的真实意图："美国和中国之间的冲突较之美日冲突的范围更广泛，包括经济、人权、西藏、台湾、南中国海和武器扩散问题。美国和中国几乎在所有重大政策问题上都没有共同的目标，两国的分歧是全面的。……两百年来，美国一直试图阻止在欧洲出现一个占绝对主导地位的大国。在中国开始实行'门户开放'政策的近一百年的时间里，美国在东亚也试图这样做。为了达到以上目的，美国同德意志帝国、纳粹德国、日本帝国、苏联和共产党中国打了两次世界大战和一场冷战。美国的这一利益仍然存在，并得到里根和布什总统的重申。中国作为东亚占主导地位的地区大国的状况如果继续进行下去，将对美国的核心利益构成威胁。美国与中国的冲突的潜在原因，是两国在东亚未来的均势问题上的根本分歧。"② 美国人就是这样需要不断地在世界上寻找敌人，进行

---

① 参见徐以骅：《后冷战时期的宗教与美国政治和外交》，上海人民出版社 2014 年版，第 49—50 页。

② [美] 塞缪尔·亨廷顿：《文明的冲突与世界秩序的重建》，周琪等译，新华出版社 1998 年版，第 254 页。

战争，以便保证他们文明的活力。表面看来，美国与中国的矛盾在于人权、民主、经济制度，但是实质上，美国从其特殊的民族利益出发，就是不允许在世界其他地方出现另一个强国。为此 20 世纪以来，美国不惜牺牲许多美国青年的生命与德国、日本、苏联甚至中国进行战争。反思其中的历史教训，资本主义的逐利性质固然是第一位的原因，但是基督教排他的扩张性不也应当是值得注意的问题吗？

第二节　当代中国的政教关系

当代中国一般指 1949 年新中国成立后的时期，到今天已有 70 多年的时间。中国当代社会的计算方法与西方将第二次世界大战之后视为当代差不多，不过中国的近代、现代则与西方差了二三百年。因此在上一章我们比较中西近代政教关系的时候，实际上是用中国进入近代社会之前的明清时代进行的。而中国近代真正开启，则是 1840 年鸦片战争，现代社会则是 1919 年五四运动。为了完整说明中国当代政教关系的性质，我们需要先在本节适当补述中国近现代的政教关系，然后再进入当代政教关系的叙述。

一、中国近现代政教关系

中国清代晚期是中国君主专制统治最强化的时期，政治上高度集权，思想上严密禁锢，致使社会上出现了"万马齐喑究可哀"的局面。世界的另一边，经过了宗教改革和启蒙运动的西方，进行了资本主义市场经济和机器大工业生产的革命，迅速喷涌而出的商品需要开拓市场。当时号称"日不落帝国"的英国在占领印度之后，开始将侵略的魔爪伸向中国，用鸦片和大炮打开了中国的大门，其他西方帝国主义随之蜂拥而入，强迫腐朽的清政府签订了一系列丧权辱国的不平等条约。此后几十年，帝国主义的侵略和封建主义的压迫使中国面临着亘古以来从未有的民族生存危机。在这一种"救亡图存"

的历史课题面前，中国社会的政教关系展现了一幅与帝制社会历史完全不同的历史画卷。

（一）佛道教的进一步衰落

自汉魏"慧风东煽"以来，佛教迅速赢得了中国士民的青睐，成为社会主要宗教信仰之一。历代帝王、思想家，都对佛教理论及其作用给予了高度的重视。然而明清以后，在政府一系列严管政策的束缚下，佛教与思想界日渐疏离，僧团的信仰与修习仪轨高度世俗化，日趋向道教和民间宗教靠拢。如原属道教信仰体系的关帝庙搬进了佛教殿堂，"武圣"也成为佛门弟子崇拜的对象。修来世、求解脱、往生西方净土的宗教观念也日趋与追求现世利益、祛疾消灾、增福添寿的功利要求结合起来。比如，清后期流行的各种忏法、瑜伽焰口（施饿鬼）、梁皇忏、慈悲忏、金刚忏、大悲忏，以及打佛七、修水陆道场等，均以超度亡灵、追悔罪恶、保佑子孙为目的，明显染上了世俗迷信的色彩，与各种道教斋醮科仪、民间宗教的巫术活动的界限也日渐模糊。僧侣在寺宇或士民家中做"佛事"，收取钱财成了重要的"宗教活动"，精通经典的高僧大德乃凤毛麟角，僧团的衰落成为一种有目共睹的事实。

造成佛教衰落的原因首先在于社会方面。1840年，西方列强的大炮和鸦片烟轰开了中国的大门，严重的民族危机迫使有识之士把寻求救国方案的目光转向了西方。西方近代自然科学和社会科学对中国青年知识分子产生了极大的吸引力。相反，佛教和其他传统文化一样，因其不能直接解决迫切的社会问题而被人们疏忘。西方各种无神论、唯物主义学说的传布，使国人本来就不虔诚的宗教心理更添几分轻慢、排斥。以至简单地将宗教视为迷信，当作现代化的障碍加以抨击。当然，在空前尖锐的民族矛盾和阶级矛盾面前也有一些"逃禅"者，但这些人不是失意的政客，便是落伍的理论家，他们到青灯古佛前寻求晚年的精神慰藉，已很难对佛教文化有所发展了。

其次，清后期大量涌入的基督教具有强烈的"一神论"倾向，主张对各种中国的传统宗教悉加扫荡，使中国"基督化"。特别是当基督教信仰与太平天国农民起义相结合时，思想的排斥演化成暴力的冲击。洪秀全在《原道觉世训》中指出："据怪人妄说阎罗妖注生死，且问中国经史论及此乎？怪人佛、老之徒出之。"他认为是由于佛教的输入才使中国人丢掉了上帝信仰，误入歧途。所以他又说："皇上帝之外无神也，世间所立一切木石、泥团、纸画各偶像皆后起也，人为也。被魔鬼迷蒙心灵，颠颠倒倒，自惹蛇魔阎罗妖缠捉者也。"因而太平军横扫江南 15 省，大军过处，焚烧经籍，捣毁寺院，驱赶僧尼，对江南佛教事业造成了极大的破坏。如曾国藩的《讨粤匪檄》所说："焚郴州之学宫，毁宣圣之木主。……以至佛寺、道院、城隍、社坛，无庙不焚，无象不灭。"太平天国对于佛教寺院、道教宫观的破坏，可以说是一次外来思想入侵造成的"教难"，后虽经众多高僧、居士努力活动，但佛教势力已难以恢复。

再次，光绪二十四年（1898 年）兴起的"庙产兴学"运动，对佛教的物质基础再一次造成了重大伤害。湖广总督张之洞提倡发展新式教育，但一无资金，二无房产，便主张开展了一场"庙产兴学"运动，试图没收全国寺产 70% 以充教资。他在《劝学篇下·设学第二》中提出问题："天下之学堂以万数，国家安得如此之财力以给之？"所以，他便想到遍布在全国各地城乡间的寺庙，认为"可以佛道寺观改为之"，"今天下寺观，何止数万？都会百余区，大县数十，小县十余，皆有田产，其物业皆由布施而来，若改作学堂，则屋宇田产悉具，此亦权宜而简易之策也"。中国自古以来实行君主专制制度，政治权力高度集中。传统文化倡导"普天之下，莫非王土"，没有严格的产权保护，更不会有公民信仰自由的意识。再加之士大夫阶层受宋明理学排佛思潮的影响，又迫于解决富国强兵、教育国民的棘手问题，自然将遍布天下的寺院、道观当成了可利用的对象。张之洞的建议受到康有为、谭嗣同的大力支持。光绪皇帝根据康有为提出的"改诸庙为学堂，以公产为工费"的建议，在"百日维新"中诏示全国："民间祠庙，其有不在祀典者，即著由地方官晓谕民间，一律改为学堂，以节靡费而隆教育。"[①] 为了使"庙产兴学"运动合法化，各地的军阀、士绅从所有权上寻找理论依据。如湖南

---

① [清] 朱寿朋编：《光绪朝东华录》（四），中华书局 1958 年版，第 4126 页。

都督谭延闿认为："僧侣不勤四体，能自置产业者百中不过二三，各处庵寺或由地方人民倡合建筑……其主权所在，非属华宗巨族，即属地方民众。"①既然佛教寺院的田产、地产原本来自国家的赐予和民众的捐献，所以他们认为都应当属于"公产"，"以公产办公益，化无用为有用"是正义行为。这一运动一直延续到民国年间，使佛教的物质基础又一次受到严重损害。中国近现代发生的"庙产兴学"运动不论其社会效果如何，都应当属于一种利用政治权力侵夺教产的政治事件，充分说明了中国传统宗教的弱势地位。这也是中国在现代化进程中一种具有重大负作用的尝试，直至今日学界也没有进行过充分的反思。

最后，清后期佛教衰落的内部原因则在于佛教理论的过分世俗化。魏晋南北朝时期，大批经典的引入使佛教理论像一颗璀璨的明珠，吸引着中国士大夫阶层，译经、注经、研究佛经成为学术思潮的热点，佛教人才辈出。人才的归向决定了理论的盛衰。隋唐时代佛教达到了鼎盛状态，产生出众多的中国佛学宗派。五代及宋，虽然探讨印度佛教原理的宗派相对式微，但彻底中国化的禅宗、净土宗却如日中天，禅门的宗教理论、接引方式、丛林制度实际上是在宋代达到了它的成熟形态。宋元以后，由于禅宗的修习方式有向极端发展的偏差，为了力挽颓风，禅林高僧大德又主张教内禅教合一，教外儒释道合一。这种合一之风在明末曾使佛教一度"中兴"，但也进一步丧失了主体性。禅宗的产生本来就是印度佛教原理与中国传统文化结合的产物，说明完全照搬印度佛教行不通，所以明末重提"禅教合一"并未引起真正的"原教旨主义"运动。即使重新从经典中寻出一些理论，也很难超出隋唐佛教理论。而此时佛教在其发源地印度已经枯竭，无法再为中国佛教注入新的活力。明末的"儒释合一"潮流，则更使佛教从价值观念到思维方式都丧失特色，对士大夫阶层逐渐失去其特殊的吸引力。时至清末，尽管僧尼人数随人口总数的增加而膨胀（据太虚《整理僧伽制度论》估计约为80万），但僧

---

① 《湖南都督咨内务部中华佛教总会在湘设立支部批据民政教育两司研究该会章程拟请明定界限等情应烦查照核覆文》，《政府公报》第一百十五号，1912 年 8 月 23 日。

侣的文化素质却在不断降低，出家者多为衣食无着的贫苦农民。因而，清后期一批名山大刹虽还占有大量田地（如镇江金山寺占良田 1 万余亩，寺周边方圆数十里农民多为金山寺佃户，号称"金山庄"），拥有相当的经济实力，但佛教理论停滞，宗派流于形式，僧团队伍已很难承担复兴佛教的重任。

晚清道教的情况与佛教相似，继清前期进一步衰落，社会地位下降，理论上缺乏创新，教团的影响力减弱。龙门道士多兼行斋醮祈禳，用香火钱来谋生，与正一道士的差别越来越小。正一道天师无大作为，不过依仗天师声威谋取富贵而已。在与朝廷的关系上，清廷不甚重视南方之正一天师，而与北方之全真有较密切的来往。太平天国焚毁寺观和"庙产兴学"运动对于道教同样有重要的影响，不过由于道教整体规模较小，因而并不引人瞩目。

面对强大的君主集权势力，根深蒂固的儒家世俗主义思潮，汹涌冲击的基督教浪潮，势单力孤的佛教僧团进行了顽强的抗争。当时德高望重的禅宗敬安大师，不顾个人安危挺身而出反对清末以来社会上兴起的"庙产兴学"之风。政府利用政治权力强夺庙产兴办学校虽是振兴国民教育、抵御列强侵略的良好初衷，但在中国没有丝毫人权意识的社会环境中，开了任意破坏民众宗教信仰自由的先河。更有一些豪强恶霸、无赖之徒也乘机侵夺寺产，毁坏佛像，中饱私囊。敬安与一些立志护教、复教的名僧、居士，于 1912 年在上海筹组中华佛教总会，敬安德高望重，被推为会长。中华佛教总会便坚持自己是寺产的所有者，它的章程明确规定："本会有整顿佛教进行一切事宜，及保全佛教公团财产上处分之权"、"凡会中各寺庵所有财产，无论檀越施助寺僧苦积，外界如有藉端攘夺，本会得据法律实力保护，以固教权"。①同年 10 月，敬安北上京师，劝谏政府禁止"庙产兴学"运动。但是，北洋军阀政府内务部礼俗司司长杜关不但不听劝谏，反而侮辱敬安（据说二人话不投机，杜关怒批敬安面颊）。敬安愤而退归法源寺，当即卧床不起，于 12 月 2 日病逝。敬安之死引起朝野各界的重视，后经内阁总理熊希龄等人调停，袁世凯下令内务部核准中华佛教总会章程，并于 1913 年颁布《寺产管

---

①　参见《中华佛教总会章程》，《佛学丛报》第一期，有正书局 1912 年版。

理暂行规则》，按旧制保持寺产，使"庙产兴学"之风稍减。

同时这些名僧、居士也深深感到佛教之所以处于被人鱼肉的地位，关键还在于自身没有进行现代化改造，必须使自己的组织形态和思想建设跟上时代的步伐，于是在民国年间开始出现了现代宗教组织形态和佛学思想。在漫长的封建社会中，中国佛教僧团逐渐形成了以寺院经济为基础，以宗谱法系为网络的丛林制度。在这种旧式宗教制度之下，佛门宗派林立，时常出现相互攻讦、争夺财产、彼此倾轧的现象，严重阻碍了佛教的进一步发展，也成为士民攻击佛教的重要口实。至清朝末年，佛教各宗派都已衰微，故民国诞生之初，即有一批著名的僧侣、居士试图建立现代方式的宗教组织。1912年初，欧阳渐、李证纲、邱晞等居士发起组织了中国近代史上第一个现代佛教组织"中国佛教会"，并拜谒临时大总统孙中山，得到政府的认可。近代佛界高僧太虚与仁山等人在南京毗庐寺组织了"中华佛教协进会"与之抗衡。他们也面谒孙中山，得其赞许。该会以教理、教制、教产三大革命为号召。在教理上主张清除两千年来人们附会在佛教上的鬼神迷信内容，反对探讨死后世界，提倡人间佛教，解决现实问题。在教制上反对政教合一，反对佛教依附政权，主张建立独立的佛教协会管理全国教务。在教产上反对宗派将庙产视为私有，主张寺产属全体僧尼共有，应集中起来办教育和慈善事业。太虚的宗教改革思想遭到守旧僧尼的反对，佛教协进会很快就解散了。另有扬州谢无量办"佛教大同会"，该会提倡佛道合一，建立中国统一的宗教组织。上述三会虽然有很大分歧，但要求佛教改革的倾向却是一致的。有鉴于此，江浙诸山的长老请敬安和尚出面，组织统一的横向联合的"中国佛教总会"，并商请欧阳渐、谢无量取消他们的组织。中国佛教总会于1912年4月在上海留云寺成立，提出了"保护寺产，振兴佛教"的口号，并得到南京临时政府的同意，下设20个省支部和400余个县支部。一个现代宗教组织初具雏形，佛教僧徒试图利用民国社会法律的力量，保护宗教组织的合法权利。毕竟中华民国从临时约法到宪法都规定："中华民国人民一律平等，无种族、阶级、宗教之区别。"这表明中国已经进入了世界文明国度尊重公民宗教自由、保护私有财产的时代。

20 世纪 30 年代是佛教发展相对顺利的时期，全国大小寺院得到一定程度的恢复，出家人数上升，并有相当数量的居士组织出现。但这一时期仍有"庙产兴学"余波回荡，其他类型的侵夺寺产活动也时有发生。如 1928 年，浙江大学一批教授，提出了"打倒僧阀，解散僧众，划拨庙产，振兴教育"的口号，内务部颇有赞许之意。但是无论北洋军阀主导的北京民国政府，还是国民党主导的南京民国政府，法律往往流于形式，众多佛教组织、寺院、僧团依然处于"人为刀俎，我为鱼肉"的凄惨境界，政治影响极为边缘化。为了阻止这场"庙产兴学"之风，佛教高僧太虚、圆瑛，著名居士欧阳竟无、王一亭、李济深、陈铭枢等纷纷通过各种渠道上书蒋介石和立法院，呼吁制止这股侵蚀佛教资产的社会浪潮。慑于社会各方的压力，在 1931 年国民大会召开期间，太虚提出保护庙产的提案获得通过，蒋介石签署于 8 月公布施行，其中"凡寺产任何机关团体不得侵占，如有侵占，即以法律制裁"的规定，对保护寺产多少有些作用。不过从清末至民国，全国佛教寺院还是被大量侵占，总数缺乏统计，估计至少过半。大量的寺院资产也被充作教育基金，对于新式学校的建立不无补益，可是对于佛教的伤害则是无以弥补的。

道教与佛教一样，也在努力进行现代化的尝试，他们借重北方全真道力量谋图复兴，于 1912 年成立了民国以来第一个全国性的道教组织——中华民国道教会，总部设在北京白云观，各重要地区设分部。正一道第 62 代天师张元旭至上海成立"中华民国道教总会江西本部驻上海总机关部"，稍有活动。袁氏称帝失败后，军阀吴佩孚、孙传芳都曾会见张元旭，使正一道在政治上日趋活跃。1919 年成立"万国道德会"，张元旭被推为名誉会长。1920 年，张又被推为"五教会道教会"会长。不过这些道教现代组织的影响力不能过高估计，因为各个传统道教宫观、教派并不受其管辖，社会上的军阀、地方势力也没有现代法律意识，民国道教依然处于江河日下的地位。如牟钟鉴教授所言：总的说来，道教在民国时期是时运多蹇，满目凄凉，呈末世光景。日本道教学者窪德忠于 1942 年来中国北方看到的景象是："庄严肃穆的道观很少"，太原纯阳宫"没有道士，却有许多妇女、儿童在专心纺棉，显然已被当作手工业作坊"；济南迎祥宫"也同样是纺棉的场所"，内殿一兼作医生的道士"毫无道教知识"；太原元通观是著名道观，"已作为咖啡业同业公会的办事处了"；济南的长春观"一部分房屋被警察占用，在本堂的玉皇大帝前面，居民在烧饭"；北京朝阳门外东岳庙，1920年的宗教气氛很浓，有十多名道士，而今"一部分地方辟为小学，一部分地方被警察使用，道士减到九名"，作为道观的作用"微乎其微"；泰安岱宗坊附近玉皇观"昔日的风采几乎荡然无存，连一个参拜者都没有"。他只发现北京白云观和沈阳太清宫，尚"保持着名副其实的道观式面貌和风格"。当时太清宫是东北道教的总本山，设立了中华全国关东道教总分会；白云观是全国道教总会本部。白云观内有道士78名，识字者仅十多名，每天的工作就是打扫清洁和劳动，关于早晚读经的规定均未实行，极少数道士成天晃荡，晒太阳打发日子，道士们生活清苦，饭食差，穿补丁道袍。①

　　尽管中国的佛教和道教在近现代处于受打压、被侵夺的悲惨社会地位，但是在国家与社会的大是大非面前，佛教和道教的领袖与广大教徒与中国人民紧密站在一起，共同奋斗在反帝反封建的革命事业中。在清末的"庙产兴学"浪潮中，很多佛教徒深感自身的软弱无力。当时看到许多外国教会在中国的治外特权，使他们也想援引具有同样宗教信仰的日本佛教僧人的援手。"江浙佛教界在情急之中，便冒用高僧敬安的名义，联合浙东35座佛寺允准日僧入寺保护。敬安闻后，极力反对，认为此实为辱国辱教之举，并立即上函朝廷表明态度，力请保护寺产。"②特别是在那场关乎中华民族生死存亡的抗日战争中，广大佛教徒积极参加抗日救亡运动。"九一八"事变后，广大爱国宗教徒同全国人民一道，积极投身于抗日救亡运动之中。佛教界的著名高僧、居士，纷纷发表声明、通电，揭露日本帝国主义的真面目，号召全国僧尼奋起抵抗。如欧阳渐大声疾呼："国将亡，族将灭，种将绝，痛之不胜，不得不大声疾呼，奔走呼号。"太虚于"七七"事变以后通电全国，呼吁全

① 参见牟钟鉴、张践：《中国宗教通史》下卷，中国社会科学出版社2000年版，第809页。

② 耿敬：《"庙产兴学"运动及佛教界的回应》，《五台山研究》2003年第2期。

国教徒"奋勇护国"，"练习后防工作"。连平日宣传绝不与闻国事的弘一法师也广泛宣传："念佛不忘救国，救国不忘念佛。"太虚利用自己的国际声望，出使印度、缅甸、锡兰、新加坡等国，揭露日军暴行，争取世界人民的支持。圆瑛以中国佛教会会长的身份通电日本僧人，呼吁日本教徒："共奋无畏之精神，唤醒全国民众"，"制止在华军阀之暴行"。抗战全面爆发后，圆瑛组织了佛教会全国救护团，自任团长，训练青年僧侣，开展战场救护。上海抗战中僧侣救护队出动 100 余次，救护伤员 8273 人。他们还办了"佛教医院"，由女尼担任看护。在"淞沪战役"期间，上海著名居士王一亭、中华佛教会主任秘书赵朴初等人，组织多个难民收容所，救济难民 50 余万。1940 年，日本飞机轰炸重庆，僧侣奋勇救护，当时报刊号召"向和尚看齐"……总之，佛教徒在抗日战争中尽了自己的民族责任。①

抗日战争时期，北方许多地区民众借重道教"抗日救国，保财保家"。1938 年春，山东出现"堂天道"、"呈风道"，皆道教支派，其中博山县"堂天道"有教徒数千人，平时务农，战时打击日寇、汉奸，成为一支抗日武装力量。在南方，句容茅山的道士便支持和帮助过抗日的新四军，南岳衡山道士参加"南岳佛道救难会"，为抗日救国作出积极贡献。

（二）民间宗教的政治作用及其分化

清后期民间宗教继续成为民众反清起义的旗帜，但有新的特点：一是与清末席卷全国的大规模革命运动，如太平天国、捻军、辛亥革命运动相配合，不再是地区性的孤立运动；二是从反清发展到反洋，具有了反对外国侵略的新内容；三是发展到清末，与资产阶级反对帝制社会的民主革命运动相衔接，产生了全新的时代意义。

八卦教在经过嘉庆、道光两朝血腥镇压之后，从形式上说不再像前期那样轰轰烈烈，似乎消失在社会舞台上；但它并没有被消灭，仍以顽强的生命

---

① 参见牟钟鉴、张践：《中国宗教通史》下卷，中国社会科学出版社 2000 年版，第 1037—1038 页。

力，改头换面，作为以其他名义的农民革命运动的成分，发挥着积极作用。19世纪50年代起，南方发生太平天国运动，北方爆发捻军起义，给予清廷以沉重打击。捻军之所以能在直、鲁、豫三省纵横驰骋，重要原因是有八卦教的呼应和支持。捻军的鲁西北军队，即"邱莘教军"的军事组织以五旗为建制，五旗是：白旗、黄旗、绿旗、红旗、黑旗。显然是受传统五行观念的影响。而其基本队伍是八卦教徒，故五旗又与八卦相配，乾、兑两卦配白旗，坤、艮两卦配黄旗，震、巽两卦配绿旗，离卦配红旗，坎卦配黑旗。捻军还接受天王洪秀全封号，实际上是"听封不听调"。但与陈玉成密切合作，南北夹击，对清王朝的统治形成了很大的威胁。捻军起义战争，历时18年，极盛时期总兵力达二十万众，波及皖、鲁、豫、苏、陕等10个省区，歼灭清军及地方团练十万余人，给清朝统治以沉重打击。

义和团起因于反对洋教，但是其组织形态却与明清以来的发达的民间宗教紧密相关。义和团起源于白莲教，初称义和拳，旧名义和会，乃山东农村习棒练拳的民间组织。起于青县故城，渐蔓延于东昌府一带，又发展到直隶省，南与大刀会合为一体。明清的民间宗教，除宗教祭祀活动外，都有练功健身的传统，文练气功，武练打斗；义和拳的练拳实际上也是民间宗教组织进行的活动，不过是忌讳教名，有意突出拳术以防官府查禁而已。从现有资料看，义和拳直接源于八卦教。故以八卦分拳门。罗惇曧《拳变余闻》说："河间府景州献县，乾字拳先发，坎字继之。坎字拳蔓延于沧州静海间，白沟河之张德成为之魁，设坛于静海属之独流镇，称天下第一坛，遂为天津之祸。乾字拳由景州蔓延于深州冀州而涞水，而定兴固安，以入京师。"义和拳是八卦教的余绪，故按卦门活动，组织分散，又能同声相和、同气相应。但义和拳已经不是严格意义上的八卦教，它不再讲三阳劫变、真空家乡、无生父母，它的信仰庞杂多端，而多来于神话传说和明清小说，形成新的特点；它的宗教活动紧密配合拳术，以神咒成其金钟罩之神功。

天地会是带有民间宗教色彩的民间秘密结社，它是由民间宗教组织向近代政党演变的过渡形态。天地会最早出现于福建和广东地区，会员大多是穷苦的劳动者，如运输工人、小商贩、手工业工人、无业游民、破产农民等，穷苦而无稳定的职业，天地会最初就是他们用以自保互助的组织。从乾隆五十一年（1786 年）台湾天地会林爽文起义开始，天地会明确提出"反清复明"的口号，逐渐发展成为具有宗教色彩的政治性结社。嘉庆以后传至江西、广西、两湖、浙江、贵州等省，又传至南洋华侨地区，成为清后期江南最大的反清秘密组织，其主要活动在 1840 年以后。天地会名目繁多，其中最流行的称呼是"洪门"和"三合会"。陶成章《教会源流考》说："何谓洪门？因明太祖年号洪武，故取以为名"。萧一山《清代通史》则从拆字上讲，"洪"字乃"汉"（漢）字去"中土"，表示不忘复兴汉族政权，与反清复明的宗旨相一致。天地会于道光年间反抗活动增多。如道光十六年（1836 年）湖南新宁蓝正樽起兵，习教传徒，聚众数千，攻武冈州城。此后十余年，湖南天地会屡起义兵。粤省天地会拥有数十万众，在太平天国起义的直接影响下，开展反清斗争，义军贯东北西三江，分布数十州县，攻城十余座，坚持十余年。哥老会亦天地会之分支，会首称大爷、二爷、五爷，互称"袍哥"，以兄弟义气为箴言，以反清复明为宗旨，会员旧军人居多，按仁义礼智信分为五门，各有门主统帅。随着时代的发展，清末民间宗教也逐渐将"反清复明"变成了支持革命党推翻封建统治。孙中山领导的辛亥革命，初甚借帮会力量，尤倚重于天地会和哥老会。孙中山、郑士良皆洪门中人。国民党发源于兴中会，而天地会与哥老会乃兴中会之骨干力量。黄兴、马福益之华兴会，陶成章、沈英、张恭之龙华会，皆以哥老会为基础，海外华侨的资助，新军起义之发动，皆赖会党之力量。

辛亥革命以后，对民间宗教进行摧残镇压的君主专制政体不复存在，加以军阀混战，日寇入侵，国家事实上没有一个统一的政权，民间宗教存在和发展的上层压力减缓了。各种社会势力和外国侵略者不再镇压民间宗教，转而设法加以利用和控制，这更加改善了民间宗教发展的政治环境。社会的动荡、民生的凋敝，加深了民众的痛苦，民众依靠民间宗教自信自救的需要更加强烈，从而扩大了民间宗教的社会基础。因此，民间宗教进入民国以后有所膨胀和发展；秘密性有所减弱，公开性有所增强；旧教派的分化和新教派的出现加快了速度；在社会斗争激烈复杂的形势下，政治倾向上出现明显的分化，有的投靠社会反动势力，有的保持民间群众团体属性，有的成为社会进步力量。

例如，九宫道与北洋军阀关系密切，先后在各地建立机构，公开活动。1926年，外九天道首李书田在北京成立"京师普济佛教会"，以曹锟、吴佩孚为正、副会长，李书田为会师，并在河北、河南、山东等地建立分会。1928年，中会道首杨万春依靠军阀政客，在北京成立"五台山普济佛教会"，办医院、育幼院、粥厂等慈善机构，进行传道活动。1930年，南会道首王鸿起在北京成立"五台山向善普化佛教会"，自任会监，其子王春暄为会长，又在长春、沈阳、唐山、青岛等地设立分会及佛堂20余处。1936年，余九天道首李荣成立"正字慈善会"，自任会长，在北京、天津、河南、河北均设有分会。这些都是公开的活动机构，从而扩大了九宫道的社会影响。抗日时期，九宫道许多支派投身日寇，宣传"大东亚共荣圈"、"中日亲善"等卖国口号，鼓励道徒为日寇服务。1942年，外九天道首李书田在济南成立"未来和平宗教会"，又在天津建立分会，公开为日本特务机关服务。1944年，李书田又在北京成立"弥勒总会"，以日本特务正兼菊太为最高顾问。在日本帝国主义支持下，外九天支派获得很大发展，势力遍及河南、河北、山东、山西、江苏及东北。抗日胜利以后，九宫道又投靠国民党，与中国共产党领导的人民革命事业为敌。1946年，国民党军统拉拢九宫道余九天、中会等支派道首，成立"万善联合会"，公开进行活动。20世纪50年代九宫道初被取缔。

再如一贯道，民国十九年（1930年）由张光璧接手。1937年"七七"事变以后，张光璧投靠日寇，成为汪伪政府的"外交顾问"，吸收大汉奸褚民谊、周佛海、常玉清、王揖堂等加入一贯道，积极配合日寇的侵华政策，因而在沦陷区取得合法地位，大批发展道徒，积极扩充势力。抗战胜利以后，国民党政府曾下令取缔一贯道，但不久改为控制利用，授意改名"中华道德慈善会"，变换形式，继续公开活动。张光璧于1947年死于成都以后，一贯道分为两派：一派由张妻刘率贞及其子张英为首，以杭州为基地，活动于上海、南京、济南、青岛及东南沿海和东北，称为"明线"或"师兄派"、"正义派"；一派以张妻孙素贞为首，以成都为基地，活动于北京、天津、河南及西南、西北，华东亦有，称为"暗线"或"师母派"。1950 年 1 月 24 日，中共中央发出指示，开始在新解放区实行土改运动的准备工作，孙素贞传出"母训"，不许道徒入农会，对抗农村土地改革。朝鲜战争爆发后，一贯道散布"第三次世界大战快起来了，美蒋军要来北京，八路军要完了"等言论。1950 年 10 月 10 日，中华人民共和国政府宣布一贯道属于反动会道门组织，宣布予以取缔和打击。

不过，民间宗教组织有些也在近现代中国人民反帝反封建的革命大潮中，进入了时代的主流，例如红枪会。红枪会继承义和拳组织系统，又采用八卦编列组织，分八门传授。各门又分文武团部，设文武传师，文管传道文事，武管练兵打仗。辛亥革命中，河南兰考一带的红枪会，曾被革命党人改编成敢死队，充任起义先锋。民国初年，红枪会遍及华北，据向云龙《红枪会的起源及其善后》调查，河南、直隶、陕西、山东的红枪会员有 80 余万众之多，保家安良，使该会成为农村农民自卫组织。1926 年，中国共产党通过了《对于红枪会运动决议案》，派出大批干部引导和帮助红枪会，经过教育整顿，红枪会明确了"打倒帝国主义，打倒贪官污吏，打倒土豪劣绅"的政治目标，成为一支反帝反封建的革命力量，在北伐战争中发挥了积极作用，加速了奉军在河南的失败。抗日战争中，在中国共产党的帮助下，红枪会发展为拥有数百万众的武装抗日力量，他们在"抗日高于一切"、"保卫家乡"的口号下，奋勇杀敌，立下了不灭的功绩。

可见不能仅仅凭借宗教教义本身来评价一个民间宗教组织的好坏，主要应考察它的领导集团的社会倾向和在历史发展中的实际作用，是否对人民有利，是否推动社会历史的进步。

（三）基督教的快速发展及其引发的教案

鸦片战争是中国历史上的一个重要转折点，帝国主义的侵略打断了中国社会自身的历史进程，也改变了基督教在华传播的状况及其作用。传教问题经常成为中西冲突甚至战争的导火索，对中国近代社会产生了重要影响。从政教关系的角度看，从近代开始彻底转变了中国古代社会"政主教从"、"政主教辅"的基本格局。基督教作为受到西方列强支持的宗教，对中国政治产生了巨大的冲击作用，几次成为几乎颠覆朝廷的重要势力。所以我们说，中国近代政教关系的重心在于基督教。

鸦片战争爆发前，西洋传教士便开始为武装侵华制造舆论。美国新教牧师伯驾公开宣称："只有战争能开放中国给基督。"美国传教士裨治文和卫三畏创办《中国丛报》，不断为侵略战争煽风点火，出谋划策。他们刊登文章说："根据中华帝国目前的态度，如不使用武力，就没有一个政府可与之保持体面的交往。"（1835 年 1 月号）由于传教士长期在华活动，了解中国的语言、历史和文化，掌握中国官场的内幕，因而英国东印度公司经常雇用传教士参与鸦片贸易。例如当时著名的传教士马礼逊、郭实腊都曾经在东印度公司任翻译或顾问。战前，不少传教士还为本国政府刺探军情。如郭实腊曾于 1832 年以传教为借口详细考察了清军在上海吴淞口的炮台，并为政府写成报告。一名英国传教士将吴淞口至内地的航道图秘密送给英军，在鸦片战争中发挥了重要作用。至于以学术研究为名收集中国政治、经济情报更是司空见惯之事。

鸦片战争爆发后，许多传教士干脆直接受雇于侵略军，为本国政府利益服务。郭实腊成为年俸 800 镑的官方翻译，在战争期间为英国侵略军献计献策，要他们对中国政府采用强硬政策，逼使中国屈服。同时他亲自深入宁波、定海、镇海等地，刺探军情，收买汉奸，为英军的胜利立下了汗马功劳。马礼逊之子马儒略亦是年俸 1000 镑的官方翻译，以其对中国社会的了解，成为侵略军的得力帮凶。战争中英军沿长江攻打南京，切断中国漕运孔道的诡计就是马儒略提出的。1844 年，裨治文、伯驾、卫三畏参加美国订约使团，迫使中国政府签订了《望厦条约》。由于伯驾在战争中的特殊作用，战后被任命为美国驻华使馆中文秘书，并逐步高升，直至 1855 年担任美国驻华公使。英国人诺尔斯这样评价传教士的"贡献"："在扩大英国殖民地方面，有一个团体比其他任何人有更多的贡献，那就是传教士……所进行的工作。"①

帝国主义用大炮轰开了中国的大门，也为基督教传教事业扫平了道路。1842 年，英国侵略军强迫中国政府签订的第一个不平等条约——《南京条约》中便规定："耶稣、天主教原系为善之道，自后有传教者来到中国，一体保护。"1844 年，中美签订《望厦条约》，第 17 款写明：除了传教士能在五口传教外，"还可以建立教堂"。法国亦不甘落后，1844 年派使臣与中国签订了《黄浦条约》，其中第 23 款除规定法国传教士可在五口传教外，还写上："倘有中国人将佛兰西礼拜堂、坟地触犯毁坏，地方官照例严拘重罚。"在这些不平等条约的庇护下，基督教各派在口岸城市迅速传布。然而，外国传教士并不满足于仅在口岸城市传教，他们以各种形式向内地渗透。当时道光皇帝的上谕明文规定："外国人概不准赴内地传教"，故一段时间内各地官府仍不时抓获私自潜入的传教士，每每酿成教案风波。此类教案以 1856 年广西"马赖事件"最为严重。法国天主教神甫马赖不守规约，私自潜入中国内地传教，并且为非作歹，被西林县逮捕处死。法国借维护传教自由权为名，联合英国，悍然发动了第二次鸦片战争。中国战败后，与英、法、俄、美四国签订了屈辱的《天津条约》和《北京条约》。《天津条约》规定："天主教原以劝人行善为本，凡奉教之人，皆全获保佑身家，其会同礼拜诵经等事，概听其便。凡按第八款备有盖印执照安然入内地传教之人，地方官务必厚待保护。"自此，"教禁"大开，外国人可以在中国土地上自由传教，中国人可以自由入教。法国传教士还感不足，担任使团翻译的孟振生在《中法北京续约》中又加上一句，"并任佛（法）国传教士在各省租买田地，建造自便。"外国传教士又获得了购置田产的自由。第二次鸦片战争后，在帝国主义强迫中国接受的一系列不平等条约的保护下，基督教在全国各地迅速发展。

按照西方近代民族国家主权原则，任何一个拥有主权的政府，都有权保

---

① 袁绩藩译：《英国海外帝国经济史》，转引自张力、刘鉴唐：《中国教案史》，四川省社会科学院出版社 1987 年版，第 257 页。

护自己的政治、经济制度以及文化。西方基督教的大肆传播虽然尚不足以直接动摇中国的政治、经济制度，但却直接影响了中国的文化结构。文化是国家主权的重要组成部分，当一个国家的文化体系发生动摇的时候，国家政治必将发生动荡。中国自古以来形成了中华文化道统，表现为以儒家文化为主体，以佛教、道教文化为辅翼的"三教合一"结构，维持了民族文化的统一、民族心理的凝聚，并保证了政治的稳定。西方列强以"宗教自由"为借口，超越民族国家主权强行将自己的宗教信仰强加给他人，基督教所蕴含的西方文化价值必然与中国文化发生强烈的碰撞，并最终导致政教冲突。从国家主权的理论看，强迫输出一种宗教信仰就是文化侵略。而西方国家近代强迫输出基督教背后的目的，则是进一步打开中国市场，向中国输出剩余商品和资本，掠夺和奴役中国人民。因此，近代发生的反洋教斗争，实质上就是中国人民反抗帝国主义侵略斗争的组成部分。在这场斗争中，官吏、士绅、宗教领袖与民众是一致的，民族主义是其共同意识，不过表现形式则显露出反帝斗争的初级性。

天主教在华传播的历史最长。鸦片战争前共有五个传教会在华活动，他们是：西班牙多明我会、巴黎外方传教会、方济各会、遣使会及耶稣会。鸦片战争后，不仅原有的教会继续发展，而且又有许多新的教会相继来华。天主教的活动不仅分布在江南数省，而且深入到山西、河南、陕西、内蒙古、四川、贵州等内陆、边远省份。他们盖教堂，发展新教徒，办医院、孤儿院、留养院以及各类学校，出版图书报刊，构成了一个庞大的社会事业。至1918年，天主教教徒人数已达187万，外国传教士886人，中国传教士470人。基督新教传入我国虽然较晚，但鸦片战争后发展较快。据统计，到民国初年，先后来华的新教团体170个左右，几乎包括了新教的所有教会。随着教会传播活动的展开，华人牧师和教徒人数都不断增加，1914年新教人数达到了25万，外国在华传教士5978人。基督新教与天主教一样，在进行宗教活动的同时，也建学校、办医院、出版图书、从事慈善事业。

清末基督教是在西方列强商品和资本输出的社会背景下，依仗一系列不平等条约在我国传播的，因此产生的社会效果就完全不同于明末和平进入我国的耶稣会。美国驻上海总领事介甘尼就曾直言不讳："请记住：我们的商旗是紧跟着十字架的旗号的，谁打击那高举着十字架的手，必然损伤我们商旗的利益。"① 故而伴随着教禁大开和基督教快速发展，形成了一场席卷神州大地的，具有侵略与反侵略性质的教案风潮。可以说中国近代的"教案风波"，就是政教冲突的具体表现。酿成清末教案的直接导因是教会的劣行，而这些劣行的背后，则是整个西方侵略阴谋。具体表现为如下几个方面。

1. 霸占田产，掠夺财富

鸦片战争后，西洋传教士蜂拥而入，难免鱼龙混杂，人员素质不能与早期传教士相比。许多人打着传播上帝福音的幌子，却做着个人发财的迷梦。一旦得势，便以征服者的姿态疯狂掠夺财富。1846 年 2 月 20 日，道光皇帝慑于帝国主义的压力，在上谕中同意将禁教时期没收的教产统统发还教会和奉教之人。从此，传教士刮起了"给还旧址"的风潮。不仅北京的北堂、南堂得以归还，就是广州、湖北等地，许多教产是当年教士作价卖给中国平民的，100 多年间已多次易手，房主又多次花钱修葺，传教士照样强行索要，中国平民敢怒不敢言。1860 年《中法北京续约》中有"任（法）国传教士在各省租买田地，建造自便"的条款。于是各国传教士便利用数次战争所得赔款，开始了一场大规模的"掠夺"房地产的活动。他们依仗权势，强要恶索、盗买盗卖，甚至强迫捐献的事也经常发生，搞得怨声载道，民不聊生。另外一些传教士，利用手中特权，大量攫取黄金、白银、古玩、文物。这一时期，中国大量文物典籍流失海外，许多传教士靠倒卖文物发了横财。传教士的行为使在帝国主义经济侵略重压下不堪其苦的中国人民雪上加霜。

2. 网罗无赖，横行乡里

基督教扩大在华传播，一项重要任务就是发展教徒队伍。当时入教之人不乏信仰虔诚者，但所谓"吃教"、"恃教"者也大有人在。一些衣食无着的贫苦农民为吃顿免费馍馍入教倒也情有可原，地方上一些恶棍、富贾、地痞、流氓为逃赋漏税、寻求庇护而麇集教门，则极大地败坏了教会的声誉。

---

① 张力、刘鉴唐：《中国教案史》，四川省社会科学院出版社 1987 年版，第 414 页。

依仗帝国主义势力，教会有极大的司法特权。本来传教士并不具有"外交豁免权"，但由于一些传教士同时又受雇于本国政府，所以也享受特权。在正常的国际交往中，外交豁免权应以尊重所在国各项法律为前提，但由于当时中国政府对外羸弱无力，少数传教士的外交豁免权便成了无所不为的法外特权，并荫及全体外国传教士，甚至一切入教华人。一些富绅恶棍，仰仗教会权力，抢田霸产、奸淫妇女、走私贩毒、欺压平民。外国传教士对中国教民的种种劣迹不仅视而不见，而且还鼓励他们冲撞官府，寻衅滋事，以打击中国官员的威风，扩大教会的影响。凡此种种教民劣迹，无疑都会增加广大民众对教会的反感。

3. 包揽讼词，教会干政

由于帝国主义势力撑腰，清后期的外国传教士竟然干涉中国的司法主权。清政府总理衙门 1896 年初颁发了一个名为《地方官接待教士事宜》的文件，规定：总主教与主教和督抚同级，摄位司铎、大司铎与司道同级，司铎与府厅州县同级。教务纠纷发生时，应由教中品秩相当的教士与同级的中国官员，并邀请外国公使或领事会同解决。由此不同等级的传教士就被视为相当于不同等级的官员，可以参与不同等级的政务，导致在司法诉讼中传教士包揽讼词，包庇教徒的事件频频发生。不论是非曲直，只要教士"具片送州，包定输赢"。于是一些心术不正的人为打官司而入教，天主教被戏称为"打官司教"。许多教案皆因教士包庇恶棍而起。曾国藩在同治九年（1870年）的一道奏折中讲："凡教中犯案，教士不问是非，曲庇教民；领事不问曲直一概庇护教士。遇民教争斗，平民恒屈，教民恒胜。教民势焰愈横，平民愤郁愈甚。郁极必发，则聚众而思一逞。"①曾国藩对教案起因的分析是很有道理的。外国教士干涉中国司法权，不仅平民怨愤，各级官吏也极为不满。

4. 善业不善，恶名远扬

基督教各团体在中国开医院、办育婴堂、孤儿院及各类学校，本为扩大

---

① 转引自胡铁民、黎映桃：《曾国藩与天津教案的现代法理评析》，《炎黄春秋》2006 年第 2 期。

教会影响的善举，但多则难免滥。在当时生活水平和医疗条件下，教会医院将中国贫民当试验品致伤致残，教会学校虐待学童，育婴堂内婴儿大量死亡的事件屡屡发生。还有一些地方教会为了凑发展教徒的人数，专门在育婴堂接受患病的儿童，只要受洗就算成了基督徒，就拯救了他们的灵魂，至于其身体是否可以痊愈，育婴堂的嬷嬷们就不在意了。因此发生了多起育婴堂婴儿大量死亡事件，如 1868 年扬州育婴堂发现被虐杀婴儿尸体 40 多具。1891年无锡天主堂发现死婴 200 多个。1891 年，丹阳天主堂发现腐烂婴儿尸体70 余具……这些事例被对教会怀有成见的民众发挥演绎，便成了教会医院"剖心剜眼"，育婴堂用童男童女配药等耸人听闻的消息，使中国人民反教情绪火上浇油。

除了外国传教士一些"善业不善"的劣行之外，观念差异，文化冲突也是导致教案多发的重要原因。

自明末以来，传教士就已经感到了中国传统文化是他们用基督教征服中国的障碍，有传教士叫嚷"吾非除旧何由布新？欲求吾道之兴，必先求彼教之毁"①，冲击中国传统文化是传教士为其事业开辟道路的重要方法。中国士民本来有自己的宗教与文化，基督教以其强烈的排他性，强迫信徒放弃原有的信仰与习俗，自然会伤害广大民众的情感，这本身就是一种文化侵略。例如，当时反洋教的一篇著名的文章《湖南阖省公檄》，将基督教对中国文化的侵犯归纳为三个方面。第一，"该教不敬祖宗及诸神灵"，破坏了中国的宗法等级秩序。第二，"教士开堂传教，男女并收"，同堂教会，紊乱男女之大防。第三，"锢蔽幼童"，收摄儿童灵魂。② 中国在长期相对封闭的文化环境中形成的"尊夏贱夷"的民族观，也容易滋生一种盲目排外的社会心理。于是便将违反中国传统伦理的西方教会行为，统统变成了"以讹传讹"的流言蜚语。诸如"兄弟戚友，久不相见，见则互相奸狎"。基督教徒的洗礼则是"教主必为亲沐浴，名曰净体，乘机用迷药，以便行奸"。这些流言反映了中

---

① 转引自四川省近代教案史研究会编：《近代中国教案研究》，四川省社会科学院出版社1987 年版，第 44 页。

② 转引自顾长声：《传教士与近代中国》，上海人民出版社 1981 年版，第 157—158 页。

国士绅、农民思想意识的保守性、落后性，但是这并不妨碍其反侵略的斗争的性质。在清末的社会条件下，中国民众尚未认清帝国主义经济侵略、文化侵略的本质，于是自然地把战争赔款，农村经济破产，甚至自然灾害发生等苦难账算在一切外国人，特别是他们能够直接接触到的外国人——传教士身上。因此这种文化冲突的背后，就是反对帝国主义侵略的表现形式。如果硬要将近代教案中文化冲突的因素与反侵略区分开来，或者说文化冲突没有多大作用，都是没有认识到保卫民族文化的反侵略性质。正如一位中国学者所指出："反洋教运动中的民族自卫意识，在很大程度上就是以维护伦理精神及其相对应礼仪风俗为表现形式的。'保三教'、'护纲常'的信念，成为'护农商'、'保社稷'、'保黎民妻子'等民族情绪和情感的标志。"①

反对帝国主义侵略的合理要求与盲目排外的冲动情绪搅在一起，使仇教火焰愈烧愈旺。中国近代教案事件发生次数之多，规模之大，性质之复杂，冲突之激烈世所罕见。如果说中国历史上也曾有过强烈的政教冲突时期，那么1840—1900年的60年间，由基督教的"野蛮传播"引发的教案事件就是唯一典型。清末教案基本上可以分成两个时期。1860年以前为早期，主要有1848年福建黄竹岐民教斗殴案，1848年青浦教案，1851年定海教案以及引发第二次鸦片战争的1856年广西西林教案。早期教案一般规模小，频度低，影响也不大。1856—1860年爆发的第二次鸦片战争，中国失败后与英法帝国签订的《北京条约》、《天津条约》规定，传教士有权进入中国内地传教，这样就使得基督教与广大的中国民众发生了深层次的接触，从而引爆了大规模的"民教矛盾"。1861—1900年则是一个教案多发期，其中规模及影响较大的有：1861—1862年的贵阳教案，1861—1862年的南昌教案，1869年的安庆教案，1870年的天津教案，1876年安徽宁国两次教案，1886年重庆教案，1886年第一次大足教案，1890年第二次大足教案，1891年芜湖教案，1891年宜昌教案，1891年辽东热河教案，1895年成都教案，1897年山东巨野教案，1898年第三次大足教案，1898年山东冠县梨园屯教案。教案发生

① 程歗：《民族意识与近代教案》，《广州研究》1988年第10期。

的导因不尽相同，但基本上都是由于教士或教民的不法行为引起的。软弱的清政府不敢和西方国家正面交涉，迫使积忿已久的民众采用暴力手段自行解决，有时群众的背后还有众多士绅的参与、各级官吏的纵容或支持。于是教案每每酿成殴伤、杀死中外传教士及教民，捣毁或焚烧教堂的涉外事件。每次教案的结局，又都以清政府迫于压力，惩处参与教案的官员与民众，向洋人赔礼道歉，支付巨额赔款而告终。如此处理教案，结果只能是教民气焰愈张，群众反抗情绪愈长，教案风波遂一浪高过一浪，并最终酿成了"义和团运动"这场全国性的特大教案。

（四）基督教与太平天国运动

太平天国是清朝中后期爆发的一场反地主阶级的农民革命，起义军扫荡江南十多省，持续 14 年，对清王朝的封建统治造成了极大打击，其积极意义值得充分肯定。但是太平天国仍属于旧式农民革命，其思想武装是从西方输入的基督教。由基督教引发的太平天国起义，是在中国近代特殊的历史条件下外来文化与本土文化的奇特结合。太平天国并非真正意义上的基督教，但是太平天国对中国政治的冲击，仍然毫无疑义属于因基督教引发的近代最严重的政教冲突事件。

太平天国农民起义军领袖洪秀全（1814—1864）出生于广东花县，基督教在此地已传播了多年。中外传教士为了向民间扩大影响，撰写了多种介绍基本教理的小册子，广为发行。道光十六年（1836 年）洪秀全赴广州参加乡试，一个传教士送他一本由第一位中国籍牧师梁发撰写的小册子《劝世良言》。当时洪秀全正倾全力于科举仕途，根本无暇翻阅此书，回家后束之高阁。十几年间洪秀全屡试不第，直到 1843 年才在懊丧之余信手翻看了《劝世良言》，不觉为书中所讲"真理"吸引，并由此"大彻大悟"。据《天王本纪》载：此前他便做过一梦，见一黄发黑服老者及一中年男子召见他，要他起而"荡灭恶魔，扶持真理"。对照《劝世良言》一书他才恍然大悟，原来老者便是"天父爷火华"，中年人是"天兄耶稣基督"。这类常见于帝王传记的神话，直接目的是自神其说，号召民众，但又从一个侧面反映了近代农民群众寻求真理的过程。

道光二十三年（1843 年）六月，洪秀全与洪仁玕、杨秀清、萧朝贵、冯云山等人创立了"拜上帝会"，进行了起义的舆论与组织准备。这一时期，洪秀全写成了《原道醒世训》、《原道觉世训》、《原道救世歌》等文章，在广东、广西农村大力宣扬上帝信仰。洪秀全认为："上帝爷火华"是世间万物唯一的缔造者和主宰，"开辟真神唯上帝""岂有别神宰其中"（《原道救世歌》）。他用基督教的一神信仰反对千百年来封建统治者赖以存在的宗法性宗教与儒学。中国历代帝王都以"奉天承运"的"天之元子"自居，借以神化王权。洪秀全直指满清皇帝说："耶稣尚不得称帝，他是何人，敢觊然称帝者乎？只见其妄自尊大，自干永远地狱之灾也。"（《原道觉世训》）他把中国的圣人孔子视为与皇上帝作对的邪神，借皇上帝之口指斥孔子曰："推勘妖魔作怪之由，总追究孔丘教人之书多错。"（《太平天日》）总之，中国人崇拜的孔孟、关帝、如来、观音、金花夫人、送子娘娘等等偶像都不是神，而是妖，必须统统打碎。洪秀全还用基督教中包含的原始平等思想反对中国帝制社会中的等级剥削制度，他说："天下多男人，尽是兄弟之辈；天下多女子，尽是姊妹之群。"（《原道觉世训》）"天父上帝人人共，天下一家自古传……天人一气理无二，何得君王私自专。"（《原道救世歌》）进而，他把宗教中的平等观念与农民的平均主义要求结合起来，提出了一个在地上建立太平天国的理想。拜上帝会实质上已经不是一个蔑弃尘俗、向往彼岸的单纯宗教组织，而成为号召农民"创建义旗，扫平妖孽"的政治组织了。太平天国运动可以看成是基督教对中国传统政治权力、意识形态和政治文化的一种变形的冲击，不过假借了农民之手。

经过数年的准备，洪秀全等人于 1851 年 1 月 11 日发动了"金田起义"，并迅速扫荡了江南十省，定都南京，建国号"太平天国"，洪秀全自称"天王"。太平天国运动在南方坚持了 14 年，成为北京满清政府之外另一个中国政府，自然引起了西方国家的注意。起义发生后，许多传教士大为兴奋，他们看到了把中国变成基督教国家的希望。太平天国以基督教的一神信仰为旗帜，进军路上拆毁一切祠堂、寺院、道观，像是在扫荡一切中国的传统宗教，为基督教的传播扫平道路，以至于传教士罗孝全产生了一种错觉："他们不是要反抗政府的，而是为宗教自由而斗争，且实谋推翻偶像的崇拜……如今，倘这次革命能推翻偶像崇拜而开放，将使基督教的福音传遍中国，其结果岂非同样的奇妙！"[①] 而在追求共同信仰的背后，还有巨大的经济利益。外国传教士米赫斯说："如革命成功，吾人可预料之利益，乃是大开海禁传教经商。"[②] 于是传教士与西方各国代表纷纷前往南京进行活动。英国传教士麦思都，1853 年 9 月 22 日陪同英国公使文翰一同访问天京。1854 年，美国传教士裨治文陪同美国驻华公使麦莲访问天京。太平天国起义十余年间，外国传教士对天京有案可查的访问就有 20 余次。太平天国的领袖也希望共同的宗教信仰可以使西方了解这个政权，支持这个政权，因而对"洋兄弟"给予了热情的欢迎。

可是西方传教士在与太平天国这个东方兄弟接触增加以后便发现，太平天国的领袖们并不是真正的基督徒，而是在随心所欲地使用基督教的观念。他们不是把中国基督化，而是在把基督教中国化、巫术化。如洪秀全的"宗教教师"罗孝全数度访问天京，天王并没有按照"兄弟之辈"的身份与他相见，而是让他以"君臣之礼"参拜天王。太平天国口头上尊奉上帝为唯一真神，但又按照中国式的理解称耶稣为"天父长子"，洪秀全是"天父次子"。洪秀全自称在天国还见过"天母"、"天嫂"，并且将自己的儿子过继给耶稣，让他"兼祧两宗"，简直是匪夷所思。这种中国式的理解完全破坏了基督教"三位一体"的原理，成了一种宗法家族式的"君权神授论"，令外国传教士啼笑皆非。东王杨秀清在太平天国运动中具有"赎病主"的特殊身份，被称为天父的小儿子，有"代天父言"的能力，具有浓厚的巫术宗教倾向，也是西方基督教强烈反对的。罗孝全曾劝洪秀全放弃这些中国化的宗教习惯，而洪秀全反而下诏命罗孝全"改宗"，皈依他这种中国式的基督教。

宗教理论的分歧使太平天国与"洋兄弟"之间相互疏远、反感，甚至反

---

①　中国史学会主编：《中国近代史资料丛刊·太平天国》第 6 册，神州国光社 1952 年版，第 825—826 页。

②　彭泽益：《太平天国革命思潮》，商务印书馆 1946 年版，第 79 页。

目成仇。美国传教士花兰藏从天京访问归来懊丧地说:"我去南京本来满抱希望,但我离开南京后,我的看法完全变了……现在我伤心地说,我所发现的,除了基督教名义以外,无基督教的实质。"① 罗孝全讲得更坦白:"至于天王所非常热心宣传的宗教主张,我相信在大体上由上帝看来都是可憎恶的。事实上,我认为他是一个神经错乱的人。""我认定天王是一个疯子或傻瓜而抛弃他。"② 教义上的矛盾最终转化成了政治上的冲突。当然,更根本的原因还在于,太平天国政权并不允许帝国主义为所欲为地实现其政治、经济目的。而通过第二次鸦片战争,西方国家已迫使清政府接受自由传教、自由经商的条件。他们感到与清政府交往更符合他们在华利益。于是外国传教士纷纷转到了清政府与洋枪队一边,拥护对太平天国的围剿了。

当然,太平天国失败的根本原因,还在于他们引进的思想武装不符合中国的国情。梁启超在《中国近三百年学术史》中评论道:"洪秀全之失败,原因虽多,最重大的就是他拿那种'四不像的天主教'做招牌,因为这是和国民心理最相反的"。洪秀全的"拜上帝教"是一种基督教与中国传统文化结合的尝试,但是他的这种尝试并没有认准近代社会的主要矛盾,将中国传统文化中农民的平均主义、地主阶级的宗法等级制度和基督教排他性的一神崇拜当成了思想的主体。这样既不利于反对封建主义,也不能在反对帝国主义的斗争团结最大多数的人民群众。清代名臣曾国藩正是抓住了他们的这一弱点,以捍卫"中华道统"的形象团结最大多数的士绅阶层、满汉民众。他在《讨粤匪檄》中,揭露太平天国的劣行,"粤匪焚郴州之学官,毁宣圣之木主,十哲两庑,狼藉满地。嗣是所过郡县,先毁庙宇,即忠臣义士如关帝岳王之凛凛,亦皆污其宫室,残其身首。以至佛寺、道院、城隍、社坛,无朝不焚,无像不灭"。进而曾国藩呼吁天下士人学子,"举中国数千年礼义人伦诗书典则,一旦扫地荡尽。此岂独我大清之变,乃开辟以来名教之奇变。我孔子、孟子所痛哭于九泉,凡读书识字者,又焉可袖手安坐,不忍一为之

---

① 转引自顾长声:《传教士与近代中国》,上海人民出版社 2000 年版,第 75 页。
② 《罗孝全在天京的自述》,《北华捷报》1862 年 2 月 8 日。

所也"。几千年的文化心理积淀，唤起了社会各阶层的共鸣，使得太平军在根本上处于劣势了。

（五）义和团运动与基督教的转型

1860年之后，西方传教士借助帝国主义的不平等条约，可以深入中国内地"自由"传教，这就比此前在五个通商口岸传教与中国人民和文化发生了更深层的接触，自然也就引发了更为剧烈的教案冲突。而中国近代教案冲突的顶点，则是1900年发生的义和团运动。

19世纪末巨野、大足、冠县三次大教案，被认为是义和团运动的先驱。在大足和冠县教案中，起义农民提出了"顺清灭洋"、"扶清灭洋"的口号，成为日后义和团运动的思想纲领。近代以来对于义和团的研究，往往因为"顺清"、"扶清"的字眼而误认为义和团是要扶助清朝封建政府，从而在一定意义上贬低义和团的反侵略价值。其实这只是一种表面的看法，在中国古代政治文化体系上，"忠君"就是"爱国"。"清"不仅仅是清廷，更是"大清国"的国号，是四万万中华儿女的家乡。当清政府代表国家的时候，"扶清灭洋"就是"保家卫国"的一种时代性表达。巨野教案有大刀会参加，冠县教案有梅花拳参加，教案最终虽以民众被镇压而告终，但参与教案的地下会党组织却成为"义和团"的先驱，为义和团运动作了组织准备。

义和团运动可以说是在近代帝国主义侵略与封建主义压迫下双重矛盾叠加、扭曲下形成的一场反帝爱国运动。为了反对西方列强的文化先遣队——基督教，义和团具有反侵略的性质。但是在当时的历史条件下，他们找不到反洋教的先进思想武装，于是只能从千百年封建纲常与民间巫术中获得精神源泉。《拳变余闻》录其咒祷之词："天灵灵，地灵灵，奉请祖师来显灵，一请唐僧猪八戒，二请沙僧孙悟空，三请二郎来显圣，四请马超黄汉升，五请济颠我佛祖，六请江湖柳树精，七请飞镖黄三太，八请前朝冷于冰，九请华佗来治病，十请托塔天王金吒木吒哪吒三太子，率领天上十万神兵。"从义和团崇拜的神灵，就可以看出其思想的迷信、落后、愚昧和幼稚。他们相信只要虔诚地信仰这些神灵，一旦神灵附体练成了"义和拳"就可以刀枪不入，足以对抗洋人的洋枪洋炮了。"义和拳成熟之日，即洋鬼灭亡之时，天神之意，以为电线宜割断，铁路宜拆毁，洋鬼宜斩首"，"我此时命尔等正直之团民，宜万众一心，歼灭洋鬼，以平天怒"。义和团的行为在反对帝国主义侵略的正义目标之下，使用的却是民间宗教闭关自守、盲目排外、非理性主义、极端主义的思想意识，使得义和团运动具有了某种杂糅的宗教色彩。其攻击手无寸铁的传教士和平教徒的行为，甚至具有恐怖主义的性质，这样的行为必然导致国际社会的反对，也逐渐会失去国内已经进入改良、革命浪潮的知识分子的同情，其结果只能使中国离反对帝国主义侵略和实现民族复兴的目标越来越远。

1900 年春夏之交，散布在山东、河北等地"义和拳"反教活动的星星之火，因得到地主阶级保守派的支持而成燎原之势。在近代反洋教斗争中，以慈禧太后为代表的地主阶级保守派的态度和立场是十分复杂的。对于教民种种法外特权他们嫉恨如仇，希望借民众之手打击教会，维护老大天朝的绝对权威，使中国的政教关系重回"政主教辅"的轨道。可是从明清两代蔓延乡野的民间宗教中发展出来的义和团，也是政府传统防控的重要目标，清政府不会将其视为自己人。不过在"神道设教"思想的支配下，在一定范围内利用民间宗教打击洋教，也在近代以来统治阶级"以夷制夷"的战略之中。教案一旦发生，外国列强兴师问罪之时，为了保护自己的既得利益，他们又总是首先牺牲广大民众和下层爱国官吏，杀当事者的人头，撤地方官的职向帝国主义谢罪。义和团运动就是由于 1900 年农历五月二十五日慈禧的一道支持性上谕而迅速升级的。在一定意义上可以说，义和团是"奉旨进京"的，这是中国传统政治势力对基督教的一种反击。山东、河北一带的义和团奉旨进京，本来宣布是要惩处一切不法教士和教民。可是运动一起，在狂热的排外思潮支配下，矛头指向一切洋教堂，擒杀一切可见的外国传教士和中国教民，甚至不顾外交礼仪和公法围攻外国使馆。时隔不久，运动迅速由京、津燃向全国，辽宁、黑龙江、山西、内蒙古、四川、云南、贵州……，凡有洋教之处，无不浓烟滚滚，血肉狼藉。据不完全统计，义和团运动一年间，杀死天主教主教 5 人，教士 48 人，修女 9 人，修士 3 人，教徒 3 万人；杀死基督新教教士 188 人，新教徒 5000 人。全国教堂四分之三被摧毁，基督教传教事业受到了严重的挫折。义和团运动被基督徒称为一次大"教难"。当然义和团的反帝热情和民间巫术不足以抵挡八国联军的洋枪大炮，义和团用愚昧反对侵略的斗争，换来的只能是惨遭杀戮和造成更加深重民族危机的"庚子赔款"。

对于"义和团运动"的评价，一直是当代中国学术界的热门问题，特别是改革开始之后，对于义和团运动的评价差异极大。笔者认为，不能因为其运动的指导思想包含很多落后性的成分而否定其反对西方帝国主义侵略的积极意义，也不能因其具有反侵略的性质，而看不到其中的落后性、盲目性、极端性。在义和团身上表现出来的这种似乎对立的现象，正是中国近代社会反帝和反封建两大主题相互矛盾、交叉、纠缠所造成的结果。中国旧民主主义的各种势力，实际都没有提出合理可行的解决方案，因此也都只能以失败而告终。义和团只是其中一种最典型、最短暂的实践。

1900 年发生的义和团运动，是中国基督教发展史上一次空前的"教难"，传教事业受到严重摧残。然而，经历了这场具有"斩尽杀绝"性质的"武力批判"，基督教却奇迹般的得到了恢复，并且在民国年间顺利发展。统计数字表明，20 世纪初的 50 年，比 19 世纪，教徒人数的增长还要快 10 倍。而且，教案大大减少，没有全国性大教案发生。基督教顺利发展的原因是多方面的，西方国家的继续支持、庚子赔款的使用、社会交通运输和新闻传播事业的发展……然而从政教关系史的角度着眼，笔者认为，教会传教策略的转变和社会文化氛围的改善是基督教得以便利传播的主要条件。

1. 教会传教策略的改变

自康熙年间罗马教廷挑起"中国礼仪"之争以来，近世西方传教士都采取了一种强烈的排他主义立场，与中国传统文化激烈对抗，试图使中国基督化。义和团运动虽然失败了，但是它也使大多数西方教会人士清醒，在文化上彻底征服中国是不可能的，强硬对抗不是传教良策。于是在民国年间，基督教各派纷纷改弦易辙，采取基督教中国化的传播策略。

1919 年，罗马教皇本笃十五世发布了"夫至大至圣之任务"的通谕，下令在华各修会尽量起用中国籍神职人员，从此拉开了天主教中国化运动的帷幕。天主教中国化的一个方面是在理论上与儒学相融合。教士们放弃了当年排斥异端的蛮横立场，著书立说，千方百计地寻找儒学与天主教的共同点。在他们办的《教会新报》"总述"中讲："儒教法本其才，专与耶稣教异同。""儒教言道不可离与耶稣教同"，"儒教中庸与耶稣教同"，"儒教不怨不尤与耶稣教同"，"儒教时习而说与耶稣教同"……又有一教徒撰文指出："中国最重五常，唯仁为首，与西教之爱人为己，同出一原。"（《皇朝经世文新编》，《通论》卷一中）表明天主教义回到了明清之际的"利玛窦规矩"，重新采取与中国传统文化认同的立场。另一方面，天主教大力培养中国籍的神职人员，以适应在中国传教的需要。到民国年间，不仅有了中国籍的神父、主教，而且有了红衣主教，教会的组织结构也中国化了。1939 年，罗马教廷正式下令取消中国教徒祭祖、祭孔的禁令。至此，历时 200 多年的"中国礼仪之争"以基督教中国化的形式最终解决了。

基督新教在中国化方面亦不甘落后。1922 年，针对中国知识界发动的"非基督化运动"，美国差会负责人穆德在上海主持召开基督新教全国大会，开展所谓"本色教会"运动。《教会宣言》中宣布："吾中华信徒应用谨慎的研究，放胆的试验，自己删定教会的礼节和仪式，教会的组织和系统，以及教会布道及推广的方法。务求一切都能辅导现在的教会，成为中国本色的教会。"[1]1922 年 5 月，穆德在上海主持召开了全国基督教大会，成立了"中华基督教（新）协进会"，作为协调各差会的机构。选举中国籍教士诚静怡为总干事，关于"本色化运动"的宗旨，诚静怡概括为："一方面求使中国信徒担负责任，一方面发扬东方固有的文明，使基督教消除洋教的丑号。"[2] 由此可见，本色化运动主要有两方面的内容：一方面是在经济上自筹、自养，减少对国外的依赖；组织上选举中国人担任教会领袖，实现自治，在活动上

---

[1]　穆德：《基督教全国大会报告书》1922 年，转引自顾长声：《传教士与近代中国》，上海人民出版社 2000 年版，第 301 页。

[2]　穆德：《基督教全国大会报告书》1922 年，转引自顾长声：《传教士与近代中国》，上海人民出版社 2000 年版，第 301 页。

实行自传。另一方面则是在教义的内容方面"使教会与中国文化结婚，洗测西洋的色彩"。全国的教会组织按宣言精神进行了大量基督教中国化的工作，出书办报，以群众喜闻乐见的形式宣传宗教原理，在某种程度上缓和了民众与教会的对立情绪。

在民国时期特定的国际环境中，中国教会不可能从根本上改变受西方国家宗教组织控制的状态，但放弃公开敌视中国本土文化的政策，尊重中国人民的宗教情感和文化心理，无疑会大大减少传教工作的阻力。

2.社会文化氛围的改善

从中国社会方面看，民国年间基督教传播的文化环境无疑也有重大改善。

首先，以儒学为核心的古代传统文化崩溃，减少了基督教传播的心理障碍。随着满清政府的垮台，两千多年的帝制社会结束，数千年来维系中国人"敬天法祖"这个基本信仰的宗法性传统宗教在体制上坍塌。五四新文化运动提出了"打孔家店"的口号，猛烈冲击封建礼教，儒学的"官学"地位亦告终结。因此，明末以来士人反击基督教的主要思想武器丧失了。非但如此，传统文化的断层造成了社会上普遍的精神危机，中国人在找寻富国强兵良策的同时，也在为建立终极关怀而努力向西方探索，文化的空白为基督教传播提供了良机。

其次，辛亥革命虽然推翻了清王朝，但是反帝、反封建的任务并未彻底完成，国内陷入了军阀混战的局面。帝国主义势力往往借助军阀插手中国政治，日本帝国主义甚至直接出兵侵略中国，这一时期对于教会的利用反而减少了。因而，民国年间教会作为帝国主义侵华战争先锋的形象逐渐淡化，中国人民反帝斗争的矛头主要对准了西方帝国主义国家政府及其在中国的代理人，而不是传教士。

再次，通过对义和团运动后果的反思，社会各阶层对基督教的态度从盲目排斥转而为相对开放、宽容。义和团运动招致八国联军的侵华战争，中国人民在政治、经济等方面蒙受了重大损失。有识之士由此省悟：杀教士、烧教堂并不能阻挡帝国主义的经济文化侵略，中国近代的落后亦不仅仅由于宗教方面的原因。要想自立于世界民族之林，必须以开放的心胸直面世界各种文化，革新政治，富国强兵。

最后，1912年3月11日，南京政府颁布的《中华民国临时约法》规定："人民有信教之自由。"尽管在当时的历史条件下法律的效力是大打折扣的，但是，人民信教的权力毕竟第一次得到了法律的保证，这是中国公民人权事业的一次大进步。基督教开始从受人鄙弃的"洋教"变成了合法的宗教，反教活动被限制在法律允许的范围内。如1922—1925年全国性的"非基督教运动"，因得到许多新文化运动著名领袖的支持搞得声势浩大。但这次运动没有酿成教案事件，基本是以和平的文化方式开展，这也从某种角度反映了国民素质的提高。

（六）基督教与民国政治

基督教是在近代帝国主义国家对外扩张的国际大气候下进入中国的，民国以来尽管他们采取了"中国化"、"本色化"等改良措施，但要完全摆脱西方国家的控制是不可能的，故仍对民国时期的中国政治产生了重要影响。不过，随着中国社会反帝、反封建两大主题的转换，帝国主义国家之间关系的张弛，国共两党关系的松紧，教会的政治作用亦在不断变化之中。

在近现代的反帝、反封建革命运动中，中国人民逐渐认清了封建主义和帝国主义的本质，反对封建统治与帝国主义侵略者的斗争一浪高过一浪，许多教内人士也投身其中。特别是通过基督教传入中国的西方自由、平等、人权、民主的观念，对于反对清朝和民国时期军阀的封建统治，具有直接的唤起和鼓舞作用，一些基督教徒往往成为先锋。其中最突出的代表便是孙中山先生。1883年，孙中山用孙日新之名在香港受洗入教，他早年的战友陈少白、郑士良、宋耀如也都是教徒。孙中山是近代中国民主革命的旗手，他一生革命工作繁忙，极少参加宗教活动，但是在临终给孙科及其母卢氏的信中说："我本基督教徒，与魔鬼奋斗四十余年，尔等亦要如是奋斗。"[1] 表明他

---

[1]　荣孟源、章伯锋：《近代稗海》第一辑，四川人民出版社1985年版，第572页。

是以一种基督徒的精神投身革命斗争。冯玉祥将军 1913 年加入美以美会，"立志归主"。以后邀请刘馨廷、古约翰等人为军中牧师，在西北军部队中开布道会、奋兴会，发展教徒，冯玉祥自己也亲自证道，悔罪认错，人称"基督将军"。他的部队在反对北洋军阀的战争中建立功勋。

对于孙中山先生领导的民主革命，教会人士先是表示支持，但当革命危及帝国主义在华势力时，一部分教士又转而反对。如意大利教士斯伏尔匝在他的《中国之继》一书中曾经写道："孙中山本人不就是教会教育的光辉成果吗？这个广东的煽动者，在他一生最险要的关头，不止一次受到传教士的保护。但他有实力以后，就抛弃了他信教的妻子，放弃了和基督教的友谊。"其不满情绪溢于言表。袁世凯篡夺了辛亥革命的果实，美国传教士李提摩太却说："孙中山先生辞总统职而让位给袁世凯是他一生中最聪明的一件事。"1912 年 3 月，袁世凯在北京就任临时大总统，北京的基督新教会举行盛大的庆祝礼拜。孙中山在南方组织讨袁革命，传教士李佳白向袁世凯献策说："制止革命最好的方法，就是当它开始时迎头痛击之。"1916 年袁世凯称帝，北京的基督新教会还举行大规模弥撒，祈求天主保佑袁大皇帝"万万岁"。① 基督教如此支持北洋政府，主要是由于封建军阀统治比孙中山的民族主义革命更符合西方列强在华利益。

1921 年中国共产党成立，公开举起了唯物主义和无神论的旗帜。尽管 20 年代共产党势力还很弱小，但基督教会已清楚地感到了共产主义是他们的大敌。他们千方百计地歪曲共产党的宗教政策，说共产党要"共产共妻"、"消灭宗教"，在教徒中制造反共、仇共情绪。早在 1922 年开始的基督教本色运动中，有一项重要内容就是扩大农村阵地，建立基层组织，与共产党争夺农民。1927 年国共合作解体，基督教各派积极开展反共扶蒋活动，配合国民党"剿共"。1927 年南京国民党政府成立伊始，教皇即派刚恒毅作为特使前往祝贺。同年 12 月，蒋介石与宋美龄在上海爱伦教堂举行了洋式

---

① 以上材料均转引自史全生主编：《中华民国文化史》（上），吉林文史出版社 1990 年版，第 71 页。

婚礼。1928 年 8 月 1 日，教皇庇护十一世发布了关于中国问题的"特别通谕"："天主教宣告、教训和劝导它的教徒尊敬和服从中国合法组成的政府。要求天主教的传教士和教徒们在法律保护下享受自由和安全。"这篇"通谕"正式表达了对国民党政权的支持。国内各教区、修会积极贯彻教皇的"通谕"，在农村与各种地主势力相结合，宣传"反共、防共"，并帮助国民党军队收集情报，刺探军机，围剿红军。1930 年 6 月 23 日，蒋介石在上海爱伦教堂由江长川牧师施洗入教，从而使国民党政府与教会的关系更为密切。1933 年夏，大批基督教上层人士到庐山避暑，并召开了题为"基督教与共产主义"的讨论会。当时蒋介石正在江西全力"剿共"，传教士们关心的是红军撤走后如何在苏区建立教会组织，消除共产党的影响。会议期间一些国民党的高级官员到会讲了话，并同意划出一部分红军撤出地区作为基督教农村服务试验区。1934 年红军撤出江西后，蒋介石把黎川县划给教会做试验区。美国公理会传教士牧恩波被选为试验区总干事。蒋介石在接见牧恩波等人时讲："这是给你们一个表现基督教怎样能重建中国社会秩序的机会。请你们和我合作，筹划一个详细的复兴计划。"[1] 黎川试验区计划共分教育、妇女、卫生、农业、新运（新生活运动）等五部分。传教士一方面抓紧对农民进行宗教灌输，给农民一些种子、农具等小恩小惠；另一方面又要求农民把土地还给地主富农，甘心忍受剥削和压迫，以等待来世天国。

1937 年抗日战争全面爆发，中日民族矛盾上升为社会主要矛盾，国共两党由对抗转为合作。国际上帝国主义国家的关系也发生了变化，一般而言，由美、英等国控制的基督新教对日本帝国主义侵略持反对态度。"九一八"事变后，著名的美籍传教士、燕京大学校长司徒雷登便在学校集会上痛斥日本帝国主义侵略，并指责美、英政府对日本的妥协立场。"七七"事变后，基督教青年会十分活跃，1937 年冬在上海成立"全国青年会军人服务委员会"，并成立各地支会 50 余处，进行战场服务工作。中华基督教

---

① 转引自顾长声：《传教士与近代中国》，上海人民出版社 2000 年版，第 328 页。

（新）协进会先后组织过"战时服务委员会"、"伤兵之友社"、"基督教负伤将士服务协会"等组织。其他差会也组织过类似团体，他们不顾个人安危，在敌人的枪炮下救护伤员、救济难民，直接投身于抗日战争之中。有些教徒为了民族解放事业献出了宝贵的生命。如基督新教教徒、上海沪江大学校长刘湛恩（1895—1938），"七七"事变前就曾在欧美、南洋等国发表演讲，揭露日军侵华暴行，并号召教徒团结抗日。"八一三"战事中，他被推选为上海各界救亡协会主席，上海各大学抗日联合会负责人，积极援助中国军队抗日作战。上海沦陷后，他在租界中坚持抗日活动，并严词拒绝南京伪政权教育部长之聘。1938年4月7日，日伪政权派人杀害了他。教会不但支持国民党正面战场的抗日战争，也积极向共产党控制的敌后根据地输送人才、物资。如司徒雷登和英千里曾冒着危险帮助青年学生逃离敌占区，到敌后根据地参加抗日武装。据不完全统计，仅燕京大学就有700多人参加了八路军。基督教青年会1939年7月派人赴延安，送钱兴建国际学生疗养院，受到毛泽东的接见。

天主教在抗日战争中的立场则比较复杂。罗马教廷受意大利、法国的影响，在1929年和1933年，分别与墨索里尼、希特勒签订条约，互相支持。伪满洲国成立后，教皇庇护十一世于1934年2月10日派使节表示祝贺，并正式承认"满洲国"，在"满洲国"建立天主教会，派驻宗座代表。教皇的宗座代表蔡宁（Marjo Zanin）发布命令，要求教徒"不偏左、不偏右"，实际上就是不要反抗日本侵略，甘做日本帝国的顺民。在关内，一些天主教上层人士散布基督教超国家、超民族、超阶级的论调，反对教徒参加抗日救亡运动，鼓吹中日两国基督徒要联合起来，影响和说服本国政府，"使友爱和亲善能主宰国家的一切"。这种和平主义的空谈，在当时只能起到麻痹人民斗志、掩盖侵略的作用。1937年日本发动全面侵华战争后，感到在占领区由西方传教士控制的天主教会辅助侵略战争不利，干脆从国内调来日本教士另起炉灶，直接控制沦陷区的广大中国教徒。如日本天主教神父、特务岩下庄一到了华北，立即散发宣传品，为日本侵华战争辩护。他说："我们主张当前的讨伐是符合正义的，其理由蕴藏在中国中央政府允许由于国际共产主义的阴谋而发生的事实里。"① 他们利用教徒"恐共"情绪，借反共为名使日本侵略战争合法化。在日本"强化治安"时期，沦陷区人民生活十分艰苦，终日以混合面充饥，而教会人员则可以从日伪机关领到白面，冬天用煤也很充足。日本特务机关就是利用这点小恩小惠在教徒中发展特务，组织"防共委员会"，专为日军收集情报，维持交通治安，镇压和监视中国人民的抗日爱国活动。

然而，广大的中国天主教徒还是爱国的，他们同全国人民一道投身于抗日救亡事业，涌现出像马相伯、英千里这样的抗日英雄。马相伯（1840—1939）出生于江苏丹阳一个天主教家庭，从小受洗。1870 年受祝圣成为神父。1898 年创办"南洋公学"，学生不断增加。五年后，在此基础上创办"震旦学院"，马相伯因此名声大振，成为社会上著名的教育家。"九一八"事变后，他公开发表抗日言论，批评国民党政府的不抵抗政策，他讲："日本只有 8000 万人，而中国有 4 万万人，日本只有中国的五分之一。五倍大的中国，碰到只有五分之一的日本侵略，竟不敢出来抵抗，这叫做'缩头乌龟'。可是做缩头乌龟的，是政府而不是人民。"② 他与沈钧儒、黄炎培等人，于1935 年组织了上海文化界人士救国会，马相伯因德高望重被推为会长，不久又当选为全国各界救国联合会常务委员。他利用自己的特殊身份，全力掩护"七君子"的抗日活动。"七七"事变后，马相伯以 90 岁的高龄开始了向内地的颠沛流离生活。但他抗日斗志不减，沿途呼吁同胞奋起抗战。1938年在转移昆明途中，因病暂停越南谅山，1939 年 11 月 4 日病逝于此。对于这位爱国老人的光辉业绩，中国人民不会忘记。中共中央毛泽东、朱德、彭德怀等人联名发出唁电，给予极高的评价。天主教徒，辅仁大学秘书长英千里，身处沦陷区北平，抗日斗志不减。他在校内组织"炎社"，（取顾炎武不与敌人妥协之意），宣传抗日思想。1942 年底和 1944 年 2 月两次被捕，在日军严刑拷打下威武不屈，被判 15 年徒刑。另有教徒伏开鹏、张怀、叶德

---

① 天津市宗教界史料编委会编：《史料选辑》第三辑，天津人民出版社 1979 年版。

② 徐景贤编：《马相伯先生国难言论集》，文华图书 1933 年版。

禄等人亦因从事抗日活动而被捕。在 1932 年"一·二八"事变中，天主教将教会医院改为军事医院，救护中国伤员 2000 余人。1937 年全面抗战后，教会在华北、东南的医院也经常收治伤员。同时，在战争期间，教堂也经常成为难民收容所。总之，大多数中国教徒还是深明民族大义的，在抗日战争中贡献了自己的力量。

1945 年抗日战争胜利后，国共两党的矛盾立即尖锐起来。天主教会明确地站在国民党一边。1947 年 7 月，蒋介石下达了"戡乱总动员令"，于斌大主教马上代表天主教公开拥护。1946 年 7 月 4 日，梵蒂冈正式与国民党政权建交，互派公使。美国的新教差会派纽约教区总主教贝尔曼（Francis Joserh SPenman）到中国，他通过大批美国救济物资笼络各地教会人员，为他们的反共事业服务。1946 年 7 月，美国新教牧师司徒雷登被任命为美国驻中国大使，他建议蒋介石"应该掀起新一轮的革命运动"，以便把"并以此赢得学生和青年知识分子的心"。因为"这是唯一能够抗击共产主义威胁的方法"①，基督新教制定的战后复兴计划重点在农村，目的在于与共产党争夺农民。他们在国民党军队占领区内建立教区，实施"平民教育"计划，以抵制"赤化"。美籍比利时天主教教士雷震远（Raymend J. ce Jacher）发起的"公教青年报国团"，在华北地区直接组织地主武装，在"华北剿总"指挥下，对解放区农民反攻倒算。他们还收集解放军情报，配合国民党军队向解放区进攻。国民党军事失败之后，许多以反共著名的中外传教士纷纷撤往国外（约有 5000 余人），美国舰队曾拨专款组织他们撤离。1949 年初，罗马教廷发布了《天主教友应如何对抗共产党》的"紧急谕旨"，禁止教徒接近共产党人或阅读共产党的理论文章，违者将受到处分或驱逐出教。另外，国民党特务也抓紧在教徒中发展各种地下组织，准备在政权易手后与共产党长期对抗。正是基于这样的背景，新中国成立后对教会采取了比较严厉的立场。

当然，也有相当的基督教徒对国民党的腐败不满，在共产党的宗教政策

---

① ［美］司徒雷登：《在华五十年》，常江译，海南出版社 2010 年版，第 155 页。

影响下，摆脱西方教会的控制，探索中国教会新的出路。

二、当代中国政教关系

关于当代中国社会的性质，1840 年，帝国主义的坚船利炮和鸦片烟打开了古老中国的大门，使中国变成了半殖民地半封建社会。一系列的战败和不平等条约，使中国面临着亡国灭种的危机。为了救亡图存，一代代先进的中国人不断摸索着救国救民的真理。农民阶级的"太平天国"，封建改良派的"洋务运动"，资产阶级改良派的"戊戌变法"，资产阶级革命派的"辛亥革命"都试过了，都无法改变中国落后挨打的命运，实践证明只有马克思主义才能救中国。可以说，当代中国的历史就是中国共产党领导中国人民进行革命建设和改革的历史。当代中国经过长期努力，已经进入了中国特色社会主义新时代，"中国共产党领导是中国特色社会主义最本质的特征"[①]。因此可以说，当代中国的政教关系与中国共产党历届领导人对宗教问题的认识与执行的政策紧密相关。

（一）新民主主义革命时期的政教关系（1919—1949 年）

新民主主义革命是无产阶级领导的，以反对帝国主义、封建主义、官僚资本主义为主的人民民主革命，开始于 1919 年的"五四运动"，截止于 1949 年中华人民共和国成立。中国共产党领导全国人民取得新民主主义革命事业伟大胜利的最根本经验，就是将马克思主义普遍真理与中国社会实际相结合，在政教关系上的实践也是如此。马克思主义产生于西方，主要是对西方社会历史考察的结晶。中国共产党获得马克思主义，又主要是通过苏联传来的，加上了更多的俄国革命经验。将德国、俄国的经验引入中国，就有一个和中国社会实际相结合的问题，在政教关系上也有明显的表现。

对于中国共产党来说，涉及宗教的第一场斗争，就是 1922 年发生的"非

---

① 习近平：《在庆祝改革开放 40 周年大会上的讲话》，人民出版社 2018 年版，第 22 页。

基运动"。"非基运动"的直接起因是世界基督教学生同盟决定在 1922 年 4 月，在北京清华园召开第十一次代表大会，推动"中华归主"战略。这一活动被看成是西方帝国主义国家对中国进行文化侵略的一种表现，于是上海、北京等地的学生纷纷发动游行示威，呼吁政府抵制这次会议，由此掀起了长达五年之久的"非基运动"。这次运动最有影响的一个口号，就是反对帝国主义的"文化侵略"，将基督教在中国的大范围、快速传播看成是对中国的一种文化侵略。这一点即使西方学者也是无法回避的。美国学者史莱辛格在论述美国在华传教史也承认："文化侵略或者'文化帝国主义'是存在的，这就是'一种文化有目的地反对另一种文化的思想与价值观念的侵略'。但是他同时也指出这种侵略必须在政治、经济及军事压力存在的前提下才能实现。"① 近代以来，基督教在一系列不平等条约的保护下强行传播，具备了文化侵略的基本条件。中国共产党的第一任总书记陈独秀在 1921 年就指出："各国政府拿传教做侵略的一种武器，所以招中国人底怨恨。"②"非基运动"发起后，中共早期重要领导人瞿秋白在 1923 年的一篇文章中明确指出："帝国主义的步骤，一、强辟商场，二、垄断原料，三、移植资本、四、文化侵略。"③ 李大钊指出："我们坚信宗教是妨碍人类进步的东西……它妨碍彻底探求真理的精神，是人类进步的巨大的障碍，因而我们必须竭力加以反对。"④

　　因为将基督教的快速发展视为帝国主义在中国的文化侵略，所以中国共产党和国民党，共同领导了这次声势浩大的"非基运动"。非基督教学生同盟发表宣言，公开向基督教宣战，各地学生纷纷集会表示支持，要求政府限制教会学校。这次运动对基督教在华发展造成了很大影响，迫使它们采取教会"本土化"的战略，应当说取得了相当效果。不过在中国新民主主义革命的初期将革命的主要矛头对准宗教，也反映了当时苏联主导的共产国际在宗

---

① 　转引自陶飞亚：《冲突的解释》广西师范大学出版社 2011 年版，第 2 页。
② 　陈独秀：《基督教与中国人》，《陈独秀文集》第一卷，人民出版社 2013 年版，第 566 页。
③ 　《瞿秋白文集·政治理论篇》第二卷，人民出版社 1988 年版，第 73 页。
④ 　《李大钊文集》第四卷，人民出版社 1999 年版，第 203—204 页。

教问题上极左倾向以及不符合中国的国情。在十月革命前，俄国的东正教与沙皇封建势力结成同盟，对人民进行思想麻痹，因而对民主革命产生了巨大的阻碍作用，故此苏共将反对宗教当成革命的重要任务。共产国际将苏联革命的经验绝对化，并以此指导中国革命，在"非基运动"中多次通过远东局发布指示，对运动的发展起了推波助澜的作用。

不过中国共产党的领袖们也逐渐发现，基督教及其他宗教，都非中国革命的主要敌人。如陈独秀认为："余虽非耶教徒，由良心判断之，敢曰：推行耶教胜于崇奉孔教多矣。以其利益之量，视孔教为广。"① 陈独秀从领导中国新文化运动的切身体会感到，当时中国革命的主要思想障碍在于与封建势力结合的儒家思想，而不在各种宗教。思想批判的矛头，更应当指向与封建势力结合的儒教纲常伦理。恽代英在指导"非基运动"时指出，反对文化侵略必须区分四点：一是反对文化侵略但"并不是说反对欧美的文化"，"而且承认中国有亟须接受欧美物质文明之必要"。二是"反对文化侵略是反对帝国主义软化驯服中国民众的阴谋"，并不是"反对……处于帝国主义软化驯服手段之下的教徒、教会学校的学生和留学生"，而是希望他们能够觉醒起来反对文化侵略。三是反对宗教但"我们今天并不是要将基督教的地位一概抹杀"，并且提倡教会自立运动。四是反对文化侵略，但绝不谩骂教士、教会学生和一般留学生。② 这些观念可以说明，尽管尚处早期，但是中国共产党的领袖已经具有了很高的历史唯物主义水平，能够正确分析中国近代反帝与反封建两大主题的关系：既要反对帝国主义侵略，也要向西方发达国家学习；既要反对帝国主义通过输出基督教进行文化侵略，也要注意尊重普通教士和教会学校的学生；既要坚持共产党人的无神论信仰，也要承认宗教的历史、现实价值。可以说已经具有很高的理论政策水平，远远地超越了义和团式的盲目排外的反"洋教"斗争，因此也就使"非基运动"基本在文化批判的范围内进行。

---

① 《陈独秀文章选编》（上），三联书店1984年版，第209页。
② 转引自陶飞亚：《冲突的解释》，广西师范大学出版社2011年版，第6—7页。

随着共产党的逐渐成熟，中国革命的重点也逐渐进入到直接反对帝国主义在中国的代理人——北洋军阀，拔掉中国封建势力在农村的根子——封建土地制度。中国共产党人开始认识到，宗教问题的解决只能随着反帝反封建运动的发展，由人民群众自己解决。毛泽东在《湖南农民运动考察报告》中指出："菩萨是农民立起来的，到了一定时期农民会用他们自己的双手丢开这些菩萨，无须旁人过早地代庖丢菩萨。共产党对于这些东西的宣传政策应当是：'引而不发，跃如也。'菩萨要农民自己去丢，烈女祠、节孝坊要农民自己去摧毁，别人代庖是不对的。"① 按照马克思主义的宗教观，宗教是社会历史发展到一定阶段的产物，只有当宗教产生的阶级因素和社会因素都消失之后，宗教才会自然消亡。在此之前人为消灭宗教，只能产生事与愿违的结果。此后，中国共产党再没有发动以宗教为主要对象的运动。

在 1927 年至 1937 年的 10 年土地革命战争中，为了动员最广大的农民参加新民主主义革命，中共在苏区进行了深入的土地改革，将地主、富农的田地分给没有土地的农民，这自然也会涉及一些宗祠、寺院、道观和教堂。1930 年，全国苏维埃区域代表大会通过的《土地暂行法》规定："凡属祠堂、庙宇、教会、官产……占有的土地，一律无代价的没收。"② 但在执行的过程中，中央领导人也注意到，要尊重部分信教群众的实际需要，在土地政策中加入了自愿的内容。1931 年，《中华苏维埃共和国土地法》规定："一切祠堂、庙宇及其他公共土地，苏维埃政府必须力求无条件的交给农民。但执行和处理这些土地时，须取得农民自愿的赞助，以不妨碍他们宗教情感为原则。"③ 因为同年颁布的《中华苏维埃共和国宪法大纲》规定："中国苏维埃政权以保证工农劳苦民众有真正的信教自由为目的。绝对实行政教分离的原则，一切宗教不能得到苏维埃国家的任何保护和供给费用。一切苏维埃公民有反宗教宣传之自由，帝国主义的教会只有在服从苏维埃法律时，才能续期存

---

①　《毛泽东选集》第一卷，人民出版社 1991 年版，第 33 页。

②　《第一、二次国内革命战争时期土地斗争史料选编》，人民出版社 1981 年版，第 430 页。

③　中国人民解放军政治学院党史教研室编：《中共党史参考资料》第 6 册，第 440 页。

在。"①

由于中国革命性质的需要，无产阶级政权必然强调对于社会的阶级分析，必须进行土地革命。再加之在共产国际的指导下，党内发生了几次"左"倾错误，更使得宗教政策上的过激行为频频发生，难免对于几千年来形成的各种传统宗教和近代大量传入的基督教造成损害，因此当时大多数宗教组织对共产党抱有敌视的态度。②不过由于1931年日本帝国主义对华侵略的步伐不断加快，中国共产党也在不断调整自己的宗教政策，各种宗教界代表人士的立场也在逐渐发生转化。

1937年抗日战争全面爆发，联合全国各种社会力量抗击日本帝国主义的进攻，为中华民族的生存而战成为中国共产党的工作重心。在抗日战争中，中国共产党以高超的革命智慧提出了建立抗日民族统一战线的主张，并将其称为新民主主义革命胜利的三大法宝之一（另外两项为党的领导、武装斗争）。毛泽东明确表示："共产党员可以和某些唯心论者甚至宗教徒建立在政治行动上的反帝反封建的统一战线，但是决不能赞同他们的唯心论或宗教教义。"③《晋察冀边区人民武装抗日自卫队组织章程》规定："边区抗日人民，凡年在十六岁以上五十五岁以下者，不分阶级、不分性别、不分种族、不分宗教信仰等，均得登记参加组织为本队队员。"④周恩来为暮笳、演文、巨赞等佛教大师题写"上马杀贼，下马学佛"，在社会上产生了巨大的动员作用。1939年5月在会见基督教领袖吴耀宗时说："马列主义者是无神论者，但是尊重宗教信仰自由，并愿意和宗教界人士合作。"⑤

为了动员更多宗教界人士参与到抗日民族统一战线中来，中国共产党及时地调整了自己的宗教政策。1942年1月发布的《陕甘宁边区保障人权财

---

① 《中共中央文件选集》第7册，中共中央党校出版社1983年版，第467页。
② 参见陈金龙：《中国共产党与中国的宗教问题》，广东人民出版社2006年版，第52—55页。
③ 《毛泽东选集》第二卷，人民出版社1991年版，第707页。
④ 《晋察冀抗日根据地史料选编》下册，河北人民出版社1983年版，第43—44页。
⑤ 吴耀宗：《立场坚定，旗帜鲜明，艰苦朴素，平易近人——纪念周恩来同志诞辰八十一周年》，《文汇报》1979年3月5日。

权条例》规定："边区一切抗日人民不分民族、阶级、党派、性别、职业与宗教，都有言论、出版、集会、结社、居住、迁徙及思想信仰之自由，并且享有平等的民主权利。"① 与红军时期颁布的《中华苏维埃共和国宪法大纲》相比，边区的法律淡化了阶级性，突出了一切人民都有宗教信仰的自由。在土地政策上，抗日时期也作了一些调整。《陕甘宁边区地权条例（草案）》规定：宗教地、寺地"已经没收分配者，其地权为分得土地所有人所有；未经没收分配者，其地仍属于原业主所有"②。根据当时的土地政策，可以为寺院、教堂保留一部分土地，作为宗教职业人士的生活来源和从事宗教活动的基础。另外，边区政府还吸收宗教人士参政议政，在1941年陕甘宁边区第二届参议会第一次大会的参议员中，有5名伊斯兰教徒，19名边区委员中有1名宗教职业者。第三届边区参议会的议员中，有3名天主教徒、3名伊斯兰教徒和3名喇嘛教教徒。③ 这说明当时的中国共产党领导人已经超越了苏共对政教分离的简单理解，将一些宗教人士吸引到政权中，以便更好地发挥他们在抗日战争中的重要作用。抗日战争期间，党中央继续强调政教分离的原则，但是这种分离不是谁也不和谁发生关系。信仰上相互尊重，政治上相互合作成为这一时期政教关系的主基调，形成了中国式政教关系的新形态。

进入解放战争时期，随着国共两党矛盾的尖锐化，国内阶级矛盾上升为主要矛盾，共产党领导的土地革命深入展开。1947年10月公布的《中国土地法大纲》明确规定："废除一切祠堂、庙宇、寺院、学校、机关及其团体的土地所有权"，将这些土地分给没有土地的农民。后政策作了一些调整，1948年2月《中共中央关于土地改革中各社会阶级的划分及其待遇的规定（草案）》规定："祠堂、庙宇、寺观、教堂党所占有的耕地，应由农会接受分配。

---

① 《陕甘宁边区革命根据地史料选辑》第2辑，甘肃人民出版社1983年版，第357页。

② 韩延龙、常兆儒编：《中国新民主主义革命时期根据地法制文献选编》第4卷，中国社会科学出版社1984年版，第221页。

③ 参见陈金龙：《中国共产党与中国的宗教问题》，广东人民出版社2006年版，第62—63页。

但属于祠堂、庙宇、寺观、教堂等的不大的园地，不在接收分配之列。"① 这样给宗教职业人士留了一些生活资料，保证他们的基本生活需要。当然土地改革政策对于传统宗教势力将会造成巨大的压力，招致他们的反对。不过经过抗日战争时期的长期合作，各种宗教组织的一部分代表人物，也开始认识到中国历史发展的必然趋势，认识到跟着共产党走，中国才有前途的道理，他们也自愿接受对于宗教组织内部封建土地关系的改造，为新中国成立后宗教组织的社会主义改造奠定了基础。如基督教界的吴耀宗、邓裕志、赵紫宸，佛教界的赵朴初、巨赞，伊斯兰教界的马坚，等等，拒绝前往台湾，积极参加政治协商会议，为新中国的建设出力。

（二）社会主义革命与建设时期的政教关系（1949—1976 年）

中华人民共和国成立，开辟了中国历史新的一页。为共和国奠基的《共同纲领》规定："中华人民共和国人民有思想、言论、出版、集会、结社、通讯、人身、居住、迁徙、宗教信仰及示威游行的自由权。"1954 年颁布的《中华人民共和国宪法》进一步明确："中华人民共和国公民有宗教信仰的自由。"1952 年 10 月 8 日，毛泽东主席在接见西藏代表团时指出："共产党对宗教采取保护政策，信教的和不信教的，信这种教或信别种教的，一律加以保护，尊重其信仰。今天对宗教采取保护政策，将来也仍然采取保护政策。"② 当时主管民族、宗教、统战工作的周恩来总理，在多种场合明确表述："宗教信仰自由是近代国家所共同承认的原则。我们共产党人是无神论者，但是我们尊重有宗教信仰的人。"③ 针对党内某些"左"倾的思想，周恩来说："谁要企图人为地把宗教消灭，那是不可能的。苏联是社会主义国家，它还是有宗教的。我们决不打算这样做。"④ 马克思、列宁都曾说过，人为地消灭宗教的办法，只能是刺激宗教信徒的情绪，人为地助长宗教发展。

---

① 《解放战争时期土地改革文件选辑》，中共中央党校出版社 1981 年版，第 221 页。
② 《建国以来毛泽东文稿》第 3 册，中央文献出版社 1989 年版，第 583 页。
③ 《周恩来选集》下卷，人民出版社 1984 年版，第 155 页。
④ 《周恩来统一战线文选》，人民出版社 1984 年版，第 185 页。

1950 年，周恩来在与各宗教代表人士会谈时指出："唯物论者同唯心论者，在政治上可以合作，可以共存，应该相互尊重。""我们同宗教界朋友的长期合作是有基础的，这一点我们毫不怀疑。……我们可以在《共同纲领》的基础上实行合作，这是我们一致同意的。《共同纲领》是四个阶级合作的基础，宗教界也是合作者之一。"①与宗教界人士的统一战线表现在新中国政治生活中，就是人民代表大会和政治协商会议吸收一定比例的宗教界人士参加。据统计，1949 年 9 月参加第一届政治协商会议的宗教界代表有 7 人，1954 年第二届增至 12 人。特别是民族宗教界上层人物不仅担任人民代表，还在国家权力机构中担任要职，有职有权。班禅额尔德尼担任全国政协副主席，喜饶嘉措大师还担任过青海省第一届省政府副主席、西北军政委员会委员、西北民族事务委员会副主任，充分体现了民族区域自治制度。

新中国对于公民的宗教信仰自由实行保护政策，但是也没有放松管理。周恩来总理指出："中国人民在宗教信仰上完全自由。但利用宗教进行破坏活动是犯法的，犯了法就没有自由。没有自由的是少数人，绝大多数人是有自由的。没有自由的那一部分改造过以后，我们还给他自由。"②新中国继承了近代以来世界上大多数民主国家政教分离、保障公民宗教信仰自由的政策，但是这种保护是有限度的，即必须遵守国家的相关法律和党的各项政策。同时，中国的宗教管理工作也充分发挥了政治协商民主的精神，以政教双方理解、默契为原则。周恩来在与宗教人士谈话时说："我们所遵守的约束是不到教堂里去作马列主义的宣传，而宗教界的朋友们也应当遵守约束，不到街上去传教。这可以说是政府同宗教界之间的一个协议，一种默契。"③

统一战线，政治协商可以说是中国社会主义民主政治制度的特色，也是中国政教关系的特色。在通过统一战线，政治协商积极引导宗教界与社会主义制度相适应的过程中，有一项重要的改革必须进行，就是对传统的宗教进行社会主义改造。新中国是共产党领导的无产阶级新型国家，以公有制为社

---

① 《建国以来重要文献选编》第 1 册，中央文献出版社 1992 年版，第 224 页。

② 《周恩来年谱（一九四九——一九七六）》上卷，中央文献出版社 1997 年版，第 506 页。

③ 《周恩来统一战线文选》，人民出版社 1984 年版，第 181—182 页。

会经济的主体。在新中国成立初期轰轰烈烈的社会主义改造运动中，传统宗教的土地、庙产私有制度不可能错过。各种传统宗教的思想内容都是在剥削阶级占主导地位的社会中成型，包含了很多为剥削阶级辩护的内容，对于人民群众解放思想投身社会主义建设有不良的影响，也必须进行改造。只有进行了这样的社会主义改造之后，中国的传统宗教才能成为与社会主义制度相适应的新宗教；宗教界人士才能从依附于封建地主阶级的"寄生虫"变成以宗教服务谋生的新型公民。

对于佛教、道教、伊斯兰教、天主教和基督教五大宗教，党和政府采取了不同的改造政策。对于佛教、道教、伊斯兰教而言，社会主义改造的重点是切断传统宗教与封建宗法势力的关系，其中的关键，又是坚持执行1947年颁布的《中国土地法大纲》，将寺院、宫观的封建土地分配给农民。伊斯兰教的少数民族信仰人数较多，在和平解放时与政府签订协议，因此在西北地区的土地改革稍晚，但是在1956年后还是要开展"和平改革"，消除封建剥削和封建压迫。宗教制度改革从1958年开始，到1960年基本完成。改革的主要任务是废除伊斯兰教中的封建特权和封建剥削制度。同时针对少数民族地区旧社会实行政教合一的状况，在社会主义改造中特别强调政教分离，严格限制宗教干涉行政、司法、教育和婚姻。1959年3月10日，达赖集团撕毁与中央签订的《十七条协议》，发动武装叛乱。于是中央解散西藏噶厦政府，在西藏地区进行彻底的民主改革，将当年喇嘛集团占有的大量土地分给翻身农奴，使西藏人民当家做了主人。在进行土地改革的同时，中央也很注意尊重群众的宗教信仰自由，保护爱国宗教界人士的各种利益，积极引导他们自觉批判各种宗教中的封建意识，将传统宗教改造成社会主义新宗教。

1953年5月至6月，中国佛教协会成立大会在北京举行。该协会是中国佛教徒的联合组织，其宗旨是：团结全国佛教徒，在人民政府领导下，参加爱护祖国及保卫世界和平运动；协助人民政府贯彻宗教信仰自由政策。中国佛教协会的成立最终结束了旧中国各民族、各宗派佛教徒之间相互隔绝、四分五裂的状态。中国佛教协会成立后，各省、市、自治区和一些地方的佛教协会相继成立。1957年4月，成立了中国道教协会。协会的宗旨为：联系和团结全国道教徒，继承和发扬本教优良传统；在人民政府领导下，爱护祖国，积极支持国家的社会主义建设，参加保卫世界和平运动；协助政府贯彻宗教信仰自由政策。道教协会成立后，各项工作进一步展开，如开始系统地开展道教文化的研究，进行对外友好交流活动等。1953年5月，中国伊斯兰教协会成立。协会宗旨确定为：协助政府贯彻宗教信仰自由政策，发扬本教优良传统，爱护祖国，保卫世界和平。中国伊斯兰教协会的成立，标志着中国伊斯兰教进入了一个新的历史发展时期。此后，各地先后成立地方伊斯兰教协会，并组织广大穆斯林群众开展各项活动。

对于天主教和基督教而言，社会主义改造的重点是独立自治，自养自传，切断与帝国主义宗教团体的关系，使近代以来依靠西方不平等条约快速传播的"洋教"变成真正的中国宗教。周恩来总理直接指导了这场重要的社会改革运动，他指出："我们主张宗教要同帝国主义割断联系。如中国天主教还受梵蒂冈的指挥就不行。中国的宗教应该由中国人来办。"① 针对基督教他说："宗教团体本身要独立自主，自力更生，要建立自治、自养、自传的教会。这样，基督教会就变成中国的基督教会了。"② 中国政府要求中国的天主教、基督教会自治、自养、自传，这是世界所有主权国家理所当然的权利。西方国家近代宗教改革、宗教战争，其中很重要的原因就是独立的民族国家在谋求自己的宗教管辖权。经过资本主义革命，西方国家纷纷与梵蒂冈教廷签订"政教协议"，明确了天主教在各民族国家内的义务和权利，使天主教成为政教分离的宗教团体。基督教的诞生，本身就是反对罗马教廷的产物，自身就带有强烈的"本土化"、"民族性"的特色。只有在中国近代半殖民地半封建社会的状态下，西方列强各国才将各差会看成是他们国家利益的延伸。因此，中国天主教和基督教在新中国成立初期发起的"三自"爱国运动绝不是什么离经叛道，而是世界近代文明发展的组成部分。1950年11月，四川省广元县王良佐神父和500多名教徒联名发表了《天主

---

① 《建国以来重要文献选编》第一册，中央文献出版社1992年版，第186页。
② 《建国以来重要文献选编》第一册，中央文献出版社1992年版，第222页。

教自主革新宣言》，主张中国天主教"与帝国主义割断各方面的联系"，"建立自治、自养、自传的新教会"。这一宣言得到了全国广大教徒和宗教界爱国人士的热烈拥护和响应，也得到党和人民政府的支持。在此基础上，1957年7月15日至8月2日举行第一届代表会议，出席会议的代表241人代表着300多万天主教徒。会上成立了"中国天主教爱国会"，选出了1名总主教、10名主教及150名委员，通过了中国天主教爱国会章程及进一步开展反帝爱国运动的决议，强调中国天主教会必须实行独立自主，彻底割断同梵蒂冈教廷在政治上和经济上的联系，反对梵蒂冈教廷利用宗教干涉我国内政。从1950年至1957年，基督教开始了以自治、自养、自传为主要内容的"三自"革新运动。1950年7月，在吴耀宗先生倡导下，40位基督教会领导人联合发表了《中国基督徒在新中国建设中努力的途径》的宣言，开始了基督教的"三自"爱国运动。宣言号召广大基督徒认识过去帝国主义利用基督教的事实，肃清基督教内部的帝国主义影响，争取短期内实现自力更生的目标，促进一个中国人自己所主持的中国教会。宣言得到了基督教界的广泛响应，到1954年，签名响应宣言的信徒就达40多万人。1954年，中国基督教第一届全国会议在北京召开，成立了中国基督教"三自"爱国运动委员会，强调在中国共产党和人民政府的领导下，团结全国基督信徒，热爱祖国，遵守国家法令，坚持自治、自养、自传及独立自主自办的方针。

经过社会主义改造，中国的佛教、道教、伊斯兰教、天主教和基督教同全国人民一起走上了社会主义康庄大道。各宗教组织积极响应党和政府的号召，率领全体教徒积极投身社会主义革命和建设的实践，为社会主义改造的完成、社会主义制度的建立贡献了力量。各地佛教界自发或有组织地参加了新中国成立初期在社会各界进行的思想改造运动，进行爱国主义教育，并力图在发扬中国佛教界爱国传统的基础上，清除佛教领域的封建残余。广大佛教徒积极支持或参加了镇压反革命、土地改革、增产节约、抗美援朝等各项爱国运动和社会生产活动。积极开展与国外佛教界的友好交往，促进佛教事业和世界和平事业的发展。佛教大师赵朴初一生致力于佛教的现代化，强调爱国爱教，团结进步，走与社会主义社会相适应的道路；继承和发扬中国佛教"农禅并重"、"注重学术研究"和"国际友好交流"三大传统；自觉地以实现"人间净土"为己任，为社会主义现代化建设这一庄严国土、利乐有情的崇高事业而努力奋斗。藏传佛教的大师班禅、喜饶嘉措等，还积极参与和平解放西藏的斗争，配合政府坚决镇压达赖集团的武装叛变，为西藏自治区的建设建言献策。

道教界的爱国运动及爱国组织的成立。新中国成立后，广大道教信徒拥护社会主义制度，拥护共产党的领导，自发进行爱国主义和时事政治的学习，支持土地改革和其他民主改革。各宫观遵守国家法律和政策，自动取消与国家法律相抵触的清规，并遵照国家有关指示，对封建经济进行了相应的改革，走上以劳动和生产为主的自养之路。道教界还主动划清与各种反动会道门和秘密宗教的界限，废除了宫观中的封建特权与封建压迫，成立宫观民主管理委员会。道教协会成立后，各项工作进一步展开，如开始系统地开展道教文化的研究，进行对外友好交流活动等等。陈撄宁力主开发道教养生学，出版了《道教与养生》、《静功总说》、《静功疗养法》、《仙与三教之异同》等著作，对于促进道教的现代化作出卓越贡献。

伊斯兰教界，积极参与党和政府领导的各项政治运动，如在抗美援朝战争中，著名宗教领袖马坚在《人民日报》发表文章：《美帝国主义是伊斯兰教的死敌》，号召中国的穆斯林赶快行动起来，贡献所有力量，保卫祖国、保卫宗教、保卫世界和平。甘肃临夏的各族穆斯林，积极影响政府的号召，开展增产节约运动，支援中国人民志愿军，慰问军属，捐献各种武器等。银川市八坊教长联名发起，捐献"回民号"战斗机一架。①

在基督教中国化的道路上，一批中国的神学家努力将基督教神学与中国优秀传统文化相结合，使之与社会主义社会相适应。例如赵紫宸提出"伦理的神学"，主张中国的基督教绝不能跟从西方，而要走自己的道路。他认为上帝就是爱，上帝按自己的形象制造人，就是上帝爱人并要人人相爱的

---

① 参见陈金龙：《中国共产党与中国的宗教问题》，广东人民出版社 2006 年版，第177 页。

明证。这样他就把基督教之爱伦理化，使之更加接近中国的"仁爱"。吴耀宗提倡"实践的神学"，主张基督教与科学与理性相协调，在努力去除宗教中迷信的成分后，使之与唯物论和现代科学相适应。另一方面则主张自治、自养、自传的三自方针，使基督教摆脱西方国家的控制，成为中国的宗教。丁光训提倡"博爱的神学"，他认为通过"爱"这个基督教与中国传统文化本质精神力的共通性，为两者的对接找到结合点。通过"宇宙的基督"的宽博与无限，为基督教与社会环境的协调营造了一个良好的氛围。通过这些爱国宗教界人士的积极引导，中国基督教逐渐摆脱了帝国主义侵略工具的不良形象，进一步融入到中国社会之中，变成了中国宗教的组成部分。

总之，在 1949 年至 1957 年之间，中国的社会主义革命和建设的各项事业基本顺利发展，中国的政教关系基本处于良好时期。但即使在这一时期，由于工作中"左"倾思想的存在，简单粗暴对待宗教界人士，干涉群众宗教信仰自由的情况也在局部存在。到 20 世纪 50 年代下半期以后，由于党的指导思想"左"的错误不断发展，国家社会政治生活出现了不正常的现象，宗教界也不可避免地受到了冲击。特别在 1966 年开始的十年"文化大革命"期间，党的宗教信仰自由政策遭到极左路线的破坏，狂热的极左思潮宣扬消灭宗教，并采取了实际的消灭行动：正常的宗教活动被禁止，宗教界人士被当作社会主义的敌人加以打击，大批寺院、道观、教堂被毁，经典文献被烧。中国宗教被迫转入地下，走了一段非常坎坷的道路。

（三）改革开放时期中国的政教关系（1978 年至今）

1976 年 10 月打倒"四人帮"，结束了十年的"文化大革命"动乱，中国又重回社会主义社会正轨。以邓小平同志为核心的党的第二代中央领导集体拨乱反正，自然也注意到宗教领域。在"文化大革命"中，由于过度强调阶级斗争，强调与传统观念决裂，因此将宗教思想统统看成是"毒害人民的鸦片"、"封建迷信"，把宗教界人士看成"牛鬼蛇神"、"阶级敌人"，把信教群众看成"愚昧落后"、"顽固保守"，把党的宗教工作看成是"执行投降路线"、"资产阶级代理人"，所以把整个宗教界当成敌人对待，用强制力量迫使人们放弃信仰。邓小平改革开放思想，首先要求人们解放思想，要敢于破除"文化大革命"中各种打着"革命"旗号的思想禁锢，将一切理论都置于社会实践的检验之下，那么"文化大革命"中"四人帮"祸国殃民的极左路线的反动性就暴露无遗了。

邓小平在宗教理论方面论述不多，但寥寥数语都说到了问题的要害。1979 年，他在政协第二次会议开幕式上说："我国各兄弟民族经过民主改革和社会主义改造，早已陆续走上社会主义道路，结成了社会主义的团结友爱、互助合作的新型民族关系。各民族的不同宗教的爱国人士有了很大的进步。"[1] 这里虽然主要谈的是民族问题，但也涉及宗教。与民族领域一样，经过了新中国社会主义改造运动，宗教界人士已经发生了脱胎换骨的变化，他们已经不再是为旧社会剥削阶级服务，而是为社会主义有宗教需求的群众服务，本质上发生了转变。宗教界存在的问题主要不再是敌我矛盾，而是人民内部矛盾，只能用民主协商的办法解决。邓小平在与班禅大师会见时谈道："对于宗教，不能用行政命令的办法，但宗教方面也不能搞狂热，否则同社会主义，同人民利益相违背。"[2] 这就定下了政教关系的一项重要原则：宗教问题是思想问题，只能用引导的方法，不能用行政强制的手段干涉公民的信仰自由。

在邓小平的直接关怀下，中共中央于 1982 年 3 月下发了《中共中央关于印发〈关于我国社会主义时期宗教问题的基本观点和基本政策〉的通知》，（又称"19 号文件"）。这份历史性文件对中国特色社会主义的宗教理论和宗教政策进行了全面的阐述，为后来党的宗教理论和宗教政策进一步发展奠定了基础。此后很多重要会议和中央下发的一系列文件，对社会主义时期宗教工作作出了部署，形成了比较完整的宗教观和宗教政策。1990 年，党中央、

---

[1]　《邓小平文选》第一卷，人民出版社 1994 年版，第 186 页。

[2]　《邓小平年谱（一九七五——一九九七）》，中央文献出版社 2004 年版，第 167 页。

国务院召开全国宗教工作会议，下发《关于进一步做好宗教工作的若干问题的通知》，明确提出依法管理宗教事务。2001 年 12 月，江泽民在全国宗教工作会议上发表重要讲话，明确提出了"四句话"，形成了宗教工作的指导方针。这"四句话"是：全面正确地贯彻宗教信仰自由政策，依法管理宗教事务，积极引导宗教与社会主义社会相适应，坚持独立自主自办原则，坚决抵御境外势力利用宗教进行渗透。在 2016 年 4 月举行的全国宗教工作会议上，习近平强调："做好宗教工作，必须坚持党的宗教工作基本方针，要全面贯彻党的宗教信仰自由政策，依法管理宗教事务，坚持独立自主自办原则，积极引导宗教与社会主义社会相适应。"[1] 他把"四句话"上升到"党的宗教工作基本方针"的高度认识，认为这是马克思主义宗教观在中国当前局势情况下，吸收正反两方面的经验得出的正确结论。中国当代社会的政教关系，就是通过党的宗教工作基本方针得到了规定，笔者试图通过对"四句话"所包含的丰富内容的阐述，揭示其中的真谛。

1. 宗教信仰自由

"宗教信仰自由是我们党一项长期的基本政策，是宪法赋予公民的一项基本权利。"[2] 近代以来，世界各国人民反对封建专制统治，争取人身自由，其中一项根本的自由就是思想自由。而在近代革命运动的策源地欧洲，思想的自由又表现为打破天主教的思想垄断，争取人民的信仰自由既包括信仰天主教的自由、信仰新教的自由，也包括信仰无神论的自由。马克思主义继承了欧洲民主革命的成果，将宗教信仰自由写进了共产主义运动的纲领，自然为世界各国共产党所遵循。19 号文件指出："任何强迫不信教的人信教的行为，如同强迫信教的人不信教一样，都是侵犯别人的信仰自由，因而都是极端错误和绝对不能容许的。"尊重和保护公民的宗教信仰自由权利，是我们党维护人民利益、尊重和保护人权的重要体现，也是最大限度团结人民群众的需要。为了保护公民的宗教信仰自由，中国用宪法的形式规定："中华

---

① 《习近平谈治国理政》第二卷，外文出版社 2017 年版，第 301 页。
② 《江泽民文选》第三卷，人民出版社 2006 年版，第 383 页。

人民共和国公民有宗教信仰自由。任何国家机关、社会团体和个人不得强制公民信仰宗教或者不信仰宗教，不得歧视信仰宗教的公民和不信仰宗教的公民。"这是对政府公权力的一种约束，禁止动用公共权力来干涉公民的宗教信仰。

在中国共产党的领导下，中国公民的宗教信仰自由得到了充分的保证，据统计："中国主要有佛教、道教、伊斯兰教、天主教和基督教等宗教，信教公民近 2 亿，宗教教职人员 38 万余人。佛教和道教信徒众多，但普通信徒没有严格的入教程序，人数难以精确统计。佛教教职人员约 22.2 万人。道教教职人员 4 万余人。10 个多数人信仰伊斯兰教的少数民族总人口 2000 多万人，伊斯兰教教职人员 5.7 万余人。天主教信徒约 600 万人，宗教教职人员约 0.8 万人。基督教信徒 3800 多万人，宗教教职人员约 5.7 万人。中国还存在多种民间信仰，与当地传统文化和风俗习惯结合在一起，参与民间信仰活动的群众较多。中国的宗教团体约 5500 个，其中全国性宗教团体 7 个，分别为中国佛教协会、中国道教协会、中国伊斯兰教协会、中国天主教爱国会、中国天主教主教团、中国基督教三自爱国运动委员会、中国基督教协会。"①

中国自古以来就是一个多种宗教并存的国家，而且在中国历史上占主导地位的国家意识形态又是"敬鬼神而远之"的儒学，因此在中国宗教信仰自由具有复杂的内涵。对于中国的这种特殊国情，19 号文件都有所考虑，并对宗教信仰自由进行了规定："宗教信仰自由，就是说：每个公民既有信仰宗教的自由，也有不信仰宗教的自由；有信仰这种宗教的自由，也有信仰那种宗教的自由；在同一宗教里面，有信仰这个教派的自由，也有信仰那个教派的自由；有过去不信教而现在信教的自由，也有过去信教而现在不信教的自由。"中国的公民自古就有信仰任何一种宗教、任何一种教派的自由，甚至具有信仰多种宗教、多种教派的自由。保证了这些自由，才能防止因宗教信仰的差异引起的宗教冲突和战争。根据中西方历史的经验，宗教冲突的背后

---

① 《中国保障宗教信仰自由的政策和实践》白皮书，国务院新闻办公室，2018 年 4 月 3 日。

主要是由于存在着利益的矛盾，由于公权力的干涉。为防止这一点，19 号文件指出："社会主义的国家政权当然绝不能被用来推行某种宗教，也绝不能被用来禁止某种宗教，只要它是正常的宗教信仰和宗教活动。"西方学者总是在称颂美国宪法修正案第一条中"设立"条款和"禁止"条款在政教关系上的作用。其实对于这一点，中国共产党人也都考虑到了，通过党的文件形式进行规范。

近代以来，西方国家在保护公民宗教信仰自由和非宗教信仰自由方面，一直存在着争论，例如创世说与进化论。如何使宗教信仰与科学理论不矛盾、相融合一直是一个难题。世界各国的一般经验是，将宗教变成个人的私事，宗教组织不得干涉国家行政和教育。19 号文件吸收了这些先进思想指出："保障信教自由，不但不应妨碍而且应当加强普及科学教育的努力，加强反迷信的宣传。还应当强调指出，宗教信仰自由的政策的实质，就是要使宗教信仰问题成为公民个人自由选择的问题，成为公民个人的私事。""绝不允许宗教干预国家行政、干预司法、干预学校教育和社会公共教育。"这里明确规定了宗教事务成为私人的事情的含义，即宗教信仰的选择是私人的事情，并没有否认宗教具有一定的公共性，不然宗教管理就完全没有必要了。国务院《宗教事务条例》明确规定，宗教活动只能在宗教活动场所进行，不能在社会公共场所传播宗教，而不信仰宗教的公民，也不得在宗教活动场所进行"有神"与"无神"的辩论。基于我国一些地区，特别是在一些相当一部分群众信仰宗教的少数民族中，存在青少年在寺庙中接受教育的历史传统，文件特别规定宗教不得干涉教育，必须与教育分离。

基于中国的历史和现实，19 号文件对于无神论与宗教的关系进行了详细的规定。在中国历史上，由于儒学的影响，在知识精英阶层中无神论信仰大量存在。近代以来，经过中国人民的长时间尝试，证明只有马克思主义才能够救中国，马克思主义成为中国社会主义革命和建设的指导思想。马克思的辩证唯物主义和历史唯物主义理论，包含无神论的内容。如何处理好这种党的指导思想与保护一般公民权利的关系，也是当代中国政教关系的大问题。19 号文件指出："我们党宣布和实行宗教信仰自由的政策，这当然不是说共产党员可以自由信奉宗教。党的宗教信仰自由的政策，是对我国公民来说的，并不适用于共产党员。"习近平指出："共产党员要做坚定的马克思主义无神论者，严守党章规定，坚定理想信念，牢记党的宗旨，绝不能在宗教中寻找自己的价值和信念。"①强调共产党员不得信仰宗教的意义不仅存在于共产党人的组织纪律、信仰的纯洁性，其更深层的内涵则是涉及中国当代社会的政教关系。《中华人民共和国宪法》指出："中国新民主主义革命的胜利和社会主义事业的成就，是中国共产党领导中国各族人民，在马克思列宁主义、毛泽东思想的指引下，坚持真理，修正错误，战胜许多艰难险阻而取得的。"中国共产党对新中国各项事业的领导，是中国特色社会主义的最大特色，马克思主义理论是保障我们各项事业顺利发展的指南。如果允许共产党人信仰宗教，将使得某种宗教进入政治权力的中枢，宗教思想进入国家政治意识形态的心脏，将会改变中国政教分离的基本格局，可能会出现一种新形式的"政教合一"。

2. 依法管理宗教事务

中国当代社会是一个社会主义的法治国家，处理任何事务都必须依法进行。国家法律保护公民的宗教信仰自由，但是决不允许一些人用宗教"自由"来干涉行政、司法、教育，对其他公民的信仰、身心进行干涉。依法进行管理，就是要切实保障宗教信仰自由，保证正常宗教活动有序进行，保护宗教团体的合法利益。我国实行政教分离的原则，任何宗教都没有超越宪法和法律的特权，都不能干预国家行政、司法、教育等国家职能的实施。宗教方面涉及国家利益和社会公共利益的事项和活动，必须纳入依法管理的范围。不能以宗教信仰自由和政教分离为借口，放弃或摆脱国家对宗教事务的管理。政府要保证公民的宗教信仰自由和各种宗教进行正常的宗教活动有序进行，而宗教也要遵守约定不干涉政府的行政、司法和教育，保证公民的身心健康。习近平指出："要提高宗教工作法治化水平，用法律规范政府管理宗教事务的行为，用法律调节涉及宗教的各种社会关系。要保护广大信教群众合

---

① 《习近平关于社会主义政治建设论述摘编》，中央文献出版社2017年版，第171—172页。

法权益，深入开展法治宣传教育，教育引导广大信教群众正确认识和处理国法和教规的关系，提高法治观念。"① 习近平的这些提法，是针对一些问题而言的。他还特别强调"用法律规范政府管理宗教事务的行为"，这是保护公民宗教信仰、保护正常宗教活动的重要举措。如果以权代法，那么执政者很容易用自己的信仰来处理异己观念，对他人的信仰造成伤害。

依法管理宗教事务的原则在宪法、民法、刑法、民族区域自治法中都有规定。《中华人民共和国宪法》规定："国家保护正常的宗教活动。任何人不得利用宗教进行破坏社会秩序、损害公民身体健康、妨碍国家教育制度的活动。"这一根本大法成为执法管理的指南。在此基础上，国务院在2004 年发布了《宗教事务条例》，并在 2017 年进行了修订，对许多具体宗教活动进行规范。《宗教事务条例》第一条阐明了制定它的指导原则、根本方法、最终目的，"为了保障公民宗教信仰自由，维护宗教和睦与社会和谐，规范宗教事务管理，提高宗教工作法治化水平，根据宪法和有关法律，制定本条例"。第四条对国家保护正常的宗教活动进行了解释，"任何组织或者个人不得利用宗教进行危害国家安全、破坏社会秩序、损害公民身体健康、妨碍国家教育制度，以及其他损害国家利益、社会公共利益和公民合法权益等违法活动"。这是对政教关系的具体约定，即国家保护宗教信仰自由，但这种自由是有限度的，不能把宗教组织变成反对政府的特殊团体，直接或间接危害国家安全。宗教活动必须遵守公序良俗，不能破坏社会秩序、公民身体健康、其他公民的权益的事情。如有违反，国家将依法进行制裁。

根据中国是多民族统一国家的现实，《宗教事务条例》特别规定："任何组织或者个人不得在不同宗教之间、同一宗教内部以及信教公民与不信教公民之间制造矛盾与冲突，不得宣扬、支持、资助宗教极端主义，不得利用宗教破坏民族团结、分裂国家和进行恐怖活动。"宣扬宗教极端主义，在不同

---

① 《习近平在全国宗教工作会议上讲话：牢牢掌握宗教工作主动权》，新华社，2016 年 4 月 23 日。

民族、不同宗教、不同教派之间制造矛盾，破坏民族团结和国家稳定是近年来出现在中国政教关系上的突出问题，必须以法律的形式进行明确的规范。对于煽动宗教狂热，制造民族冲突，进行恐怖主义活动的宗教狂热分子，必须坚决依法进行打击。

3. 坚持独立自主自办的原则

近代民族国家的主权之一，就是管理本国宗教事务的权利。在欧洲的中世纪，罗马教皇就与各国封建政权就"主教叙任权"多次发生冲突甚至战争。经过了多年的宗教战争，欧洲大多数国家确认了"教随国定"的原则，将宗教管理的权限赋予各主权国家的君主和诸侯，民主革命后则赋予了各个民族国家。新中国成立之后对于天主教、基督教的改造，重点任务就是切断他们与帝国主义国家之间的关系，将天主教和基督教变成中国人自治、自养、自传的"三自"爱国教会。改革开放之后，随着国家对外经济发放的步伐，各种外国文化，包括宗教也进入我国。如何看待这种现象？是关起门来重回自我封闭的老路，还是在对外开放的环境中找到一条新路？这是时代摆在我们面前的一道政治题。

19号文件指出：当代的宗教工作，既要积极开展宗教方面的国际友好往来，又要抵制国外敌对势力利用宗教进行的渗透和颠覆活动。中国的佛教、伊斯兰教、天主教和基督教都是外来宗教，在国际上有众多的信徒。利用宗教的纽带可以很好地开展国际文化交往，为国家创造良好的政治、经济环境，为改革开放提供助力。"但是与此同时，国际宗教反动势力，特别是帝国主义宗教势力，包括罗马教廷和基督教的'差会'，也力图利用各种机会，进行渗透活动，'重返中国大陆'。"特别是在"苏东剧变"的过程中，一些宗教组织成了西方帝国主义搞垮社会主义国家的"别动队"，这一点充分说明我们党和政府坚持宗教必须坚持独立自办的正确性。1990年，老一辈革命家陈云在给江泽民同志的信中指出："最近看到几份有关宗教渗透日益严重，特别是新形势下披着宗教外衣从事反革命活动日益猖獗的资料，深感不安。利用宗教，同我们争夺群众尤其是青年，历来是国内外阶级敌人的一种惯用伎俩。……在这方面务必使它不能成为新的不安定因素。"① 因此，必须把坚持宗教组织独立自主自办，当成维护国家主权，反渗透、反颠覆的重要任务来坚持。

为了贯穿独立自主自办的原则，《宗教事务条例》规定："各宗教坚持独立自主自办的原则，宗教团体、宗教院校、宗教活动场所和宗教事务不受外国势力的支配。"针对涉外工作中可能出现的情况，《宗教事务条例》进行多方面的规定，如"对外经济、文化等合作、交流活动中不得接受附加的宗教条件"。只有合法的宗教团体方可以选派和接受留学人员，"其他任何组织或者个人不得选派和接收宗教留学人员"。关于宗教院校，"宗教院校聘用外籍专业人员，应当经国务院宗教事务部门同意后，到所在地外国人工作管理部门办理相关手续"。这样可以严格限制外国宗教界人士以教学交流名义到我国传教。"擅自组织公民出境参加宗教方面的培训、会议、朝觐等活动的"，"受境外势力支配，擅自接受境外宗教团体或者机构委任教职，以及其他违背宗教的独立自主自办原则的"，"违反国家有关规定接受境内外捐赠的"等行为，都属于违反了国家的宗教管理规则，要受到相应的法律制裁。通过这一系列细密的管理措施，可以有效保证我国的宗教是为社会主义建设提供和谐资源的文化团体，而不是帝国主义国家渗透颠覆的工具，最大限度地发挥宗教的正能量，化解其中的消极因素。

4. 积极引导宗教与社会主义社会相适应

新中国成立之后，很长一段时间内是由老一辈革命家李维汉担任中央统战部部长，主持宗教工作。主持统战工作和宗教管理工作的实践使他最早提出了宗教具有长期性、群众性、民族性、国际性、复杂性等"五性"观点。根据新中国成立后社会主义改造工作取得决定性胜利的基本事实，他指出："解放 12 年来……宗教界的情况起了根本的变化。"这就是说，曾经为封建统治阶级服务的宗教，现在已经发生了根本性的变化。针对这样的形势，我们党对宗教工作的重点就不是如何创造条件去消灭宗教，而是"宗教要与社

---

① 《新时期宗教工作文献选编》，宗教文化出版社 1995 年版，第 177 页。

会主义相适应"① 这一判断。这一观点虽然没有进入当时的中央文件，但是在改革开放之后经过进一步发展，成为党和政府宗教工作的根本方针。

"积极引导宗教与社会主义社会相适应"，首先明确了政府与宗教的主客关系。"相适应"不是一个自发的过程，不是两个并列的主体自发的接触、摩擦、自然适应，而是党政为主，宗教为辅，积极引导宗教适应社会主义社会。中国古代社会就有"政主教从"、"政主教辅"的历史传统，在新民主主义革命的过程中，中国共产党人找到了通过统一战线团结宗教界人士和广大宗教信徒，共同抗击帝国主义侵略和完成新民主主义革命任务的道路。在社会主义建设时期，在老一辈革命家的领导下，统一战线的历史和实践得到了进一步的发扬。在"文化大革命"运动中，党的统一战线传统遭到了严重的破坏，政教关系处于新中国历史最坏时期，因此改革开放之初党中央立即提出要恢复统一战线的优良传统。1979 年 9 月，中央统战工作会议文件《新的历史时期统一战线的新方针任务》指出："与对少数民族中的民族宗教上层爱国人士的统战工作，也应引起重视，落实对他们的政策，在政治上、生活上适当照顾。"②1982 年 19 号文件指出："在世界观上，马克思主义同任何有神论都是对立的；但是在政治行动上，马克思主义者和爱国的宗教信徒却完全可以而且必须结成为社会主义现代化建设共同奋斗的统一战线。"统一战线就成为我们党和政府积极引导宗教的重要方式和渠道。1991 年，江泽民提出处理同宗教界人士的关系的原则是"政治上团结合作，信仰上互相尊重"③。其中信仰上的互相尊重是统一战线存在的基础，没有这种尊重就会变成相互敌视、相互拆台。政治上的团结合作是手段，在党和政府的引导下，爱国宗教界人士团结广大的宗教信徒积极投身中国特色社会主义建设事业，政教双方找到了合作共存的道路。宗教最终与社会主义社会相适应则是宗教工作的目的，宗教界人士认同社会主义制度，就会出现政教和谐、宗教和谐、社会和谐的良好政治局面。习近平指出："在爱国主义、社会主义旗

---

① 李维汉：《统一路线问题与民族问题》，人民出版社 1981 年版，第 646 页。

② 《新时期宗教工作文献选编》，宗教文化出版社 1995 年版，第 12 页。

③ 江泽民：《保持党的宗教政策的稳定性和连续性》，新华社，1991 年 1 月 30 日。

帜下，同宗教界结成统一战线，是我们党处理宗教问题的鲜明特色和政治优势。"① 统一战线就成为在当代中国政教双方政治上团结合作的主要形式，其具体表现在如下方面。

第一，积极引导必须有明确的政治方向。在 2015 年中央统战工作会议上，习近平指出："积极引导宗教与社会主义社会相适应，必须坚持中国化方向，必须提高宗教工作法治化水平，必须辩证看待宗教的社会作用，必须重视发挥宗教界人士作用，引导宗教努力为促进经济发展、社会和谐、文化繁荣、民族团结、祖国统一服务。"② 中国的五大宗教除了道教出自本土，其他四种都来自域外，但是在千百年来的发展中，只要它们逐渐实现了中国化，就可以和中国的社会相适应，对于社会主义的中国也是如此。当代中国是一个法治国家，依法管理宗教事务，各种宗教才乐意与社会主义社会相适应。这种适应逐渐完成，就可以最大限度地发挥宗教的积极作用。"促进经济发展、社会和谐、文化繁荣、民族团结、祖国统一服务"③，在这些方面各种宗教组织都可以尽量发挥自己的特殊政治作用，对此绝不可以轻视和低估。

第二，政治上的高度信任。经过近代新民主主义革命艰苦战争环境的考验，经过了社会主义改造运动，当代中国各种宗教的代表人士都是中国共产党的亲密朋友。人民代表大会是中国社会主义的根本政治制度，中国共产党领导的多党合作和政治协商制度，是具有中国特色的制度安排，是我国政治生活中发扬社会主义民主的重要形式。改革开放 40 多年来，一些宗教界的爱国宗教领袖担任人大代表、政协委员，在中央到地方的"两会"上建议献策，为社会主义建设事业贡献力量。根据国务院新闻办公室 2018 年 4 月 3 日发布的《中国保障宗教信仰自由的政策和实践》白皮书，"中国约有 2 万

---

① 《习近平在全国宗教工作会议上讲话：牢牢掌握宗教工作主动权》，新华社，2016 年 4 月 23 日。

② 《习近平在中央统战工作会议上强调 巩固发展最广泛的爱国统一战线 为实现中国梦提供广泛的力量支持》，央视网，2015 年 5 月 20 日。

③ 江泽民：《保持党的宗教政策的稳定性和连续性》，新华社，1991 年 1 月 30 日。

名宗教界人士担任了各级人民代表大会和政治协商会议的代表、委员，积极参政议政，实施民主监督。"特别是在涉及人民群众宗教信仰自由、宗教界利益等问题上，他们提出大量的建议和提案得到政府的重视、采纳，为社会的和谐发展提供了重要的精神资源。

第三，充分发挥宗教团体和人士的政治作用。中国政府实行政教分离政策，严格禁止宗教干预行政、司法和教育，但是这不等于说宗教在社会上不能发挥任何政治作用。19号文件指出："各级爱国宗教组织的基本任务，是协助党和政府贯彻执行宗教信仰自由的政策，帮助广大信教群众和宗教界人士不断提高爱国主义和社会主义的觉悟，代表宗教界的合法权益，组织正常的宗教活动，办好教务。……真正成为有积极影响的宗教团体，成为党和政府争取、团结和教育宗教界人士的桥梁。"在团结信教群众方面，宗教团体、爱国宗教代表人士具有不可替代的重要作用，党政组织不能越俎代庖。历史的经验告诉我们，只要充分发动他们的积极性，就可以将广大信教群众紧密团结在党的周围，把他们的力量集中到建设中国特色社会主义事业上来。

第四，关心爱护和培养爱国宗教界人士。习近平说："要坚持政治上团结合作、信仰上相互尊重，多接触、多谈心、多帮助，以理服人，以情感人，通过解决实际困难吸引人、团结人。"[1] 党和政府高度关心重视宗教界人士的政治、生活、培养状况。"截至2013年年底，宗教教职人员医疗保险参保率达到96.5%，养老保险参保率达到89.6%，符合条件的全部纳入低保，基本实现了社保体系全覆盖。"[2] 在改革开放初期，这种关心主要表现在平反冤假错案、归还被抢占的宗教房产、地产，使"文化大革命"的后遗症得到纠正。"目前依法登记的宗教活动场所14.4万处。佛教寺院约3.35万座，其中汉传佛教2.8万余座，藏传佛教3800余座，南传佛教1700余座。道教宫观9000余座。伊斯兰教清真寺3.5万余处。天主教教区98个，教堂和活

---

① 《习近平在全国宗教工作会议上讲话：牢牢掌握宗教工作主动权》，新华社，2016年4月23日。

② 《中国保障宗教信仰自由的政策和实践》白皮书，国务院新闻办公室，2018年4月3日。

动堂点 6000 余处。基督教教堂和聚会点约 6 万处。"① 随着改革开放的深入,对于宗教界的关心主要转到了教育和引导方面。明清以来,中国的传统宗教就存在着大多数教徒文化素质偏低的情况,天主教和基督教徒也存在文化素质不均衡的情况,而且一部分文化素质较高的人还存在着受西方思想影响严重的情况。改革开放之后,党和政府一方面支持五大宗教爱国宗教组织举办了多层次的佛学院、道学院、经学院、神学院,支持宗教组织的人才培养工作。"截至 2020 年 9 月,经国家宗教事务局批准设立的宗教院校共 94 所,其中佛教 43 所,道教 11 所,伊斯兰教 10 所,天主教 9 所,基督教 21 所。"②同时也利用中央和地方各级统战部门、宗教管理部门、部分高等院校举办各种类型的宗教界人士学习班,提高现有宗教界人士的文化水平,重点培养青年宗教爱国人士,使中国宗教爱国爱教的优良传统得以世代传承。

习近平在中国共产党第十九次全国代表大会的报告中指出:"统一战线是党的事业取得胜利的重要法宝,必须长期坚持。要高举爱国主义、社会主义旗帜,牢牢把握大团结大联合的主题,坚持一致性和多样性统一,找到最大公约数,画出最大同心圆。"③ 实现民族复兴的中国梦,就是全国人民的最大公约数、最大同心圆,实现这一伟大梦想就是当代统一战线的坚实基础。各种宗教可以充分发挥积极作用,配合国家的战略部署,为促进经济发展、社会和谐、文化繁荣、民族团结、祖国统一服务。

5. 宗教界积极参加中国特色社会主义建设

正如在各全国性宗教团体章程中所表述的,中国的宗教界真诚拥护中国共产党的领导,团结本教的全体信徒,积极参与到中国特色社会主义建设中来,爱国爱教,发挥宗教的积极作用。④ 改革开放 40 多年来,中国的

---

① 《中国保障宗教信仰自由的政策和实践》白皮书,国务院新闻办公室,2018 年 4 月 3 日。

② 《中国保障宗教信仰自由的政策和实践》白皮书,国务院新闻办公室,2018 年 4 月 3 日。

③ 习近平:《决胜全面建成小康社会 夺取新时代中国特色社会主义伟大胜利——在中国共产党第十九次全国代表大会上的报告》,人民出版社 2017 年版,第 39—40 页。

④ 参见《中国佛教协会章程》、《中国道教协会章程》、《中国伊斯兰教协会章程》、《中国基督教协会章程》和《中国天主教协会章程》。

各种宗教都获得了顺利发展，宗教场所恢复，信教群众快速增加。在各级党和政府的积极引导下，各种宗教都在努力使自己的宗教教义和活动与社会主义社会相适应，发挥自己的积极作用。我们可以将其简单概括为这样几个方面。

第一，积极发挥宗教的道德教化作用。由于近代中国传统伦理的中断，当代社会市场经济的快速发展，西方不良思想的错误影响等诸多原因，当代社会出现了价值混乱、道德滑坡的严重问题，甚至影响了市场经济的秩序和社会政治生态。在这方面，中国各种宗教有很多道德教化资源可以为构建和谐社会尽力。例如，佛教教育人们"诸恶莫作，众善奉行"、"五戒"、"六度"、"十善"、"生死轮回"、"因果报应"等，都可以起到止恶扬善的作用。道教"清静无为"、"道法自然"、"清心寡欲"、"扶困济危"、"多行不义必自毙"等因素，可以教育信徒节制自己的欲望，放弃不正当竞争，遵纪守法。伊斯兰教认为"真主的确命人公正、行善、施济亲戚，并禁止人淫乱、作恶、霸道"（《古兰经》16：90），这是对穆斯林道德生活的重要指引。基督教和天主教的《圣经》教育人们要"爱人如己"，天主十诫除了宗教方面的规定，在世俗社会要求人们孝敬父母、毋杀人、毋行邪淫、毋偷盗、毋妄证、毋愿他人妻、毋贪他人财物等，都是具体的社会道德要求。这些世俗的道德规范如果再加上彼岸世界的奖赏和惩戒，就会加大推行的力度，产生重大的社会影响力。

第二，心理疏导作用。毋庸讳言，中国将长期处于社会主义初级阶段，在市场经济的大环境下，贫富两极分化的现象客观存在，而且在短时间内难以消除或根本改观。五大宗教都产生于古代阶级剥削社会，其为统治阶级辩护，麻痹人民群众的作用不可否认。但是，对于这种作用在不同历史时期的影响也应当具体评估。除了需要进行社会革命的时期，这种宗教的心理疏导功能之积极意义也不可否认。特别是在当代社会主义社会，阶级剥削问题已经基本解决，社会上的绝大多数问题都是人民内部矛盾。一些诸如贫富差异的问题已经不能再用革命的方法解决，而只能依靠发展社会生产力和内部分配关系加以调整。这是一个相当长的历史过程，需要人民群众有一定耐心。

佛教认为，人生"苦谛"的原因就是心中的"无明"作怪，因此才有"生老病死"、"求不得"、"怨憎会"、"爱别离"诸苦。只要看破了"法执"和"我执"，放弃了心中的欲望，就可以达到"顿悟"的"涅槃"境界。道教认为"祸莫大于不知足，罪莫大于可欲，咎莫大于欲得"（《老子》四十六章）。只要做到了"少私寡欲"、"无己无待"、"不为物累"，即可获得心灵的解脱和自由。伊斯兰教主张"中道"，反对过分的占有和贪婪，"既不挥霍，又不吝啬，谨守中道"（《古兰经》25∶67）。例如对于饮食，他们主张"信道的人们啊！真主已准许你们享受佳美食物，你们不要把它当作禁物，你们不要过分"（《古兰经》5∶87）。天主教和基督教都认为，正是因为人类的始祖亚当和夏娃偷吃了"智慧果"，犯了"原罪"，因此才被罚出伊甸园来到人间受罪。因此，欲望就成了一切苦难的根源，只有按照《圣经》的教诲清修苦行，慈悲行善，才能在世界末日到来的"末日审判"中得到上帝的赦免。因此他们把骄傲、吝啬、迷色、忿怒、嫉妒、贪饕、懒惰作为"七宗罪"而加以禁绝。基督教教导人们，努力工作是为了尽自己的"天职"，增加上帝的"荣耀"，而不是为了自己的消费和享乐。"苦行主义"、"清教徒精神"一直是西方资本主义社会发展的重要精神资源，对于促进市场经济的发展产生了积极作用，也可以在中国的社会主义市场经济中产生积极的调节作用。

第三，社会慈善思想与行动。世界各种宗教不仅教导信徒要节制自己的欲望，疏导心理求得消极的平衡，而且主张通过信徒的慈悲精神积极为社会作贡献，主动调节社会的贫富差别，为社会和谐发展提供支撑作用。佛教认为"慈悲是佛法的根本"，《大智度论》云："大慈与一切众生乐，大悲拔一切众生苦"，修佛法就要普爱众生。佛教将"布施"作为求得解脱的六条重要路径之一（六度），能够治疗心中的悭贪吝啬，改善社会的贫困苦难。同时佛教还认为，布施也是在为自己种植来世的"福田"，为利他的行为提供了利己的心理动机。道教认为"太平"是大道的本质，"天之道损有余而补不足。人之道则不然，损不足以奉有余"（《老子》七十七章）。因此削富济贫，救济苍生是道教重要的社会理念。"是以圣人常善救人，故无弃人。"（《老子》二十七章）伊斯兰教认为："你们当崇拜真主……当怜悯孤儿，当救济贫民。"（《古兰经》4：36）他们将财物不是看成私人的物品，而是真主让人暂时保管的，属于真主，因此不要贪吝。"你们的财产，本是真主给你们用来维持生计的，你们不要把它交给愚人，你们当以财产的利润供给他们的衣食。"（《古兰经》4:4）所以伊斯兰教"五功"中有一项重要的规定交"天课"，可以在很大程度上在本教坊、教派内部调整贫富差异。天主教和基督教中同样具有大量鼓励慈善的思想资源，"天主爱乐捐的人"（《哥林多后书》9:7—8），因为"依靠钱财的人进神的国，是何等的难哪！骆驼穿过针的眼，比财主进神的国还容易呢"（《马太福音》）。因此人不要对身外之财看得太重，而要乐于将其捐献出去，帮助贫苦的弟兄，"有人慷慨好施，反而更富有"（箴言11：24）。中国的五大宗教在当代社会慈善事业方面发挥了巨大的作用，无论 1998 年大洪水，2008 年汶川大地震，台湾 1999 年大地震，2003 年抗击"非典"、赞助希望工程……中国宗教团体和信仰群众都站在了社会的前列，为赈济灾民、灾后重建、支持教育事业、调节社会贫富差别贡献了巨大的力量，获得了很好的社会声誉。仅仅"从 2012 年起，宗教界依据《关于鼓励和规范宗教界从事公益慈善活动的意见》，每年开展'宗教慈善周'活动，捐款数额累计超过 10 亿元"①。

第四，发扬宗教护国守法传统。宗教是没有国界的，宗教徒却是有国籍的，中国的宗教自古以来就有"护国弘法"的优良传统。新中国成立初期各宗教团体成立时，其宗旨都有"爱护祖国"一条，改革开放时期变成了"爱国爱教"的积极实践。佛教认为佛法可以"令人威德日就增进，国土炽盛，人民丰乐"②。道教的各种法会，总是把"国泰民安，风调雨顺"作为祈求的总目标。伊斯兰教则明确规定："爱国是信仰一部分"。天主教和基督教则教育信徒"每人要服从上级有权柄的，因为没有权柄不是从天主来的"（《罗马书》13：1）。公民要服从国家的管理，因为权力来自上帝的赐予。"该给谁纳税，就纳税，该敬畏的，就敬畏，该尊敬的，就尊敬。"

---

① 《中国保障宗教信仰自由的政策和实践》白皮书，国务院新闻办公室，2018 年 4 月 3 日。

② 《大般涅槃经》第 1 卷，见《大正藏》第 12 册，第 378 页。

(《罗马书》13：7) 在改革开放进程中，遵守法律是社会得以和谐发展的重要因素。对于维护祖国统一，反对民族分裂，批判"法轮功"邪教，各大宗教组织都站在了斗争的前列，产生了重大的政治影响。特别是在反对宗教极端主义、民族分裂主义和暴力恐怖主义的斗争中，伊斯兰教处于极为重要的地位。一些宗教极端分子歪曲利用经典中的某些文字，迷惑不明真相的群众，煽动他们参与各种制造民族分裂、破坏民族团结的活动。针对各种极端主义言论，伊斯兰教协会组织大批德高望重的宗教人士正确解读《古兰经》，阐述伊斯兰教"中道"思想。穆圣说："万事以中道为佳"，"我这样以你们为中正的民族"（《古兰经》2：143），"真主的确不喜欢过分的人"（《古兰经》5：87）。对于那些肆意鼓吹"圣战"，制造自杀式恐怖袭击的歹徒，宗教界人士指出：伊斯兰教反对自杀，"你们不要自杀，真主确是怜悯你们的"（《古兰经》4：29）。至于攻击手无寸铁的平民的恐怖行为，《古兰经》说："凡枉杀一人的，如杀众人。"伊斯兰教界，特别是新疆的宗教界爱国人士在反对宗教极端主义、民族分裂主义的斗争中起到了他人无法取代的积极作用。

第五，积极参与"一带一路"建设，促进国际交流。中国的佛教、伊斯兰教和基督教，都是通过古代的"丝绸之路"和"海上丝绸之路"进入中国，"一带一路"成为中国文化与外部世界的一条重要交流纽带。改革开放以来，我国宗教界积极开展对外宗教界交流工作，为对外开放事业主动营造了和平友好的氛围。例如，佛教界开展的纪念鉴真东渡日本、佛牙佛指舍利巡游东南亚、中日韩三国佛教"黄金纽带"、世界佛教论坛等；道教界参与"世界宗教与环境保护首脑会议"、组织"国际道教论坛"、福建妈祖巡游台湾等；伊斯兰教协会几十年多次组织大量中国穆斯林赴麦加朝觐、参与大陆与港澳台穆斯林联谊会、参访伊斯兰教国家、接待友好使团访问等；天主教和基督教也同样参与了多项国际合作交流活动。2016年，国家宗教局承办亚洲博鳌论坛"宗教领袖对话"分论坛，以"心平天下平——同愿同行亚洲梦"为主题，积极配合国家的"一带一路"倡议。十八大之后，中国提出了"一带一路"倡议，将其作为共建人类命运共同体的重要途径，中国各宗教组织积极参与，利用本身的资源积极配合国家的国际交流战略。在近几年中，几乎所有的宗教团体都举行过关于"一带一路"倡议与宗教的责任之类的研讨会，为中国文化"走出去"，广交朋友，促进各宗教的交流对话，为国家在"一带一路"沿线塑造了良好形象，用宗教文化为经济建设铺路而努力。

（四）探索新时代中国特色社会主义政教关系理论

党的十九大报告指出：中国特色社会主义已经进入了新时代。当代中国正带着政治、经济、文化建设的丰硕成果逐步走近世界舞台中央，也就要求我们要以高度的道路自信、理论自信、制度自信和文化自信，创新具有中国特色的，适应新时代需要的哲学社会科学理论。

习近平在 2016 年 4 月全国宗教工作会议上指出："做好新形势下宗教工作，就要坚持用马克思主义立场、观点、方法认识和对待宗教，遵循宗教和宗教工作规律，深入研究和妥善处理宗教领域各种问题，结合我国宗教发展变化和宗教工作实际，不断丰富和发展中国特色社会主义宗教理论，用以更好指导我国宗教工作实践。"[1] 政教关系理论，是中国特色社会主义宗教学理论的重要组成部分，我们完全应当有信心和能力，在马克思列宁主义、毛泽东思想、邓小平理论、"三个代表"重要思想、科学发展观和习近平新时代中国特色社会主义思想指引下，超越西方近代的政教关系理论框架和格局，创造性地提出和发展具有中国特色的政教关系理论。

从本章第一节对当代西方政教关系的状态和理论的考察中我们已经可以得出结论，西方自己也早已超越了启蒙运动简单的"政教合一"、"政教分离"的二元对立状态。发达国家政教分离的结果并不是完全的脱离，谁也不管谁，而是在各自独立发展基础上的相互配合关系。既有美国式的间接配合，也有欧洲式的直接配合。而通过对中国新民主主义革命时期、社会主义建设

---

① 《发展中国特色社会主义宗教理论　全面提高新形势下宗教工作水平》，《人民日报》2016 年 4 月 24 日。

时期和改革开放时期统一战线的形成与发展，通过梳理几代中国共产党领导人对于宗教问题的论述，我们可以清晰地看到中国当代社会政教关系的发展轨迹。随着不同时期革命任务的变化，中国共产党领导人根据中国的国情找到了与宗教团体和宗教界人士的相处之道——"政治上团结合作，信仰上互相尊重"。因此，我们倾向于将中国当代的政教关系表述成：在政教独立发展基础上，由党和政府积极引导的政教合作关系。这样一种认识既是对政教关系本质的正确表达，也是对中西方当代政教关系实践经验的总结，有助于突破近代以来对与政教关系简单"合一"、"分离"机械的理解，正确定位当代中国政治与宗教的身份地位，建构更加和谐的政教关系。

第三节　中西当代政教关系比较研究

在经过了对中西方当代政教关系的详细描述之后，本章的最后将对中西方当代政教关系的特点进行比较。中西方在古代、中世纪、近代曾经存在相当大的社会形态差距，政教关系自然也存在很大不同。经过近代现代一百多年的发展，由于经济、政治、文化的广泛交流，中西方社会发展水平的差异日渐缩小，精神文化也在很多方面趋同。可是由于社会制度的差异、历史文化的差异，所以形成了中西政教关系不同的特点，同中有异，异中有同，需要我们认真辨析。既需要吸收西方文明先进的经验，也不能削足适履，照搬照抄，关键是要走适合中国国情的道路。

一、中西当代政教关系的差异性

（一）文化结构的差异

西方文化的基本结构是"两希"文化的合流，其中既有古希腊、罗马文化中的理性主义、人文主义，也有希伯来文化中的虔诚信仰、超越精神。特别是经过了罗马帝国的整合，基督教成为西方国家中世纪各封建王国的"国教"，宗教神圣不可侵犯，人民必须虔诚信仰宗教成为全体国民的一种共识。尽管经历了近代启蒙运动的冲击，对于罗马教廷的神圣性动摇较大，但是人民一般还是认为宗教是人生的必须。从人口统计来看，无论欧洲还是美国，自称信仰基督教的人仍然占有人口的大多数。在一定意义上，可以说西方仍然处于大多数人信仰宗教的状态，尽管这种状态也在受到市场经济、科学技术、理性主义的冲击。在这样一种文化背景之下，无论是实行政教分离还是政教合作，宗教都依然对西方政治存在重大影响。正如美国学者威尔逊所说："有趣的是，在启蒙运动所识别的诸如艺术、音乐、文化甚至经济等所有其他现象中，就范围和能动性而言，政治思想和宗教最相匹配。这间接证明即使在概念层面，宗教与政治也从来就是相互作用的。"① 在本章第一节中我们详细分析了，在西方无论是为政治权力合法性进行论证，还是对公民进行道德教化，基督教都处于不可替代的位置。相应地，无论国家制定什么样的法律，其立意主要都是在于保护宗教、保护公民的宗教自由。

反观中国，从春秋战国的轴心时代开始，中国思想界就经历了一次"疑天"、"怨天"的思想冲击。当时出现的诸子百家，大多数对天命鬼神都是持一种理性主义的态度。特别是孔子的儒家思想，对于宗教持一种"敬鬼神而远之"的态度，对"三代"留传下来的文化经典进行了人文化的解构。汉武帝确定了"罢黜百家，独尊儒术"的政治方针，人文化的儒学从此站稳了中国政治意识形态的地位。在儒家"和而不同"价值观的影响下，中国本土产生了道教和各种民间宗教，从域外传来了佛教、伊斯兰教和基督教。但是，这些宗教都不能染指政治权力与政治意识形态，只能在服从政治的大前提下，发挥一定的辅助作用。这样一种文化心态影响了现当代的思想家，他们都很难将宗教看成社会必须、基础性的文化，甚至或多或少带有某种轻视。近代思想家对于西方启蒙运动进行了"中国式的理解"，将宗教统统看成是

---

① ［美］约翰·F. 威尔逊：《当代美国的宗教》，徐以骅等译，上海人民出版社 2013 年版，第 42 页。

愚昧、落后、保守、反科学等，属于应当清除的"糟粕"。"以科学代宗教"、"以伦理代宗教"、"以哲学代宗教"等观念的传布，成为马克思主义辩证唯物主义和无神论思想在中国落地生根的文化基础。当代中国将马克思主义对中国各项事业的指导地位写进了宪法，无神论观念也是其重要组成部分。这就决定在当代中国，宗教从来未曾发挥过对社会政治的重大影响，反而多次出现因错误对待而受到压抑。在中国的文化土壤上，希望全体公民产生西方那样的对于宗教的虔敬心理也是不现实的。相反，各种宗教特别是外来宗教要主动走中国化的道路，才能够在中国大地上生根开花，变成中华文化的组成部分。

（二）政治制度的不同

西方国家率先在世界上进行了资本主义的政治革命，建立了完善的市场经济制度，因而创造了发达的生产力。西方国家从古希腊和古希伯来的传统中发展出现代"人民主权理论"和"社会契约理论"，并在此基础上形成了多党制、票选制度、任职限期、权力制衡、三权分立等一系列西方引以为傲的所谓"民主制度"。在一定的历史时期，这种西方式的民主制度适应了西方的历史文化土壤，极大地保护了西方的市场经济制度，在短短的时间内创造了大量的物质财富。

凭借这种物质文化的优势，西方国家也将自己的成功模式当成"普世价值"在全球推广，希望其他国家也采用同样的政治制度，接受同样的市场经济模式，以便于他们利用先发优势争取更多的经济利益。但是，世界上很多事情都存在"南橘北枳"的现象，在西方国家普遍适用的规律，到了发展中国家则成为失败的尝试。托克维尔曾说："美国的联邦宪法，好像能工巧匠创造的一件只能使发明人成名发财，而落到他人手中就变成了一无用处的美丽艺术品。"① 其实他说得很客气了，何止是艺术品，有时候甚至会变成杀人的毒药。学习先进国家的经验固然重要，但更重要的是一定要结合实际灵活

---

① ［法］托克维尔：《论美国的民主》，董果良译，商务印书馆2009年版，第186页。

运用。1840 年之后，中国曾经认真地学习西方，君主立宪制、民主共和制都曾经在中国进行过实践，或者以失败而告终，或者发生严重的变形。中国没有古希腊、罗马多种政治势力相互牵制的传统，没有欧洲中世纪政教冲突的经历，因此西式的民主无法得以实现。最后还是从西方传来的马克思主义理论经过与中国实际相结合的实践，中国共产党人才在其指导下领导中国人民取得了民族解放和国家独立的伟大胜利。经过几十年的艰苦探索，中国建立和完善了人民代表大会这一根本政治制度，中国共产党领导的多党合作和政治协商制度、民族区域自治制度、基层群众自治制度等一系列适应中国国情的中国特色社会主义政治制度。特别是经过了 40 多年的改革开放，中国人民已经空前接近民族复兴伟大事业的成功，因此我们具有充分的道路自信、理论自信、制度自信和文化自信。我们不必处处唯西方马首是瞻，处处与西方政治制度"对表"，用是否符合西方的模式作为判断当代中国政教关系是否正确的标准。

（三）思维方式的差异

西方国家民众普遍信仰的基督教从犹太教发展而来，"除了我以外，你不可有别的神"是其第一条的戒律。因此基督教从诞生之日起，就是一神教，具有浓郁的排他性色彩。经过了宗教改革启蒙运动，基督教的排他性有所改变，特别是那些启蒙思想家希望将其改造成没有排他性的"公民宗教"，绝大多数西方国家都在宪法中明确规定公民具有宗教自由。然而经过长期的宗教实践的熏陶，在古代基督教排他性信仰中形成的一种"二元对立"的思维模式，却是很难根本改变的，如主观与客观、本质与现象、神圣与世俗、自我与他人、宗教与政治等等。特别是在全球化的时代，世界各个民族国家之间利益矛盾尖锐化，又很容易诱发宗教原教旨主义思潮的萌生，并最终导致对于其他宗教、教派的排斥。表现在政教关系上，这种宗教原教旨主义的思潮在国际政治上表现明显，最典型的例子莫过于美国《1998 年国际宗教自由法案》。美国将自己国家对于宗教自由的理解当成了干涉他国宗教事务的大棒，随意指责不同意他们观念的国家和个人，中国经常首当其冲。

正如美国著名宗教学家威尔逊所说："大部分基督教派别，以及犹太教传统的一些派别，都把宗教理解为是与现实日常世界截然分离的。这种思维方式的一个后果，就是假定一个特定行动、行为或思想所指涉的非圣即俗。这种非此即彼的公式体现了西方思维的特征，而且通常较为包容，也许体现亚洲行为和信仰方式特征的对社会与文化的理解形成对照。"①

中国自古就是一个多元宗教并存的国家，造成这种现象的原因，主要是由于中国政治意识形态是一种世俗化的哲学。如果从社会功能角度看，儒学的地位基本等同于中世纪的基督教；如果从文化性质角度看，尽管儒学也包含一定的宗教因素，但是其主体仍然是世俗的。可以说儒学是古代中国的"国教"，但是这国教对于其他涉及超验世界的宗教而言不仅没有排他性，反而可以形成一定的互补。古代儒学与其他宗教的关系，是由儒学的世界观和方法论决定的，即"和而不同"。一方面主流意识形态允许其他非主流意识形态存在和发挥作用；另一方面各种文化都需要求同存异，尽量发掘彼此的共同点而不是相反。因此中国的佛教可以将"五戒"等于儒家的"五常"，以"神道"弘扬"孝道"；伊斯兰教则提倡既要"顺主"，也要"顺君"、"顺亲"；基督教不仅要孝敬"君父"、"家父"，还要孝敬"天父"。这样一种思维定式影响到当代，在中国就可能出现无神论与宗教徒之间"政治上团结合作，信仰上互相尊重"的统一战线。在当代中国，信仰宗教的人和不信仰宗教的人，信仰这种宗教的人和信仰那种宗教的人，信仰不同教派的人都可以求同存异，在建设中国特色社会主义事业中同舟共济、共谋发展。如果用西方式的思维看待中国，中国共产党领导的统一战线制度、政治协商制度都没有合法性，但这恰恰是中国新民主主义革命和社会主义建设事业胜利的"法宝"。

（四）价值观念的差异

由宗教信仰结构不同所决定，中西方人的价值观念存在着巨大的差异。

---

① ［美］约翰·F. 威尔逊：《当代美国的宗教》，徐以骅等译，上海人民出版社 2013 年版，第 162 页。

中国与西方在价值观上的差异是多方面的，本书只能就政治价值而言。在本章第一节中，我们已经说明：西方政治文化中的核心理念人权、平等、自由、契约等，都可以在基督教信仰中找到价值源头。特别是经历了宗教改革运动，新教提出了"因信称义"的观念，强调在上帝面前人人平等，只有凭着自己的信仰才能获救，其余任何力量都是无助的。因此决定了西方人权、平等、自由等观念，都是建立在个人主义基础上的。正如美国政治学家塞缪尔·亨廷顿所说："十八世纪末十九世纪初以来，美国一直存在着某些基本的政治价值和理念，可称之为'美国信念'"。① 并说："美国信念的价值观是自由主义、个人主义、民主主义、平等主义。"② 这样就形成了美国价值观念中个人高于群体、自由重于秩序、权利先于义务、对立高于统一的特点。用这样一种价值观看待国家政治，西方人将个人看成是国家的本质，如《独立宣言》所说：是为了维护人人平等、自由的权利才成立了政府。如果政府破坏了人的这种权利，人民有权废除它。所以从西方式的价值观念出发，民众与政府的对立成为主导精神，人人都要睁大眼睛盯着政府，把"抵抗权"作为人权的核心表达。凡是涉及人权问题，首先考虑维护个人制衡政府的权利。如著名宗教学家威尔逊所说："关于美国社会的政治发展我们同样可以这样说，并且有理由把这种政治指称为'反国家政治'。"③ 但是，西方人这种个人主义又通过虔诚的信仰，在教堂中、在彼岸世界得到了疏解，获得了权力与责任的平衡、利己与利他的平衡、自由与秩序的平衡、平等与角色的平衡、财富与慈善的平衡。在当代西方的政治生活中，基督教信仰不仅是政治权力的消解性因素，也是凝聚性因素，对社会的平衡发展提供了重要的文化基础。

当代中国人的价值观一部分来自传统，一部分来自西方。就以儒学为主体的传统价值观念而言，是与建立在基督教信仰之上的西方价值观大相径庭

---

① ［美］塞缪尔·亨廷顿：《失衡的承诺》，周端译，东方出版社 2005 年版，第 16 页。

② ［美］塞缪尔·亨廷顿：《失衡的承诺》，周端译，东方出版社 2005 年版，第 4 页。

③ ［美］约翰·F.威尔逊：《当代美国的宗教》，徐以骅等译，上海人民出版社 2013 年版，第 40 页。

的。中国古代社会是建立于小农经济基础之上的宗法宗族社会，儒学以"孝道"为核心的价值观念，很好地反映了当时社会的发展需要，因此能够战胜其他诸子获得"独尊"的地位。古代中国从汉代开始倡导"以孝治天下"，将儒家的"家国情怀"变成了中华民族的共同价值。对于这种价值的特点，当代著名学者陈来先生概括为："责任先于自由"、"义务先于权利"、"群体高于个人"、"和谐高于冲突"。①应当清楚地认识到，这种中华价值就是中国特色社会主义道路最深厚的沃土，这种中西价值观的差异，在政治上首先表现于对于人权序位的认知。西方一些人总是站在他们自己的价值本位上看待中国，指责中国人没有人权，突出的表现就是公民没有宗教自由。在西方人看来，人的权利都是上帝赋予的，因此信仰上帝、敬拜上帝就是最重要的自由权利。可是在中国人的价值观念中，父母、家庭、亲情、国家则是高于个人的，而这些关系的和谐首先需要社会的发展，所以人民的经济发展是首位的人权。至于宗教信仰，自古以来都是个人的"私事"，而且都必须建立于衣食温饱的基础之上，大多数人不会认为信仰的权力高于温饱的权利。当代中国社会主义核心价值观的建立，第一个概念就是"富强"，也表明大多数人民将国家的富强看成最重要的社会价值，这是一种最大的政治认同。不过当代中国人的价值观念还有一部分来自西方，一些人没有分清这些观念的来龙去脉，就将那种建立于西方文化土壤之上的价值序位奉为金科玉律，用西方人的观念指责自己的国家，只能产生出一些与中国特色社会主义南辕北辙的结论。

二、中西当代政教关系的共同性

我们比较研究中西方政教关系，既要看到其中的差异，也要看到其中的共同性。看到差异是为了找到中国道路的特色，增加我们的自信；看到共同性则是为了看到世界各种宗教发展的大趋势，更好地设计中国政教关系的

---

① 参见陈来：《中华文明的核心价值》，生活·读书·新知三联书店 2015 年版，第51—56 页。

未来。

（一）政教合作成为中西方共同的实际状态

近代以来，经历了宗教改革和启蒙运动，政教分离成为建设现代化国家的一种根本共识。而环顾全球，很多国家在现代化建设道路上举步维艰，一个重要原因就是无法很好地实现政教分离。实现了政教分离的国家，一般都会在宪法和其他法律中规定：宗教不得干涉国家的行政、司法和教育。不过由于翻译上的原因，国人对政教分离也有很大的误解：将宗教与政治权力、政治意识形态的分离当成了与全部政治的分离；误以为实现了政教分离，就不允许宗教发挥任何政治作用，将其变成完全的"私人事务"；或者因为其是"私人事务"，指责任何政府管理宗教事务的行动。正如前文引证，当代一位杰出的宗教社会学家侯赛·卡萨诺瓦提出了一个"公共宗教"的概念。他指出，与世俗化理论的"私人化"命题相反，当代宗教的发展实际上表现出一种"去私人化"的趋势。中国宗教学家卢国龙不无讽刺地说："近年流行的所谓宗教信仰是个人私事云云，揆诸历史和现实，与其说是一种严肃而成熟的理论，不如说是一种愚人节的善意玩笑。"① 从西方和中国近代以来的实践看，宗教私人化只能是指社会成员对于信仰的选择是完全私人的事情，任何政府机构和团体都不能强迫干涉人们的自由选择权利。但是在任何时代，宗教的社会功能都不可能完全变成私人的事情。宗教的社会性、政治性，无论在任何时代都是无法掩饰的，只要它不干涉国家行政（政治权力），不被定位唯一的"国教"（政治意识形态），就应当说是实现了政教分离。政教分离的正确含义应当是政治与宗教的运行原则相互分离，不再允许用"君权神授"作为政治的合法性依据，也不得用政治权力干涉公民的宗教信仰自由。但是作为一种大型的社会团体，宗教在政治文化领域，可以发挥重大的政治影响力。西方宗教学家在批评过"政教分离"这一词汇的不确定后指出：

---

① 卢国龙主编：《宗教在文化战略中的地位和作用》，中国社会科学出版社2014年版，第101页。

"另外一个词可能更清楚地阐明这个问题：很多人都谈到的教会与国家相互独立。这个词强调的不仅仅是业已存在的自由，而且也强调彼此关照，至少要求双方接受彼此的存在。"① 通过近代以来"政教分离"改革的发展，西方国家的政府与宗教实际上形成了在彼此独立基础上的相互合作。"分离"的是各自的运行原则，而不是彼此作用领域的空间。

就西方国家而言，宗教发挥政治作用的方式可以分成间接合作与直接合作两种。美国宗教以新教为主，新教的特点就是缺乏宗教的中心，各个教会之间缺乏隶属关系，独立发展争夺宗教市场。受到宪法第一修正案的限制，美国各级政府不会直接资助各种宗教。但美国实行小政府大社会政策，给各种宗教自由发展留出了足够的空间。美国政府不会直接为宗教学校拨款，但是给所有宗教团体以税收的优惠；美国的公立学校不得开设宗教课程，但是所有学生周一都要按着胸口宣读包含"在上帝庇护下"文字的效忠誓词；美元上印有"我们信仰上帝"的字眼，总统要按着《圣经》宣誓；等等。可以说宗教成为美国政治的基石。至于欧洲，由于历史的传统与多国实行民主社会主义、高福利制度的影响，宗教与多国政府实行的是直接合作。有的国家宣布某一种宗教为自己的国教，突出这种信仰在文化的重要地位。很多国家规定宗教课程必须进入公立学校和私立学校，教师由教会指派，薪水由政府发放，在学校、军队、监狱任职的宗教人员可以享受公务员的福利。欧洲学者甚至将"政教合作"当成当代的一种政教关系类型。有学者指出，政教分离是一种不准确的表达，合作才是其实质。还有一点需要说明，尽管宗教社会地位依然崇高，但是政教关系还是由民选政府主导的。正如美国法学家伯尔曼所说："二百年前，在具有重要道德维度的社会生活事务上，政府是宗教的婢女；而今天，在于个人信仰和集体敬拜相对的社会责任上，宗教是政府的婢女。"②

中国当代的政教关系在中国共产党的指导下发展，表现为"党的宗教工

① ［德］格哈德·罗伯斯主编：《欧盟的国家与教会》，危文高等译，法律出版社 2015 年版，第 4 页。

② ［美］伯尔曼：《信仰与秩序——法律与宗教的复合》，姚剑波译，中央编译出版社 2011 年版，第 211 页。

作基本方针"，即"要全面贯彻党的宗教信仰自由政策，依法管理宗教事务，坚持独立自主自办原则，积极引导宗教与社会主义社会相适应"。其中贯彻宗教信仰自由政策是总原则，依法管理宗教事务是方法，坚持独立自主自办是道路，积极引导宗教与社会主义社会相适应是目的。实施这四个方面的总战略，其中党和政府的积极引导是关键。中国新民主主义革命的胜利和社会主义建设、改革的成就都充分说明，中国的事情不能离开党的领导。中国共产党是工人阶级和中华民族的先锋队，是中国最广大人民群众利益的总代表，是中国特色社会主义事业的领导核心。拥护中国共产党的领导，团结信教群众积极参加中国特色社会主义事业，这是中国各个爱国宗教协会章程的根本规定，也规定了中国当代政教关系的根本性质。党和政府是政教关系的引领者，各种宗教团体与信教群众积极配合，构成了一种中国式的政教合作关系。

由于中国的社会经济结构和政治体制与西方的根本差异，中国的政教合作关系不同于西方式的政教合作关系，因此不能简单套用西方的具体做法，更不能用西方的做法指责中国。例如，中国特色社会主义以公有制为主体，通过新中国成立初期的社会主义改造征收了所有寺院、道观、教堂的土地和财产。在这种情况下，国家直接出资修建一些具有历史文化价值的宗教建筑，只能看成是中国式的政教合作，不能说是政府违反政教分离的规定资助宗教事业。在政治上，中国不走西方"代议制"的间接民主制度，而是实行人民直接参与的人民代表大会制度。因此，在人民代表大会上或政治协商会议上，选举部分宗教界的代表人物参加会议，直接代表广大信教群众反映他们的利益诉求，对社会主义事业建言献策，对此也绝对不能用西方国家的做法来指责中国存在宗教干政。"三权分立"是西方资本主义国家的基本政治制度，其核心是立法权、司法权和行政权相互独立、互相制衡。"三权分立"的政治结构给人一种假象，即宗教事务完全交由立法和司法部门处理，"政治"已经不再或者很少干预宗教事务了，其实这里所说的"政治"只应是"行政"。用西方"三权分立"的模式指责中国共产党的集中统一领导，既不符合中国的国情，也没有任何道理。

（二）重视宗教文化的精神价值

无论西方还是中国，都高度重视宗教文化所形成的精神价值，积极引导其为社会政治服务。在本章第一节中，我们详细分析了基督教文化在美国政治生活中的基础性作用。如果说西方也评选当代社会"核心价值"，那么很难超出自由、平等、博爱、人权、民主、法治等关键词。而在这些关键词的背后，则是以个人为本位的自由主义。从表面看，这些因素对于国家政治都是解构性的。如美国著名政治学家亨廷顿所言："宪政主义的本质是通过基本法限制政府权力。自由主义的本质是摆脱政府控制……个人主义的本质是每个人都有权利按自己的意愿行事……平等主义的本质是拒斥某人有权对他人行使权力的观念。民主的本质是民众直接或通过代表控制政府，政府官员要影响民意。总而言之，美国信念的特性就是它的反政府性。"① 但是，这种反政府的倾向并未影响公民对国家的效忠，反而加固了美国的"民主政治"。因为美国人这种反政府的"权利"是基督教赋予他们的，他们坚信在政治权力之上还有一个神的权力。如一位中国学者所说："从新教教义中衍生的个人主义、自由、民主等世俗政治价值属于次级价值，基督教作为一神教所共有的'上帝主权'和'以神为本'属于终极价值。"② 在整个基督教文化体系中，还有很多要求信徒谦卑服从、安于角色、忏悔赎罪的内容，这些东西就与个人主义、自由主义形成了一种相互牵制的平衡，共同维持了西方政治的稳定。这一点我们在第一节已经详述。

近代以来的中国，社会的核心价值处于破坏、吸收、重建的动态平衡之中，还要在建设和弘扬方面下大功夫。2012年，中国共产党在十八大上提出了"社会主义核心价值观"，反映了当代中国社会主义建设的精神成果。应当如何弘扬社会主义核心价值？习近平在2014年2月24日中共中央政治局第十三次集体学习时强调："培育和弘扬社会主义核心价值观必须立足

---

① [美] 塞缪尔·亨廷顿：《失衡的承诺》，周瑞译，东方出版社2005年版，第39页。

② 宁玲玲：《论美国政治一体化的宗教文化基础》，世界图书出版公司2013年版，第141页。

中华优秀传统文化。""深入挖掘和阐发中华优秀传统文化讲仁爱、重民本、守诚信、崇正义、尚和合、求大同的时代价值，使中华优秀传统文化成为涵养社会主义核心价值观的重要源泉。"① 上文我们已经分析，由于历史上的多重原因，中国的文化传统与西方不同，不是以某一种宗教为载体，而是由世俗性的儒家学说与各种宗教文化共同组成，其中儒家文化是其主体。习近平列举的"讲仁爱、重民本、守诚信、崇正义、尚和合、求大同"等观念，都是儒家的基本价值。这些观念对于涵养社会主义核心价值具有重要的文化意义。

从政治学的意义看，政治意识形态是掌握政权的阶级为自己经济基础服务的工具，也是统治阶级指导国家政治发展的指导思想。一个社会的政治文化离不开政治意识形态的引导。然而一个社会最后形成什么样的政治文化并不完全取决于政治意识形态，还要受到现时经济利益、政治关系、历史文化条件等多重因素的制约。其中历史文化因素的作用是巨大的，这也是历史文化的巨大反作用、能动作用。20世纪初，德国的宗教社会学家马克斯·韦伯在进行宗教比较研究时提出了一个概念，即不同的宗教有不同的"卡里斯玛"类型。西方文化属于"先知预言型"，而中国则属于"道德楷模型"。在基督教文化的语境中，《圣经》记载的耶稣及其门徒的教诲就是最神圣的"诫命"。在西方人看来，人都是有限的，不可能达到绝对真理的高度，不管是思想家、文学家、艺术家，更遑论那些朝三暮四的政客。因此需要一种比这些更终极的价值作为社会的根基，那只能是宗教。例如法律，从来都被看成西方社会稳定发展的基础，可是美国著名法学家伯尔曼指出："持工具论的人常常这样回答，人们普遍遵守法律，是因为他们害怕若不如此便会招致执法机构的强制性制裁。这个答案从来就不能让人信服。心理学的研究证明，要确保规则得到遵守，信仰、公正、可靠、合群这类因素远比强制重要。恰恰是这些在法律得到信赖的而无需强制性制裁

---

① 《习近平谈治国理政》第一卷，外文出版社2018年版，第163—164页。

的情况下，法律才行之有效；依法治世就不必带着警察到处出现。"① 单纯依靠暴力工具造成的服从是很短暂的，要形成一种让人们更畏惧的文化，才能保证他们自觉不犯罪，这样有限的法律才是有效的。在西方的文化环境中，这种高于法律的"规范"就是宗教，伯尔曼接着说："记载超越圣俗两界的完整社会里，法律与宗教相互融合，秩序和正义相互融合，秩序和正义与信仰与道德相互融合。"② 法律必须依靠宗教才能获得神圣性、稳定性。

中国的情况与西方完全不同，早在春秋战国时期，那个在"三代"曾经神圣无比的"上帝"已经瓦解了。春秋战国时代的"百家争鸣"是为了"究天人之际，通古今之变"，找到社会发展的根本规律。以孔子、孟子、老子、庄子、墨子为代表的先秦哲人各"成一家之言"，创造了"轴心时代"光耀千秋的中华文明。两汉之后，中华文明虽然继续在世界文明交流互鉴中开拓前进，但是中华文明的主体已经形成，决定了其世俗性质。儒家"未知生，焉知死"、"未能事人，焉能事鬼"、"敬鬼神而远之"、"神道设教"的宗教观决定，在中国宗教只能起到边缘的辅助作用。对于社会政治体系、民众的伦理生活产生关键作用的是孔子、孟子、老子、庄子等圣贤的教诲，这就是所谓的"道德楷模型"。这些圣贤虽然是人不是神，但是他们精湛深邃的思想、身体力行的实践、王朝兴衰的检验，证明是百代不爽的。这比起帝王的圣旨、政府的文告、士大夫们的时文更具有说服力。因此在中国文化体系内，圣贤的教诲具有不证自明的价值性，可以成为政权合法性的依据、道德伦理体系的终极价值。正如习近平2013年8月19日在全国宣传思想工作会议上的讲话中指出："宣传阐释中国特色，要讲清楚每个国家和民族的历史传统、文化积淀、基本国情不同，其发展道路必然有着自己的特色；讲清楚中华文化积淀着中华民族最深沉的精神追求，是中华民族生生不息、发展壮大的丰厚滋养；讲清楚中华优秀传统文化是中华民族的突出优势，是我们最

---

① ［美］伯尔曼：《信仰与秩序——法律与宗教的复合》，姚剑波译，中央编译出版社2011年版，第6页。

② ［美］伯尔曼：《信仰与秩序——法律与宗教的复合》，姚剑波译，中央编译出版社2011年版，第42页。

深厚的文化软实力；讲清楚中国特色社会主义植根于中华文化沃土、反映中国人民意愿、适应中国和时代发展进步要求，有着深厚历史渊源和广泛现实基础。"① 这是中央领导人对中华优秀传统文化作出的高度评价，明确其作为政治文化根基的巨大精神价值。

2017 年 1 月 25 日，中共中央办公厅、国务院办公厅印发《关于实施中华优秀传统文化传承发展工程的意见》，其中指出：中华优秀传统文化要"贯穿国民教育始终。围绕立德树人根本任务，遵循学生认知规律和教育教学规律，按照一体化、分学段、有序推进的原则，把中华优秀传统文化全方位融入思想道德教育、文化知识教育、艺术体育教育、社会实践教育各环节，贯穿于启蒙教育、基础教育、职业教育、高等教育、继续教育各领域"。以儒学为主体的优秀传统文化，自古以来就不是靠宗教的方式，而主要依靠教育的途径传承和发展。在当代，社会传承西方文明的宗教文化体系经过现代化改良都可以进入教育体系，我们更应当珍重自己的民族文化遗产，选择适应中国当代社会的文化途径使之得以实现传承和发展。

（三）发挥宗教的积极作用

通过对西方当代政教关系的分析可以明显地看到，西方思想家们对基督教在他们社会的重要价值给予了高度的肯定。美国著名政治学家亨廷顿认为：不是拿了美国绿卡就可以算是美国人，还需要"参加美国社会的生活，学习美国语言、历史和习俗，吸收美国的盎格鲁——新教文化"②。美国当代著名宗教学家威尔逊认为："宗教是美国社会生活的一部分，它从摇篮到坟墓伴随着人们；也就是说，它贯穿于人们的生命历程，并且还将延续到生命结束之后。"③ 美国著名法学家伯尔曼认为："总之，真正能阻止犯

---

① 《习近平谈治国理政》第一卷，外文出版社 2018 年版，第 155—156 页。

② [美] 塞缪尔·亨廷顿：《我们是谁？——美国国家特性面临的挑战》，程克雄译，新华出版社 2006 年版，第 281 页。

③ [美] 约翰·F. 威尔逊：《当代美国的宗教》，徐以骅等译，上海人民出版社 2013 年版，第 2 页。

罪的乃是守法的传统，这种传统又植根于一种深切而热烈的信念之中，那就是，法律不只是世俗的工具，它也是终极的目的和生活的一部分。"① 在西方文化的语境中，这种"深切而热烈的信念"当然只能是基督教信仰。这些极有影响力的西方大思想家对于基督教的重要作用的论述，可以非常明确地表示西方国家对于宗教组织、宗教文化的重视。由于历史的原因，美国实行比较严格的政教分离制度。但是，通过上文的分析我们已经证明，这种"分离"的目的不是为了阻止宗教发挥作用，而是为了更有利于发挥宗教的作用。在第一节中我们详细分析了宗教在西方社会对政治、伦理、慈善、教育等方面的重要影响。因此一些国家甚至立法，对于侮辱宗教的人绳之以法。基督教就是西方的传统文化，发挥其作用的一个重要方法，就是让宗教教育进入学校。在美国尽管宗教教育不能进入公立学校，但是人们都知道，美国最好的大中小学其实都是私立学校，而且其中很多都有宗教背景，在其中进行宗教教育是常见的。即使在公立学校中，开设一些客观性宗教史、宗教学之类的课程也很常见。欧洲实行政教合作的情况更加明显，多数欧洲国家的各种学校都将宗教教育作为必修课。因为他们相信基督宗教的历史就是他们的历史，其中很多"教义"都是对青少年进行伦理教育不可少的教材。用国民教育的形式传承宗教文化，是在现代教育体制中弘扬传统文化的一种重要方法。

中国改革开放之后提倡"积极引导宗教与社会主义社会相适应"，其中一个重要方面就是努力探索宗教教理、教义、教规中有利于社会道德建设的作用的因素，教育广大宗教信徒奉公守法，积极参加社会主义经济建设。当代中国各个宗教团体都在这方面进行了大量理论建设，尽量发挥宗教的积极作用，将消极作用缩小到最小限度，在这方面中国还有很多工作可做。长期以来，我们对于西方近代启蒙运动中的理性主义的迷信，片面宣扬宗教的负面作用，再加上市场经济中自发的利己主义观念的影响，结果唯物主义变成拜金主义，无神论变成了无信仰论。为了一己之私利，一些人敢于冒天下之

---

① ［美］伯尔曼：《宗教与法律》，梁治平译，中国政法大学出版社 2003 年版，第 18 页。

大不韪制假贩假、偷斤短两、滥用禁药、破坏环境……导致社会对中国产品严重的信任危机，甚至变成了信仰危机。中国当代市场经济中出现的诚信缺失，文化上的原因之一是由于长期儒家文化"敬而远之"思想观念的影响，人们心中缺少"敬畏感"。孔子在评价三代宗教的特点时，对周代的宗教给予了很高的评价，但也看到了其中的弊端。他说："周人尊礼尚施，事鬼敬神而远之，近人而忠焉，其赏罚用爵列，亲而不尊；其民之敝：利而巧，文而不惭，贼而蔽。"（《礼记·表记》）周公宗教改革改变了商朝宗教"率民以事神，先鬼而后礼"的狂热，具有人文主义的倾向，突出了人的作用。但是也造成了民众心中缺乏虔诚和敬畏，办事功利而机巧，犯了错误不思改进而掩盖，不明事理相互残害。这些信仰方式上的缺陷，在市场经济法制尚不健全的环境下就演变成上述严重的社会弊端，宗教可以在一定程度上发挥作用。佛教的生死轮回、因果报应说，基督教的"末日审判"说，伊斯兰教的"两世吉庆"、"天堂火狱"说等，都在一定程度上可以坚定信徒的道德信心，减少违法犯罪发生。

（四）促进教派宗教向公民宗教、人文宗教转化

总体回顾西方当代的政教关系，可以说传统宗教实现了现代性转型，因此很少发生政教冲突、教派冲突，而更多地成为促进社会和谐发展的历史文化资源、从事社会慈善公益事业最大的NGO。实现这一转变的关键，在于引导宗教逐渐脱离原有的教派色彩，向"公民宗教"的方向转化。这一点我们在第一节已经详细分析。公民宗教与教派宗教的差异在哪里？如果引用公民宗教的最早设计者卢梭的话说：公民宗教只是正面地肯定了"全能的、智慧的、仁慈的、先知而又圣明的神明之存在，未来生命，正直者幸福，坏人遭惩罚，社会契约与法律的神圣性"。作为它反对的东西只有一条，"那就是不宽容"。[1]美国的开国之父们设计的国歌、誓词、钞票等提到的"上帝"，

① ［法］卢梭：《社会契约论》，州长治译，载《西方四大政治名著》，天津人民出版社1998年版，第415页。

都没有太多具体形状的规定，可以看成是一个普遍的神，以便于来自不同国家、地区的人们接受。反观教派宗教，排他性则是其中最坏的毛病，而这种毛病如果与来自某些宗教集团的特殊利益相关联，就变得更加可怕。历史上天主教对犹太教徒的迫害、与伊斯兰教的战争、对异端的扼杀、对新教的讨伐，都是这种排他性作怪的结果。可以说"公民宗教"是对传统教派宗教的扬弃和提升，实质上已经变成了一种人文的宗教、伦理的宗教。公民宗教保持了基督教合理的内容和形式，取消了其反映过去时代的消极内容，更符合人类善良的本性和进步发展的要求。当然，在 21 世纪之后的全球化时代，基督教保守主义势力抬头，排他性的右翼呼声甚嚣尘上。客观评价，目前还很难说这种右翼势力已经占据了社会文化的主流。但是，我们还是要对此抱有警惕，反对这种与时代发展背道而驰的思潮，坚持公民宗教的发展方向。

就中国的情况而言，传统宗教在春秋战国就已经开始了人文化、伦理化的改革。孔子及其儒家后学在收集整理古代文献时，又对其中天命、鬼神等宗教范畴进行了人文化的解释，将其转化成以"敬天法祖"为核心概念的具有宗教形式的"礼教"。对于这种"敬鬼神而远之"的"儒教"，近代以来的思想家都将其称为人文宗教、伦理宗教，其性质与西方的公民宗教相似，只有精神的规范性，没有教派的排他性。千百年来，中国的士人也是用这样的方法来看待其他宗教，而各种宗教的代表人士也是向伦理化的方向解释自己的宗教，这实际上就是宗教中国化的过程。例如，三国时期西域僧人康僧会所译《六度集经》说佛祖："以五戒、六度、八斋、十善，教化兆民，灾孽都息，国丰众安，大化流行，皆奉三尊。"明代回儒王岱舆说："吾教大者在钦崇天道，而忠信孝友略与儒者同。"（《正教真诠》）天主教的利玛窦附会儒家的孝道，说基督徒也要向至高无上的天父——上帝尽孝；向一国之父——君主尽孝；向生身之父尽孝；等等。这样，外来宗教就向人文化、伦理化的方向发展，可以与中国社会相适应，发挥积极的社会作用。在当代社会也是一样，积极引导宗教与社会主义社会相适应，一个重要的方向就是引导宗教中国化。中国化不仅仅是房屋样式的中国化，更重要的是思想内容的中国化。例如新中国成立之后，佛教界提出的"人间佛教"、"农禅并重"、"利乐有情"；道教界提出"生活道教"、"利世济人"；伊斯兰教界通过"解经"工作，使教义中的"两世吉庆"思想和"中道"思想，成为当代民族团结和社会经济发展的促进因素；基督教界提出"伦理的神学"、"实践的神学"；天主教界提出的"博爱的神学"、"宇宙的基督"；等等。这都是闪烁着中国伦理精神的人文宗教思想，正好可以弥补社会上道德缺失问题，为社会主义建设事业提供精神动能，也会得到政府的鼓励与支持。

最后我们还要指出一点：与西方的"公民宗教"相比，中国的人文宗教、伦理宗教更有优势。公民宗教尽管淡化了教派色彩，但毕竟是一种世俗化的基督教。如果要使其信徒相信它，还是离不开基督教那一套超验的"先知预言"。可是，随着当代社会科学技术、人文思想的高速发展，理性主义便会不断侵蚀宗教的文化基础，动摇人们的超验信仰。当代西方社会出现不受限制的个人主义，法律形式化、工具化，经济秩序紊乱等都是由于宗教信仰淡化造成的，因而引起了一些思想家的忧虑。然而在已经高度世俗化的时代重建宗教信仰却又谈何容易，甚至会引发宗教原教旨主义的弊端。相反，中国的人文宗教或伦理宗教，本身就建立在"道德楷模型"的文化基础上，依靠的不是超验的"神迹"，而是道德教化和楷模的示范。因此，科学技术的发展、生产力的提升不仅不会使其弱化，反而会使其更加增强感染力。这也可以看成是中国文化的一种比较优势。

参考文献

一、马克思主义经典及相关文献

1.《马克思恩格斯全集》第 3 卷，人民出版社 1960 年版。

2.《马克思恩格斯选集》第 2 卷，人民出版社 2012 年版。

3.《马克思恩格斯文集》第 4 卷，人民出版社 2009 年版。

4.《毛泽东选集》（第一——四卷），人民出版社 1991 年版。

5.《建国以来毛泽东文稿》，中央文献出版社 1987 年版。

6.《邓小平文选》第一卷，人民出版社 1994 年版。

7.《习近平谈治国理政》第一卷，外文出版社 2018 年版。

8.《习近平谈治国理政》第二卷，外文出版社 2017 年版。

9.《周恩来选集》上卷，人民出版社 1980 年版。

10.《周恩来选集》下卷，人民出版社 1984 年版。

11.《周恩来统一战线文选》，人民出版社 1984 年版。

12.《周恩来年谱一九四九——一九七六》，中央文献出版社 1997 年版。

13.《邓小平年谱一九七五——一九九七》，中央文献出版社 2004 年版。

14.《陈独秀文章选编》，生活·读书·新知三联书店 1984 年版。

15.《独秀文存》，《民国丛书》第 1 编第 92 册，上海书店 1930 年版。

16.《李大钊文集》，人民出版社 1984 年版。

17.《瞿秋白文集》，人民出版社 2013 年版。

18.《建国以来重要文献选编》（第一——二十册），中央文献出版社 1992—1998 年版。

二、中国古典文献

1.《尚书》，王世舜、王翠叶译注，中华书局 2012 年版。

2.［宋］朱熹撰：《四书章句集注》，中华书局 1983 年版。

3.《左传译文》，沈玉成译，中华书局 1981 年版。

4. 王云五主编：《礼记》，王梦鸥注译，新世界出版社 2011 年版。

5. 朱谦之撰：《老子校释》，中华书局 1963 年版。

6.［清］王先谦撰：《荀子集解》，沈啸寰、王星贤点校，中华书局 1988 年版。

7.《韩非子》，高华平、王齐洲、张三夕译注，中华书局 2010 年版。

8.［汉］贾谊撰：《新书校注》，阎振益、钟夏校注，中华书局 2000 年版。

9.［汉］司马迁撰：《史记》，中华书局 1959 年版。

10.［汉］班固撰：《汉书》，中华书局 2007 年版。

11.［宋］范晔：《后汉书》，中华书局 2007 年版。

12. 王利器撰：《新语校注》，中华书局 1986 年版。

13.［汉］董仲舒撰，［清］凌曙注：《春秋繁露》，中华书局 1975 年版。

14.［汉］班固撰：《白虎通义》，中国书店 2018 年版。

15. 王明编：《太平经合校》，中华书局 1997 年版。

16. 刘连朋、顾宝田：《老子想尔注》，三民书局 1997 年版。

17.［晋］陈寿，［宋］裴松之注：《三国志》，中华书局 2006 年版。

18.［梁］沈约撰：《宋书》，中华书局 2015 年版。

19.［梁］僧祐撰、［唐］道宣撰：《弘明集　广弘明集》，中华书局 1936 年版。

20.［宋］张君房辑：《云笈七签》，齐鲁书社 1988 年版。

21.后晋］刘昫等撰：《旧唐书》，中华书局 1975 年版。

22.［宋］欧阳修、宋祁撰：《新唐书》，中华书局 2003 年版。

23.［唐］法琳撰：《辩正论》《大正藏》第五十二册。

24.［唐］道宣撰：《续高僧传》，中华书局 2014 年版。

25.［唐］姚思廉撰：《梁书》，中华书局 1973 年版。

26.［北齐］魏收撰：《魏书》，中华书局 1974 年版。

27.［晋］葛洪：《抱朴子》，上海古籍出版社 1990 年版。

28.[宋] 赞宁撰:《大宋僧史略校注》,富世平校注,中华书局 2015 年版。

29.[唐] 房玄龄等撰:《晋书》,中华书局 1974 年版。

30.[唐] 杜佑撰:《通典》,王文锦等点校,中华书局 1988 年版。

31.[唐] 魏徵、令狐德棻撰:《隋书》,中华书局 1973 年版。

32.[唐] 吴兢:《贞观政要》,骈宇骞译注,中华书局 2011 年版。

33.[隋] 王通,[宋] 阮逸注:《文中子中说》,秦跃宇点校,凤凰出版社 2018 年版。

34.《柳宗元集》,中华书局 2000 年版。

35.[清] 董诰等编:《全唐文》,中华书局 1983 年版。

36.《佛祖历代通载》,中州古籍出版社 2015 年版。

37. 张宏生释译:《辅教编》,人民东方出版传媒有限公司 2018 年版。

38.[清] 谷应泰撰:《明朝纪事本末》,沈仲九点校,中华书局 2015 年版。

39.[清] 夏燮撰:《明通鉴》,中华书局 2014 年版。

40.[清] 张廷玉等撰:《明史》,中华书局 1974 年版。

41.[明] 朱元璋撰:《明太祖集》,胡士尊点校,黄山书社 1991 年版。

42. 钱伯城等主编:《全明文》,上海古籍出版社 1992 年版。

43.[明] 袾宏:《竹窗二笔》,上海有正书局 1914 年版。

44.《正统道藏》,艺文印书馆 1977 年版。

45.[明] 申时行:《明会典》,中华书局 1989 年版。

46.[明] 李贽:《焚书》,中华书局 1961 年版。

47.[明] 李贽:《藏书》,中华书局 1959 年版。

48.[清] 顾炎武:《日知录》,山西人民出版社 2007 年版。

49.[清] 王夫之:《读通鉴论》,中华书局 2013 年版。

50.[清] 顾炎武:《顾亭林诗文集》,华忱之点校,中华书局 1983 年版。

51. 沈善洪主编:《黄宗羲全集》,浙江古籍出版社 2005 年版。

52.[清] 吕留良撰:《四书讲义》,俞国林点校,中华书局 2017 年版。

53.[清] 蒋良骐撰:《东华录》,齐鲁书社 2005 年版。

54. 雍正编纂:《大义觉迷录》,中国城市出版社 1999 年版。

55.《清高宗实录》，华文书局股份有限公司 1982 年版。

56.《钦定大清会典》，吉林出版集团 2005 年版。

57.[清] 余金:《熙朝新语》，上海书店 2009 年版。

58.《释氏稽古略 释氏稽古略续集》，江苏广陵古籍刻印社 1991 年版。

59.《留青日札摘抄》，商务印书馆 1937 年版。

60.[日] 小柳司气太:《白云观志》，北京联合出版公司 2019 年版。

61. 中国第一历史档案馆编:《大清五朝会典》，线装书局 2006 年版。

62. 全祖望:《鲒埼亭集》，商务印书馆 1936 年版。

63. 胡道静等主编:《藏外道书》，巴蜀书社 1992 年版。

64.[清] 朱寿朋编:《光绪朝东华录》(四)，中华书局 1958 年版。

65. 中国第一历史档案馆整理:《康熙朝起居注》第一册，中华书局 1984 年版。

66. 中国史学会主编:《中国近代史资料丛刊·太平天国》第 6 册，神州国光社 1952 年版。

三、现代著作

1.《第一、二次国内革命战争时期土地斗争史料选编》，人民出版社 1981 年版。

2.《解放战争时期土地改革文件选编(一九四五——一九四九年)》，中共中央党校出版社 1981 年版。

3.《晋察冀抗日根据地史料选编》下册，河北人民出版社 1983 年版。

4.《陕甘宁边区革命根据地史料选辑》第 2 辑，甘肃人民出版社 1983 年版。

5.《新时期宗教工作文献选编》，宗教文化出版社 1995 年版。

6.《中共中央文件选集》第 7 册，中共中央党校出版社 1983 年版。

7.《中国保障宗教信仰自由的政策和实践》白皮书，国务院新闻办公室，2018 年 4 月 3 日。

8. 北京大学哲学系外国哲学史教研室编译:《古希腊罗马哲学》，生活·读书·新知三联书店 1957 年版。

9.《严复文选》，上海远东出版社 1996 年版。

10. 姚淦铭、王燕编:《王国维文集》第四卷,中国文史出版社 1997 年版。

11. 陈金龙:《中国共产党与中国的宗教问题》,广东人民出版社 2006 年版。

12. 陈来:《中华文明的核心价值》,生活·读书·新知三联书店 2015 年版。

13. 陈梦家:《殷虚卜辞综述》,中华书局 1988 年版。

14. 陈钦庄:《基督教简史》,人民出版社 2004 年版。

15. 程世平:《文明的选择——论政体选择和宗教的关系》,中国社会科学出版社 2001 年版。

16. 丛日云:《在上帝与恺撒之间——基督教二元政治观与近代自由主义》,生活·读书·新知三联书店 2003 年版。

17. 崔丽娜:《古典时期雅典的投票选举制度》,首都师范大学出版社 2007 年版。

18. 丁易:《明代的特务政治》,中华书局 2006 年版。

19. 董小川:《儒家文化与美国基督新教文化》,商务印书馆 1999 年版。

20. 范文澜:《中国通史简编》第一编,人民出版社 1964 年版。

21. 高春常:《世界的祛魅:西方宗教精神》,江西人民出版社 2009 年版。

22. 郭沫若:《十批判书》,中国华侨出版社 2008 年版。

23. 郭朋:《汉魏两晋南北朝佛教》,齐鲁书社 1986 年版。

24. 郭朋:《明清佛教》,福建人民出版社 1985 年版。

25. 韩延龙、常兆儒编:《中国新民主主义革命时期根据地法制文献选编》第 4 卷,中国社会科学出版社 1984 年版。

26. 侯外庐主编:《中国思想通史》,人民出版社 1957 年版。

27. 翦伯赞主编:《中国史纲要》第 2 册,人民出版社 1965 年版。

28. 蒋维乔:《中国佛教史》,商务印书馆 2015 年版。

29. 金春峰:《汉代思想史》,中国社会科学出版社 1987 年版。

30. 李雅书、杨共乐:《古代罗马史》,北京师范大学出版社 2010 年版。

31. 李毅夫等:《世界民族通览》,中央民族大学出版社 2000 年版。

32. 梁景之:《清代民间宗教与乡土社会》,社会科学文献出版社 2004 年版。

33. 梁启超:《先秦政治思想史》,上海商务印书馆 1923 年版。

34. 梁启超：《中国近三百年学术史》，商务印书馆 2011 年版。

35. 林荣洪：《基督教神学发展史——改教运动前后》，译林出版社 2013 年版。

36. 刘明翰：《罗马教皇列传》，人民出版社 2013 年版。

37. 刘新利：《基督教与德意志民族》，商务印书馆 2000 年版。

38. 刘义：《全球化背景下的宗教与政治》，上海大学出版社 2011 年版。

39. 刘泽华主编：《中国政治思想史（秦汉魏晋南北朝卷）》，浙江人民出版社 1996 年版。

40. 卢国龙主编：《宗教在文化战略中的地位和作用》，中国社会科学出版社 2014 年版。

41. 吕大吉：《西方宗教学说史》，中国社会科学出版社 1994 年版。

42. 吕思勉：《中国通史》，华东师范大学出版社 1992 年版。

43. 马通：《中国伊斯兰教派与门宦制度史略》，宁夏人民出版社 2000 年版。

44. 毛欣欣：《为万民立法：罗马人的贡献》，长春出版社 2010 年版。

45. 冒从虎等：《欧洲哲学通史》，南开大学出版社 1986 年版。

46. 孟广林：《世界中世纪史》，中国人民大学出版社 2010 年版。

47. 孟慧英：《尘封的偶像》，北京出版社 2000 年版。

48. 牟钟鉴、张践：《中国宗教通史》（上、下卷），中国社会科学出版社 1999 年版。

49. 宁玲玲：《论美国政治一体化的宗教文化基础》，世界图书出版公司 2013 年版。

50. 宁夏哲学社会科学研究所：《清代中国伊斯兰教论集》，宁夏人民出版社 1981 年版。

51. 潘光、陈超南、余建华：《犹太文明》，中国社会科学出版社 1999 年版。

52. 彭泽益：《太平天国革命思潮》，商务印书馆 1946 年版。

53. 瞿宣颖纂辑：《中国社会史料丛钞》，商务印书馆 1937 年版。

54. 史全生主编：《中华民国文化史》（上、中、下），吉林文史出版社 1990 年版。

55. 四川省近代教案史研究会编：《近代中国教案研究》，四川省社会科学院出版社 1987 年版。

56. 谭家健：《墨子研究》，贵州教育出版社 1995 年版。

57. 汤用彤：《汉魏两晋南北朝佛教史》，中华书局 1965 年版。

58. 陶飞亚：《冲突的解释》，广西师范大学出版社 2011 年版。

59. 王秀美等：《基督教史》江苏人民出版社 2006 年版。

60. 王亚平：《西欧中世纪社会中的基督教教会》，中央编译出版社 2011 年版。

61. 王震中：《中国古代国家的起源与王权的形成》，中国社会科学出版社 2013 年版。

62. 谢维扬：《中国早期国家》，浙江人民出版社 1995 年版。

63. 谢重光、白文固：《中国僧官制度史》，青海人民出版社 1990 年版。

64. 徐以骅：《后冷战时期的宗教与美国政治和外交》，上海人民出版社 2014 年版。

65. 杨合理：《论宗教自由的法律保障》，中州古籍出版社 2012 年版。

66. 于歌：《美国的本质——基督新教支配的国家和外交》，当代中国出版社 2006 年版。

67. 张践：《民族宗教关系的社会理论考察》，宗教文化出版社 2009 年版。

68. 张践：《中国古代政教关系史》（上、下），中国社会科学出版社 2012 年版。

69. 张践：《宗教·政治·民族》，中国社会科学出版社 2005 年版。

70. 张力、刘鉴唐：《中国教案史》，四川省社会科学院出版社 1987 年版。

71. 张训谋：《欧美政教关系研究》，宗教文化出版社 2002 年版。

72. 张跃发、刘养洁：《民族国家与世界经济（1500—1900）》，时事出版社 1999 年版。

73. 赵晓兰：《美国的诞生》，复旦大学出版社 2001 年版。

74. 朱维之主编：《希伯来文化》，浙江人民出版社 1988 年版。

75. 邹昌林：《中国古代国家宗教研究》，学习出版社 2004 年版。

四、翻译著作

1. 中国基督教协会主编：《新旧约全书》。

2.[德] 毕尔麦尔等编著:《古代教会史》,[奥] 雷立柏译,宗教文化出版社2009年版。

3.[德] 毕尔麦尔等编著:《近代教会史》,[奥] 雷立柏译,宗教文化出版社2011年版。

4.[奥] 西格蒙德·弗洛伊德:《论宗教》,王献华、张敦福译,国际文化出版公司2001年版。

5.[德] 格哈德·罗伯斯主编:《欧盟的国家与教会》,危文高等译,法律出版社2015年版。

6.[德] 黑格尔:《哲学史讲演录》第1卷,贺麟、王太庆译,商务印书馆1981年版。

7.[俄] B.N.库济辛:《古希腊史》,甄修钰、张克勤等译,内蒙古大学出版社2013年版。

8.[法] 托克维尔:《论美国的民主》(上),董果良译,商务印书馆1988年版。

9.[法] 伏尔泰:《路易十四时代》,吴模信等译,商务印书馆1982年版。

10.[法] 伏尔泰:《哲学辞典》,《十八世纪法国哲学》,商务印书馆1991年版。

11.[法] 古郎士:《希腊罗马古代社会研究》,李玄伯译,上海文艺出版社1990年版。

12.[法] 吉尔·德拉诺瓦:《民族与民族主义》,郑文彬、洪晖译,生活·读书·新知三联书店2005年版。

13.[法] 拉·梅特里:《人是机器》,商务印书馆1959年版。

14.[法] 卢梭:《社会契约论》,州长治译,天津人民出版社1998年版。

15.[法] 谢和耐:《中国五—十世纪的寺院经济》,耿昇译,甘肃人民出版社1987年版。

16.[古希腊] 亚里士多德:《雅典政制》,日知、力野译,上海人民出版社2011年版。

17.[古希腊] 亚里士多德:《政治学》,吴寿彭译,商务印书馆1981年版。

18.[荷] 斯宾诺莎:《神学政治论》,温锡增等译,商务印书馆1982年版。

19.[荷] 许理和:《佛教征服中国》,李四龙、裴勇等译,江苏人民出版社

2005 年版。

20.[美] 伊迪丝·汉密尔顿：《希腊方式——通向西方文明的源流》，徐其平译，浙江人民出版社 1988 年版。

21.[美] 加布里埃尔·A.阿尔蒙德、西德尼·维巴：《公民文化——王国的政治态度和民主》，马殿君等译，浙江人民出版社 1989 年版。

22.[美] 阿尔文·施密特：《基督教对文明的影响》，汪晓丹等译，北京大学出版社 2004 年版。

23.[美] 彼得·伯格、[英] 格瑞斯·戴维、[英] 埃菲·霍卡斯：《宗教美国，世俗欧洲？——主题与变奏》，曹义昆译，商务印书馆 2015 年版。

24.[美] 伯尔曼：《信仰与秩序——法律与宗教的复合》，姚剑波译，中央编译出版社 2011 年版。

25.[美] 伯尔曼：《宗教与法律》，梁治平译，中国政法大学出版社 2003 年版。

26.[美] 布拉恩：《犹太民族史》，商务印书馆 1939 年版。

27.[美] 塞缪尔·亨廷顿：《我们是谁——美国国家特性面临的挑战》，程克雄译，新华出版社 2005 年版。

28.[美] 塞缪尔·P.亨廷顿：《变化社会中的政治秩序》，王冠华等译，生活·读书·新知三联书店 1989 年版。

29.[美] 塞缪尔·亨廷顿：《失衡的承诺》，周端译，东方出版社 2005 年版。

30.[美] 杰弗斯：《古希腊—罗马文明：历史和背景》，谢芬芬译，华东师范大学出版社 2013 年版。

31.[美] 摩尔根：《古代社会》，商务印书馆 1977 年版。

32.[美] 欧大年：《中国民间宗教教派研究》，刘心勇等译，上海古籍出版社 1993 年版。

33.[美] R.R.帕尔默、乔·科尔顿、劳埃德·克莱默：《理性与激情——启蒙到大革命》，陈敦全、孙福生、周颖如译，世界图书出版公司 2010 年版。

34.[美] 托马斯·F.梅登：《信任帝国》，孙饴等译，学林出版社 2009 年版。

35.[美] 威尔·杜兰：《马丁·路德时代》，台北幼狮文化公司译，东方出版社 2007 年版。

36.[美] 威廉·A.哈维兰:《当代人类学》,王铭铭等译,上海人民出版社1987年版。

37.[美] 小W.科尔·德拉姆、布雷特·G.沙夫斯:《法治与宗教——国内、国际和比较法的视角》,隋嘉滨等译,中国民主法制出版社2012年版。

38.[美] 小约翰·威特:《宗教与美国宪政经验》,宋华琳译,上海三联书店2011年版。

39.[美] 小约翰·威特等主编:《基督教与法律》,周青风、杨二奎等译,中国民主法制出版社2014年版。

40.[美] 约翰·F.威尔逊:《当代美国的宗教》,徐以骅等译,上海人民出版社2013年版。

41.[美] 约翰·艾兹摩尔:《美国宪法的基督教背景——开国先父的信仰和选择》,李婉玲等译,中央编译出版社2011年版。

42.[美] 约翰·维特:《权利的变革——早期加尔文教中的法律、宗教和人权》,苗文龙等译,中国法制出版社2011年版。

43.[意] 托马斯·阿奎那:《阿奎那政治著作选》,马清槐译,商务印书馆1982年版。

44.[意] 卡洛·M.奇波拉:《欧洲经济史》,徐璇译,商务印书馆1988年版。

45.[意] 萨尔沃·马斯泰罗内:《欧洲政治思想史》,黄华光译,社会科学文献出版社2001年版。

46.[英] 阿利斯特·麦格拉思:《宗教改革运动思潮》,蔡锦图、陈佐人译,中国社会科学出版社2008年版。

47.[英] 阿利斯特·麦格拉思:《加尔文传——现代西方文化的塑造者》,甘霖译,中国社会科学出版社2009年版。

48.[英] 爱德华·吉本:《罗马帝国衰亡史》,黄宜思、黄雨石译,商务印书馆1997年版。

49.[英] 奥斯温·默里:《早期希腊》,晏绍祥译,上海人民出版社2008年版。

50.[英] 詹·乔弗雷泽:《金枝》,徐育新等译,中国民间文艺出版社1987年版。

51.[英] 赫·乔·韦尔斯:《世界史纲》,吴文藻、谢冰心、费孝通等译,人民出版社 1982 年版。

52.[英] 简·艾伦·赫丽生:《希腊宗教研究导论》,谢世坚译,广西师范大学出版社 2006 年版。

53.[英] 凯伦·阿姆斯特朗:《轴心时代——人类伟大宗教传统的开端》,孙艳燕、白彦兵译,海南出版社 2010 年版。

54.[英] 洛克:《论宗教宽容》,吴云贵译,商务印书馆 1982 年版。

55.[英] 麦克斯·缪勒:《宗教学导论》,陈观胜、李培茱译,上海人民出版社 1989 年版。

56.[英] 塞西尔·罗斯:《简明犹太民族史》,黄福武等译,山东大学出版社 2004 年版。

57.《狄德罗哲学选集》,江天骥、陈修斋、王复译,生活·读书·新知三联书店 1959 年版。

五、报刊文章

1.《中华佛教总会章程》,载《佛学丛报》第一期,有正书局 1912 年版。

2.常青:《协和医事》,《北京晚报》2018 年 1 月 26 日。

3.程歗:《民族意识与近代教案》,《广州研究》1988 年第 10 期。

4.丁希勤:《明清民间宗教信仰嬗变及社会影响》,《安庆师范学院学报(社会科学版)》2008 年第 8 期。

5.董小川:《美国政教分离制度的历史思考》,《历史研究》1998 年第 4 期。

6.耿敬:《"庙产兴学"运动及佛教界的回应》,《五台山研究》2003 年第 2 期。

7.蒋重跃:《韩非对传统观念文化的批判——兼论其政治实用主义本质》,《辽宁大学学报(哲学社会科学版)》2000 年第 2 期。

8.林石:《中心聚落、酋邦与中国的前国家形态》,《宁德师专学报(哲社版)》2010 年第 1 期。

9.孟广林:《中世纪前期的英国封建王权与基督教会》,《历史研究》2000 年第 2 期。

10.魏德东:《宗教市场论》中国人民大学哲学院网站,2005 年 4 月 20 日。

11.吴嘉蓉:《浅论美国的宗教与民族主义意识形态的政治作用》,《四川行政学院学报》2006 年第 5 期。

12.吴耀宗:《立场坚定,旗帜鲜明,艰苦朴素,平易近人——纪念周恩来同志诞辰八十一周年》,《文汇报》1979 年 3 月 5 日。

13.翟小功、王飞:《商鞅变法与梭伦立法之比较——以立法权归属为视角》,《安阳师范学院学报》2013 年第 1 期。

14.张践:《论政教关系的层次与类型》,《宗教学研究》2007 年第 2 期。

15.张践:《因果报应论对传统政治正义观的补充》,《理论学刊》2007 年第 1 期。

16.张箭:《后周世宗文明限佛析论》,《文史哲》2003 年第 4 期。

17.张立文:《20 世纪中国儒教的展开》,《宝鸡文理学院学报（社会科学版）》2001 年第 4 期。

18.张文木:《基督教佛教兴起对欧亚地区竞争力的影响》,《太平洋学报》2013 年 8 月总 21 卷。

19.周建标:《中西文明分水岭的文化学解释》,《重庆交通大学学报（社会科学版)》2012 年第 3 期。

20.朱大可:《破碎的中国上古神系》,《文艺理论研究》2013 年第 1 期。

.